ORIGINES

DE

L'ÉCOLE DE CAVALERIE

ET DE

SES TRADITIONS ÉQUESTRES

Capitaine L. PICARD

[illegible] de cavalerie

PREMIÈRE PARTIE

SAUMUR

S. MILON FILS, LIBRAIRE-ÉDITEUR

46, RUE D'ORLÉANS, 46

SEUL FOURNISSEUR-ADJUDICATAIRE DE L'ÉCOLE DE CAVALERIE

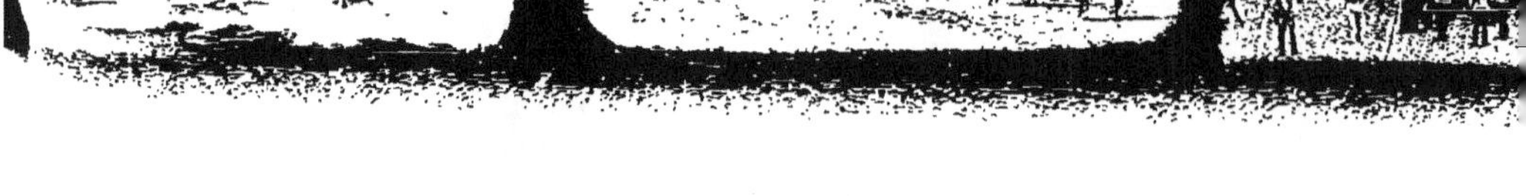

ORIGINES

DE

L'ÉCOLE DE CAVALERIE

ET DE

SES TRADITIONS ÉQUESTRES

DU MÊME AUTEUR

LES LEÇONS DE L'HISTOIRE MILITAIRE

FOURNIES PAR LES CAMPAGNES ET EXPÉDITIONS DE 1854 A 1889

Trois volumes grand in-8 et un Atlas

POUR PARAITRE PROCHAINEMENT

LA CAVALERIE DANS LES GUERRES

DE LA RÉVOLUTION ET DE L'EMPIRE

ANGERS, IMP. A. BURDIN ET Cie, 4, RUE GARNIER.

ORIGINES

DE

L'ÉCOLE DE CAVALERIE

ET DE

SES TRADITIONS ÉQUESTRES

ÉQUITATION — DRESSAGE
HIPPIATRIQUE — MARÉCHALERIE — HARAS — REMONTE
HARNACHEMENT — UNIFORMES — ORGANISATION MILITAIRE
RÈGLEMENTS DE CAVALERIE

CAPITAINE L. PICARD
PROFESSEUR A L'ÉCOLE DE CAVALERIE

PREMIÈRE PARTIE

SAUMUR
S. MILON FILS, LIBRAIRE-ÉDITEUR
46, RUE D'ORLÉANS, 46
SEUL FOURNISSEUR-ADJUDICATAIRE DE L'ÉCOLE DE CAVALERIE

DÉDIÉ

A L'ÉCOLE DE CAVALERIE

C'est à l'École de Cavalerie, à toutes ses générations de maîtres et d'élèves, que je dédie cet ouvrage qui est leur histoire, leurs traditions, leurs exemples.

Aussi ai-je mis tout mon soin à rechercher et à retracer les pages effacées de cette noble émulation qui date de si loin, et si je n'ai pas fait mieux, c'est que je n'ai pas pu mieux faire aujourd'hui.

Mais demain je l'espère, ceux qui me liront, comprenant la difficulté de la tâche et voulant seconder ma persévérance, m'aideront de leur savoir et de leurs souvenirs. Alors je pourrai réaliser plus complètement le rêve de cette entreprise : l'Histoire des perfectionnements de notre Cavalerie *dont l'École a eu, depuis son origine, la glorieuse direction.*

Cette origine a été jusqu'à présent laissée dans le vague de la légende, et les progrès accomplis par les générations actuelles ont fait oublier ceux des générations précédentes.

C'est injuste ! Le devoir de l'histoire est de faire revivre le passé et de replacer les mérites à leur plan. La gloire d'aujourd'hui ne saurait ternir la gloire d'hier, le souvenir doit rendre à chacune son éclat.

Mais une école est une hôtellerie où l'on ne s'arrête qu'en passant, les plus méritants y laissent un nom d'abord retentissant puis bientôt confondu dans l'anonyme de la grande collaboration.

Pas d'archives, seulement quelques registres tous récents relatant les événements avec la sécheresse d'un livre d'ordres. Pourtant sur tous les murs, des noms, des dates, qui protestent contre l'oubli, et un bourdonnement de renommées qui recueillent une admiration, souvent indécise il est vrai, mais garantie par la tradition.

Voilà les seuls jalons que j'ai eus. Que cela me soit une excuse de n'avoir pas mieux fait.

Il m'a donc fallu rechercher tout d'abord les documents épars de ces traditions équestres et militaires sur lesquelles l'École s'est fondée et j'ai dû remonter aux sources divergentees de toutes ses fonctions actuelles. Ces bases établies, j'ai essayé d'en dégager la filière du progrès.

Toutes les fois que je l'ai pu, j'ai laissé les personnalités marquantes se définir elles-mêmes par leurs propres écrits, et, quand il m'a fallu porter un jugement, j'ai soigneusement recherché l'opinion des contemporains.

A partir de 1825, date de la réorganisation définitive de l'École de Cavalerie à Saumur, j'ai fait place aux plus menus faits, c'est presqu'un journal, chacun y retrouvera son nom. C'est que j'ai voulu remémorer, avec le souvenir des maîtres et de leur enseignement, celui des camarades et des jeunes années.

Enfin, malgré tout mon désir de laisser à chaque époque sa couleur particulière, la patine de son caractère, mon ouvrage fut toujours demeuré terne, sans le reflet artistique qu'un ami aussi habile que modeste lui a donné en reproduisant avec un rare talent les gravures authentiques qui, mieux que tous les commentaires, retracent les physionomies des transformations.

En résumé, mon but a été de rendre à chaque époque et à chaque nom sa part de collaboration au progrès de nos institutions et de nos méthodes, afin de montrer à ceux qui viendront ensuite quel devoir leur impose l'œuvre des devanciers.

Voilà l'idée de justice qui m'a guidé et soutenu et c'est en son nom que je demande à la bienveillance de mes chefs et à l'obligeance de mes camarades de m'aider à poursuivre ma tâche.

Fort de mon intention, je n'ai aucun souci de la critique, et si j'ose renvendiquer un mérite pour ce livre, c'est qu'il n'y a rien de moi.

L. PICARD.

SOURCES BIBLIOGPAPHIQUES

L'Anjou et ses monuments	Godard-Faultrier.
Bulletin historique de l'Anjou	de Soland.
Dictionnaire historique, géographique et biographique de Maine-et-Loire.	
La Ligue en Anjou	Mourin.
La Loire historique	Touchard-Lafosse.
Les Invasions anglaises en Anjou	Joubert.
Revue de l'Anjou.	
Histoire des Saints d'Anjou	Dom Chamard.
Archives d'Anjou	Marchegay.
Duplessy-Mornay	Ambert.
Recherches historiques sur l'Anjou	Bodin.
Chroniques Saumuroises	Paul Ratouis.
Les Époques Saumuroises	Coulon.
Souvenirs historiques	Gaulay.
Une Abbesse de Fontevrault au XVIIe siècle	Clément.
Essais sur le canton de Longué et le bassin du Lathan	Cornilleau.
L'abbesse Marie de Bretagne et la réforme de Fontevrault	Jubien.
Les Ponts-de-Cé, Saumur, Thouarcé, Vihiers	Célestin Port.
Traicté de la forme et devis d'ung Tournoy	René d'Anjou.
Vieilles chroniques de Fontevrault	Bodin.
Notice historique sur le château et la commune de Brézé	Louis Raimbault.
Notice historique sur le château et la commune de Montreuil	Louis Raimbault.
Le Congrès archéologique à Saumur (1862).	
Vie de la Révérende mère Madeleine Gautron, prieure du monastère de la Fidélité de Saumur.	
Les Compagnies de Cadets gentilhommes et les Écoles militaires (1682-1793).	*Journal des sciences militaires* (1884).
Études tactiques de la cavalerie	Ambert.
Cours d'équitation historique de la cavalerie	Général Renard.
Dictionnaire d'hippiatrique	Cardini.
Dictionnaire militaire	Bardin.

Esquisses historiques de la cavalerie	AMBERT.
Leçons de science hippique générale	B. DE CURNIEU.
Principaux sytémes de ferrure	MERCHE.
La Maréchalerie française	MÉGNIN.
Recueil de médecine vétérinaire	GOYAU.
Traité de la conformation extérieure du cheval	BOURGELAT.
Aperçu des importations en chevaux en 1788	PRÉSEAU DE DOMPIERRE.
Instruction sur l'amélioration des chevaux en France	HUZARD.
Éducation du cheval en Europe	PRÉSEAU DE DOMPIERRE.
Histoire de France	H. MARTIN.
Dix ans d'études historiques	Aug. THIERRY.
Histoire du cheval	EPHREM HOUEL.
Histoire des Français	SISMONDI.
Traité d'équitation	XÉNOPHON.
Histoire des Gaules	LE MOINE DE SAINT-GALL.
L'armée en France	DUSSIEUX.
La Cavalerie	Général SUZANNE.
L'Armée depuis Charles VII jusqu'à la Révolution.	QUARRÉ DE VERNEUIL.
Cours d'art militaire	HUMBERT.
Rêveries du Maréchal de Saxe.	
Histoire de Louvois	Camille ROUSSET.
Cours d'art militaire	D'ALDÉGUIER.
Les Institutions militaires	Duc D'AUMALE.
Commentaires sur les règlements de cavalerie	B. RENARD.
De la cavalerie ou des changements nécessaires dans la composition, l'organisation et l'instruction des troupes à cheval	DE LA ROCHE-AYMON.
Recherches historiques sur l'équitation militaire par un ancien soldat	GAUME.
Traité d'équitation	Comte D'AURE.
Origines de la tactique française	HARDY.
Essai sur la cavalerie tant ancienne que moderne.	D'HAUTEVILLE.
Le Cavalerice François	DE LA BROUE.
L'Instruction du Roy	DE PLUVINEL.
Méthode nouvelle pour dresser les chevaux	DE NEWCASTLE.
École de cavalerie	DE LA GUERINIÈRE.
L'Art de la cavalerie	Gaspard DE SAUNIER.
Histoire pittoresque de l'équitation	AUBRY.
Traité d'équitation	CORTE.
Le Cheval de manège	GALLIBERTO.
La Pratique du cavalier ou l'art de monter à cheval	René DE MENOU.
Mouvelle méthode pour dresser les chevaux	DE SOLLEYSEL.
La Science et l'Art de l'équitation	DUPATY DE CLAM.
Équitation	THIROUX.
Traité raisonné d'équitation	AUBERT.
Représentation et description des leçons des chevaux de manège et de la campagne	RIDINGER.

Méthode de haute école	RAABE.
Dressage par le surfaix cavalier	Mme ISABELLE.
L'Écurie de M. Frédéric Grison	Frédéric GRISON.
Cours d'équitation de l'École de cavalerie en 1830.	
Méthode d'équitation	BAUCHER.
Principes pour monter et dresser les chevaux de guerre	Baron DE BOHAN.
Dressage du cheval de guerre	GUÉRIN.
L'Équitation militaire, 1784.	
Traité d'équitation	CORDIER.
Cours élémentaire et analytique d'équitation	DUCROC DE CHABANNES.
L'Art de monter à cheval	DELCAMPE.
Les Vrais Principes de la cavalerie	Gaspard SAUNIER.
Principes d'équitation et de cavalerie	DE BOISDEFFRE.
Méthode de dressage	DUTILH.
L'Anatomie générale du cheval	DE GARSAULT.
Anatomie du cheval	RUINI.
Dictionnaire d'hippiatrique	LAFOSSE.
Des Remontes de l'armée	Marquis OUDINOT.
Archives et journaux.	
L'École de cavalerie de Saint-Germain	F. DE LACOMBE.
Commentaires historiques sur l'équitation	MUSSOT.
Le mareschal expert de 1619	DE BEAUGRAND.
La grande mareschalerie, 1628	DE L'ESPINAY.
Le grand mareschal français, 1653	DE PROME.
Le parfait maréchal, 1660	BEAUMONT.
L'équitation en France.	*Rev. de Paris, 15 janv. 1843.*
Critique de la méthode Baucher	M. A. D.
Spect. milit. 15 oct. et 15 nov. 1842.	
La remonte militaire	LA ROCHE-AYMON.
Des principes qui servent de base à l'instruction et à la tactique de la cavalerie	D'ALDEGUIER.
Essai historique sur l'organisation de la cavalerie légère	GAY DE VERNON.
Esquisses historiques de la cavalerie	Th. PASQUIER.
Traité d'équitation illustré	Comte D'AURE.
Règlement de cavalerie de 1473 de	CHARLES LE TÉMÉRAIRE.
Règlements de Charles-Quint et de Maximilien II sanctionnés dans la diète de l'Empire assemblée à Spire en 1570.	
Manœuvres des troupes à cheval avec les changements. (AN VIII).	
Traité de cavalerie, 1776	DRUMMOND DE MELFORT.
De la Cavalerie	Général RENARD.
Institutions militaires pour la cavalerie, 1754	DE LA PORTERIE
Éléments de tactique pour la cavalerie, 1776	MOTTIN DE LA BALME.
École de l'Officier. 1770	Comte DE BRUEHL.
Le Guide des Officiers, 1785	DE CESSAC.
Manuel du jeune Officier, 1781	Comte DE BACON.

Le Guide des Officiers de Cavalerie, 1817 . .	CHATELAIN.
Le Guide de l'Instructeur, 1860	HUMBERT.
Manuel du Cavalier, 1874.	VON MIRUS.
Le bon militaire, 1770.	DE BOUSSANELLE.
Observations sur l'ordonnance de 1829 . . .	Comte DEJEAN.
Instruction à donner aux troupes à cheval, 1818.	D'HARAMBURE.
Des Principes de la Cavalerie, 1843	D'ALDÉGUIER.
Instruction, éducation, etc. de la Cavalerie . .	VON SCHMIT.
Observations critiques sur l'ordonnance du 1er Vendémiaire, An XIII	D'OUTREPONT.
Commentaires sur la Cavalerie, 1758.	DE BOUSSANELLE.
Des fonctions du Capitaine de Cavalerie, 1693.	DE BIRAC.
Manuel du Dragon, 1781.	LACOMBE.
Fonctions et principal devoir d'un Officier de Cavalerie, 1725.	
Nouveau guide des Sous-Officiers des troupes à cheval, 1825.	
Théorie pratique de l'ordonnance de 1829 . .	LIASSE.
Manœuvres de la Cavalerie	DAUFRESNE DE LA CHEVALERIE.
Éléments de Cavalerie, 1795.	D'HARAMBURE.
Progression nouvelle pour l'école du Cavalier à cheval, 1847	D'ELBÉE.
Idées sur la Cavalerie.	
Ordonnance du 2 Novembre 1833 (Cavalerie).	
Projet d'ordonnance pour l'instruction des troupes à cheval, 1er messidor. An XII.	
Ordonnance du 6 Décembre 1829 sur les exercices de la Cavalerie.	
Instruction provisoire du 20 Mai 1788, sur les manœuvres des troupes à cheval.	
Instruction du 1er Mai 1765, sur l'exercice de la Cavalerie.	
Instruction sur le travail individuel dans la Cavalerie.	
École du Cavalier à pied, par demandes et par réponses, 1803.	
Règlement provisoire sur le service intérieur des troupes à cheval, 1816.	
École d'escadron par demandes et par réponses	CORDIER.
Règlement du 17 Juillet 1876, sur les exercices de la cavalerie.	
Instruction sur l'exercice et les manœuvres de la cavalerie légère. An VII.	
Ordonnance du 1er Mars 1768 (service des places et des quartiers).	
Progressions. (revues par le conseil d'instruction de l'École de Cavalerie).	
Règlement du 24 Juin 1792 sur le service intérieur, la police, etc. des troupes à cheval.	
Ordonnance du 13 Mai 1818 sur le service intérieur, etc. des troupes de Cavalerie.	

Réglement provisoire sur les exercices de la Cavalerie, 1872.
Instructions sur le travail individuel dans la Cavalerie, 8 Avril 1862.
Réglement du 12 Juillet, 1875 sur les exercices de la Cavalerie.
Réglement du 31 Mai 1882 sur les exercices de la Cavalerie.
Souvenirs équestres. . . . . Baucher.
Traité complet d'équitation rationnelle. . . . Debost.
Traité d'équitation . . . . Montfaucon de Rogles.
De l'Équitation et des Haras . . . . Comte de Lancosme-Brèves.
Guide de l'ami du cheval . . . . Idem.
L'Art de monter à cheval . . . . Baron d'Eisemberg.
L'Art de monter à cheval suivi de l'Anti-Maquignonnage . . . . Idem.
Cours d'équitation . . . . Vicomte d'Aure.
Cinésie équestre. Nouvelle étude du Cheval. . Debost.
Essai sur l'extérieur du Cheval . . . . . . Morris.
La Vérité à Cheval . . . . Comte de Lancosme-Brèves.
Manuel d'équitation . . . . Gerhardt.
Dictionnaire d'équitation . . . . Baucher.
Dialogues sur l'équitation . . . . Idem.
Méthode d'équitation . . . . Idem.
Équitation Allemande. . . . . Huenersdorf.
Nouvelle méthode pour bien emboucher les Chevaux. de Segundo.
Dressage du Cheval de remonte. . . . . . . Nolan.
Traité des résistances du Cheval . . . . . Gerhardt.
L'art du Manège . . . . Baron de Sind.
Équitation militaire, (traduit de l'Anglais).
L'utile à tout le monde, ou le parfait écuyer . . de Weyrother.
Recueils d'opuscules sur l'équitation . . . . Le Vaillant de St-Denis.
L'Écuyer des dames ou lettres sur l'équitation . le Pons d'Hostun.
Équitation des dames. . . . . Comte de Montigny.
Équitation et usage des chars équestres chez les Anciens. . . . . Fabricy.
Manuel des écuyers . . . . Carbon de Begrières.
La connaissance parfaite des chevaux . . . . Delcampe.
L'Écuyer Français . . . . de Beaumont.
L'Équitation pratique . . . . Pellier, Fils.
Fond et vitesse d'une troupe de Cavalerie en campagne . . . . Bonie.
Le Cavalier. — Cours d'équitation pratique . . Franconi.
L'Écuyer. — Cours d'équitation pratique. . . Idem
Manuel du Cavalier . . . . Burdon.
Les vrais principes de la Cavalerie. . . . . Gaspard Saunier.
Essai sur l'équitation . . . . Mottin de la Balme.
Nouveau Manuel complet d'équitation . . . . . Vergnaud.

Théorie de la Centaurisation	Cte SAVARY DE LANCOSME-BRÈVES
Le Nouveau Newcastle	BOURGELAT.
Éléments abrégés d'un cours d'Équitation militaire.	DUPONT.
La parfaite connaissance des chevaux. . . .	BARET, Sr DE ROUVRAY.
Observations faites sur les chevaux	LAFOSSE.
Traité du pied	GIRARD.
Mémoire sur les divers conformations des Chevaux.	NOYÈS.
Cours d'Hippologie	DE SAINT-ANGE.
Cours d'Hippologie à l'usage des Officiers . .	VALLON.
Cours d'Hippiatrique à l'usage des Officiers .	VOGELY
Anatomie du Cheval	RUINI.
La parfaite connaissance des chevaux . . .	DE SAUNIER.
Dictionnaire d'Hippiatrique.	LAFOSSE.
Mémoires sur la Chirurgie et la Médecine vétérinaires.	GOHIER.
Éléments d'Art vétérinaire.	BOURGELAT.
Essai sur les appareils et bandages	Idem.
Cours d'Hippiatrique	LAFOSSE.
Hippiatrique, 1531	Laurentius RUSIUS.
Cours théorique et pratique de Maréchalerie . .	JAUZE.
Traité de Maréchalerie Vétérinaire	REY.
Essai Théorique et pratique sur la ferrure . .	BOURGELAT.
Guide du Maréchal	LAFOSSE.
Manuel du Harnachement	COGENT.
Traité complet des Haras	DEMOUSSY.
Essai sur les Haras.	
Les Haras domestiques en France	HUZARD, FILS.
Réflexions sur la réorganisation des Haras. .	DE MALEDEN.
Résumé sur la question des Haras et des Remontes.	Comte DE TURENNE.
Manuel des Haras	PICHARD.
Traité des Haras, avec un Traité des Mulets .	HARTMANN.
Régime pour les Haras	DE LAFOND POULOTI.
De la Régénération de l'espèce Chevaline en France.	Marquis DE DRÉE.
Mémoire sur les Haras	DE BOHAN.
Un mot sur l'éducation du Cheval en France .	LOUCHARD.
Moyens d'avoir les meilleurs Chevaux	PERRIER.
De l'Industrie Chevaline en France	Vicomte D'AURE.
Instruction sur l'amélioration des Chevaux en France.	HUZARD.
Observations militaires sur la Cavalerie et les races de Chevaux	DE BOUSSANELLE.
Institutions Hippiques et élève du Cheval . .	DE MONTENDRE.
Manuel de l'Éleveur	DE MONTIGNY.
Les Origines du Cheval Domestique. . . .	PIÉTREMENT.
Mémoire sur les Chevaux Arabes	CHATELAIN.
Histoire des Chevaux célèbres.	
Études Hippiques	HERBIN.
Traité nouveau pour faire races de Chevaux .	WINTER.
Manuel des Piqueurs, Cochers, Grooms et Palefreniers.	DE MONTIGNY.

ORIGINES

DE

L'ÉCOLE DE CAVALERIE

ET DE

SES TRADITIONS ÉQUESTRES

Pour établir les origines de l'École de Cavalerie, il faut remonter aux origines de toutes ses fonctions actuelles : *École d'application de cavalerie*, *Académie d'équitation*, *École de dressage*, *École Vétérinaire militaire*, *École de Maréchalerie*, *École d'Arçonnerie*, *École de Télégraphie*, etc.

Toutes ces acceptions font de Saumur un centre vital des plus actifs, l'instruction comme le matériel passe à son épreuve. C'est en quelque sorte la maison mère de la cavalerie.

Cette institution si perfectionnée que toutes les nations du monde ont copiée, où elles envoient chaque année les meilleurs de leurs officiers puiser des enseignements, n'est pas une improvisation récente. Saumur a son histoire, ses traditions.

Ses traditions équestres notamment remontent aux origines mêmes de l'art et faire leur histoire c'est faire l'histoire de l'équitation militaire.

Saumur, en effet, a été avant tout une École d'équitation dont la réputation est fidèlement et glorieusement soutenue.

L'École d'aujourd'hui, tout en conservant les saines traditions de l'École française, professe et dirige les méthodes nouvelles, expérimente toutes les innovations, en leur donnant les garanties de son autorité et la sanction de son enseignement classique.

Les carrousels et les courses, qui couronnent chaque année les cours de l'École, démontrent nettement la valeur de cet enseignement; c'est la preuve la plus éclatante de ce judicieux éclectisme, qui a su si bien allier la tradition et le progrès.

C'est toujours la même correction et la même justesse, que l'élève monte en selle à piquer, en selle française, en selle anglaise, en selle d'ordonnance, un cheval normand, hongrois, anglais ou arabe, au manège, au travail militaire, dans les piliers ou sur l'hippodrome, qu'il manie le sabre, jette le javelot, coure la bague ou monte en steeple.

Les chevaux eux-mêmes sont pliés à cette flexibilité d'aptitudes, et tel qu'on a vu vainqueur au champ de courses se voit le lendemain à sa reprise de manège, aussi souple et aussi raccourci, qu'il était vite et droit dans la course de la veille.

Il n'est même plus besoin de parler de la reprise où les écuyers professeurs montrent tout le fini de leur équitation académique.

C'est pour ainsi dire sans interruption qu'on peut remonter aux premières pages de notre histoire nationale avec la filiation de l'École de Saumur, et à l'aurore de l'art équestre avec les traditions de son manège. Et c'est à Saumur qu'on est le mieux placé pour suivre pas à pas les progrès de l'équitation et des institutions de la cavalerie dont les perfectionnements gravitent autour de ce foyer impulsif.

Saumur est l'*École d'application de cavalerie* depuis 1870.

L'*École impériale de cavalerie* sous le second empire.

L'*École royale de cavalerie* en 1825.

L'*École nationale des troupes à cheval* en 1814.

Avant 1790, c'est l'*École d'Équitation militaire* des carabiniers, depuis 1763.

Avant cette époque, c'est l'*Académie d'équitation protestante*, fondée par Duplessis-Mornay.

Avant cela c'est une *École de chevalerie* où tous les Maîtres de la France et de l'Étranger mènent leurs élèves gagner leurs éperons d'or.

C'était la continuation de ces *Tournois fameux* dont la noblesse d'Anjou a été aussi la créatrice. Et la tradition en est très nettement marquée par les fêtes équestres données à Saumur : l'*Emprise de Charles VII*, — le *Tournoy du roy René*, — le *Tournoy de Henri II Plantagenet*, etc.

Puis c'est avant cela les célèbres *Castilles*, *Pas de lances* et *Joutes* où cette même noblesse affirme l'autorité de ses prouesses.

C'est encore auparavant les *représentations de tous les brillants faits d'armes*, après avoir été la solennisation du souvenir d'exploits plus anciens : ces *grands heurts de cavalerie* dont le pays a été la carrière.

Et cette tradition équestre remonte jusqu'aux torrentielles *chevauchées des cavaleries romaine et gauloise* qui ont foulé en tous sens ces vastes prairies de la Loire et du Thouet dont les richesses fourragères les avaient attirées.

C'est donc dans le caractère même du pays des *Andes* qu'il faut chercher le point de départ de ces fastes équestres qui sont la véritable origine de l'École de Saumur.

I

L'Asie, berceau de l'Equitation. — Le cheval français d'il y a trois cent mille ans. — Le déluge de Saumur. — Les Galls et les Kymris; leur équitation; leurs chevaux; leur harnachement leur ferrure. — La ferrure est inconnue des Grecs et des Romains; leurs procédés pour y suppléer: Carbatinai, Hippopodes, Spartea, Solea. — La ferrure celtique. — Le premier centre habité de la région de Saumur. — Équitation de chasse. — Ferrure druidique. — Les mystères de la Samothrace. — Les fers gaulois; la manière de ferrer — Les chevaux — La population de Saumur deux siècles avant notre ère. — Les cavaliers Andes; leur harnachement; leur armement. — La physionomie d'un guerrier gaulois. — La cavalerie romaine; l'équitation numide. — L'école du cavalier dans la cavalerie romaine; le harnachement; les chevaux; les allures; le *veterinarium*. — Dumnacus. — L'occupation romaine à Saumur. — Fêtes hippiques: courses, cirques, haute école. — Le luxe des chevaux. — Ferrure gallo-romaine. — Les invasions des barbares: leurs chevaux, leur harnachement, leur ferrure. — Ferrure burgonde, origine de la ferrure anglaise.

En entreprenant de rechercher les origines des traditions équestres de l'École de cavalerie dans les origines mêmes de Saumur, nous n'avons pas la prétention de donner la Gaule pour le berceau de l'équitation. Il est admis, jusqu'à présent — et jusqu'à preuve du contraire — que c'est à l'Asie que revient cet honneur, et plus particulièrement au plateau de Pamyr, qui fut en même temps le berceau du monde.

Nos ancêtres, les Gaulois, ont dû, paraît-il, attendre d'être initiés à l'emploi du cheval par les peuplades asiatiques pour en comprendre l'utilité.

Ce n'est pas que le cheval fut inconnu en Europe, car les mêmes savants qui ont posé cet axiome admettent qu'il y en avait déjà plusieurs espèces pendant l'époque tertiaire. Dès l'époque paléontologique — toujours d'après les mêmes sources — il existait plusieurs races distinctes de l'espèce sauvage qui fut la souche du cheval domestique: « Il y a plus de *trois cent mille ans* que les populations primitives de l'Europe chassaient et mangeaient déjà l'*Equus Caballus*, qui depuis cette époque a toujours existé dans diverses contrées de cette partie du monde. » Et les Européens auraient continué à ne considérer le cheval que comme un gibier pendant tout l'âge de pierre.

On comprendra que cette manière d'entendre l'équitation ne puisse pas servir nos recherches des origines équestres de l'École de cavalerie. Aussi, ne prendrons-nous pour point de départ, que les petits neveux de ces hippophages, les Andes, qui habitaient les rives de la Loire et qui furent les cavaliers les plus renommés de la Gaule. Ce sera remonter assez loin encore pour qu'on nous crie de passer au déluge.

Patience, nous y arriverons.

Car Saumur a eu son déluge qui a modifié du tout au tout l'aspect et l'importance du pays ; c'est ainsi qu'on appelle la catastrophe qui a changé le confluent de la Vienne et de la Loire et a réuni ces deux fleuves en amont de la ville.

Nous commençons notre étude à une époque bien antérieure à ce événement ; la Vienne passe au pied des collines saumuroises et la Loire coule parallèlement dans la même vallée à deux ou trois kilomètres de là. Leur confluent est en aval, quelque peu avant Angers.

Le Thouet, qui découpe l'éperon montagneux que couronne aujourd'hui le château de Saumur, coule à pleins bords au sud, et se jette dans la Vienne à l'extrémité de cette falaise.

Les lits de ces trois rivières forment donc une immense étendue couverte de vastes prairies qui attirent les troupeaux des tribus errantes des Galls et des Kymris.

Les Galls et les Kymris qui émigrèrent de la Bactriane, et qui vinrent s'établir dans la Gaule et fonder la nation gauloise, apportèrent avec eux l'usage du cheval dont ils se servaient depuis longtemps.

L'équitation n'était alors qu'une question de force et d'intrépidité. Les chevaux étaient sauvages et farouches ; l'homme qui essayait de les soumettre ne pouvait entreprendre une pareille tâche qu'avec une grande vigueur corporelle, une agilité extrême et un goût naturel pour les obstacles et les périls.

Le cheval était petit, comme nous le retrouvons partout à l'état sauvage, quelles que soient les conditions de son existence. L'homme en état de se livrer à un exercice aussi violent et aussi dangereux était nécessairement fort agile, par conséquent d'une stature vigoureuse et d'un certain poids.

Ces cavaliers montent d'abord des chevaux nus, qu'ils conduisent avec une simple lanière pour les retenir et qu'ils dirigent avec la main. Puis ils en viennent à mettre une couverture, morceau d'étoffe ou peau d'animal qu'ils fixent avec une sangle.

L'art de ferrer les chevaux, qui a probablement pris naissance aussi chez les peuples cavaliers de l'Asie centrale, doit avoir été importé en Europe par ces Kymris, quand ils vinrent, entre le VIIe et le VIe siècle, sous la conduite de Hu le Puissant, s'établir dans le nord de la Gaule, en Belgique et en Bretagne.

Les peuples dont nous connaissons le mieux l'histoire, les Hébreux, les Grecs, les Romains, paraissent avoir été les derniers à connaître la ferrure; tandis que ces peuplades barbares avaient déjà découvert la façon d'exploiter le minerai ferrugineux et de travailler le fer. C'est donc à ces hordes originaires des bords de la mer d'Aral, que l'on doit faire remonter l'exécution de la ferrure.

D'ailleurs, les Chinois, dont le pays était couvert de chevaux vingt-trois siècles avant J.-C,, prétendent l'avoir inventée. Les Mongols orientaux paraissent aussi avoir leurs chevaux ferrés depuis l'antiquité la plus reculée, et, lorsque le métal leur manquait, ils ferraient avec la partie élargie de la corne du renne.

Toujours est-il qu'avant l'invention de la ferrure, on voyait souvent l'usure des sabots d'un quadrupède arrêter la marche des armées. Des conquérants étaient forcés d'interrompre le cours de leurs succès pour laisser croître les ongles de leurs chevaux.

Rendre le pied inusable, tel était le problème à résoudre pour avoir un parfait moteur.

Il fut résolu complètement par l'invention de la ferrure à clous, qui fit du cheval un précieux instrument de travail et un puissant engin de guerre. Cette invention, si simple en apparence, a donc joué un grand rôle dans les destinées de l'humanité.

Les Grecs et les Romains ne connaissaient pas la ferrure pendant la période classique qui s'étend d'Hésiode et d'Homère aux empereurs. Aussi la dureté de la corne, considérée comme la première et la plus indispensable des qualités du cheval, fut-elle célébrée par les plus grands poètes de l'antiquité, Homère, Horace et par Isaïe. Le prophète parle des armées romaines qui doivent détruire Jérusalem : « Leurs flèches sont aiguisées, leurs arcs sont déjà tendus, la corne des pieds de leurs chevaux est dure comme le diamant. »

Les auteurs grecs et latins, militaires, agriculteurs, hippiâtres, ne font aucune mention de la ferrure. Végèce Flavius décrit la forge de campagne de l'armée romaine et son outillage; mais il ne cite ni les fers à cheval, ni les clous ; ce qui, d'après Bracy-Clarck, démontre que la ferrure à clous n'était pas encore employée par les Romains à cette époque.

Enfin, ce qui prouve encore que la ferrure était inconnue des Grecs et des Romains, c'est que nombre d'auteurs anciens enseignent longuement les procédés à employer pour durcir les sabots des chevaux, les moyens à mettre en pratique pour remédier à l'usure de la corne, ainsi que les inconvénients et blessures résultant de l'emploi de ces moyens.

Xénophon, l'illustre capitaine de cavalerie, qui commandait la retraite des Dix-Mille, a écrit :

« Afin que les pieds du cheval soient le plus durs possible, il faut, je le dis par expérience, faire recouvrir de pierres, du poids d'une livre environ, le sol sur lequel le cheval doit se tenir, au moment où on le panse, en dehors de l'écurie. Placé sur ce lit de pierres, le cheval ne cesse de piétiner pendant qu'on l'étrille ou qu'on le bouchonne, et s'y arrondit les sabots. »

Columelle, qui vivait du temps d'Auguste, recommande de recouvrir le sol des écuries d'un plancher de bois de chêne, parce que « cette espèce de bois durcit les pieds des chevaux à la manière des pierres. »

Malgré la préférence accordée dans le choix des chevaux aux sabots durs, ronds et concaves et les précautions en usage pour augmenter la résistance de la corne, celle-ci ne s'en usait pas moins pendant un travail actif ou longtemps soutenu, comme nous l'indiquent les expressions : *ungulæ, attritæ, detritæ, subtritæ*, qui reviennent souvent sous la plume des écrivains spéciaux (Apsyrte, Eumèle, Théomneste et Végèce).

Quant aux appareils protecteurs employés pour remédier à l'usure des sabots, il en est fréquemment question dans les auteurs anciens qui, sans les décrire, les citent comme les appareils usuels.

Xénophon recommande de mettre aux chevaux des *Embatai* ou bottes de cuir, dont on fait les semelles, de manière que cette chaussure serve d'armure aux jambes et aux pieds.

Aristote parle de *Carbatinai* que l'on plaçait sous les pieds des chameaux utilisés à la guerre.

Apsyrte, vétérinaire grec, signale les accidents graves déterminés, parfois, par les courroies fixant les *Hippopodes*.

Caton dit qu'il faut enduire de poix fluide le dessous des pieds du bœuf, pour empêcher qu'ils ne s'usent en voyage.

Columelle, Théomneste et Végèce prescrivent l'usage d'appareils confectionnés avec des tiges de genêts tressés, pour remédier à l'usure des pieds, — appareils appelés σπαρτον par les Grecs et *Spartea* par les Romains.

Il est possible que des appareils de ce genre aient été très usités, puisque, de nos jours, les Japonais placent souvent, sous les sabots de leurs chevaux, des espèces de semelles en paille de riz, qui s'attachent autour du pied et du paturon par des lanières. Une de ces semelles suffit, par pied, pour une journée de marche.

Enfin, les Romains faisaient un fréquent usage de *solea*, plaques métalliques fixées sous les pieds à l'aide de courroies.

Les découvertes archéologiques nous ont rendu ces solea, ainsi que les instruments employés pour le raccourcissement des pieds.

En résumé, les deux peuples les plus civilisés de l'antiquité ne connaissaient pas la ferrure à clous, et les moyens dont ils se servaient, pour protéger contre l'usure les pieds des chevaux, mulets et bœufs, étaient imparfaits et insuffisants.

Non protégé, le pied, malgré tous les soins, était réduit en poussière durant les longues marches; s'il était protégé par des chaussures incommodes et sans solidité, il en résultait des blessures graves occasionnées par les courroies, et aussi la perte fréquente de ces chaussures dans les fondrières.

Par suite de l'imperfection de ses points d'appui, le cheval se trouvait donc incapable de fournir régulièrement des courses longues et rapides, de traîner de lourds fardeaux.

Or, avant l'ère chrétienne, la ferrure à clous était certainement en usage en Gaule, en Bretagne, en Germanie. Les peuples de ces contrées, que Rome avait stigmatisés du nom de barbares, étaient donc loin de mériter une telle qualification.

Un archéologue a découvert un *Cairn* qui semble être un atelier celtique complet. Au milieu d'ossements d'hommes et de chevaux se trouvaient : une lime triangulaire, un fragment de lime plate, un petit ciseau, des scories de fer, deux morceaux de bronze coulés, un gros marteau pesant 2 kil. 1/2, une boucle en fer et une section de fer à cheval pourvu d'un clou à tête oblongue.

Des fers de chevaux, présentant les caractères des premiers types reconnus pour appartenir à l'époque celtique, ont été également retirés du sol, avec des objets qui en indiquent la provenance, en Angleterre et en Allemagne.

Tous ces fers ont pour caractère général d'avoir leurs bords ondulés au niveau des étampures, larges et oblongues, dont ils sont percés; d'être petits, minces (de 3 à 5 mill.), étroits (de 15 à 17 mill.), à six étampures; du poids de 90 à 120 grammes, et de porter ordinairement des crampons formés avec l'extrémité de l'éponge amincie et repliée en dessous.

Les clous à tête aplatie par côtés et arrondie en haut ont une certaine ressemblance avec une clef de violon; les lames courtes, carrées et toujours munies de leur pointe indiquent qu'alors on brochait bas et en rabattant la lame du clou sur le sabot, sans la couper.

Il résulte de ce qui précède que la ferrure à clous était pratiquée bien avant la conquête de la Gaule; à cette époque, il existait déjà plusieurs espèces de fer à cheval et, conséquemment, plusieurs centres de fabrication. Il est donc permis de croire que, si les Celtes n'en sont pas les inventeurs, c'est par eux, du moins, qu'elle s'est répandue en Occident.

Le premier centre habité de la région de Saumur est, d'après les chroniques, le plateau de Doué, Theotwadum, qui signifie Gué-de-Dieu. C'est du plateau de Theotwadum et des forêts des Pictones que les tribus gauloises descendent dans la triple vallée. Elles installent leurs tentes de peau d'auroch' sur les flancs de l'amphithéâtre de rochers et mènent paître leurs chevaux dans ces prairies dont elles récoltent les foins abondants pour les longs hivernages. Quand les pluies d'automne grossissent les eaux et font se mêler les deux grandes rivières, elles abandonnent la pêche pour chasser le sanglier et les bêtes fauves dans les épaisses forêts dont les vestiges d'aujourd'hui nous rappellent l'étendue.

C'est dans ces exercices que ces premiers cavaliers déploient toute leur hardiesse en équitation et préparent cette réputation équestre qui les fera plus tard avidement rechercher des recruteurs romains.

Les chevaux deviennent bientôt des animaux domestiques que la tribu emmène avec elle en changeant de campements, passant en longues files devant les dolmens sacrés, au pied desquels se tiennent les druides qui les dirigent.

Les nombreux monuments druidiques qu'on trouve intacts dans tout ce pays retracent d'une façon très nette les divers emplacements de ces campements.

Il y a lieu de croire que, dans tous les pays gaëliques, les druides s'étaient réservé le monopole de l'exploitation des métaux. Anoblie par le sacerdoce, la profession de forgeron devait donc avoir un caractère mystérieux et sacré et être entourée d'honneurs.

D'après M. Rossignol, les mystères de la Samothrace ne sont autre chose que les mystères de la métallurgie, doctrine religieuse fondée sur la découverte et le premier usage des métaux, et, parmi les trois classes de prêtres dont était constituée la hiérarchie druidique, c'était aux Ovates, qui formaient la deuxième classe, que les fonctions industrielles étaient dévolues.

Comme les autres classes des druides, ils avaient d'ailleurs bien soin de garder le monopole de leurs connaissances.

Le souvenir des mystérieux forgerons gaulois s'est conservé pendant tout le moyen âge et, de fait, le druidisme n'a été éteint en France que vers le xe siècle. — Rien ne prouve que saint Éloi, patron des maréchaux, ne soit pas un de ces prêtres convertis à la foi nouvelle. On peut encore considérer comme une preuve de ce mystère de la ferrure, la légende de Walter Scott dans le château de Kénilworth : « Quiconque voulait profiter du talent merveilleux de Wayland, conduisait et attachait son cheval au milieu d'un champ solitaire, déposait une pièce de monnaie sur l'une des pierres, puis s'éloignait. Revenant après un temps raisonnable, il trouvait la pièce disparue et le cheval ferré. »

En tout cas, il est probable que, si la ferrure existait à l'époque druidique, ceux qui l'exécutaient ne pouvaient être que des forgerons sacrés et mystérieux, les Ovates, si bien préparés par les connaissances anatomiques que leur donnaient de nombreux sacrifices de chevaux à cette audacieuse invention d'une armure métallique clouée au pied du cheval.

Une autre preuve de ce fait, c'est qu'on a trouvé des fers de cette période portant, comme les armes, une véritable marque de fabrique.

Le climat tempéré et humide et les chemins durs et raboteux rendaient, d'ailleurs, dans les Gaules, la ferrure d'une impérieuse nécessité.

Il est donc permis de croire que la fabrication des fers et des clous à cheval a dû, tout d'abord, être faite par les druides.

Tous ces fers des premiers temps sont petits, étroits et faibles de métal, constamment percés de six trous dont l'ouverture extérieure est fortement étampée en forme longitudinale pour loger la base de la tête du clou. Cette tête se termine en T conique ou en clef de violon, pour servir de crampon auxiliaire à ceux des talons, qui toutefois ne sont pas constants. Le peu d'épaisseur et surtout de largeur du fer a toujours fait distendre celui-ci à chaque étampure de manière à festonner le bord externe du fer. L'épaisseur de celui-ci est de 3 à 4 millimètres et sa largeur de 15 à 16 entre chaque trou, ce qui indique la dimension du métal ou de la barre avant l'étampage. Le poids de ces fers ne dépasse pas 90 à 120 grammes et nous les verrons augmenter progressivement de grandeur et de poids à mesure que nous les examinerons dans les âges suivants.

Quant à l'application du fer sous le pied — c'est-à-dire à la ferrure proprement dite — elle ne pouvait être exclusivement pratiquée par les prêtres, ainsi qu'on l'admet généralement aujourd'hui, et rien ne prouve qu'elle fût exercée par des hommes de métier.

C'était, d'ailleurs, une opération facile à cette époque reculée, où les routes n'étaient ni empierrées, ni pavées, où les chevaux étaient de petite taille et probablement ferrés seulement du devant, où les fers usaient peu et n'avaient pas besoin d'être fixés très solidement. Il s'agissait tout simplement d'attacher au pied un fer très léger, très étroit, plat, sans ajusture ni pinçon, avec des clous à lame courte et forte, rivés très bas, sous un pied fort et peu ou pas paré. Car le boutoir ne s'est pas retrouvé dans l'attirail du maréchal gaulois et tout porte à croire qu'il est d'importation germanique.

Une telle opération était certainement plus inoffensive encore que la ferrure arabe actuelle et ne devait pas être suivie des accidents et maladies du pied, si fréquents de nos jours.

Il est donc plus que probable que le guerrier gaulois ferrait lui-même son cheval, coutume qui, d'ailleurs, était encore en honneur parmi les chevaliers du moyen âge, alors que les fers étaient plus grands, plus lourds et, conséquemment, bien plus difficiles à fixer solidement sous les pieds.

D'ailleurs, lorsque le cheval a le pied suffisamment long et fort, on ne le ferre pas. Ce n'est que lorsque l'usure est trop prononcée, qu'on a à marcher sur de mauvais terrains ou à faire de longues et fatigantes courses, qu'on ferre le cheval ; dès qu'il a de nouveau les pieds longs, il est immédiatement déferré et laissé pieds nus, en sorte qu'ils ne sont jamais parés que par la bonne nature.

Enfin ces fers nous révèlent par leur petitesse une race chevaline plus petite que celle actuelle et moins lourde, ce qui du reste est confirmé par l'examen des squelettes et même des dents trouvées en même temps que ces fers. Leur uniformité de grandeur et de poids dans une même époque, quelles que soient les localités où on les ait trouvées, indique en même temps une race unique pour tous les peuples celtiques, race qui ne s'est même pas modifiée beaucoup pendant la période gallo-romaine, comme nous le verrons plus loin.

Ainsi donc, c'est sur ces petits chevaux celtiques, probablement analogues aux chevaux tartares modernes, et grâce à la ferrure, que nos ancêtres ont parcouru en vainqueurs presque toute l'Europe et une partie de l'Asie.

Les tribus nomades du pays de Saumur, lasses à la fin de leur vie errante, attirées par les richesses de la grande vallée, finissent par s'y fixer. Elles plantent au bord du fleuve leurs cabanes de bois de forme ronde, recouvertes de chaume, et ce peuple à peine né devient immense.

La population de cette contrée était si dense deux siècles avant notre ère que le sol, quoique très fertile, ne pouvait plus suffire à la nourriture de ses habitants, aussi formèrent-ils le plus gros contingent de cette émigration gauloise qui alla en Italie fonder la Gaule cisalpine.

Ceux qui sont restés, voyant leurs frêles cabanes constamment menacées par les deux rivières toujours gonflées, se décident à se retirer sur les coteaux où ils vont habiter, comme le font encore aujourd'hui une partie des paysans de l'Anjou, ces cavernes creusées dans la roche de tuf si commode à façonner en grottes.

Ce peuple nouveau, sous l'impulsion des bardes qui chantent son histoire naissante, est pris d'ambition, rêve de conquêtes, et c'est dans cette vaste plaine de Saumur que les cavaliers Andes, devenus des guerriers, acquièrent leur renom en triomphant de leurs voisins de Touraine, de Poitou, d'Armorique et d'Aquitaine.

Leur réputation est maintenant établie et leur prestige ira grandissant. Le cheval partage la gloire du cavalier, ils sont inséparables jusque dans la tombe. A la mort d'un guerrier, son cheval est enterré avec lui.

Ces Gaulois avaient déjà remplacé la couverture par une selle formée de nattes de jonc ou de paille fort épaisses, la courroie et le poitrail pareils.

Chacun de leurs cavaliers avait avec lui deux écuyers aussi à cheval; lorsque la cavalerie avait engagé le combat, ces écuyers se tenaient derrière le corps d'armée, soit pour remplacer les cavaliers tués, soit pour donner leur cheval à leur compagnon, s'il perdait le sien, soit pour remplacer celui-ci dans le cas où il était blessé, tandis que l'autre écuyer l'emportait hors de la mêlée.

Les Gaulois étaient armés de longues épées en fer à deux tranchants, sans pointe, de lances à longs fers de 50 centimètres, de javelots, d'arcs, de frondes. Ils portaient casques et cuirasses, et la cotte de mailles est de leur invention.

Rien de splendide et de terrible à la fois comme l'aspect d'un chef de guerre gaulois. Sa haute taille est encore rehaussée par son casque d'airain fait en forme de mufle de bête sauvage et surmonté de cornes d'urus ou d'élan, d'ailes d'aigle ou de crinières flottantes. Ses yeux bleus ou verts de mer étincellent sous une épaisse chevelure dont l'eau de chaux a changé la couleur blonde en une teinte enflammée. De longues moustaches rousses ombragent ses lèvres.

Sur son grand bouclier quadrangulaire peint de couleurs brillantes, se relève en bosse quelque figure d'oiseau ou d'animal sauvage, emblème adopté par le guerrier. Un énorme sabre pend sur sa cuisse droite; il tient à la main deux gais (épieux) ou une lance dont le fer, long d'une coudée et large de près de deux palmes, droit vers la pointe, recourbé à la base en replis sinueux, fait d'horribles et mortelles blessures.

Mais la guerre a ses fortunes changeantes, et cette brave cavalerie va être vaincue à son tour par celle des Romains. La confédération gauloise est encore trop frêle, elle va succomber devant l'unité romaine.

Toutefois, les Romains font trop grand cas de ces cavaliers pour se les rendre hostiles, ils connaissent trop bien leur habileté et leur valeur. Ils les attirent dans leurs rangs, et les grandes plaines de la Loire sont le théâtre de nouveaux exploits.

Il faut dire que cette cavalerie romaine était peu habile, quoique très nombreuse, et les meilleurs de ses cavaliers étaient certainement ses auxiliaires. Quand elle vint en Gaule, elle en était encore à l'*équitation numide*, c'est-à-dire à manœuvrer en cercle autour de l'ennemi, les cavaliers montant leurs chevaux en bridon et en couvertures. Les étriers sont encore inconnus.

La manière de monter à cheval des Romains, consistait à s'enlever par la force des poignets ou en s'appuyant sur le bois de leur lance; d'autres se faisaient enlever par le pied. La voirie romaine avait eu soin de faire placer de distance en distance, sur les routes ou grands chemins publics, des bornes ou éminences en terre pour l'usage des voyageurs à cheval, obligés de descendre et de remonter.

Chez les Romains tous les nouveaux soldats étaient exercés tous les jours deux fois, et les autres régulièrement une fois.

« Les Romains, dit Végèce, firent toujours exercer avec beaucoup de régularité leurs nouveaux cavaliers, et sauter à cheval; les vieux même n'en étaient pas dispensés. On mettait pendant l'hiver, dans un lieu bien couvert, et pendant l'été, dans le Champ-de-Mars, des chevaux de bois, sur lesquels on faisait sauter les jeunes cavaliers. Pour s'y accoutumer ils commençaient d'abord sans armes, ensuite tout armés; et à force de soin et d'habitude, ils parvenaient à sauter à cheval et à terre, également de droite et de gauche, l'épée ou la lance à la main; aussi n'étaient-ils pas embarrassés de le faire plus tard dans le tumulte du combat. »

C'était le décurion qui, dans chaque turme, présidait à ces exercices; c'était lui-même qui les enseignait, et ce grade n'était conféré qu'après un examen sévère.

« On doit sur toutes choses, dit encore Végèce, chercher de la vigueur et de la légèreté dans un décurion, afin qu'à la tête de sa troupe, il puisse, en cuirasse et avec toutes ses armes, sauter de bonne grâce sur son cheval et le bien manier.

« Il faut qu'il sache se servir adroitement de sa lance, tirer habilement les flèches et dresser les cavaliers de sa turme à toutes les évolutions de la cavalerie ; il doit aussi les obliger à tenir en bon état leurs cuirasses, leurs casques, leurs lances et toutes leurs armes, parce que l'éclat qu'elles jettent en impose à l'ennemi. D'ailleurs, que peut-on penser du courage d'un soldat qui laisse manger ses armes par la rouille et la saleté ? Mais il n'est pas moins nécessaire de travailler continuellement les chevaux, pour les façonner, que d'exercer les cavaliers : c'est au décurion à y tenir la main, et en général à veiller à l'entretien et à la sûreté de sa troupe. »

Le décurion était donc le chef de sa turme, il en était l'instructeur ; il était l'ordonnance personnifiée de son temps, et il préludait au combat à la tête de sa turme, en enseignant et dirigeant tous les exercices équestres, et en y rompant les cavaliers et les chevaux.

Qui ignore que César et Pompée furent d'excellents hommes de cheval? Plutarque nous apprend que le premier s'y exerçait de toutes les manières, et que bien souvent les mains derrière le dos, et son cheval n'ayant pas de bride, il lui faisait prendre carrière ; on voyait dans les exercices Pompée, à l'âge de cinquante-huit ans, monter à cheval, mettre l'épée à la main et la remettre adroitement dans le fourreau, pendant que son cheval courait à bride abattue ; et Plutarque ajoute qu'il y avait peu de jeunes gens qui égalassent la force et l'adresse avec laquelle il lançait le javelot.

Après que les cavaliers s'étaient exercés seul à seul, ils montaient à cheval, et on les menait à la promenade ; là on leur faisait exécuter tous les mouvements qui servent à attaquer et à poursuivre en ordre. Si on leur montrait à plier, c'était pour leur apprendre à se reformer promptement, et à retourner à la charge avec la plus grande impétuosité. On les accoutumait à monter et à descendre rapidement par les lieux les plus raides et les plus escarpés, afin qu'ils ne pussent jamais se trouver arrêtés par aucunes difficultés du terrain.

Polybe nous a conservé le détail des mouvements que Scipion faisait faire à la cavalerie. Il accoutumait chaque cavalier séparément à tourner sur sa droite et sur sa gauche ; il instruisait ensuite les escadrons entiers à exécuter de tous côtés et avec précision les simples, doubles et triples conversions, à se rompre promptement, soit par les ailes, soit par le centre, et à se reformer avec la même légèreté : il leur apprenait surtout à marcher à l'ennemi avec le plus grand ordre, et à en revenir de même. Quelque vivacité qu'il exigeât dans les diverses manœuvres des escadrons, il voulait que les cavaliers gardassent toujours leurs rangs, et que les intervalles fussent exactement observés.

Le cavalier romain qui avait à faire à quelqu'un un salut de politesse ou de déférence s'en acquittait en suivant les règles qui s'observent encore aujourd'hui chez les nations civilisées. L'usage voulait qu'en abordant les personnages auxquels il devait considération, il mît pied à terre, s'arrêtât en tenant son cheval de la main gauche et se découvrit de la droite. Lorsqu'on marchait vite on devait modérer la course de son cheval et même s'arrêter, passer la houssine ou le fouet dans la main gauche et saluer de la droite.

Le frein des chevaux était une bride à mors brisé.

L'Ephipium était la selle romaine, espèce de carré en étoffe ou en laine posé sur une peau d'animal, le tout fixé sur le dos du cheval par une croupière et un poitrail. Dans le harnachement des chefs, ces selles improvisées étaient relevées par des garnitures d'or et d'argent, ornées souvent de perles et de riches joyaux.

Les chevaux des Romains nous sont représentés, par les anciens auteurs, avec des naseaux ouverts, jetant le feu, des yeux étincelants, des oreilles rapprochés et effilées, une crinière très touffue, une poitrine très large, un garrot peu élevé, des épaules rondes et grasses, un corps trapu, court et près de terre, plutôt gros que mince, des paturons courts et forts, les cuisses fortes bien musculeuses, les jambes assez nettes et fermes, quoique communes, des genoux plutôt plats, des sabots durs, élevés et ronds. La crinière restait longue et bien fournie ; quelquefois elle était taillée en brosse.

Les écuries, surtout les mangeoires, étaient tenues très proprement.

L'allure du trot était fort peu dans les habitudes des anciens Romains, ils l'avaient généralement en aversion. On conçoit, en effet, qu'avant l'invention des étriers, cette allure devait être fort désagréable pour le cavalier. Chez aucun des peuples anciens, d'ailleurs, elle n'était plus en usage qu'à Rome. Cela tient d'abord, comme nous l'avons dit, à l'absence des étriers, qui laissaient sans support les jambes du cavalier, et ensuite à ce que le trot n'est pas l'allure naturelle du cheval méridional ; sa conformation se prête mieux aux allures vives et légères. Ce ne fut donc que chez les peuples occidentaux que le trot fut usité, et encore l'usage n'en fut généralement établi chez ces peuples que très tard et presque de nos jours.

Lors de la conquête des Gaules par Jules César, il n'y avait plus de cavalerie indigène dans l'armée romaine. Il n'y eut plus désormais que de la cavalerie auxiliaire, composée de Gaulois, de Germains et d'Espagnols.

Il n'y avait pas plus de vétérinaires que de maréchaux dans les armées romaines d'Occident. Lorsque les bêtes de sommes étaient malades, il y avait à côté de l'hôpital des soldats (*Valetudinarium*), un endroit disposé pour les animaux (*Veterinarium*), où ceux-ci étaient soignés par les mêmes médecins qui s'occupaient des hommes.

Telle était la cavalerie de ces armées romaines, toujours victorieuses, qui envahirent la Gaule.

Cependant l'esprit national se réveille sur les rives de la Loire, un héros angevin, *Dumnacus*, a entrepris de secouer la domination de Rome, il passe les fleuves et s'avance en Poitou. Mais Fabius, général romain, accourt avec une nombreuse cavalerie pour couper la retraite aux Andes. Il occupe le pont que Dumnacus a jeté sur la Loire ; un combat sanglant s'engage, les Andes sont écrasés et douze mille des leurs sont foulés aux pieds des chevaux. « Les cavaliers romains, dit Hirtius Pansa, égorgèrent tant que leurs chevaux purent charger les fuyards et que leurs bras purent se lever pour tuer ».

Les légions du Tibre vinrent camper sur les collines du fleuve.

Saumur devint le pays de la cavalerie romaine, et un centre de recrutement pour les enrôlements de Gaulois. C'est à chaque pas que l'on retrouve les traces de cette occupation militaire : voies romaines, camps, ruines de villas et de monuments, etc.

Au camp de Chênehutte en aval de Saumur, une maison porte encore le nom de *maison du marqueur*, probablement en souvenir du marquage du fer de la légion que l'on imprimait sur l'épaule des enrôlés.

La cavalerie gallo-romaine grossit, et les fêtes équestres prirent naissance pour étaler son prestige et attirer les engagements volontaires.

Les jeux équestres firent de tout temps fureur chez les Romains. Saint Jean Chysostome parle des courses de son époque, et nous sommes obligés de ranger, parmi les hommes de cheval, le grand saint Augustin, né en Afrique, mais devenu un des plus célèbres Pères de l'Eglise latine, après avoir été un des premiers sportsmen de l'Italie.

Les jeux du cirque étaient plutôt des courses de voltigeurs que des courses de vitesse. Les coureurs arrivaient, montés ou debout, sur un ou deux chevaux nus, en tenant d'autres en main, souvent jusqu'au nombre de six, sautant, pendant la course de l'un sur l'autre.

Les courses d'hippodromes étaient organisées à peu de chose près comme nos courses actuelles — il n'y a rien de nouveau sous le soleil. — Quant au cirque, les exhibitions scéniques représentaient les perfections du dressage d'alors, un dressage purement mécanique ; on faisait piaffer les chevaux en cadence, on leur apprenait à exécuter certaines danses, on les montrait à des allures relevées qu'on avait obtenues en leur attachant des rouleaux de bois aux paturons.

Si toutes les allures de haute école n'étaient pas connues des écuyers romains, il y en avait cependant un grand nombre de pratiquées dans les manèges. Les Romains donnaient le nom de *tripudium* à cette allure brillante et prétentieuse que nous désignons par le mot piaffer. Le mot français trépigner vient sans doute du mot latin *tripudium* ; mais il est alors détourné de sa signification, puisqu'il exprime un mouvement confus et incorrect des jambes du cheval, et non l'allure mesurée et gracieuse exprimée par le mot piaffer.

Les allures les plus habituelles pour le service, étaient : l'amble (*ambulatoria*), allure la plus commune aux voyageurs romains, comme à tous les peuples de l'antiquité et du moyen âge, et à laquelle ils dressaient leurs chevaux avec un soin tout particulier ; puis le petit galop et le grand galop ou galop de course.

Si l'équitation n'a pas encore progressé, le luxe des chevaux est déjà poussé fort loin par la civilisation romaine. On a des chevaux pour le voyage : *itinerarii* ; pour les bagages : *sarcinarii* ; des chevaux d'amble et de promenade : *gradarii* ; de chasse : *venedi* ; enfin les chevaux de selle et d'agrément : *cantherii*, d'où vient le mot anglais *canter*, petit galop. Le *mannus* était le cheval de service ordinaire, pour aller à la campagne, par exemple. *Jumentum* était le cheval de bât.

Les souverains donnèrent eux-mêmes l'exemple de l'amour du cheval, qu'ils poussèrent quelquefois à l'excès.

Caligula fit construire un palais à son cheval, lui donna des officiers et des esclaves, lui fit faire une écurie de marbre et une auge d'ivoire, lui donna une couverture de pourpre et un collier de perles et le fit servir dans des vases d'or. Enfin il le nomma consul !

Adrien eut une si grande passion pour les chevaux de son écurie, qu'il y eut des lieux choisis destinés à leur sépulture.

L. Verus nourrissait son cheval de raisins secs et de pistaches, il lui fit faire une statue d'or pendant sa vie.

Si les fers à cheval celtiques sont rares, il n'en est plus de même des fers de la période gallo-romaine. On les trouve en grande quantité dans les ruines des établissements remontant à cette époque, pêle-mêle avec des armes, des monnaies, des hipposandales, etc.

Ces fers, dont des spécimens nombreux existent dans les musées de France, de Belgique, d'Allemagne, d'Angleterre, sont semblables aux fers ondulés gaulois. Ils sont plus grands et plus lourds (180 à 250 gr.) et évidemment destinés à des chevaux plus forts et de taille plus élevée, ce qui prouve que l'espèce chevaline avait été déjà perfectionnée et rendue plus propre à la guerre.

Le fer à cheval gallo-romain a identiquement le même caractère que le fer celtique : trois trous de chaque côté; chaque trou portant une étampure deux fois plus longue que large pour recevoir la tête allongée elle-même du clou et la protéger contre l'usure, tout en lui laissant une forte saillie extérieure, le pourtour du fer festonné et dessinant par ses contours la place de chaque trou; chaque bande terminée par une éponge à crampons; l'ensemble des saillies des têtes de clous et des crampons formant un plan régulier. Le métal est d'une extrême ductilité comme celui de tous les fers antiques, et d'une pâte très blanche...

La tête des clous gallo-romains est moins saillante, les lames toujours carrées sont ou bouclées à la pointe, ou repliées sur la paroi, sans jamais être diminuées de longueur par un instrument tranchant.

Il est certain que sous la domination romaine, comme pendant la période celtique, tous les chevaux n'étaient pas ferrés, et il est permis de croire que beaucoup étaient seulement ferrés du devant, ainsi qu'on le voit encore en Algérie.

La ferrure était probablement réservée aux chevaux des grands personnages, à la cavalerie en campagne, et aux chevaux des pays à sol dur et rocailleux; en un mot, dans toutes les circonstances où on voulait obtenir un service sérieux et durable.

A cette époque, la ferrure, dédaignée des Romains qui appréciaient peu le cheval, était pratiquée par des Gaulois esclaves ou affranchis.

Ces faits suffisent, nous pensons, pour prouver que la maréchalerie était pratiquée pendant l'époque gallo-romaine tout à fait suivant la méthode celtique, et qu'elle ne subit pas de modifications durant cette période.

Mais surviennent les invasions des barbares: Visigoths, Saxons, Francs, Normands, qui vont effacer la domination romaine et ses principes de civilisation en ramenant de nouvelles luttes. Les cavaliers vont reprendre leur rôle de guerre et se mesurer de nouveau dans les plaines de la Loire.

Les barbares qui vinrent des contrées septentrionales fondre sur les débris de l'empire romain, avaient des chevaux courts, gros, lourds, mais solides. C'est avec eux qu'apparut la selle proprement dite, si préférable et si commode pour le cavalier, non moins avantageuse pour le cheval, et dont le résultat indispensable, complétée par les étriers, était une équitation plus commode, plus sûre, plus solide et plus perfectionnée. Jusqu'alors l'arçon avait été inconnu et on ne saurait donner le nom de selles à ces sièges d'étoffe rembourrés, ou à ces peaux de bête, en plusieurs doubles, qu'employaient les anciens.

Les chevaux des barbares portaient une espèce de selle plate composée de deux planches étroites réunies par deux bouts de cuir et assez espacées pour laisser libre l'épine dorsale; sur ces deux bandes on posait des peaux ou des coussins; l'étrier se composa d'abord de trois petits bâtons réunis en triangle par des bouts de corde. Le mors fut primitivement un billot de bois ou un filet à branches et brisé.

L'étrier remplaçait l'usage moins commode de se mettre en selle en montant sur une borne, ou en posant le pied sur une traverse en bois ajustée au tronçon de la lance. Il a fait disparaître en même temps l'usage dégradant des Orientaux qui, pour monter à cheval, se faisaient un marchepied d'un esclave ou d'un vaincu.

Parmi les barbares qui envahirent les Gaules, les Burgundes eurent une influence particulière sur la ferrure.

Leurs fers étaient tous larges, couvrant une grande partie de la plante du pied, à six clous, non festonnés et ordinairement creusés, le long du bord externe, d'une rainure plus ou moins profonde, au fond de laquelle étaient percés les trous, de telle sorte que la tête du clou y était presque complètement logée. Le poids de ces fers était en moyenne de 265 grammes et le crampon était constitué par un renflement précédant d'un ou deux centimètres l'extrémité de la branche, laquelle se trouvait être un biseau tranchant.

Le fait de ces rainures prouve de plus que, comme chez les Gaulois, le même ouvrier chez les Burgundes fabriquait les armes et les fers de chevaux. Il prouve encore que ce genre d'étampures, qui s'est perpétué jusqu'à nos jours chez les Anglais, leur vient de la conquête normande, d'où il s'ensuit qu'après l'invasion burgunde, il s'était généralisé dans toute la Gaule et qu'il n'était pas encore modifié au XIe siècle.

Cavalier Gaulois

II

Les Visigoths et les Francs à Saumur. — Les cavaliers francs. — Inondation de 584. — La ville de Mur, en l'an 600. — Les premiers rois de France à Saumur. — Invention de la selle et des étriers. — Les maréchaux chez les Francs, premiers connétables. — Bataille de Tours ou de Poitiers. — Champs de mai à Saumur. — Le premier château de Saumur. — La *Joannis-Villa*. — Charlemagne à Saumur; sa cavalerie, son costume, ses chevaux, leur harnachement, leur ferrure. — Louis le Débonnaire à Saumur; réjouissances équestres. — Le connétable. — Invasion des Bretons; leurs javelots. — La première chevalerie française. — Comment on devient chevalier. — Les Normands. — Premiers essais de tournois: courses de quintaine et de javelot. — Éducation équestre des jeunes seigneurs. — L'Anjou école de chevalerie. — Chevalier, Écuyer, Archer, Lance fournie. — Destrier, Palefroy, Courtaud. — Ingelger, combat singulier. — Les Normands à Saumur. — Nouveau château de Saumur. — Deuxième enceinte de Sous-le-Mur. — Le combat de Geoffroy Grisegonelle et du géant Hastuin. — Le Tort l'emporte sur le droit.

La région de Saumur passa sous la domination des Visigoths en l'an 419. Les Visigoths en furent chassés à leur tour en 507 par Clovis. La domination des Francs s'installa.

Les Francs, qui conquirent la Gaule, étaient un peuple de fantassins; cependant la cavalerie gauloise fut tellement appréciée par eux, que les rois francs se formèrent une cavalerie qui eut pour armes le javelot, la lance, la francisque ou hache à deux tranchants.

Mais pendant longtemps encore les Francs donnèrent peu de soins à leurs chevaux, qu'ils abandonnaient à eux-mêmes dès qu'ils rentraient chez eux. On les débridait après le travail et on les lâchait dans les herbages non loin des camps ou des habitations; le cheval ainsi abandonné portait au cou, par simple précaution, une sonnette ou clochette, ainsi que cet usage se pratique encore dans plusieurs pays.

En l'an 584 eut lieu une des plus désastreuses inondations. Saumur n'était encore qu'une bourgade de pêcheurs et de pauvres colons. Suivant Grégoire de Tours, de nombreuses habitations étaient cependant éparses sur les bords du Thouet, de la Vienne et de la Loire. Presque toutes furent détruites dans ce débordement.

La ville de Saumur actuelle est née vers l'an 600. Elle prend alors le nom de *Mur*, parce que toutes ses maisons, telles qu'on en voit beaucoup encore, étaient pratiquées dans le rocher escarpé qui avait l'air d'un mur.

Ce pays était alors fréquemment visité par les premiers rois de France.

Les fils de Clovis résidèrent en Anjou. Dagobert habita le palais des anciens ducs d'Aquitaine à Doué, près Saumur. Mais la simplicité champêtre de ces premiers rois ne mettait pas de bien grandes solennités à leur cour.

Les chefs des Francs préféraient au séjour des plus belles villes de la Gaule celui d'immenses fermes dans lesquelles ils convoquaient les *màls* nationaux et les synodes des évêques. Ces habitations des rois barbares ne ressemblaient en rien aux châteaux dont les ruines imposantes étonnent encore nos yeux. C'étaient de grands bâtiments non fortifiés, construits en bois plus ou moins élégamment travaillé, et entourés d'un portique emprunté à l'architecture romaine. Autour de la demeure du prince étaient disposés les logements des officiers de son palais, des leudes qui vivaient à la table royale et ne s'étaient pas fixés sur leurs propres terres, et enfin des « moindres personnes », des lites germains, des *fiscalini* ou serviteurs du fisc, qui exerçaient au profit du roi toute espèce de métier, depuis l'orfèvrerie et la fabrique des armes, jusqu'à la tisseranderie et la mégisserie, depuis la fabrication des étoffes grossières destinées aux petites gens (*minores personæ*), jusqu'à la broderie en soie et en or. Ces fiscalins avaient été arrachés aux corporations industrielles des cités pour peupler les villas royales et on les assimilait aux lites germaniques. Des bâtiments d'exploitations agricoles, des haras, des étables, des bergeries et des granges ; les masures des cultivateurs (*coloni*) et les cabanes des serfs du domaine complétaient le village royal qui rappelait les villages d'outre-Rhin. C'est ainsi qu'il faut s'imaginer la résidence de Doué dont nous parlions plus haut.

On comprend que l'apprentissage que durent faire les Francs de l'art équestre ait retardé le progrès de l'équitation. Cependant il faut leur reconnaître un perfectionnement qui est bien de leur fait, c'est l'importation de la selle qui avait été inventée par les Byzantins. Les étriers complétèrent l'invention de la selle, et quoiqu'il ne fût plus difficile de les placer à un arçon solide, du moins fallait-il en faire la découverte. Il n'en est fait mention dans les écrits de l'empereur Maurice que vers la fin du VIe siècle, deux cents ans environ après la selle qui avait été perfectionnée, sous le règne de Théodose. On lit dans le livre sur l'art de la guerre qui lui est communément attribué, que le cavalier doit avoir des deux côtés de la selle des degrés de fer, et il faut reconnaître que cette double invention qui prit naissance dans le Bas-Empire, au milieu de la décadence des institutions militaires, et qui eut lieu sans doute dans un but de commodité, fut néanmoins féconde en heureux résultats.

Avec la selle et les étriers on trouva une commodité, une assurance, une solidité et une fixité dans la tenue, inconnues jusqu'alors. Dès ce moment, plus de cavaliers glissant alternativement de l'avant à l'arrière, surchargeant tour à tour l'avant ou l'arrière-main, et fatiguant le cheval par l'oscillation et le malaise des cuisses et des jambes ; plus d'affections comme autrefois, plus de chevaux meurtris par un poids variable, plus de chevaux blessés à l'épine dorsale, en prenant toutefois les précautions voulues, et plus de cavaliers entamés par elle. Il y a plus : sous le rapport du combat, les étriers donnèrent aux cavaliers un nouveau point d'appui avec les moyens de conserver leur tenue, au milieu des mouvements les plus irréguliers, en leur donnant la facilité d'étendre l'usage de leurs armes, et de porter leurs coups avec plus de vigueur. Sous le rapport de l'équitation, il y eut aussi plus de justesse ; la selle maintenait le cavalier dans la position où, en fatiguant le moins le cheval, il se trouvait le plus commodément lui-même pour sa tenue et pour le gouverner ; et, au moyen des étriers, les jambes venant se placer le long des sangles, se trouvèrent plus voisines du centre de gravité et purent opérer avec plus de précision et de finesse.

Nous avons laissé les maréchaux des derniers temps de la période gallo-romaine dans la triste position de proscrits, d'esclaves ou tout au plus d'affranchis. A l'arrivée des Francs, ils ne firent que changer de maîtres ; leur position resta la même.

Mais les rois de la race mérovingienne, imités par leurs grands feudataires, donnèrent bientôt tous leurs soins à l'entretien et à l'élevage du cheval ; la condition des maréchaux s'en accrut.

Les maréchaux étaient sous les ordres du comte de l'étable (connétable), comme l'apprend l'histoire de Leudaste, qui fut maréchal, puis comte de l'étable à la cour de Caribert (561). A la même date, il y avait aussi un maréchal à la cour de Chilpéric : « Le nain Régin s'enfuit à la cour de Hiapreck (Chilpéric), qui régnait sur les bords du Rhin, et y remplit les fonctions de maréchal (au sens propre du mot). »

Cependant il ne faut pas imaginer que le connétable fût déjà à cette époque un dignitaire. Il comptait encore parmi la domesticité.

L'Anjou, tout en maintenant ses goûts équestres, voyait malgré tout sa réputation s'effacer ; le souvenir des fêtes romaines était déjà loin et les traditions semblaient jetées à tout jamais dans l'oubli, quand les luttes de Charles Martel et de Rainfroy, dans ce pays même, vinrent les faire revivre.

Un des grands chocs de cavalerie qui ont relevé la tradition équestre du pays de Saumur, c'est la bataille de Tours ou de Poitiers, en 732.

L'armée de France y comptait douze mille cavaliers. Plusieurs historiens anciens établissent que cette bataille donna aux Français « le goût exclusif et exagéré de la cavalerie ». Le service à cheval devint en effet d'un usage dominant après cette époque.

A mesure qu'ils étendaient leur empire, les rois francs, obligés de guerroyer au loin, avaient dû augmenter leur cavalerie. C'était facile d'ailleurs. Ils disposaient des beaux chevaux gaulois, et les invasions des peuples cavaliers comme les Huns, les Sarrasins, les Goths et les Vandales, avaient laissé sur le sol conquis un grand nombre de cavaliers aguerris et entreprenants.

L'accroissement du nombre des hommes montés, le besoin de trouver des fourrages, la difficulté que les *fodrarii*, fourriers ou collecteurs, éprouvaient à en réunir suffisamment, déterminèrent, en 756, Pépin le Bref à transformer en *champs de mai* les anciens conciles en armes, les comices nommés jusque-là *champs de mars*, parce qu'en mai la terre offrait des herbages plus abondants.

Pépin, qui venait de fonder le premier château de Saumur, en 747, pour garder cette position avantageuse sur les frontières d'Aquitaine, tint plusieurs de ces champs de mai dans les prairies de Loire et Vienne.

En effet, Pépin le Bref, en revenant de l'une de ses expéditions d'Aquitaine, était passé à Mur; il avait remarqué la position avantageuse de cette petite ville, et avait voulu favoriser son accroissement. Le meilleur moyen, dans ces temps-là, était de bâtir une église; il fit construire celle de Saint-Jean-Baptiste, un peu au-dessous de la ville, sur la rive gauche de la Vienne.

La première maison que l'on construisit auprès fut nommée *Joannis Villa*. Ce fut là le commencement de la nouvelle ville, qui, pendant quelque temps, porta le nom de cette maison.

Pépin fit aussi édifier le premier château fort de cette ville.

Politique et guerrier, n'est-il pas vraisemblable qu'avec ses grandes vues sur l'avenir Pépin ait fait construire l'église pour se conformer à l'esprit de son siècle, et le château pour protéger et maintenir ses conquêtes.

Ce premier château fut construit à peu près dans l'endroit où l'on voit celui qui existe actuellement. On le nomma *Truncus*, tronc, à cause de l'élévation de sa tour, qui de loin ne paraissait pas plus grosse qu'un tronc d'arbre.

Au-devant de ce château, vers le nord, l'ouest et le sud, était une muraille qui renfermait la petite ville de Mur, en suivant les sinuosités du coteau, depuis Fenet jusqu'à la montagne de Tarare ou des Moulins, en remontant par la rue qu'on appelle la montée du Château.

L'importance de Saumur est dès lors soulignée par ce premier château fort, et les Carlovingiens vont se montrer très jaloux de cette position.

Charlemagne paraît souvent dans ce pays pour visiter le comte d'Anjou, Milon, son beau-frère, le père du fameux Roland ; et longtemps on célèbre la mémoire du héros de Roncevaux par des fêtes qui donnent lieu à de nouvelles exhibitions équestres.

L'équitation s'est déjà modifiée par le contact de tous ces peuples différents dont les armées de Charlemagne ont foulé les pays. Les cavaliers francs ont rapporté de ces excursions les modes les plus variées. Le nombre des hommes de cheval est devenu si prépondérant dans les armées que l'infanterie tombe en décadence. Tout ce qui peut nourrir et équiper un cheval sert à cheval.

Le casque et la cuirasse sont passés des chefs aux soldats ; et dès le commencement de la seconde race, on voit paraître l'armure complète. Charlemagne avait des brassards ou manches de maille, des cuissards de lames de fer et des chausses de mailles. Ceux de sa suite, armés de la même manière, ne portaient pas de cuissards pour monter plus facilement à cheval.

Dans un passage de ses *Capitulaires*, il est dit : « Que le comte ait soin que les armes ne manquent pas aux soldats qu'il doit conduire à l'armée, c'est-à-dire qu'ils aient une lance, un bouclier, un arc à deux cordes et douze flèches, qu'ils aient des cuirasses et des casques. »

A l'époque carlovingienne, le costume des cavaliers est une copie dégénérée de celui des Romains. Il se compose d'une cotte d'armes à plaques de fer rivées sur un corselet de cuir ; d'une jupe de cuir plissée comme le kilt écossais ; d'un casque formé de quatre plaques de fer et posé sur un capuchon de cuir, où sont cousues des mentonnières de fer ; de chausses de cuir maintenues par des bandes entrelacées autour des jambes.

L'épée, de $0^{m},90$ de longueur, se porte à la ceinture ; la lame, à deux tranchants, est cannelée dans toute sa longueur, la pointe est arrondie. C'est une épée de taille si bien trempée que, d'après la légende, Roland avant de mourir, ne peut briser Durandal sur les rochers de Roncevaux.

Le bouclier rond, de $0^{m},50$ de diamètre, est fait de bois léger, recouvert de parchemin et de lames de métal ; il porte un *umbo* de fer, très saillant, parfois muni d'une pointe.

Nous voyons Charlemagne s'attacher pendant tout son règne à organiser une cavalerie formidable, à en assurer le recrutement et à en réglementer les moindres détails. Aussi lui doit-il la plupart de ses succès.

Mais ses longues courses usèrent bien vite cette belle cavalerie ; il fallut la refaire. Il y parvint grâce aux nombreux chevaux d'Espagne que ses lieutenants lui envoyaient comme sa part de leurs conquêtes sur les Maures.

D'ailleurs, cet empereur chercha à utiliser les éléments propres à régénérer la race chevaline en France ; il donna lui-même l'exemple, et chaque dimanche il passait en revue les chevaux de ses domaines.

Parmi les races de chevaux introduites en Europe, le cheval espagnol joua un des principaux rôles dans la propagation de l'espèce. Il était à cette époque excessivement estimé ; son sang oriental, un ciel tempéré et de riches herbages avaient donné à ce cheval plus de hauteur et de corps que son ascendant.

Les étalons d'Espagne étaient très recherchés partout et nous en voyons le type conservé en France, en Angleterre, en Allemagne pendant plusieurs siècles.

Le destrier de ce pays était le premier cheval de bataille connu; c'était lui qui inspirait au chevalier le plus de confiance par la facilité qu'il avait de se porter sur des hanches flexibles et larges, sur des jarrets assez coudés, de telle sorte que le cavalier n'éprouvant aucune secousse pouvait frapper sur un ennemi souvent terrible.

Mais bientôt hommes et chevaux vont se barder de fer, l'équitation va s'alourdir, et les cavaliers vont rechercher des chevaux puissants, capables de porter leur pesant harnois.

Lorsqu'en effet le cavalier se fut revêtu d'une armure, ayant d'un côté son lourd bouclier, de l'autre seulement une ou deux lances dont le poids ne pouvait maintenir un juste équilibre, on sentit la nécessité de se donner un soutien ou point d'appui, et l'on imagina une espèce de coussin aplati, assez semblable aux selles rembourrées dont on fait usage dans nos cirques pour faciliter l'exercice des écuyers. C'est de cette manière que peu à peu on en vint à l'arçon rembourré, sur lequel on jetait de riches couvertures ou de belles peaux de bêtes.

La selle et les étriers donnent seuls l'explication des lourdes armures dont se couvrirent nos aïeux ; sa structure dut même à cette époque être entendue d'après les armes en usage et la manière de combattre qui fut adoptée ; ainsi elle emboîta les fesses et les cuisses de l'homme d'armes entre des battes et un troussequin très élevé, afin de lui donner les moyens de résister aux chocs des joûtes et des combats à outrance de la chevalerie, chocs tellement violents que les jarrets des destriers fléchissaient souvent, à la suite d'une rencontre vigoureuse.

La ferrure va devenir d'un usage général. C'est que, sans elle, l'utilisation du cheval de guerre d'alors, si lourd et si lourdement chargé, serait impossible. Les pieds non ferrés des puissants destriers caparaçonnés de fer et montés par des hommes couverts de pesantes armures, seraient réduits en poussière après quelques jours de marche.

Louis le Débonnaire fit de Doué, près Saumur, une de ses quatre résidences, il y habita la Goberderie, l'ancien palais de Dagobert. Les réjouissances de la cour maintinrent les traditions équestres du pays.

Sous les descendants de Charlemagne, l'équitation militaire devient une véritable passion chez les grands, et les petits-fils du grand empereur ne sont pas les derniers à s'y distinguer. Les récits que l'historien Nitard, petit-fils lui-même de Charlemagne par sa mère Berthe, nous fait des jeux équestres de ce temps, sont extrêmement intéressants : « Les deux rois, dit Nitard (Karlo et Lodewig le Germanique), adroits à toutes espèces d'exercices, aimaient fort les jeux militaires. Souvent ils assemblaient la multitude des gens de guerre dans un lieu convenable. On rangeait d'abord face à face et en nombre égal deux troupes de Saxons, de Wascons, d'Austrasiens, de Bretons. Au signal donné, les deux bandes se ruaient impétueusement l'une sur l'autre, puis, au moment de s'entreheurter, l'un des escadrons tournait bride, et le bouclier au dos fuyait au galop vers ses camarades demeurés en réserve; les fuyards se retournaient alors et poursuivaient ceux devant lesquels ils avaient fui jusqu'à ce qu'enfin les deux rois et toute la jeunesse s'élançant de toute la vitesse de leurs chevaux et brandissant leurs javelines à grands cris, accouraient se précipiter dans la mêlée et poursuivre tantôt les uns, tantôt les autres.

La faveur croissante dont le cheval et les choses équestres devinrent l'objet sous Charlemagne et ses successeurs devait nécessairement s'étendre à tout ce qui s'y rattachait : aussi voyons-nous sous leur règne les fonctions serviles du comte de l'étable devenir une distinction honorifique donnant droit au commandement des armées. Le maréchal bénéficia naturellement de l'élévation de son supérieur, car moins d'un siècle après, c'est-à-dire lorsque la chevalerie est définitivement constituée, nous le retrouvons réunissant à ses anciennes fonctions celles qu'a abandonnées le connétable, c'est-à-dire le gouvernement de l'écurie et des haras, et portant le titre d'écuyer ou d'officier du seigneur féodal auquel il est attaché.

Mais survinrent les invasions des Bretons en Anjou; et leurs cavaliers, armés de zagaïes, furent victorieux, en plusieurs circonstances, des cavaliers français armés de lourdes lances. — On prétend même que le jeu du javelot, qui prit place dans les exercices équestres. était le souvenir des zagaïes des Bretons.

C'était aussi l'époque de l'invasion des Normands qui avaient inondé les rives de la Loire. Charles le Chauve eut à lutter contre eux et contre les Bretons, qui avaient appelé à leur tête Louis le Germanique.

Déjà, à ce moment, les chevaliers formaient presque toute l'armée de France. L'édit de Pistes, promulgué en 862, en est le témoignage.

Les armées féodales se composaient du contingent des *Grands Vassaux*, des *Seigneurs Féodaux*, des *Possesseurs de fiefs*, et plus tard des mercenaires. Grands feudataires, suzerains et vassaux formaient ce qu'on appelait *le ban*. Tous ceux qui ne devaient pas répondre au premier appel du ban, tous les tenanciers par lesquels se faisaient représenter les évêques, les femmes, les mineurs, les ordres religieux et autres devant le service milita re à cause des fiefs en leur possession, formaient *l'arrière-ban*.

Les seigneurs et les jeunes nobles ne combattaient qu'à cheval. Peu à peu les gens de leur suite furent pourvus de chevaux ; les guerriers nobles avaient alors le titre de chevaliers.

Au moyen âge, la bravoure, l'adresse, la force, l'habileté du cavalier, jouent le premier rôle. Au lieu de faire apprendre à son fils la tactique savante des pédagogues de la Grèce ou du Bas-Empire, le noble baron ne veut même pas qu'il sache lire. De bonne heure, il le met à cheval, il lui apprend à rompre une lance, à manier légèrement un lourd destrier, bardé de fer. Pendant les longues veillées d'hiver, le chapelain raconte les exploits des aïeux, pour faire entrer dans l'âme du page ou de l'écuyer les sentiments de foi, d'honneur, de vaillance, que doit avoir un chevalier.

« *Fay ce que doiz et aveigne que peut !* » s'écrie le parrain d'armes, en donnant l'accolade à l'écuyer qui a gagné ses éperons ; et le nouveau chevalier prête, entre les mains de son parrain, le serment d'être toujours : « *Courtois sans villenie, débonnaire sans folie, piteux vers les souffreteux, large et appareillé de secourir les indigents, prêt et entabulé de détruire les voleurs et les meurtriers, de juger sans amour et sans haine.* »

Il sait que : « *Chevalier ne doit, pour paour de mort, faire chose où l'on puisse honte cognoistre, et qu'il doit plus redouter honteuse vie que la mort.* »

C'est le bon temps du courage personnel, de l'ardeur guerrière, de l'émulation généreuse du mépris, du danger.

Pour devenir chevalier, il fallait avoir été tour à tour page et écuyer.

Jusqu'à l'âge de sept ans, l'enfant restait confié aux soins de sa nourrice et confiné dans le château paternel; à sept ans, on le juchait sur un courtaud, sa mère lui passait au cou un reliquaire, lui glissait dans la main quelques écus et le voilà parti. Le père ou un vieux serviteur l'emmenait dans quelque château école de prouesse et de galanterie, chez un parent, à la cour du suzerain ou dans le manoir de quelque chevalier renommé ; il était reçu parmi les pages ou varlets, attaché d'abord au service de la dame châtelaine, plus tard au service du maître. Sa jeunesse se passait entre la dame, le chapelain et le maître. Plus tard, le jeune varlet, à l'âge de l'adolescence, quittait le logis : « Ou tu as été page, ne sois écuyer », vieux proverbe qui indiquait que le séjour trop prolongé d'un jeune page au château n'était pas toujours sans danger.

Avant d'entrer dans ses nouvelles fonctions, qui devaient lui donner le droit de porter l'épée, le jeune écuyer était d'abord présenté à l'autel par son père et sa mère, et, à leur défaut, par un parrain et une marraine. Là, finissait cette vie de château, dans laquelle on retrouve l'origine des jeux bruyants, les barres, le cheval fondu, le chevalier de la triste figure, la tour prends garde, etc.

Le prêtre célébrant bénissait l'épée, puis l'attachait lui-même au novice, en lui rappelant quel noble emploi il devait en faire.

Charles le Chauve a fini par s'unir aux Bretons pour combattre les Normands qui occupent la vallée de la Loire. Les deux cavaleries de France et de Bretagne rivalisent de prouesses et l'on voit dans la suite la célébration de leurs succès dans les premiers essais de tournois. Les courses de bagues ou quintaines sont le triomphe des chevaliers de France, qui avaient coutume de combattre avec la lance, et les courses de javelots, la spécialité des cavaliers bretons qui combattaient avec les zagaïes.

Mais avec le régime féodal sont nées les rivalités de province à province, de château à château. Les tournois déguisent les rancunes en fêtes — fêtes sanglantes, — véritables duels à mort qui se donnent en public.

Une éducation équestre très suivie est la préparation nécessaire de ces défis en champ clos, et la noblesse d'Anjou, qui s'est fait un nom dans ces combats, est le point de mire de toutes les jalousies. C'est alors qu'on voit se succéder dans la vallée de Saumur ces joutes fameuses qui sont comme un concours des jeunes nobles de France et de l'étranger que les écuyers mènent gagner leurs éperons d'or à cet examen.

Les cours des princes et des seigneurs offraient des écoles toujours ouvertes, où la jeune noblesse recevait les premières leçons du glorieux métier qu'elle devait embrasser. Les jeunes gens sortant de l'enfance étaient d'abord attachés à un service dit d'intérieur; ils étaient pages, varlets, damoiseaux. Ils passaient ensuite, avec le titre d'écuyers, au service de l'écurie. Des maîtres habiles, les vieux écuyers de la maison, les formaient à tous les usages de la guerre ; une longue épreuve d'obéissance et de soumission préparait le futur chevalier, qui devait commander un jour, et servir lui-même d'exemple. Des jeux pénibles, où le corps acquérait de la souplesse, de l'agilité, de la vigueur, disposaient de longue main à ces tournois solennels, où l'on avait pour spectateurs l'élite de toutes les cours de l'Europe et pour récompense la plus galante ovation, un baiser de femme et l'inscription sur les registres publics et authentiques des Officiers d'armes.

La vallée de la Loire était alors remplie de châteaux dont les noms sont illustres, et ces tournois, qui eurent lieu d'abord sur les pelouses des castels, prirent bientôt les prairies mêmes de Saumur comme théâtre habituel.

Saumur présentait, par sa situation touchant la Bretagne, l'Anjou, la Touraine et le Poitou, un point tout désigné pour ces luttes de rivalité.

Il n'y eût pas un noble chevalier qui ne tînt pour honneur et pour devoir de se mesurer avec la chevalerie d'Anjou.

Ce n'était pas seulement une école d'équitation, mais bien une école de cavalerie, car la manière de combattre des chevaliers à cette époque faisait d'une bataille la somme d'une quantité de duels particuliers où tout calcul autre que l'habileté des individualités devenait impossible.

Les chevaliers, gens d'armes ou hommes d'armes, étaient pesamment armés. On connaît la nomenclature des pièces qui composaient l'armure (heaume, haubert, épaulières, brassards, cuissards, etc.). Les armes offensives consisteient en une longue lance, une épée, une hache ou masse d'armes et un poignard. L'arme défensive par excellence était le bouclier.

Le cheval de bataille portait un harnois de fer ou de cuir bouilli. C'était la *barde*, d'où vient l'expression *bardé de fer*. Il était conduit par un écuyer qui le tenait à droite ; de là le nom de *destrier*. Le gentilhomme le montait dès que l'ennemi paraissait.

Pendant les routes, le seigneur, dépouillé de son armure, montait un autre cheval dit *courtaud* ou *palefroy*.

Le simple chevalier était accompagné de deux hommes d'armes au moins et d'un nombre illimité de serviteurs.

L'*écuyer* ne portait qu'un corselet en mailles de fer à plastron d'acier et un casque léger ; il ne se servait que de la hache d'armes et du poignard.

Les *archers* n'avaient que le casque et des gantelets de maille; le nom d'archers indique leur arme offensive. Ils représentaient la cavalerie légère chargée d'engager et d'achever le combat.

La réunion du chevalier et de sa suite formait une *lance fournie* dont l'effectif a varié de trois à quatorze hommes à cheval.

Ingelger, comte d'Anjou, est un des premiers héros de cette chevalerie. Elevé et instruit par son père, qu'il eut le malheur de perdre à l'âge de quinze ans, il annonça dès sa plus tendre enfance d'heureuses dispositions. Il se faisait déjà remarquer dans tous les exercices militaires par une adresse qui suppléait en lui à la force que son âge lui refusait encore. On le voyait presque sans cesse à cheval, cherchant les fatigues pour fortifier et endurcir son corps, afin d'être plus tôt en état de servir sa patrie et son prince. Tel était Ingelger entrant dans sa dix-septième année, lorsqu'il apprit que sa marraine venait de perdre le comte de Gastinois, son mari, qu'elle avait trouvé mort près d'elle dans son lit. Cette dame, jeune, belle et sage, était femme d'un vieux mari; une de ces qualités de moins lui eut fait peut-être des amis de ceux qui osèrent se déclarer contre elle. Parmi ces derniers, un seigneur nommé Gontran l'accusait tout à la fois d'homicide et d'adultère, et demandait, en sa qualité de plus proche héritier du comte, qu'il fût mis en possession de tous ses biens.

Charles le Chauve, qui avait toujours eu beaucoup de considération pour le comte de Gastinois, fit déclarer à sa veuve et à Gontran que l'affaire qui était l'objet de leur contestation relevait de la couronne, qu'il voulait la juger avec ses princes et ses barons, et qu'en conséquence ils eussent à se présenter devant lui le jour qui leur serait indiqué. Le jour fixé, la comtesse de Gastinois, en grand deuil, accompagnée des principaux officiers de sa maison, et Gontran, entouré de ses amis, vinrent se présenter devant le roi et sa cour. En sa qualité de demandeur, Gontran parla le premier et, pour prouver ce qu'il avançait, il jeta aussitôt son gage au milieu de l'assemblée.

Une vive émotion, des sanglots, des larmes furent la seule réponse de la comtesse; c'était aussi la seule qu'elle pouvait faire dans un siècle où l'innocent, vaincu par le sort des armes, était déclaré coupable et puni comme tel. Elle n'avait qu'un moyen pour sauver son honneur et ses biens; il fallait qu'un gentilhomme se présentât pour prendre sa défense et faire rétracter Gontran. La comtesse porte des regards inquiets sur tous ceux qui l'ont suivie; tous baissent les yeux et gardent un morne silence, aucun ne s'avance pour relever le gage du combat. Ce n'est pas qu'ils doutent de son innocence, mais c'est parce qu'ils connaissent la valeur et la force de

Gontran, l'un des plus terribles gentilshommes de la contrée. Alors, prévoyant sa fatale destinée, la malheureuse veuve tombe évanouie et paraît prête à rendre le dernier soupir.

Ingelger était présent; il ne peut supporter plus longtemps l'état d'angoisse où il voyait celle qui avait pris tant de soin de son enfance depuis qu'il avait perdu sa mère, celle qui depuis deux ans dirigeait son éducation morale, en lui inspirant tous les sentiments généreux qui peuvent former un héros. Prêt à suffoquer lui-même de douleur, il s'avance, se jette aux pieds du roi, et, d'une voix vivement émue, le prie de lui permettre de relever le gage, de combattre pour sa marraine, pour sa bienfaitrice, pour celle qui lui tient lieu de tout sur la terre depuis qu'il a le malheur d'être orphelin. Le monarque surpris de la témérité de ce jeune homme, mais satisfait de voir en lui une si noble reconnaissance et un courage si précoce, lui fait des représentations dictées par la prudence, l'engage à considérer l'âge, la force et la réputation militaire de son adversaire; mais rien ne peut ébranler Ingelger dans sa généreuse résolution.

Charles prend l'avis des princes et des barons qui forment son conseil, et accorde enfin, quoique à regret, le combat qu'il remet au lendemain.

Pendant que les barrières se dressent pour former le champ clos, pendant que les estrades s'élèvent pour placer les juges et les spectateurs, la dame de Gastinois, rentrée dans son château, donne à son filleul ses dernières leçons. Elle dissimule sa douleur, elle ne verse plus de larmes, dans la crainte d'attendrir celui qui va se sacrifier pour sa cause. La nuit se passe en prières.

Déjà cette multitude grossière et ignorante, qui recherche avec avidité tout ce qui peut lui causer de violentes émotions, accourt vers le lieu où elle va voir le sang couler, et ce sang qui doit être celui du coupable, puisque ainsi le veut le préjugé barbare.

Le roi, accompagné d'un grand nombre de seigneurs de sa cour, arrive à l'heure qu'il avait fixée et se place sur l'estrade qui lui avait été préparée. La comtesse, avec plusieurs de ses dames, est près de là, dans le chariot, drapé de noir, qui doit la ramener triomphante à son château ou la conduire pour toujours dans une triste retraite. Les trompettes sonnent, les lices s'ouvrent, et les champions entrent, chacun de son côté, pour prêter le serment accoutumé. Le plus grand silence règne dans cette nombreuse assemblée. Toutes les dames regardent avec une prédilection et une bienveillance flatteuses le beau page qui, si jeune encore, se déclare le vengeur de leur sexe; elles adressent au Ciel, pour lui, les vœux les plus fervents, tandis que de leur côté, Gontran et les siens regardent avec dédain le jeune présomptueux qui ose se mesurer contre un tel adversaire.

Enfin les hérauts donnent le signal; la comtesse soulève un coin du voile qui la couvre, et ses yeux rencontrent ceux d'Ingelger à l'instant où il lance son coursier.

Le combat n'est pas long; dès le premier choc, la lance de Gontran perce le bouclier du page et y reste engagée; pendant qu'il fait de vains efforts pour la retirer, Ingelger lui passe la sienne au travers du corps et le renverse de son cheval. Aussitôt Ingelger met pied à terre et achève son ennemi avec sa dague, au bruit des acclamations qui font retentir les airs des noms d'Ingelger et de la comtesse de Gastinois.

Le jeune page est presque confus de ces témoignages de joie publique; la rougeur de la modestie colore son visage et semble ajouter à l'éclat de sa victoire. Sa marraine était déjà descendue de son chariot, il l'aperçoit, et avec toute la vivacité de son âge, il court au-devant d'elle et se précipite dans ses bras, comme un enfant sur le sein de sa mère.

Justifiée par l'heureuse issue de ce combat, la comtesse de Gastinois s'avance vers le trône pour demander au roi la permission de disposer de toute sa fortune en faveur d'Ingelger, en disant que ses biens devaient plutôt passer à celui à qui elle devait l'honneur, qu'à des parents qui l'avaient indignement abandonnée dans le péril extrême où elle venait de se trouver. Le monarque approuva avec bonté ce juste témoignage de reconnaissance et aussitôt Ingelger lui rendit hommage de tous les fiefs et seigneuries que sa marraine venait de lui donner et qui relevaient de la couronne.

Charles, qui dès lors put prévoir ce que deviendrait ce nouveau comte de Gastinois, qui entrait dans le monde d'une manière si éclatante, ne le perdit pas de vue, et, quelques années après, il lui donna le gouvernement temporaire de la ville d'Angers et de la partie de l'Anjou « de deçà Maine, » c'est-à-dire qui est située sur la rive gauche de cette rivière.

Ce même Ingelger, devenu un des seigneurs les plus puissants de France, s'illustre aussi bien sur les champs de bataille. Il défait les Normands qui, sous Louis le Bègue, ont de nouveau infesté les rives de la Loire; il réduit à l'obéissance les barons du Gastinois qui ont refusé de reconnaître sa suzeraineté; il va, à la tête de six mille Angevins à cheval, reconquérir, sur les Auxerrois, le corps de saint Martin de Tours.

La réputation militaire de l'Anjou devient universelle, les fêtes équestres redoublent de solennité.

Survient une nouvelle invasion des Normands en 906 et bientôt plusieurs familles de ces barbares, fatiguées de leur vie errante, s'installent en colonie dans les îles entre la Loire et la Vienne, en face de Saumur.

C'est vers le milieu de ce xe siècle que Thibaut le Tricheur, comte de Touraine, fonde sur l'emplacement même de l'ancien château de Saumur, qu'on appelait Truncus, le nouveau château et l'église du monastère de Saint-Florent qui y fut d'abord renfermée. La consécration de cette église eut lieu le 2 mai 950, en présence de plusieurs évêques et de toute la noblesse des environs.

Puis fut construite la deuxième enceinte de la ville de *Sous-le-Mur*, et c'est alors que commencent à se localiser d'une façon plus précise, en cette pointe de frontière d'Anjou et de Touraine, ces tournois magnifiques qui étaient la traduction littérale des rivalités de ces deux provinces.

C'était à cette époque que gouvernait en Anjou le fameux *Geoffroy, dit Grisegonelle*, un autre héros de la chevalerie angevine, aussi fameux dans les combats que dans les tournois. Il guerroya toute sa vie avec ses voisins. Et ses prouesses en champ clos aussi bien que sur les champs de bataille, contribuèrent hautement à la célébrité si connue déjà de la chevalerie angevine.

Ce fut lui qui tua, en combat singulier, le *géant normand Hastuin* qui jetait des défis à toute la noblesse de France.

Vers l'époque où Lothaire associa à la couronne son fils Louis, âgé de dix ans, une armée de quinze à seize mille Normands, commandée par Othon II, roi de Germanie, ravageait nos provinces occidentales. N'ayant presque pas éprouvé de résistance dans sa marche, elle avait pénétré dans l'intérieur, et s'était avancée jusque sous les murs de Paris, tandis qu'un corps détaché faisait le siège de Montmorency. Il y avait parmi ces barbares un guerrier nommé Hastuin, que sa haute et forte stature avait fait surnommer le Géant ; il se présentait tous les jours, presque jusqu'à la portée du trait, devant les murs de la capitale, insultait les assiégés et les défiait en combat singulier. Déjà plusieurs avaient accepté le défi ; mais tous ayant succombé, le monarque français s'était déterminé à défendre ces duels, qui le privaient, sans fruit, de ses plus braves guerriers.

Pendant qu'on travaillait à augmenter et à réparer les fortifications de Paris, et qu'on y faisait entrer des munitions, les grands vassaux de la couronne, avertis du danger de Lothaire, leur roi, arrivaient de toute part à son secours. Le comte d'Anjou ne fut pas le dernier à se mettre en route. Ayant appris les divers combats qui avaient eu lieu entre Hastuin et nombre de chevaliers français, dont plusieurs avaient été de ses amis, il résolut aussitôt de venger leur mort ou de succomber lui-même; mais, dans la crainte que son secret fût divulgué, il ne le confia à personne. Il emmena avec lui un seul chevalier et deux archers. Il arriva le soir sur le bord de la Seine, où il prit son logement. A la pointe du jour, il se fit passer, seul avec son cheval, sur l'autre rive, dans le bateau d'un meunier.

Geoffroy n'est pas plutôt débarqué et monté à cheval, que le géant, qui allait comme à l'ordinaire braver et insulter la garnison de Paris, l'aperçoit et jette un grand cri qui attire aussitôt l'attention des assiégeants et des assiégés. Ces derniers reconnaissent à son armure que c'est un Français qui vient de passer la rivière pour combattre le géant, et cette certitude donne un plus grand intérêt à la scène qui se prépare. Les deux champions se portent avec rapidité l'un vers l'autre, et bientôt les airs retentissent de leurs coups. Si l'on remarque d'un côté les avantages de la taille et de la force, de l'autre on ne tarde pas à reconnaître ceux de l'adresse et du courage. Geoffroy, meilleur écuyer que Hastuin, combat toujours avec plus d'avantage; il blesse d'abord le cheval de son adversaire et, peu de temps après, il le renverse lui-même à terre d'un coup de lance. Le géant veut se relever, mais le comte, extrêmement agile, ne lui en donne pas le temps; il se précipite sur lui et lui coupe la tête.

Des cris de joie, qui partent des murs de la capitale, annoncent à ses habitants la victoire que vient de remporter le chevalier inconnu. Le comte remonte à cheval, emporte la tête du géant, va gagner le bateau où l'attendait son hôte, et repasse de l'autre côté de la Seine.

Après avoir libéralement récompensé le meunier, il le charge d'aller de suite présenter au roi la tête du géant et de répondre, si on lui demande de quelle part il vient, que c'est de celle d'un des plus fidèles et des plus dévoués serviteurs du monarque.

Geoffroy recommande en même temps à ses gens d'être discrets sur tout ce qu'ils viennent de voir et d'entendre, et il retourne avec eux rejoindre ses chevaliers, qui l'attendaient au Château-Landon. De son côté, le meunier arrive à Paris, présente au roi la tête d'Hastuin; on l'interroge sur le nom de celui qui l'envoie; il n'en sait rien, mais il assure que, s'il le voyait, il le reconnaîtrait entre mille. Le meunier, fêté, questionné par les courtisans sur la taille et la figure du chevalier vainqueur du géant, répond à tout du mieux qu'il peut et s'en retourne ensuite chez lui bien récompensé.

Cependant les comtes et les barons, répondant à l'appel du roi, se rendent à Paris avec les forces qu'ils ont pu réunir. Lorsqu'ils sont tous arrivés, Lothaire envoie chercher le meunier, qui est introduit à l'instant où les seigneurs français étaient rassemblés autour du roi. « Regarde, lui dit le monarque, si tu reconnaîtras celui qui te chargea de m'apporter la tête du géant. » Le meunier obéit, parcourt quelque temps les rangs de cette nombreuse assemblée ; enfin, apercevant le comte, il vient se jeter aux genoux du roi et, lui montrant de la main Geoffroy : « C'est, dit-il, celui qui a la *grise gonelle.* » Geoffroy avait coutume de porter sur son armure un surtout fort simple, ressemblant au vêtement du peuple et fait en gonelle grise. Lothaire se lève aussitôt, va au-devant du comte d'Anjou, l'embrasse, le remercie et le félicite de sa victoire. Les barons joignent leurs applaudissements à ceux du roi et rient de grand cœur de la manière dont le meunier vient de désigner le brave Geoffroy, qui, depuis, porta toujours le surnom de Grisegonelle.

Geoffroy guerroya presque toute sa vie ; il avait voulu réunir à son comté d'Anjou, par la force des armes, toute la partie de la Bretagne qui parlait français et qui appartenait à Conan le Tort, comte de Rennes ; mais il fut arrêté dans cette entreprise inique en perdant la première bataille de Conquéreux, contre Conan le Tort. Cette victoire donna lieu à l'expression proverbiale, encore en usage en Anjou et en Bretagne : « C'est comme à la bataille de Conquéreux, où le Tort l'emporta sur le droit. »

Escuyer
au partir du logis armé de toutes pièces
hormis la sallade et les gantelets
qu'un page lui porte

AUBRY : *Histoire pittoresque de l'Équitation.*

III

La Hiérarchie des Chevaliers : Chevaliers à pennons et Bannerets ; Écuyers de corps, de chambre, de table, d'écurie, d'échansonnerie, etc. — L'investiture du Chevalier. — Les exercices préparatoires. — Changement dans l'équitation. — Stratagème de champ de bataille. — Formation de combat. — Nouvelle enceinte de Saumur. — Inondation de 1003. — Le Diable de Sous-le-Mur. — Le château de Trèves. — Nouveau château de Saumur. — Inondation de 1037. — Geoffroy Martel. — L'équitation du XIe siècle ; les chevaux. — Premier règlement des Tournoys. — Description d'un Tournoy, Bahourt, Pas d'armes : Bataille, Armes courtoises, Appelant, Roy d'armes, Défendant, Chevalier d'honneur, Juges. — Courses de Quintaine sur le Chardonnet. — Le droit du Seigneur de Pocé. — Chevaux arabes en Anjou. — Comment les Comtes d'Anjou devinrent rois d'Angleterre et de Jérusalem. — Le grade de Chevalier de Geoffroy Plantagenet. — La famine de 1146 — Influence des Croisades sur l'équitation. — Grands chevaux ; Palefroy ; Roussin ; Haquenée ; Ambleur. — Premier déluge de Saumur. — Premier pont de Saumur. — Joutes et Tournois de Henri II Plantagenet à Saumur. — Harnois des hommes et des chevaux. — Le jeu de cannes importé par Richard Cœur-de-Lion. — Jean Sans Terre. — L'armée anglaise à Saumur. — Chevaux cuirassés ; harnachement ; ferrure.

Il n'y avait pas, à proprement parler, de grades militaires dans la chevalerie. La hiérarchie était uniquement basée sur la fortune personnelle et foncière.

On distinguait dans cet ordre d'idées : les *chevaliers à pennons*, assez influents pour avoir à leur dévotion quelques compagnons, hommes d'armes et chevaliers comme eux ; et les chevaliers à bannière, ou *bannerets*, dont l'autorité s'étendait à la fois sur de simples chevaliers et sur des chevaliers à pennons.

Les chevaliers à pennons étaient distingués par une pièce d'étoffe triangulaire, ou flamme, clouée sur la hampe de leurs lances. Ils réunissaient autour d'eux plusieurs lances fournies et se ralliaient eux-mêmes à la bannière carrée d'un feudataire d'un ordre plus élevé. Le commandement d'un banneret s'étendait ainsi sur un corps de 25 à 80 lances fournies présentant un effectif de 150 à 600 hommes à cheval. Enfin toutes les bannières se groupaient et s'inclinaient autour de la bannière suprême du chef de l'armée, habituellement autour de la cornette blanche du connétable, autour de la bannière d'azur aux fleurs de lis d'or, si le roi commandait en personne, autour de l'oriflamme de l'abbaye de Saint-Denis, s'il s'agissait d'une guerre nationale.

Quant aux écuyers, ils se divisaient déjà en plusieurs classes ; on était tour à tour *écuyer de corps*, *écuyer de chambre* ou chambellan, *écuyer tranchant* ou écuyer de table, *écuyer d'écurie*, *écuyer d'échansonnerie*, etc.

Le plus haut de ces grades était celui d'écuyer de corps, autrement dit écuyer d'honneur; il fallait l'avoir obtenu pour suivre son maître à la guerre.

Les écuyers marchaient devant le chevalier; l'un portait sa lance et son écu, coutume déjà connue des Germains, qui avaient aussi à leur suite leur porte-bouclier, *scutifer*; l'autre tenait par la bride, et toujours à la droite le cheval de bataille du guerrier, son destrier; un troisième portait en croupe les provisions de bouche, le vin, la pharmacie.

Servait-on un pauvre chevalier, il fallait lui tenir lieu de quatre ou cinq écuyers. Ce n'était pas assez que de se connaître en oiseaux, en chiens et en chevaux, de savoir manier avec adresse la lance, la hache et l'épée, franchir une haie et un fossé, grimper à l'assaut, parler avec politesse aux dames et aux princes, habiller son maître et le déshabiller, le servir à table, parer les coups qu'on lui portait dans la mêlée. On devait en outre s'entendre en médecine afin de pouvoir au besoin poser le premier appareil sur la blessure; on devait être en état de ferrer un cheval, de réparer avec le marteau une armure faussée, et avec l'aiguille un manteau troué. Ces connaissances variées, acquises, formaient l'écuyer accompli, et il pouvait aspirer après aux honneurs de la chevalerie et se flatter d'en être digne. « Mais, avant, il lui restait une dernière épreuve; il devait voyager et tâcher de se signaler dans les trois mestiers d'armes, qui étaient le service des cours princières, le service des batailles et le service des ambassades. Quand le poursuivant d'armes, tel était le nom qu'on donnait au voyageur, avait acquis quelque célébrité dans ses emprises, il s'en allait requérir son seigneur qu'informations fussent prises sur sa vie. Après l'enquête, le seigneur fixait le jour de la cérémonie; on choisissait ordinairement la veille d'une grande fête ou de quelque événement solennel; le novice se préparait par la confession, le jeûne et la prière à cet acte important. Après s'être purifié par les sacrements, il se faisait revêtir d'un habit de lin blanc comme neige, symbole de la candeur d'âme qu'il vient d'acquérir et qu'il doit conserver, etc. On le conduisait ainsi vêtu dans une église où il demeurait en oraison depuis le soir jusqu'au matin; c'est ce qu'on appelait la veillée d'armes. Après venait le bain, le lit, l'habillement, les fanfares, les trompettes, la messe du Saint-Esprit où on lisait au chevalier les bonnes maximes de la chevalerie.

« La lecture finie, le poursuivant se mettait à genoux, puis le chevalier chargé de lui donner l'investiture lui rappelait sommairement les obligations qu'il allait contracter, recevait son serment de féauté et ajoutait : « Au nom « de Dieu, de la sainte Vierge et de monseigneur Saint-Denis (ou tout autre « saint ou patron), je te fais chevalier. » Ce disant, il tirait son épée, en frappait l'épaule du récipiendaire, puis lui baillait l'accolée en signe de confraternité. »

On revêtait alors le nouveau chevalier de son armure et chaque pièce de l'armure avait aussi sa signification emblématique. Tout, jusqu'au mors et à la bride du cheval, figurait quelque vertu particulière à l'ordre. A peine équipé, le jeune adepte sautait sur sa monture, tirait son épée et s'en allait, au bruit des acclamations et des fanfares, parader sur la place publique afin que chacun reconnût son titre et ses droits. S'il était riche, il faisait des largesses à la multitude. Le jeune preux recevait aussi lui-même des présents du seigneur qui l'avait adoubé, c'est-à-dire adopté chevalier.

Après l'investiture de la chevalerie arrivaient naturellement les tournois que le nouveau chevalier recherchait avec ardeur.

Il n'est pas indifférent de retracer ici les exercices auxquels devait se soumettre le jeune homme qui se destinait à porter l'armure.

« ...Il s'esseyoit à saillir sur un coursier tout armé ; puis, autrefois, couroit et alloit longuement à pied pour s'accoutumer à avoir longue haleine et souffrir longuement travail ; autrefois férissait d'une coignée ou d'un mail grande pièce. Pour bien se duir au harnois, en endurcir ses bras et ses mains à longuement férir ; et pour qu'il s'accoustumast à légèrement lever ses bras, il faisoit le soubresaut armé de toutes pièces, fors le bacinet, et en dansant le faisoit armé d'une cotte d'acier ; sailloit, sans mettre pied à l'étrier, sur un coursier armé de toutes pièces. A un grand homme monté sur un grand cheval, sailloit de derrière à chevauchon sur ses épaules en prenant le dit homme par la manche à une main, sans autre avantage... En mettant une main sur l'arçon de la selle du grand coursier et de l'autre emprès les oreilles, le prenoit par les creins en pleine terre et sailloit par entre ses bras de l'autre part du coursier... Si deux parois de plastre fussent à une brasse et l'une près de l'autre qui fussent de la hauteur d'une tour, à force de bras et de jambes, sans autre aide, montoit tout au plus haut, sans cheoir au monter ni au dévaloir. Item il montoit au revers d'une grande échelle dressée contre un mur, tout au plus haut sans toucher des pieds, mais seulement sautant des deux mains ensemble d'échelon en échelon, armé d'une cotte d'acier, et, ôtée la cotte à une main sans plus, montoit plusieurs échelons... Quand il estoit au logis, s'esseyoit avec les autres écuyers à jetter la lance ou autres essais de guerre, né ja ne cessoit. »

A ces exercices physiques se joignait une sévère éducation morale. « Les coustumes (vertus) exigées d'un chevalier étaient sept, dont trois théologales : foy, espérance et charité, et quatre cardinales : justice, prudence, force et tempérance. »

Avec tous ces changements, l'équitation changea. Le cheval n'était déjà plus le même. Il s'arrondit, se grossit, devint plus lent. Le cavalier bardé de fer chercha à se hausser sur sa selle pour donner plus de force à ses jambes et s'arma d'éperons formidables; les branches du mors s'allongèrent en raison de l'épaississement des encolures.

Foulques Nerra, fils et successeur de Geoffroy Grisegonelle, ne fut pas un personnage moins important que son père. Et avec lui les querelles se vidèrent encore moins en champ clos. Ce ne sont plus des tournois, ce sont des batailles. Batailles contre les Bretons, batailles contre les Tourangeaux, batailles contre les Saumurois.

La chevalerie angevine était très redoutée, et ses ennemis se servaient le plus souvent de stratagèmes pour éviter son choc. Témoin la deuxième bataille de Conquéreux, véritable tournoi, où les deux chevaleries d'Anjou et de Bretagne se donnèrent rendez-vous.

Tout étant préparé de part et d'autre, il fut convenu que la bataille se donnerait dans la lande de Conquéreux, et le jour en fut fixé le 27 juin 992. Le comte d'Anjou aurait pu placer des gardes dans cette lande ou la faire visiter avant d'y entrer, afin d'éviter des embûches; mais trop grand, trop brave pour être défiant, il n'en fit rien. Le perfide Conan, comte de Rennes, mit à profit cette noble confiance, il fit creuser un large fossé qui traversait la lande et le fit recouvrir de claies à bascule garnies de terre et de feuillage. Le jour assigné, les deux armées se trouvent en présence au lever du soleil. Les Bretons s'ébranlent les premiers et s'avancent comme pour charger les Angevins; mais, à un signal convenu, le désordre paraît se mettre dans leurs rangs. Les Angevins, trompés par ce stratagème, croient qu'ils veulent fuir et se préparent à les poursuivre avec vigueur; ils lancent leurs chevaux qui partent au galop, et bientôt un grand nombre vient se précipiter dans le fossé. Les Bretons aussitôt tournent bride et font main basse sur ceux qui sont tombés dans le piège. Foulques Nerra est de ce nombre, son cheval est tué sous lui; cependant, on parvient à lui en donner un autre après l'avoir tiré du fossé. On le croyait mort, et déjà la consternation se mettait parmi les Angevins. « Compagnons, leur dit-il dès qu'il fut remonté à cheval, voyez combien nos ennemis nous craignent puisqu'ils croient avoir besoin d'une telle ruse pour nous vaincre. » Ces mots raniment le courage de ses chevaliers ; une partie met pied à terre et fait des fascines avec les branches qui couvrent le fossé. On le comble en divers endroits, et tous sont bientôt à la poursuite de l'ennemi. Le combat s'engage de nouveau avec une égale fureur, une égale valeur, et les pertes sont considérables de part et d'autre ; mais enfin le comte d'Anjou décide du sort de cette journée par la mort de Conan.

La formation de combat d'alors était la *haie*, les *chevaliers* placés sur un seul rang. C'était la seule usitée, la seule possible, car nul d'entre eux n'eût souffert d'être masqué par un autre chevalier.

Un *deuxième rang* se composait des *écuyers* chargés de soutenir ou de remplacer leurs maîtres ; en cas de succès on leur confiait les prisonniers. Ce deuxième rang était aussi composé des *archers* qui, comme nous l'avons dit, remplissaient le rôle de cavalerie légère, engageaient le combat, poursuivaient les vaincus.

Au *troisième rang* venaient les *coutiliers*, pages ou varlets.

Les archers escarmouchaient d'abord sur les ailes en lançant leurs flèches, puis venaient se grouper en arrière de la ligne des chevaliers qui faisait alors « *lances basses* » pour fondre sur l'ennemi.

Les chevaliers renversés au choc étaient perdus s'ils n'étaient promptement secourus. Car, pendant que les hommes d'armes restés à cheval poussaient leur pointe, les coutiliers ou varlets se précipitaient sur l'adversaire désarçonné. Ils se mettaient quatre contre un, brisaient son armure à coups de hache et de masse et l'égorgeaient, a moins que l'appât d'une rançon n'arrêtât leurs bras, ce qui arrivait souvent. C'est qu'on avait besoin de beaucoup d'argent pour entretenir les armures et pour acheter et nourrir des chevaux très robustes.

Ce qui tentait surtout Foulques Nerra, c'était Saumur, qui relevait des comtes de Blois.

Eudes Ier, deuxième comte de Blois, avait trouvé l'enceinte insuffisante pour mettre la ville en sûreté contre un ennemi aussi puissant. Déjà plusieurs maisons avaient été construites autour de l'église Saint-Jean, au-dessous du mur du Boële. Cette espèce de faubourg avait pris en langage vulgaire le nom que lui donnait sa position, celui de *Salmeur*, c'est-à-dire sous le mur. Eudes, en élevant de nouvelles fortifications, le renferma dans la place

Cette *nouvelle enceinte* fut solidement construite en pierres de taille, et flanquée de grosses tours rondes dont la plupart subsistent encore aujourd'hui. Elle était défendue par un large fossé dans lequel on faisait venir les eaux des rivières de la Vienne et du Thouet. Quatre portes bien fortifiées donnaient entrée dans la ville : à l'orient celle de Fenet, au nord celle de la Tonnelle, à l'occident celle des Bilanges, et au sud celle du Bourg.

On peut retrouver cette enceinte fortifiée en partant de la tour Saint-Michel pour suivre le quai jusqu'à l'hôtel de ville : en passant par les rues de la Cour-Saint-Jean, Cendrière, de la Porte-Neuve, de la Petite-Douve, du Petit-Versailles : en traversant la place de l'Arche-Dorée et continuant la rue du Petit-Mail jusqu'à l'entrée de la Grande-Rue où se trouvait la porte du Bourg qui séparait Saumur proprement dit du faubourg de Nantilly.

En l'an 1003, la Loire dépassa les limites qu'elle avait respectées jusqu'alors, et telle fut la subite invasion de ses eaux, qu'elles engloutirent les cultivateurs au milieu de leurs travaux et les cavaliers surpris dans leurs voyages, sans leur donner le temps de prendre la fuite.

Eudes II acheva les fortifications de Sous-le-Mur, commencées par son père Eudes Ier (1004). Il eut soin de tenir la ville toujours bien approvisionnée de vivres et de machines de guerre, afin qu'elle fût en état de soutenir un siège si elle était attaquée. Il en confia le commandement à *Gelduin le Jeune*, gentilhomme danois, remarquable par sa belle taille et une force de corps prodigieuse, poussant la bravoure jusqu'à la témérité ; son nom seul faisait trembler ses voisins. Il avait plusieurs fois vaincu Foulques Nerra et lui avait inspiré une telle frayeur, que, lorsque ce prince passait près des terres de Gelduin, il disait : « Fuyons le diable de Sous-le-Mur, car il me semble que je le vois toujours depuis qu'il m'a vaincu. »

Une première rencontre eut lieu entre les armées d'Anjou et de Blois le 10 juillet 1016 à Pont-le-Voy.

Le comte de Blois, vaincu, demanda une trêve; elle fut conclue sur la rive gauche de la Vienne, à trois lieues au-dessous de Saumur. Foulques, qui craignait toujours Gelduin, construisit en cet endroit un château très fort, qu'il nomma *Trêves*, afin que l'on conservât la mémoire de celle qu'il venait d'accorder. Ce château, qui n'est composé que d'une grosse tour crénelée, de cinquante et un pieds de diamètre, sur cent deux de hauteur, est très bien conservé. Le comte d'Anjou fit bâtir en même temps, dans la Touraine, la forteresse de Montbudel.

Eudes voulant prendre sa revanche en 1025, donna rendez-vous à tous ses vassaux devant Montbudel; mais Foulques, averti que Gelduin avait quitté Saumur, vint attaquer la place dégarnie de troupes, s'en empara de vive force et y fit un carnage épouvantable.

A dater de ce moment, Saumur relève des comtes d'Anjou. Foulques donne cette place à son fils Geoffroy Martel qui est l'édificateur du *nouveau château.*

Cette nouvelle forteresse fut établie sur un plan plus vaste que l'ancienne ; elle devait offrir au seigneur un manoir pour son séjour, en même temps qu'un lieu de défense pour sa conquête.

Composée d'un grand corps de bâtiment carré, flanqué à ses quatre angles de grosses tourelles, couronnées de créneaux et percées de mâchicoulis comme les vieilles murailles d'enceinte, elle engloba dans sa construction la tour carlovingienne et prit le nom féodal de Donjon.

Le Donjon dans son entier ne fut pas l'œuvre d'un seul homme, d'une seule époque ; Geoffroy Martel le commença au XIe siècle, Louis IX et Charles d'Anjou, son frère, l'achevèrent au XIIIe.

Les inondations faisaient toujours leurs ravages ; en 1037, il y en eut deux qui causèrent la ruine des riverains.

Geoffroy Martel, fils et successeur de Foulques Nerra, fut, comme son père, un des plus grands capitaines de son temps ; comme lui, il aima passionnément la guerre, qui semblait être son élément ; il est même évident qu'il prenait un soin particulier de se ménager à l'avance des ennemis pour le seul plaisir de les combattre.

Il quitte Angers avec six cents chevaliers et quelques centaines d'hommes de pied, et va mettre le siège devant Tours. Les deux armées se rencontrent près de Saint-Martin-le-Beau (1044). Celle du comte de Blois était bien supérieure en nombre ; on y comptait plus de deux mille chevaliers et beaucoup de gens de pied. Geoffroy n'est point intimidé par cette disproportion : il harangue sa troupe, fait déployer sa bannière rouge, qui porte d'un côté ses armoiries avec son cri de guerre « Rallie », et de l'autre une figure de saint Martin ; il donne le signal du combat. Les chevaliers abaissent leurs visières, et, la lance en arrêt, se précipitent au galop dans les rangs ennemis ; Geoffroy, toujours à la tête de ses Angevins, les anime de la voix et de son exemple ; il est armé d'une masse de fer, dont il frappe avec autant de dextérité que de promptitude, il semble que ce soit un marteau qui frappe sur une enclume ; il assomme tout ce qu'il peut atteindre, et c'est de là que lui est venu le surnom de Martel. Le succès de la journée est pour les Angevins.

Geoffroy Martel avait fait ses premières armes contre son père, et il était à peine âgé de vingt-deux ans qu'il avait déjà vaincu deux fois en bataille rangée Guillaume V, duc d'Aquitaine, qui tomba en son pouvoir.

On voit que l'humeur batailleuse du nouveau seigneur de Saumur n'était point faite pour ramener la paix. Et la guerre va continuer à ravager la province sous ses successeurs. Saumur est pris et repris. C'est bien là d'ailleurs le programme de la chevalerie de cette époque, avide de prouesses et recherchant les combats pour montrer son habileté.

Les hommes et les chevaux sont de plus en plus bardés de fer. Le chevalier, droit sur sa selle à piquer, est raide comme son armure. Il a fini par adopter l'*étrier* que plusieurs générations, imbues d'un entêtement tout féodal, ont repoussé avec dédain, croyant compromettre leur honneur si elles renonçaient à leurs montoirs. Longtemps, en effet, les chevaliers préférèrent, au lieu de s'élancer sur leurs coursiers, comme on le dit dans les romans, s'aider de la borne qui était auprès du perron de chaque castel et que l'on appelait montoir pour se placer prosaïquement en travers de la selle, comme le sac d'un meunier, faisant de leur ventre une sorte de pivot sur lequel ils tournaient afin d'enfourcher leur cheval, chose assez difficile, engainé comme on l'était dans les armures de ce temps-là.

Enfin les étriers sont adoptés généralement dans le XIe siècle ; mais ils ne consistaient encore que dans une courroie à boucle.

Quant aux montures, il est probable qu'à cette époque les races indigènes ne fournissaient pas en grande quantité les bons chevaux de guerre, puisque Guillaume de Normandie choisit pour son expédition en Angleterre « un cheval espagnol fort petit et fort mince, mais seul capable de porter un cavalier aussi lourd et aussi impétueux. » Il est vrai que déjà depuis plusieurs siècles les races espagnoles étaient retrempées de sang arabe, grâce à l'invasion des Maures.

Les moyens de conduite résidaient dans la force et la contrainte, le chargement des chevaux s'opposait à la légèreté des mouvements.

Mais un gentilhomme angevin, Geoffroy de Preuilly, en écrivant son *Règlement des Tournois*, modifie cette équitation rigide. Son ouvrage est à la fois une sorte de traité de l'art équestre, un traité de l'art de combattre son adversaire, et presque un règlement de manœuvres, puisqu'il est question de la manière de tournoyer en troupes dans le champ clos comme sur le champ de bataille.

C'est avec ces principes que les chevaliers vont s'exercer désormais dans les talents équestres, et que l'Anjou va devenir l'école enseignante, une école de prouesses et le centre de réunion des plus habiles écuyers.

C'est à la chevalerie du moyen âge qu'il faut attribuer la création de ces terribles épreuves ; elles n'eurent, auparavant, aucune splendeur ni importance ; on les considérait plutôt comme des jeux ou des rencontres fortuites que comme des passes d'armes d'où dépendait souvent l'honneur de tout un peuple.

Ces exercices étaient le jeu, le passe-temps favori de la noblesse française. C'était d'ailleurs une tradition germaine.

Voilà bien l'origine du tournoi, simulacre du combat d'ensemble. Quant à la joute, c'est le combat singulier, le duel à la lance ou à l'épée.

Dès le XIe siècle, des règles précises sont établies pour empêcher ce plaisir de devenir trop dangereux ; les bannières opposées luttent à *armes courtoises*, c'est-à-dire avec des lances dont le fer est émoussé, des épées sans pointe ni tranchant et des masses de bois.

Il était défendu de se servir de la pointe, on ne frappait que du plat ou du taillant rabattu et émoussé, et jamais le coup ne devait porter au-dessous de la ceinture, mais au-dessus, principalement au côté droit de la tête.

Le prince *appelant* convoque ses chevaliers et ses écuyers ; puis il envoie, par son *roy d'armes*, au seigneur qu'il a choisi pour *défendant*, une épée *rabattue*, en signifiance du *tournoy* et *bahourt*, pour lequel il le défie devant dames et damoiselles.

Lorsqu'un tournoi était annoncé par tout le royaume, et souvent dans les pays étrangers, les hérauts d'armes s'en allaient criant par les villes et les châteaux : *Or oiiez, or oiiez, or oiiez! On fait savoir à tous puissants princes, ducs, barons, chevaliers, à qui Dieu donne vie, que tel jour du mois, en tel lieu, telle place, se fera grandissime pardon d'armes et très noble tournoi; frappé de masse de mesure, espées rabattues, etc., ainsi que toute ancienneté est de se faire.*

« *Duquel tournoi, seront chefs très-hauts, etc., et audit tournoi il y aura de nobles et dignes prix donnés par les dames et damoiselles. Outre, seigneurs, vous êtes tenus de vous rendre quatre jours avant le combat, pour pendre vos blasons aux fenêtres; voici les armes dont vous serez armés, etc.* »

Le lieu du combat était un champ entouré de palissades à double rangée, il formait un carré long : quand le tournoi avait lieu dans la ville, il était donné sur une place publique et plusieurs de ces lices ont encore le nom de place d'armes.

La veille du tournoi, les hérauts revêtaient leurs cottes de mailles et, tenant leurs verges à la main, se rendaient dans les lieux publics en répétant : « *Or oiiez, or oiiez, or oiiez*, etc. ». Puis on suspendait les armures et les armoiries des prétendants ; ensuite, les juges du camp conduisaient en cérémonie les dames et damoiselles trois fois à l'entour, afin qu'elles connussent les chevaliers qui devaient entrer en lice.

Les deux troupes de *tournoyeurs* viennent successivement faire *la montre* devant les tribunes. Les chevaliers n'ayant pour arme qu'un bâton, sont suivis de leurs porte-bannière, l'enseigne roulée. Seuls, les deux chefs ont leurs *pennons* au vent.

Tous jurent, en levant la main droite, par la foi et serment de leur corps et sur leur honneur, de ne pas frapper d'estoc ni plus bas que la ceinture, et de se conformer, en tous points, aux règles imposées par les juges.

Pour se rendre un compte bien exact de la candeur et de la loyauté de ces hommes bardés de fer, nous pourrions dire à l'intérieur comme à l'extérieur, nous ferons remarquer que la chevalerie imposait les devoirs les plus rigoureux et imposait les peines les plus sévères et les plus infamantes à ceux qui les transgressaient.

Si parmi les chevaliers il s'en trouvait un assez malavisé pour avoir médit des dames, l'offensée, le jour du tournoi, s'approchait de l'imprudent, lui touchait le casque, et il était sévèrement puni.

Le chevalier traître à sa parole, ou ayant commis des crimes plus atroces que ceux d'offenser des dames, était battu jusqu'à ce qu'il eût dit : *Je donne mon cheval.*

On coupait alors les sangles de la selle et on la plaçait sur les palissades de la lice, pour qu'elle témoignât du crime et de sa punition.

Si le chevalier avait calomnié ou injurié des dames, il était battu jusqu'à ce qu'il eût crié : *Merci ! aux dames.* Elles avaient le droit, dans la punition d'un chevalier félon, de nommer un *chevalier d'honneur*, auquel elles remettaient un ruban de leur coiffure, afin qu'il le plaçât au bout de sa lance. Le combat ou la punition devait cesser dès qu'il abaissait le couvre-chef de merci vers l'écu du chevalier frappant.

Quelquefois on obligeait la victime à descendre de cheval pour rester, à califourchon, sur la barrière, pendant toute la durée du tournoi. Ou bien on le frappait jusqu'à ce que les vengeances féminines eussent trouvé satisfaction.

Après cette épreuve, le chevalier est réhabilité, et nul n'a plus le droit de lui reprocher le *meschief*, pour lequel il a été *recommandé*.

Le lendemain, une demi-heure avant l'ouverture des lices, les dames se rendent aux tribunes avec le chevalier d'honneur, les juges et le roi d'armes.

Le champ clos est un vaste rectangle fermé par une double barrière, qui permet aux valets de se garer des coups et d'éloigner la foule de l'enceinte. Deux cordes parallèles séparent la lice en deux parties ; chaque troupe opposée a son côté et son entrée particulière.

Puis l'Appelant et le Défendant entrent dans la lice à la tête des tournoyeurs, chevauchant deux par deux et suivis de leurs porte-bannière. Chaque troupe se forme contre les cordes, sur une ou deux lignes, pendant que les écuyers à cheval et les valets à pied vont se ranger sur les côtés, derrière les porte-bannière.

Après le salut aux dames, les deux *batailles* reculent pour prendre champ. Les trompettes sonnent ; le roi d'armes crie trois fois :

« *Coupez cordes ! heurtez bataille, quand vous voudrez !* »

Les cordes tombent, et le tournoi commence.

Dès le premier choc, c'est une mêlée confuse ; les tournoyeurs s'animent, s'acharnent, quelquefois les armures sont faussées et le sang coule.

Le rôle des écuyers est de donner à leurs maîtres des armes de rechange et, avec l'aide des valets, de les remettre à cheval quand ils sont désarçonnés.

Lorsque les juges arrêtent le combat, les trompettes sonnent la retraite, et les hérauts crient alors : *Or oïiez ! Or oïiez ! chevauchez bannières, départez vos rangs !*

Mais les *vaillants* consentent rarement à se séparer ainsi. Souvent, il faut que les chefs se jettent, la tête découverte et l'épée au poing, au milieu des combattants pour les *départir*.

Le chevalier d'honneur donne le couvre-chef de merci, puis le vainqueur est présenté à la dame du tournoi, qui le remercie très humblement, lui donne le baiser de récompense et lui remet le joyau, prix du tournoi.

D'ordinaire, la fête commence par des joutes. Des bannières sont plantées au milieu du champ clos et deux chevaliers viennent rompre jusqu'à trois lances en l'honneur de la dame dont ils portent les couleurs.

Un autre exercice de la chevalerie est le *pas d'armes*. Une *bataille* défend un passage ou un pont contre une autre *bataille* qui veut le franchir. Quelquefois on dresse, au milieu de l'enceinte, une tour de charpente qu'il faut défendre ou attaquer : c'est le *bahourt*.

Pour amuser l'assistance, on fait courir la *quintaine* aux pages et aux écuyers.

Les tournois eurent un côté utile ; ils étaient une école de combat et d'équitation, un exercice nécessaire au chevalier et à son destrier ; ils tenaient en haleine les chevaliers et témoignaient non seulement de la force et de l'adresse du combattant, mais aussi de celles de son coursier. Sous ces points de vue, les tournois sont à regretter.

L'Anjou était devenu le rendez-vous de tous les poursuivants qui voulaient inscrire leurs noms aux cartulaires d'honneur. Toutes les noblesses de France et de l'étranger viennent apprendre à cette école de chevalerie, et le goût du cheval s'étend au peuple même, qui fait de ces réunions hippiques ses distractions préférées.

C'est ainsi qu'on voit dans ce même XIe siècle, à côté des splendides tournois des chevaliers, ces fêtes équestres quasi-grotesques qui sont un droit seigneurial que les maîtres prélèvent sur leurs vassaux.

Le peuple se presse en foule pour voir les *Courses de Quintaine* sur cette même *place du Chardonnet* que vont rendre célèbre tant de générations de cavaliers et qui sera jusqu'à aujourd'hui même la carrière de tous les enseignements qui ont dirigé l'équitation française.

C'était un droit féodal qui appartenait à l'abbesse de Fontevrault. Il aurait pu servir à former de bons écuyers, et on pourrait même croire que c'était là l'objet de son institution, si on ne savait pas que les nobles, qui en étaient exempts, avaient seuls le droit de monter à cheval à la guerre.

Tous les ans, le jour de la Trinité, les nouveaux mariés étaient obligés de se présenter sur la grande place du Chardonnet de Saumur. Ils montaient à cheval et couraient au grand galop, avec une gaule à la main qu'ils devaient rompre en touchant un trou pratiqué dans un poteau qui servait de but à leur course. Ceux qui manquaient leur coup étaient accueillis par les ris et les huées des spectateurs qui avaient déjà ou devaient donner à leur tour un pareil spectacle à leurs concitoyens.

Ce droit s'appelait *quintaine*, vieux mot qui signifie : pieu qui sert de but. Le seigneur de Brézé faisait également la quintaine à ses vassaux le jour de la Trinité.

Ce même jour de la Trinité, les femmes avaient aussi à payer leur redevance. C'étair un jour fort gai — pas pour tout le monde.

Le seigneur de Pocé avait le droit de faire amener, par ses officiers ou ses gens, toutes les femmes jolies de la ville et des faubourgs ; par ce mot jolies, on entendait alors les femmes sages et honnêtes. Chacune devait payer aux officiers du seigneur quatre deniers, leur donner un chapeau de roses, et danser avec eux devant la dame du château. Il était permis aux valets de se servir d'un aiguillon, marqué aux armes de leur maître, pour piquer, jusqu'à trois fois, les fesses de celles qui refusaient de danser. Toutes les femmes « non jolies et notoirement diffamées de ribanderie » devaient se présenter avec les autres ou payer une amende de cinq sous.

La noblesse d'Anjou prit part aux croisades et en ramena ces chevaux d'Orient si célèbres par leur légèreté et dont la souplesse avait tant étonné nos pesants chevaliers. On essaya des croisements de race qui se firent avec succès ; les chevaux se modifièrent et, partant, l'équitation.

Le comte d'Anjou, Foulques V, s'était tant et si bien comporté dans les luttes de Terre-Sainte que le roi Beaudoin le désigna pour son successeur au trône de Jérusalem et lui donna sa fille. Foulques accepta, mais il voulut avant de retourner en Palestine terminer le mariage de son fils, Geoffroy Plantagenet, avec Mathilde, fille de Henri Ier, roi d'Angleterre et veuve de l'empereur Henri V (1127). Ce fut par suite de cette double union que les comtes d'Anjou devinrent *rois d'Angleterre et de Jérusalem.*

Mathilde avait trente ans, Geoffroy n'en avait pas encore seize. La cérémonie qui devait élever le fiancé au *grade de chevalier* devait précéder celle du mariage. On sait combien ce grade militaire était ambitionné par une noblesse qui ne connaissait d'autre gloire que celle que lui procurait la profession des armes. Servir fidèlement son Dieu, son roi et sa dame, telles étaient les principales bases de la chevalerie. Geoffroy, beau, bien fait, d'une taille avantageuse, n'était pas encore dans sa seizième année, et l'usage ne donnait entrée dans cette association guerrière qu'à vingt-un ans accomplis. Mais le roi d'Angleterre, usant des droits des souverains, ne voulut pas faire attendre cet âge à celui qu'il avait choisi pour son successeur. Dans le dessein d'éprouver le jeune aspirant, il le tint auprès de lui, l'interrogea sur différentes matières relatives aux devoirs et travaux des chevaliers ; lui proposa diverses questions sur la vertu, l'honneur et la gloire des exploits militaires; tels étaient alors les objets des études de la noblesse, et l'on sait que celle d'Anjou était des premières dans cette instruction. Le monarque, satisfait des réponses de Geoffroy, se prépara à l'élever au rang de chevalier. Les grands et le peuple des environs se réunirent en foule, pour jouir du brillant spectacle que cette cérémonie devait offrir.

Le jeune comte y fut suivi de cinq de ses principaux barons, Jacquelin de Maillé, Robert de Semblançay, Hardouin de Saint-Mars, Robert de Bueil et Payen de Clairval. Vingt-cinq autres de ses premiers vassaux l'avaient accompagné et devaient participer avec lui aux honneurs de cette fête.

Le bain, qui entretient la propreté du corps, symbole de la pureté de l'âme, en était le prélude.

Sorti du bain, il fut successivement revêtu d'une chemise de lin, d'une robe tissée d'or et d'un manteau de pourpre. Sur ses chausses de soie étaient brodés des lionceaux d'or. Il sortit, ainsi vêtu, de son appartement, avec ses compagnons d'armes, tous richement habillés de lin et de pourpre. Ses écuyers lui présentèrent un cheval d'Espagne, dont nos anciens auteurs prétendent que la vitesse à la course égalait le vol des oiseaux. Alors il prit une cotte de mailles d'acier poli, également impénétrable à la lance et à l'épée, des brodequins ou chausses aussi de mailles et des éperons dorés. Son casque était entièrement couvert de pierres les plus précieuses ; sa lance d'un bois de frêne, armée d'un fer travaillé dans Poitiers ; enfin son épée, tirée de l'arsenal du roi d'Angleterre, était le chef d'œuvre de Galon, l'artiste le plus renommé de son temps pour la trempe des armes. Geoffroy, chargé de cette brillante armure, sauta sur son cheval sans le secours des étriers, et se montra avec avantage dans les joutes et dans les tournois qui remplirent le cours de cette journée et des six jours suivants. Il reçut d'Henri, après l'un de ces combats, l'accolade de chevalier.

Les préceptes écrits par Geoffroy de Preuilly portaient leur fruit, cette expérience éclatante où les seigneurs angevins en firent l'application rendit leur renommée universelle.

Cette première fête fut suivie, deux ans après (1120), de celle qui attacha pour toujours Geoffroy Plantagenet à la fortune du roi d'Angleterre. Ce prince, satisfait du maintien, de l'adresse, de l'esprit prématuré de Geoffroy, se rendit au Mans avec lui ; Foulques les y attendait, pour assister au mariage de son fils et de Mathilde. Turgise, évêque d'Avranches, donna la bénédiction nuptiale aux deux époux. Les habitants de la ville et les étrangers même furent admis à la fête qui dura trois semaines. Les gens de guerre qui y avaient assisté furent comblés de présents que leur fit le roi d'Angleterre. Ce prince retourna à Londres, et Geoffroy ainsi que Mathilde suivirent Foulques à Angers, où ils furent reçus avec des démonstrations de joie et une magnificence capable de donner à la princesse une haute opinion de la fortune de son époux, et de l'amour que son peuple avait pour lui.

Foulques, disposé à se rendre, selon ses engagements, à Jérusalem, se démit de ses comtés d'Anjou, du Maine et de Touraine en faveur de Geoffroy, son fils aîné. Il partit peu après, accompagné d'un grand nombre de gentilshommes qui prirent la croix avec lui.

Ce fut ainsi que la maison d'Anjou acquit deux royaumes comme dot de deux femmes épousées à peu de mois de distance par le père et par le fils.

Le règne de Geoffroy Plantagenet fut un enchaînement de calamités. Vingt ans de guerres féodales ruinèrent et dépeuplèrent ses quatre belles provinces : l'Anjou, le Maine, la Normandie et la Touraine. Il ravagea les États de ses voisins ; ceux-ci ravagèrent les siens. La culture des terres, souvent négligée et quelquefois abandonnée, amena la famine en 1146, et ce fléau fut si terrible, si général dans ses États, que le pain d'avoine devint la nourriture ordinaire des plus grands seigneurs. Quelle fut donc celle du peuple? Le souvenir en fait encore frémir d'horreur... Il mangea de la chair humaine.

En 1147, Geoffroy se croisa et accompagna Louis VII en Terre-Sainte, emmenant avec lui nombre de seigneurs angevins.

Quoiqu'il en soit, les croisades en mettant en rapport, par un fait unique dans l'histoire, des nations si éloignées par les mœurs comme par l'espace, nous fit connaître une population chevaline dont nous n'avions pas idée. Les chrétiens d'Europe trouvèrent sous les murs de Jérusalem une cavalerie innombrable et parfaitement montée. Rien n'égalait le courage et l'audace de l'homme si ce n'est l'agilité et la force de son coursier. L'équitation était tout autre que celle des croisés, de même que le cheval du désert, qui l'avait inspirée, différait du lourd palefroy. L'Arabe, assis sur une selle haute et relevée, montait très court, appuyant tout le pied sur un étrier de métal plat et carré, qui lui servait en même temps d'éperon. Un mors puissant arrêtait soudainement son cheval si vigoureusement soudé, que nul mouvement ne lui coûtait, quelque violent, quelque brusque qu'il pût être.

Cette comparaison devait fatalement apporter une grande modification dans l'équitation comme dans la race des chevaux d'Europe.

C'est le cas de parler des chevaux en usage au XIIe siècle.

Le seigneur sortait-il de sa chevauchée pour aller en campagne, il était précédé de ses *grands chevaux* montés par les pages ; derrière lui marchait son premier écuyer et des pages portant les armes ; arrivés sur le lieu du combat, ces derniers se mettaient à portée de secourir le maître ; « l'escuyer se tient plus près que tout autre de son seigneur et maistre, que nul ne se puisse trouver plus à propos de le secourir, car l'escuyer d'honneur doit défense au chevalier son patron, et si le chevalier est démonté, l'escuyer mettant pied à terre, tâchera de le monter sur son cheval, quelque chose qui lui puisse advenir, fusse la mort même. »

Ce compagnon dévoué jouait un rôle important dans la vie militaire et aventureuse du chevalier. Il est curieux de lire les apprêts de l'écuyer partant pour guerroyer.

« L'escuyer au partyr du logis s'armera de toutes pièces hormis la sallade et les gantelets qu'un page portera; quand le prince ou seigneur yra à la guerre, l'escuyer menera d'ordinaire quatre chevaux de combat, dont au moins le plus fort aye une selle armée et que tous soient bien équipés de sangles, surfaix et harnais et pour les ferrer et panser, il fera marcher avec soy son maréchal, un palfrenier à cheval et un garçon d'escuyerie à pied et laissera le maistre palfrenier pour conduire et gouverner le reste des grands chevaux avec leurs esquipages.

« L'escuyer doibt être curieux d'avoir ses armes si bien faites qu'a peine on puisse cognoistre s'il a sa cuirasse sur le dos ayant sa cuirasse ceinte et doibt même portant ses tassettes, brassales, gantelets et sallade, il faut que tout soit si proprement agencé et arresté en si juste poinct, comme aussi l'espée à son costé, que rien ne branle ni claque en trottant, courant et maniant non plus presque s'il n'allait que le pas et néanmoins que tous ses mouvements puissent être libres. »

Au moment du départ du chevalier, la dame châtelaine, revêtue de draps précieux, montée sur sa *haquenée* et suivie de deux jeunes pages, s'en allait faire bénir une relique destinée à sauvegarder les jours du chevalier.

Le *palefroy*, cheval de promenade, de parade, de dame, de chasse, a donné son nom à celui qui en avait soin, et qu'on a nommé, par corruption, palefrenier. Il était élégant et souple, de plus noble sang que le destrier, et toujours réservé pour les cérémonies d'apparat. Servant de monture aux jeunes seigneurs et aux dames, sa légèreté, son ardeur le faisaient rechercher pour tous les exercices préparatoires aux tournois; mais il était trop faible pour porter l'armure dont le cheval de guerre était recouvert, et le chevalier n'aurait osé confier son honneur et sa destinée aux jarrets pliants de ce destrier efféminé.

Le *roussin* était le cheval d'armes des varlets; en campagne il portait le bât; en paix, il servait à tous les travaux de la ville et des champs.

La *haquenée* était la bête d'amble, blanche et légère; elle portait la dame châtelaine, et servait également au tabellion, au curé et aux clercs, de cette époque jusqu'au XVIe siècle. Elle marchait l'amble, et tout cheval allant à cette allure passa pour trotter à la haquenée. Dans la maison des princes, il y avait la *haquenée du gobelet;* c'était le cheval portant, en campagne et à la promenade, les provisions de bouche du maître.

Dans les tournois et à la suite des armées, on voyait le *cheval ambleur* chargé de porter les chevaliers blessés. On distinguait trois espèces d'ambles : le doux, le rude et le grand amble, et cette façon de trotter, qui fatigue beaucoup le cheval, était arrivée à un tel degré de développement, que l'ambleur pouvait souvent lutter avec les plus forts trotteurs.

Le XIIe siècle doit être considéré comme une époque mémorable pour la vallée d'Anjou. C'est vers le milieu de ce siècle qu'une grande crue de la Loire, secondée peut-être par la résistance des petites digues déjà élevées sur la rive droite, vint en changer le cours et le fixer pour longtemps. Il n'est pas encore confondu avec la Vienne, mais peu s'en faut. Les travaux d'une levée sont aussitôt entrepris.

C'est aussi l'époque où fut jeté le *premier pont de Saumur*, dont les vestiges se voient encore. Les piles étaient en pierre et le tablier en bois; il allait de la porte de la Tonnelle à la Croix-Verte et avait une longueur de 1,200 mètres pour traverser la Vienne et la Loire.

Henri II de Plantagenet se rendit à Saumur peu de temps après l'achèvement de ces ponts. Il fit une entrée magnifique au milieu des seigneurs bannerets anglais, angevins et normands, cortège resplendissant avec ses brillantes armures et ses bannières multicolores.

Des fêtes furent données en l'honneur du monarque. Les vastes prairies de Saint-Florent-du-Thouet se couvrirent d'un peuple immense accouru de toutes les campagnes et des villes voisines de Saumur pour admirer le magnifique spectacle des joutes et des tournois que donnait la cour belliqueuse des rois d'Angleterre.

L'Anjou attirait alors les regards de toute la France. Sa vaillante chevalerie avait porté dans toutes les provinces de notre patrie et jusqu'en Orient la gloire de ses armes et de ses tournois.

A cette époque le harnois des hommes et des chevaux s'est modifié. Le système des brides est léger et rappelle les formes orientales. Il en est de même des bandes de mailles du poitrail et de la croupière. La selle est d'ailleurs complètement occidentale. L'homme est habillé d'une cotte d'armes d'étoffes sur un haubert de mailles, avec chausses également de mailles. Le camail est fait de peau, et le bacinet léger est muni d'une visière qui couvre entièrement le visage quand elle est abaissée. Point de housse, point de têtière armée. Outre l'épée suspendue au baudrier, une seconde est attachée à l'arçon de devant de la selle. La partie des rênes qui tient aux branches du mors est faite de chaînettes, afin de résister aux coups.

Henri II aimait les bords de la Loire, il vint souvent à Saumur et le séjour de la cour donnait toujours lieu à de nouvelles fêtes équestres. Quand il mourut il fut enterré dans l'abbaye de Fontevrault où l'on voit encore aujourd'hui son tombeau et celui des autres Plantagenets.

Richard Cœur-de-Lion succède à Henri II de Plantagenet. Il entreprend une croisade en Palestine et de nombreux seigneurs angevins l'accompagnent dans cette expédition. C'est au retour de ce voyage que les seigneurs de l'Anjou introduisent, parmi les jeux équestres, le *jeu de cannes*, dont ils « s'étaient joués » en Italie. Cet exercice passa dans les habitudes et on le trouve très usité à la fin du XIIIe siècle.

Il est à remarquer que les seigneurs angevins, avec leur judicieux entendement de l'équitation, inventaient tout ce qui pouvait donner de l'assiette et de l'adresse aux cavaliers.

Le *jeu de cannes* était une imitation du combat, mais avec des armes inoffensives, de même que plus tard nos premiers règlements de cavalerie devaient prescrire le combat à cheval avec un sabre de bois comme préparation au combat réel.

Les combattants étaient à cheval et se servaient de cannes de jonc ou de bâtons légers. Voici l'origine de ce jeu. Les chroniques de Sicile rapportent que le roi Richard Cœur-de-Lion, étant à Messine, se promenait un jour à cheval avec quelques seigneurs de sa cour. Vint à passer un paysan qui menait un âne chargé de cannes. Le roi et ses courtisans, « par manière de jeu, dit le chroniqueur, prenant de ses cannes, s'en portèrent des bottes, comme si c'eussent été lances ou espadons, et les cannes rompues, ils en venaient aux mains, se colletant et tirant l'un l'autre à se désarçonner, et quand il en tombait quelqu'un c'était de grandes risées. Or, il arriva que le roi luttant avec Guillaume Desbarres, gentilhomme et vaillant capitaine, la selle du dit roi tourna et il tomba sous son cheval, et ainsi porté par terre, il semblait vaincu, dont bien lui fâchait et non moins au brave capitaine, qui trop tard connut la folie que c'est de se jouer à son maître; car le roi, plein de dépit, se remit en selle sans mot dire, et jamais depuis ne lui voulut du bien. »

Après la mort de Richard Cœur-de-Lion, ses États devaient passer à son neveu, Arthur, duc de Bretagne, encore mineur; mais ils lui furent disputés par le duc de Mortaing, son oncle, connu depuis sous le nom de Jean Sans-Terre, roi d'Angleterre. L'armée anglaise traversa Saumur.

Jean Sans-Terre avait été assigné à la cour des pairs comme parricide, il n'en continua pas moins à faire la guerre et à ravager l'Anjou, dont une partie refusait de le reconnaître pour comte. Il dévasta toute la vallée. Mais ayant appris que Philippe-Auguste, à la tête de son armée, s'avançait pour le combattre, il prit honteusement la fuite et retourna en Angleterre. L'Anjou passa à la couronne de France (1204). Cependant la paix n'était pas rétablie définitivement dans ce pays qui devait être, longtemps encore, le théâtre des luttes des armées de France et d'Angleterre.

Le XIIIe siècle vit, en Europe, des *chevaux cuirassés*. Le cheval avait le corps et la tête enveloppés dans une armure qui complétait son harnachement et qui comprenait la *têtière* ou *cervicale*, le *chanfrein*, le *griel*, la *housse*, la *selle d'arme*, la *sambue*, etc.

Saer de Quincy est représenté dans son écusson (en 1207) en qualité de premier chevalier anglais qui eût monté un cheval cuirassé, paré d'une housse. Les housses, nouvelle addition au luxe plutôt qu'à l'utilité du harnachement, étaient quelquefois si longues qu'elles touchaient à terre; d'autres ne dépassaient pas les jarrets du cheval. Plus tard on les orna de l'écusson et de la devise des chevaliers; plus tard encore, on les arma de riches bordures, ou bien on y employa des étoffes de prix. Cependant la housse ne fut pas toujours exclusivement un objet de luxe; on avait soin d'étendre par-dessous une cotte de mailles formée de bandelettes de fer ou de chaînettes. Elle s'étendait sur le cou du cheval et retombait tout le long du poitrail. La selle était alors très élevée, les arçons étaient d'acier; le siège de la selle se trouvait ainsi très éloigné de l'épine-dorsale. Deux bandes de fer assez larges se détachaient du devant de la selle pour dissimuler les cuisses et les jambes du cavalier. Ces bandes descendaient ainsi, formant chevron, jusqu'au cou-de-pied, puis elles remontaient de manière à protéger le siège et les hanches du cavalier. Deux coussins rembourrés, en arrière de la selle, de chaque côté, faisaient qu'on y était assis à peu près comme dans un fauteuil à dossier très bas. Aux arçons d'acier, ainsi qu'à la partie postérieure de la selle il y avait des anneaux auxquels on attachait l'épée de rechange, la lance, la massue.

Les fers authentiquement du moyen âge et antérieurs au XVe siècle, sont caractérisés par la particularité d'avoir un pinçon très primitif, constitué par la pince du fer un peu allongée et recourbée, et ils ont les crampons en sens inverse, c'est-à-dire que les branches sont courbées en haut et se moulent sur les talons du cheval. Ils sont encore en partie à rainures et toujours à six clous comme ceux du XIIe siècle.

Ces sortes de fers, plus forts de métal et de dimensions, semblent caractériser les chevaux du moyen âge, appelés à porter de lourds caparaçons de fer et des hommes couverts de pesantes armures. Ils offrent parfois une indication importante consistant dans la marque du maréchal qui les a forgés.

Manière
de rompre des lances en lice
les uns contre les autres
armez de toutes pièces

IV

Louis IX à Saumur; la Nonpareille. — Costumes du temps. — Comment les comtes d'Anjou devinrent rois de Sicile. — Les ressources chevalines. — Harnois de l'homme et du cheval de guerre aux XIIIe et XIVe siècles. — L'équitation du XIIIe et du XIVe siècles : le Repolon, la Pesade, la Passade, le Passage. — Exercices de la lance et de l'épée. — La peste de 1348. — La lutte entre le Roi Jean et le Prince Noir. — La Jacquerie. — Du Guesclin à Saumur. — Le premier tournoi de Du Guesclin. — Équitation pratique et sans doctrine. — Les fers du moyen âge. — La bataille de cavalerie du Vieux-Baugé. — Inondation de 1405. — Influence de l'invention de la poudre sur la cavalerie. — Armures et costumes sous Charles VI. — Charles VII à Saumur; fêtes. — Bataille de Vernoil près Saumur. — Costumes du temps de Charles VII. — Le roi René à Saumur. — Tout pour les Dames. — Traictié de la forme et devis d'ung tournoy. — L'Emprise de la gueule du Dragon à Saumur (1446) ; les fêtes du château de la Joyeuse-Garde. — Le Tournoy de Tarascon ou le Pas de la Bergière. — Le château de la Reine de Sicile à Saumur. — Les Chevaliers du Croissant. — Le harnois des gens et chevaux de guerre au XVe siècle. — Description de Rabelais.

Quelques années avant sa première expédition pour la Terre-Sainte, Louis IX voulut visiter son beau comté d'Anjou. Le roi, suivi de toute sa cour, vint s'établir au château de Saumur. La ville avait déjà pris quelque accroissement par le commerce ; la présence du souverain la rendit momentanément florissante, en attirant un grand nombre de princes et de seigneurs qui venaient de toutes parts lui rendre hommage.

Pendant le séjour de la cour à Saumur il y eut des fêtes brillantes; l'une surtout, qui eut lieu le 24 juin 1241, fut nommée la *Nonpareille* à cause de sa grande magnificence. Le roi tint ce jour-là une cour plénière. Cette cérémonie, annoncée de tous côtés, avait excité la curiosité d'un grand nombre de seigneurs étrangers. Elle fut suivie, peu de jours après, du mariage d'Alphonse, frère du roi, avec la fille du comte de Toulouse. Les fêtes recommencèrent avec le même éclat. Voici comment Joinville fait la description de l'une de ces fêtes, dans laquelle il servait en qualité d'écuyer :

« Le roi tint une grant court et maison ouverte à Saulmeur en Anjou ; et ce que j'en diray c'est pour ce que j'y estois. Et vous certiffie que ce fut la nonpareille chose que je veisse oncques (jamais) et la mieux aournée (ornée) et apprêtée. A la table du roy, mangeoient le conte de Poictiers, lequel il avoit faict nouvellement chevallier le jour d'une saint Jehan, qui naguère estoit passée ; le conte Jehan de Dreues, qu'il avoit aussi faict nouvel chevallier;

le conte de la Marche et le conte Pierre de Bretaigne. Et à une autre table devant le roy de Navarre qui moult (beaucoup) estoit paré et aourné de drap d'or en cotte et mantel, la ceinture, fermail (espèce de gros bouton en forme de tête de clou antique, qui s'appliquait sur l'épaule, comme le laticlave des chevaliers romains; les dames françaises portaient cet ornement sur la poitrine, il était ordinairement enrichi de pierres précieuses) et chappel d'or fin, devant lequel je tranchais. Devant le roy saint Loys servaient du manger le conte d'Artois et son frère, le bon conte de Soissons, qui tranchoit du coustel. Et pour la table du roy garder estoit messire Imbert de Beljeu, qui puis fust connestable de France, et messire Honorat de Coucy et messire Archimbault de Bourbon. Et y avoit darrière ces trois barons bien trente de leurs chevalliers en cotte de soye pour garde. Et darrière ces chevalliers y avoit grant quantité de huissiers d'armes et de salle, qui estoient au conte de Poictiers, portant ses armes battues sur sandal. Le roy estoit vêtu d'une cotte de mailles de sammit yude (étoffe fine de couleur bleue) et surcot (espèce de camisole ou chemisette) et sammit vermeil fourré d'ermines et un chappel de coton sur sa tête qui moult mal lui séoit pource qu'il estoit alors joenne homme. Le roy tint cette fête ès halles de Saulmeur et disoit l'en (et disait-on) que le grand roy Henry d'Angleterre (Henri II, comte d'Anjou) les avoit faictes pour les grans festes tenir; et les halles sont faictes à la guise des cloistres de ces moines blancs (religieux de l'ordre de Citeaux). Mès je crois que de trop loing il ne soit nuls cloistres si grans. Et vous dirai pourquoy il le me semble; car à la paroy du cloistre où le roy mangeoit qui estoit environné de chevalliers et de serjans qui tenoient grant espace, mangeoient à une table vingt que évêques et arcevesques mangeoit en costé cele table la royne Blanche, sa mère, au chief du cloistre de cele part là où le roy ne mangeoit pas. Et si servoit à la royne le conte de Bouloigne, qui puis fust roy de Portingal, et le bon conte de Saint-Pol et un Alemant de l'aâge de dix-huit ans, que en disoit que il avoit esté filz de sainte Élisabeth de Thuringe ; dont on disoit la royne Blanche le bésioit au front par dévotion, pour ce que elle entendoit que sa mère li avoit maint fois bésié.

« Au chief du cloistre d'autre part estoient les cuisines, les bouteilleries, les paneteries et les dépenses de celi cloistre, qui servoient devant le roy et la royne de char (viande), de vin et de pain. Et en toutes les autres elez (ailes) et en prael (préau) du milieu, mangeoient de chevalliers de si grant foison que je ne scé le nombre ; et dient moult de gent que ils n'avoient oncques veu autant de seurcotz et d'autres garniments de drap d'or que il y en ot (avait) là, et disent que il y en ot bien trois mille chevalliers. »

Le costume d'alors avait commencé d'être en usage sous le règne de Louis le Gros ; c'était une robe qui descendait jusqu'aux pieds; on la mettait par-dessus le surcot. Les nobles firent ajouter à cette robe une longue queue qu'ils faisaient porter par un valet. Souvent cet office humiliant était rempli par un gentilhomme pauvre, quelquefois de meilleure maison que son maître. Les chevaliers mettaient par-dessus la robe une casaque qu'ils avaient seuls le droit de porter. Cette casaque avait des manches très larges, qui s'attachaient sur le pli du bras et pendaient jusqu'aux genoux. On ne portait point d'épée en temps de paix ; une longue bourse attachée à la ceinture était une marque de noblesse. On se rasait la barbe et on portait les cheveux longs. Une espèce de capuchon, composé d'un bourrelet et d'une grande queue pendante, formait la coiffure commune des deux sexes. Cette queue était ordinairement de la même étoffe que la robe ; le bourrelet était recouvert de fourrures précieuses, soit de vair, de petit-gris ou d'hermine. La chaussure de ce temps-là, qu'on appelait pigaces, est peut-être la plus incommode qui ait jamais existé : on en doit l'invention à l'un des comtes d'Anjou, Foulques Réchin qui, étant né avec des pieds contrefaits, voulut par ce moyen cacher cette difformité. Ces pigaces, qu'on nomma depuis souliers à la poulaine, se terminaient en pointes qui n'eurent d'abord que huit pouces de longueur, ensuite douze, puis seize ; enfin la mode les allongea jusqu'à dix-huit pouces. Ces pointes, garnies de fer, étaient tantôt droites, tantôt recourbées, suivant le caprice des élégants qui donnaient le ton à la cour. Une autre pointe de quatre à cinq pouces sortait du talon, en forme d'éperon. Cette singulière mode passa de la cour d'Anjou à celle de France, et s'étendit ensuite dans presque toute l'Europe.

C'est ainsi qu'était vêtue la brillante cour de saint Louis, qui, après les fêtes de Saumur, accompagna les nouveaux époux jusqu'à Poitiers, où le roi fit prendre à son frère possession des fiefs et seigneuries du duché de Poitou.

La souveraineté de l'Anjou, ainsi que celle des autres provinces qui avaient été confisquées sur Jean Sans-Terre, était un sujet continuel de guerre entre la France et l'Angleterre. Mais par le traité de paix conclu entre Louis IX et Henri III, la souveraineté immédiate de l'Anjou fut annexée à la couronne de France.

L'Anjou n'avait pas eu de comte depuis Jean Sans-Terre. Charles comte de Provence, fut la tige de la troisième maison d'Anjou. Il est assez curieux de citer comment les comtes d'Anjou devinrent rois de Sicile.

Les trois belles-sœurs de Charles d'Anjou avaient épousé des rois : la première Louis IX, roi de France ; la seconde Henri III, roi d'Angleterre, et la troisième, le frère de ce monarque, Richard, duc de Cornouailles, qui depuis fut roi des Romains. Un jour qu'au milieu de l'éclat des fêtes les trois sœurs aînées s'étaient réunies dans l'appartement de la reine de France, elles virent entrer Béatrix, leur sœur, comtesse d'Anjou ; elles se levèrent d'abord pour la recevoir et se rassirent ensuite ensemble. Béatrix crut qu'elle pouvait s'asseoir aussi, mais la reine de France lui dit aussitôt : « Il ne vous convient pas, ma bonne sœur, de vous asseoir à côté de nous, attendu que vous n'êtes que comtesse, tandis que nous sommes reines, et que c'est à nous que l'honneur et la supériorité appartiennent. »

La comtesse, fort humiliée de cette leçon, raconta à son mari ce qui s'était passé entre elle et ses sœurs. Le comte, en entendant ce récit, fit un serment terrible : « Je jure, dit-il à Béatrix, je jure par le Christ et par sa mère, de ne plus entrer dans votre lit que je ne vous aie fait reine couronnée. »

Ce fut alors que le comte d'Anjou, cédant enfin aux sollicitations réitérées du pape Urbain IV, entreprit la conquête du royaume de Sicile, dont il fut couronné roi après la victoire de Bénévent.

Charles fut obligé, pour se soutenir sur ce trône sanglant, d'épuiser d'hommes et d'argent ses provinces héréditaires, et le résultat de tous ses sacrifices fut cette fameuse catastrophe connue sous le nom de Vêpres Siciliennes, dans laquelle l'élite des Provençaux, des Angevins, des Manceaux, périt sous le fer vengeur des opprimés.

Pendant les dernières époques que nous venons de parcourir, le cheval était tenu en grande estime ; on ne combattait, on ne voyageait qu'à cheval et l'équitation était une des branches essentielles de l'éducation. Chaque seigneur, chaque abbé avait son haras particulier, ses étalons et ses juments, ses chevaux de service. Saint Louis punissait de mort, comme indigne de voir le jour, le voleur d'un cheval.

Philippe le Hardi prescrivait en 1279, à tous les chevaliers, nobles, bourgeois et communautés religieuses, d'entretenir constamment et sous peine d'amende, au moins une poulinière, et à tous les ducs, comtes, barons, et autres, « qui ont une pasture suffisante » d'avoir toujours un étalon et quatre poulinières. Ces animaux constituaient une propriété insaisissable.

Les croisés avaient adopté la coutume orientale de combiner, dans le harnois de l'homme de guerre, le fer avec le cuir ; puis, à partir de saint

Louis, le vêtement de mailles avait été, peu à peu, remplacé par l'armure en fer battu.

Au XIVe siècle, les hommes d'armes remplacent le heaume par le *bacinet* à visière mobile ; au lieu de la cotte de mailles, la *cuirasse bombée* supporte, au-dessus du sein droit, un *faucre* pour appuyer la lance.

La cuirasse est prolongée par une *braconnière* qui protège les hanches ; de larges *tassettes*, attachées à la braconnière, recouvrent les cuisses ; des *spallières* les épaules ; des *plates* à charnières, les bras et les jambes ; aux coudes, des *cubitières* ; au genou, des *genouillères* ; aux mains, des *gantelets*. Des *sobrets* pointus, dits à la poulaine, empêchent le pied de quitter l'étrier ; mais il faut les retirer pour marcher.

Une ceinture de fer supporte, au côté droit, la *dague ;* du côté gauche, l'*épée*. Une lourde *épée à deux tranchants* et une *masse d'armes* sont suspendues aux arçons de la selle. La *lance* s'allonge et devient plus pesante.

Pour charger, l'homme d'armes est obligé de se dresser sur les étriers, de s'arc-bouter sur le haut du troussequin de la selle et de plier le bras pour amener sous l'aisselle le *pied du bois*, soutenu par le faucre. Une rondelle d'acier sert de garde en avant de la main droite et contribue, avec l'écu, à couvrir la poitrine du chevalier.

Le cheval n'a eu, jusqu'à la fin du XIIIe siècle, qu'une housse, faite de mailles quelquefois. Vers 1400, on lui donne une têtière de fer ; puis les Allemands lui mettent des plates sur le cou, sur le poitrail, sur la croupe et sur les flancs. Les chevaliers de France ne se décidèrent qu'à la fin du XVe siècle, à alourdir ainsi leurs destriers.

L'homme d'armes, sur son cheval et la lance à la main, est devenu une machine de guerre, destinée à produire un choc irrésistible, mais il ne peut plus monter à cheval ni en descendre, sans l'aide d'un écuyer.

Les jeux équestres, les joutes et les tournois continuaient à être en honneur ; le progrès de l'équitation y avait apporté toutes sortes de raffinements.

Il ne fallait plus seulement de la force, mais aussi de la souplesse et du savoir. Il existait des règles, et celui qui s'y conformait, l'emportait toujours sur celui qui n'était que robuste. Il fallait, d'une part, que le chevalier sût manier son cheval ; d'autre part, qu'il sût porter un coup de lance, d'épée ou de masse.

Dans chaque château, l'écuyer exerçait les jeunes pages aux exercices équestres qui pouvaient les rendre le plus aptes à tous les genres de combat.

Les mouvements les plus usités étaient alors les *voltes*, le *repolon*, la *posade* ou *pesade*, la *passade*, le *passage*.

Le chevalier sans cesse occupé à guerroyer, à rompre des lances, qui passait d'un tournoi à un autre, devait savoir manœuvrer son cheval en tous sens ; aussi, par l'exercice des voltes sur les hanches et sur les épaules, se mettait-il en mesure de faire face à l'ennemi de tous les côtés.

Le repolon, par exemple, était une espèce de demi-volte fermée, pour éviter son ennemi.

La posade ou pesade lui servait à parer un coup en faisant enlever son cheval légèrement du devant, ou à le préparer à sauter; c'était aussi une gracieuse courbette pour saluer la dame de ses pensées.

La passade était très utile ; c'était une ligne droite sur laquelle le chevalier passait et repassait, voltant aux extrémités, et lorsqu'un combattant avait donné un coup de masse, de lance ou d'épée à son adversaire, plus tôt il pouvait retourner son cheval après cette action, plus tôt il était en état de repartir et de fournir un nouveau coup.

Il y avait deux sortes de passades, celle au petit galop, tant sur la ligne de la passade que sur les demi-voltes, et celle qu'on appelait furieuse, dans laquelle on partait à toutes jambes, depuis le milieu de la ligne droite jusqu'à l'endroit où l'on marquait l'arrêt pour commencer la demi-volte.

Le passage, enfin, était un trot relevé et cadencé qui faisait briller son cavalier dans les tournois.

Les destriers étaient, ainsi que nous l'avons dit, exercés dans la main et les talons, au galop à toute bride, sur les passades furieuses, sur les demi-voltes, et en outre ils étaient accoutumés au son de la trompette, du tambour, et au cliquetis des armes de toute espèce.

Nous aurons occasion, plus tard, de parler de tous ces mouvements. Mais il est bon de constater, dès à présent, que c'est à ces braves et adroits chevaliers qu'on doit le commencement de ces airs de manège qui firent l'étude de nos meilleurs écuyers pendant plusieurs siècles.

S'il y avait au moyen âge des exercices préparatoires servant à l'attaque et à la défense, il y en avait aussi, pour apprendre à donner le coup de lance, le coup d'épée, etc. Ainsi, quand deux chevaliers étaient en présence, chacun au bout de la lice, ils devaient partir ensemble, au même signal, à une allure peu vive, ne précipitant l'allure du destrier que quand ils étaient certains de la direction du coup qu'ils allaient porter ; ce n'est qu'alors qu'ils quittaient de la passade modérée pour la passade furieuse, qui triomphait de tout obstacle.

L'arrêt de la lance devait poser sur l'arrêt de la cuirasse, la pointe dirigée en la place la plus convenable pour toucher le chevalier, vingt pas avant de le rencontrer. Afin que la lance, se trouvant fixée, pût être mieux ajustée, il fallait tenir la main très fermement, mais sans roideur, et seulement de manière à maintenir la lance sur l'arrêt de la cuirasse.

Si le bois se rompait dans la poignée, il fallait lever le poignet et secouer le gantelet, pour montrer qu'on n'était pas étonné du choc.

On rompait la lance ordinairement entre les épaules, vers la gauche ou contre les yeux de son adversaire, et les meilleurs coups étaient toujours ceux portés à la tête.

Le coup d'épée devait être donné sur le devant de la face gauche de l'adversaire et non pas sur la tête, afin de ne jamais blesser le cheval, ce qui était une infraction aux règles de la chevalerie.

Nous pouvons donc conclure de tout ce que nous relatons ici que, si la force faisait beaucoup dans un tournoi, l'adresse et le savoir y jouaient également leur rôle.

En 1348 commença en Anjou cette peste terrible qui enleva tant de monde et qui fut suivie d'une famine non moins meurtrière.

Puis survint la lutte entre le roi Jean et le *Prince Noir*, la noblesse d'Anjou y prit une grande part et combattit vaillamment à la bataille de Poitiers. Le comte d'Anjou, second fils du roi de France, fut emmené en captivité avec son père.

Ce fut pendant la captivité du roi Jean qu'eut lieu cette terrible insurrection des paysans et des artisans contre la noblesse, insurrection connue sous le nom de *Jacquerie*. Plus de deux cents châteaux furent brûlés, un très grand nombre de gentilshommes, leurs femmes et leurs enfants égorgés. L'excès de la misère et la dureté des seigneurs avaient porté ces malheureux à cette cruelle vengeance, et c'en était fait de la noblesse en France, si elle n'eût appelé à son secours la noblesse étrangère.

Pendant la première année du règne de Charles V, la province d'Anjou vit se former plusieurs bandes nombreuses de voleurs, composées de soldats licenciés. Ces brigands armés mettaient à contribution les villes et les campagnes; personne ne pouvait voyager sans courir risque d'être volé et assassiné.

Les Anglais, chassés du Maine par l'illustre Bertrand Du Guesclin, s'étaient retirés dans l'abbaye de Saint-Maur, en aval de Saumur. Du Guesclin les suivait de près. Trouvant la place trop forte pour hasarder un assaut, il conclut une trêve.

Le connétable, se reposant sur la foi de cette trêve, était venu à Saumur avec la plus grande partie de son armée. Les Anglais profitèrent de son absence pour s'échapper après avoir brûlé l'abbaye.

Du Guesclin, en apprenant cette nouvelle, « jura par la Trinité de ne manger que trois soupes au vin » avant d'avoir tiré de cet outrage une vengeance éclatante. Sur-le-champ, il monta à cheval, réunit ses troupes et courut à la poursuite de l'ennemi. Il le rencontra sous les murs de Bressuire, l'attaqua, le vainquit, et passa au fil de l'épée depuis le chef jusqu'au dernier soldat.

L'armée française, chargée des dépouilles des habitants de Bressuire et des Anglais, revint à Saumur, où les chefs devaient se réunir pour arrêter le plan des opérations ultérieures.

On était alors au milieu de l'hiver de 1371, et cette année il fut si rigoureux que les troupes, ne pouvant plus tenir la campagne, furent obligées de rentrer dans leurs quartiers.

Ce fut dans cette circonstance que Du Guesclin reçut en même temps deux courriers, l'un du roi de Castille, qui amenait avec lui deux mules chargées d'or et de pierreries, l'autre du roi de France, qui apportait au connétable l'ordre de congédier les troupes jusqu'au printemps. Le connétable, mécontent et péniblement affecté d'être obligé de renvoyer l'armée sans pouvoir lui payer ce qui lui était dû, se fit apporter l'or et les pierreries qu'il venait de recevoir d'Espagne et, sans rien retenir pour lui, il distribua tout aux compagnons de sa gloire. Il prit ensuite ses dispositions pour quitter Saumur.

Nous ne pouvons pas quitter Du Guesclin sans dire quelques mots de ce vaillant gentilhomme, qui fut un des plus fameux tournoyeurs de son époque. Il était issu d'une des plus illustres familles de Bretagne. Hardi compagnon, robuste, laid, dur à lui-même, farouche, il avait un cœur excellent, et sa rudesse apparente était une nécessité à cette époque, où l'exécution du service militaire était si difficile à obtenir de gens mal disciplinés, vagabonds, pillards et insubordonnés.

Il ne voulut jamais apprendre à lire et ne se plaisait que dans les exercices de corps. A peine âgé de vingt ans, il apprend que les gentilshommes bretons (1338) ouvrent un tournoi solennel en l'honneur des dames; il prend à son père un cheval de labour et, malgré sa défense, il se sauve et vient se réfugier à Rennes chez un de ses oncles. Là, il va visiter les apprêts du tournoi et voyant, le premier jour, un chevalier qui quittait le combat, il se jette en pleurant à ses pieds, obtient de lui une armure, des armes et un cheval, s'élance dans l'arène, renverse le premier adversaire qui se présente, fournit quinze courses avec un égal bonheur, et, reconnu à la seizième, il reçoit le prix du tournoi.

Telle est, en diminutif, l'histoire de tous les jeunes batailleurs de la noblesse d'autrefois.

Du Guesclin commença à devenir un personnage important à partir de ce succès et ne voulut plus quitter les armes, adoptant comme cri de guerre : « Notre-Dame du Guesclin ! » cri qui devint plus tard la terreur des Anglais.

La vie de ce héros n'est qu'une suite de combats singuliers, et chacune de ses batailles était précédée de défis particuliers entre chevaliers des deux camps.

Pourtant on comprendra que pendant tous ces bouleversements, l'équitation proprement dite ait été un peu délaissée. Car les préceptes de l'art équestre n'étaient encore que des enseignements pratiques, professés dans les réunions hippiques, dont les fêtes équestres étaient l'application et la preuve. En effet, jusqu'à l'époque de la renaissance générale de tous les arts, il n'a été produit aucun livre connu sur l'équitation ; il est à présumer que l'on s'occupa de monter à cheval pratiquement et sans aucun corps de doctrine. Les jeunes gens recevaient quelques conseils des hommes expérimentés ; le tact et l'habitude faisaient le reste, et ce n'est point à dire pour cela que les cavaliers fussent rares ou sans habileté.

Quoiqu'il en soit, pendant cette fin du moyen âge, les hommes de cheval n'écrivaient point parce qu'ils ne savaient pas écrire, les clercs ne s'occupaient guère d'un sujet qui leur était étranger et sur lequel leurs ouvrages, si toutefois ils en ont laissé, ne peuvent nous donner que fort peu de lumière.

Les fers du moyen âge, surtout ceux de l'époque où les armures furent augmentées d'épaisseur pour résister aux projectiles des armes à feu, étaient d'un poids considérable et dépassaient parfois un kilogramme :

« Large fer à cheval, à talons moult crochus. »

C'est que les chevaux de guerre étaient alors corpulents et de grande taille et qu'on jugeait, avec raison, que la ferrure doit être en rapport avec le poids et la charge du cheval.

Ces fers étaient larges et pesants, prolongés en pointe et relevés en pince, munis au talon d'une cheville de fer acérée, haute et forte, qui assurait la solidité dans les charges.

Sur la fin du règne de Charles VI, la France, presque entièrement envahie par les Anglais, était, pour ainsi dire, prête à passer sous un joug étranger. Bientôt le plus beau pays de l'Anjou fut en proie à toutes les horreurs de la guerre.

Mais un brave et vaillant chevalier, Guérin, seigneur des Fontaines, entreprend de chasser les Anglais de l'Anjou. Sa petite troupe est à peine formée qu'il apprend qu'un corps de Français et d'Écossais au service du roi de France passe par Saumur. Il va promptement le rejoindre.

Le duc de Clarence, dont l'armée était deux fois plus nombreuse que celle de Guérin, quitte Beaufort en défendant à son infanterie de le suivre, la croyant inutile pour battre et disperser cette poignée d'hommes rassemblés à la hâte. Il prend avec lui sa cavalerie, composée d'environ quinze cents gendarmes, l'élite de la noblesse anglaise, et commandée par les plus grands seigneurs de cette nation. Il trouve, près le Vieux-Baugé, les Français et les Écossais rangés en bataille, et qui l'attendaient de pied ferme; il donne le premier le signal du combat. Dès le commencement de l'action, le brave chevalier des Fontaines, qui cherchait à rencontrer le duc de Clarence, le distingue bientôt à son casque couvert d'or et de pierreries. C'est sur lui seul qu'il se dirige; il le charge avec tant de violence et d'adresse qu'il le renverse mort du premier coup de lance. Ce coup décida de la victoire; l'armée anglaise perdit courage en voyant tomber le frère de son roi, qui avait toute sa confiance. Les Angevins, encouragés par l'exemple de leur chef, firent un carnage affreux; il y eut très peu de prisonniers.

L'infanterie anglaise, instruite de la mort de son général et de la défaite entière de la cavalerie, se réfugia en Normandie.

L'invasion anglaise n'avait pas été la seule calamité pour l'Anjou. Les inondations exerçaient toujours leurs terribles dévastations et, en 1405, il y eut, dit Juvénal des Ursins, « un vray déluge avec prodiges et tempestes. »

L'invention de la poudre avait eu son influence sur la cavalerie. Lorsque les pistolets et les mousquets commencèrent à être adoptés, les hommes d'armes se crurent obligés d'augmenter l'épaisseur de leurs cuirasses. Ils s'alourdirent alors au point de ne plus pouvoir se mouvoir qu'au pas ou au petit trot. Les seigneurs se virent même souvent contraints de mettre pied à terre pour mieux se défendre, c'est ce qui arriva dans un grand nombre de batailles à la fin du XIVe siècle.

On conçoit aisément l'émotion profonde que causa l'usage des armes à feu portatives dans toute cette cavalerie, maîtresse jusqu'alors, par la lutte d'homme à homme, d'une grande part dans le destin des batailles. Montluc s'en fait l'écho la première fois qu'il parle de l'arquebuse. « Plût à Dieu, dit-il, que ce malheureux instrument n'eut jamais été inventé, je n'en porterais pas les marques... et tant de braves et de vaillants hommes ne fussent pas morts de la main le plus souvent des plus poltrons et plus lâches, qui n'oseraient regarder au visage celui que de loin ils renversent de leurs malheureuses balles par terre; ce sont là des artifices du diable pour nous faire entretuer. »

C'est qu'en effet le courage individuel, la valeur purement personnelle perdaient singulièrement de leur prestige et de leur action. Les conditions du combat devenaient tout autres.

Pendant un moment d'accalmie, les fêtes équestres reprirent en Anjou avec un nouvel éclat rehaussé des brillants costumes adoptés alors.

Ce fut sous le règne de Charles VI qu'on inventa les habits mi-partie, c'est-à-dire de deux couleurs. Celui qui adoptait le noir et le blanc, par exemple, avait la moitié du corps, un bras, une cuisse et une jambe vêtus de noir, et l'autre côté blanc. Sur ce costume singulier, la noblesse fit mettre ses armoiries; les dames portaient à droite celles de leur mari et à gauche celles de leur famille. Ces doubles écussons, brodés en or, argent et soie, occupaient en largeur et en hauteur presque tout le devant de la robe. Les coiffures en pain de sucre s'élevèrent jusqu'à la hauteur de trois pieds, ce qui obligea d'exhausser les portes des appartements. A la pointe de ces bonnets était attaché un voile qui pendait plus ou moins bas, suivant le rang de celle qui le portait. Celui de la femme d'un chevalier descendait jusqu'à terre et y flottait sur la queue de la robe; celui d'une bourgeoise ne descendait que jusqu'aux épaules.

A cette époque, les chevaliers avaient abandonné le gaubesçon, le haubert et la cotte d'armes, et les avaient remplacés par une armure complète en fer qui couvrait l'homme depuis la tête jusqu'aux pieds. Dans ce pesant équipage, un chevalier semblait invulnérable, mais si par malheur il était renversé de son cheval, il lui était impossible de se relever; on ne pouvait le tuer, mais on l'assommait, et son armure devenait son tombeau. La tête était défendue par le heaume, espèce de casque de fer élevé en pointe, qui enveloppait la tête et le cou. Il avait une visière qu'on nommait ventaille, parce que le chevalier était obligé de la lever quelquefois pour prendre haleine. Ce heaume était, suivant les moyens des chevaliers, couvert d'or et d'argent et quelquefois orné de pierreries.

Les exercices des tournois avaient développé l'adresse des cavaliers et leur habileté équestre. Et c'est aussi en raison de cela qu'ils s'étaient efforcés de se rendre invulnérables dans leur carapace de fer. Dès lors, l'adresse des combattants consistait à saisir le défaut de la cuirasse, c'est-à-dire à frapper aux endroits où les diverses pièces venaient se réunir. Aussi tout le talen des ouvriers qui confectionnaient les armures consistait à lier solidement les pièces, tout en laissant à l'homme le jeu des muscles et des articulations.

Le changement que le temps avait introduit dans l'armure des chevaliers s'étendit plus tard jusqu'à leur costume. Ils quittèrent cette longue robe ou soutane qu'ils portaient depuis plusieurs siècles et la remplacèrent par un petit pourpoint qui ne passait pas la ceinture du haut de chausses, de sorte qu'un vêtement d'un chevalier du temps de saint Louis aurait suffi pour en faire six à un chevalier de la cour de Charles VII. Le capuchon fut remplacé par une toque couverte de plumes, et les élégants ornèrent leur cou de plusieurs belles chaînes d'or. Cette coutume, qui commença vers le milieu du XIVe siècle, ne fut adoptée que par les chevaliers; le clergé, les magistrats, les avocats, les docteurs de l'université conservèrent l'habit long et le capuchon.

Au commencement du XVe siècle, la jolie petite ville de Saumur, défendue par un château formidable, ceinte d'une bonne muraille flanquée de tours, environnée d'un large fossé rempli d'eau vive, était déjà citée pour sa force et sa belle situation.

Elle fut visitée en 1424 par Charles VII, roi de France, qui y resta trois ou quatre jours. Charmé de la beauté du pays et de l'accueil qu'il avait reçu des Saumurois, Charles VII revint, un an après, une seconde fois en Anjou. Il commença encore par la ville de Saumur et s'établit, avec une partie de sa cour, dans le château. Les princes et les seigneurs de sa suite qui ne purent y loger furent reçus chez les principaux habitants, qui s'empressèrent de leur offrir leurs maisons. Ce fut pendant ce second voyage que Jean V, duc de Bretagne, surnommé le bon duc, accompagné de ses frères, vint faire hommage au roi de tout ce qu'il tenait de la couronne de France. Ce prince passa huit jours à Saumur; la cour lui donna des fêtes brillantes, et les magistrats furent admis à lui offrir les présents de la ville, qui consistaient alors en « une pipe de vin blanc, deux busses de vin clairet du haut pays, cent boisseaux d'avoine et vingt livres de cire ouvrée ».

Hélas! pendant les fêtes données par Charles VII au duc de Bretagne, à ses frères et à la belle Agnès Sorel, les Anglais continuaient de ravager la France. Et à trois lieues de là, à Vernoil, les Angevins et les Saumurois, réunis aux Manceaux, étaient complètement défaits; combat mémorable qui répandit le deuil et la consternation dans le Maine et dans l'Anjou.

En 1440, après avoir fait une trêve avec les Anglais, Charles VII revint passer quelque temps à Saumur avec le dauphin, qui régna depuis sous le nom de Louis XI, Madame la dauphine et ses sœurs. Ils furent suivis de plusieurs seigneurs et dames de la cour. Les habitants de Saumur n'oublièrent point, dans cette circonstance, de réunir les présents de la ville. Il les offrirent, en l'honneur de Madame la Dauphine, à ses sœurs, dont l'hôtel était sur les ponts. Ces présents consistaient en deux pipes de vin blanc, quinze livres de confitures et trente livres de bougie.

Avant de quitter Saumur, Charles VII y reçut les ambassadeurs du duc de Bretagne, qui vinrent lui proposer une alliance offensive contre les brigands qui ravageaient la France et la Bretagne. Le roi accueillit la proposition du duc, et le traité fut conclu et signé à Saumur.

Les fêtes reprirent leur cours avec l'aspect nouveau que leur donnait le changement des costumes. A la cour de Charles VII, les dames laissaient voir leurs épaules et leur gorge; elles se paraient de pendants d'oreilles, de colliers et de bracelets ornés de pierres et de perles précieuses. Elles avaient commencé à changer la forme de leurs bonnets, et les deux grandes oreilles qu'elles y ajoutaient rendaient en largeur à la coiffure ce qu'elle avait auparavant en hauteur. Les robes avaient encore leur queue traînante, mais les manches étroites étaient remplacées par d'autres très larges et déchiquetées qui descendaient jusqu'aux pieds. Les hommes avaient fait mettre de semblables manches à leur pourpoint, mais elles ne descendaient que jusqu'aux genoux.

Charles VII, qui avait les jambes très courtes et une taille peu avantageuse, adopta l'usage de l'habit long; plusieurs courtisans suivirent son exemple pour faire leur cour, et peu à peu tout le monde suivit cette mode.

Le roi de France revint encore à Saumur et, le 25 septembre 1443, il y tint un grand conseil où il rendit une ordonnance très remarquable sur l'administration des finances.

Le bon roi René, roi de Sicile, était alors duc d'Anjou. Ce fut lui qui ranima les traditions équestres avec une véritable passion, en exaltant le devoir des chevaliers de se faire valoir par tous les moyens aux yeux des dames. L'éducation d'alors y prêtait largement,

Dans la naïve chronique du petit Jehan de Saintré, le preux et docte Antoine de la Salle, ami du roi René, et gouverneur de son fils Jean de

Calabre, nous montre une jeune veuve « *admonestant le jouvencel, touchant les dix commandements, les articles de foy, les sept vertus principalles, les dons du Saint-Esperit, et comment le vray et loyal amoureux doibt fuyr les sept péchez mortels, pour acquérir la divine grâce de sa très gente dame, et par ainsi estre saulvé en âme et en corps* ».

Rien n'était alors plus naturel que l'alliance de ces sentiments, qui nous paraît aujourd'hui si étrange. Une étincelle du feu céleste avait purifié le culte de la beauté et de la faiblesse ; dégagé de l'empire des sens, il était devenu, après Dieu, le mobile des grandes actions, la source de toute vertu, générosité et vaillance. Une pieuse tendresse, exaltée jusqu'à l'héroïsme, la fidélité, la constance, l'esprit de dévouement et de sacrifice lui imprimaient un caractère religieux et consacraient jusqu'à ses chaînes. Pour exprimer ce joug mystérieux, la chevalerie avait emprunté à la féodalité ses engagements et son langage. L'amant devenait le *vassal*, l'*homme lige* de sa dame, et lui jurait obéissance comme à son légitime seigneur.

Dans ses belles années, le roi René composa un *Traictié de la forme et devis d'ung tournoy*, qu'il orna de plusieurs dessins de sa main représentant les personnages dans le costume propre à chacun d'eux et dans les attitudes qu'ils doivent prendre en jouant leurs rôles. Voulant joindre l'exemple au précepte, il fit annoncer, en 1446, une de ces fêtes militaires, sous le nom d'*Emprise de la gueule du dragon* ou le *Pas de joûte*, maintenue par le roi René en l'honneur des dames.

Pour donner ce tournoi, René fit construire dans les prairies de Saumur un château en bois, décoré en dehors et en dedans avec beaucoup de richesse et d'élégance, et, à l'imitation de ceux dont parlent nos anciens romans de chevalerie, il le nomma le *château de Joyeuse Garde*.

« Durant l'espace de quarante jours, le roi et la reine Isabelle, Mme Yolande, sa fille, et quantité d'autres dames et demoiselles, et notamment, la belle et jeune Jeanne de Laval, pour laquelle, secrètement, il fit et dressa cette *emprise*, avec un grand nombre de seigneurs, y demeurèrent en grande joie et magnifique fête, attendant ceux qui, pour acquérir de l'honneur, voudraient venir jouter contre le roi René, chef de l'emprise. »

Le jour fixé pour le tournoi, le roi sortit de son château pour se rendre au lieu préparé pour la joute, dans l'ordre suivant :

Deux Turcs, vêtus de damas incarnat et blanc, menant chacun un lion, attaché avec une grosse chaîne d'argent, ouvraient la marche. Ils étaient suivis des tambours, fifres et trompettes du roi, à cheval, tous vêtus de la livrée d'Anjou : incarnat et blanc. Venaient après, deux rois d'armes, tenant leurs livres ou cartulaires d'honneur et de noblesse, pour y décrire les hauts faits et valeureux combats qui allaient se livrer. On voyait ensuite quatre juges du camp, montés sur de très beaux chevaux, dont les housses, qui descendaient jusqu'à terre, étaient ornées d'armoiries richement brodées ; deux avaient été choisis parmi les plus anciens et les plus sages chevaliers, et les deux autres parmi les écuyers, connus les uns et les autres pour être très experts en toutes sortes de combats.

Après les juges venait le nain du roi, monté sur un cheval richement caparaçonné ; il portait l'écu et la devise que René avait choisis pour cette fête ; le fond était de gueules, semé de pensées au naturel, de même que les cottes d'armes, les bannières, les chanfreins, les housses et caparaçons des chevaux des chevaliers, des écuyers du roi et de tous les tenants.

Une charmante demoiselle, magnifiquement vêtue et montant une superbe haquenée blanche, paraissait ensuite ; c'était Jeanne de Laval, elle tenait à la main une très riche écharpe, attachée à la bride du cheval sur lequel René était monté. Cette dame était destinée à mener tous les tenants lorsqu'il serait nécessaire de jouter contre les assaillants.

Le roi était suivi de Ferri de Lorraine, son gendre, du sire de Beauvau et de son frère, d'Antoine de Prie, de Charles et Philippe de Culant, l'un chambellan du roi, l'autre maréchal de France ; de Guy de Laval, de Geoffroy de Saint-Belin, de Lenoncourt, de Guerry de Crespin, de Cossé, de Du Plessis, de Jean II de Doullant sire du Lude, et de plusieurs autres tenants, tous connus par leur haute vaillance.

Ils arrivèrent en cet ordre au lieu où étaient établies les lices, près desquelles on avait dressé une grande tente richement décorée. L'estrade des juges, celles des rois d'armes, ainsi que celles des dames, ornées de tapisseries et de coussins à galons d'or, étaient élevées autour des lices, mais séparées les unes des autres par des espaces qui permettaient au peuple de jouir de ce brillant spectacle.

Près des lices, sur un perron élevé de plusieurs marches, était une colonne de marbre, à laquelle était appendu l'écu de la devise ; ceux des assaillants, qui voulaient jouter contre les tenants, étaient obligés de venir toucher cet écu du bout de leur lance. Au pied de cette colonne étaient enchaînés les deux lions dont nous avons parlé.

Parmi les assaillants qui se présentèrent pour rompre des lances, en l'honneur de leurs belles, on cite le comte de Tancarville, du Bueil, de Méry, de Brion, de Florigny, le comte de Nevers, Pierre des Barres, Pierre de

Brézé, Regnault de la Jumellière, Xaintrailles, Jacques de Clermont, le duc de Bourbon et le brave Dunois, etc.

Par une convention expresse, les vaincus à la joute, tant du côté des tenants que de celui des assaillants, étaient obligés de donner un diamant, un rubis ou un cheval, ou quelque autre objet convenu entre eux : ces prix étaient destinés à leurs maîtresses. L'auteur qui nous a transmis les détails de cette fête, nous apprend qu'il y eut cinquante-quatre diamants et trente-six rubis donnés aux dames par ceux qui furent vaincus.

Quant aux principaux prix donnés aux frais de René, ils furent, suivant l'ordonnance des juges du camp, présentés aux vainqueurs par Jeanne de Laval, cette jeune beauté qui avait conduit tous les tenants au combat, et qui était l'objet secret de cette fête. Florigny obtint le premier prix, c'était un dextrier très excellent ; le second, qui était un fermaillé ou boîte d'or enrichie de diamants, fut décerné à Ferri de Lorraine.

Après ces joutes, heureusement terminées sans accident, ce qui était assez rare, le roi, la reine et toute cette brillante assemblée s'en retournèrent au château de Saumur, où René donna, pendant plusieurs jours, des danses et des fêtes magnifiques. Les chevaliers, qui avaient presque tous signalé leur valeur dans ce tournoi où ils n'avaient paru que sous le heaume et la cuirasse, se présentèrent, dans ces nouvelles fêtes, vêtus avec autant de richesse que d'élégance, tâchant, tous à l'envi les uns des autres, de se montrer aussi galants auprès des dames qu'ils s'étaient montrés courageux et terribles dans les combats. Les gentilshommes d'Anjou se signalèrent surtout dans les cavalcades.

Mais quelle fut la conduite de René dans une conjoncture aussi délicate ? Il se trouvait en présence de sa famille et de sa cour, placé entre la reine Isabelle, qu'il avait tant aimée et qu'il aimait encore, si l'on en juge par la douleur qu'il fit éclater à sa mort, et la belle Jeanne de Laval, pour laquelle il donnait toutes ces fêtes et qu'il épousa huit ans après ? La reine eut-elle le malheur de s'apercevoir de cette nouvelle passion ? Les historiens n'en disent rien, mais ils nous apprennent que ce prince peignit un tableau représentant ce tournoi et qu'il l'offrit à Charles VII, son beau-frère.

Trois ans après cette fête, c'est-à-dire en 1449, René en donna une autre, à peu près semblable, à Tarascon, en Provence. Le tournoi de Saumur avait été une fête toute militaire, celui de Tarascon fut presque une fête champêtre ; les chevaliers y parurent portant des habits de bergers par-dessus leurs armures.

Le prix était un bouquet et un baiser de la bergère ; mais le poète qui a chanté cette fête ne dit pas le nom de cette dame ou demoiselle, il fait seulement entendre que, malgré la simplicité de ses habits, c'était une personne de haut lieu.

Louis de Beauvau y parut sur un cheval bai, tout orné en rouge, et sur son écu étaient ces mots en lettres d'or : « Les plus rouges y sont pris. » Il parut avec beaucoup d'éclat dans cette fête ; après un combat très vif et souvent douteux contre Philibert de Laigle, il fit voler en éclats la lance de son adversaire. Philippe de Lenoncourt se présenta ensuite dans la lice ; Tanneguy Duchâtel, portant moult gaiement en croupe la dame de Pontevès, s'avança contre lui. Les deux champions s'attaquèrent si vigoureusement que leurs lances se rompirent en même temps ; le brave Lenoncourt en fit encore briser deux autres à Tanneguy, qui n'en voulut pas davantage et emporta avec lui sa courageuse dame, qui dans cette terrible lutte ne perdit pas les étriers.

La fête étant terminée, la bergère monta sur sa haquenée, et fit, au son des instruments, deux fois le tour de la lice, accompagnée de ses deux pastoureaux et précédée des hérauts et des juges d'armes ; elle arriva ainsi chez Louis de Beauvau qui lui donna un magnifique souper. De là elle se rendit au château, précédée d'un héraut d'armes, portant, d'une main, une verge blanche, et, de l'autre, une verge d'or et un beau diamant.

Le roi René, qui affectionnait beaucoup Saumur, fit bâtir pour sa mère, dans le faubourg des Ponts, un palais que l'on montre encore sous le nom de *château de la reine de Sicile*. La façade qui est sur la rue était ornée des armoiries du roi. On en a effacé une partie, mais on voit encore l'écu avec la décoration de l'ordre des chevaliers du Croissant, qui fut fondé par ce prince en 1448.

Le symbole de cet ordre était un croissant d'or, avec ce mot émaillé en lettres d'azur *Loz*, ce qui formait avec le croissant sur lequel il était écrit, une espèce de rébus, qui signifiait qu'on acquiert Loz, c'est-à-dire louange, en croissant en vertu. Les chevaliers attachaient à ce croissant une aiguillette d'or émaillée de rouge, après chaque action dans laquelle ils s'étaient distingués. Leur costume était une soutane et un manteau de velours blanc ; par-dessus ils mettaient un grand manteau de velours cramoisi. Ils portaient sous le bras droit la décoration de l'ordre, le croissant d'or, qui était suspendu à une chaîne de même métal attachée sur le haut de la manche.

Un des articles des statuts de l'ordre du Croissant défendait expressément aux chevaliers de médire des femmes, de quelque rang qu'elles fussent.

Le harnois des gens de guerre est encore changé à cette époque.

Un manuscrit de 1446 nous apprend que lesdits hommes d'armes sont armés volontiers, quand ils vont en guerre de tous harnois blancs, c'est-à-dire de cuirasse close, avant-bras, grands garde-bras, harnois de jambes, gantelets, salade à visière et petite bavière qui ne couvre que le menton.

Les hoquetons des gens d'armes d'ordonnance étaient de cuir de cerf ou de mouton, et de drap aux couleurs des capitaines, sans orfèvrerie.

Le harnois du cheval se compose aussi de plates de fer. A la têtière on a peu à peu ajouté une couverture articulée pour l'encolure, puis une garniture de poitrail, à laquelle est suspendue la housse de devant. Sur la crinière, une bande de six plates articulées supporte des triangles de mailles. Plus tard on ajoutera une croupière de mailles et des flançois.

L'armure des cavaliers était tellement perfectionnée, qu'on peut dire que le guerrier était littéralement enfermé dans une boîte de fer. La visière du casque était le seul point vulnérable ; mais il était difficile d'y donner, malgré l'école des tournois.

Rabelais, dans son *Pantagruel*, fait une description fort gaie de ces armures hermétiquement closes en expliquant comment la braguette est première pièce de harnois entre gens de guerre :

« ..... Pour cestre et aultres causes, le seigneur de Merville, essayant quelque iour ung harnoy neuf, pour suyvre son roi en guerre, car du sien anticque et à demy rouillé plus bien servir ne se povoyt, à cause que depuys certaines années la peau de son ventre sestoyt beaucoup esloygnée des roignons. Sa femme considéra en esprit contemplatif que peu de soin avoyt du pacquet et batton commun de leur mariage, veu que il ne l'armoyt que de mailles ; et fust de duiz que il le munist très bien et guabionnast d'un groz armet de ioustes, lequel estoyt en son cabinet inutile. D'ycelle sont escriptz ces vers ou tien liure du *Chiabrena des pucelles* :

Celle qui veid son mari tout armé
Fors la braguette aller à l'escarmouche
Luy dist : Amy, de paour qu'on ne vous touche,
Armez cela qui est le plus aymé.

L'Emprise de la Gueule du Dragon
Donnée à Saumur en 1446

Comment les tournoyeurs se vont batant par troppeaulx.

ROI RENÉ : *Traictié de la forme et devis d'ung tournoy.*

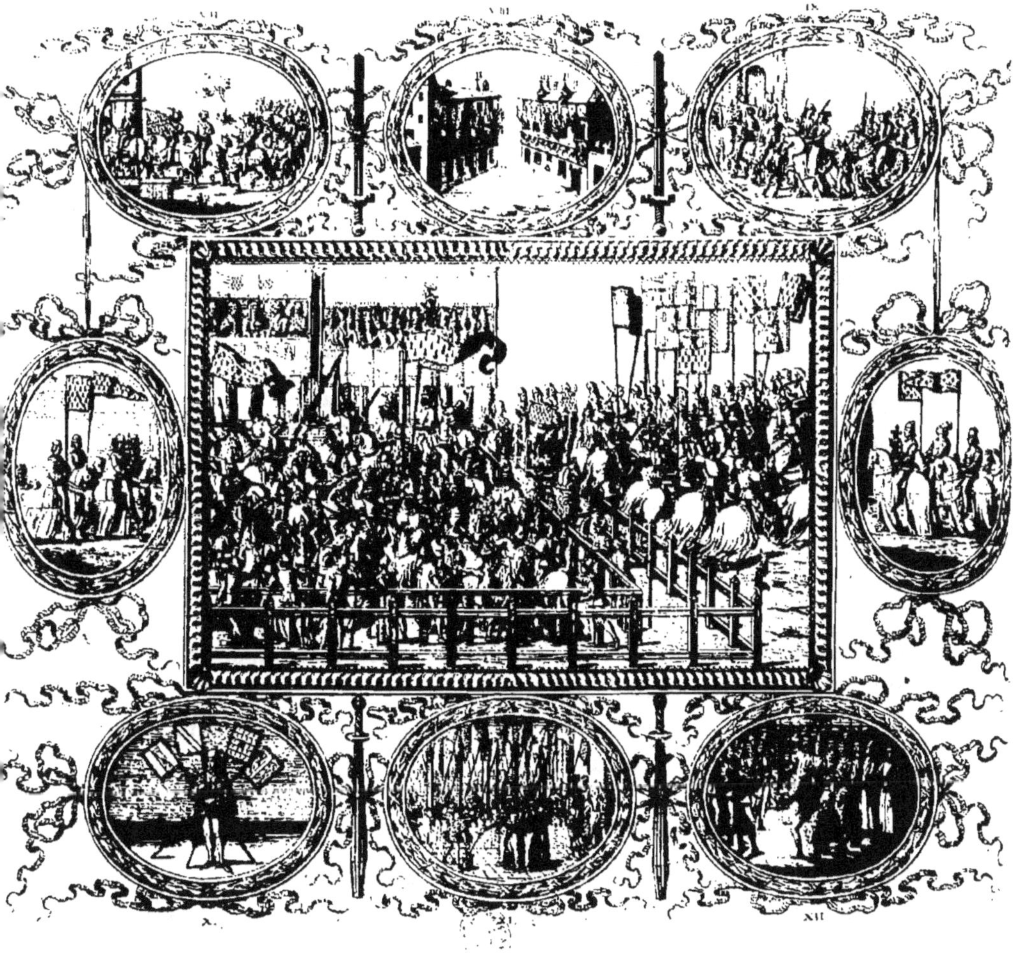
IX
XII

V

Création de l'armée permanente. — Compagnies d'ordonnance. — Lance fournie : Gendarme, Ecuyer, Archer, Coutilier. — Cavalerie légère. — Cadets. — Louis XI à Saumur. — Homme d'armes, Page, Coustilier, Archer; leurs montures. — La Cavalerie nouvelle. — Les cavaliers de Charles VIII en Italie. — Les Rudiments de l'art de monter à cheval, par Benjamin de Hannibale. — Le déluge de Saumur. — Louis XII à Saumur. — Les montures à la mode. — Chevau-légers, Crennequiniers, Stradiots, Argoulets, Carabins. — Traité d'hippiatrique dédié à Louis XII. — L'école du Cavalier. — L'apprentissage de Bayard. — François Ier à Saumur : Joûtes et Tournois. — La peste. — Inondation de 1527. — La Cavalerie s'allège ; son organisation en compagnies de Gendarmerie, compagnies de Chevau-légers, compagnies de Stradiots et d'Arquebusiers à cheval. — Exercices militaires des hommes à cheval. — Les chevaux de Cavalerie. — Un règlement de Cavalerie. — Vestiges d'uniforme. — La Gendarmerie française. — Influence des nouvelles méthodes d'équitation de l'Italie. — Laurentius Rusius 1533 : sa méthode d'équitation, de dressage, de harnachement et d'hippiatrique ; soixante espèces de mors ; moyens pour réduire les chevaux rétifs ; emploi du feu pour les tares ; ferrure. — César Fiaschi, 1539 ; son traité de la manière de bien emboucher, manier et ferrer les chevaux : voltes au trot et au galop, galop raccourci, cabrioles, passades ; moyens de dressage, la bride, le caveçon, la voix, la musique, la gaule, les jambes, les éperons ; vingt-cinq espèces de fer. — Philippo de Loghacozzo, 1559 ; son traité de maréchalerie.

Nous n'avons pas perdu de vue notre objet. Il fallait montrer que l'Anjou a été le berceau de l'équitation en France, et que, dans l'Anjou, Saumur a été le point foyer des traditions équestres. Mais il fallait en même temps laisser entrevoir toutes les influences avantageuses ou néfastes que les événements historiques, les mœurs, les habitudes, les costumes mêmes ont eues sur les transformations de l'équitation.

Nous voici arrivé à une époque où les préceptes d'équitation militaire ne vont plus suffire, à eux seuls, comme instruction de la cavalerie. Charles VII a créé l'armée permanente, et la nouvelle manière de faire la guerre va exiger d'autres connaissances.

En recherchant les origines de l'École de Saumur, nous devons rechercher les origines de toutes ses acceptions d'aujourd'hui, que nous avons mentionnées au début de cette étude.

Jusqu'à ce point l'équitation militaire a tout résumé et nous allons pouvoir suivre encore ses progrès, à Saumur même, jusqu'à notre époque. Mais si nous voulons parler de l'École de cavalerie, il faut, à la date où nous sommes, en aller chercher la première idée autre part.

L'honneur d'avoir institué la première armée permanente revient à Charles VII. Après la guerre de Cent-Ans, la France, quoique délivrée des

Anglais, gémissait sous le poids de ses misères intestines. Les bandes qui avaient combattu l'étranger, rendues à l'inaction par l'arrêt des hostilités, ravageaient les provinces, les traitant en pays conquis, se glorifiant même du nom d'écorcheurs que leur donnaient les populations terrorisées. Pour s'affranchir de ces bandes, Charles VII les licencie, non sans de grandes difficultés, et institue les compagnies d'ordonnance.

La cavalerie est divisée en quinze compagnies d'ordonnance de dix lances chacune. La lance fournie se composait alors de six hommes : un gendarme (homme d'armes ou chevalier), un écuyer (ou varlet), trois archers et un coutilier.

Les archers étaient montés ; quand ils devaient faire un service à pied, des pages tenaient leurs chevaux.

Le coutilier était un servant d'armes, porteur d'une dague ou coutelas ; il conduisait le cheval de bagage de la lance fournie.

Cette nouvelle cavalerie fut astreinte à des exercices réguliers et constants qui sont le point de départ d'une véritable instruction militaire.

Pendant toute la durée de la période de Charles VII à Louis XII la cavalerie légère ne fut composée que d'hommes rassemblés au hasard, venus de toutes les nations, auxquels on donnait des chefs pour une campagne, pour une bataille, et qu'on licenciait ensuite. La gendarmerie seule était toute la force équestre de l'armée. Aussi disait-on que cent gendarmes suffisaient pour battre mille hommes de cavalerie légère.

Mais il fallait qu'on cherchât, au moyen d'institutions fixes, à maintenir toujours au complet un cadre d'officiers jeunes et instruits, qui n'eussent plus qu'à acquérir, ce que l'étude ne peut donner, l'expérience des camps et des batailles.

Sans beaucoup se préoccuper des études premières des jeunes nobles, on les plaça comme *cadets* dans les régiments où la vie sérieuse était impossible et le travail nul.

L'époque de la mort du bon roi René, qui fut aussi celle de la réunion définitive de l'Anjou à la couronne, est remarquable dans notre historique, parce que depuis lors cette province n'a plus été qu'un apanage possédé par les puînés de nos rois.

On sait que Louis XI avait une grande dévotion à la Vierge et qu'il fréquentait plus particulièrement les églises sous son invocation. Il affectionnait Notre-Dame-de-Nantilly, qui sous son règne avait la réputation de faire beaucoup de miracles. Il avait vu, pendant son séjour à Saumur, lorsqu'il n'était encore que dauphin, ce grand concours de peuple qui y venait en pélerinage pendant toute l'année, mais plus particulièrement à la fête de l'Assomption. Louis XI vint donc fréquemment à Saumur, le plus souvent incognito.

Ce ténébreux monarque était peu partisan des fêtes équestres — il avait bien d'autres projets en tête — et ses allures soupçonneuses en faisaient un tel trouble-fête que sa présence seule assombrissait tous les esprits. D'ailleurs les temps étaient déjà bien changés, l'infanterie commençait à se réhabiliter, et la cavalerie était fort mélangée; si les chevaliers tenaient encore le premier rang de l'armée, leurs serviteurs d'autrefois étaient devenus des auxiliaires organisés.

Ce fut le duc de Bourgogne qui donna le modèle de cette organisation par celle de son armée.

D'après l'ordonnance de juillet 1471, « *l'homme d'armes* doit porter *blanc harnois complet*, être monté de *trois bons chevaux*, dont un pour le page qui portera sa lance; le moindre vaudra 30 écus. Un quatrième cheval ou *sommier* servira pour le bagage. L'homme d'armes aura une *selle de guerre avec chanfrein*, et, sur la salade, des *plumes de couleur*, moitié blanches, moitie bleues, aussi bien que sur le chanfrein. Sans imposer des *bardes* pour les chevaux, le duc fait observer qu'il saura bon gré à l'homme d'armes qui s'en procurera. Les armes offensives sont un *estoc* raide et léger, une *lance chevaleresque*, un *couteau taillant* pendant au côté gauche et une *masse d'armes* pendant au côté droit.

« Le *coustilier* sera monté sur un cheval d'au moins trente écus, il sera armé par devant d'un *plastron d'acier* ou de fer battu avec arrêt (faucre), et par derrière de *brigantine*. Il aura en outre une *salade*, un *gorgerin*, des *flancards*, des *braies d'acier*, des *avant-bras à petites gardes* et des *gantelets*. Il portera une bonne *javeline*, sorte de demi-lance, ayant poignée et arrêt, une bonne *épée droite*, de moyenne longueur, qu'il pourra manier d'une seule main, avec une bonne *dague* d'un pied et à deux tranchants.

« L'*archer* sera monté sur *un cheval de dix écus* au moins, habillé d'une *jacque* à haut collet tenant lieu de gorgerin, avec bonnes manches; il portera une cotte de mailles ou *paletot de haubergerie* dessous cette jacque, qui sera de douze toiles au moins, dont trois de toile cirée et neuf de toile commune. Il aura pour garantir sa tête, une bonne *salade sans visière*, et portera des *houseaux ronds*, sans pointes, afin que lorsqu'il mettra pied à terre, les pointes ne l'empêchent point de marcher légèrement. Il sera armé en outre d'un *arc* solide, d'une *trousse* contenant trente flèches, d'une longue *épée à deux mains*, d'une *dague* d'un pied et demi, à deux tranchants. »

Sous Charles VIII, la noblesse n'a plus à offrir ses services à son roi, elle le doit. Ce n'est plus l'ancienne chevalerie, mais la nouvelle *cavalerie*.

Un chroniqueur du temps nous décrit la cavalerie de Charles VIII en Italie :

« Les *gendarmes de France* étaient couverts de sayons de soie, de colliers et de bracelets d'or; ils montaient des chevaux grands et vigoureux, qui avaient la queue et les oreilles coupées. Leurs armes étaient une forte et roide lance, solidement ferrée par le haut, et une masse d'armes également ferrée. Chaque chevalier était accompagné d'un page et de deux écuyers.

« Les *archers à cheval*, qui leur servaient de flanqueurs, étaient armés de grands arcs ou de longs javelots; ils avaient le casque et le plastron, et portaient sur leurs écus les armoiries de leurs seigneurs.

« Quatre cents *archers de la garde*, dont cent Écossais, entouraient le roi et portaient ses couleurs. Deux cents *gentilshommes*, la fleur de la noblesse, montés sur d'admirables chevaux bardés, brillant d'or et de pourpre, précédaient immédiatement le roi, qui s'avançait, armé de toutes pièces, la lance sur la cuisse, trompettes sonnant et tambourins battant. »

L'équitation n'est pas tombée en désuétude, mais, avec l'organisation de tout, elle va se réglementer et, vers la fin du xve siècle, *Benjamin de Hannibale* introduit à la cour de France les *Rudiments de l'art de monter à cheval*.

Nous voici au *déluge de Saumur*. C'est pendant l'inondation du 31 janvier 1496 que la Loire, resserrée par la Levée et poussée par des vents violents, coupe la petite langue de terre qui la sépare de la Vienne, et vient se jeter dans le lit de cette rivière. Les deux ponts qui étaient sur la Vienne, dont l'un nommé le pont Foullon, placé entre la ville et l'île de la Saulnerie, furent emportés.

Cette île de la Saulnerie n'existe plus. Elle était placée vers le milieu de la Vienne, en face de la rue de la Tonnelle.

Deux ans après cette catastrophe, par laquelle Saumur hérita d'un grand fleuve, les Saumurois, qui conservaient le souvenir du brillant tournoi du bon roi René où toute la noblesse avait étalé un si grand luxe de chevaux, ne durent pas être médiocrement étonnés, en allant au-devant du roi Louis XII et de sa suite se rendant en pèlerinage de Chinon à Angers, de voir les seigneurs qui donnaient alors la mode, préférer aux beaux chevaux des mules dont leurs devanciers n'eussent pas voulu pour leurs valets.

Le cortège simple qui accompagnait le roi, dit un chroniqueur, formait un contraste bien frappant avec celui du duc de Valentinois; on n'avait encore rien vu en France qui approchât de ce faste oriental, faste d'autant plus scandaleux que la misère publique était extrême à cette époque. Brantôme nous apprend qu'il a trouvé dans les archives de sa maison les détails que nous allons rapporter sur le cortège et l'ordre de la marche de ce prince :

« Devant lui marchaient vingt-quatre mulets fort beaux, chargés de coffres, dont les couvertures étaient ornées des armes du duc; après venaient vingt-quatre autres mulets avec des couvertures rouge et jaune, qui était la livrée du roi; suivaient encore douze mulets avec des couvertures de satin jaune; puis venaient dix mulets ayant des couvertures de drap d'or, ce qui faisait en tout soixante-dix mulets. Après les mulets, on voyait seize beaux coursiers couverts de drap rouge et jaune. Suivaient dix-huit pages bien montés; seize étaient vêtus de velours cramoisi, et les deux autres, qu'on disait être les favoris du prince, l'étaient de drap d'or frisé. De plus, six belles mules, richement harnachées de selles, brides et harnois, étaient conduites par six laquais vêtus de velours cramoisi. Venaient ensuite deux mulets portant des coffres couverts de drap d'or, dans lesquels étaient la vaisselle d'or et les pierreries. Suivaient trente gentilshommes vêtus d'or et d'argent. Des musiciens, des trompettes, richement habillés, précédaient le duc, qui avait autour de lui vingt-quatre laquais, tous vêtus mi-partie de velours cramoisi et de satin jaune.

« Quant au prince, il était monté sur un grand coursier harnaché fort richement; sa robe était mi-partie de drap d'or et de satin rouge et brodée de perles et de pierreries. A son bonnet était un double rang de cinq à six rubis, gros comme une grosse fève, qui jetaient un grand éclat. Sur le retroussis de sa barrette il y avait grande quantité de diamants; ses bottes étaient entourées de cordons bordés de perles, et le collier qu'il portait valait bien trente mille ducats.

« Le cheval qu'il montait était tout couvert de lames d'or, ornées de perles et de pierreries. De plus il avait, pour se promener par la ville, une belle petite mule, qui avait son harnois, comme la selle, la bride et le poitrail, tout couverts de roses d'or fin épais d'un doigt.

« Enfin, pour fermer la marche, il y avait encore vingt-quatre mulets avec des couvertures rouges, ornées des armes du duc; sans compter nombre de chariots chargés de tous les bagages, tels que lits de campagne, vaisselle, etc. »

Sous Louis XII, la cavalerie lourde est composée, pour ainsi dire uniquement de Français ; mais la cavalerie légère, pourvue d'armes à feu, est essentiellement composée d'étrangers : Allemands, Espagnols, Grecs, Reîtres.

Le premier noyau de cette cavalerie légère fut composé des archers de l'ancienne gendarmerie qui entrèrent dans cette arme sous le nom de *chevau-légers*. Leur nom était bien impropre ; car on les surchargea de tant de pièces défensives qu'il leur était impossible de se mouvoir avec célérité.

Il y eut encore les *Crennequiniers*, arbalétriers à cheval ; les *Stradiots*, cavaliers albanais que Louis XII prit à sa solde ; les *Argoulets* aventuriers d'origine grecque ; les *Carabins*, d'origine espagnole.

L'équitation militaire, aussi bien que la manœuvre, va bientôt se ressentir de ce mélange. Cependant les cavaliers français vont conserver encore quelque temps l'ancien mode de combat des chevaliers, et partant maintenir les exercices équestres qui en étaient la préparation indispensable.

En somme, jusque-là, l'équitation existait comme exercice et non comme art. Un manuscrit du XVe siècle, dédié à Louis XII, ne parle des chevaux rétifs ou méchants envers l'homme que comme d'animaux malades, dont il indique le mode de traitement (*pour curer leurs vices*) ; c'est un traité d'hippiatrique et non d'équitation.

Si la science équestre n'est pas encore régie par un corps de doctrine établissant des principes et des procédés, les exercices du cheval au point de vue militaire ont déjà leurs règles. C'est un règlement de cavalerie qui, pour n'être pas rédigé, n'en est pas moins à l'état latent et fait partie de l'éducation militaire des jeunes hommes. C'est une série de procédés admis, une sorte d'école du cavalier à l'état de tradition, que les jeunes gens se destinant à la carrière des armes acquièrent, la plupart du temps, sans enseignement, par imitation de ce qu'ils voient faire autour d'eux et avec quelques conseils recueillis dans leur existence de page.

L'apprentissage de Bayard nous en fournit un exemple.

Il avait treize ans à peine, « esveillé comme ung esmérillon », lorsqu'il demanda à son père de suivre la carrière des armes, à l'exemple de ses ancêtres. Celui-ci envoya prier l'évêque de Grenoble, son beau-frère, de venir lui donner son avis.

« Mon frère, dist l'evesque, vous savez que nous sommes en grosse amytié avecques le duc de Savoye, et nous tient du nombre de ses serviteurs. Je croy qu'il le prendra voulentiers pour ung de ses paiges ; si bon vous semble, je le luy .meneray, après l'avoir très bien miz en ordre et garny d'ung petit roussin.

« Alors tout incontinent envoya ledict esvesque à la ville querir son tailleur, auquel il manda apporter velous et satin. Il vint et besogna toute la nuyt, de sorte que le lendemain tout fust prest.

« Bayard, après avoir desjeuné, monta sur son roussin, tout ainsi que si on l'eust voulu présenter dès l'heure au duc de Savoye. Quant le cheval sentit si petit fes (fardeau) sur luy, joinct aussi que le jeune enfant avoit ses esperons, commencea à faire trois ou quatre saulx, de quoy la compaignie eut paour qu'il affolast (blessât) le garçon. Mais au lieu de crier à l'ayde, d'un gentil cueur, hardy comme ung lyon, luy donna de l'esperon et une carrière, en sorte qu'il mena le cheval à la raison.

« — Or sus, dit le bon esvesque, qui estoit prest à partir, mon nepveu, « ne descendez point et de toute la compaignie prenez congié.

« Le père luy donna sa bénédiction.

« La povre dame de mère estoit en une tour du chasteau qui tendrement plorait, car combien qu'elle feust joyeuse dont son filz estoit en voye de parvenir, amour de mère l'admonestoit de larmoyêr.

« La bonne gentil femme sortit par le derrière de la tour et fist son filz vers elle, auquel elle dist bonnes paroles.

« Alors la bonne dame tira hors de sa manche une petite boursette, où il y avoit seulement six escus en or et ung en monnoye, qu'elle donna à son filz, auquel elle bailla une malette, en laquelle avoit quelque linge pour sa nécessité.

« L'esvesque appela son nepveu, qui pour se trouver sur son gentil roussin pensoit estre en ung paradis. Si commencèrent à marcher le chemin, droict à Chamberry, où pour lors estoit le duc de Savoye ; de sorte qu'ils arrivèrent au soir en la ville.

« Le lendemain matin après la messe, comme le duc avait invité l'esvesque à disner, il advisa le bon chevalier qui servoit à boire très bien en ordre, et mignonnement se contenoit.

« — Monseigneur de Grenoble, luy dist-il, quel est ce jeune enfant « qui vous donne à boire?

« — Monseigneur, respondit-il, c'est ung homme d'armes que je vous « suis venu présenter pour vous servir, se il vous plaist.

« — Vrayement, ce dist le duc, qui desjà l'eut pris en amour, il seroit « bien estrange, qui tel présent refuseroit.

« Or le bon chevalier ne s'amusa guères aux morceaulx après le disner; ains s'en va au logis faire sceller son roussin, et s'en vint le beau petit pas en la court de la maison dudict duc de Savoye, qui desjà estoit sorty de la salle, appuyé sur une gallerie, si voit entrer le jeune enfant qui faisoit bondir son cheval de sorte qu'il sembloit homme qui toute sa vie eust veu guerre.

« Lors s'adressa à l'esvesque, auquel il dist :

« — Monseigneur de Grenoble, je croy que c'est vostre petit mignon qui si bien chevauche à cheval.

« Qui respondit :

« — Monseigneur, il est mon nepveu et de bonne rasse, où il y a eu « de gentilz chevaliers. Son père, qui par les coups qu'il a receuz es « guerres et batailles, où il s'est trouvé, est tant myné de foiblesse et vieil- « lesse, qu'il n'a peu venir devers vous, se recommande très humblement à « vostre bonne grâce, et vous en faict ung présent.

— « En bonne foy, je l'accepte voulentiers; le présent est beau et « honneste. Dieu le face preud homme!

« Alors commanda à ung sien escuyer, en qui plus se fioit, qu'il print en sa garde le jeune Bayard, et que, à son oppinion, seroit une fois homme de bien.

« Le bon chevalier demeura page avecques le duc de Savoye bien l'espace de demy an, où il se fist tant aymer de grans, moyens et petits, qu'oncques jeune enfant ne le fut plus. Il estoit serviable aux seigneurs et dames que c'estoit merveille. En toutes choses n'y avoit qui feust à comparer à luy. Car il saultoit, luctoit, jectoit la barre selon sa grandeur, et chevauchoit ung cheval le possible. »

Cette citation suffit pour prouver ce que nous avancions : que les principes équestres étaient peu ou point démontrés et se résumaient à une question d'aptitude personnelle, tandis que l'instruction militaire était quelque peu enseignée par les écuyers chargés de diriger les pages, mais sous forme de préceptes consacrés par l'usage et mêlés d'une façon inextricable à une foule de règles d'étiquette et de bienséance.

En 1518, François Ier vint visiter l'Anjou, avec la reine, la duchesse d'Alençon, sa sœur, et une grande partie de sa cour. Ce brillant cortège passa par Saumur.

Au château du Verger, il y eut des joutes et des tournois; l'élite de la noblesse angevine y parut avec beaucoup d'éclat, et fit voir, par son agilité et sa dextérité dans ces combats simulés, à pied et à cheval, qu'elle était toujours digne de la haute réputation de ses ancêtres. D'ailleurs, le valeureux François Ier avait déjà pu la juger dans une occasion importante; plusieurs Angevins l'avaient suivi en Piémont trois ans auparavant, et s'étaient distingués sous ses yeux au siège de Villefranche.

François Ier se proposait de prolonger son séjour en Anjou, lorsqu'il se trouva forcé d'en sortir pour fuir la peste. Ce terrible fléau commença ses ravages dans cette province vers le milieu du mois d'août; il fut précédé par des orages extrêmement violents qui causèrent beaucoup de dégâts dans les campagnes.

Ce ne fut pas tout, les levées s'étant rompues sous l'effort des eaux extrêmement gonflées, toute la vallée fut inondée en 1527.

Sous François Ier, on sentit l'inconvénient de la cavalerie armée de toutes pièces qui ne pouvait combattre qu'en haie à cause de son armure, on en était arrivé jusqu'à barder les jambes des chevaux.

D'ailleurs, les mousquets espagnols perçaient de leurs coups les cuirasses les mieux trempées, aussi les cavaliers vont-ils s'alléger de cette lourde armure qui les condamnait à une équitation rigide et lourde, et leur imposait des chevaux pesants capables de porter cet énorme poids qu'on leur mettait sur le dos.

Conséquemment l'équitation va se modifier; les charges qui ne se faisaient plus qu'au pas vont se faire au trot.

Cependant le Roi chevalier, par ordonnance du 1er février 1534, conserva les *compagnies de gendarmerie,* en fixant le maximum de leur effectif à cent hommes d'armes et cent cinquante archers.

Les hommes d'armes devaient porter l'armure complète (*solerets, bavières entières, cuissots, cuirasses avec tassettes, gorgerin, armet à grèves, gantelets, avant-bras, goussets et grandes pièces.* Les vingt-cinq gentilshommes les plus robustes de la compagnie montaient des chevaux bardés à la tête, aux flancs et au poitrail qui avaient au moins six palmes et quatre doigts (1m,54) de hauteur.

L'excédent des archers d'ordonnance fut incorporé dans les *compagnies de chevau-légers :*

« *Les chevau-légers seront bien à cheval, auront le hausse-col et le halecret avec les tassettes jusqu'au-dessous des genoux, les gantelets, les avant-bras, les grandes épaulières et une salade forte et bien couverte, à vue coupée; leurs casaques seront aux couleurs de l'enseigne; ils porteront l'épée large au côté, la masse à l'arçon et la lance bien longue au point.* »

Déjà depuis longtemps, ces compagnies s'étaient recrutées, peu à peu, de tous les gentilshommes qui aimaient mieux servir comme officiers dans la cavalerie légère que comme soldats dans la gendarmerie. Montés sur de bons courtauds et revêtus d'une demi-armure de fer, les chevau-légers maniaient l'épée, la masse d'armes et « un fort et raide épieu. » Quelques-uns portaient déjà à l'arçon de leur selle la petite escopette à rouet, nommée *pistole*, « diablerie récemment adoptée par la cavalerie italienne. »

L'emploi de cette diablerie allait bientôt faire supprimer la lance et modifier complètement l'équipement et la tactique de la cavalerie européenne.

Des *compagnies d'estradiots et d'arquebusiers à cheval* devaient faire les reconnaissances, servir d'éclaireurs et de flanqueurs. Au besoin, ces cavaliers mettaient pied à terre et s'aidaient de la zagaie ou de l'arquebuse pour engager l'escarmouche.

Le capitaine le plus instruit de cette grande époque guerrière, messire Guillaume du Bellay, seigneur de Langey, encore un Angevin, nous apprend, dans son livre très précieux sur la *Discipline militaire*, où en était l'instruction de la cavalerie en 1534.

« *Exercices des gens de cheval.* — Les arquebusiers doivent s'adonner à l'arquebuse ; s'étudier à tirer sûrement et droit, de toutes mains ou en arrière, même quand leurs chevaux courent, et aussi à descendre soudainement pour garder un pas, comme feraient les arquebusiers à pied. » *Voilà nos premiers dragons.*

« Les estradiots doivent savoir se servir de la zagaie à toutes mains, en frappant d'abord d'une pointe et ensuite de l'autre.

« Les chevau-légers s'adonneront, comme les hommes d'armes, à bien mener et manier un cheval, à bien courir une lance, à s'aider de l'épée ou de la masse quand il en sera temps.

« Il faudrait prendre garde à l'erreur qu'on commet aujourd'hui (1534) dans nos ordonnances, en y admettant des jeunes gens au sortir des pages ou de l'Ecole. Tous les jeunes gentilshommes qui veulent être des bandes à cheval, sans autre exception que les princes, devraient être, à partir de dix-sept ans, *arquebusiers* pendant deux ou trois ans, *estradiots* autant, puis *chevau-légers*; c'est dans ces trois conditions de soldat qu'ils apprendraient les choses nécessaires à tout bon homme de cheval. Ils auraient ainsi jeté le feu de jeunesse, et seraient assez froids et modérés pour savoir se gouverner sagement parmi les *hommes d'armes*, avec lesquels ils devraient rester trois ou quatre ans sans se pouvoir licencier. Ce temps passé, ils deviendraient *hommes d'armes par raison de leur fief*, seraient tenus de

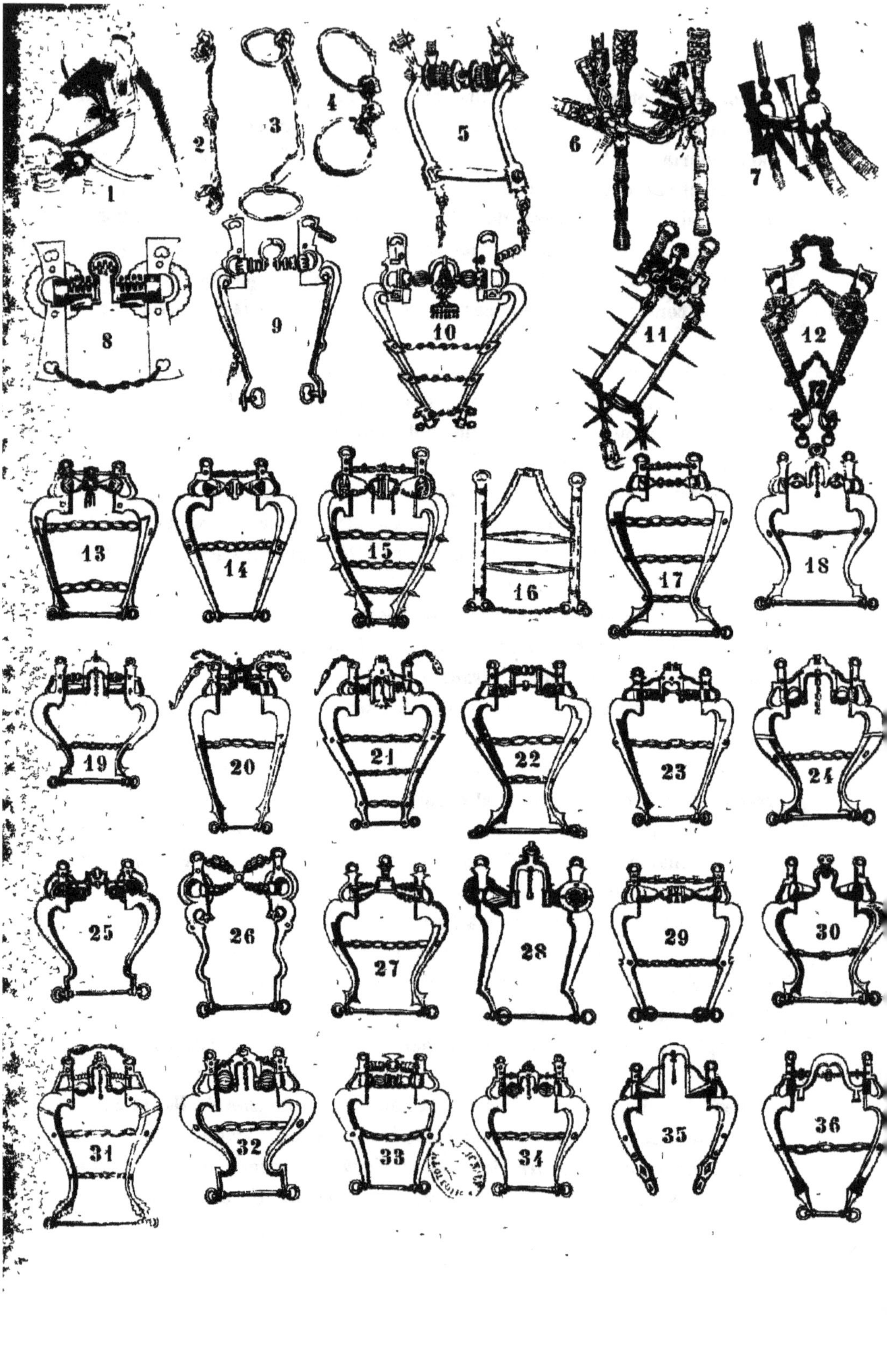
1
2
3
4
5
6
7
8
9
10
11
12
13
14
15
16
17
18
19
20
21
22
23
24
25
26
27
28
29
30
31
32
33
34
35
36

Planche en 2 P de V

Laurentius Rusius 1530

37 Pour donner plaisir à tous cheuaux de Flandres qui ont forte bouche.	38 Pour vne mauuaise bouche qui ne veult point de fer.	39 Pour vn cheual qui ioüe des mandibules.	40 Pour cheuaux de Turquie.	41 Pour genetz d'Espaigne.	42 Pour vn cheual courtault.	43 Pour vn cheual Turc.
44 Pour vn cheual qui tire la langue.	45 Pour plaisir.	46 Pour cheuaux merueilleusement durs, & indomptables.	47 Pour désarmer.	48 Pour plaisir.	49 Pour plaisir.	50 Pour hausser.
51 Pour plaisir.	52 Pour vne bouche peu fendue.	53 Pour vn roussin.	54 Pour vn courtault pour désarmer.	55 Pour vn roussin pour désarmer.	56 Pour vn cheual qui est grandement dur de bouche, & quasi indomptable.	57 Pour vn cheual qui est fort en bouche, & pour l'arrêter.
58 Pour vn cheual qui est fort en bouche, & qui hausse la teste, pour la retirer et arrêter.	59 Pour arrêter vn cheual & le retirer en bas.	60 Pour désarmer vn cheual qui est fort en bouche.	61 Pour vn cheual qui est fendu de bouche, et qui ne masche point son mors, pour luy donner plaisir, et pour le faire retirer en bas.	62 Pour vn cheual qui a la teste de bonne sorte, quand il pesceroit à la main pour le retirer en bonne façon.	63 Pour donner grand plaisir à un courtault, et pour le garder de trop craindre la branche.	64 Pour retirer un cheval qui à la langue trop grosse, & la bouche vaine.
65 Pour vn courtault qui est trop fort en bouche, pour l'arrêter & luy tenir la teste en bonne sorte.	66 Pour relever vn cheual qui a la bouche forte, & qui pour son plaisir souuentesfois prend son mors avec les dents.	67 Pour releuer vn courtault & luy donner grand plaisir à la bouche.	68 Pour arrester vn cheual Turc qui soit fort en bouche.	69 Pour cheual ieune qui a la bouche dure, & s'embride trop.	70 Pour tenir la bouche d'vn cheual en bonne sorte, & le désarmer de leure.	
71 Pour vn cheual qui est fort de bouche.	72 Pour vn cheual qui est fort de bouche auec ces deux gourmettes, l'vne dedans, & l'autre dehors, est pour le relever & pour l'arrester.	73 Ce mors est pour retirer vn cheual & loy faire bonne bouche.	74 Pour relever vn cheual qui est bien fendu de bouche, & qui chargeroit à la main.	75 Pour tenir vn cheual en bonne sorte, qui soit fort fendu de bouche, & qui prendroit son mors auec les dents.	76 Vn camore pour cheuaux qui se renuersent.	

1
550 avant notre ère
Mors et sa tetière.

2
Époque celtique bridon.

3
Bridon gaulois.

4
Invasion romaine bridon gaulois.

5
Mors romain.

6
Mors wisigoth.

7
1250
Mors de bride d'un seigneur de Milan.

8
1380

9
1400
Fouilles du château de Pierrefont.

10
1430

11
1460
Bride armée de pointes pour empêcher la prise.

12
1470
Mors ayant appartenu à la monture de Louis XI.

Laurentius Rusius 1530

13
Pour vn poulain.

14
Pour vn poulain pour hausser.

15
Pour hausser la teste à vn poulain.

16
Pour tous cheuaux & poulains qui ont mal à la bouche.

17
Pour vn grand cheual qui a la bouche peu fendue & qui est fort en bouche.

18
Pour vn cheual qui ne prend point de plaisir.

19
Pour vn cheual qui a les gensiues tendres, pour luy faire baisser la teste.

20
Pour vne iument.

21
Pour vn grand cheual qui est fort en bouche, & qui baisse la teste.

22
Pour vn cheual qui bequette, & pour le faire iouer de la langue.

23
Pour vn cheual qui a les gensiues tendres, et pour luy faire hausser la teste.

24
Pour désarmer vn cheual, & pour le faire baisser.

25
Pour faire iouer vn cheual de la langue.

26
Pour vn courtault qui est fort en bouche.

27
Pour faire baisser la teste à vn cheual.

28
Pour vn courtault pour le désarmer.

29
Pour vn courtault qui a bonne bouche.

30
Pour vn grand cheual, pour prendre grand plaisir.

31
Pour abaisser.

32
Pour vn roussin qui se renuerse

33
Pour vn double courtault qui a mauuaise bouche.

34
Pour vn double courtault qui a mauuaise bouche.

35
Pour vn roussin qui a la bouche dure & indomptable.

36
Pour vn cheual qui est trop fort en bouche.

Tableau chronologique
des
Brides les plus usitées
jusqu'en 1530

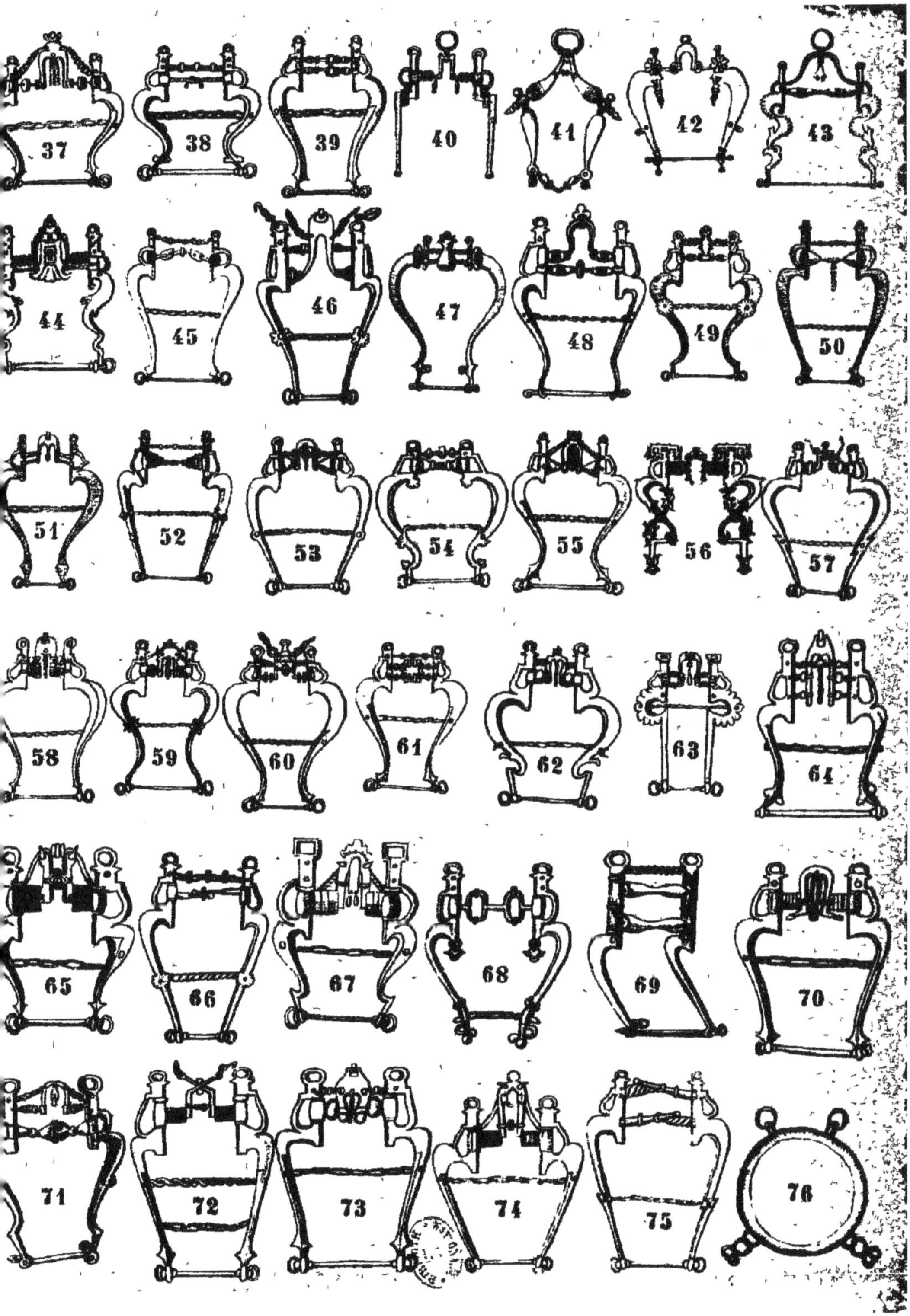
37 38 39 40 41 42 43
44 45 46 47 48 49 50
51 52 53 54 55 56 57
58 59 60 61 62 63 64
65 66 67 68 69 70
71 72 73 74 75 76

quitter la gendarmerie et de se retirer chez eux pour répondre, jusqu'à soixante ans, à la convocation du ban et de l'arrière-ban.

« Pour qu'on ne pût pas alléguer la cherté des chevaux, le roi devrait fournir un cheval à chaque cavalier, le remplacer quand il se perd à son service, et le changer à mesure que l'arquebusier devient estradiot, chevau-léger ou homme d'armes ; car la taille et la valeur des chevaux changent avec chaque espèce de cavalerie. Les *haras royaux* fourniraient coursiers et roussins pour hommes d'armes, chevaux turcs, valaques, polonais, cosaques et espagnols pour chevau-légers ; barbes, maures et genets d'Espagne pour estradiots, et les plus petits, pour les arquebusiers, à la condition qu'ils fussent légers et vites. »

Les hommes d'armes s'exerceront à monter à cheval, armés de toutes pièces, la lance au poing, à descendre à droite ou à gauche sans étrier et sans aide. A ces fins, ils pourront avoir quelque *cheval de bois*, sur lequel ils s'exerceront au moins une heure par jour pour être prompts à descendre ou à remonter au premier signe des capitaines.

« Les arquebusiers, les estradiots, et même les chevau-légers, s'exerceront à passer, à cheval et tout armés, les plus grosses rivières à la nage, à gravir les montagnes les plus raides et les plus difficiles, et à les descendre au trot.

« Quant aux hommes d'armes, ils ne feront guère jamais cet office, mais ils tiendront ferme, ainsi qu'un fort, pour résister à tout venant et pour fracasser et rompre les assaillants. L'escarmouche appartient aux chevau-légers et non pas aux gens d'armes ; et encore les chevau-légers doivent-ils être toujours accompagnés d'estradiots et d'arquebusiers à cheval. »

On voit donc la cavalerie se décomposer déjà bien nettement en trois espèces.

Nous ferons remarquer aussi que ces idées, fort judicieuses, sur l'instruction et l'emploi de la cavalerie, émanent encore d'un seigneur angevin dont la *Discipline militaire* représente un véritable règlement de cavalerie.

Dès François Ier, on voit apparaître les premiers vestiges de l'uniforme. Chaque compagnie de gendarmes avait un hocqueton reproduisant la livrée et souvent même la devise de son capitaine. Une ordonnance de 1533 assigne aux archers une manche seulement de la couleur de la livrée du capitaine.

La gendarmerie était alors un corps d'élite ; la chevalerie n'existait plus depuis le XIVe siècle. Décimée à Crécy, elle avait expiré sur le bûcher de Jeanne d'Arc. François Ier l'avait renouvelée, non comme une classe à part dans la nation, mais comme une distinction flatteuse, indépendante du rang social de la noblesse.

La gendarmerie française n'avait point sa pareille à cette époque. Le point d'honneur y était poussé à l'extrême. La flétrissure marquait le gendarme qui, dans le combat, ne rompait pas sa lance. Bien plus, il y avait peine de mort pour celui qui avait fui ou s'était rendu, ayant le bras droit entier ou son cheval en vie.

Les guerres d'Italie ont aussi révélé aux Français ces nouvelles méthodes d'équitation qui déjà avaient cours dans la péninsule.

Seulement, il est à remarquer que la routine, avec son illogisme habituel, conserva les mêmes chevaux épais et lourds, longtemps après avoir diminué le poids de leur charge. Aussi fallut-il user de véritables moyens de torture, mors, éperons et cravaches gigantesques pour assouplir ces énormes chevaux à l'équitation manégée qu'on voulait leur faire pratiquer.

C'est sous le règne de François Ier que les ouvrages d'Apsyrtus, Hiéroclès, etc., etc., de Végèce et de Laurentius Rusius prennent rang parmi ceux des savants dans la Bibliothèque royale, les uns traduits en latin, d'autres en français.

L'ouvrage de Laurentius Rusius, *Hippiatrica sive marescalia*, avait paru à Venise en 1486. C'était le précurseur de ces méthodes des écuyers italiens qui devaient servir de parrains à l'équitation française. Une édition en avait été faite à Paris en 1533, dédiée à François de Montmorency.

Comme on le verra par la préface de cet ouvrage que nous allons transcrire, ce n'était encore qu'une direction bien vague pour les préceptes équestres de l'art du manège.

« *A très noble et magnanime François de Montmorency,*
seigneur de... etc., etc.

« *Apollonius demanda à Damis, son compagnon, ce qu'il jugeait être le principal devoir et fonction d'un bon chevaucheur* (homme de cheval), *lequel répondit que ce n'était autre chose que de se tenir droit sur le cheval et puissamment le dominer, tourner la bride partout où il voudra aller et le punir avec l'éperon quand il n'obéira pas : en outre, de faire en sorte que le cheval, en courant, évite la boue et de tomber dans les fondrières, et en même temps, en montant des endroits escarpés et tortueux, de rendre modérément la bride, et, en descendant, la retirer* (soutenir)*; lui caresser doucement les oreilles et ne pas le piquer continuellement de l'éperon ni battre avec la verge.*

« *Ledit lui demanda de rechef de quel art doit user un sage et prudent chevalier homme d'arme qui fréquente la guerre : Lequel, alors, lui répondit que ce qui vient d'être dit et ce qui va être dit encore, tel qu'assaillir et frapper son ennemi, se défendre en outre, le poursuivre, se retirer quand besoin est, le chasser et mettre en fuite et accoutumer son cheval à ce qu'il ne craigne ni le son et le bruit des armes et harnais, ni la lueur et clartés des reluisants haulmes, ni que pareillement il ne s'effraye ni s'épouvante des cris des combattants ; qu'ainsi donc, le fait d'un brave chevalier est de dompter et dresser le cheval en la manière susdite, comme ne pourrait le faire celui qui ne connaîtrait pas la nature et les qualités du cheval et toutes les meilleures connaissances qu'on doit savoir. Pour lesquelles choses à l'honneur et grande utilité de tous nobles et principalement à l'honneur de ton nom, pour lesquelles choses ce présent livre a été fait sans épargner aucuns frais, etc., etc.* »

Laurentius Rusius est le premier qui ait écrit des règles pour la maréchalerie et le harnachement :

« *Quand on veut monter un cheval, il faut d'abord regarder s'il est ferré, si la selle porte bien sur le dos, ni trop en arrière ni trop sur le devant ; faire que les sangles soient fermement mises pour que la selle ne tourne ni ne remue sur le dos.*

« *Pour dresser le cheval, il faut d'abord lui donner un mors léger et le plus doux possible ; et quand on le lui mettra au commencement, on doit le frotter de miel ou de quelques matières douces, car quand il sentira la douceur, il le prendra mieux.*

« *Puis il faudra le monter tout doucement sans selle et sans éperons, le faisant marcher peu à peu, le détournant à droite, ensuite à gauche, avec une petite baguette, et si on le croit nécessaire, on le fera mener à la main par un homme qui sera à pied, de grand matin, par des lieux unis et non pierreux jusqu'à ce qu'on puisse le mener partout où l'on voudra sans conducteur et sans compagnie.*

« *Mais dès qu'il fera froid, il faudra le promener dans les guérets et sillons tout doucement, le matin comme je l'ai dit, en le tournant plus à droite qu'à gauche, ainsi il faut que la branche gauche du mors soit un peu plus courte que l'autre* (le cavalier menait par la pression de la rêne sur l'encolure), *car un cheval se tourne naturellement plustot à gauche qu'à droite.*

« *On le menera alors plus souvent par terres labourées que par lieux unis, car les petites mottes et accidents de terrains apprennent tous les jours au cheval, en l'accoutumant à lever les pieds et les jambes, à ployer les jarrets ;*

aussi on devra également le mener dans des endroits sablonneux, ce qui lui apprendra à marcher plus sûrement.

« *Toutefois je te dirai une chose utile*, ajoute Laurentius Rusius au chevaucheur, *c'est que celui qui monte un cheval doit, en le faisant trotter, galoper ou courir, tirer à lui les renettes de la bride, et sur le garrot du cheval, pour qu'il plie et recourbe le col et incline sa tête vers la poitrine, et ceci se fera dès le commencement, tout doucement et peu à peu comme on le trouvera nécessaire.* »

C'est absolument la théorie du placer ou de la mise en main, comme on voudra l'entendre. Cet auteur commence par dire qu'il omettra de donner « *les mors horribles et difficiles qui blessent fort la bouche des chevaux par leur rudesse et qu'il ne donnera que les freins utiles nécessaires et délectables aux chevaux.* » Mais il en cite cependant soixante.

On ne peut s'empêcher de remarquer que dès le début de l'équitation, les écuyers ont senti la nécessité de fournir aux cavaliers des instruments pouvant suppléer à leur ignorance. Croyant que l'obéissance du cheval était renfermée dans la manière d'ordonner la bride, ils la composèrent d'une multitude de pièces tant fixes que mobiles, dont les étranges effets, causés par des mors rudes joints à une gourmette courte, obligeaient le cheval à forcer la main du cavalier et à s'en aller sur le mors, sans qu'on pût l'arrêter, en sorte que cette grande sujétion désespérait les chevaux.

« *Quand le cheval est bien embouché avec un bon mors, on doit le mener doucement par les villes, le faisant passer dans les endroits où se trouvent des maréchaux, les pelletiers, et toutes sortes de gens qui ont un métier bruyant afin d'accoutumer l'animal au bruit.* »

On sentait, à cette époque, la nécessité de donner de temps en temps un bon galop au cheval pour l'entraîner et le mettre en haleine : « *et, quand il sera bien embouché, qu'il aura la manière d'être bridé, ce qui ne sera aucunement difficile, le faudra accoutumer à courir bien matin toutes les semaines une fois en un lieu uni et nullement sabloneux. Au commencement un demi-quart de lieue, puis une demi-lieue, en augmentant ainsi qu'il semblera être bon. Toutefois il faut savoir que tant plus souvent le cheval court, pourvu que ce soit moyennement, il en est plus léger et soudain a la course et l'habitude en est cause.* »

La lecture de ce qui est recommandé pour réduire à l'obéissance un cheval rétif vient nous donner une triste idée des moyens employés à cette époque pour le dressage.

« *Le chevaucheur partira sur le cheval rétif, enfermé préalablement dans une écurie pendant quarante jours sans sortir, il aura de grands éperons aux talons et des verges à la main, il se fera suivre par un homme ayant un fouet, ou bien le chevaucheur aura dans la main un bâton en fer de trois à quatre pieds, terminé par trois crochets pointus et aigus, et, si le cheval recule, il lui mettra sur la croupe ce crampon qu'il tirera en avant, et en même temps fera résonner un fouet sans toucher le cheval. Une autre fois il fera chauffer une corne ou une verge et lui mettra sous la queue, le piquant avec des éperons de toute sa force.* »

Quant à la science vétérinaire, Laurentius Rusius ne fait que l'ébaucher, et les remèdes qu'il conseille sont des plus bizarres, c'est d'ailleurs la médecine empirique qui durera encore longtemps. Ainsi, il purge les chevaux au moyen de *deux ou trois ventres de tanches ou de barbeaux coupés en petits morceaux et mêlés à du vin blanc.*

On croyait que la lune avait de l'influence sur les chevaux, et quand elle avait rayé sur un cheval, c'était l'expression consacrée, on le disait lunatique.

Laurentius Rusius mentionne les éparvins, le javart, les courbes, les formes, les suros, et il indique la manière de *mettre le feu* sur les endroits atteints de ces accidents. Mais ce qu'il y a de curieux à remarquer, c'est que non seulement il croyait à l'efficacité du feu pour les souffrances physiques, mais aussi pour celles morales, ainsi on mettait le feu à un cheval craintif.

Le chapitre consacré à la ferrure n'est pas long, mais il est parfait : « *Il faut ferrer le cheval de fers bons et convenables, ronds comme la corne : davantage que l'extrémité du tour du fer* (les éponges) *soit étroite et légère, car plus facilement il levera les pieds et tant plus le tour est étroit, tant plus la corne deviendra large. Il faut savoir aussi que tant plus on ferre un cheval jeune et plus la corne est tendre et faible, et, au contraire, l'accoutumance d'aller sans fer en sa jeunesse fait devenir la corne plus grande et plus forte.* »

En résumé, l'ouvrage de Laurentius Rusius est le point de départ, bien rudimentaire il est vrai, d'une théorie raisonnée. Nous serons plus satisfaits des écuyers qui ont écrit quelques années après cet écuyer vétérinaire, mais nous ne marcherons franchement dans la voie du progrès qu'à partir des écuyers de la renaissance, qui nous ont laissé des souvenirs ineffaçables de leurs principes équestres.

En 1539, un gentilhomme de Ferrare, le comte *César Fiaschi*, fonda une école d'équitation, qui devint bientôt célèbre et d'où sortit, entre autres écuyers fameux, *Pignatelli*, lequel, à son tour, a formé plusieurs maîtres dans cette science, et parmi eux La Broue et Pluvinel qui devaient professer en France.

César Fiaschi était élève des meilleurs écuyers de son temps, ses principes servirent de guide à ses contemporains. Ce maître divise son travail en trois parties qui forment trois livres :

Le premier traitant *de la manière de bien emboucher les chevaux et de la nature d'iceux;* le second, *du moyen de bien manier les chevaux, avec les dessins;* le troisième, *du moyen de bien ferrer les chevaux, avec les dessins de fers qui y sont propres.*

Après avoir présenté la manière d'emboucher les chevaux, l'écuyer italien parle très lucidement du dressage en général, mais il ne voit pas qu'avec la plupart des mors qu'il indique il n'est pas possible que tout cheval, entre les mains d'un homme inhabile, ne soit pas ruiné après un an de service.

Les dix-sept chapitres qui composent le second livre sont plutôt un rendu compte de différents exercices qu'un exposé des moyens pour les obtenir. Ces figures ou maniements étaient : 1° *des voltes au trot, au galop;* 2° *le galop raccourci;* 3° *la cabriole;* 4° *la passade.*

Les moyens de dressage employés par César Fiaschi reposaient sur l'emploi : 1° *de la main de la bride et du caveçon;* 2° *de la voix;* 3° *de la musique;* 4° *de la baguette ou gaule;* 5° *des jambes et de l'éperon*; mais il n'est pas difficile de voir que le fond des principes équestres du maître était l'application d'effets de force, ainsi définie par ces mots : *tirer la bride à toute force de bras.*

Nous pouvons constater toutefois, dès à présent, que les écuyers commençaient à comprendre la nécessité de se servir de leurs deux jambes dans le travail du dressage; mais César Fiaschi entre, d'une manière assez obscure, dans l'explication de leur emploi et sans définir leur place sur le corps de l'animal ni sans leur assigner un rôle déterminé ; et cependant il est supérieur à tous les écuyers qui l'ont précédé au point de vue théorique.

Toutefois, nous n'entrerons pas dans le détail des principes ; ce sont les mêmes moyens que ceux de Rusius, mais mieux appliqués.

Ce qui distingue surtout César Fiaschi des autres, ce sont les diversités de fers, de mors et de brides qu'il a inventés, puis sa manière de dresser les chevaux : « *par les tons et accords de la musique.* »

César Fiaschi disait pour expliquer sa méthode musicale :

« *En terre, il n'y a rien que la musique n'attire, et si d'aventure quelque gaillard chevalier trouve étrange qu'en ce second livre, j'ai voulu insérer et prendre quelques traits et notes de musique pensant qu'il n'en était pas besoin, je l'y réponds que sans temps et mesure ne se peut faire aucune bonne chose.* »

Il a une vocalise spéciale pour chaque chose qu'il demande au cheval. C'est, si l'on veut, un pas de fait vers l'accord des aides, mais nous en sommes encore loin.

Quant à la maréchalerie, César Fiaschi est aussi bien supérieur à ses devanciers Hiéroclès, Laurentius Rusius, etc., dont nous avons cité les ouvrages. Mais il ne parle pas des maladies des chevaux, son ouvrage est avant tout un livre d'équitation, tandis que ceux des prédécesseurs sont plutôt des livres de médecine vétérinaire dans lesquels l'équitation n'entre qu'accessoirement.

C'est réellement à cet auteur que l'on doit le premier traité de ferrure du cheval. Il suffit d'ailleurs de citer les titres des chapitres de son troisième livre.

I. *En forme de prologue.* — II. *Avis touchant la couleur de l'ongle, pour cognoistre la bonté et malice d'icelle.* — III. *De la différence qu'il y a entre les mains et les pieds de devant et les pieds de derrière et pareillement entre les talons et les pointes des pieds du cheval.* — IV. *De quelle façon doivent être les bons fers pour les pieds de devant et pour les pieds de derrière.* — V. *Des crampons, clous à glace crestes, barbettes et quelques annelets que parfois on met aux fers des pieds de devant.* — VI. *De la forme qu'on doit garder pour ouvrir* (parer) *le talon et le cartilage* (fourchette) *du pied du cheval, et pour vuider la pointe de l'ongle et icelui nettoyer par dedans.* — VII. *De la forme que doivent avoir ordinairement les fers des pieds de devant pour les bien mettre en œuvre.* — VIII. *Quels doivent être ordinairement les fers des pieds de derrière?* (Mêmes recommandations.) — IX. *De la manière d'ajuster le fer et l'ongle du cheval ensemble.* — X. *Quels doivent être les clouds pour bien asseoir les fers des chevaux.* — XI. *De la bordure ou pancette que l'on met quelquefois au fer.* — XII. *D'aucun advertissement pour cognoistre le bon pied du cheval, et du moyen qu'il faut tenir pour le bien ferrer.* — XIII. *De l'ongle forte, toutefois moyennement tempéré avec un discours touchant icelui.* — XIV. *De l'ongle forte, laquelle en temps chaud devient seiche.* — XV. *Des pieds ou ongles forts, ou vitriols, ou éclatants comme verre, et encore de ceux qui sont un peu ou assez fristellez, plats et pleins comme un bignet.* — XVI. *Du pied qui a le talon et le cartilage* (fourchette) *tendre et délicat.* — XVII. *Du pied fort et encastellé.* — XVIII. *Du pied fort à la*

Fer mule.
Dessins des Manéges avec les voltes
demi-voltes et contre tems

semblance de celui d'un mulet. — XIX. *Des pieds forts et glacioles et de ceux qui ont la casse pleine et qui sont assez plats.* — XX. *Du moyen de bien ferrer les jeunes chevaux qui n'ont pas le cartilage* (fourchette) *bon vers les talons.* — XXI. *Du cheval qui s'entretraille.* — XXII. *Du cheval qui naturellement va assez large.* — XXIII. *Pour cognoistre quand l'ongle du cheval a souffert ou souffre pour ce qu'il aura cheminé sans fers.* — XXIV. *Du cheval qui se ballote.* — XXV. *Du pied rampin ou pied bot.* — XXVI. *Cheval qui forge ou qui se blesse les talons ou les nerfs.* — XXVII. *Du cheval qui ne veut se laisser ferrer.* — XXVIII. *Des causes pour lesquelles les chevaux font quartier neuf, et des moyens propres à y remédier.* — XXIX. *Du cheval qui n'assied pas à plein le pied de derrière, le posant à terre, et du moyen d'y pourvoir.* — XXX. *Du moyen de bien ferrer les pieds de derrière.* — XXXI. *Des fers propres pour secourir un cheval qui se déferre en chemin et du moyen de s'en aider.* XXXII. — *Advertissement proufitable et honorable pour un chevalier.* — XXXIII. *Justification de l'auteur avec quelques advertissements nécessaires au chevalier.*

César Fiaschi traite de vingt-cinq espèces de fers existant de son temps : — *Des fers de devant, unis, sans crampons ni autre chose.* — *Des fers avec le crampon à l'aragonaise par dessous et l'autre côté renforcé.* — *Des fers à lunette.* — *Fers avec un quart en moins.* — *Fers bordés* (couverts et ajustés) *avec le crampon à l'aragonaise et renforcés sur l'autre quart* (éponge). — *Fers avec sciettes* (bordure proéminente dentelée) *ou bordés dentés et renforcés à chaque quart.* — *Fers rengrossis par le côté, subtils et tenus par le milieu plus que de l'ordinaire* (ajusture anglaise de Sommer). — *Fers avec boutons du côté de dedans et rengrossis sur le quart du même côté.* — *Fers qui ont le quart du côté du dedans plus gros et plus étroit que l'ordinaire* (fer à la turque moderne). — *Fers à creste tant à la pointe comme aux côtés et avec barbettes.* — *Fers avec crampons pliés et avec annelets en iceux.* — *Fers renversés en sus avec les deux bouts de derrière.* — *Fers avec deux crampons.* — *Fers bordez avec les verges de derrière plus approchantes que d'ordinaire.* — *Disferres* (fers à tous pieds à charnières). — *Fers sans clous.* — *Fers de derrière* (comme dessus). — *Fers de derrière avec renvers à la pointe.*

Après César Fiaschi, un autre auteur italien publia un traité de maréchalerie, en 1553 : *Tratato di Marescalia*, par *Philippo de Loghacozzo*. Cet ouvrage n'était pas à hauteur du précédent ; nous ne nous arrêterons pas à l'analyser.

Equitation Italienne 1539

CESAR FIASCHI

AUBRY : *Histoire pittoresque de l'Équitation.*

VI

L'équitation en France. — Les premières académies d'équitation sous Henri II. — La cavalerie : son organisation, son armement, son harnachement, ses chevaux. — Hommes d'armes, archers, chevau-légers, arquebusiers à cheval, dragons, cuirasses. — Transformation de l'équitation militaire. — La jeunesse française va apprendre à monter à cheval en Italie. — Pignatelli le plus fameux écuyer italien : son mors. — De la Broue. — Saint-Antoine et de Pluvinel, créateurs de l'École française. — Les débuts du protestantisme à Saumur. — Les mœurs des étudiants et du clergé. — Inondation de 1561. — La peste de 1563. — Charles IX à Saumur. — La peste de 1568. — Les armes à feu tuent l'équitation militaire. — La chanson du Carporeau. — Guerres du protestantisme à Saumur, le comte de Montsoreau. — Les premiers carrousels ; le Faquin, exercices du sabre et du pistolet ; quadrilles, équitation assise. — M. de Sourdis. — Les chevaux napolitains. — M. de Pluvinel fonde la première académie hippique en Anjou. — Claudio Corte : Gloria del Cavallo ; le Cavalerice : méthode incohérente, compendium de cas particuliers. — Le but des manèges. — La ferrure. — Henri IV à Saumur : cette ville devient une des six places calvinistes. — Bussy et la dame de Montsoreau. — La peste de 1583. — Les calvinistes attaquent Saumur. — Combat des Rosiers. — Entrée d'Henri IV à Saumur. — Duplessy-Mornay gouverneur de Saumur : nouvelles fortifications ; académie protestante.

Si nous admettons que les premiers préceptes d'équitation viennent d'Italie, ou mieux encore, qu'ils s'y réfugièrent après la prise de Constantinople où l'art équestre paraît avoir été poussé fort loin, puisque le Bas-Empire nous donne d'abord dans le IVe siècle, l'invention des arçons, bientôt après celle de la selle, et deux siècles plus tard, l'usage des étriers,... nous sommes autorisés à dire que la pratique de l'équitation dut avoir une grande supériorité dans notre France, où les mœurs chevaleresques prirent naissance, et où elles s'enracinèrent si profondément qu'elles s'y maintinrent longtemps après s'être effacées chez nos voisins. Toutefois, il faut ajouter que, si les nobles châtelains avaient dans leurs manoirs école équestre et de prouesse et s'ils préparaient les jeunes gentilshommes qu'ils recevaient en bas âge, dans leurs castels, suivant les usages du temps, à paraître avec honneur dans les tournois, il faut convenir aussi qu'ils se piquaient si peu de science, qu'ils dédaignaient de savoir lire et écrire, que leurs mains n'étaient habiles qu'à manier la lance ou l'épée dans les joûtes et les combats et qu'ils étaient dans l'impuissance de transmettre leurs méthodes.

Sans cette cause, quel est l'écuyer de Naples, de Rome ou de Ferrare qui l'eût disputé au simple gentilhomme qui eut l'honneur de conférer à François Ier l'ordre de chevalerie, à notre *Bayard*, au chevalier sans peur et sans reproche, dont le premier pas dans la carrière des armes fut un immense succès équestre devant le duc de Savoie, devant Charles VIII et toute sa suite qui, dès ce moment, l'attacha à sa personne comme page et l'emmena pour son expédition de Naples.

Bien mieux, nous sommes autorisés à croire, que si Bayard nout eût transmis ses pratiques et ses principes, ils n'eussent pas été entachés de ces moyens violents et barbares, que cette équitation venue des académies de Naples et de Rome importa en France. Il suffit en effet de jeter un coup d'œil sur les embouchures en usage alors, sur les branches monstrueuses destinées à les faire agir.

Du reste, la France ne restait pas en arrière ; dès 1547, Henri II jetait les premiers éléments de ces fameuses académies d'équitation qui brillèrent plus tard sous la direction des Cinq-Mars, des La Broue, des Pluvinel, des Menou, etc. Sous Henri II, les tournois, les joutes, les carrousels furent en effet l'occupation et le divertissement favori de la cour. Ces exercices donnèrent à l'équitation un élan qui ne se ralentit plus. Parmi les plus fameux écuyers de cette époque, l'histoire nous a laissé le nom du duc de Nemours qui, monté sur un roussin nommé le Réal, stupéfiait les Parisiens par son intrépidité et son adresse en descendant au grand galop les degrés de la Sainte-Chapelle.

L'Anjou, le pays de l'équitation, tenait sa renommée dans ce courant nouveau et les fêtes équestres continuaient leur tradition.

La cavalerie a encore modifié son organisation, son armement, son harnachement et ses chevaux :

« Les *hommes d'armes* sont montés sur gros roussins ou coursiers français, sur chevaux turcs ou espagnols, avec les bardes peintes aux couleurs des capitaines, armés du haut de la tête jusqu'au bout du pied, avec les hautes pièces et plastrons, portant la lance, l'épée, l'estoc, le coutelas ou la masse. Les chefs et membres des compagnies et les autres grands seigneurs sont armés fort richement de harnois dorés et gravés de toute sorte ; leurs chevaux forts et adroits, sont caparaçonnés de bardes et lames d'acier légères et riches, ou de mailles fortes et déliées, recouvertes de velours, de drap d'or ou d'argent, avec orfèvrerie et broderie en somptuosité indicible.

« Les *archers* sont armés à la légère, portant la demi-lance, le pistolet à l'arçon, l'épée ou le coutelas ; ils sont montés sur cavalins et chevaux de légère taille, bien remuants et voltigeants.

« Les *chevau-légers* sont armés à la légère, de corselets, brassards et bourguignotes, ayant l'épieu gueldrois; ils sont montés sur cavalins, doubles courtauds ou chevaux de légère taille et vites.

« Les *arquebusiers à cheval* sont armés de jacques et manches de mailles ou cuirassines avec la bourguignote ou le morion, l'arquebuse de trois pieds de long à l'arçon; ils sont montés sur bons courtauds, chacun suivant sa puissance.

« Les *dragons* se divisent en arquebusiers et en piquiers; ils doivent avoir des chevaux sans valeur, afin que leur perte soit sans importance, et ne pas s'embarrasser de bottes ni d'éperons, qui les gêneraient pour combattre à pied. Dans ce cas, chaque dragon jette la bride de son cheval autour de l'encolure du cheval de son voisin, de manière que tous les chevaux restent joints file à file comme ils ont marché; on laisse avec eux quelques hommes pour les garder. »

Il y a une distinction importante à faire entre les chevau-légers armés de la lance, et la cavalerie légère proprement dite, ou les *cuirasses*. Les lanciers commençant, à cette époque, à faire défaut en France et dans les Pays-Bas, ont fait adopter les cuirasses pour en tenir lieu.

Pendant les longues guerres d'autrefois, la lance était l'arme de la noblesse; mais ces guerres avaient rendu de plus en plus rares les nobles et bons chevaliers, preux exercés au maniement de la lance, ainsi que leurs grands chevaux bien dressés. Beaucoup de gentilshommes avaient dû abandonner la lance, faute de savoir s'en servir ou de monter les chevaux qu'elle comportait. Ils avaient conservé une partie de l'armure de leurs ancêtres, avaient adopté le pistolet et, faute de coursiers agiles et légers, ils avaient employé de gros chevaux, lourds au trot et au galop. C'était en somme pour qu'on ne s'aperçût pas de leur infériorité qu'ils avaient fait croire à une invention nouvelle en s'appelant « les cuirasses ».

Ce que nous venons de dire suffit à prouver que l'équitation militaire avait besoin d'être reprise en France pour être mise en rapport, non seulement avec les nouvelles données de la cavalerie, mais aussi avec les nouveaux chevaux employés.

Il ressort également que la disparition de la lance vint aussi du manque d'hommes et de chevaux dressés à cet armement. On ne concevait pas la lance sans armure, et l'armure impliquait des chevaux pesants, difficiles à mettre.

Nous pouvons donc constater que la transformation de l'équitation s'impose. Mais comme il n'y a pas encore d'écoles en France, les seigneurs vont apprendre aux écoles italiennes et rapportent les données qui vont servir de base à l'École française dont les académies, qui se créent, vont bientôt prendre la direction.

« *Ce sont les Italiens,* dit un auteur contemporain, *qui ont trouvé des règles pour mettre en pratique les préceptes qu'ils avoient inventés pour dresser les chevaux et les rendre capables de servir utilement à la guerre, et de donner toute la satisfaction et le plaisir possible dans la carrière. Et comme ils mettoient eux seuls ce bel art en pratique, les Français et les autres nations, désireuses d'apprendre, estoient obligez d'aller en Italie pour s'y perfectionner. Naples estoit le principal siège de l'Académie et Rome ensuitte, où les Français abordoient en foule pour se rendre hommes de cheval : mais ceux qui vouloient parvenir à une plus grande perfection, passoient à Naples, où on les tenoit des deux et trois ans avant qu'on leur dist seulement s'ils estoient capables d'apprendre et de réussir en cet exercice ; tant ces Messieurs les Escuyers sçavaient bien faire valoir leur talent, lequel asseurement ils ne prodiguoient point comme on fait présentement.* »

Voilà pourquoi nous avons parlé des premiers maîtres italiens, voilà pourquoi nous allons étudier leurs différentes méthodes jusqu'au jour où l'École Française aura pris racine et fera souche. Nous n'aurons plus alors qu'à relater à leur date les influences extérieures qui ont modifié les premiers principes professés par les de La Broue, les Saint-Antoine et les Pluvinel, créateurs de notre École.

« *Le plus fameux escuyer qui a jamais esté en Italie estoit un signor Joan-Baptista Pignatelli, Neapolitain, demeurant à Naples, lequel n'a jamais écrit, quoyqu'il en fust très capable et des plus habiles qui ayent jamais esté en Italie. M. de La Broue monta soubs luy cinq ans, M. de Pluvinel neuf ans, et M. de Saint-Antoine plusieurs années. Le mords à liberté de langue qui est présentement fort en usage est nommé à la Pignatelli.* »

Pignatelli disait avec raison que : « si les brides avaient par elles-mêmes la propriété miraculeuse de faire la bouche d'un cheval et de la rendre obéissant, le cavalier et le cheval seraient habiles au sortir de la boutique d'un éperonnier. »

Malheureusement cette transformation des méthodes équestres devait encore être retardée en France par ces horribles troubles qui ont amené les guerres du protestantisme.

La doctrine de Calvin, qui foudroyait les moines et les couvents, commençait à se propager sur divers points, et nous sommes à meilleure place que partout ailleurs en restant encore à Saumur pour voir grossir l'orage, car cette ville fut un des premiers foyers de la réaction. La majeure partie des Saumurois adopta la Réforme avec un enthousiasme effréné, qui amena de regrettables représailles avec la dévastation et le pillage des églises.

Ce fut une époque de fanatisme où furent bien délaissées ces traditionnelles fêtes d'équitation de l'Anjou, qui s'était déjà annoncé comme le terrain le plus propice aux innovations équestres.

Les habitants de Saumur gémissaient depuis cinq cents ans sous la lourde pression d'un double joug féodal. Ils guettaient la première occasion de se soustraire au moins à l'autorité monacale, peut-être encore plus humiliante qu'onéreuse. Ils ne pouvaient faire un pas sans se heurter aux privilèges de l'abbaye de Saint-Florent et de l'abbesse de Fontevrault, dont les fiefs se croisaient dans la ville. La liberté d'allures des étudiants tant des universités que du clergé étaient encore une autre gêne. Les fêtes religieuses même, étaient l'occasion d'excès vexatoires. On crut voir la délivrance dans le puritanisme qui servait d'auréole à la nouvelle doctrine.

Il faut dire que les conciles et les synodes avaient été impuissants pour réprimer les mœurs du clergé ; la racine du mal était dans l'excès de ses richesses ; des enfants de famille, à peine tonsurés, étaient pourvus des plus riches bénéfices, même de ceux qu'on appelait à charge d'âme. Charles Miron fut nommé évêque d'Angers à dix-huit ans, et les cures les plus importantes de l'Anjou étaient possédées par des ecclésiastiques trop jeunes pour être ordonnés prêtres.

Vers cette époque, un riche bénéficier, chanoine de Saint-Laud, nommé Pierre Fréteau, entretenait publiquement, comme maîtresse, une des plus jolies femmes d'Angers, qu'on appelait à cause de sa rare beauté, la belle Agnès. Cette dame avait le malheur d'être très jalouse, et son amant était quelquefois infidèle. Ne pouvant fixer à son gré cet inconstant, elle résolut de se venger de ses perfidies. Un jour, ou plutôt une nuit que le bon chanoine oubliait matines en dormant près d'Agnès, la belle mit fin à ses infidélités avec le rasoir de Fulbert ; cette violente correction coûta la vie au bénéficier. La dame fut arrêtée, mise en jugement et condamnée à être brûlée vive ; ce qui fut exécuté sur la place qui était devant l'Académie d'équitation et qu'on nommait alors la place des Lices. Tout ce quartier, qui lui appartenait, fut confisqué, et, pour perpétuer le souvenir du crime et de la punition, on éleva, sur le lieu même où était le bûcher, une colonne de dix-huit à vingt pieds de hauteur, sur laquelle fut placée la statue d'Agnès. « Elle était représentée ayant une bride de cheval à la main droite, un rouleau de papier dans la gauche, et une boule sous le pied gauche. La bride, qu'on lui avait mise dans la main droite, marquait qu'il faut réfréner ses passions brutales. Le rouleau de papier donnait à entendre que l'avenir nous est caché, et la boule faisait penser à l'instabilité des choses de ce monde. »

Un édit royal montre à quel point en arrivait la liberté d'allure des étudiants, tant des universités que des collèges ecclésiastiques :

« Nous avons été avertis qu'il y a eu plusieurs gens de divers états et même aucuns qui se disent écoliers qui font plusieurs assemblées de jour et de nuit, portent épées et autres armes offensives, et tout armés s'en vont par les rues, battant ceux qu'ils rencontrent, brisent les portes des maisons, prennent et enlèvent les femmes contre leur volonté en supposant qu'elles sont publiques, et, quand ils ont commis certains excès, ils menacent tellement les personnes offensées de les tuer, brûler et autres menaces, qu'elles n'osent aller se plaindre à la justice. Et qui plus est, certaines personnes qui ont coutume de fréquenter les coureurs de nuit, tant gens d'église que d'autres, tiennent maisons secrètes où elles reçoivent ces libertins avec des femmes dissolues et y donnent à jouer, de sorte que plusieurs fils de famille consument et dépensent les biens de leurs pères et mères dans ces maisons. Et, à cette occasion, sont arrivés et arrivent journellement plusieurs excès, tels que batteries, ravissements de femmes, vols, homicides et autres crimes qu'il est pressant de faire cesser. »

On peut juger quelles devaient être les habitudes de cette époque, puisque les ecclésiastiques eux-mêmes se permettaient d'aller publiquement dans ces maisons que la décence aujourd'hui ne permet pas de nommer. On voit assez que le principe de leur corruption tenait au célibat obligé d'une foule innombrable de prêtres, de moines, de religieuses, qui, dans ce temps-là, inondait et dévorait l'Anjou.

Ces mœurs dissolues s'alliaient très bien aux pratiques superstitieuses, aux processions nocturnes, aux confréries et autres choses à peu près semblables, qui étaient en usage dans toutes les grandes villes. Il existait des associations de pénitents de diverses couleurs et de personnages qui, pour chômer certaines fêtes, se déguisaient en anges, en saints, en diables.

La procession de la Fête-Dieu, si célèbre dans l'Anjou et dans toutes les provinces limitrophes par sa pompe, ses grosses torches ou chapelles ambulantes, armées de figures en cire représentant divers sujets de l'Ancien et du Nouveau Testament, n'était guère plus propre que celles des pèlerins à inspirer des sentiments religieux. Des jeunes gens les plus distingués de la ville formaient un corps de musiciens, se plaçaient à la tête du cortège, et, sans avoir égard à la sainteté de la cérémonie, ni aux sages représentations de l'évêque et de son clergé, s'arrêtaient devant les maisons où ils voyaient de jolies femmes, ou celles qu'ils affectionnaient le plus et les saluaient « avec des airs profanes, comme s'il avait été question de faire des sacrifices à Vénus », dit un évêque en se plaignant que les processions ne peuvent se terminer à cause de cela avant la nuit.

Au mois de janvier 1561, Saumur eut à subir une nouvelle inondation de la Loire; les deux ponts de bois, l'un près de la ville et l'autre du faubourg des Ponts, furent emportés par les eaux,

Cette inondation fut suivie de la peste en 1563.

Le 2 octobre 1565, après avoir parcouru l'Orléanais et la Touraine, Catherine et Charles IX, son fils, qui venait d'être déclaré majeur, arrivèrent à l'abbaye de Fontevrault. Saumur était alors occupé par les troupes du prince de Condé, chef du parti protestant. La cour ne put y entrer en visitant l'Anjou ; elle fut obligée de se rendre de Fontevrault à Brézé, où le roi et la reine couchèrent, et de là à Doué, qui appartenait alors à la famille de Brissac.

Les horreurs de la peste de 1563 étaient à peine oubliées quand survint celle de 1568 qui enleva encore bon nombre des habitants de Saumur.

Nous avons déjà signalé la révolution qui s'était faite dans l'armement de la cavalerie ; elle s'accusa de plus en plus. On en est arrivé à l'usage exclusif des armes à feu. Cette subversion métamorphose les cavaliers en fantassins à cheval et l'équitation en est conséquemment amoindrie. Une chanson du temps nous montre comment on se moquait de l'ancienne chevalerie et de ses prouesses équestres :

« *Un carporeau, avant que de partir,*
Dévotement fait chanter une messe,
Pour faire vœu à Sainte-Hardiesse
De n'assaillir jamais que des oisons.
Viragon, vignette sur vignon !

« *Un carporeau bravement se monta*
D'un âne fort, qui portait la poirée,
Et son varlet, d'une bique escrouppée
Pour sommier avait le poulichon.
Viragon, vignette sur vignon !

« *Un carporeau grèves et cuissards avait,*
Bien façonné d'une longue citrouille,
Cloués de bois (qui jamais ne s'enrouille).
Un plat d'étain, il prit pour son plastron,
Viragon, vignette sur vignon !

« Un carporeau des gantelets avait,
Dont l'un était fait d'osier et d'éclisse;
Pour l'autre, il prit une grande écrevisse,
Et mit la main dedans le croupion.
Viragon, vignette sur vignon!

« Un carporeau, une arquebuse avait,
D'un franc sureau, cueilli de cette année,
Son flasque était une courge écornée,
Et les boulets des navets de maison.
Viragon, vignette sur vignon!

« Un carporeau sa brigantine avait
De vieux drapeaux et de vieille ferraille;
Mais il gardait pour un jour de bataille
Un vieil estoc d'un vieux fer d'Aragon.
Viragon, vignette sur vignon!

« Un carporeau à ses voisins conta
Qu'il avait eu contre un reître querelle,
Mais toutefois qu'à grands coups de bouteille,
Il l'avait fait venir à la raison.
Viragon, vignette sur vignon!

« Un carporeau à ses amis jura
Ne retourner jamais à la bataille
Si, pour s'armer, n'avait une muraille,
Cent pieds d'épais, et un voulge aussi long.
Viragon, vignette sur vignon!

« Un carporeau devant Dieu protesta
Que pour la peur qu'il avait de combattre,
Il aimait mieux chez lui se faire battre
Que de chercher si loin les horions.
Viragon, vignette sur vignon! »

En 1568, commencent ces guerres du protestantisme qui ont ensanglanté le pays de Saumur; guerre de représailles et d'extermination comme toutes les guerres de religion. Le château de Montsoreau est là pour rappeler le nom d'un grand seigneur, devenu fameux par ses forfaits, le comte de

Montsoreau, qui dirigea dans cette province l'assassinat des protestants ordonné par Charles IX.

Tout le monde a lu avec horreur, et voudrait arracher de notre histoire les pages sanglantes qui transmettent à la postérité le souvenir des massacres de la Saint-Barthélemy. Le comte de Montsoreau en fut l'instigateur en Anjou, il signala son arrivée à Saumur par l'assassinat du lieutenant général qu'il poignarda de sa main.

Pendant les règnes de Charles IX et de Henri III, Saumur eut à supporter une grande part des calamités qui pesèrent sur la France. Point important par sa position stratégique sur les bords de la Loire, et par son pont qui traversait le fleuve, cette cité, qui depuis plusieurs années, avait adopté, presqu'en majorité, les principes réformistes, fut occupée alternativement par les partis opposés.

Cependant, malgré ces malheurs, les fêtes équestres reprirent, — tant il est vrai qu'on s'accoutume à tout, — mais les exercices changèrent; la mort tragique de Henri II dans ces jeux périlleux avait refroidi l'ardeur des jouteurs. Les *carrousels* remplacent les tournois. Les cavaliers ne rompent plus les lances en combattant les uns contre les autres, ou bien s'ils luttent encore ce n'est plus qu'un simulacre de combat. On se borne à rompre les lances sur la *Quintaine;* ce qui était autrefois l'exercice préparatoire du duel à cheval devient l'application. Puis la *Quintaine* est remplacée par le *Faquin :* c'était sur un homme de peine armé de toutes pièces que l'on courait. Enfin, à l'homme de peine, on substitua une figure en bois montée sur un pivot pour la rendre mobile.

Ce qu'il y avait de singulier dans cette figure, c'est qu'elle était faite de manière à rester ferme quand on la frappait au front, entre les yeux et sur le nez, ce que l'on considérait comme les meilleurs coups, et, qu'en la touchant ailleurs, elle se retournait avec tant de vitesse que, si le cavalier n'était pas assez adroit pour l'éviter, elle le frappait vivement d'un coup de sabre de bois sur le dos.

Dans le combat à l'épée, les cavaliers se rangeaient dans la carrière, entre la lice et l'échafaud des princes, éloignés de quarante pas l'un de l'autre, et là, armés de toutes pièces et l'épée à la main, ils attendaient le son des trompettes pour partir; ensuite, baissant la main de la bride et levant le bras de l'épée, ils partaient avec violence l'un contre l'autre et se donnaient en passant un coup d'estramaçon sur la face; en tirant un peu du côté gauche, et au même endroit d'où l'adversaire était parti, ils prenaient une demi-volte, et ils repartaient ainsi jusqu'à trois fois. Après la troisième fois, au lieu de passer outre pour aller reprendre une autre demi-volte, ils faisaient des voltes vis-à-vis l'un de l'autre, en se donnant continuellement des coups d'estramaçon, et ils continuaient jusqu'à la troisième volte, après quoi ils retournaient là d'où ils étaient partis. Au même instant, deux autres cavaliers venaient se mettre à leur place et exécutaient les mêmes exercices. Ces exercices apprenaient à se servir tant de l'épée que du pistolet, sans s'exposer à aucun danger ; le coup d'épée pouvant être simulé au-dessus de la tête, et le pistolet tiré le canon haut. Ils donnaient aussi de la solidité aux cavaliers.

Brantôme parle avec admiration d'un cavalier gascon qui maniait un cheval très rude de maniement avec une piastre sous chaque fesse, chaque genou, chaque étrier, sans en laisser tomber.

Mais paraissent aussi dans ces carrousels les premières figures de manège, ces quadrilles enchevêtrées, qui apprenaient à manier les chevaux avec dextérité, et qui devaient développer le goût de l'équitation assise.

Il ne s'agissait plus de mourir pour sa dame, l'adresse remplaçait la force, et la galanterie la bravoure, il s'agissait de plaire et de briller. La jeune noblesse dépose le heaume et le haubert, elle se revêt de brillants atours et, parée des couleurs de sa dame, descend dans l'arène. De l'héroïsme, on va tomber dans l'afféterie ; cependant, il ressort un résultat utile : le goût du cheval se perfectionne. Pour plaire il faut briller, avoir des chevaux parfaitement dressés : l'équitation raisonnée prend naissance. Les chevaux deviennent aussi plus légers.

C'est encore l'Anjou qui va se mettre à la tête de ce mouvement et qui va fournir les modèles en hommes et chevaux.

Henri III était alors duc d'Anjou, il protégeait l'équitation qu'il aimait beaucoup. Il avait les plus beaux chevaux de France et de Navarre et ne négligeait rien d'ailleurs pour se les procurer. Il envoya son premier écuyer, *M. de Sourdis*, en Italie, pour lui acheter les meilleurs chevaux qu'il trouverait. Celui-ci en ramena cinquante qu'il paya quarante mille écus.

Pendant longtemps, Naples eut le monopole des bons chevaux de manège. A la fin du XVIe siècle, et plus tard même, les chevaux napolitains sont souvent cités par les auteurs, comme très estimés en Angleterre aussi bien que dans la plupart des États du Continent. Ils partageaient la faveur publique avec les chevaux importés du sud de l'Espagne, où le sang arabe et barbe avait été largement introduit. Ils étaient recherchés comme souche pour améliorer les produits des autres contrées.

Ce fut en revenant de ce voyage que M. de Sourdis ramena avec lui le jeune Pluvinel, gentilhomme du Dauphiné, et le meilleur élève de l'école de Jean-Baptiste Pignatelli, le plus brillant écuyer de l'Italie à ce moment.

M. de Pluvinel, qui devait fonder l'école française, professa d'abord l'équitation italienne, qu'il importait en Anjou. On vint de toutes parts à ses leçons. Il succéda à M. de Sourdis comme premier écuyer de Mgr le duc d'Anjou, et devint le premier écuyer de la cour quand le duc d'Anjou monta sur le trône sous le nom de Henri III.

Ce fut alors que Pluvinel fonda la première *Académie hippique*.

L'équitation était maintenant plus lente, plus raccourcie, conséquence des chevaux en usage, tous dressés par la force.

Un nouveau traité avait été publié par l'écuyer italien *Claudio Corte : Gloria del cavallo*, en 1567.

Quelques années plus tard, en 1573, le même écuyer récrivait ses principes dans son « *Cavalerice* » qu'il dédiait à Charles IX.

« LE CAVALERICE, *de messire Claudio Corte, de Pavie, dans lequel il est traité de la nature des chevaux, de la manière de les dompter, de les dresser et de tout ce qui se rapporte aux chevaux et au bon cavalerice, augmenté et orné de choses très utiles et très agréables.*

« *Dédié à l'invincible, très puissant et très chrétien roi de France, Charles IX.* »

Cet ouvrage écrit en italien et imprimé à Lyon eut son retentissement en France.

Dans sa préface, l'auteur explique que ce ne sont pas ses principes qu'il écrit, mais bien ceux de son père dont il a été l'élève à Naples, comme page de Mme Isabelle d'Aragon, duchesse de Milan, avec plus de trente-cinq autres jeunes gens, tous nobles et la plupart fils de comtes, marquis et ducs. Il nous apprend le nom de plusieurs écuyers italiens qui avaient été les maîtres de son père : *messire Évangeliste Corte, messire Jean Angelo de Carcano; messire Jean-Marie de la Girola.*

Nous nous bornerons à citer les chapitres du *Cavalerice :*

Livre premier : *De l'origine du cheval et des inventeurs de l'équitation. — Combien pour le service et l'agrément de l'homme, le cheval surpasse les autres animaux. — De l'utilité du cheval. — De l'honneur et du décorum que le cheval donne à l'homme. — Du plaisir que donne le cheval. — De l'intellect ou de l'intelligence du cheval. — De quelques chevaux célèbres aimés et achetés un grand prix. — De la nature, nom et âge du cheval. — De la nature des chevaux selon les pays.*

Le reste de ce livre est un traité d'hippiatrique.

Livre deuxième : *Comment on doit monter le poulain dès qu'il est avoiné. — De la longueur des cercles et comment le travail en cercle est de l'usage le plus ancien et le plus utile. — De la manière d'enseigner le caracol ou le colimaçon, au poulain ainsi qu'à tout autre cheval, et quels sont ses résultats. — De la serpentine et de son utilité. — Comment on doit suivre le poulain dans les leçons ordinaires. — La manière de faire comprendre au poulain l'aide de la houssine, des talons et de la voix. — De l'utilité et de la manière de faire reculer le cheval. — Comment on doit après, deux mois de leçons, faire galopper le cheval en bardelle. — Comment on doit monter le poulain avec la selle, et comment on doit s'y tenir, et autres recommandations. — Ce qu'il y a à faire pendant quinze autres leçons. — Quelques recommandations particulières au cavalier pour les premiers mois où il monte le poulain avec une selle. — Le cavalier doit se servir beaucoup des caracols depuis le commencement. — De la manière d'enseigner le doubler au cheval terre à terre. — Des pesades et courbettes et pourquoi on les appelle ainsi, de leur utilité et de leur préjudice. — De la manière de finir de mettre le cheval terre à terre et du maniement à contre temps. — Du manège à demi et à tout temps. — Des caprioles et pourquoi on les demande. — Du galop gaillard et des sauts de ferme à ferme. — De la manière d'aider le cheval de la voix. — De l'aide de la houssine. — De l'aide de la main, de la bride et de combien de manières on peut la tenir. — De l'aide du mollet et des étriers. — De l'aide de l'eau. — De l'aide du terrain. — De l'aide des personnes. — De l'aide et du châtiment des éperons, quand et comment on doit s'en servir. — Des mors en général. — Des gardes du mors. — De l'œil du mors. — De la mesure d'embouchure du mors. — Du cheval qui boit le mors. — Du mors pour le cheval qui a les crochets trop en arrière. — Du mors pour le cheval qui a un crochet plus en arrière que l'autre, ou la bouche plus fendue d'un côté que de l'autre, ou plus de dureté ou de sensibilité sur une barre que sur l'autre. — Des remèdes pour les chevaux qui portent la tête et l'encolure plus d'un côté que de l'autre. — Mors pour le cheval qui s'encapuchonne. — Du cheval très dur de bouche et de son mors. — Du mors pour le cheval qui tire la langue. — Des mors d'épreuve et des mors espagnols. — Quand on doit changer le mors au cheval. — La manière de mettre le cheval en cercle et au parer. — Comment les étriers doivent être égaux et pas plus long l'un que l'autre dans les pieds du cavalier. — De la manière d'exercer le cheval à toute sorte de manège à repolon. — De la manière d'exercer le cheval aux courbettes, pesades et doublés. — De la manière de mettre le cheval au saut avec et sans les talons. —*

Ce qu'on doit observer dans la carrière et dans toute sorte de maniements. — Comment les chevaux, dès qu'ils sont faits, doivent être exercés armés et avec l'homme armé, et, pour rompre des lances, au moins une fois par mois. — Comment on doit dresser et accoutumer les chevaux qu'on destine à la guerre. — Des chevaux pour duels et de leur maniement. — Des chevaux pour apparâts, fêtes et jeux. — Des chevaux de courses et des traditions des Barbares. — Des chars et de leurs cochers. — Du châtiment pour le cheval rétif, qui se cabre, qui se couche, et qui est récalcitrant. — De la Camarre et du cheval qui porte le nez au vent et la tête trop haute. — Du châtiment pour le cheval qui tord la bouche et qui a l'encolure plus raide à une main qu'à l'autre. — Du châtiment pour le cheval orgueilleux et dédaigneux de bouche et qui cède et abaisse la tête de temps en temps. — Du cheval qui a mauvaise bouche par suite d'un mauvais dressage. — Du châtiment pour un cheval poltron, vil et paresseux et qui ne réussit pas bien à la carrière. — Du châtiment pour le cheval qui ne plie pas les jambes comme il faut dans ses leçons, et de la manière de lui faire plier. — De la manière d'enseigner le piaffer au cheval, et ce que c'est. — De la manière d'apprendre au cheval à s'agenouiller, prendre à terre une baguette, un gant, ou autre chose, et faire que personne d'autre ne puisse le monter que son maître ou l'écuyer. — De la manière de manier le cheval à courbettes, à voltes, à voltes contrariées, en serpentine et avec une volte et demie. — De la manière de manier le cheval sans l'aide des rênes et sans gourmette. — De la manière d'enseigner au cheval à courbetter et à s'enlever de terre de lui-même. — De divers renseignements curieux, utiles et beaux.

Le troisième livre consiste en : *Trois dialogues dans lesquels on parle surtout de ce qui a trait au très bon écuyer.*

Cette citation suffit à démontrer que l'écuyer Claudio Corte avait encore, comme principale recette de dressage, une variété de mors gradués suivant les sujets. Il entre dans une infinité de détails car prenant un thème trop étendu, pour parler de toutes les équitations à la fois. Et il ressort surtout de tout cela que sa méthode n'est pas uniforme, mais bien un compendium de cas particuliers.

Avant d'avoir des manèges, la France, l'Angleterre, l'Allemagne et l'Italie cherchaient leurs terrains de travail partout, dans un champ, près d'un mur, dans une cour, et ce n'est qu'à la fin du XVe siècle et vers le commencement du XVIe qu'on voit s'élever des académies équestres en Italie et en France. Jusque-là, on n'avait pas senti la nécessité de réunir dans un lieu renfermé le cavalier studieux et le cheval, afin que l'un et l'autre, mis en presence, pussent s'étudier réciproquement : le cavalier, pour apprendre à étendre, restreindre, assouplir les puissances de l'animal, connaître ses mouvements, les apprécier et s'en rendre maître ; et le cheval, pour que, étant sans cesse avec l'homme, il apprenne à le connaître. Le but de la création des académies était encore d'avoir un lieu pour former des hommes de guerre et des écuyers capables de conserver et de transmettre les bonnes traditions de chaque siècle.

A cette époque, la ferrure était encore bien rudimentaire ; on imagina d'ajouter des crampons pour empêcher de glisser. Mais on ne voit pas que les anciens aient jamais pensé à parer les pieds et à les approprier : cette méthode n'a commencé qu'après le règne de Charles IX. C'est depuis ce temps qu'on semble avoir renchéri sur la ferrure, tant du côté « de la forgeure et de l'étampure » que du côté de l'application du fer. Par l'inspection de ces fers, on voit qu'alors les maréchaux ferraient court, étampaient maigre et ne paraient pas le pied autant qu'on le peut croire, par la négligence qu'ils apportaient à polir et bigorner les fers.

En 1575, la roi de Navarre vint à Saumur, dont les portes lui furent aisément ouvertes. Son dessein était d'assurer à son parti un passage sur la Loire. Ce fut dans cette ville qu'il fit la déclaration publique de son retour au calvinisme.

Une trêve de six mois assura aux calvinistes six places de sûreté, avec pouvoir de les fortifier et d'y établir des garnisons. Saumur fut une de ces places.

Le nouveau gouverneur d'Anjou était Bussy d'Amboise, qui traînait après lui une bande de soldats auxquels il permettait toutes les exactions. Les environs de Saumur furent ravagés par ces brigands, et Montsoreau, gouverneur de la ville, ne put rien contre eux.

Bussy d'Amboise était un des hommes les plus débauchés de son siècle et il se vantait publiquement des faveurs qu'il prétendait avoir reçues des premières dames de la cour. L'une de celles qu'il mettait au rang de ses conquêtes était la comtesse de Montsoreau. Elle était alors au château de la Coutancière, près Saumur, où il allait la voir souvent. « Le gouverneur de Saumur, dit un jour le roi, est un mauvais chasseur (Montsoreau était grand veneur du prince) ; il a laissé prendre sa bête dans les rets de Bussy. » Montsoreau, furieux, part aussitôt et se rend à sa terre de la Coutancière. Il entre brusquement dans l'appartement de la comtesse, la contraint, en lui mettant le pistolet sous la gorge, d'écrire sur-le-champ à Bussy, et de lui donner un rendez-vous dans l'un de ses appartements pour une nuit qu'il lui indique.

Bussy, persuadé de l'absence du comte de Montsoreau, se rend à l'heure indiquée. Il est introduit dans l'appartement désigné où, loin d'y trouver celle qu'il souhaitait, il voit apparaître le comte et dix ou douze de ses domestiques armés, qui se jettent sur lui et l'assaillent de tous côtes. Bussy tire son épée, blesse grièvement quatre de ses adversaires, et se défend avec fureur jusqu'au moment où son épée s'étant rompue, il ne lui reste plus que le tronçon dans la main. Il épiait le moment de se lancer, par une des croisés ouvertes, dans les fossés du château, lorsqu'un nouveau coup, porté par derrière, le fit tomber mort aux pieds de son ennemi.

C'est cette scène tragique qui a inspiré à Alexandre Dumas son roman de la *Dame de Montsoreau*.

Le pays avait tant souffert qu'il semblait juste qu'il sortît du malheur; mais, au contraire, la peste survint, cette peste de 1583 plus désastreuse encore que les précédentes. Elle commença au mois de juillet 1583 et finit au mois de décembre 1584. Puis, la guerre recommença en 1586 par l'entreprise que firent les calvinistes pour surprendre Saumur qui leur avait été retiré par le traité de paix ; mais leur attaque n'eut pas le succès qu'ils s'en étaient promis.

Voyant Saumur à l'abri des projets des protestants, le duc de Joyeuse retourna en Poitou avec son armée. Le duc de Mercœur, beau-frère du roi, gouverneur de Bretagne, lui amena huit cents chevaux qui passèrent par Saumur. Le roi de Navarre était alors à Montsoreau. Duplessis-Mornay, gentilhomme calviniste, de qui nous aurons souvent l'occasion de parler dans la suite, lui apprit que les bagages du duc étaient aux Rosiers, et assez mal gardés ; un petit corps fut aussitôt lancé, en dérobant sa marche précipitée, contre la cavalerie de Mercœur, il la mit en déroute et trouva moyen de s'emparer de ces bagages, estimés plus de deux cent mille écus.

On sait que les deux partis, impatients de se mesurer, se joignirent à Coutras le 20 octobre 1587.

Les négociations de la paix traînèrent un peu en longueur ; le roi de Navarre voulut avoir un passage assuré sur la Loire, comme un gage de la confiance du roi et comme un lieu de sûreté pour lui et ses troupes. Henri III donna son consentement à deux conditions : la première, que Duplessis serait gouverneur de Saumur, le roi étant persuadé qu'il traiterait les catholiques comme les protestants ; la seconde, que pendant les quatre premiers mois, le culte des calvinistes ne serait point public et ne serait permis que dans la maison du gouverneur.

Le roi de Navarre, satisfait du résultat de la négociation, s'avança jusqu'à Doué, d'où il envoya Duplessis-Mornay prendre possession de Saumur. Ce prince, souvent trompé, était devenu défiant par prudence ; craignant quelque piège de la part de ses ennemis, il fit marcher un corps de mille hommes jusqu'au Pont-Fouchard, pour favoriser la retraite de Mornay, s'il en était besoin. Heureusement, cette précaution devint inutile ; toutes les conditions du traité furent exécutées de part et d'autre avec loyauté. Duplessis reçut les clefs de la ville à la principale porte, celle de la Tonnelle. Il plaça ensuite vingt hommes au château, autant sur la porte de la Tonnelle, et renferma le surplus de sa troupe dans un jeu de paume du faubourg Saint-Nicolas des Bilanges. Les mille arquebusiers, qui attendaient au Pont-Fouchard, entrèrent à leur tour.

Le 19 avril 1589, toutes les dispositions étant prises, et les troupes ayant établi leurs quartiers dans la ville, le roi de Navarre y fit son entrée solennelle. Les habitants de Saumur, de toutes les conditions, une foule de paysans accourus des campagnes voisines, se placèrent sur son passage. On peut dire que le roi de Navarre, en prenant possession de Saumur, mit le pied sur la première marche du trône de France.

Les événements annonçaient de nouvelles agitations ; les princesses et les dames de la cour, ne se trouvant pas en sûreté à Tours, vinrent chercher un asile à Saumur, et le Parlement fut sur le point de s'y transporter lui-même. Cependant plusieurs petites places des environs se déclarèrent ouvertement en faveur de la Ligue. Sur l'avis qu'il en eut, Duplessis-Mornay rassembla des troupes, se mit à leur tête avec quelques pièces de canon, et parvint, en peu de temps, à soumettre les rebelles.

Duplessis-Mornay s'occupa d'abord d'augmenter les fortifications de la ville et du château de Saumur. Il fit élever, par l'ingénieur Bartholomeo, de forts bastions de terre, revêtus de gazon, pour la défense du faubourg Saint-Nicolas des Bilanges, qui se trouvait alors à quelque distance du corps de la place. Le château fut renfermé par une nouvelle enceinte de fortifications régulières, avec des courtines et des bastions revêtus d'un mur solidement construit en pierres de taille. On répara le fort de la Bastille, dont les ponts-levis étaient en ruines.

Catherine de Navarre, sœur de Henri IV, demeurait alors dans Saumur, le roi vint l'y voir le 28 février et resta jusqu'au 8 mars. Il s'intéressa beaucoup à visiter les institutions de son fidèle Duplessis, qui avait créé un temple protestant, et qui avait déjà jeté les bases de cette magnifique Académie protestante, qui devait faire de Saumur une des villes les plus importantes de la contrée.

Le Faquin

VII

L'Académie d'équitation de Saumur. — Frédéric Grison ; sa méthode, cheval juste, promenade en bardelle et caveçon de cordes, travail de pied ferme, rassembler, mise en main, mobilisation et immobilisation des membres, jambette, pesade, ruade, capriole, oppositions de mains, reculer, pas de côté, assouplissements, arrêt sur l'éperon, travail de la jambe opposée, dressage aux bruits de guerre, position du cheval et du cavalier, etc. — L'Hippomane. — L'écurie de Frédéric Grison par Francisco Lanfray, 1599. — Carlo Ruini : Anatomie du cheval, maladies et remèdes ; traité de maréchalerie : désencastelleur. — Epidémie de 1596 à Saumur. — Saint-Antoine. — Jean Taquet. — Salomon de la Broue ; éducation de la jeunesse ; le Cavalerice français : mors de bridon ; caveçon ; position du cavalier ; l'étrier droit plus court ; arrêter et rendre ; méthode de dressage ; moyens employés pour les chevaux rétifs ; assouplissement sur les forces instinctives ; flexions d'encolure ; mise en main à l'éperon ; moyens empiriques ; légèreté par les voltes ; dressage pour l'extérieur ; le saut ; la chasse ; le propre de chaque cheval ; caprioles, groupades et courbettes ; accord des aides, etc. — Piste avec deux cercles. — Aiguillon. — Cravache à molette.

Connaissant la vive affection de Duplessis pour sa religion et son parti, on peut juger de l'attention qu'il apporta dans le choix des professeurs de son Académie. La juste célébrité qu'elle acquit en peu de temps attira une foule de jeunes gens des familles les plus riches et les plus distinguées de France, de Hollande, d'Angleterre, d'Écosse et d'Allemagne. Cette jeunesse trouvait à Saumur tous les établissements nécessaires à son éducation.

Au temps de Henri IV, la tradition de la chevalerie avait tellement popularisé les exercices équestres, qu'ils étaient considérés comme le complément indispensable d'une éducation virile. Dans ce but, une *Académie d'équitation* fut installée à côté de l'Académie scientifique, elle y prospéra tant que vécurent le Béarnais et son fidèle Duplessis-Mornay.

Étant donnée la jeunesse cosmopolite qui suivait les cours de cette Académie d'équitation, on comprendra que toutes les méthodes équestres alors en vogue aient été sinon professées au moins pratiquées à Saumur. Les écuyers aussi étaient de différentes nationalités et si les principes de Pluvinel, qui faisaient alors loi en Anjou, y firent le fond de l'enseignement, toutes les autres théories de l'art, qui commençaient à particulariser les écoles de chaque pays, y furent passées en revue.

On n'oubliait pas que le grand maître français, Pluvinel, avait fait son éducation équestre en Italie, et les regards étaient encore tournés vers ce berceau de la nouvelle équitation. Un nouveau maître y avait acquis une grande réputation « *dans l'art de dresser les chevaux de guerre.* » C'était un gentilhomme napolitain, *Frédéric Grison,* qui faisait du dressage à la cravache et à l'éperon.

Doué de tous les avantages recherchés dans un cavalier, le sieur Frédéric Grison devait être un homme prompt et déterminé; moins travailleur que César Fiaschi, il est plus fort dans ses aperçus équestres, et, s'il n'a pas embrassé autant de choses que l'écuyer de Ferrare, il a vu plus clair dans les questions qu'il a présentées et qui ont été traitées par les deux.

L'ouvrage de cet écuyer se divise en quatre livres qui indiquent, de la part de leur auteur, un grand esprit d'observation et une pratique très éclairée :

« *C'est à juste raison que les Latins ont appelé le cheval* equus, *c'est-à-dire juste, parce que, en outre des autres raisons que les anciens en ont données, il faut que le cheval soit, en tout et partout, juste par mesure, juste au pas, juste au trot, juste au galop, juste à la carrière, juste au parer, juste au manier, juste au saut, et finalement juste de tête et juste quand il est sur ses pieds arrêté, et encore juste et uniment mesuré selon la volonté de celui qui le chevauche et, outre cela, il lui faut le pas élevé, le trot libre et délié, le galop vigoureux et gaillard, la carrière allègrement fournie, les sauts justes, amassés et amoncelés, le parer léger, le maniement sûr et prompt.* »

« *Frederic Grizon et beaucoup d'autheurs italiens,* dit un de ses contemporains. *veulent qu'on se serve d'une bardelle (c'est une selle de toile remplie de paille cousuë et piquée fortement avec de la ficelle, ayant la forme d'une selle à piquer, les bates de devant, et le trousséquin de derrière estant d'assez bonne tenuë, sans bois, cuir, ni fer); on met la bardelle sur le dos d'un jeune poulain, avec un large surfaix qui passe sur la bardelle, et entoure tout le cheval pour empescher la bardelle de tourner. Quand on a ainsi ajusté le poulain on ne luy met rien dans la bouche mais seulement un cavesson de corde sur le nez, ce qui n'est qu'une perte de temps, sans aucune apparence de raison; après ils veulent qu'on le face trotter trois ans haut et bas dans les vallées et petites éminences pour l'arrester ensuite dans les calates, c'est à dire des endroits qui descendent pour obliger les chevaux à se mettre sous eux à l'arrest, et plier les hanches, en tenant leurs chevaux par le caveçon le devant haut, la calate leur fait baisser les hanches et facilite les arrests.* »

Frédéric Grison était très doux avec les chevaux tant qu'il rencontrait de l'obéissance, mais dès qu'il croyait voir de la mauvaise volonté dans le sujet, il le châtiait avec une sévérité très grande et souvent irréfléchie :

« *Si le cheval, ou par crainte du travail, ou par obstination, etc., ne veut pas approcher du montoir pour se laisser cheminer, alors vous lui donnerez d'un bâton entre les oreilles et sur la tète (mais gardez les yeux), et sur tous les endroits du corps où il vous viendra mieux à propos*, etc., *et encore le menaçant avec voix rude et terrible, de sorte que vous voyant obstiné contre lui, il deviendra doux au montoir comme un agneau, et sans plus faire résistance s'en approchera : mais aussi vous faut-il le mignarder et le caresser toutes les fois qu'il s'y rendra de bon gré et qu'il fera ce que vous voudrez.* »

« *Et si tous ces moyens ne réussissent pas*, ajoute Frédéric Grison, *il faut le fatiguer en cercle, tantôt à droite, tantôt à gauche, et le faisant suivre par un ou plusieurs hommes armées de baguettes.* »

Il commençait ses chevaux par le trot, « *leur mettant le caveçon ou simple licol, tenant dans la main gauche les cordes ou rênes attachées au caveçon près du chanfrein, un homme suivant par derrière. Il le menait sur le droit et sur les voltes ou cercles.* »

Il suffit de lire ce qui suit pour se convaincre qu'il employait la jambe du dehors pour volter. « *Si vous le faites volter à droite, vous lui aiderez du côté gauche et si vous le faites volter à gauche, vous lui aiderez du côté droit.* »

« *Il sera toujours meilleur, avant de lui apprendre à galoper, de l'exercer sur le parer et les pesades.* »

C'était à l'allure du trot que Frédéric Grison donnait les premières leçons des éperons, et il recommande d'accompagner toujours ces derniers de la voix.

Il donne de la légèreté au cheval par le reculer : « *Quand le cheval pèsera trop sur la bride et qu'en cheminant il forcera la main du cavalier, il faudra, chaque fois qu'il l'arrête, le faire reculer quelques pas.* »

« *Outre les voltes et les ronds dont je vous ai parlé qui sont merveilleusement propres pour donner haleine et appuy et pour rendre le cheval juste et léger, il serait bon tous les matins, par l'espace de dix à douze jours, de faire gravir au cheval une longue montée d'un mille au pas furieux tant qu'il le pourra souffrir et puis après le faire descendre par le même chemin, et encore si cette montée est labourée à sillons ou raies à travers, d'autant plus le cheval haussera les bras, mais alors il faudra aller de mesure et non si vite*, etc., *et il deviendra plus gaillard avec meilleure haleine et plus juste de bouche. Et encore s'il buttait des fers de derrière avec ceux de devant, le faisant monter en cette sorte il se corrigera de façon qu'il ne se touchera plus si souvent.* »

Quand le cheval était bien dressé à faire le mouvement du parer, Frédéric Grison lui apprenait la *pesade*, air qui consistait à faire lever le devant très haut, les pieds postérieurs fixés à terre sans avancer ni remuer.

C'était par ces mouvements que Frédéric Grison rendait le cheval léger de devant. Quand il voulait le rendre léger de l'arrière-main, il le faisait toucher sur la croupe pour lui faire lancer la *ruade*, ou sur les hanches pour les lui rapprocher de devant. Quand c'était pour le faire ruer, il faisait exécuter ce mouvement après la pesade et il avait alors ce qu'on appelait la *capriole*, air de manège que nous retrouverons plus tard.

Il variait souvent le son de sa voix; ainsi, pour donner courage au cheval, il disait : *Hap! hap!* ou *hep! hep!* et quand il voulait le faire sauter ou ruer, il disait : *Hop! hop!* et quand le cheval lui résistait, il faisait entendre un cri âpre et menaçant avec une voix horrible et effrayante : *Or sus, or là, or là! ha ha traître! ha ribaud! tourne, tourne, arrête! tourne cy! tourne là! et autres semblables.*

« *Mais aussi quand il sera vaincu et réduit, il faudra incontinent se taire et avec un ton plaisant, le caresser sur l'encolure, etc., etc., disant à voix basse : ho, ho! ho, ho!*

Souvent à la passade, pour l'encourager, le chevaucheur disait: *eya, eya!* ou *vie, vie!* etc.

Comme tous les écuyers praticiens, Frédéric Grison entre dans une foule de recommandations toutes plus ou moins embarrassantes et fatigantes. Ainsi, sans poser de principes généraux sur lesquels l'élève pourrait baser son travail, il recommande de faire exécuter à un cheval de telle nature, de tel caractère, de telle force, à l'un tant de voltes au trot, à l'autre tant de voltes au galop furieux, etc., etc., de sorte que le cavalier qui était souvent très ignorant pouvait difficilement appliquer les principes du maître.

Nous avons parlé des embouchures de Laurentius Rusius et de César Fiaschi, l'ouvrage que nous analysons en présente *cinquante-deux* de forme et d'emploi à peu près semblables à celles des maîtres précités.

Le quatrième livre nous donne la méthode employée par Frédéric Grison pour dresser le cheval de guerre.

Il commençait par aller au pas, puis au trot, parlant avec douceur à l'animal, la baguette entre les deux oreilles, puis de chaque côté de la tête, près des yeux, le caressant ensuite en la lui passant sur le cou, et, quand il paraissait bien tranquillisé, il plaçait un homme face à face avec lui, un bâton à la main, faisant mine de vouloir le frapper par la tête. Il caressait alors de nouveau le cheval, le forçant à marcher sur l'homme, qui reculait aussitôt et semblait fuir.

Après cette première épreuve, l'homme à pied prenait une épée et exécutait avec elle la même pantomime qu'avec le bâton. Frédéric Grison passait ensuite à plusieurs piétons qui renouvelaient tous ensemble la première et la seconde épreuve, menaçant le cheval à haute voix et allant trois fois sur lui : la première au pas, la deuxième en courant, la troisième en sautant, puis ils prenaient la fuite ; alors l'écuyer fonçait sur eux. Les hommes devaient bien prendre garde de ne pas frapper l'animal.

Pour accoutumer plus vite un jeune cheval, l'écuyer le mettait souvent entre deux chevaux aguerris ; puis il faisait sonner la charge, lâcher l'arquebuse, et pendant ces exercices il encourageait son cheval de la voix, le caressait, etc.

Après que ces épreuves intelligentes étaient terminées, Frédéric Grison mettait deux cavaliers en présence de telle façon que les chevaux se voyaient face à face, l'un des cavaliers reculait son cheval pour donner du courage à l'autre.

Puis, quand ces exercices préparatoires avaient bien disposé le cheval à ne plus rien craindre, il faisait une petite guerre de plusieurs chevaucheurs, simulant entre eux une rencontre et exécutant les voltes, les passades, les courbettes, les cabrioles, etc., etc.

A coté de judicieuses remarques, des principes extraordinaires : il voulait que le cheval fût placé la tête basse parce qu'il trouvait un avantage pour se servir de ses armes contre un cavalier, d'avoir « *le cheval ayant le mufle entre les jambes, ce qui n'est pas moins profitable contre les hommes à pied qui se jettent toujours à la tête des chevaux.* »

La position à cheval qu'il préconisait n'était pas moins bizarre :

« *Je veux que l'on se tienne droit sur les étriers, que l'étrier de droite soit plus court que l'autre pour ce qu'en combattant on s'appuie toujours de ce côté, que le nez du cavalier soit sur le toupet entre les deux oreilles du cheval. Je ne veux pas que, comme les anciens chevaliers, la pointe du pied soit tournée en dedans, mais lorsque je tourne la tête, sans effort, la pointe du pied soit au bout de mon nez et la gaule entre les oreilles du cheval.* »

En résumé, travail de pied ferme, rassembler, mise en main, mobilisation et immobilisation des membres, jambette, pesade, ruade, cabriole, oppositions de mains, reculer mieux compris, pas de côté, assouplissements, arrêt sur l'éperon, travail de la jambe opposée, recherche de la légèreté, équilibre préparé, dressage du cheval aux exercices de guerre, telles sont les principales données de la méthode de Frédéric Grison.

Sans doute ces découvertes ont des mélanges incohérents, et sont dénaturées par des moyens empiriques qui tiennent de la civilisation encore barbare de cette époque, mais il faut faire la part de chaque temps et juger le mérite de nos devanciers suivant les moyens d'action qui ont été mis en leur pouvoir.

D'ailleurs, Frédéric Grison n'est pas exempt des préjugés de son époque.

Il dit « *qu'un poulain venant au monde, a un morceau de chair au milieu du front, semblable à la rate ou à une figue applatie (que l'on appelle hippomane) que la jument arrache aussi tost avec les dents, ou pour le moins l'emporte avec la langue en leschant son fruit, et que si l'on pouvoit avoir ce morceau, il feroit des merveilles en matière d'amour.* »

Un des élèves de Frédéric Grison, un écuyer italien, le signor *Francisco Lanfray*, publia les principes du maître en 1599 :

L'Ecurie du sieur Frédéric Grison, gentilhomme napolitain, *en laquelle est montré l'ordre et l'art de choysir, dompter, piquer, dresser et monter les chevaux, tant pour l'usage de la guerre qu'autre commodité de l'homme. Avec les figures de diverses sortes de mors de bride. Naguerre traduitte d'italien en français, et nouvellement revue et augmentée, outre les précédentes impressions. Plus les remèdes très singuliers pour les maladies des chevaux, adjoustez par le signor Francisco Lanfray, escuyer italien.*

A la même date, parut un traité d'hippiatrique : *Anatomia del cavallo, infirmita et suoi rimedii*, par *Carlo Ruini*.

Anatomie du cheval, *ses maladies et leurs remèdes. Ouvrage nouveau, digne des cavaliers et de ceux qui veulent des principes, et très nécessaire aux philosophes, médecins, écuyers et maréchaux, du signor Carlo Ruini, sénateur de Bologne. Ornée de belles figures, qui démontrent toute l'anatomie du cheval, divisée en deux volumes.*

Le premier volume traite de tout ce qui se rapporte à l'anatomie. Le deuxième volume traite des maladies et de leurs remèdes.

Cet ouvrage est un grand progrès pour l'époque et est resté supérieur pendant longtemps aux productions qui l'ont suivi.

Carlo Ruini fit aussi un traité de maréchalerie, complément très heureux de celui de César Fraschi.

Sous le rapport de la ferrure du cheval, l'auteur s'attache seulement aux méthodes applicables aux pieds défectueux, et c'est surtout à ce point de vue qu'il est, comme nous l'avons dit, l'heureux complément de César Fiaschi ; en effet, il répète à peu près les mêmes préceptes dans tous les cas où celui-ci traite à fond la question ; mais où César Fiaschi trouve des difficultés insurmontables, Ruini ne craint pas de les aborder de front. C'est ce que nous voyons dans un chapitre de l'*encastellure*, où il emploie des moyens qui ne sont autres que ceux qui ont fait tant de bruit de nos jours sous le nom de méthode Jarrier, méthode de Defays et de Watrin, etc.

Mais revenons en France.

L'hiver de 1596, exempt de froid rigoureux, fut remarquable par les pluies abondantes et les fréquents débordements des rivières. Les premières chaleurs du mois d'avril, plus intenses que d'ordinaire, développèrent des émanations marécageuses tellement délétères que Saumur ne tarda pas à ressentir les rudes secousses d'une grande épidémie.

Les vivres difficiles à se procurer, et d'un prix excessif, vu l'état déplorable des récoltes, les eaux malsaines dont s'abreuvaient les pauvres, hâtèrent la propagation du mal dans les faubourgs où chaque jour la mort moissonnait des familles entières. Cette ville, alors soumise au régime militaire, vit tout à coup ses marchés interrompus, les boutiques fermées, la pompe des funérailles interdite, la justice suspendue. Pour seule mesure sanitaire, des feux aromatiques lançaient leurs flammes inutiles dans les rues et les carrefours, et, matin et soir, les détonations du canon du château, devant, croyait-on, écarter le foyer d'infection. Terrifiés, nobles, magistrats, bourgeois, marchands, riches, s'empressaient de fuir avec leurs familles, et de se réfugier dans leurs fermes, et surtout dans les villages situés sur les hauteurs environnantes. Enfin, le gouverneur sentit l'importance d'éviter toute communication avec les villes et villages voisins ; les portes furent fermées et gardées sévèrement, on arrêta les progrès de l'émigration.

Les choses reprirent leur ordre après ce nouveau malheur et l'Académie protestante reprit ses cours.

Nous avons dit qu'il y avait à Saumur une Académie d'équitation ; il y en avait d'autres en France, moins célèbres peut-être, surtout plus exclusives.

C'étaient les seules écoles d'équitation d'alors, l'équitation militaire n'était pas encore spécialisée, et dans les corps de troupes à cheval on ne s'occupait guère que des manœuvres. Mais tous les jeunes officiers de cavalerie avaient suivi les cours de ces académies ou tout au moins appris leurs principes.

Nous avons dit que M. Saint-Antoine avait été, en même temps que MM. de La Broue et de Pluvinel, élève de Pignatelli ; il professa, lui aussi, à cette époque, mais il n'a rien écrit.

« *Monsieur Saint-Antoine François, estoit fort bon homme de cheval envoyé de France, par Henri IV, pour apprendre au Prince Henry d'Angleterre. Monsieur de la Coste fut son Page, et travaillait admirablement bien, principalement les chevaux sauteurs. Monsieur de Boyclair monta sous luy et estoit un excellent homme de cheval. Monsieur Fontenay qui estoit ou son neveu, ou son fils naturel, car il luy donna tout en mourant, estoit aussi un fort bon homme de cheval, mais pas un de ceux-là n'a jamais écrit de la méthode, ni l'art de monter à cheval.* »

Il n'en est pas de même de M. de la Broue qui, au contraire, est le premier auteur français, le premier qui ait écrit une méthode, — M. de Pluvinel n'avait encore professé que pratiquement.

On considère et on doit, en effet, considérer M. de la Broue comme le premier écuyer français qui ait écrit une méthode. Il faut cependant citer avant lui le sieur *Jean Taquet;* mais il faut avouer qu'il ne s'en est pas fort bien acquitté. Son ouvrage n'est qu'une copie des Italiens et, à l'exemple des premiers de ces maîtres, il voulait qu'on arrachât quatre grosses dents au cheval pour placer le fer qu'on lui mettait dans la bouche.

Salomon de la Broue écrivit plusieurs ouvrages : l'*Éducation de la Jeunesse*, et le *Cavalèrice françois.*

Le Cavalèrice françois *composé par Salomon de la Broue, escuyer d'escuirie du Roy et de Monseigneur le Duc d'Espernon, contenant les préceptes principaux qu'il faut observer exactement pour bien dresser les chevaux aux exercices de la carrière et de la campagne. Le tout divisé en trois livres.*

Le premier traicte de l'ordre général et plus facile des susdits exercices et de la propriété du cavalier.

Le second, des modernes et plus justes proportions de tous les plus beaux airs de manèges.

Le troisiesme des qualitez de toutes les parties de la bouche du cheval et des divers effets de plusieurs brides différentes pourtraites et représentées par leurs justes mesures aux lieux nécessaires.

M. de la Broue, comme tous les grands maîtres, a excité un enthousiasme et un dévouement difficiles à décrire parmi ses élèves.

Il entre en matière par un chapitre intitulé : « *Avis du sieur de la Broue*

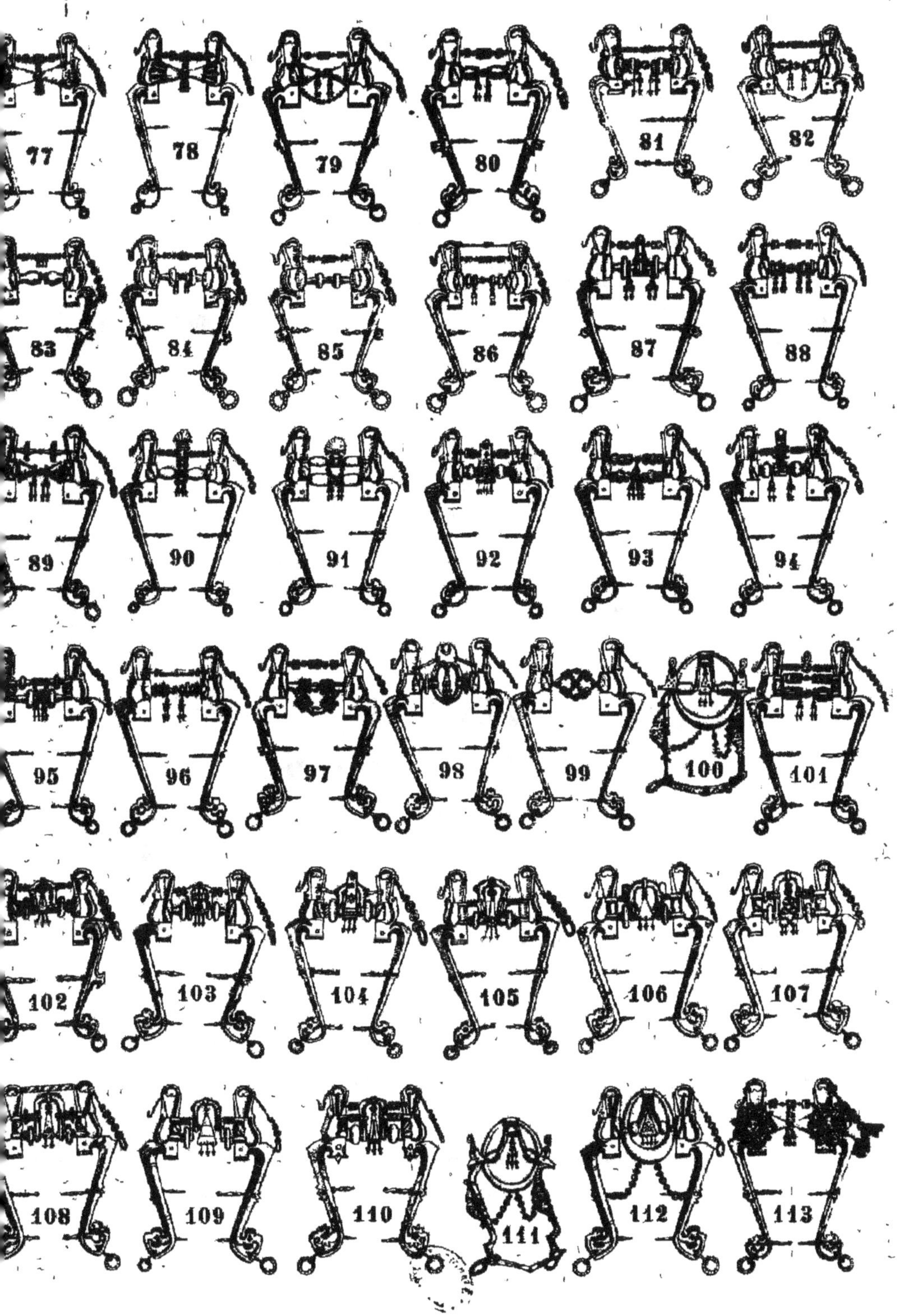
77
78
79
80
81
82
83
84
85
86
87
88
89
90
91
92
93
94
95
96
97
98
99
100
101
102
103
104
105
106
107
108
109
110
111
112
113

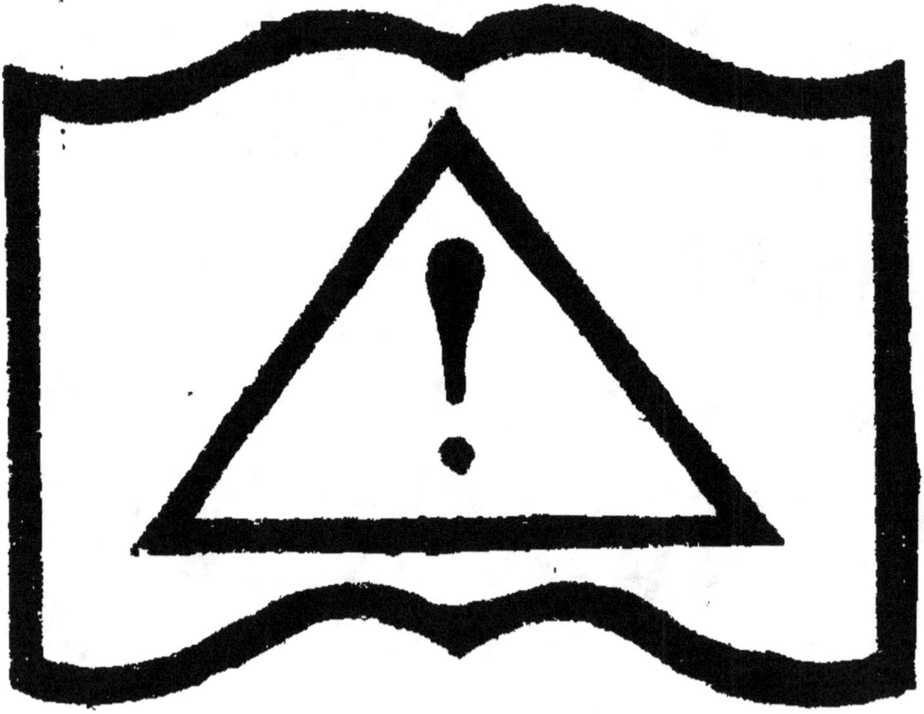

Planche en 2 P de V

114
[illegible]
Muserolle.

Frederic Grison 1550

115
Mors à canon : le premier mors qu'on doit bailler au cheual, soit de bonne ou mauuaise bouche.

116
Mors à hotte, pour cheual qui monstre auoir la bouche quelque peu dure.

117
Melon doux & poly & taut ceux cy comme ceux qui suyuent, se pourront faire plus mindes ressemblant à oliues. Pour cheual qui n'a grande bouche, toutesfois délicate, & entirement bonne.

118
Melon vn peu plus rond auec vn anneau ou rouelle par dehors. Pour cheuaux qui sont de bonne nature, ou qui ne sont de trop mauuaise volonté, & qui font un peu de (chiomazuole) c'-à-d. qui se deffendent auec les leures & ne se posent sur les emboucheures comme ils doyuent, mais se les renferment dedans la bouche de telle sorte qu'ils s'appuyent sur icelle, & vous forcent merueilleusement.

119
Melon auec deux anneaux ou annelets de chacun costé, près du nœud. Pour cheuauxqui ne sont de trop mauuaise volonté & qui sont un peu de chiomazuole c-a-d. qui se deffendent auec les leures, et ne se posent sur les embou cheures comme ils doyuent, mais se les renferment dedans la bouche de telle sorte qu'ils s'appuyent sur icelle, et vous forcent merueilleusement.

120
Mors à poire. Autre à mesme effect que ce dernier précédent, pour cheuaux qui se deffendent auec les leures.

121
Poyres auecques un anneau, rouëlle par dehors encore plus puissant pour faire son effect dans la bouche du cheual qui se deffend auec les leures.

122
Poyre auecques deux ou trois annelets auec patenostres près du neud, pour cheual qui se deffend auec les leures.

123
Campanelle (col tempagno á volta) á cul de bassin. Pour cheuaux qui sont de bonne nature, ou qui ne sont de trop mauuaise volonté, et qui font (chiomazuole).

124
Campanelle (col tempagno piano) á cul plat, pour cheuaux qui sont de bonne nature.

125
Campanelle auecques l'anneau ou rouëlle par dehors encore plus puissant pour faire son effect dedans la bouche du cheual.

126
Campanelle auecques deux annelets, ou patenostres près du neud. Autre à mesme effect, que ce dernier précédent.

127
Mors à hotte auecques un bouton, ou balotte entaillée, qui se peut tourner de chacun costé. Autre à mesme effect, & plus propre que les derniers précédens.

128
Mors à hotte auecques vn bouton ou balotte entaillée, auecques deux ou trois annelets, ou patenostres près du neud, autre à mesme effect que ce dernier précédent, & fort propre á cheual qui porte la langue hors la bouche.

129
Poires doubles. Autre pour (chiomazuole) mais non si propre que les précédents & trouue l'on aucunes fois peu d'auancement & amendement.

130
Campanelles doubles. Autre á mesme effect que ce dernier précédent.

131
Bastonnets auec les boutons ou balottes entaillées, qui se tournent. Autre à mesme que ces deux derniers précédens, mais le plus souuent on y trouue encore moins d'aduancement & d'amandement.

132
Demy canon coudé & ouuert, à col d'oye, lié et repris à clou ou pommette. Pour cheual qui est délicat d'emboucheure & engorge sa langue.

133
Demy canon coudé & ouuert, à col d'oye, lié & repris à crochet, ou couplet. Autre à mesme effect meilleur que ce dernier précédent.

134
Demy canon coudé & ouuert, à pied de chat, lié & repris à clou ou pommette. Autre à mesme effect, mais en partie non si fort que les deux derniers précédents, & se rend le cheual si libre de langue, & si subiect de bouche.

135
Demy canon coudé, & ouvert à pied de cha t, lié & repris à crochet ou couplet Autre à mesme effect que ce dernier précédent.

136
Demy canon coudé & ouuert à col d'oye, auecques la [illegible] e ; il rend la bouche du cheual encore plus subiecte & plus libre de langue.

137
Demy canon coudé, & ouuert à pied de chat, auecques la piecette. Autre à mesme effect que ce dernier précedent, mais du tout non si bon ne si fort.

138
Canon coudé & ouuert, auec les bracelets, ou filets, au lieu de la siciliane, ou tranchefille. Autre pour cheual qui se boit la bride.

139
Demy mors à hotte coudé & ouuert, à col d'oye, lié & repris à clou ou pommette. Pour cheual qui n'est point délicat d'embouchure & s'engorge sa langue.

140
Demy mors à hotte coudé & ouuert à col d'oye, lié & repris à crochet, ou couplet. Autre à mesme effect que le dernier précédent.

141
Demy mors à hotte coudé & ouuert, à pied de chat, lié, & repris à clou, ou pommette. A mesme effect que le dernier précédent, mais en partie non si fort.

142
Demy mors à hotte coudé & à pied de chat lié & repris à crochet ou couplet. Autre à mesme effect que ce dernier précédent, toutes fois qu'il nous semble qu'au commencement du tiers liure l'auteur nous deffend user des mors faicts à faces.

143
Demy mors à hotte ouuert & coudé à col d'oye auec la piecette. Autre à mesme effect que les quatre derniers précedens, mais il rend la bouche du cheual plus subiecte & plus libre de langue.

144
Demy mors à hotte coudé & ouuert, à pied de chat auecques la piecette, du tout non si fort pour rendre la bouche plus subiecte.

145
Mors à hotte coudé et ouuert, entier. Pour cheual qui est dur d'emboucheure, & engorge sa langue.

146
Mors à hotte coudé, ouuert, et entier, auec la piecette : Autre à mesme effect que ce dernier précédent, mais il rend la bouche du cheual plus subiecte, & plus libre de langue.

147
Mors à hotte coudé & ouuert, auec le pourfil d'auantage & auec la moitié icy peinte à l'envers afin qu'on puisse voir & comment doit être assis son pourfil.

148
Mors à hotte coudé et ouuert, auec les bracelets ou filetz, au lieu de la siciliane, ou tranchefille. Autre pour cheval qui se boit la bride.

149
Pas d'asne, auec oliues, généralement il corrige et dresse mieux le cheual que le pas d'asne auecques le melon doux. Pour cheual qui est fort dur d'emboucheure.

150
Mors à hotte à pas d'asne. Pour cheual qui a grande bouche, & est dur d'emboucheure.

151
Poire à pas d'asne, autre pour cheual qui est dur de bouche, & se défend fort auecques les chiomazuole.

152
Campanelle à pas d'asne, & se pourra faire à cul de plat, et auec un annelet, ou rouelle de chacun costé par dehors. Autre à mesme effect que le dernier précédent.

153
Mors à hotte à pas d'asne, auec les bracelets, ou filets aux trous de la siciliane, ou tranchefille. Autre à mesme effect que les deux derniers précédens, toutes fois se doit bailler seulement à cheuaux qui sont de fort mauuaise nature, chargez de machoires, durs d'emboucheures, & de bouche, ou bien qui boiuent le mors.

154
Poire à pas d'asne, auec ces bracelets ou filets, aux trous de la siciliane, ou tranchefille. Autre à mesme effect que le dernier précédent.

155
Campanelle à pas d'asne auec semblables bracelets ou filets. Autre à mesme effect que les deux derniers précédens.

156
Pas d'asne, auec oliues, & auec semblables bracelets ou filets, & au lieu de ces oliues on y pourra mettre des melons. Autre à mesme effect, que les trois derniers precedens.

157
Pied de chat auec les oliues, et se pourra faire auec les melons doux & polis. Pour cheual qui a petite bouche, & est dur d'emboucheure.

158
Demy pied de chat auec les oliues & au lieu d'elles on y pourra mettre deux melons doux & polis. Pour cheual qui a la bouche sèche, & sans saueur, & n'est fort dur d'emboucheure & néantmoins va auec la teste baissée, & aussi s'il faisoit

159
Pied de chat auec ses poyres. Pour cheual qui a la bouche grande & est dur d'emboucheure.

160
Demy pied de chat à poyres. Pour cheual qui a la bouche sèche, & sans saueur, & n'est fort dur d'emboucheure, & néanmoins va auec la teste baissée, & aussi s'il faisoit chiomazuole.

161
Pied de chat à campanelle. Pour cheual qui a la bouche grande, est dur d'emboucheure.

162
Demy pied de chat à campanelle. Pour cheual qui a la bouche sèche, & sans saueur, & n'est fort dur d'emboucheure, & néanmoins va auec la teste baissée & aussi s'il faisoit chiomazuole.

César Fiaschi 1540

77
Mors à canon.

78
Mors à hutte,
ou
canon plat.

79
Mors à campanel,
ou cloche.

80
Mors à oliue.

81
Mors noüé, ou à nœuds,
que nous disons
à rouelle
patenostres aux deux costez.

82
Mors à poyre.

83
Mors à flaccons ou bouteilles :
que nous disons,
à couplet,
poires à rebours.

84
Mors à demie fronde
ou bastonnet,
que nous disons,
rouelles à couplet.

85
Mors à fronde ou bastonnet :
que nous disons,
rouelles entaillées au myllieu.

86
Mors à fausse fronde
ou bastonnet :
que nous disons,
rouelles entaillées sur le derrière.

87
Mors à humoire d'vne prise
auec rouelle entaillée :
que nous disons,
rouelle entaillée auec une pièce.

88
Mors à fronde ou bastonnet,
a doubles rouelles,
que nous disons,
à quatre rouelles ou couplet.

89
Mors à Campanel ou clochette,
auec rouelles enchassées
au-dessus, que nous disons
campanel, auec vn bastonnet au-dessus,
auec deux petites rondelles.

90
Mors à fusées auec le montant :
que nous disons,
à fusée, pièce et coquille,
dessus.

91
Mors à doubles fusées,
auec le montant :
que nous disons à quatre fusées
et coquille au-dessus.

92
Mors noüé, ou à nœuds,
auec la prise d'au-dessus & trébuschet :
que nous disons,
à deux ballottes, vn pont
leuis dessus.

93
Mors à doubles filets
de patenostres
que nous disons,
à couplet, & ballottes rayées.

94
Mors à humoire à deux prises,
auec la ballotte : que
nous disons à vne pièce percée
en bas, les filets plus haults, vn
pommette au bout de la pièce.

95
Mors à fronde ou à bastonnet
doubles prises : que nous disons,
à couplet, quatre rouelles,
deux dessus & deux dessous,
ou bastonnets à quatre rouelles.

96
Mors à fronde ou bastonnet,
double de rouelle, auec vne barre
au tuyau, que nous disons. à
quatre rouelles, & vn tuyau
au-dessus.

97
Mors à demy con :
que nous disons, à gibet,
qui se ploye dessus & dessous,
ou à deux couplets d'une pièce,
rempli de patenostres, rayez.

98
Mors à pas d'asne, clos auec
filets & rouelles : que nous disons :
à double pas d'asne, & filets &
petites rouelles rayées, ou à
lunette, vne pommette dessus,
deux rouelles sur deux costez.

99
Mors à con entier : que nous
disons, à deux couplets
ouuerts, remplis de patenostres,
rayées, ou à bâtons rompus.

100
Mors à la genette clos,
auec fusée :
que nous disons à la genette
d'vne piece, auec deux oliues.

101
Mors à melon, de trois pris
auec le montant :
que nous disons, à trois coup
l'vn à melons rayés, les aut
à patenostres rayées et le
dessus à vne pommette.

102
Mors à pas d'asne
d'une prise auec ballotte
entaillée, que nous disons,
à pas d'asne
auec deux ballottes.

103
Mors à pas d'asne
d'vne prise, auec rouelle enchassée :
que nous disons, pas d'asne
auec rouelles.

104
Mors à pas d'asne
à filets & trebuchets :
que nous disons, pas d'asne
à filets, auec
vn pont leuis.

105
Pas d'asne
à pied de chat.

106
Mors à pas d'asne en façon de deux
prises, nommé petit chariot ou brouette :
que nous disons à pas d'asne, à deux
filets droits, & deux ballottes,
& une gourmette a estrille.

107
Mors à pas d'asne de deux prises,
auec petite rouelle au-dessus, &
ballotte au-dessous : que nous diso
pas d'asne, double emboucheure,
à quatre rouelles.

108
Mors à pas d'asne, de deux prises,
auec la rouelle entaillée,
que nous disons pas d'asne, double
emboucheure, deux rouelles, vn tuyau
au-dessus.

109
Mors à pas d'asne de belle façon,
auec la rouelle :
que nous disons, pied de chat
à pas d'asne
deux petites rouelles.

110
Mors à pas d'asne de trois prises,
auec la ballotte : que nous disons, pas
d'asne à double emboucheure,
& filets à deux rouelles.

111
Mors à la genette
ouuert auec la nauette
ou fusée que nous disons,
à la genette
deux oliues.

112
Mors bastard : que nous disons,
les branches à la Françoise, &
l'emboucheure à la genette, auec deux
ballottes.

113
Mors riche.

Tableau chronologique
des
Brides les plus usitées
de 1530 à 1600

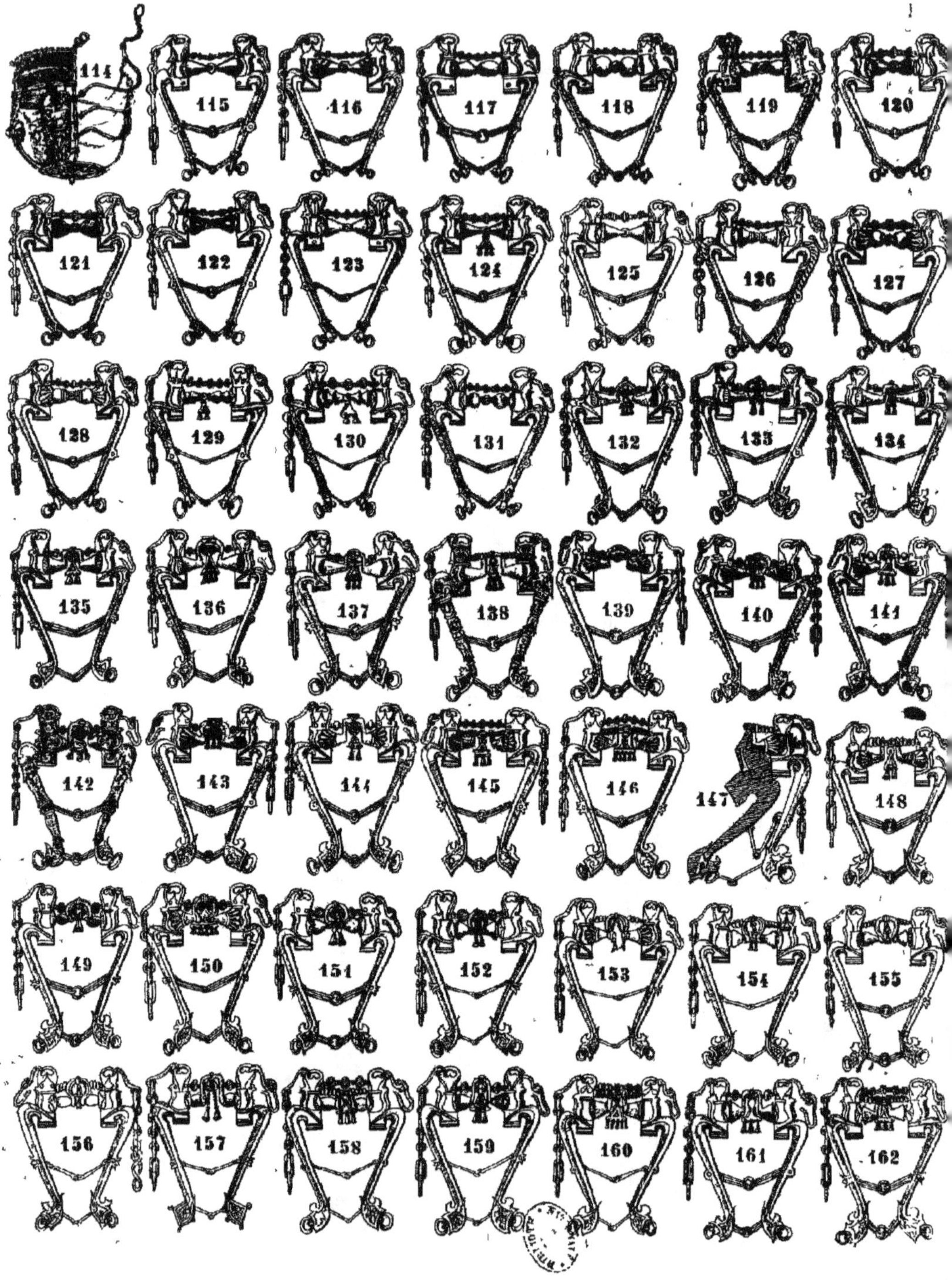
114
115
116
117
118
119
120
121
122
123
124
125
126
127
128
129
130
131
132
133
134
135
136
137
138
139
140
141
142
143
144
145
146
147
148
149
150
151
152
153
154
155
156
157
158
159
160
161
162

sur le devoir de l'écuyer de grande écurie. » Dans ce travail, il prend le jeune page à douze ans et le conduit à l'âge où il devient homme. Il lui apprend ses devoirs civils, religieux et militaires ; il lui indique tout ce qu'il est nécessaire au chevalier de connaître, et l'initie aux détails que comportent les différents arts de sa profession. M. de la Broue passe en revue le temps de paix, le temps de guerre, car les devoirs variaient suivant ces deux phases. Pour bien comprendre la portée du travail de l'auteur, il faut suivre le jeune page faisant son apprentissage de service à l'écurie, à la carrière, au tournoi, au carrousel et à la guerre, et on aura une idée juste de l'importance d'une bonne direction dans les travaux de la jeunesse de cette époque. Les habillements et les armures y sont décrits, ainsi que toutes les précautions à prendre dans les exercices et le combat.

Après ce discours, nous trouvons une préface qui nous fournit des renseignements sur la jeunesse et les études de M. de la Broue.

Il était né et avait été élevé en Gascogne « et nourri page avec beaucoup d'honneur en la maison de Mgr le comte d'Anbijoux. »

« *Cette première saison de ma vie,* dit-il, *a été occupée à suivre mon seigneur aux armées, à la cour, à la chasse, et quelquefois à l'exercice de monter à cheval, mais le plus souvent à une infinité de débauches et singeries auxquelles la jeunesse follâtre et licencieuse portant l'habit de page se plaît d'ordinaire, autant qu'elle est ennemie de l'étude qui, avec la vertu, apprend à bien discourir.* »

On voit que, connaissant les écueils tant soit peu scabreux de la morale des pages, il veut la changer et la rendre digne de cette devise : Noblesse oblige. Il eut presque tous les jours les armes à la main, mais, dès que la tranquillité revenait, il voyageait pour s'instruire ; « malheureusement, dit-il, je me suis très peu adonné à écrire, ce qui me peine beaucoup, » et il ajoute qu'il est le premier de sa nation qui ait écrit sur l'art équestre.

Il déplore qu'à cette époque la France fut restée en arrière pour tout ce qui concernait les chevaux :

« *Car les haras et nobles races de chevaux ne sont pas communs en France comme on les trouve chez les autres nations, n'y par conséquent les bonnes écoles : c'est pourquoi tant de jeunesse française s'achemine avec beaucoup de frais en Italie pour apprendre à monter à cheval.* »

M. de la Broue commence le dressage du cheval de selle avec le mors de bridon qu'il trouve naturellement plus doux que les branches de la bride. Il préfère le canon simple et se sert en même temps du caveçon.

Il vante beaucoup son maître Jean-Baptiste Pignatelli, et dit qu'il ne se servait généralement que du caveçon simple et des canons à branches droites.

A partir de ce maître, on se servit rarement de toutes les inventions à embouchures si étonnantes que nous donnent ses prédécesseurs. Il se contentait de varier la courbure des branches suivant la sensibilité plus ou moins grande de la bouche du cheval. Le mors brisé, dit à la Pignatelle, était donc un mors doux.

« *Ce n'est pas tout que le cavalier soit curieux de s'équiper proprement et de faire bien agencer le cheval, je veux aussi que, étant à cheval, il aie l'assiette juste et belle, à savoir qu'il tienne la tête droite et le visage directement à l'opposite de la nucque du cheval, espaules également droites et nivelées, plutôt un peu penchées en arrière que trop en avant, sans que la droite soit plus reculée que la gauche, comme il advient d'ordinaire si l'on n'y pense curieusement, à cause de la posture du bras de la bride, qui nécessairement est le plus avancé et aussi de la plus part des actions de celui de l'épée, ou de la gaule, qui de nature se fait plus facilement en arrière qu'en avant : le poing de la bride à la hauteur et au niveau du coude d'iceluy et communément environ trois ou quatre doigts plus haut que la tête de l'arçon de la selle et deux doigts plus avancés que l'os de la hanche, un peu plus ouvert et loin du corps que celui de la bride. La gaule le plus souvent mouvente ayant la pointe en haut, l'estomac un peu avancé pour ne pas paraître avoir les épaules voutées ; les fesses avancées aussi afin de ne pas se trouver assis trop loin de l'arçon de devant, qui est une particularité malséante ; les reins droits et roides ; les cuisses fermes et comme collées dedans la selle ; les genoux serrés et plutôt tournés en dedans qu'en dehors ; les jambes autant proches du cheval qu'il se pourra, tendues et droites, comme quand l'on est à pied.* »

Comme Frédéric Grison, il dit que l'étrier droit doit être plus court d'un demi point que le gauche : « *parce que le premier soutient davantage la plus grande part des actions du corps et mieux celles du bras droit du chevalier. Et qu'il ne saurait donner un grand coup d'épée n'y de gaule, empoigner un homme n'y faire beaucoup d'autres mouvements forts et violents qu'il ne s'appuye beaucoup plus sur l'estrier droit que sur le gauche : et aussi parce qu'il reçoit un coup de lance, c'est communément du côté gauche, qui par conséquent le pousse sur l'estrier droit ; et s'il donne un semblable coup, il en est également ramené sur le même coté parce que la lance se doit rompre croisant un peu en biais sur l'oreille gauche du cheval et pour la moindre raison, l'estrier gauche étant le plus long, on y met plus aisément le pied pour monter à cheval.* »

Un chapitre est entièrement consacré à prouver que les cavaliers ne doivent pas faire de grands mouvements à cheval.

Dans un autre, il blâme les cavaliers qui parlent sans cesse à leur cheval, l'étourdissant de toutes les manières.

Il écrit également tout un chapitre sur les moyens employés pour dégourdir et alléger le cheval en l'exerçant au trot et au galop. Il reconnaît que l'usage d'exercer les chevaux dans des terres labourées est souvent plus préjudiciable qu'on ne le pense généralement.

Dans ce qu'il dit sur la manière d'arriver à la mise en main, on trouve le principe *arrêter et rendre*, substitué à celui de Frédéric Grison, *résister pour faire céder.*

Il blâme l'abus du tourner raccourci et du parer auxquels on livre trop le cheval, sous prétexte de l'assouplir.

Il recommande avec raison de ne jamais commencer par battre le cheval appréhensif, mais de lui apprendre à connaître les objets qui l'effrayent.

Un des chapitres donne les moyens de dresser un cheval de guerre. Frédéric Grison s'y prenait aussi de la même sorte : il a le mérite d'avoir ouvert la marche ; mais nous trouvons chez de la Broue une méthode plus assurée, une gradation mieux suivie.

Il conseille la plus grande patience et la plus grande douceur avec les chevaux ignorants ou rétifs, et préfère les coups de fouet, de nerf ou de gaule, qui se donnent derrière les sangles, aux coups d'éperon.

M. de la Broue divise ensuite en plusieurs classes les chevaux dits rétifs : « 1° Pour avoir été trop battus sur la tête ; 2° Pour avoir été trop battus et gourmandés des éperons; 3° Les chevaux rétifs et malicieux; 4° Les chevaux rétifs ou entiers à quelque main, avec la différence du rétif à l'entier sur les voltes. »

Il est difficile d'apporter un esprit d'observation plus droit que ne l'a fait M. de la Broue dans la peinture qu'il a rendue des différents caractères des chevaux, et dans les moyens sages qu'il emploie pour les rendre à leur naturel primitif, quand les maladresses des hommes les en ont sortis.

M. de la Broue, après nous avoir montré le cheval rendu rétif par les mauvais traitements du cavalier, passe à une autre cause de défense. « *Souvent*, dit-il, *il arrive que des chevaux mélancoliques sont vraiment rétifs de pure malice et peut-être pour avoir été redoutés des chevaliers qui les ont exercés.* »

M. de la Broue conseille de ne pas ménager le cheval ainsi manqué par l'inhabileté du cavalier, il veut qu'on le pousse vigoureusement dans la main et les jambes à coups d'éperon et de nerf de bœuf; avec force cris, jusqu'à ce qu'il se soit porté en avant, mais il ajoute qu'il veut que cette sévérité soit faite avec discernement et que le cavalier cherche à récompenser la plus petite obéissance.

Il mentionne l'emploi de moyens empiriques pour corriger les chevaux dits rétifs, à savoir pour un cheval qui recule et ne veut pas avancer, « *de lui tirer la queue avec une corde, ce qui le contrarie tellement, qu'il part vigoureusement aussitôt.* » Il cite également l'emploi du feu, de l'eau, les animaux attachés à la queue des chevaux, ainsi que de certains éperons faits de formes différentes.

« *Mais, dit-il, parce que je suis ennemi de ces petits secrets inventés faute d'art, j'en remets les discours et la pratique à ceux qui s'y arrêtent plus que moi.* »

Malgré ce semblant de réserve, M. de la Broue ne se fait pas faute d'indiquer des procédés assez violents :

« *Et quand le cheval est dur de bouche et désespéré, que les moyens ordinaires de l'École ne le peuvent faire consentir à l'obéissance de l'arrêt, l'on pourra prendre un gros ruban de soie ou de laine, et d'un bout d'icelui lier les génitoires de ce cheval par un nœud coulant ou arrêté, et attachant l'autre bout à l'arçon de la selle, laissant la longueur tant avantageuse que le cheval n'en puisse être aucunement contraint, si ce n'est quand le chevalier voudra; et lorsqu'il emportera la bride et le cavesson à la désespérade, le cavalerice tirera discrettement ce ruban, cependant qu'il se mettra aussi en devoir de retenir le cheval avec la main de la bride, et à mesure qu'il l'arrêtera, il faudra lascher le ruban, et par ce moyen aucuns chevaux soupçonneux ne s'arrêteront, à savoir tant qu'ils en seront en doute, parce qu'il leur semblera que, pour les arrêter, on les tirera en arrière par les génitoires.* »

M. de la Broue blâme ceux qui veulent placer la tête du cheval et l'encolure avant d'exercer le cheval, c'est-à-dire qu'il ne veut pas qu'on renferme le cheval tout d'abord, mais qu'on lui laisse livrer toutes ses forces et qu'on prenne la mise en main, puis les mouvements du tourner, du parer sur l'allure vive en la rétrécissant peu à peu et non pas sur le cheval en place, comme le faisait Frédéric Grison.

On voit, dans cette recommandation, la différence d'école de la Broue avec celle de Frédéric Grison ; celui-ci veut que le cheval travaille d'après les forces transmises, tandis que l'autre recherche à assouplir son cheval sur les forces instinctives. Pour certaines sortes de chevaux, il est question d'un travail en place préparatoire, le cavalier à pied. Pour vaincre les causes naturelles ou accidentelles qui produisaient la roideur, M. de la Broue usait de *trois genres de flexion d'encolure* :

Le premier, *en place*. Il pliait à l'écurie, au moyen de la corde du caveçon, la tête et le cou du côté le plus roide, la tête regardant la porte de sortie, et il laissait ainsi le cheval dans cette position gênante pendant deux heures consécutives.

Le deuxième, *à cheval* : « *Pour attirer plus facilement l'encolure, le cavalier, en caressant le cheval, l'accoutumera, sans bouger d'une place, à prendre de l'herbe qu'il tiendra entre son pied et l'étrier, du côté qu'il ne voudra tourner librement.* »

La troisième flexion se faisant *en marche*, s'exécutait de plusieurs manières. La longe du caveçon ou la fausse rêne de la bride était attachée aux sangles, et pour plus de commodité, à la tête de l'arçon et passée entre le liège de la selle près du genou, afin d'avoir le moyen de la lâcher diligemment si le cheval s'acculait ou se cabrait.

Donc nous pouvons conclure que la Broue est l'inventeur des flexions de l'encolure. Nous les trouvons un siècle plus tard, prenant une forme plus correcte avec M. Baucher, qui les a fait rentrer dans son répertoire, en les adoptant comme base de son dressage.

« *La plus grande et générale preuve que le cheval puisse montrer de ses forces et de son obéissance, dit M. de la Broue, est de faire un bel arrêt, ferme et léger, à la fin d'une longue et furieuse course.* » Qu'y a-t-il à ajouter à cela?

Il est à remarquer que Pignatelli, si nous en jugeons par son élève, de la Broue, se servait beaucoup moins des jambes que Frédéric Grison; cependant le deuxième livre rentre davantage dans l'école de ce dernier maître.

M. de la Broue savait, au besoin, faire céder l'encolure du cheval par une opposition continue, bien qu'il applique souvent en marche le principe contraire : « *Aussi le peut-on quelquefois contraindre de baisser la tête et d'approcher le nez vers la proitrine (mêmement s'il est ramingue et fort sensible) en le serrant discrètement des deux éperons entre l'aisselle et la première sangle, tenant les jambes le plus ferme qu'il sera possible.* » Que dirait M. Raabe de cette mise en main à l'éperon ?

En poursuivant, nous rentrons dans les moyens empiriques que nous signalons néanmoins sans y attacher d'autre importance. Ainsi, quand un cheval était égaré et désespéré de bouche, le cavalier le précipitait contre une muraille ou un précipice.

Après avoir dit que l'exercice du trot est le premier et le plus nécessaire fondement de la légèreté et de toutes les leçons, M. de la Broue insiste pour que le cheval y soit conservé toujours léger au moyen des voltes, et il conseille pour la plupart des chevaux le trot raccourci.

M. de la Broue ne dresse pas seulement les chevaux pour le manège, mais aussi pour l'extérieur :

« *A quoi servirait au cavalier de ne savoir que tourner à droite et à gauche, parer, volter, etc., etc., s'il ne sait sauter les haies et les fossés en rase campagne, s'il ne sait apprendre ces exercices au cheval et tout ce qui est nécessaire à l'homme de guerre ? Le manège, selon les meilleurs écuyers, serait inutile s'il ne conduisait au résultat de pouvoir faire faire au cheval, en rase campagne, toutes les difficultés équestres et celui qui sait, dans son manège, annihiler les forces instinctives du cheval peut fort bien être embarrassé quand il a entre les jambes un animal dont les forces instinctives sont autrement développées au dehors où son appareil de relation est en quelque sorte privé d'aliment, puisqu'il n'a que les quatre murs en face de ses organes.* »

Voici comment il dressait le cheval au saut de la barrière. Après avoir bien expliqué au cavalier que le cheval ne peut bien faire nul bel exercice soit pour la guerre ou pour la carrière, si d'abord il n'a la tête ni la bouche assurée, il prenait une claie de douze pieds de longueur et trois et demi de hauteur, la faisait coucher par terre, au travers d'un chemin où le terrain était droit et doux. Il plaçait à chaque bout de la claie un homme à pied ; puis le cavalier menait son cheval au pas ou au trot, le long de ce chemin et droit à la claie, et la lui faisait sauter ainsi abattue à plat.

Après avoir passé la claie quatre et cinq fois, on devait mettre le cheval au petit galop et franchir les claies à cette allure ; les deux hommes restés aux deux bouts haussaient la claie d'un pied seulement et, à mesure que le cheval pratiquait le temps du saut et qu'il le faisait avec légèreté, ils tenaient la claie plus haute, la dressant avec patience et peu à peu jusqu'à ce que, avec le temps, le cheval la sautait toute droite.

Après le saut de la claie, on passait au saut du fossé.

M. de la Broue prouve aussi combien la chasse est utile au cheval de guerre : elle lui donne de l'haleine, l'accoutume au bruit, aux accidents imprévus, à partir vite, à partir doucement, à se modérer dans l'action.

Un chapitre spécial traite *des belles justes courses de bague*, considérées comme très utiles à l'éducation du cavalier et du cheval pour les exercices du combat; aussi le cavalier peu habile et le cheval imparfaitement dressé ne devaient-ils pas y paraître.

M. de la Broue s'attache à prouver que chaque cheval porte avec lui le cachet du travail qui lui est propre; que chaque animal est mieux disposé pour un travail que pour un autre.

Il nous apprend que dans sa jeunesse on exerçait les chevaux de sept sortes d'airs relevés, à savoir « *pesades, sauts de mouton, le galop gaillard qu'à présent on nomme un pas et un saut, saut de ferme à ferme qu'on a depuis nommé caprioles, ballotades, que nous nommons groupades et courbettes, qui est l'air le plus moderne et qui n'a pas encore changé de nom.* » « *Depuis, ajoute-t-il, ils ont été réduits à trois : caprioles, groupades et courbettes, qui sont, à la vérité, plus propres et plus gentils.* »

Nous remarquerons que les anciens parlaient non seulement à la mémoire du cheval, mais aussi à l'organe de la vue. Ainsi on traçait sur le terrain une ligne droite et à chaque extrémité on mettait des cercles entourés de talus de terre ou de bois, et, au centre de ces deux cercles deux bornes; la piste était également bornée de talus, de sorte qu'on entrait comme dans une espèce de couloir renfermé. On allait à l'une des extrémités et on voltait ainsi dans ces cercles renfermés, passant entre les bornes dans les changements de direction ; par conséquent, on devait changer de pied; puis on rentrait dans le couloir, pour aller à l'autre extrémité, volter de la même manière.

Cette sorte de manège découvert instruisait le cheval et le cavalier; c'était une route tracée, une leçon écrite, que tous les deux apprenaient par cœur.

M. de la Broue, après nous avoir initiés à son travail des airs relevés, le cheval étant léger, nous donne un moyen inusité aujourd'hui, celui de faire suivre le cavalier par une perche ayant un éperon à l'extrémité.

L'aide de la perche et de l'aiguillon était employée pour hausser l'arrière-main principalement du cheval sauteur, mais on l'employait aussi pour arriver à la cadence. Le cavalier s'en servait également à cheval et tenant dans la main un bâton portant un éperon.

M. de la Broue appelait une bonne main celle *qui savait résister et céder à propos et recevoir avec précision l'action produite par les jambes*. Voilà bien de l'accord des aides.

M. de la Broue, réformateur des abus et véritable maître, commence par poser le principe suivant : « *L'art de dresser les chevaux étant mieux entendu, on doît moins user de diversité de brides puisqu'on s'est enrichi de meilleures règles pour conduire les chevaux.* »

En somme, l'équitation française créée par M. de la Broue, élève de l'école italienne, peut se résumer en quelques lignes :

Mors perfectionnés, invention des flexions d'encolure en place et en marche, assouplissements, recherches des causes de défense du cheval, perfectionnements du dressage des chevaux de guerre, sauts de haies et de barrières, travail moins restreint, opposition continue, mise en main sur l'éperon, cause de la bouche dure, différence entre l'effet de traction et l'effet d'opposition, parler aux forces de l'animal, à sa mémoire, aux organes de la vue et de l'ouïe, divers instruments de dressage, moyen de paralyser la cabrade et la ruade, temps nécessaire au dressage, soins apportés à la manière d'emboucher les chevaux.

Quoique les principes de M. de la Broue nous paraissent extraordinaires, en les comparant à ceux que nous suivons de nos jours, il n'est pas moins vrai que nous devons à ses soins et à ses peines, on pourrait même ajouter aux dangers qu'il a courus de se tuer, en dressant les chevaux à sa manière, d'avoir mis l'équitation en vigueur et d'avoir corrigé une quantité d'abus qui servaient de principes avant la réforme qui s'en fit, lorsqu'on adopta ceux qu'il avait apportés de Naples, qui semblent si étranges actuellement. En réfléchissant sur les gradations qu'il peut y avoir eu depuis le temps où vivait M. de la Broue, nous trouvons que les progrès ont été lents. Il est vrai que quelques auteurs ont introduit des erreurs qui, faisant schisme, ont non seulement appesanti la marche, mais encore ont fait manquer l'instruction de beaucoup de personnes, indépendamment d'une infinité de chevaux qui ont été ruinés par la pratique systématique qu'on suivait.

Néanmoins, on ne saurait disconvenir que M. de la Broue n'ait indiqué les moyens les moins rudes pour son époque. Ce qu'on peut lui reprocher, c'est d'avoir été encore beaucoup trop compliqué. On disait qu'avec sa propre méthode il eut été dans l'impossibilité de dresser un cheval en moins de deux ans.

Toutefois il a le mérite d'être le premier en France à poser des idées personnelles et dégagées de l'influence italienne. Nous n'avons pas besoin de faire remarquer que beaucoup de ces idées devaient subsister comme des théorèmes fondamentaux de la science équestre. On comprendra après cela que nous nous soyons un peu étendu sur l'ouvrage de ce premier représentant de l'École française.

Equitation napolitaine 1583

FRÉDÉRIC GRISON

AUBRY : *Histoire pittoresque de l'Équitation.*

VIII

Création des Académies militaires. — Mobilité de la cavalerie. — Les reitres allemands. — Compagnie de chevaliers de l'arquebuse à Saumur. — Les imprimeries de la ville. — M. de Pluvinel ; sa méthode d'après son livre, l'instruction du Roy : position du cavalier ; dressage du cheval Bonnite ; filet ; caveçon en corde ; chambrière ; le pilier ; douceur ; les deux piliers ; houssine ; l'escolier sans éperons ; la bride d'abord, les talons en dernier lieu ; courbette ; ruade ; légèreté par le saut ; appui dans la main ; maniement sur les voltes ; pincer le cheval dans les éperons ; premières leçons du cavalier à la longe autour du pilier ; parler peu ; passades terre à terre et à courbettes ; demi-volte ; passager la volte ; passage à l'entour du pilier ; reculer ; caprioles ; un pas et un saut ; dressage à la cravache et au bâton ; courses de bague ; combat à l'épée. — Les gentilhommes qui suivaient les leçons de Pluvinel. — Ballets équestres dansés à la place Royale, le 5 avril 1613. — Le connétable de Montmorency : mors et éperons à la connétable. — Le prince François de Lorraine. — Les premiers chevaux de course anglais en France. — Marie de Médicis et Louis XIII à Saumur. — Le déluge de Saumur, 1615. — Le comte de Sommerset à Saumur. — Nouvelle visite de Louis XIII à Saumur. — Épidémie de 1625. — Inondations de 1628 à 1629. — Nouvelle organisation de la cavalerie sous Louis XIII. — Prérogative des coups de plat de sabre. — Armement de la cavalerie — Les Écoles militaires sous Richelieu. — Influence de Gustave-Adolphe sur l'équitation militaire. — Le maréchal expert de Beaugrand 1619 : examen du compagnon maréchal ; l'influence des signes du zodiaque ; les marques d'un bon cheval ; recettes contre les maladies. — La grande mareschalerie de l'Espiney 1628 : recettes et superstitions. — L'École française de Pluvinel. — M. de Menou, la pratique du cavalier : les chevaux d'Espagne, d'Italie, barbes, allemands, d'Auvergne, de Gascogne, de Limousin, du Poitou, de Normandie, de Bretagne, de Bourgogne ; manière de choisir un cheval pour le manège ; principes de Pluvinel ; la graduation du dressage du cheval ; moyens pour empêcher les duels.

Parallèlement aux écoles d'équitation, il s'était créé des écoles militaires. Henri IV avait établi des *académies militaires* à sa cour même et faisait exercer devant lui les jeunes seigneurs qui, dans les salles du Louvre, trouvaient par les soins de Sully, tous les moyens de s'avancer dans les sciences et les lettres.

Durant les guerres civiles et sous Henri IV, la cavalerie avait conservé la même composition que sous Henri II ; mais, la physionomie de la guerre ayant changé, les moyens de la faire devinrent tout autres : surprises et embuscades. Ce sont les capitaines protestants qui ont jeté les fondements de la tactique moderne. La cavalerie gagne beaucoup de mobilité. La légèreté de l'armement devient nécessaire ; la lance disparaît tout à fait et fait place à l'escopette ; à l'arçon de la selle est suspendu un pistolet. Les *reîtres allemands* servent de modèle à tous les cavaliers.

Les grandes bases de l'armée se fixent avec l'organisation que lui donnent Henri IV et Sully. La cavalerie compte pour un sixième de l'effectif de l'infanterie. L'élément national constitue la plus grande partie de l'armée, l'élément étranger n'est plus qu'un appoint.

Les troupes sont réunies chaque année dans un camp pour être exercées. La nation se militarise, dans chaque ville il se forme des compagnies qui se préparent au métier de la guerre.

C'est en 1593 que s'organisa, à Saumur, avec l'autorisation par lettres patentes de Henri IV, une *compagnie de chevaliers de l'arquebuse* ou du papegault.

Le papegault ou papegaie était un perroquet de bois, placé sur un mât, et servant de but aux arquebusiers, qui ne devaient le tirer que verticalement. Le meilleur tireur recevait le titre de *roy des arquebusiers* et obtenait le privilège d'être exempt de certains droits.

Saumur se ressentit de la mort de Henri IV, pourtant l'Académie protestante lutta vaillamment contre le discrédit. On y tint une assemblée générale des Réformés, et il y eut un grand nombre d'ouvrages satiriques publiés pendant la tenue de cette assemblée. La Ville possédait alors plusieurs imprimeries largement et fructueusement occupées à reproduire les œuvres littéraires et théologiques des savants professeurs, les Comar, Cameron, Daillé, Laplace, Amirauct, Duncan, appuyés, protégés par le noble ami de Henri IV, écrivain lui-même habile et courageux.

Plus tard, l'illustre fille de Tanneguy-le-Fèvre vint ajouter une nouvelle gloire littéraire à la cité, qui se félicite de l'avoir vue naître. Plusieurs traductions de Mme Dacier ont été imprimées à Saumur.

Toutes ces chicanes eurent leur influence sur l'Académie d'équitation de Saumur, qui commença à décliner à l'avènement de Louis XIII. Les autres académies fondées par M. de Pluvinel lui faisaient concurrence.

M. de Pluvinel était alors dans sa plus grande vogue. Après avoir été précepteur du duc de Vendôme, fils de Henri IV et de Gabrielle d'Estrées, puis ambassadeur en Hollande, il était devenu sous-gouverneur et écuyer principal du jeune roi Louis XIII.

C'est pour son élève qu'il écrivit ces notes d'équitation que M. de Menou, son meilleur élève, rédigea et publia en 1625, sous le titre : *Instruction du roy.*

L'Instruction du Roy *en l'exercice de monter à cheval, par messire Antoine de Pluvinel, son sous-gouverneur, Conseiller en son Conseil d'Estat, Chambellan ordinaire, et son Escuyer principal.*

« *Lequel respondant à Sa Majesté, luy faict remarquer l'excellence de sa méthode pour réduire les chevaux en peu de temps à l'obeyssance des justes proportions de tous les plus beaux airs et maneiges.*

« *Le tout enrichy de grandes figures en taille douce, représentant les vrayes et naïsves actions des hommes et des chevaux en tous les airs, et maneiges, courses de bague, rompre en lice au Quintan, et combatre à l'Espée : ensemble les figures des brides, les plus nécessaires à cet usage desseignées et gravées par Crispian de Pas.*

Pluvinel emprunta à l'école italienne, et introduisit en France, le travail autour d'un pilier central, dont nous parlerons plus loin. Mais il fut l'inventeur du travail entre les deux piliers, deux poteaux hauts d'environ 2m,40, et distants l'un de l'autre de 1m,33. C'est entre ces poteaux qu'on mettait les chevaux, pour les rendre légers du devant et leur apprendre les airs relevés.

Quels avantages Pluvinel attribuait-il aux piliers? On lit dans ses ouvrages que cette méthode réunit trois grands avantages : 1° les chevaux ne sont jamais durs en bouche ; 2° ils ne sont point rétifs ; 3° ils ne peuvent devenir entiers, opiniâtres ou revêches à tourner à main droite ou à main gauche, défauts ordinaires aux chevaux ignorants. Les piliers donnent de l'esprit aux chevaux, disait aussi Pluvinel, dans ses conversations avec Louis XIII; il voulait dire, par là, que ce travail donne aux chevaux de la souplesse, de la gentillesse, de la légèreté, du rythme dans les allures.

Quant au cavalier, Pluvinel ne s'occupait guère que de lui donner de la grâce et de la régularité dans la position.

Presque à chaque page, il recommande au jeune Louis XIII de se rendre bel homme de cheval, il lui présente M. de Bellegarde comme modèle, et lui cite les noms des plus beaux cavaliers de son temps.

M. de Pluvinel donne au roi la leçon de position en lui détaillant la tenue d'un écuyer qui monte un de ses chevaux, un cheval barbe nommé *Bonnite :*

« *Vous remarquerez donc, Sire, — s'il vous plaît, — quelle est sa posture, depuis la tête jusqu'aux pieds, regardant comme quoy il tient les resnes de la main gauche, le pouce en dessus et le petit doigt entre les deux pour les séparer; comme il la tient en sa place qui est environ trois doigts au-dessus de la selle bien faite. Considérez la gayeté de son visage, car c'est une des parties très requises au chevalier d'avoir la face riante. Advisez aussi de quelle sorte il se tient dans le fond de la selle, sans presque toucher que le milieu, et gardant bien de rencontrer l'arçon de derrière de peur d'être assis, car il faut être droit comme vous le voyez, de même que s'il était sur les pieds. Regardez ses jambes advancées et le bout de son pied s'appuyer fortement sur l'étrier proche de l'épaule, le talon assez bas et tourné en dehors.*

« Voyez en outre ses genouils serrés de toute sa force, et que Votre Majesté retienne — s'il lui plaît — que nous n'avons pas d'autre tenue ni n'en devons espérer d'autre.

« Voilà, Sire, la posture que je désire à mon escolier pour être estimé bel homme de cheval, laquelle je veux qu'il ne change jamais, si ce n'est quand il manie, pour ce qu'il est nécessaire de changer à temps toutes les aides de la main, de la bride et de la houssine. »

Ce cheval Bonnite était un des succès de dressage de M. de Pluvinel, il en avait fait hommage au Grand Écuyer, lequel à son tour l'avait offert au Roi.

« Sire, Le Barbe bay que voilà, lequel Monsieur le Grand a donné à Votre Majesté, le parangon certes de tous les chevaux de Maneige du monde, tant pour la beauté, que pour son excellence, à manier parfaictement et de bonne grâce, terre à terre, et à courbettes, avec tant de justesse, et d'agilité, que ce n'est pas sans cause qu'il s'appelle le Bonnite. »

Ce à quoi le Grand Écuyer ajoute :

« Sire, Monsieur de Pluvinel a raison de vous monstrer ce cheval pour un chef-d'œuvre : car il est vray que feu Monsieur de la Broüe, très-excellent en l'exercice de la Cavallerie, après l'avoir fait long-temps travailler, et fait voir à feu Monsieur le Connestable, ils le jugèrent tous deux incapable de pouvoir jamais bien manier à courbettes, à cause de son impatience, de sa teste mal-asseurée, ayant les gencives, et la barbe où repose la groumette, si tendre, qu'il ne pouvoit souffrir qu'à grande peine ny emboucheure ny groumette, et si sensible de tous costez, qu'il n'y avoit nul moyen de branler tant soit peu dessus, qu'il ne se mist en désordre; néantmoins quelque jugement qu'en fissent ces excellents hommes, Monsieur de Pluvinel m'asseura de le rendre à la perfection où un cheval pouvoit atteindre. Celà m'obligea (ayant tant de fois veu des preuves de sa suffisance) de luy abandonner mon cheval pour le dresser et manier du tout à sa volonté, à quoy il travailla, de sorte que par sa patience et son industrie, il luy gaigna la teste, et luy donna le parfait appuy à la main, en luy faisant porter à diverses fois plusieurs sortes de groumettes. La première d'un bien petit ruban de soye, l'autre d'une tresse de soye, l'autre de chevrotin, l'autre de marroquin, l'autre de grosse vache, l'autre de fer en forme de sazeran, et la dernière qu'il porte maintenant en servant Votre Majesté; elle la peut voir semblable à celles que portent d'ordinaire tous les autres chevaux. Peu de jours après il me le monstra à Fon-

tainebleau, où il le fit manier à courbettes par le droit, après deux voltes à main droite, deux voltes à main gauche et deux voltes à main droite, toutes six d'une halaine, sans sortir d'un rond à peu près de la longueur du cheval et puis il le fit manier en avant, en arrière, de costé, deçà et delà, et à une place, en faisant une courbette de costé, et changeant tout en l'air, retomboit de l'autre costé, autant de fois qu'il plaisoit au Chevalier. Je nommoy tout à l'heure ce maneige la Sarabande du Bonnite, que nous n'avons jamais veu faire qu'à luy, quand M. de Pluvinel estoit dessus. Et, pour conclusion, il luy fit faire les excellentes passades relevées, avec la grâce et la beauté du cheval en toutes ces actions et tout cela en presence de M. le Connestable qui fut en extrême admiration de voir (contre le jugement qu'il en avoit donné) une si grande et juste obeyssance en tous ces maneiges. »

Ce dressage du cheval Bonnite montre déjà la méthode de M. de Pluvinel ; mais pour mieux la définir nous allons suivre ses leçons au roi.

PLUVINEL. — « *Sçachant que la plus grande difficulté est de tourner pour faire de bonnes voltes terre à terre ; je commence le cheval ignorant par là, et après luy avoir mis un filet dans la bouche, pour lui apprendre peu à peu à souffrir le mors, et un caveçon de corde de mon invention. J'attache les deux cordes justes, que je fais tenir à un homme, puis un autre (ayant en la main un baston où est attachée une longue courroye de cuir, que j'ay nommé chambriere, marche à costé et, luy faisant peur, l'oblige d'aller en avant et tourner de la longueur des cordes avec la croupe dehors du rond.* . . .

« *Le cheval, obligé de regarder le milieu s'accoustumant à une très bonne habitude, qui est de regarder la piste et par ce moyen de ne se rendre jamais entier* . . . .

« *Je commence donc mes chevaux par ce qu'ils trouvent le plus difficile qui est de tourner et de les mettre autour d'un pillier* . . . .

« *Il ne faut nullement battre (s'il est possible de s'en empescher) estant bien plus nécessaire de le dresser par la douceur (s'il y a moyen) que par la rigueur, en ce que le cheval qui manie par plaisir, va bien de meilleure grâce que celuy qui est contraint par la force.* . . . .

« *Après avoir commencé sa leçon autour du pillier, je l'attache entre deux pilliers, puis estant derrière, je luy apprends avec le manche de la houssine ou avec celuy de la chambrière, à fuyr les coups, le faisant marcher de costé tout doucement de çà et de là.* . . . .

« *Alors je ne fais point de difficulté de mettre quelque jeune escolier bien léger et ferme afin que le cheval en reçoive moins d'incommodité.* (Le cheval est remis autour du pilier seul.) *Et luy ayant fait oster ses esperons, il doit estre adverty de ne remuer dessus en aucune manière, ne luy faire sentir la bride, d'autant plus qu'il suffira que le cheval le sente sur luy, et qu'il s'accoustume à le porter volontairement et que la leçon se continuë comme auparavant par celuy qui tient la chambriere qui le fera manier ou par la peur ou par le mal. . . . .*

« Lorsque je cognoy le cheval accoustumé à porter l'homme et obeir sous luy sans se deffendre, je mets dessus quelque escolier plus sçavant et qui aye de la pratique à la main et au talon, lequel, sans luy toucher des talons, s'accourcira doucement les renes, afin que peu à peu le cheval sente la main et qu'il s'accoustume à s'y laisser conduire, le cavesson aidant tousjours comme devant, et le faisant suivre par celuy qui tient la chambrière. . .

« Puis, selon l'obeyssance qu'il aura rendue à l'entour du pillier, je le renvoye ou finis la leçon entre deux pilliers, le faisant cheminer de costé, deçà et delà, non pour les talons, desquels il ne se faut pas servir, qu'il ne souffre la bride et qu'il ne s'y laisse conduire, mais du manche de la gaule ou de la chambriere, comme dessus, sans mettre le cheval en colère, si faire se peut. . . . .

« Lors que je voy le cheval assuré au pas, au trot et au galop, et aucunement terre à terre à l'entour du pilier, souffrant l'homme sur lui, obeyssant à la bride et s'y laissant conduire, maniant pour la peur de la chambrière et de la gaule, ayant cognoissance de l'une et de l'autre, allant de costé entre les deux piliers pour la gaule de l'homme qui est sur luy : alors je continuë les mesmes leçons, et ensuite, l'homme animant le cheval de la voix et de la gaule, je fay qu'il presse en mesme temps le gras des jambes et les talons. Mais si le cheval est léger et des-uny, il sera besoin que le chevalier ayant finy sa leçon, le face attacher entre les deux piliers. Et après l'avoir fait aller de costé deça et delà, qu'il descende, puis un peu après qu'il luy frappe doucement la poictrine avec la houssine en aidant de la langue, pour luy apprendre à faire des courbettes, si aussi il ne l'entend, et que son refus procede de manque d'intelligence produit par la colère ou par la stupidité, faisant difficulté de se lever haut de terre, et plier les jambes de devant (qui est une des bonnes graces du cheval quand il manie à courbettes, ou à un air plus haut) ou qu'il se fist trop attendre à lever les deux pieds de terre, il faut le frapper sur une jambe de derrière, ou sur toutes les deux avec la même houssine, pour le faire ruer, et s'il est tant soit peu sensible, il s'appercevra qu'il luy faut lever les jambes, faire la croupe, en voyant approcher la houssine ; de sorte qu'il ne refusera plus à lever le devant, qui est ce que premièrement est demandé . . . .

« *Si tous ces moyens manquoient, et que le cheval fust tellement attaché à terre qu'il ne se voulust lever, il faut faire tenir un gros baston haut de terre, environ d'un pied et demy ; et tenant une des cordes du cavesson, faire sauter le cheval par dessus, lequel approchant du baston, celuy qui sera sur luy aydera de la langue et de la houssine sur l'une ou l'autre de ses espaules ; et par cette voye le cheval apprendra asseurement à bien faire une courbette, si le chevalier est soigneux de l'ayder et de le caresser à propos à toutes les fois qu'il obeyt ; voire mesmes quand il fait semblant.*

« *Sire, quand le cheval obeyt franchement aux leçons precedentes, et qu'il sçait faire trois ou quatre bonnes courbettes et qu'il les fait franchement entre les deux piliers, sans s'appuyer sur les cordes du cavesson, je fais un peu allonger les cordes, et continuë la mesme leçon par quatre ou cinq jours, afin que mon cheval prenne bon appuy dans la main.*

« *Lors donc que je voy le cheval bien obeyssant à ce que dessus, afin de lui donner plus de pratique sur les voltes, je le fais remettre autour du mesme pilier, comme dessus, avec une longe attachée au banquet du mors, comme une fausse resne, et là je le fais manier, en le faisant lever devant, et chasser fort en avant, qui est moitié terre à terre et moitié à courbettes, qui sert grandement à le rejoindre et délibérer, pour bien embrasser la volte.* . . . .

« *Sire, pincer son cheval lorsqu'il manie à courbettes, ou à quelqu'autre air plus relevé, est presser tout doucement les esperons, ou un d'iceux contre son ventre, non de coup, mais en serrant délicatement, ou plus fort, selon le besoin, à tous les temps, ou lors que la nécessité le requerra ; afin que par accoustumance de cette aide, il se relève derrière, ou peu, ou beaucoup, selon la fermesse, de laquelle le chevalier avivera cette aide, qui est véritablement tout le subtil de la plus parfaite science.*

« *De mesme la plus grande difficulté des hommes est de les faire manier en tournant. Ce qui m'oblige de commencer leurs premières leçons par là.* »

Il fait donc commencer au roi quelques tours au pas — à la longe autour du pilier, — puis le met au trot et au galop, mais il ne parle pas de la plus grande difficulté du débutant qui est de tenir en selle. D'ailleurs, il faut remarquer que dès la première leçon, l'élève a des étriers.

Au début, M. de Pluvinel ne s'attache pas à relever toutes les fautes : « *On peut plus dresser d'hommes en parlant peu, et quand il en est temps, qu'en criant à toutes heures, comme presque la pluspart de ceux qui enseignent ont accoutumé ; car il n'en peut reüssir aucun bon effect, en ce que l'homme ignorant, estant desja assez estonné de se voir sur un cheval qui l'incommode, dont les extravagances le mettent en crainte, si parmy tout cela celuy qui l'enseigne va augmenter son appréhension.*

« *Auparavant de faire manier le cheval hors la subjection du pilier, je le fais promener au pas, au trot et au galop, selon que je juge qu'il en est besoin, pour qu'il apprenne à se laisser conduire franchement par la bride, et s'arrester droict et juste comme cy-devant.*

Le Roi. — « *Quand votre cheval obeyt à cela, que faictes-vous après?*

Pluvinel. — « *Sire, je desire lui apprendre de bonnes passades terre à terre, que je tiens estre le meilleur maneige que le cheval puisse faire; le plus beau à voir, tant par luy que par le Chevalier; et le plus necessaire, principalement quand elles sont à courbettes.*

« *Lors que le cheval sçait bien galoper et arrester droict je le fais cheminer deux pas, au second, comme il lève le pied droict de devant, en mesme temps il faut tourner la main droicte tout doucement de pas, pour faire la demie volte, tousiours en marchant en avant, et par ce moyen croisera la jambe gauche par dessus la droicte de devant, et de mesme, un peu après en fera de celles de derrière, en soustenant les hanches dans la justesse et proportion requise avec les jambes et les talons, puis faire le semblable à l'autre bout de la passade, pour prendre de la mesme façon une demie volte à main gauche, continuant ainsi jusques à ce que le cheval le sçache bien faire de pas, ce qui s'appelle passager la volte.*

« *Et lors que le cheval le sçaura bien de pas dans la main et dans les deux talons, il est tres certain qu'en le poussant à toute bride, il fera de fort bonnes passades, soit terre à terre, soit relevées.*

« *Si le cheval est fort viste, on peut faire les passades de trente pas de longueur et le rond de quatre pas de diamètre, coupé par le milieu du centre pour fermer la demie volte.*

« *N'entreprendre point plus de cinq passades, commençant à la main droite, qui est la main de l'espée.*

« *Quant au nombre des courbettes, elles doivent estre de neuf : sçavoir trois en arrestant, trois à la demie volte en tournant, et trois auparavant que de partir.* »

Le Roi. — « *Que nommez-vous passeiger, et qu'est-ce que passeige ?*

Pluvinel. — « *Sire, le vray passeige est un pas racourcy que le cheval fait sous luy plus prest que le pas ordinaire, et moins que le trot, en une action toujours disposée à obeyr à la main et aux talons.*

« *Je commence toutes sortes de chevaux par cette leçon à l'entour du pilier.* »

M. de Pluvinel préfère mettre le cheval sur les demi-voltes ; mais pour les courbettes, il les fait exécuter d'abord de pied ferme, quatre de suite et ensuite quatre en tournant sur une volte, et quatre en pivotant sur les pieds de derrière.

Le Roy. — « *Vous croyez donc que le cheval faisant bien une bonne demie volte, peut bien manier sur les voltes? Si cela est, il est adjusté et n'est plus besoin de le travailler, sinon pour l'entretenir en bonne école.* »

Pluvinel. — « *Sire, Vostre Majesté me pardonnera, s'il luy plaist; il est encores necessaire de quelques leçons, pour rendre le cheval qui est là, au poinct où je desire, qui est de luy apprendre à bien manier de costé.* »

Le Roy. — « *Le cheval qui obeyt jusques là, est donc en période de la perfection des plus grandes justesses?* »

Pluvinel. — « *Sire, il s'en faut encore un article qu'il ne soit tout à fait digne de se dire parfaitement achevé, qui est d'aller en arrière : et pour luy apprendre, le chevalier le doit conduire le long d'une muraille, et le tirer doucement en arriere de pas : puis luy ayant fait recognoistre, le lever deux ou trois courbettes ou plus en une place, et tirer en arrière deux ou trois pas, et ainsi aller levant et tirant en arrière de deux ou trois pas, par quatre ou cinq reprises.*

« *Il y a (sire) sept sortes d'airs qu'on peut apprendre aux chevaux : mais à présent on n'en pratique que quatre, qui sont le terre à terre, les courbettes, dont j'aye desjà parlé à Vostre Majesté, les capreoles, et un pas un sault, que anciennement on nommoit le galop gaillard.*

« *Sire, les vrayes et bonnes capreoles ne sont autre chose que des saults que fait le cheval à temps dans la main et dans les talons, et le cheval estant en l'air à la fin de sa hauteur, qui espare entièrement des deux pieds de derrière, en faisant resonner la jointure des deux jarets, et qui continüe cette action, tant que sa force et son haleine dure, y employant toute sa vigueur.* »

Il paraît que les chevaux susceptibles d'être mis aux cabrioles étaient assez rares, car M. de Pluvinel ajoute :

« *Sire, il se trouve à la vérité si peu de chevaux qui puissent naturellement bien manier à capreoles, que je n'en ay jamais veu en vostre Royaume que quatre.* »

Le Roy. — « *Et pour dresser le cheval à capréoles?* »

Pluvinel. — « *Sire, je commence tousiours le cheval d'une mesme façon, et par ce qu'il trouve le plus difficile, qui est de tourner. C'est pourquoy je le mets au pilier seul sans personne dessus, comme cy-devant j'ay fait voir à Vostre Majesté.*

« *Sire, quand le cheval obeyt à ce que j'ay dit cy-dessus, et qu'il est bien libre de se lever haut devant, en bien pliant les jambes, je commence sa leçon tousiours par le terre à terre. Puis l'ayant fait attacher entre les deux piliers, les cordes un peu courtes, pour luy apprendre à lever le derrière et ruer des deux jambes à la fois, je le touche de la houssine sur la croupe pour l'obliger à ruer : s'il y obeyt, je recompense son obeyssance avec nombre de caresses ; si aussi il n'y respond assez vigoureusement, je luy fais presenter et toucher, s'il est besoin, proche du ply de la fesse d'un long baston, qui a environ cinq ou six pieds de long, et une petite pommette de fer au bout, qui sert de molette d'esperon, et par ce moyen il n'y a cheval qui n'apprenne à ruer facilement. Mais pour ce qu'il est besoin que ce soit esgalement des deux pieds de derrière, il faut mettre un baston de chasque costé jusques à ce qu'il le cognoisse, et lors en le voyant approcher, il luy obeyra sans nulle difficulté sans en estre touché, pourveu que la discretion y soit observée : et ainsi peu à peu on lui apprendra à ruer par l'aide de la houssine seulement, soit en le touchant, ou par le bruit et sifflement qu'elle fera.* »

Le Roy. — « *Mais ces ruades-là n'estans pas ce que vous nommez capreoles, vous me direz le moyen comme quoy vous y faites venir le cheval.* »

Pluvinel. — « *Quand il obeyt à se lever devant, et qu'il ruë pour les aides des bastons, du poinçon et du son de la houssine, alors il faut assembler ces deux choses en une, en cette sorte qui est lors que celuy qui est dessus, levera devant comme il retombera à terre ; il faut presenter les bastons, et sans doute, les reconnaissant il ruëra, et en respondant de la sorte à cette aide, il fera une bonne capreole.* »

Après avoir enseigné à son élève d'agir des gras de jambes et des éperons en même temps qu'on l'aide des moyens artificiels, M. de Pluvinel fait répéter les cabrioles autour d'un seul pilier, puis en liberté le long d'un mur.

Quant à l'air d'un pas un sault, voici comment Pluvinel le définit :

« *Sire, l'air d'un pas un sault est tout différent des trois autres airs cy-dessus, et neantmoins composé de tous les trois, lesquels il faut que le cheval execute en maniant, et que les aides du chevalier tiennent aussi de tous les trois : tellement que le cheval maniant à un pas un sault, on peut dire qu'il manie en mesme temps terre à terre, à courbettes, et à capreoles.* »

En résumé, la méthode de M. de Pluvinel consiste, surtout et avant tout, dans le dressage du cheval, à l'aide des piliers et d'une série de moyens artificiels ; quant à ce qui regarde le cavalier, il ne s'occupe que de lui apprendre à tenir en selle sur un cheval dressé et à lui faire exécuter des mouvements tels que passades, courbettes, cabrioles, etc., en les rappelant au cheval par de simples indications de la main, de la houssine et en dernier lieu des jambes.

Les autres chapitres de M. de Pluvinel ont trait à la course des bagues, du javelot, au combat à l'épée, mais c'est surtout un exposé des conventions admises, une sorte de règle du jeu. Enfin il énumère toutes les variétés de mors existants tout en recommandant plus particulièrement cependant le mors de son maître Pignatelly.

Malgré tout M. de Pluvinel a eu le mérite d'avoir multiplié l'enseignement de l'équitation en France en créant de nombreuses académies, ce qui faisait dire au Grand Ecuyer, M. de Bellegarde, parlant au Roi :

« *J'ose assurer Vostre Majesté, qu'il a plus dressé d'hommes et de chevaux en dix années de temps, que jamais il ne s'en est tenu en vostre Royaume. Et pour preuve de mon dire, c'est que toutes les bonnes escoles qui sont en France, sont tenuës par ses escoliers. Et que Vostre Noblesse, qui avoit accoutumé d'aller chercher cette science aux pays étrangers, se contente de se rendre sçavans en leur patrie, au lieu que la plus part retournoient ignorans, sans avoir rapporté aucune satisfaction de leur voyage, que celle d'avoir veu un autre pays que le leur.* »

L'ouvrage de M. de Pluvinel nous recèle les noms des gentilshommes qui suivaient ses leçons avec le Roi.

Les seigneurs qui montent à cheval au manège avec le roi, et qu'on voit sur des chevaux de manège en différentes estampes, sont : le Grand Écuyer, MM. le comte d'Harcourt, de Soissons, M. le chevalier de Souvré, M. le baron de Valencé, M. le marquis de Mortemart, M. le Prince, le comte de More, M. de Pluuart, fils du marquis de la Mosse. Ceux qui se tiennent auprès du roi, à pied, sont le maréchal de Souvré, le comte Deffiat, le duc de Mayenne, le baron de Termes. Dans les dernières estampes, où le roi fait ses exercices de guerre, comme le courre la bague, la quintaine l'épée à la main, rompre en lice, sont distribués comme spectateurs à cheval tous ceux qui suivent, savoir : Monsieur, frère du roi, M. le Prince, M. de Metz, MM. les ducs de Vendôme, de Rohan, d'Épernon, de Guise, de Nevers, de Chevreuse, d'Elbeuf, de la Rochefoucault, de la Roche-Guyon, de Longueville, de Montbazon, de Retz, d'Angoulême, de Nemours, d'Usez, de la Trémouille, de Sully ; les cardinaux de Savoie et de La Vallette ; M. le Connétable, M. de Montmorency, les maréchaux de la Châtre et d'Ornano ; les comtes de Soissons, de Moret, de Saint-Pol, de Rochefort, de Candale, de Chambord, le chevalier de Vendôme, les marquis de Bois-Dauphin, de

Thermines, de Praslin, de Bassompierre, de Vitry, de Chatillon, d'Alincourt, de Courtenvaux, de la Vieuville, de Bouvron; MM. de Blinville, de la Valette, milord Donckaster, M. le Chancelier, M. le premier Président, M. de la Ville-aux-Clercs, premier secrétaire d'État, le président Jeannin, M. de Châteauneuf, M. de Loménie. Les écuyers qui sont représentés dans différentes estampes, sont : MM. Dupré, de Belleville, de Potrincourt, de Bothose, Vantelet, de Zuffertes, Bellou, Benjamin et de Charnizay, écuyer du duc de Nevers.

Le 5 avril 1613, M. de Pluvinel fit exécuter un « *magnifique ballet* » de son invention, qui fut « *dansé à la Place Royale* ». Ce ballet fut composé de six chevaliers et de six écuyers qui, avec des habits faits exprès, firent manier leurs chevaux à toutes sortes d'airs, au son des instruments.

Parmi les grands hommes de cheval de cette époque, il faut citer le connétable de Montmorency et le prince François de Lorraine.

« *Le Duc de Montmorency, connétable de France*, et le premier gentilhomme de la Chrestienté, estoit le plus parfait homme du monde ; et jusques à present les meilleures branches pour les mords de bride sont de son invention qu'on nomme à la Conestable, et les meilleurs esperons de mesme ; et jamais escuyer n'a mieux monté, ni travaillé avec plus de justesse que luy ».

« *Le Prince François de Lorraine* estoit si bon homme de cheval qu'il sçavait assez pour donner leçon aux plus sçavans escuyers. Il a toute sa vie dressé des chevaux, et luy-mesme estant goutteux, se faisoit mettre sur un cheval qu'il nommait Neübourg, et le faisoit faire des pirouettes d'une vitesse extraordinaire, et cela six mois avant sa mort. »

Ce fut en 1607 que les chevaux de course anglais parurent en France pour la première fois, et ce fut un nommé Quinteret ou Quitteret qui les y amena. Ce qui a été cause, dit Bassompierre, « *que l'on s'est servi de chevaux anglais, tant pour la chasse que pour aller par pays : ce qui ne s'usoit point auparavant* ».

Comme dans ce temps on jouait à la cour un jeu énorme, et qu'il fallut imaginer pour le jeu de nouvelles marques, ces marques, ajoute l'auteur que nous venons de citer, dont les moindres étaient de cinquante pistoles, se nommaient « *quinterotes, à cause qu'elles allaient bien vite, à l'imitation de ces chevaux d'Angleterre* ».

Mais ces chevaux ne plurent pas à la noblesse, accoutumée aux allures raccourcies du manège ; ils plurent encore moins aux écuyers, dont le patriotisme éclairé voulait qu'on entretînt nos races, qu'on les perfectionnât, plutôt que d'aller se monter à l'étranger.

Quelques années après la tenue de l'assemblée générale des protestants à Saumur, Marie de Médicis, étant à Poitiers avec Louis XIII, son fils, voulut aller à Nantes, pour y apaiser des troubles qui commençaient à se manifester en Bretagne. On lui proposa de diriger sa route avec le roi par Brissac, et de passer la Loire aux Ponts-de-Cé; mais elle s'y refusa, en disant que son intention était de la passer à Saumur, afin de procurer à Duplessis-Mornay le plaisir de les recevoir dans son gouvernement.

Le roi et sa mère restèrent plusieurs jours à Saumur. Duplessis leur présenta les chefs de l'église réformée et les principaux membres de l'Académie.

Avant de quitter Saumur, Marie de Médicis et son fils, à la prière du gouverneur, montèrent au château. La garnison était sous les armes, rangée en bataille sur la contrescarpe; Duplessis la présenta au roi. Ensuite, le roi et sa mère visitèrent la forteresse, en admirant les beaux points de vue qui se présentent à l'ouest, au nord et à l'est.

Un an après cette visite royale, le 15 mars 1615, il y eut une immense crue de la Loire qui submergea toute la vallée et qui fixa définitivement le cours de ce grand fleuve dans celui de la Vienne.

C'est l'époque de cette grande crue de la Loire que l'on appelle plus généralement le *déluge de Saumur*. L'eau resta quinze jours dans la ville et les faubourgs, et s'éleva de deux pieds au-dessus du seuil de la porte de l'église des Capucins. La levée fut rompue en cinq endroits : 1° à Villebernier; 2° à Saint-Lambert-des-Levées; 3° vis-à-vis le château de Boumois; 4° aux Rosiers; 5° à Saint-Mathurin.

En 1618, Saumur vit encore arriver dans ses murs des visiteurs de haut rang escortés d'une suite princière. C'était le 23 septembre, une immense affluence de curieux encombrait les abords du pont de la Bilange, ainsi que le pont de bois nouvellement reconstruit depuis l'inondation.

La petite promenade du Parc attenant à ce pont posé en face de la porte fortifiée défendant l'entrée de la rue de la Tonnelle, offrait un gracieux coup d'œil. Les belles dames de la cité, parées de leurs riches accoutrements, étaient au premier rang.

Dans le lointain on signalait au milieu du fleuve une flottille de plusieurs bateaux, cinglant à voiles déployées. Des pavillons à couleurs éclatantes flottaient aux mâts. Une chaloupe surmontée d'un baldaquin en velours cramoisi, enrichi de franges et torsades d'or, manœuvrée par de jeunes et vigoureux rameurs à costume écossais, voguait en avant et déjà atteignait le rivage.

Bientôt on en vit descendre un homme d'une trentaine d'années, offrant la main à une dame encore belle, et l'aidant à gravir la rampe facile du quai et du port de la Bilange.

Puis, des femmes, les unes jeunes et jolies, les autres d'âge mûr, chargées de cassettes et d'objets précieux, débarquèrent à leur tour, soutenues par des personnages dont la gravité orgueilleuse indiquait clairement qu'ils appartenaient à la haute domesticité. Dix chevaux de main, tenus en laisse par de blonds adolescents minces et agiles, furent à leur tour déposés à terre.

Celui vers lequel se portaient tous les regards était de taille moyenne, bien proportionné, sa figure belle et expressive, quoique empreinte de mélancolie, indiquait assez que de grandes tempêtes morales en avaient altéré le primitif ensemble. Son costume de voyage était élégant et coquet; la fraise droite, unie, à une longue collerette en fine dentelle de Flandre, surmontait le justaucorps en velours noir. Le haut-de-chausse garni de touffes de ruban, laissait ressortir l'ordre de la Jarretière, en diamants étincelants.

Sa compagne, rigoureusement affublée à la mode de la cour de Louis XIII, introduite en Angleterre, ne fut pas favorablement jugée. Elle était hautaine dans sa démarche, dédaigneuse dans son sourire; son visage, conservant encore des traces de beauté, était gâté par une couche de fard dissimulant faiblement les outrages des ans et des passions violentes.

Tout le cortège se dirigea vers l'hôtellerie de la Corne, située sur la place de la Bilange, et toute la journée des groupes de curieux stationnèrent sur la place, depuis l'imposante et grosse tour Cailleteau, gardienne du port, jusqu'au grand jeu de paume dont la longue façade était parallèle à celle de l'hôtellerie.

On se perdait en conjectures; en vain on interrogeait le barbier à l'enseigne de l'*Habile-Ange* — un farceur avait pris ce calembour pour enseigne, la tradition s'en est longtemps conservée. — Maître Beaufils, sans cesse aux aguets de la nouvelle du jour, avait seulement appris, en pénétrant dans l'auberge, que les personnages étaient de grands seigneurs anglais.

La curiosité redoubla lorsqu'on sut qu'ils s'arrêtaient à Saumur uniquement pour voir le célèbre Duncan, philosophe et médecin, écossais de naissance, professeur à l'Académie protestante. En effet, on vit bientôt entrer dans l'hôtellerie le docteur Duncan et ses deux fils, Cérisante et Sainte-Helène. Après quelques heures de repos sous les auspices du docteur, l'étranger, chamarré d'insignes et de décorations, gravissait la rue escarpée qui conduit à la citadelle; il allait saluer le capitaine des gardes et le gouverneur de Sazilly et, au retour, le sénéchal.

On apprit alors que Saumur possédait le comte de Sommerset, favori et premier ministre de Jacques Ier, roi de la Grande-Bretagne.

Il venait étaler en Anjou les pompes de sa grandeur passée. On ignorait sa disgrâce, sa condamnation et l'exil qui lui interdisait le séjour sur le territoire anglais.

Le lendemain et le jour suivant furent consacrés à visiter la ville et l'Académie, et de brillantes cavalcades se dirigèrent vers le castel de Dampierre, demeure dernière de Marguerite d'Anjou, et au donjon de Launay en la Vallée, asile paisible de René, père de cette princesse.

Et les repas offerts aux notabilités excitèrent l'admiration à la vue de la splendide vaisselle d'or et d'argent dont les tables étaient surchargées.

Puis la flotille reprit la direction de Nantes d'où elle était partie.

Grand fut le désappointement quand on apprit que le grand seigneur dont le faste avait ébloui tout le monde était un misérable, un empoisonneur, condamné au supplice infamant de la corde, ainsi que sa noble et méprisable épouse.

Sommerset avait obtenu du faible roi dont il était le favori le changement de sa peine en exil et la permission d'aller consulter le docteur Duncan qu'il aurait voulu s'attacher comme médecin, voyant sa santé gravement altérée, et, comme tous les empoisonneurs, craignant le poison à son tour.

En 1621, pour préparer la ruine du parti protestant, Louis XIII, ou plutôt son premier ministre, le cardinal de Richelieu, fit offrir à Duplessis-Mornay le bâton de maréchal de France et cent mille écus, s'il voulait se démettre de son gouvernement de Saumur. N'ayant pu obtenir sa démission, on résolut de lui enlever sa place par la ruse et la force; dans cette vue, Louis XIII prétexta son expédition du Béarn pour venir passer la Loire à Saumur. La veille de l'arrivée du monarque, Lestang, maréchal en chef de la cour, marqua tous les appartements avec tant d'exactitude qu'il ne laissa pas le moindre réduit pour le gouverneur.

Duplessis-Mornay alla cependant recevoir le roi qui arriva en bateau jusqu'à Notre-Dame-des-Ardillers.

Louis XIII passa cinq ou six jours au château, et en partant il donna le gouvernement de Saumur au comte de Sceaux, en lui laissant pour garnison cinq hommes détachés par compagnie du régiment des Gardes, et deux compagnies suisses qui logèrent à la Bastille et à la Croix-Verte.

Dès lors la ville changea d'aspect. D'ailleurs, en 1625, il y eut une épidémie de fièvre pourprée qui dispersa pour quelque temps les nombreux étudiants de l'académie calviniste.

La Loire vint encore ajouter à cela les malheurs de ses inondations. Le 2 décembre 1628, la levée se rompit entre Chouzé et la Chapelle-Blanche. Le 13 février de l'année suivante, une rupture eut lieu au même endroit.

Cependant la cavalerie s'organisait. C'est sous Louis XIII que se constitue l'escadron, puis le régiment. Avant Louis XIII, le moindre gentilhomme pouvant réunir vingt à trente cavaliers s'intitulait capitaine et disposait de ses hommes d'autant plus à sa fantaisie que la pénurie du Trésor lui laissait habituellement le soin de les entretenir.

Les compagnies de cavaliers se vendaient publiquement et les capitaines vendaient à leur tour les grades inférieurs de leur compagnie.

Les officiers, réduits à leurs devoirs militaires, auraient cessé d'être des marchands d'hommes, des entrepreneurs de soldats, si l'État se fût substitué à cette industrie privée.

Une des prérogatives dont la cavalerie jouissait sous le règne de Louis XIII, consistait à n'être pas châtiée à *coups de bâton*, mais à *coups de plat de sabre* ; cette distinction semble aujourd'hui une fable.

Quant à l'armement, en 1621, les carabines ou arquebuses garnies de platines à rouet sont remplacées par des mousquets.

En 1635, les fusils à pierre commencent à être en usage ; aussi, en 1638, les cavaliers qui représentent la grosse cavalerie reçoivent l'ordre de se fournir d'armures consistant en *brassards*, *cuirasses*, *gantelets*, *genouillères*, *hausse-cous*, *salades de coiffure* et *tassettes*. Singulière contradiction, on rend aux cavaliers ce dont on les a allégés ; mais la raison est toute autre : c'est pour les protéger contre les armes à feu qui se perfectionnent.

La vénalité des grades, qui s'exerçait officiellement à cette époque, rendait bien superflu l'établissement des écoles militaires. Pourtant Richelieu ne voulut pas rester en arrière de Henri IV. Il perfectionna les académies militaires instituées par lui, seulement il tint à ce que les simples soldats pussent profiter des leçons et chercher à parvenir aux grades dont les écartait auparavant leur profonde ignorance.

Ce n'est vraiment que grâce à Gustave-Adolphe que la cavalerie prend son nouveau mode d'action par le choc et non plus par le feu. On va supprimer les caracoles, les quarts de conversion, les demi-arrêts, les mouvements sur place employés au commencement de l'action pour échapper aux premières balles, et les cavaliers légers ne vont plus avoir que des armes offensives.

L'équitation militaire se modifie conséquemment, pour répondre à ce nouveau programme.

Les principes de Pluvinel avaient déjà porté leurs fruits. Sa méthode avait fait des fanatiques. Les plus grands noms d'alors s'étaient groupés autour du savant professeur et composaient une école française qui fit de nombreux élèves. Nous citerons *de Menou, Cinq-Mars, Beauvilliers, Coislin, Craon, Saint-Aignan, La Ferté, d'Harcourt,* le *prince Charles de Nassau.* Les uns furent grands écuyers de la grande écurie, les autres occupèrent la charge de grand écuyer, charge qui devint l'objet constant des ambitions, et la récompense enviée par-dessus toutes.

De Menou, seigneur de Charnizay, écuyer du roy et membre du conseil privé, fut le meilleur élève de Pluvinel. Nous avons dit qu'il publia les notes du maître, il fit paraître aussi, en 1651 : la *Pratique du cavalier* suivie d'un *Traité pour empêcher les duels et bannir les vices qui les causent.* On devine que Richelieu avait passé par là.

La pratique du cavalier *ou l'exercice de monter à cheval qui enseigne la méthode de réduire les chevaux dans l'obéissance des plus beaux airs et maneiges par messire René de Menou, chevalier, seigneur de Charnizay.*

Revu, corrigé et augmenté par luy mesme, avec les figures, pour en donner l'intelligence. Ensemble, un traité des moyens d'empescher les duels, et bannir les vices qui les causent.

L'auteur nous apprend que « *les Français, contre la coustume des autres nations, se servent indifféremment de toutes sortes de chevaux et sont curieux d'en faire venir de divers endroits* ». Il analyse successivement les chevaux des diverses provenances et ses renseignements sont intéressants à transcrire. Le chevul d'Espagne *est d'un naturel chaud, sec et plein de feu.* Le cheval d'Italie *est de plus forte taille, un peu plus chargé de chair ; il a les mêmes perfections et ne s'use pas tant ni sitôt les jambes.* Les Barbes *sont petits auprès des autres, la bouche communément fort égarée et la tête en mauvaise posture.* Les chevaux d'Allemagne *sont gros, ils sont sujets à plusieurs incommodités tant aux yeux qu'aux jambes, on s'en sert pourtant pour le travail parce qu'ils durent plus longtemps que les autres.* Les chevaux d'Auvergne et de Gascogne *sont de la même taille que les chevaux d'Espagne, sinon qu'ils ne sont pas si nobles ni si bien proportionnés, et la plupart montés plus haut sur jambes. Ils sont colères et fort malicieux.* Les chevaux

Lymonsins *sont un croisement de chevaux d'Espagne et d'Italie avec des juments d'Allemagne, ils sont généralement chargés de chair, vicieux et ne sont pas faits avant sept ans.* Les Poitevins *sont produits comme les Limousins, mais grâce à l'élevage particulier des poulains, donnent des chevaux plus capables que tous les chevaux cy-dessus de parvenir à quelque chose de bon.* Les chevaux normands *ne sont pas de taille si forte que les Poitevins d'autant que les cavales sont de Bretagne et les étalons Barbes ou Espagnols. Ils sont fort vigoureux et bons au travail et si ne laissent d'être gentils et légers.* Les chevaux de Bretagne *ressemblent aux chevaux allemands sinon qu'ils sont plus petits et moins chargés de chair. Et la raison est que la plupart des cavales sont anglaises ou écossaises et les étalons chevaux de Danemarck ou d'Allemagne et qu'on les choisit le plus petits qu'on peut. Les produits sont excellents pour le travail, hardis et courageux, et se trouvent le plus souvent légers, vigoureux et propres où qu'on les désire mettre.* Les chevaux du comté de Bourgogne *sont des chevaux abattardis parce que les paysans font couvrir leurs cavales aux premiers étalons qu'ils rencontrent.*

M. de Menou indique pour *la manière de choisir un cheval qui soit propre pour contenter le cavalier au manaige*, celle des Italiens, c'est-à-dire d'en faire une épreuve en exigeant un cheval de belle taille, beaux pieds et belles jambes, portant la tête naturellement en bon lieu, sans branler en aucune sorte ou pour le moins fort peu, qu'il ait de la force, de la gentillesse et de la légèreté tout ensemble ; de mettre un homme dessus pour reconnaître quelle est son humeur, lorsqu'il l'anime de la gaule, des talons, de la voix ou de tous les trois moyens ensemble. Si le cheval se présente de lui-même sur les hanches, soit terre à terre ou à faire quelques courbettes, sans se défendre contre le cavalier d'autre sorte que cela : alors on entreprend d'en venir à bout.

Quant aux préceptes, M. de Menou est un élève convaincu de M. de Pluvinel et il professe strictement les principes du maître. « *Car de dresser les chevaux, il s'en trouve encore quelques-uns qui y arrivent en quelque sorte; mais de dresser des hommes, je n'en ay point remarqué qui le puissent faire que ceux qui sont sortis des mains de feu M. de Pluvinel, ou de ceux qui suivent sa doctrine.* »

L'ouvrage de M. de Menou se divise en six parties :

Première partie. — *De quelle sorte de cheuaux nous auons plus communément en France pour nous servir. — De la nature des cheuaux en particulier : La manière de choisir un cheual qui soit propre pour contenter le caualier au manaige, et quelles qualitez il faut qu'il ayt. — Des moyens qu'il faut tenir pour commencer un cheual.—Quelle taille est la plus advantageuse pour estre bon homme de cheual. — Quels armemens et habits sont les plus propres pour la bienséance et pour la commodité de l'homme de cheual, pour paroistre sur la carrière. — Ce qu'il faut nécessairement que le cavalier acquierre pour atteindre à la perfection de l'exercice duquel je parle. — Du moyen et de l'action que doit tenir l'homme pour monter sur son cheual quand il iuge estre temps. — Des moyens qu'il faut tenir après le cheual a obey à cette leçon. — Pour commencer à mettre un cheual dans la main. — Seconde leçon pour tousiours advancer le cheual pour le mettre dans la main. — Comme il faut mettre le cheual dans le talon. — Seconde leçon pour mettre un cheual dans le talon. — Pour mettre dans la main et dans les talons tout ensemble. — Contre ceux qui blasmes l'usage des pilliers. — Les facilitez que le cavalier et le cheual treuuent en l'usage des pilliers. — Du colère impatient et meschant tout ensemble.—Du léger, gentil, de bonne nature. — Du lâche et paresseux. — Du pesant et malicieux. — Du désespéré de bouche. — Les raisons pourquoy il faut que l'homme soit intelligent dans la science, avant que de le faire monter sur un cheual ignorant. — Qu'il se peut quelquefois mettre un homme ignorant sur un ieune cheval non dressé.—Comme l'expérimenté cavalier peut connoistre la portée de l'homme et du cheual et par ce moyen éviter les accidens qui peuuent arriver faute de cette connaissance. — Que la patience et la résolution sont les choses les plus nécessaires à cet exercice.*

SECONDE PARTIE.—*Des moyens tenir pour commencer d'adjuster un cheual. — Onze leçons pour adjuster un cheual. — Douzième leçon pour adjuster un cheual sur les passades reculées. — Treizième leçon des aydes, pour les rafiner et les faire prendre au cheual plus délicates.*

TROISIÈSME PARTIE. — *Qu'il a de diuerses sortes d'air, et pourquoi on appelle l'action que le cheual fait en maniant l'air. — Que c'est que les caprioles, et moyen d'y acheminer un cheual. — Onze leçons pour les caprioles. — De l'air d'un pas et un sault, et le moyen d'y acheminer un cheual, deux leçons. — De l'air des Balotades. — De l'air des Croupades.*

QUATRIESME PARTIE. — *De l'exercice de courre la bague et des moyens qu'il faut tenir pour faire de belles courses. — Quelles qualitez il faut que le cheual de bague aye, pour bien servir le cavalier sur la carrière. —Pourquoi il faut porter la lance vers l'oreille gauche du cheual. — Qu'il faut que le caualier fasse, lorsqu'il est en bonne posture sur son cheual, la lance bien placée sur la cuisse. — De quelle longueur qu'il faut que soit la carrière, et de quelle hauteur la bague doit être mise et adjustée. — Pourquoy il est plus à propos de tourner à main droite en entrant dans la carrière, et la raison pour laquelle il faut plus tost commencer sa course, en prenant la demie volte à main droite qu'arresté. — Qu'il se peut faire plusieurs actions de la lance et de quelle force le gend'arme doit commencer sa course. — Tout ce qu'il est necessaire au gend'arme de pratiquer pour bien commencer, continuer et finir sa course, afin d'être estimée belle et bonne. — Quel est l'exercice de rompre en lice, et de quelles sortes armes, il faut que le gend'arme soit armé. — Comme quoy il faut que le gend'arme monte sur son cheual. — Quels cheuaux sont les plus propres à cet exercice. — Ce qu'il faut que le gend'arme fasse pour bien exécuter sa course. lorsqu'il est bien armé sur son cheual, et la lance en la main, prest à la commencer. — En quel endroit, il faut que le gend'arme rompe son bois. — Quels sont les deux arrests, celuy de la cuirace et celuy de la lance. — Ce que c'est que de rompre des lances à la quintaine ; pourquoy, et comme quoy il se pratique. — Quel est l'exercice de combattre à cheual dans les grands tournois et triomphes qui se font en la présence des grands Roys, et comme quoy il se peut apprendre. — Ce qui est requis au caualier et au cheual pour bien faire. — Quand les caualiers experts ont de bons cheuaux et bien adroits, ce qu'ils doivent faire, pour bien combattre de bonne grâce. — Ce qu'il faut que les combattants fassent à ce troisiesme rencontre.*

Cinquiesme Partie. — *Des embouchures les plus propres pour les cheuaux. — Ce que j'estime estre nécessaire de pratiquer pour instruire les hommes en ce bel exercice.*

Sixiesme Partie. — *Traicté des moyens pour empescher les duel s, e pour bannir les vices qui les causent.*

De nouveaux ouvrages de maréchalerie avaient paru. C'est en 1619 le mareschal expert de Beaugrand :

Le mareschal expert traictant du naturel des chevaux, des marques de leur bonté et remèdes à toutes leurs maladies. Avec un examen et forme de l'estat de mareschal et une description de toutes les parties et ossemens du cheval, representez en figures. Par M. Beaugrand, m° Mareschal, à Paris.

Cet ouvrage n'est guère intéressant pour la science vétérinaire qu'à titre de curiosité, car au point de vue scientifique il pèche absolument par la base. C'est un recueil de recettes, et voilà tout, n'en déplaise aux mânes de l'auteur qui, dans son avertissement au lecteur, sait si bien vanter les vertus de sa panacée :

« *Ie n'ay regardé aux cousts, frais et despens que i'ay faits pour te le rendre utile et serviable, aussi ne dois-tu estre jamais sans luy, car il te peut monstrer ce que l'avarice des hommes te voudroit cacher pour la guarison et pensement des bestes chevalines...* »

Les citations que nous ferons ne sont donc transcrites qu'à titre de curiosité :

EXAMEN ET FORME DE L'ESTAT DE MARESCHAL OU LE MAISTRE INTERROGE LE COMPAGNON.

Demande. — *Qu'est-ce que l'art de mareschal ?*

Réponse. — *Science, expérience, cognoissance et œuvre de main.*

D. — *Qu'est-ce qu'œuvre de main ?*

R. — *C'est bien chauffer le fer, le bien souder, bien forger, bien ferrer, bien cautérizer, bien soigner, estre adroict et hardy à bien penser un cheual des accidens qui lui peuvent survenir.*

D. — *Combien l'animal a il de veines ?*

R. — *Vne.*

D. — *Qu'elle est elle ?*

R. — *C'est dans le foye qui est la vraye fontaine et source et gros tuyau, d'où se séparent les branches et ruisseaux, qui courent par tout les autres parties du corps.*

D. — *Combien le cheual a il d'os ?*

R. — *Il en a deux-cens-cinquante-sept.*

D. — *Nommez les moy séparément?.* . . . .

D. — *Qui sont les quatre élémens qui baillent nourriture à l'homme et aux animaux ?*

R. — *Le feu, l'air, l'eau et la terre.*

D, — *Sçais-tu bien les douze signes et leur nom ? Et quelles parties gouvernent ces douze signes ?*

R. — *Le belier gouuerne la teste : le taureau le col : les gemeaux les espaules et les bras : l'escreuisse ou le cancre gouuerne l'estomach et la poictrine : le lyon le cœur : la vierge le ventre et les boyaux : la balance les reins et les fesses : le scorpion les parties honteuses : le sagitaire les cuisses : le capricorne les genouils : le verse-eau les jambes : les poissons les pieds.*

Cela suffit pour montrer la naïveté de ce document ; mais nous relèverons encore en curieux *les marques que doivent avoir les bons chevaux*, selon l'auteur :

Si tu veux vn cheual qui longuement te serve,
Pren sur tout le brun bay, et soigneux le conserve
Le griz on n'est mauuais. Mais on repute beau
Le cheual quand il est de toutes parts moreau,

Si pour les tiens et toy tu veux auoir monture,
Choisi sur tous le blanc, car longuement il dure.

M. Beaugrand ajoute que le bon cheval doit tenir de la femme, du bœuf, du renard et du cerf.

Quant aux traitements, un seul exemple suffira à en démontrer l'empirisme :

Receptes povr le farcin. — *Il faut auoir deux esguillettes de chien, et qu'elles soient rouges, et quand vous les aurez, vous cueillerez neuf feuilles d'herbe porette et la piller auec neuf grains de sel, et luy metterez dans les aureilles deuant que soleil soit leué, et lier auec les deux esguillettes, et les y laisser vingt-quatre heures, et au bout des vingt-quatre heures lui deslierez les aureilles, et osterez ladite herbe.*

L'ouvrage de Beaugrand continue par d'autres recettes, toujours du même genre : *recueillies des liures particuliers escrits à la main de plusieurs Escuyers, tant de nos SS. Pères les Papes que Empereurs, Roys, Princes et autres Seigneurs. Le tout à l'vtilité du public.*

En 1628, paraît à son tour *la grande Mareschalerie du sieur de L'Espinay, gentil-homme perigordin, contenant plusieurs receptes pour toutes maladies et accidens qui peuuent arriuer aux cheuaux.*

Ce sont encore mêmes naïvetés. L'auteur définit, par exemple, les maladies d'yeux de la manière suivante :

Le mal des yeux aux cheuaux prouient d'vne superfluité d'eaux, qui empeschent l'esprit visuel, et principalement aux cheuaux qui ont la teste grasse. Cela vient quelques fois aux deffauts de la lune...

Les croyances les plus bizarres ont place dans cet ouvrage. Nous y trouvons, par exemple, au chapitre LXXXV le remède : *Pour cheual qui a mangé l'escargot.*

« *L'Escargot n'aist dans le vieux fumier, et est de couleur rougastre, et va à reculons comme l'escreuisse, et tasche tousiours de gaigner la mangeoire des cheuaux, et quelquesfois le cheual le mange, et se cognoist par ce signe : le cheual après auoir mangé l'escargot, aura le membre tousiours roide et estendu, comme s'il voulait hanter les iuments.* Remède : *Prenez poivre, pyrethre, staphisagre, de chacun vne once, et le tout mis en poudre, meslez le auec la tierce partie d'vn pinte de vin vermeil et le faites boire au cheual.* »

Ces extraits peuvent se passer de commentaires et suffisent à prouver que l'hippiatrique était encore fort retardataire. La plupart de ses données sont d'ailleurs empruntées par les écrivains français aux écuyers italiens.

Dressage du cheval à l'entour du pilier.

DE PLUVINEL

DE PLUVINEL : *L'Instruction du Roy.*

IX

La Fronde à Saumur. — Urbain Grandier. — Inondations de 1649 et 1651. — Mazarin et toute la Cour à Saumur. — Le mail du Chardonnet. — Le Grand Marescal François de Prôme, 1653 : Remèdes et recettes ; moyen d'aller aussi vite que la poste. — Le parfait mareschal, de Beaumont, 1660. — Newcastle : Méthode et invention nouvelle de dresser les chevaux, 1658 : caveçon aide de la bride ; assouplissement des épaules ; dressage par la force ; la longe du caveçon attachée au pommeau de la selle ; dressage en liberté ; avantages du caveçon ; les effets du bridon ; suppression des deux piliers ; position à cheval, partie fixe et parties mobiles ; aptitudes des chevaux ; courbettes, ballotades, caprioles sur les voltes, pirouettes, parades du galop, terre à terre à gauche et à droite, courbettes sur les voltes, le vray palaige, les demi-airs de ferme à ferme, etc ; cravache à éperon ; embouchures graduées ; équitation des dames. — Galiberto ; le Cheval de Manège : Connaissance du cheval, manière de le monter, manière de le soigner (1659). — Le grand Carrousel de Louis XIV, en 1662. — Influence de Louis XIV sur l'équitation militaire. — Turenne. — Les Académies d'équitation en France. — Baret de Rouvray : La Parfaite connaissance des chevaux. — M. de Solleysel ; le Parfait Maréchal : le fer à pantoufles, les principes de ferrure ; traduction de Newcastle avec annotations : l'Entraînement. — De Beaurepère : le Modèle du cavalier français, traité des remèdes les plus utiles et nécessaires pour la guérison des chevaux : comment il faut ferrer un cheval. — Manuel de cavalerie, de Birac. — Inondation de 1661. — L'Académie d'équitation de Saumur : M. de Saint-Vual ; M. de Lessigny de Maliverne ; Cour-Couronne ; retour de M. de Saint-Vual. — Assemblée de cavalerie. — M. Dumoné, écuyer de l'Académie de Saumur. — M. Dupré. — La Révocation de l'Édit de Nantes à Saumur. — Notre-Dame-des-Ardilliers. — La maison de Madame de Montespan. — Comment Saumur fut sauvé des dragonnades. — L'Académie d'équitation de Saumur. — Caractéristique de l'équitation du XVIIe siècle. — Compagnies de Cadets. — Académies militaires. — Maison du roi, gendarmerie, cavalerie légère, dragons. — Harnachement : selle française, selle hongroise. — Ordre sur trois rangs. — Influence du caracol sur l'équitation militaire. — L'uniforme de la cavalerie. — Enrôlement volontaire et racolage. — Les chevaux de la cavalerie au compte de l'État. — Pénurie de chevaux. — Création des haras royaux. — L'arrière-ban. — Le ban et l'arrière-ban de la noblesse d'Anjou passe par Saumur. — Inondations de 1710 et 1711. — Tremblement de terre.

Après avoir éprouvé successivement les horreurs de la peste et de la famine, Saumur eut à souffrir encore celles de la guerre. On sait que, sous la minorité de Louis XIV, la France fut en proie aux discordes civiles. Le gouverneur du château de Saumur avait embrassé le parti de la Fronde, tandis que les magistrats et la plupart des habitants étaient restés fidèles au roi. Ainsi s'établit une guerre entre la citadelle et le corps de la place qui n'avait d'autres forces que celle des citoyens, obligés d'être jour et nuit sous les armes, soit pour repousser les sorties de l'ennemi, soit pour empêcher les secours d'entrer dans le château. Ayant remarqué que le collège des catholiques, situé alors dans la Boële, pouvait, par sa position, favoriser les projets des Frondeurs, les Saumurois n'hésitèrent pas un moment à faire, à cause du roi, le sacrifice de l'un des plus beaux et des plus utiles établissements de leur ville ; il fut aussitôt démoli.

De son côté, le commandant du château envoya dire à la prieure du couvent de la Fidélité, placé à peu de distance de l'esplanade, qu'il était dans l'intention de battre la ville de tous côtés, ce qui l'obligeait à détruire le couvent qui couvrait plusieurs quartiers.

A cette époque, le gouvernement de Saumur se trouvait vacant par la mort du maréchal de Brézé, père de la princesse de Condé ; la reine-mère nomma pour lui succéder, Comenge, lieutenant de ses gardes. Le nouveau gouverneur partit quelques jours après pour se rendre à Saumur ; mais l'entrée lui fut refusée par les intrigues du prince de Marcillac, qui avait des intelligences avec quelques-uns des principaux habitants de la ville, et qui, dans l'espérance de se rendre maître de la place, avait rassemblé deux mille gentilshommes sous prétexte des funérailles du duc de La Rochefoucault, son père. Mais pendant qu'il réunissait ces forces, Comenge négociait avec la garnison ; il offrit de l'argent de la part du roi, ses propositions furent acceptées, et il se trouva maître de la ville et du château avant l'arrivée de Marcillac.

Le succès de la négociation de Comenge ayant donné la paix aux habitants de Saumur, le couvent de la Fidélité ne fut point détruit.

Mais si les craintes se calmaient d'un côté, c'était pour se réveiller d'un autre. Les scandales de Loudun et le procès qui s'ensuivit, tenaient tous les habitants de Saumur dans la plus vive émotion. Chacun n'avait-il pas à redouter les suspicions de ce fougueux et vindicatif Laubardemont disant si hautement : « Donnez-moi deux lignes de l'écriture de l'homme le plus innocent et je trouverai de quoi le faire condamner à mort. » On savait son rôle dans cette déplorable tragédie. Aussi depuis la scène du mois de juin 1634, les hommes sages, catholiques et calvinistes, étaient-ils plongés dans une profonde terreur. Urbain Grandier venait de terminer son existence sur un bûcher, on ne s'entretenait de son supplice que dans l'intimité et encore avec quelque défiance. Richelieu régnait despotiquement, et Saumur n'avait plus pour la protéger l'homme illustre qui lui avait donné un si vif éclat. Duplessis-Mornay, disgracié, était mort depuis quelques années, presque dans l'exil et abreuvé de chagrins, et ses institutions étaient déchues avec lui.

La brillante Académie d'équitation, qui avait attiré l'attention et les jalousies des académies rivales, allait dépérir faute d'élèves.

De nouvelles inondations ravagèrent la vallée. La levée était trop faible et l'on était toujours en crainte de la voir se rompre.

En 1649, le 12 janvier, il se fit une brèche entre Varennes et Villebernier. En 1651, le 17 janvier, cette brèche se rouvrit et il s'en fit une autre à Saint-Martin.

L'Anjou, cet éternel foyer de discordes civiles, continuait d'être en révolte contre l'autorité légitime.

En 1652, le cardinal de Mazarin vint avec toute la cour s'établir à Saumur et ordonna au maréchal d'Hocquincourt, qui commandait les troupes du roi, d'aller attaquer les rebelles à Angers.

Pendant le séjour de la cour à Saumur, environ cinq semaines, il y eut un grand concours de princes, de seigneurs et de gens de marque de toute espèce.

Ce fut en 1653 que Louis XIV céda par lettres patentes à la ville de Saumur le *Chardonnet* pour y établir un mail. Le Chardonnet ou Chardonneret était alors une grève sablonneuse d'un côté, un marécage de l'autre, sur lesquels se croisaient dans leurs crues le fleuve de Loire et la rivière du Thouet. Ils faisaient partie du domaine de l'État. Dans les années de sécheresse, la grève se couvrait de chardons : de là le nom qui lui est resté.

Une école de cavalerie n'était point alors en projet ; nul n'y pensait encore. L'uniformité dans l'instruction des troupes à cheval était à naître de la guerre de Sept-Ans et de la tactique du grand Frédéric.

Le château était le seul établissement militaire ayant groupé depuis longtemps autour de lui l'ancienne cité saumuroise. M. de Comenge, son gouverneur, y avait fixé sa demeure.

En 1622 avait paru un ouvrage d'hippiatrique qui eut son retentissement, par sa réédition en 1654.

C'était un recueil de traitements publiés par *Jean Prome*, libraire de Paris, sous le titre : *le grand marcschal François; où il est traité de la connoissance des cheuaux, de leurs maladies, et de leur guérison. Ensemble la manière de faire des emplastres, onguents et breuuage pour icelles. Traité très utile et nécessaire à tous Seigneurs, Gentilshommes, Escuyers, Mareschaux, Marchand de cheuaux, Laboureurs, Cochers, et tous autres qui ont cheuaux à gouuerner. Recueilly et divisé en trois traitez, par trois diuers autheurs. Dédié à la Noblesse Françoise.*

La première partie de l'ouvrage traite de la maréchalerie entendue comme on la comprenait à cette époque, c'est-à-dire sans le moindre fondement d'anatomie, avec l'accès de toutes les superstitions au sujet de l'influence néfaste ou heureuse des astres et des éléments. Nous ne nous y arrêterons pas. Quant aux remèdes, c'est encore la curiosité qui nous en fait transcrire quelques exemples.

C'est ainsi qu'au sujet des *avives* nous trouvons : « *C'est vn mal que l'on compare à la pleurésie parce qu'il procède d'eschauffement et refroidissement. Quand vous voyez que le cheual pert l'appétit tout à coup, et se met à trauailler, il a les auiues. Le meilleur et le plus court remède c'est les luy oster; mais parce qu'il ne se trouue pas tousiours vn mareschal à la nécessité, il se faut seruir de l'occasion pour conseruer le cheual et en ce faisant, faut dire en tenant l'aureille du montoir de vostre main gauche — preceptis salutaribus moniti et diuina institutione formasti audemus discere, pater noster, etc. — il faut répéter par trois fois ces paroles; puis le seignez de la veine de la langue et luy rafraischir la bouche de vinaigre et sel, et lui en mettre dans les oreilles, et, le cheual sera guéry.* »

Voici un moyen pour *aller aussi viste que la poste :*

« *Vous vous seruirés de cecy pour vostre vsage. Prenés vn cœur de bœuf, et le coupé bien délicatement, puis le mettés dans vne terrine de terre vernie, et la mettés dans vn four afin que les morceaux deuiennent tous secs, puis après vous les mettrés en poudre bien subtille.*

« *Quand vous voudrés faire diligence, quelques iours de deuant vous luy baillerés de la poudre cy-dessus descrite; et au partir de la maison vous irés enuiron vne poste au grand trot ou au galot; arriuant à la dite poste, vous mettrés in continent pied à terre; et ferés tirer hastiuement vn sceau d'eau : et, ce fait, vous mettrés dedans vne poignée de la dite poudre de cœur de bœuf, que vous porterés dans vn sac de cuir, puis en baillerés à boire au cheual, vous retournerés le brider, et de là adieu.* »

En 1654, parut le *Grand maréchal expert et françois*, qui fut accueilli avec beaucoup d'empressement, parce que le titre en imposa. Cependant, sur deux ou trois cents formules, à peine s'en trouvait-il trois ou quatre d'une efficacité reconnue.

En 1660, parut encore le *Parfait mareschal de Beaumont*. Tous ces ouvrages de maréchalerie se copient les uns les autres, et ce n'est qu'avec M. de Solleysel que nous verrons percer des idées personnelles et véritablement en voie de progrès.

Cependant l'équitation, en reprenant son prestige sous le règne du grand Roi, devait rendre à l'Académie d'équitation de Saumur son éclat effacé.

Louis XIV, en effet, continua les traditions de l'école française, et l'on sait combien fréquemment, assisté des premiers seigneurs de la cour, il organisa des quadrilles équestres proclamant ainsi par son exemple l'utilité de l'équitation.

D'ailleurs la rivalité s'en mêlait, car on parlait beaucoup alors d'un célèbre écuyer anglais, le *marquis de Newcastle,* qui professait une nouvelle méthode.

Le marquis de Newcastle avait été gouverneur de Charles II d'Angleterre. Retiré à Anvers, il y avait un manège qui attirait grand concours.

Il se servait beaucoup à cheval du caveçon comme aide à la bride. Ce caveçon était pourvu de deux anneaux latéraux fixés à un pouce du chanfrein ; une rêne partait de chaque côté de la batte de la selle, traversait l'anneau et revenait dans la main du cavalier ; l'effet en était très puissant et était destiné à assurer la position de l'encolure et de la tête réclamée par le mouvement à exécuter.

« *Il y a trois aides de la longe de devant du caveçon dans vostre main ; la première est de tirer l'espaule de dehors du cheval en dedans, la seconde pour tirer aussi dedans la volte l'espaule de dedans du cheval, et la troisième est pour arrester et fixer les hanches en les affermissant.* »

Les gravures représentent Newcastle montant un jeune cheval turke, faisant voir la vraye assiette du cavalier, et donnant le pli au cou du cheval par sa nouvelle méthode.

C'est en 1658 qu'il publia sa *Méthode et Invention nouvelle de dresser les chevaux :*

Méthode et invention nouvelle de dresser les chevaux, *par le très-noble, haut, et très-puissant prince Guillaume, marquis et comte de Newcastle, vicomte de Manffield, baron de Balsover et Ogle, seigneur de Cavendish, Bothel et Hepwel ; pair d'Angleterre ; qui eut la charge et l'honneur d'estre gouverneur du Sérénissime Prince de Galles en sa jeunesse, maintenant Roy de la Grande-Bretagne ; lieutenant pour le Roy de la Comté de Nothingham, et de la Forest de Sherwood ; Capitaine général en toutes les Provinces entre la Rivière de Trent, et autres endroits du Royaume d'Angleterre ; Gentilhomme de la Chambre du lit du Roy ; Conseiller d'Etat et privé ; Chevalier du très noble Ordre de la Jarretière, etc. Œuvre auquel on apprend à travailler les chevaux selon la nature, et à parfaire la nature par la subtilité de l'art ; traduit de l'Anglois de l'Auteur, par son commandement et enrichy de plus de quarante belles figures en taille douce.*

Voici ce que dit l'auteur pour expliquer ses innovations :

« *J'ay toujours pratiqué, et j'ai estudié l'Art de monter à cheval auprès des plus excellens hommes de cheval de toutes les nations ; je les ay entendu discourir fort amplement sur leur mestier, et j'ay mesme essayé et expérimenté toutes leurs Methodes ; j'ay leu tous leurs livres sans en excepter aucun tant Italiens, François qu'Anglois, et quelques-uns en latin. En un mot j'ay veu tout ce qui a esté escrit sur ce sujet tant bon que mauvais, j'ay employé des milliers de pistolles en chevaux, j'en ay gasté très grand nombre et j'ay esté fort long-temps pour me perfectionner en l'Art de monter à cheval et tascher à pénétrer le fond de ce mestier n'ayant pas de guide asseuré en qui j'eusse confiance. Je tâtonnois, et je connoissois fort bien que je n'estois pas dans le bon chemin et tout ce que j'avois veu et pratiqué ne me contentoit point. J'ay enfin trouvé cette méthode qui est assurement infaillible. J'ay dressé toutes sortes de chevaux, de quelque pays ou temperament qu'ils fussent, de quelque disposition, force ou faiblesse qu'ils peussent estre, pleins de feu, lourds, pesans et paresseux, et qui plus est les cavalles, les puildins, et les bidets, en un mot tout ceux qui me tomboient entre les mains, qui avoient dequoy manier quelques difficiles qu'il fussent à develóper, et à deterrer leur force accablée par l'angourdissement de leurs membres ; enfin par mes leçons j'en faisois un bon usage et les amenois à bien.*

« *Je ne m'attache pas pour cela à suivre leur inclination en tout et leur disposition naturelle aux airs comme la plupart font : mais je les force à suivre ma methode et à m'obeir pour les rendre souple et leur denoüer les espaules. Je commence indifferemment tous les chevaux par les leçons qui leur assouplissent les espaules. C'est le pivot sur lequel tout roule, c'est le fondement de l'édifice et lorsqu'ils sont souples et qu'ils sont alegeris j'entreprends ce qui est conforme à leur disposition naturelle, je me sers rarement de la gaule pour les battre encore moins des esperons, ou si je le fais, ce n'est que lorsque je leur trouve de la résistance, et le moins souvent qu'il m'est possible et cependant je vous diray que je me sers de la force particulièrement pour leur donner le plis, lorsque j'attache la longe au pommeau de la selle, ou aux sangles pour les faire baisser les hanches, et regarder leur besogne. Cette longe du caveçon attachée comme j'ay dit, fait que à la fin ils obeïssent, quoique dans le commencement ce soit par contrainte ; mais ils y viennent d'une façon ou d'autre et se soubmettent à ma volonté avec grande satisfaction. Ce que je souhaitterois que les autres peussent en pratiquant leur methode, ce que je ne crois pas qui arrive si tost.* »

« En attachant une rêne du caveçon à l'arçon de la selle, dit un de ses contemporains, il faisait roidir cette partie par la contrainte suivie de l'effet de cette rêne, soit à l'une ou à l'autre main, en employant beaucoup de force pour tirer la tête de l'animal jusques sur la botte. En l'exerçant ainsi pour le faire regarder des deux yeux dans la volte, il le mettait très mal à son aise, sans qu'il fut plutôt placé. Aussi voit-on que les figures des chevaux, qui ont été gravées avec beaucoup de frais dans la grande quantité de planches qui sont dans son livre, ont l'encolure tordue ; la tête n'est point placée dans la ligne verticale, et le bout du nez est trop près du poitrail ; ce que l'on nomme encapuchonné. »

Néanmoins M. de Newcastle a fait faire un progrès à l'équitation en dégageant le dressage du cheval de ces pistes en boyaux dont se servaient ses devanciers.

« *Ils font des tranchées en rond, et s'enferment dedans, ce qui est très ridicule ; et moy pour dresser et pour enseigner à mon cheval tout ce qu'il faut qu'il sçache, je ne demande qu'une place unie dans le milieu du champ, sans butte ny montagne, et je dresseray parfaitement bien toutes sortes de chevaux par cette nouvelle méthode, sans qu'il soit besoin de toutes ces vaines précautions encore moins tranchées, ny de tour ronde pour empescher que le cheval n'échappe.* »

Nous avons fait remarquer déjà qu'il se sert beaucoup du caveçon. Voici comment il explique les avantages qu'il en tire :

« *Le caveçon est pour retenir, relever, rendre léger, apprendre à tourner, arrêter, assouplir le col, assurer la bouche, placer la tête, la croupe, conserver la bouche saine et entière, les barres et la place de la gourmette, plier les épaules, les rendre souples de même que ses bras, ses jambes, plier le col et le rendre souple. Un cheval ira mieux en suite ayant quitté le caveçon, et aura l'attention à tous les mouvements de la main. Il ne faut pas tout faire avec le caveçon, mais il faut que la main de la bride agisse avec le caveçon qui n'est qu'une aide pour la bride* »

Il se sert également du bridon, et voici comment il en explique les effets :

« *Le bridon n'appuie que sur les lèvres et peu sur les barres, et la barbe se conserve en son entier. Il est bon pour les chevaux qui pèsent à la main, portent bas, et s'arment, pour les relever. On peut gourmander un cheval en tirant les deux rênes du bridon l'une après l'autre, fortement, et plusieurs fois de suite comme si on voulait lui scier la bouche. Il est encore bon, pour acheminer un jeune cheval, lui apprendre à tourner au pas, au trot, l'arrêter. La sujettion de la bride lui peut donner occasion de se défendre, et le bridon le dispose à mieux obéir à la bride. Il faut avoir les ongles en dessous, avancer les mains et avoir les bras en avant. Il n'est pas bon pour ceux qui n'ont point d'appui, qui battent à la main ; car, comme il ôte l'appui à ceux qui en ont trop, il gâte ceux qui n'en ont point.* »

Le marquis de Newcastle n'est point partisan des deux piliers. Il dit « *qu'on y estrapasse et qu'on y tourmente mal à propos un cheval pour lui faire lever le devant, espérant par là le mettre sur les hanches. Que cette méthode est contre l'ordre et rebute tous les chevaux. Que les piliers mettent un cheval sur les jarrets, parce que, quoiqu'il plie les jarrets, il n'avance pas les hanches sous lui pour garder l'équilibre, soutenant son devant sur les cordes du caveçon.* »

La position à cheval prônée par le maître anglais est la suivante :

« *Avant que le cavalier monte à cheval, il doit voir que toutes choses à l'entoure soient en ordre. Lorsqu'il est dans la selle, il s'y doit seoir droit sur l'enfourchure et non sur les fesses. Combien que plusieurs croient que la nature les a faictes pour s'asseoir dessus, mais il ne faut pas s'en servir à cheval. Étant donc bien placé sur l'enfourchure dans le milieu de la selle, il doit s'avancer vers le pommeau, tenant les jambes droit en bas comme s'il était à pied, les genoux et cuisses tournés au dedans vers la selle, les tenant serrés et fermés comme s'ils étaient collés à la selle, car le cavalier n'a autre chose avec le contrepoids du corps à se tenir à cheval. Il doit se planter ferme sur les étriers, le talon plus bas que les orteils, et le jarret raide, les jambes ni trop près ni trop loin du cheval, etc., etc.* »

M. le marquis de Newcastle dit qu'un cavalier doit avoir deux parties mobiles et une immobile. « *Les premières sont le corps jusqu'au défaut de la ceinture, et les jambes, depuis les genoux jusqu'aux pieds; l'autre est depuis la ceinture jusqu'aux genoux.* »

M. de Newcastle a raison de dire qu'il ne faut pas se préoccuper des dispositions particulières du cheval, car on serait fort embarrassé de choisir avec ses propres renseignements :

« *Les chevaux raccourcis semblent être les meillleurs pour le manège; d'autant que par l'art nous les forçons à se raccourcir, car nous les arrêtons, reculons et mettons ensemble; or, un cheval court est plutôt mis ensemble qu'un long. J'ai pourtant vu des chevaux longs aller aussy bien que les courts, tellement que cela n'y fait rien.* »

Les principaux mouvements qu'il prônait étaient les *courbettes, ballotades, capriolles sur les voltes, pirouettes, parades du galop, terre à terre à gauche et à droite, courbettes sur les voltes, le vray palaige, les demi-airs de ferme à ferme*, etc.

Nous avons parlé de son *caveçon*, il avait aussi une *gaule garnie d'une molette* pour faire détacher la ruade, des *éperons variés* et des *embouchures graduées*.

Il s'occupa également de l'équitation des dames, et il en fit une sorte de traité dans ses *Observations à la marquise de Newcastle sur l'attention continuelle que les dames doivent avoir à cheval.*

La méthode de M. de Newcastle se divise en quatre parties, plus un abrégé de l'art de monter à cheval.

PREMIÈRE PARTIE. — *C'est une erreur de croire que le manège est inutile. — Qu'un homme de cheval peut estre jetté à terre, et n'en doit pas estre estimé moins sçavant dans son art. — Remarques très utiles sur la traduction que M. de Blunville a fait du livre de Frédéric Grison, escuyer italien. — Pour connoistre la disposition des chevaux par leurs marques. — De la plus riche taille de chevaux. — L'opinion d'un habile homme en ce mestier. — Une pensée fort extraordinaire d'un chef d'académie. — Comme quoy, j'ay trouvé ma methode pour dresser les chevaux. — Des chevaux de différents païs, et ce qu'il y a à remarquer. — Du cheval d'Espagne. — Du cheval anglais. — Du cheval de Frise. — Du cheval de Danemark et de Hollande. — Du cheval d'Allemagne. — Du coursier de Naples. — Du cheval turc. — Du cheval d'Arabie. — Du cheval de Hongrie. — Du cheval de Pologne. — Du cheval Suédois. — Quelle est la meilleure taille des chevaux, soit pour la guerre, pour le manège, pour le combat particulier ou autre chose. — Qu'il y a peu de bons chevaux. — Quelques autres remarques des chevaux. — Du bon estalon pour faire des chevaux de manège, et comment il le faut traitter, avant qu'il courre et comme les juments doivent estre faites, en quelle saison et comment il faut leur donner l'estalon. — Comment il faut loger, nourrir et avoir soin des poulains. — Pour monter le poulain. — Des mulets d'Espagne. — L'unique moyen de connoistre un cheval, c'est de le voir monter et de le monter ensuitte. — Pour connoistre l'âge d'un cheval. — Quel équipage est le plus propre au cheval et le plus commode au cavalier. — Un véritable paradoxe. — Pour faire venir le poil bon et vif à un cheval. — De la ferrure des chevaux. — Recepte pour la chute des crins de col et de queue. — Autre recepte pour faire croistre les crins.*

Le reste est une longue suite de chapitres traitant d'hippiatrique.

DEUXIÈME PARTIE. — *De la manière d'acheminer les chevaux d'une piste pour la guerre, la différence des mouvements de leurs jambes dans le pas, l'amble, le trot, le galop et la course de vitesse. — Des allures naturelles du cheval. — Du trot du cheval. — La description de tous les mouvements naturels et artificiels du cheval. — Comment il faut placer le caveçon, son usage et son effet. — Remarques sur le caveçon et sur la manière qu'il plie les espaules du cheval. — De l'effet du caveçon — Observations pour travailler avec la bride seule. — De l'effet de la resne de dehors de la bride. — De l'usage du mords, quand le cheval va par le droit. — Autres effets de la bride. — L'effet des deux resnes séparrées dans vos deux mains. — Pour travailler avec la bride dans la main gauche seullement. — De l'usage de la resne de dehors de la bride. — Comment il faut travailler avec les deux resnes dans la main de la bride pour passages. — De l'usage des deux resnes de la bride. — Observations pour tenir les resnes de la bride. — Comme je veux qu'on aye les esperons. — Des diverses aides, et chatimens avec les esperons. — Des aides secretes du gras de la jambe et des esperons. — De la gaule. — De l'usage de la gaule au terre à terre. — De la gaule pour les courbettes. — Des aides de la gaule à toutes sortes de sauts. — Quand on se doit servir de la voix en travaillant les chevaux. — De l'usage de la langue au manege. — Comment il faut que les chevaux soient punis et carressez. — Que la resistance du cheval peut estre une marque de cœur, de viqueur et fort souvent le contraire. — De la cause qui fait aller un cheval par routine. — Qu'un cheval de trois ans est trop jeune pour le manege. — De l'assiette du bel homme de cheval. — Des aydes secretes du corps du cavalier. — La véritable methode pour commencer à travailler les chevaux par des cercles larges et d'une piste. — Du trot sur les grands cercles. — Du galop d'une piste sur des cercles. — Autre leçon pour asssouplir les espaules, — Autre leçon pour assouplir les espaules sur les grands cercles. — Excellentes remarques pour achever d'assouplir les espaules d'un cheval. — Du passage sur les voltes. — Autres remarques. — Pour passager un cheval la teste à la muraille, ou sur les voltes, le caveçon à la main, ou attaché au pommeau. — Règle générale. — Autres remarques. — La véritable et juste méthode du terre à terre. — Des changements sur le terre à terre. — Des changements sur les demy voltes terre à terre. — Du galop et des changements à la soldatte. — Pour préparer un cheval aux passades. — De la piroüette. — Très bonne remarque pour le manège qui n'a point esté escrite par aucun autheur. — Comme il faut mettre un cheval sur les hanches.*

TROISIÈME PARTIE. — *Pour dresser les chevaux sur toutes sortes d'airs. — Pour dresser les chevaux sur toutes sortes d'airs avec un seul pilier. — De la manière de bien dresser un cheval à courbettes, sans pilier, qui est la plus seure. — De la vraye methode pour les courbettes. — Des courbettes sur les voltes, et comme il faut changer de main. — Pour dresser les chevaux sauteurs. — Remarques très nécessaires pour bien travailler un cheval.*

QUATRIÈME PARTIE. — *Qui contient quelques deffences que pratiquent les chevaux pour ne pas obeïr et les moyens de les corriger. — Pour travail-*

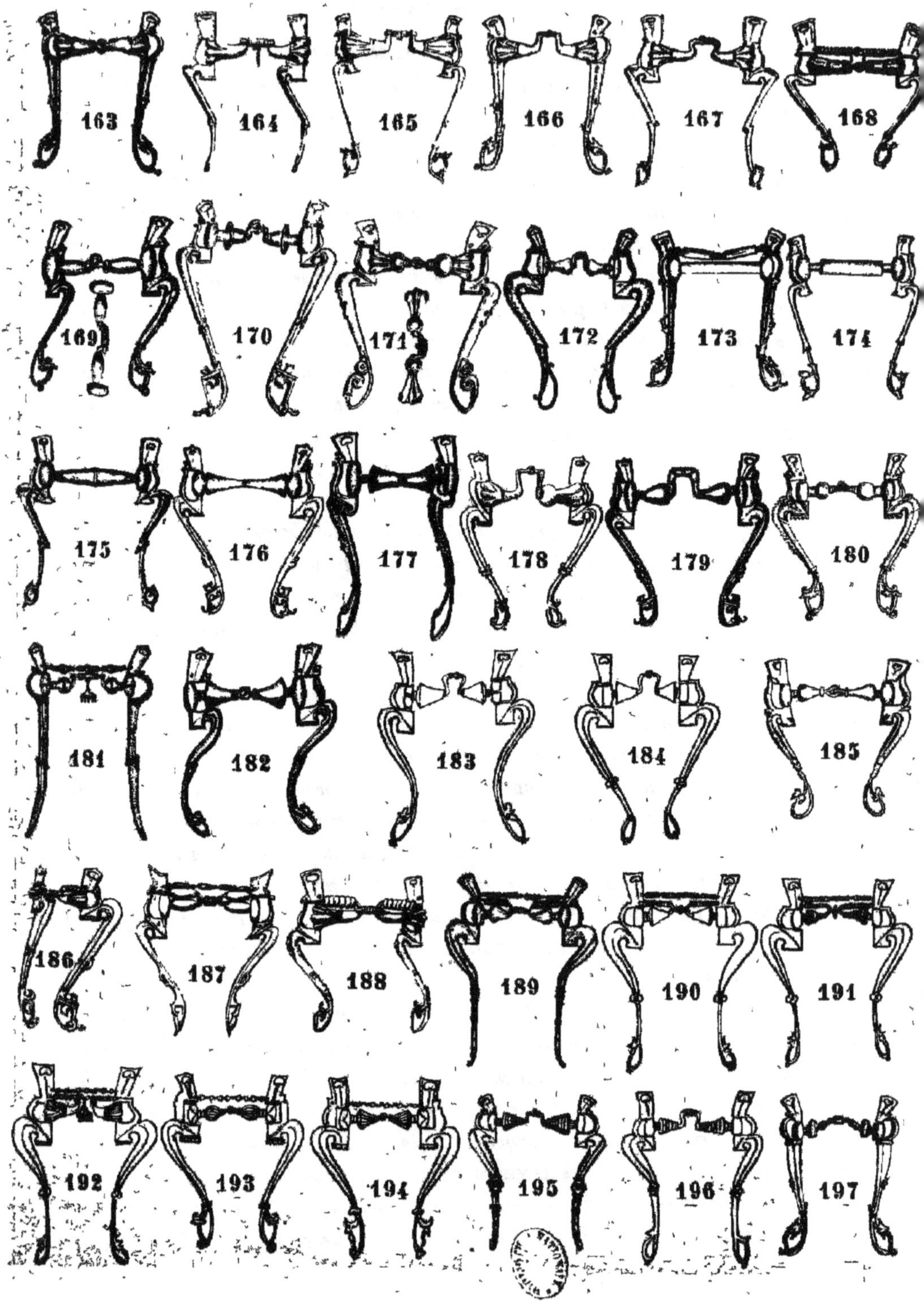
163
164
165
166
167
168
169
170
171
172
173
174
175
176
177
178
179
180
181
182
183
184
185
186
187
188
189
190
191
192
193
194
195
196
197

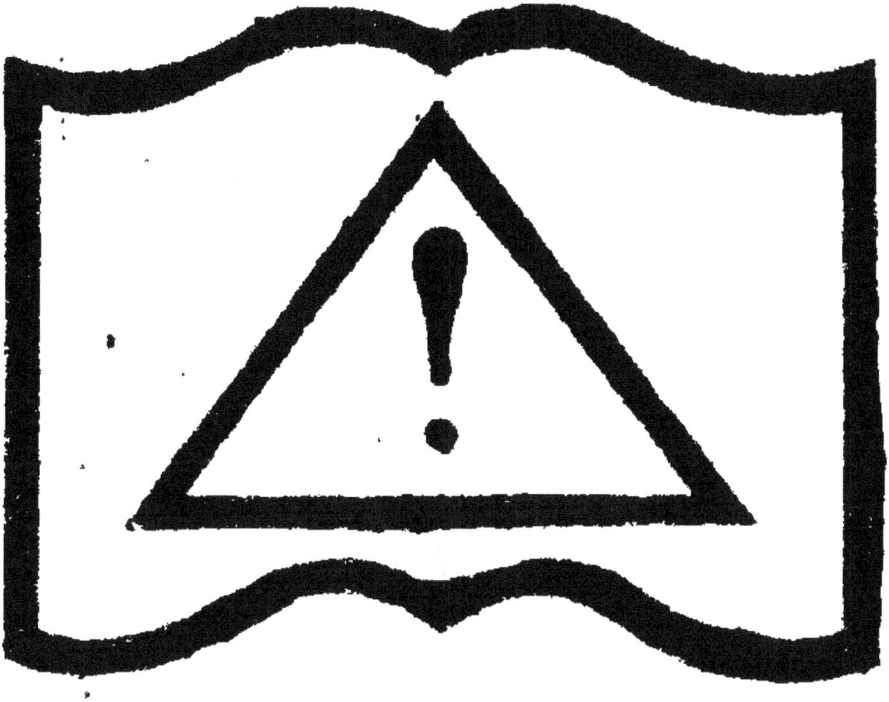

Planche en 2 PdeV

de la Broue 1600

198
Embouchenre à la Pignatelle auec demy poires renuersées laissant le passage de la langue vuide & net.

199
Mors à poires et roüelle auec padane pour cheual qui a la leure tant espoisse ou grande qu'elle couure ou arme trop la barre et gensiue.

200
Padane à la pignatelle quand la langue est trop haulte, le palais trop charnu, et la maschoire fort estroiste.

201
Emboucheure à padane à la Pignatelle.

202
Padane à ballottes.

203
Emboucheure à padane à la Pignatelle.

204
Trébuchet simple pour cheuaux qui porteront le nez trop auancé et qui seront tant sensible de bouche qu'ils souffriront difficilement la haulteur et l'importunité des padanes.

205
Emboucheure à trébuchet qui occupe moins de place dedans la bouche du cheual que les padanes et qui néanmoins peut autant r'amener la teste, mais non pas donner tant de liberté à la langue.

206
Genette bastarde propre à ramener la teste du cheual qui s'abandonne dessus l'appuy de la bride tenant le nez trop auancé.

207
Emboucheure auec pommette au dessus de la montée à fourchette pour cheual qui tient la bouche trop ouuerte.

208
Padane à la pignatelle & bourette pour cheual qui tient ordinairement la langue trop retirée.

209
Emboucheure à trébuchet triple à la sommité pour empesche le cheual de passer la langue dessus ou à côté de l'emboucheure.

210
Emboucheure qui commence à monter à la façon d'vn pied de chat, en laquelle le cheual ne trouue chose quelconque dessus la langue, et c'est par le moyen d'une demy-gourmette, à la genette que tiennent les deux costez de l'emboucheure en leur justesse.

211
Emboucheure pour barres inégales.

212
Emboucheure pour barres inégales.

213
Emboucheure montrant une sorte de gourmette pour mors à la genette.

214
Genette auec gourmette variée.

215
Genette auec gourmette variée.

216
Gourmettes.

de Pluvinel 1620

217
Escache à col doye auec un demy-melon entaillié.

218
Canon à la Pignatelle.

219
Escache à la Pignatelle.

220
Canon à la bascule.

221
Emboucheure a pas d'asne d'une pièce auec deux melons.

222
Emboucheure a pas d'asne tout d'vne pièce à poir renuersé.

223
Emboucheure montant garni d'anelletes auec le campanelle.

224
Emboucheure à la Pignatelle auec deux rouelles fort estroite et deux petites ballottes près du pas d'asne.

225
Emboucheure à la Pierre Antoine.

226
Emboucheure à canon montant à anneaux à la Pluuinel.

227
Embouscheure a pas d'asne d'une pièce à poire coupé.

228
Genette pour le cheual qui a la bouche forte et qui s'abandonne sur lappuy de la main.

229
Genette pour le cheual qui s'abandonne trop sur la main, elle ramène dauantage que l'autre.

Marquis de Newcastle 1660

230
Canon à la Pignatelle branches à la connestable.

231
Cavesson extraordinaire pour donner le plis a vn cheual qui a le cou roide.

163
Emboucheure pour les cheuaux qui ont la bouche naturellement légère.

164
Escache à demy-fourchette.

165
Mors à fourchette un peu plus haute.

166
Mors à demy-pied de chat.

167
Mors à col d'oye.

168
Mors à céciliane pour cheuaux qui ont la fente de la bouche grande.

169
Mors à oliues quand la bouche du cheual est peu fendue et que les barres en sont de léger appui.

170
Mors à demi-oliue auec rouelle, quand la fente de la bouche du cheual est trop petite et que les leures sont dures et espaisses, quoy que les barres soyent assez sensibles.

171
Escache à bouton ou balotte, quand les proportions de la bouche du cheual sont generalement bonnes et que l'appuy en est naturellement tempéré.

172
Emboucheure ouuerte et cotières à poires renuersées auec montée proportionnée pour bouche plus solide que sensible.

173
Mors à canne auec céciliane pour les bouches faibles et trop sensibles mais bien fendues.

174
Mors à canne sans céciliane pour bouches faibles et trop sensibles mais peu fendues.

175
Mors à canne pour cheual ayant la langue fort basse ou menüe.

176
Mors à campanel d'une pièce pour cheual ayant la langue haute, grosse, ou trop sensible et que le poix de l'emboucheure eslargist.

177
Emboucheure à campanel avec espace libre à la leure, pour cheual ayant les leures espaisses.

178
Mors pour démontrer que le bouton ou balotte porte plus bas que l'emboucheure simple.

179
Mors pour démontrer que la poire renversée ou droite porte différemment sur la barre.

180
Mors à boutons entaillés ou à couplets pour donner plus de place à la leure.

181
Emboucheure à balotte avec montée pour barre trop despourueuë de chair.

182
Mors à campanels pour bouches grandes et sensibles, qui pour bien gouster la vraye fermesse de la main, veulent estre beaucoup remplies.

183
Campanel pour nature de leure qui n'est pas trop espaisse, mais bien si large et si molle qu'elle couure et arme facilement la gensiue.

184
Campanel à fonceaux plats qui séparera mieux la leure dure et espaisse de la gensiue.

185
Emboucheure à poires, douce et plaisante pour le cheual qui sera naturellement léger à la main.

186
Mors à impériale pour cheual qui a la bouche fort fendüe et la langue assez basse.

187
Emboucheure à oliues pour les bouches moins fraisches.

188
Mors à impériale auec pièce du mitan plus courte et par conséquent moins de distance entre les deux escaches, pour bouches estroites de canal et de barres.

189
Impériale à poires donnant quelque place vuide à la leure espaisse et désarmant d'autant la gensiue.

190
Impériale à campanel donnant quelque liberté à la langue mouuante et subtile, une petite roüelle au mitan qui luy apportera quelque plaisir d'auantage.

191
Impériale à campanels faillis, la roüelle du mitan assez haulte pour divertir la langue trop longue, faible, ou pesante de sortir de la bouche, si elle y est acoustumée.

192
Impériale pour langue qui se meuue si grosse ou si haulte qu'elle ne se puisse loger en la liberté.

193
Melons à costes arrondies pour faire craindre l'appuy au cheual, et par conséquent en rendre plus d'obéyssance et de légeresse que s'il estoient unis.

194
Campanels gaudronnés désarmant beaucoup d'auantage et garnissant commodément la bouche fort fendüe, mesmement si elle n'est trop charnüe.

195
Campanel failly à plusieurs pièces plattes et gaudronnées en roüelles pour cheuaux qui ont les barres hautes et dures et la bouche sèche.

196
Campanel qui aura moins de mouuement & donnera moins de subiect à la bouche seiche de se rafraischir et humecter.

197
Emboucheure à roüelles et demy-poires pour bouche la plus estroite de barres, plus corrompüe et en tout malaysée.

Tableau chronologique

des

Brides les plus usitées

de 1600 à 1680

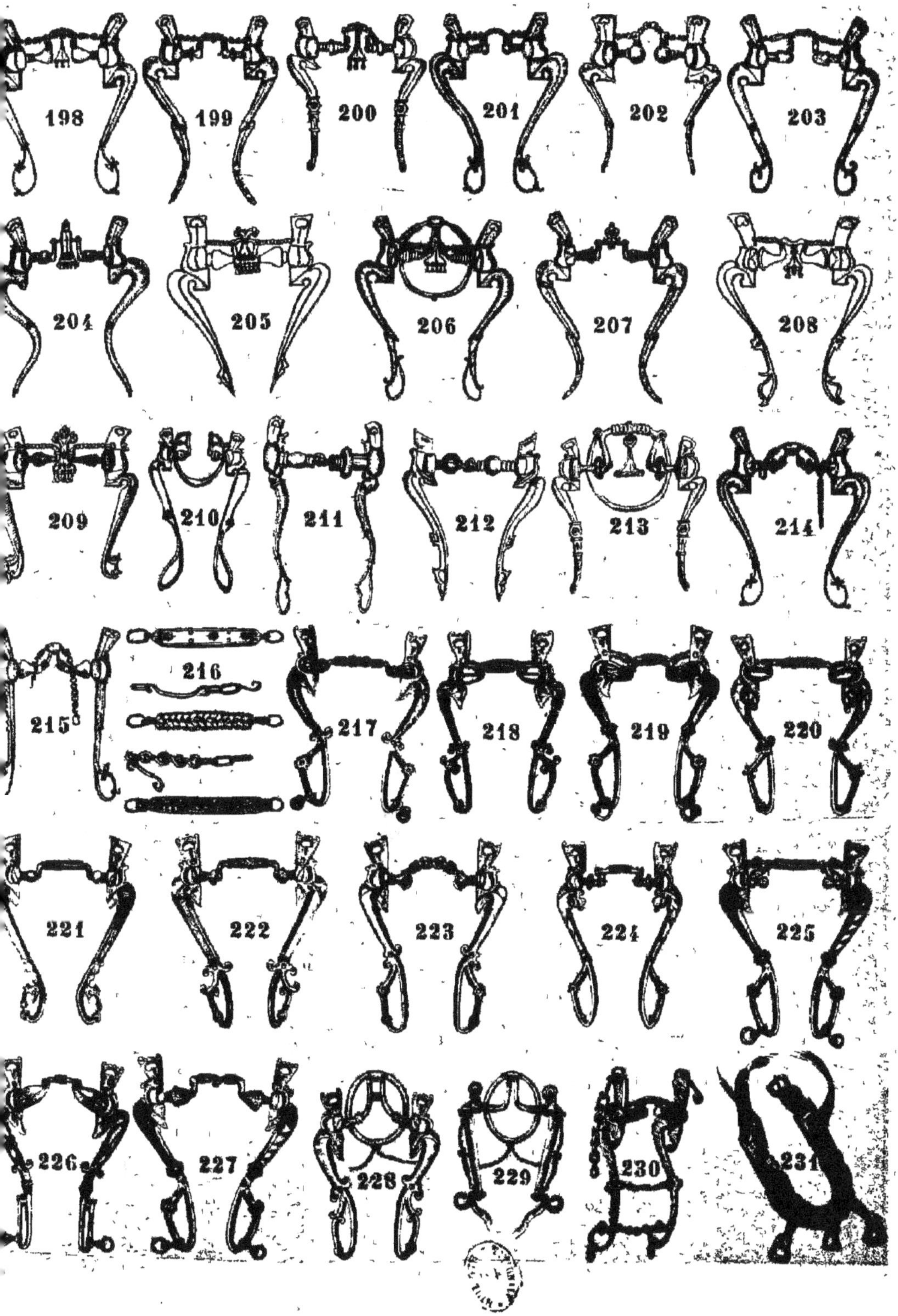
198
199
200
201
202
203
204
205
206
207
208
209
210
211
212
213
214
215
216
217
218
219
220
221
222
223
224
225
226
227
228
229
230
231

ler avec la bride seule un cheval qui devuide trop de la main. — Remarques nécessaires. — Du cheval rétif. — Du cheval qui force la main. — Du cheval qui retient ses forces. — Pour oster la crainte aux chevaux de guerre. — Des chevaux vicieux. — Du filet à l'angloise, ou du bridon et de la martingalle, ou platte longe. — Des fausses resnes. — De ceux qui croient que les chevaux peuvent tous estres des sauteurs.— Des chevaux in capuciato, c'est-à-dire qui s'arment. — Abrégé de l'art de monter à cheval. — Comme il faut aider le cheval aux airs. — Des demys airs ou mesairs. — Des sauts. — Des passades d'une piste. — Pour le terre à terre. — Pour travailler la croupe. — Advis très nécessaire pour bien monter à cheval. — Autre leçon pour mettre un cheval sur les hanches. -- Pour connaitre les différents effets de la longe du caveçon attachée aux sangles ou au pommeau de la selle. — Excellentes remarques sur l'art de monter à cheval. — Pour attacher la longe de dedans du caveçon courte ou longue aux sangles, ou au pommeau de la selle. — Pour se servir de la bride seule. — Le moyen de rendre les espaules d'un cheval souples au trot et au petit galop. — Pour toutes sortes d'airs sur les voltes. — De passager ou promener un cheval au pas d'escolle sur les voltes. — Des passades. — Méthode exacte pour faire obeïr les chevaux aux talons. — Du terre à terre. — Des passades et des demy-voltes. — La différence du travail de la resne de dehors et de celle de dedans. — Récapitulation de ce qui a esté dit pour dresser les chevaux et pour les empescher de se cabrer et se renverser.

En 1659, un écuyer italien, Jean-Baptiste Galiberto, publia également un traité nouveau d'équitation sous le titre : « Le Cheval de Manège ».

Le Cheval de Manège. *Où l'on traite de la très noble vertu de l'équitation ; c'est-à-dire comment le cavalier doit se tenir à cheval, et comment il doit dompter, soigner, charger, brider et dresser chaque espèce de chevaux ; et à quel moment on doit prendre les poulains pour les dresser ; de la race des étalons, des mors et des bons et mauvais signes. Par* Jean-Baptiste Galiberto, *comte napolitain et colonel de Sa Sainte Majesté impériale Ferdinand III. Divisé en trois parties : dans la première, il est traité de la connaissance des chevaux ; dans la seconde, la manière de les monter ; dans la troisième, la manière de soigner chaque espèce d'infirmité qui peut lui arriver. Avec trois tables très complètes. Dédié à Sa Sainte Majesté royale Ferdinand IV, roi de Hongrie et Bohème, etc.*

Cet ouvrage, publié en italien, fut imprimé à Vienne en Autriche.

Il nous suffira pour montrer la méthode de cet écuyer de donner la table des matières contenues dans la deuxième partie qui traite de l'équitation : *Comment on doit commencer à dresser le poulain. — Monter à cheval en bardelle. — De la selle. — De la position. — De l'appuyer et marcher de côté ou chevaucher les jambes. — Du galop à terre et à mezzair. — Du placer de la tête. — De la parade. — Du reculer. — De la carrière. — De la courbette à terre et à mezzair, et doubler sur la volte. — De la croupade. — Du pas et saut. — Du saut de mouton. — De la capriole sur la ligne droite et sur les voltes. — Du passage et du doubler sur la volte à terre. — Du coin. — Galoper de côté. — Du passage sur la ligne droite. — Du pilier. — Remettre au manège un cheval qui a été gâté par quelqu'un qui ne sait pas monter à cheval. — Comment on doit châtier un cheval. — Des éperons et appel de langue. — Des étriers. — Monter long avec les étriers. — Comment on doit se tenir à cheval. — De la justesse de tous les maniements. — De la beauté du cheval. — Brider.*

La France avait déjà son équitation particulière, et si elle subit quelque peu les influences extérieures, elle les dirigea le plus souvent. Louis XIV, comme nous l'avons dit déjà, avait rehaussé le prestige de l'équitation de son propre prestige et se montrait très partisan de toutes les fêtes équestres.

C'est en 1662 qu'eut lieu le célèbre carrousel qui a donné son nom à l'emplacement sur lequel il fut fait, entre le Louvre et les Tuileries, et dont Charles Perrault nous a laissé la description.

Cinq quadrilles avaient pour chefs, splendidement costumés, d'abord Louis XIV, dans tout l'éclat de son soleil et de sa devise ; ensuite Monsieur, frère du roi, le prince de Condé, le duc d'Enghein, le duc de Guise ; puis venaient les maréchaux d'Estrées, du Plessis, de Villeroy, d'Aumont, précédant les ministres, les ambassadeurs des puissances étrangères, etc.

Il paraît, enfin, que ce fut une fête « plus éblouissante encore que les jeux équestres des Maures de Grenade et de Cordoue, et non moins solennelle peut-être que les luttes d'Olympie. »

Les hommes de cheval étaient nombreux sous le règne de Louis XIV, tous les grands seigneurs, pour suivre l'exemple du grand roi et briller à la cour comme aux armées, s'étaient mis aux nouvelles méthodes d'équitation. Cet enthousiasme ne fut pas sans influence sur l'équitation militaire. Pour n'en citer qu'un parmi les plus remarquables : *Turenne*, sans être un écuyer fut un très habile cavalier militaire. Il est vrai que la passion de la guerre se démontrait chez lui de toute manière; on l'avait trouvé à l'âge de dix ans endormi sur l'affût d'un canon au rempart de Sedan où il avait passé la nuit, cherchant déjà à s'endurcir aux fatigues; et il avait à peine treize ans qu'il montait les chevaux les plus difficiles. L'un de ses parents ayant amené un cheval ombrageux, que personne n'osait approcher, le jeune vicomte, au contraire, stimulé par le souvenir d'Alexandre qui avait dompté Bucéphale, n'étant guère plus âgé, n'hésite pas un instant. Malgré les représentations de ses parents et les craintes de ses domestiques effrayés du péril auquel il s'exposait, il s'obstine à monter ce cheval insoumis, et, nonobstant ses jeunes années, il le gouverne, il le domine, il triomphe de sa fougue.

Déjà de nombreuses académies se sont créées en France. Les plus célèbres sont celles de Paris, Tours, Bordeaux et Lyon et, par-dessus tout, la célèbre école de Versailles où, depuis le commencement du règne de Louis XIV, jusqu'à la Révolution française, tous les rois et princes de France ont fait leur éducation équestre.

On doit penser qu'avec cette vogue d'équitation, les conseils pratiques des hommes de cheval sur la ferrure et les soins à donner aux chevaux devaient être les bien venus.

Un écuyer pratiquant, chasseur émérite, *le sieur de Rouvray*, y songea et écrivit en 1661 un ouvrage de ce genre qu'il dédia à la noblesse française.

LA PARFAITE CONNAISSANCE DES CHEVAUX *et jugement de leurs maladies. Où il est traité du poulain, de ses poils et marques, de sa beauté et bonté, de ses infirmitez et aage, de toutes les maladies qui se peuvent connoistre au doigt et à l'œil. Avec les remèdes nécessaires et pratiquez tant pour leur querison qu'entretien d'iceux. Nouvellement mis en lumière par* R. BARET, SIEUR DE ROUVRAY. *Dédié à la noblesse française.*

Ce n'est pas un ouvrage d'équitation, mais un recueil de conseils pratiques dont le fonds est un ramassis de recettes usuelles, que nous appellerions aujourd'hui des remèdes de bonne femme. Il suffira d'en citer une pour montrer la valeur de cet ouvrage qui ne mérite pas qu'on s'y arrête plus longtemps :

Remède pour le javard : *soit prins sein doux, et beurre vieil demy quarteron de chacun, coque de limassons pulverisées, fiente d'homme fraische, dont et du tout soit fait emplastre pour appliquer sur le javard avec estouppes et, le javard ou lumar sorty, sera la playe pansée avec couperose blanche pulverisée tenant la playe nette et couverte.*

Mais c'est aussi l'époque de *M. de Solleysel*, l'un des chefs de l'académie royale près l'hostel de Condé.

M. de Solleysel, sieur du Clapier, montrait à monter à cheval à la noblesse, suivant sa propre expression. Il avait voyagé en Allemagne pour se perfectionner dans l'équitation et, en revenant, il tint une académie équestre à Saint-Étienne avec Bernardi, un écuyer italien. Bientôt après, il en fonda une seconde à Paris.

Son *Parfait Mareschal*, paru en 1664, est le premier ouvrage régulier que nous ayons sur l'art vétérinaire. L'hippiatrique n'existait pas à cette époque, et les écuyers étaient obligés de suppléer par leur expérience pratique à l'ignorance des maréchaux.

Le parfait mareschal *qui enseigne à connoistre la beauté, la bonté et les défauts des chevaux, les signes et les causes des maladies : les moyens de les prévenir, leur guérison, et le bon ou mauvais usage de la purgation et de la saignée. La manière de les conserver dans les voyages, de les nourrir et de les panser selon l'ordre. La ferrure sur les desseins des fers, qui rétabliront les méchans pieds, et conserveront les bons.*

Ensemble un traité du haras, pour élever de beaux et de bons poulains; et les préceptes pour bien emboucher les chevaux, avec les figures nécessaires.

Solleysel avait étudié ces matières dans les auteurs grecs et latins, ainsi que dans les auteurs contemporains de l'Italie. Son œuvre marquait un progrès; mais le défaut de connaissances anatomiques le fit tomber dans de graves erreurs. De là provinrent la plupart des opérations barbares pratiquées sur les animaux.

Quant à la thérapeutique, elle n'a pas encore fait beaucoup de progrès et les remèdes les plus extravagants ont cours. M. de Solleysel cède à la tradition en les transcrivant. On verra par une citation à quel point en était arrivée la crédulité pour qu'un homme de la valeur de M. de Solleysel ait patroné les ridicules conseils qu'on va lire :

« *Pour traiter un cheval fourbu, on tire du sang du col en abondance, on frotte rudement les jambes de devant avec de bon vinaigre et force sel pendant une demi-heure, puis on lave avec trois chopines de vin les menstrües qui sont dans une ou deux chemises de fille ou femme, dont l'on trouve assez chez les blanchisseuses à Paris, on delaye dans le mesme vin un étron de petit enfant jusques à six ou sept ans, on fait avaler le tout au cheval, et deux heures après un lavement avec policreste.* »

Pour ce qui a trait à la ferrure du cheval, l'ouvrage de Solleysel n'est en général que la paraphrase de celui de César Fiaschi avec des additions qui ne sont pas toujours heureuses.

Ainsi, dans la ferrure du pied plat, après avoir fait la recommandation absurde de barrer la veine pour empêcher la nourriture d'abandonner le pied, il fait ferrer celui-ci avec un fer plus étroit que lui dans l'espoir qu'il se conformera à ses dimensions.

Il apporte cependant plusieurs innovations, une entre autres, pour la ferrure du pied encastellé : c'est l'emploi du fer à pantoufles, qu'il donne comme une invention de M. de la Broue; ce fer est le point de départ, avec celui de Ruini, de tous les procédés de désencastelure artificielle.

Il recommande de laisser les talons hauts surtout ceux de devant, de ne pas amincir la fourchette, ni de creuser la sole, ni de séparer la fourchette des talons. Il appelle cette dernière mutilation, le plus grand des abus.

Le parfait mareschal fut traduit dans toutes les langues et réédité un grand nombre de fois ; c'est un ouvrage très remarquable pour l'époque. Et l'on peut dire que si les préceptes de Solleysel avaient été mis en pratique, la ferrure aurait fait, dès ce moment, un pas considérable.

M. de Solleysel a été aussi le vulgarisateur de la méthode de Newcastle dont l'école n'avait pas encore de représentants en France. Il a traduit, commenté, discuté l'ouvrage de ce dernier.

Cette traduction parut avec annotations et suppléments en 1677, sous le titre : *Nouvelle méthode pour dresser les chevaux en suivant la nature et même en la perfectionnant par la sublimité de l'art.*

Solleysel semble avoir été plus écrivain que praticien. Il ne partageait pas les idées de Newcastle sur l'emploi de la bride, et il les a beaucoup discutées. Voici un de ses chapitres assez curieux sur l'entraînement des chevaux de courses :

« *En Angleterre, ils ont des chevaux destinés seulement pour faire de grandes courses; ils sont si curieux de ce divertissement, qu'ils les nourrissent exprès pour cela, et leurs chevaux, qui sont naturellement de grande haleine et qui ont une extrême vitesse, sont mis en un tel estat par cette sorte de préparation, qu'ils fournissent et font des courses incroyables, non pas au petit et au grand galop comme les nostres, mais à toutes jambes; en sorte que ceux qui ne l'ont jamais veu, ont peine à se persuader comme un cheval peut résister à la violence de leurs courses pendant cinq et six milles, et on en voit beaucoup en ce païs-là, fournir des carrières de cette longueur.*

« *Pour choisir un cheval de course, il le faut long de corps, nerveux, de grande ressource, et fort vite, lequel outre la bonne haleine doit avoir l'esperon fin et estre grand mangeur. Le cheval, avec tout cela, doit estre anglois, barbe ou au moins de legère taille, la jambe assez mince, mais le nerf detaché de l'os, court jointé et le pied bien fait, les pieds larges n'ont jamais réussi à ce metier. Pour preparer le cheval de course, il ne luy faut point donner d'avoine ni de foin : mais lui faire faire du pain moitié orge, moitié fèves, le faisant bien cuire en forme de gâteau plat, et n'en donner jamais au cheval qu'il ne soit rassis, et plutôt dur que tendre, trois livres à midy et trois livres au soir suffisent pour son ordinaire, et cela au lieu d'avoine, de la gerbée de froment au lieu de foin, de l'eau tiède à boire, où vous mettrez sur un sceau une jointée de farine de fèves et d'orge, le tenir bien couvert avec un drap et une couverture, dans une écurie où il n'y ait aucun jour, bonne litière nuit et jour, et toujours couvert ; l'ayant nourry quatre jours de la sorte, le cinquième au matin, l'ayant tenu bridé pendant trois heures, donnez luy des pillules composées d'une livre de beurre frais, qui n'ait pas esté lavé, c'est-à-dire d'abord que la cresme est changée en beurre, sans le laver, melez parmy vingt-cinq ou trente gousses d'ail concassées, du tout faites pillules grosses comme de grosses noix, que vous ferez avaller au cheval, avec pinte de vin blanc, puis le tenir trois heures bridé, la teste fort haute, ensuite le traiter à l'ordinaire avec son pain, son eau et de la paille médiocrement, car il ne le faut pas engraisser, mais au contraire en l'amaigrissant, luy augmenter la vigueur et l'haleine. Le septième jour, c'est-à-dire un jour franc après la prise des pillules, promenez-le au matin une heure avant soleil levé, et une heure après soleil couché, au pas et au galop. Si le cheval demeuroit trop gras, il le faut promener une heure après soleil levé, et une heure avant soleil couché, puis le ramener à l'écurie, l'essuyer et le bien couvrir, et le nourrir à son ordinaire, et continuer à le promener tous les jours, et luy donner tous les cinquièmes jours les pillules de beurre, observant le jour de la prise, ny le lendemain de le point promener.*

Quand il aura pris trois prises de pilules, c'est-à-dire quinze jours après qu'on l'a commencé, il le faut promener au matin deux heures, et autant au soir, au galop, à toute bride, et au pas, pour luy laisser reprendre haleine de temps en temps, observant toujours de ne le point courre les jours de pillules, ny le lendemain ; il le faut ramener en main, au petit pas, bien couvert, le bien essuyer, le frottant jusqu'à ce qu'il soit sec, l'attacher la teste haute, le laisser bridé trois heures, puis luy doner à boire de son eau plus que tiède, puis le nourrir à l'ordinaire : il le faut nourrir son mois entier de cette méthode, prenant les pilules toujours après les quatre jours, et les cinq ou six derniers jours du mois, le courre, tant qu'on juge que son haleine peut fournir, le galopant pour le laisser souffler, ne le travaillant néanmoins que deux heures au matin et deux heures au soir, le ramenant au petit pas, en main, bien couvert d'un drap et d'une couverture, puis l'essuyant et le faisant boire comme j'ay enseigné. Au bout de ce temps, si la fiente est encore gluante ou humide, il n'est pas bien preparé ; il faut continuer jusqu'à ce que la fiente s'émie sans aucune humidité ; lors le cheval sera en état de faire les courses que vous voudrez. Un jour avant de faire la course, il sera bridé toute la nuit : à deux heures au matin, luy faire avaler deux chopines de vin d'Espagne, dans lequel on aura délayé vingt ou vingt-cinq jaunes d'œuf, le rebrider deux heures entières après la prise, puis le monter au petit galop d'abord, puis à toute bride, autant que son haleine pourra fournir, ensuite au petit galop pour prendre haleine, et après à toute bride, et cela pendant trois heures; le bien couvrir, le ramener au petit pas, le bien essuyer, puis le laisser trois heures bridé, la teste haute, et après luy donner son eau, mais il la faut plus chaude qu'il la pourra boire, puis le traiter à l'ordinaire. Le jour de la course, il faut qu'il ait avalé le vin d'Espagne et les jaunes d'œuf deux heures avant la course et qu'il ait esté bridé six heures avant de prendre son vin d'Espagne. Vous notterez que le jour avant la course et le jour d'icelles il ne doit manger que moitié de son foin à chaque repas, et moitié de la paille qu'on avait coutume de lui donner. Les jours que les chevaux ne font pas les courses, et lorsqu'on ne s'en sert pas à cela, il les faut toujours nourrir et promener comme j'ay dit, hors que, depuis qu'ils sont preparez, on ne donne les pilules qu'au bout de huit jours seulement.

« *Si le cheval était degouté et fort resserré, pendant cette preparation ou après, il faut lui donner de bons lavements avec deux pintes de lait et une chopine d'huile d'olive, le tout tiède. On ne doit courre ces chevaux qu'avec des filets fort menus, afin de ne leur ôter l'haleine, comme feroit un de nos mors, se courber sur le col en courant pour empêcher que le vent ne vous prenne, avoir des habits fort joints au corps; point de casaque volante, un bonnet au lieu de chapeau, de petits esperons fort aigus, et picoter le cheval aux flancs, les grands coups arrestent les chevaux, et ne les font pas courre; point de croupière, ni poitrail, une selle fort légère et le cavalier aussi. Voilà ce que ce cavalier m'a appris de la course des chevaux anglois. En voilà assez pour satisfaire la curiosité de ceux qui auront envie de preparer des chevaux, comme on le pratique en Angleterre; pour moi j'aime mieux dresser un cheval pour la guerre, ou pour le manège, que de le préparer à pareilles courses, où le soin et la peine sont plus grands que le plaisir qu'on en retire. Adieu.* »

L'Anjou, qui avait été jusque-là à la tête du mouvement équestre, était-il donc dépassé? On peut le croire. Et cela s'explique. En toutes choses, ceux qui ont de l'autorité se refusent assez volontairement aux innovations; les vieux écuyers se taisaient, mais non sans étudier toutes ces méthodes nouvelles. Enfin le sieur *de Beaurepère*, gentilhomme angevin, écuyer de la grande écurie du roi, publia, en 1665, *le Modèle du cavalier français*, ouvrage où étaient répétés les principes de Pluvinel avec un éloge de la méthode du marquis de Newcastle. Rien cependant ne paraît changé, ni dans la position du cavalier, ni dans l'équipement du cheval, ni dans ce qu'on devait en exiger.

M. de Beaurepère publia également en 1690 un petit manuel d'hippiatrique intitulé : *Traité des remèdes les plus utiles et nécessaires pour la guérison des chevaux.*

C'est encore là un recueil de recettes plus ou moins aventurées. Une citation au hasard montrera mieux que toute périphrase l'inutilité de s'arrêter à cet ouvrage :

« *Pour les blessures : Prenèz les trois parts de fiente de mouton et de la fleur de farine de seigle, meslez bien le tout et le faites cuir moyennement, puis en pansez la plaie; nostez en ce lieu que le jus d'éclaire est très souverain pour toutes sortes de playes sous la selle; la fiente de poulle ardée, bruslée et mise en poudre et appliquée sur le mal, a le même effet.* »

Quant à ses idées en maréchalerie, elles se résument dans le paragraphe suivant que nous transcrivons *in extenso :*

« *Comme il faut ferrer un cheval : Encore que proprement ce fait le métier des maréchaux, toujours il est bon de sçavoir pour y prendre garde, quand on a affaire à quelque mauvais maistres; aux pieds de devant, il faut couper beaucoup du devant et peu du derrière vers le talon, sinon pour faire l'assiette du fer, et garder de ne luy couper rien au deçà, car on lui oste la force, et la nature a le moyen de pouvoir faire croistre ou mourir l'ongle, bien souvent pour trop couper du dedans, on voit arriver plusieurs infirmitez, desquelles nous avons parlé cy-dessus. Les fers ne doivent estre trop longs ny épais, les faut battre estant froids; la grosseur doit estre égale et bien ronde; il faut prendre garde que les maréchaux ne coupent rien de l'ongle avec le couteau, mais seulement avec leur instrument ordinaire.*

« *Quant aux pieds de derrière, il faut bien peu couper vers le devant, et beaucoup vers le talon; au contraire de ce que nous avons dit cy-devant, d'autant qu'au devant l'on trouve incontinent le vif, et au talon il y a beaucoup à couper; les fers doivent estre assez longs ny trop larges, ny étroits, et doivent estre moins épais vers le talon, et doivent bien coucher sur l'ongle.* »

L'armement de la cavalerie s'est encore modifié dans la guerre de 1672, les armes défensives portatives sont entièrement abandonnées, et la demi-cuirasse ne sera reprise que vingt ans après.

En 1678, la cavalerie substituait le ceinturon au baudrier qu'elle portait dans les XVIe et XVIIe siècles.

Pour ce qui regarde plus particulièrement l'équitation militaire nous devons dire qu'il n'y avait pas d'uniformité adoptée ni pour les exercices d'équitation, ni pour le service intérieur, ni pour les manœuvres; en un mot pas encore de règlement d'exercices. Les capitaines de compagnies faisaient l'instruction chacun à sa manière en s'inspirant, bien entendu, des méthodes d'équitation en vogue — et c'est pourquoi nous avons voulu parler un peu de ces différentes méthodes — ils n'étaient tenus qu'à certaines lois très larges, ordonnances et règlements du roi, auxquels il ne faudrait pas donner la signification qu'on attribue aujourd'hui à ces noms. Si l'on veut une comparaison, ces ordonnances ressembleraient plutôt aux décrets de notre journal militaire. Donc pas de méthode même générale qu'on puisse analyser, un but d'instruction à atteindre, c'est tout comme direction.

Parmi toutes ces méthodes différentes, nous citerons un petit *Manuel de cavalerie* qui fut imprimé à la Haye en 1693 et qui eut grand succès :

« LES FONCTIONS *du capitaine de cavalerie et les principales de ses officiers subalternes où les capitaines, les lieutenants, les cornettes, les maréchaux des logis, les brigadiers et les cavaliers même trouveront la manière de s'acquitter de leurs devoirs dans chaque occasion, chacun suivant la fonction et le degré de sa charge, et par conséquent de bien et fidèlement servir le roi. Avec un abrégé des ordonnances et règlemens du roi pour la cavalerie, depuis l'année* 1661, *jusques en* 1669. — *Et l'exercice de la cavalerie. Par le* SIEUR DE BIRAC. »

Nous n'en relevons que le titre des paragraphes, qui suffira à montrer l'objectif de l'auteur :

« *De la manière de mettre sur pié une compagnie de cavalerie. — Du choix des officiers subalternes, si le capitaine en a le pouvoir du roi. — Des qualitez, devoirs et fonctions principales du lieutenant. — Des qualitez, devoirs et fonctions principales du cornette. — Des qualitez, devoirs et principales fonctions du maréchal-des-logis. — Des qualitez, devoirs et fonctions principales des brigadiers. — De la manière de faire et choisir de bons cavaliers, et les bien monter, armer et équiper. — De la manière de bien discipliner la compagnie et de l'entretenir toujours bien disciplinée. — Ce que le capitaine doit faire, ayant sa commission pour une compagnie qui était déjà sur pié, dont la place de capitaine étoit vacquante. — Des qualitez et devoirs du capitaine, avec un avis concernant son équipage et sa maison. — Des choses principales concernant la maison du capitaine. — Fonctions dans le service pendant la campagne. — De la garde du camp ou du quartier. — D'aller à la guerre pour prendre langue des ennemis. — D'aller poser une embuscade. — D'aller enlever un quartier. — Des fonctions du capitaine étant en garnison dans une place frontière pendant l'hyver — De la garde dans la garnison. — De ce qu'il doit faire dans une alarme. — De ses fonctions restant en garnison, pendant la campagne, dans une place frontière. — Des embuscades de nuit. — De l'usage des espions. — De remonter la compagnie.* »

C'est un petit manuel très intéressant à lire, qui définit très nettement la physionomie d'une compagnie de cavalerie à cette époque. Mais nous n'y trouvons rien ayant trait à l'équitation ni à l'école du cavalier.

Quant à Saumur même, c'était à grand peine que l'on essayait de relever l'Académie d'équitation; l'Académie protestante, qui lui avait fourni une élite de maîtres et d'élèves, était battue en brèche par les jésuites, et l'on sentait poindre cette terrible révocation de l'édit de Nantes.

Et puis, les inondations causaient toujours leurs malheurs. Le 11 janvier 1661, il y avait eu trois brèches aux levées : à la Chapelle, à Saint-Lambert et à Saint-Martin.

Le rétablissement de l'Académie d'équitation n'eut pas lieu sans obstacles; elle n'était pas, à cette époque, un service gouvernemental, mais une institution particulière autorisée par l'État. L'écuyer qui la dirigeait était pourvu d'un brevet seulement, sans rétribution sur les fonds publics. Il était tenu à se loger, à se monter de chevaux, à les nourrir à ses frais, le nombre d'élèves devait pourvoir par le prix des leçons à ces dépenses diverses.

En cet état de choses, l'absence de fréquentation de l'Académie par les gentilshommes et la jeunesse bourgeoise avait amené *M. de Saint-Vual* à fermer, à abandonner même cette Académie dont il avait vu la prospérité. M. de Saint-Vual appartenait à la religion réformée.

La ville perdit de son importance, de sa vie économique par cet abandon. En novembre 1673, une assemblée des habitants fit observer au Conseil « qu'il était nécessaire, pour le bien et utilité de la cité, d'y attirer un « escuyer sans lequel les estrangers ne s'y arrêteront point; donc que les « propriétaires des maisons et artisans qui gaignent leur vie par leurs « loyers et la consommation de leurs fruits ne pourront vivre et travailler.

« Que le sieur de Saint-Vual, qui a quitté l'Académie depuis un an, « a fait proposer son retour et offre de restablir la dite Académie moyennant « qu'on paie le louage d'une maison; que le sieur de Lessigny de Maliverne, « qui est enfant de la ville, se propose comme escuyer; qu'il convient « d'escouter leurs propositions. »

M. de Saint-Vual était passé en Allemagne, au service de l'Électeur palatin. Apprenant le projet de réouverture de l'Académie d'équitation, il se fit appuyer par M. de Comenge, gouverneur d'Anjou, qui écrivit à plusieurs reprises aux maire et échevins de la ville pour les engager à reprendre leur ancien écuyer. Mais on préféra son concurrent.

Le 14 mai 1674, le Conseil de ville, faisant droit à la demande des habitants, délibéra que *M. de Lessigny de Maliverne* serait admis comme directeur de l'Académie d'équitation.

Celui-ci arriva avec dix chevaux propres aux exercices de manège. Il s'installa avec ses chevaux tant bien que mal, car il n'y avait alors ni écurie publique, ni manège, ni terrain de manœuvres.

Le quartier de Saint-Nicolas était le seul dans lequel pût s'établir M. de Maliverne. Dans l'espace compris entre le cimetière de cette église (lieu dont le souvenir est encore marqué par une lanterne sépulcrale) et la rue des Poêliers, aujourd'hui grande rue Saint-Nicolas, à joindre les maisons qui forment à l'est la ruelle de ce nom, il y avait une place vague, sur laquelle fut ouverte, en 1741, la rue Courcouronne. A l'est de cette place vague se trouvaient des logements divers, des jardins spacieux, puis des appartenances de l'hôtel de ville, appelées les petites et les grandes écuries du Roi. C'est pourquoi la rue a pris, par abréviation, le nom de Courcouronne, c'est-à-dire cour de la Couronne ou du Roi.

C'est donc sur la rue Courcouronne que se donnaient, en plein air, à l'époque que nous décrivons, les leçons de l'Académie équestre.

En 1677, M. de Maliverne est remplacé par M. de Saint-Vual, son prédécesseur. La rivalité de cet écuyer causa-t-elle son départ? Nous l'ignorons; dans tous les cas il devait résulter de sa présence un empêchement matériel à la marche de l'Académie sous son nouveau chef.

M. de Saint-Vual n'avait pas voulu louer à ce dernier les écuries dont il disposait; or, dans ces temps où la ville était resserrée par les eaux d'un fleuve et d'une rivière qui baignaient souvent le pied de ses vieilles murailles, sans qu'aucune levée vînt la protéger au delà contre leurs débordements, il n'était pas facile d'y avoir des constructions propres à loger des chevaux et le matériel nécessaire à leur entretien.

M. de Saint-Vual, avec l'appui de M. de Commenge, obtint de nouveau le brevet d'écuyer, qui devait lui être retiré une seconde fois en 1678, à cause de la R. P. R. (Religion prétendue réformée).

Cependant les habitants de Saumur ne négligeaient rien pour montrer leurs goûts équestres. Le 17 janvier 1679, ils fêtent la signature de la paix par une « *assemblée de cavalerie* » formée par les officiers et marchands de la ville. « Des trompettes, violons et hautbois » sont demandés à Chinon ; les canons du château tirent des salves d'artillerie pendant que la cavalcade parcourt la ville. Les cavaliers ont, pour ornement, des housses et faux fourreaux rouges. Une foule immense se presse sur leur passage. A tous les carrefours on distribue du vin. La fête se termine par des feux de joie.

Malgré cela, deux années s'écoulèrent sans qu'il fût question de pourvoir au remplacement de M. de Saint-Vual.

L'Académie et ses exercices équestres demeuraient donc suspendus, encore bien que M. de Saint-Vual eût conservé en sa possession les chevaux et les écuries dont il disposait. Il résultait de cet état de choses un grand détriment pour la ville et pour les élèves accoutumés de s'y rendre pour leurs leçons d'équitation.

M. de Saint-Vual laissait des regrets. Outre qu'il était professeur habile de l'école de M. de Pluvinel, il avait un caractère doux et patient qui convenait à son enseignement ; aussi il en coûtait aux habitants de le supplanter dans la direction de son manège. Pourtant, la nécessité de ne pas perdre un établissement qui relevait leur ville et qu'ils possédaient depuis plus d'un siècle, les porta à solliciter le remplacement de M. de Saint-Vual par M. Dupré, fils d'un avocat de Saumur, élève distingué de ce maître, mais n'appartenant pas, comme lui, à la R. P. R. Il fallait obtenir en sa faveur le brevet d'écuyer.

Au mois d'août 1680, le Conseil de ville, sur la demande des habitants, écrivit à Mme l'Abbesse de Fontevrault pour solliciter son patronage près du roi. Cette abbesse était Mme Gabrielle de Rochechouart, sœur de Mme de Montespan. Elle accepta de patronner l'obtention du brevet d'écuyer pour l'Académie d'équitation, sans désigner tel ou tel candidat, voulant laisser libre le choix du roi et de son grand écuyer, — M. le Grand, comme on disait alors. — Elle conseilla aussi aux habitants d'adresser un placet à Sa Majesté.

Ces demandes eurent un plein succès. Au mois de mars 1681, *M. Duməné* arrivait à Saumur en qualité d'écuyer.

Le 24 décembre 1681, les échevins exposaient aux habitants que « soubs la protection de Madame l'Abbesse de Fontevrault, Sa Majesté avait eu la bonté d'accorder le rétablissement de la dite Académie. En conséquence de quoy Monseigneur Le Grand en aurait donné les provisions au sieur Dumoné, lequel serait arrivé en cette ville au mois de mars 1681 avecq un si mauvais équipage que cet établissement leur serait plus préjudiciable qu'avantageux.

« Que les étrangers, trouvant l'Académie si mal garnie, après avoir été une des plus florissantes du royaume, ils n'y reviendraient plus. »

Comme nous l'avons dit plus haut, le matériel du manège était à la charge du directeur de l'Académie ainsi que les logements; celui-ci manda les échevins et leur procureur-syndic de savoir du sieur de Saint-Vual « s'il voudrait louer au dit sieur son écurie pour ce qu'estant il lui occasionnerait moingt de dépenses et jusques à ce qu'il ait pris des mesures pour trouver un lieu commode pour la dite Académie, s'il ne s'accommode pas de celui du sieur de Saint-Vual. »

Cette première difficulté aplanie, il allait en surgir une autre, non moins embarrassante.

M. Dumoné avait amené, pour le service de l'Académie d'équitation, six chevaux, mais ces chevaux étaient plus propres au service d'un relais qu'à monter des gentilshommes; il aurait fallu recourir à l'équitation de Frédéric Grison pour monter des chevaux de cette nature.

Désireux, pourtant, de montrer de la reconnaissance envers M. le Grand qui avait déféré à la demande des habitants en nommant un nouvel écuyer, le syndic proposa au Conseil de ville « 1° de délivrer un mandement de six cents livres pour être employés en achapt de chevaux avec cette réserve que, dans le cas d'insuccès, d'ici à cinq ou six ans, les dits chevaux seraient vendus au profit des habitants; 2° d'associer à M. Dumoné M. Dupré fils, qui était en état de le secourir par son bien et par son expérience, ayant travaillé par avance avec le sieur de Saint-Vual, dans l'Académie de ce dernier. »

Cette combinaison fut acceptée par les habitants, mais elle ne ramenait pas la prospérité dans l'établissement. Outre qu'il était d'un caractère difficile, M. Dumoné avait encore journellement des démêlés avec ses créanciers; à chaque instant, il y avait la crainte de voir ces derniers lui enlever ses propres chevaux et ceux-là même que la ville lui avait fournis.

Devant une pareille situation, le brevet fut demandé et obtenu pour *M. Dupré* fils, qui « a de beaux chevaux, est fort habile dans cet exercice, est fort cogneu des estrangers, estimé tant par son humeur honnête, complaisante, et est en estat de biens, de fortune pour soutenir la dépense nécessaire à l'Académie. »

Pendant ce temps, les menées politiques, de plus en plus sévères pour les protestants, terrorisaient Saumur, dont la majorité des habitants était du culte menacé.

On n'avait pas attendu la révocation de l'édit de Nantes pour interdire l'exercice public de la religion réformée. La célébrité de l'Académie de cette ville avait depuis longtemps excité la jalousie des jésuites, et, à force d'intrigues, ils avaient eu le crédit de la faire fermer, ainsi que les temples.

Depuis cette époque, la plupart des habitants de Saumur, effrayés de ces coups d'autorité, attendaient dans l'anxiété quel serait leur sort, lorsque l'édit de révocation vint les frapper comme la foudre.

Cependant, sous divers déguisements, à l'aide de leurs parents, de leurs amis, avec des peines et des dépenses infinies, le plus grand nombre des proscrits parvint à s'évader et à transporter, dans les pays étrangers, son industrie et les débris de sa fortune. Par suite de ce désastre, Saumur perdit plus des deux tiers de ses habitants.

On voit à Saumur un monument destiné à perpétuer le souvenir de ce grand et funeste événement : c'est le dôme de Notre-Dame des Ardillers, commencé en 1654, et achevé en 1695, par Mme de Montespan.

Dans la frise de l'entablement, qui est au-dessous des vitraux, on lit cette inscription en grandes lettres de bronze doré :

P. O. P. M. DC. XCV. DEIPARÆ VIRGINI.

LUDOVICUS XIV DEI GRATIA FRANC. ET NAVAR. REX TOTO REGNO HÆRESIM DESTRUXIT EJUSQUE FAUTORES TERRA MARIQUE PROFLIGAVIT.

Louis XIV, par la grâce de Dieu, roi de France et de Navarre, a chassé l'hérésie de tout son royaume et en a poursuivi les fauteurs par terre et par mer.

A l'un des bouts du jardin est une très petite maison, nommée le Jagueneau, bâtie par Mme de Montespan, lorsqu'après sa disgrâce elle chercha, dans le sein de la religion, des consolations que le monde lui refusait. On sait que cette maîtresse de Louis XIV, non moins célèbre par son esprit que par sa beauté, ne put s'habituer qu'avec beaucoup de peine à la communauté de Saint-Joseph, où elle s'était retirée en sortant de la cour. Souvent on la vit promener ses regrets et ses ennuis à l'abbaye de Fontevrault, dont sa sœur Gabrielle de Rochechouart-Mortemart, la plus belle, la plus spirituelle et la plus aimable des femmes de son temps, était abbesse, et la reine des abbesses, comme on l'appelait à la cour.

C'est là, dans cet humble réduit du Jagueneau, que Mme de Montespan commença les macérations qu'elle s'était imposées, pour tâcher d'expier son double adultère et le scandale qu'il avait causé à l'Europe. Ses chemises et ses draps étaient de toile jaune, la plus dure et la plus grosse, mais cachés sous des draps et sous une chemise ordinaires; elle portait sans cesse des bracelets, des jarretières et une ceinture à pointes de fer, qui lui faisaient souvent des plaies profondes.

Saumur fut cependant sauvé des dragonnades; mais ce ne fut que par hasard, car les registres municipaux relatent, en date du 10 décembre 1697, un présent de 400 livres, qui fut fait à une personne de qualité, pour avoir détourné trois compagnies de dragons de venir à Saumur.

Malgré tous les soins et les ressources du sieur Dupré, les profits de l'Académie d'équitation étaient insuffisants pour la nourriture, le logement des chevaux et du personnel. Le 3 août 1698, l'assemblée de ville délibéra que chaque élève lui paierait 20 livres par mois : qu'une subvention de 3,000 livres lui serait, en outre, payée annuellement. Elle l'exempta aussi des droits d'entrée et autres charges de la ville, pour la pension de la maison et de l'Académie; à l'égard des logements, elle déclara qu'il y serait pourvu par MM. les maire et échevins.

En résumé, l'*équitation du* XVIIe *siècle* est caractérisée par la tenue raide et droite dans la selle à piquer, et par le dressage au pilier.

Nous voyons La Broue et Pluvinel, comme Newcastle en Angleterre, placer leurs élèves debout et sur l'enfourchure, les jarrets tendus de toute la force et ne portant pas sur leurs fesses « que l'on a mal à propos crues être faites pour s'asseoir ». Les selles étaient à peu près ce que sont de nos jours les selles à piquer ou selles de sauteur. Le caveçon et la bride seule, pas de filet, un mors très long de branches, mais assez doux d'embouchure, malgré les bizarres et innombrables variétés de canons; des éperons énormes, un maniement assez haut, brillant, mais sans grande finesse, et surtout sans aucune rapidité. C'est à peu près l'équitation qu'il nous faudrait pratiquer aujourd'hui, si nous en étions réduits à nos espèces percheronnes et boulonaises. Aussi, voyons-nous Pluvinel faire un éloge de la vitesse qui contraste singulièrement avec l'esprit des conseils qu'il donne d'ailleurs, et surtout avec la tournure des cavaliers dont il nous a laissé le portrait.

Malgré toutes ces ressemblances dans la forme, c'est l'époque où les méthodes d'équitation commencent à différer et à se caractériser suivant les pays. Elles se ressentent encore de leur origine commune, l'école italienne; à dater de ce moment, elles prennent un goût de terroir.

Particulièrement en France, nous allons avoir à étudier, pendant la fin de ce XVIIe siècle, toute une pléiade d'écuyers qui furent les promoteurs de cette transformation.

Nous devons profiter de cette phase bien marquée dans l'histoire de l'équitation pour quitter ce point de vue spécial et revenir aux autres branches de notre étude.

En envisageant Saumur comme école militaire et comme école de cavalerie, nous avons parlé des origines des écoles militaires en France sous Henri IV et Louis XIII, nous avons aussi esquissé les transformations marquantes de la cavalerie.

Sous Louis XIV il fallait servir, ou, quelle que fût l'illustration du récalcitrant, sa disgrâce était certaine. Les jeunes seigneurs faisaient leur apprentissage dans la maison militaire du roi, puis recevaient une compagnie et après un régiment. Jusqu'à Louvois, les simples nobles entraient comme cadets dans les corps d'où ils sortaient, au moment de la retraite, avec le grade de capitaine, la croix de Saint-Louis et une modique pension; c'était le sort de la plupart et ils s'en contentaient.

Pour suppléer à une école qu'il avait eu l'idée de former, Louvois créa six *compagnies de cadets* qui furent placées dans autant de places fortes.

Ces cadets étaient destinés à remplir annuellement, après examen de leur capacité, les emplois d'officiers dans l'armée. Le ministre ne se montra pas exigeant sur les conditions de naissance, malgré les habitudes du temps. On outrepassa ses instructions, et il en résulta des faits qui motivèrent la suppression successive de ces compagnies ou en furent le prétexte.

On rétablit les cadets dans les régiments, et les mêmes inconvénients durent se représenter. Plusieurs *académies militaires* furent alors fondées sous le patronage des ordres réunis de Saint-Lazare et de Notre-Dame-du-Mont-Carmel. M. le marquis de Dangeau, grand-maître, formait sous ses yeux de jeunes gentilshommes, qu'il décorait de la croix de minorité de ces mêmes ordres. A sa mort, ces écoles négligées furent supprimées.

Au début du règne de Louis XIV, la cavalerie avait encore différentes pièces d'armure, mais la répugnance pour les armes défensives était générale et l'esprit moderne qui préfère la liberté d'action à la sécurité protestait déjà contre les traditions du moyen âge. En 1672, le régiment des cuirassiers du roi était seul cuirassé. La cavalerie portait l'épée, les pistolets et le mousqueton. En 1679, le sabre remplaça l'épée. En 1678, il y avait 90 régiments de cavalerie, environ 60,000 hommes : la Maison du roi, la Gendarmerie, la Cavalerie légère et les Dragons.

Quant au harnachement, tous les régiments faisaient usage de la selle à la française avec tapis, housse et fontes, le manteau roulé derrière la selle, les pistolets dans les fontes, les effets dans un bissac. Les premiers hussards, qui furent des Hongrois, introduisirent en France leur selle nationale, le porte-manteau, le paquetage recouvert de la schabraque, dont l'usage ne tarda pas à se généraliser dans la cavalerie française, quel que fût le modèle de la selle. Lorsqu'un des deux pistolets fut supprimé, l'une des fontes, celle de gauche, fut remplacée par une sacoche. Plus tard il n'y eut plus que deux sacoches, dont l'une, celle de gauche, contenait un corps de fonte pour recevoir le pistolet.

C'est sous Louis XIV que fut introduit l'ordre de bataille sur trois rangs inauguré par Gustave-Adolphe.

L'escadron se formait en bataille à rangs ouverts, distants entre eux de quatre mètres environ; mais ces rangs se serraient au moment de la charge.

Aucun auteur n'indique précisément à quelle distance se serraient les rangs pour les mouvements de *demi-tour*, *caracol* ou de *conversion* que la cavalerie pratiquait. Il paraît démontré que le terrain individuel qui lui était départi était tel que chaque cavalier pût faire *par le flanc*, ou, comme le dit Iabra, pût caracoler dans tous les sens.

Car alors, *caracoler*, faire par le flanc, ou converser par file, était même chose. Au moyen des vides de ce terrain individuel, la cavalerie revenait moins en désordre d'une mêlée; elle parvenait à exécuter les mêmes *doublements* de rangs que l'infanterie.

On conçoit d'après cela que l'équitation militaire avait son importance très marquée dans le rôle de la cavalerie.

L'uniforme ne fut imposé à la cavalerie qu'en 1690. En 1697, toutes les troupes eurent pour coiffure le tricorne de feutre bordé d'un galon. On mettait à ce chapeau, appelé lampion, un nœud de rubans aux couleurs du colonel, ce nœud est devenu plus tard la cocarde.

Cet uniforme subit aussi de grandes variations. A la fin du règne de Louis XIV, les cavaliers portaient sous l'habit à la française un buffle, c'est-à-dire une veste en cuir de bœuf, descendant bas sur le ventre et qui était le seul vêtement pour les manœuvres et les corvées; le ceinturon à deux bélières pour le port du sabre était également sous l'habit. La cavalerie proprement dite avait la botte forte garantissant le genou et une culotte en peau. Par-desssus le buffle et sous l'habit, les hommes, depuis que les compagnies de gendarmerie avaient quitté la cuirasse, portaient le plastron en tôle de fer, sorte de demi-cuirasse. Pour coiffure, ils avaient le tricorne, avec une calotte en fer pour préserver la tête des coups de sabre. Les dragons portaient la bottine au lieu de la grande botte, leur coiffure était un bonnet de fourrure, d'une forme toute particulière. Plus tard, la botte forte fut remplacée dans la cavalerie par une botte demi-forte ; les dragons prirent le casque en place du bonnet fourré. Les hussards furent caractérisés dès leur origine, par le shako cylindrique sans visière à flamme de drap, le dolman, la pelisse, la culotte de drap, les demi-bottes à la hussarde ; chaque régiment avait ses couleurs spéciales pour le dolman, pour la pelisse, pour la culotte, pour les tresses et les olives.

Quant au recrutement, il se faisait par *enrôlement volontaire* et par *raccolage*. La débauche et la misère étaient souvent l'unique cause de la vocation militaire et livraient aux raccoleurs une proie facile, mais avilie. Le capitaine était chargé de recruter sa compagnie. A cet effet, il recevait du roi une somme fixe, et il en était le propriétaire absolu. Malheureusement l'honnêteté ne servait pas toujours de guide aux officiers propriétaires de leur troupe qui, pour se procurer les moyens de satisfaire à leurs dépenses de luxe, faisaient souvent de leur compagnie une véritable métairie.

La vénalité des grades et des charges était dans toute sa rigueur. Louvois s'efforça d'atténuer le mal en faisant tarifer par Louis XIV les prix des régiments et des compagnies.

Colbert fit acheter les chevaux de la cavalerie au compte de l'État; jusque-là, les capitaines se chargeaient eux-mêmes des remontes et en abusaient.

Le faste de la cour de Louis XIV, les effectifs élevés de la cavalerie et de la maison du roi, les carrousels et les fêtes devaient forcément remettre l'élevage du cheval en honneur. Au début du règne, il existait encore dans certaines provinces des étalons appartenant, les uns au pouvoir central, d'autres enfin à des gardes étalons, cultivateurs ou spéculateurs. Ces moyens étaient insuffisants. On avait dépensé des sommes énormes pour avoir des juments napolitaines, des chevaux allemands, frisons, hollandais; on avait croisé toutes les races sans savoir ce qu'on faisait, et on n'avait obtenu aucun résultat sérieux; aussi le cheval de guerre était-il devenu extrêmement rare en France.

Les longues guerres avaient occasionné une exportation de plus de 180 millions de numéraire, pour l'achat de 500,000 chevaux étrangers. Il fallait se soustraire à un tribut si funeste. En 1665, des mesures furent prises pour accroître et améliorer les races chevalines. C'était le prélude de la création des haras royaux. Colbert les créa en 1680. Le marquis de Seignelay lui succéda, et après lui le marquis de Louvois, ministre de la guerre, les fit parvenir, en 1690, au plus haut degré de prospérité qu'ils aient atteint. Mais cette prospérité fut de courte durée.

Comme ressource suprême de la cavalerie régulière, il faut signaler l'*arrière-ban*, qui ne disparut qu'à la fin du XVIIe siècle.

La dernière fois que l'ancien ban fut convoqué, ce fut en août 1674, alors que la France était menacée d'une triple invasion.

Le 20 septembre de cette année, le lieutenant général d'Anjou, René de la Varanne, ordonna aux maire et échevins de la ville de Saumur de recevoir les compagnies des bans et arrière-bans qui devaient passer.

L'essai de l'arrière-ban fut lamentable. Rien ne ressemblait moins à un véritable corps de cavalerie. Mal armés et mal montés, les cavaliers, sans expérience et sans discipline, se jalousaient entre eux.

C'est probablement cette indiscipline et les exigences de ces gens d'armes improvisés, qui suscitent au même gouverneur d'Anjou la lettre qu'il écrit aux échevins de Saumur le 25 septembre, pour les inviter à interdire par tous les moyens en leur pouvoir, « barricades et combats », l'entrée de leur ville à la noblessse d'Anjou, ayant à sa tête le marquis de Sablé.

Le 11 novembre 1710, Saumur subit encore une inondation de la Loire.

En 1711, il y eut de nouveau plusieurs ruptures de la levée. Ce fut aussi l'époque d'un grand *tremblement de terre*, qui se fit sentir à Saumur plus particulièrement que dans les autres parties de la France. S'il s'en présentait un semblable aujourd'hui, une grande partie des coteaux de la rive gauche de la Loire s'affaisserait et entraînerait la chute de presque toutes les maisons qui sont dessus et dessous, parce que depuis un siècle on a considérablement agrandi les carrières de tuf dont ces coteaux sont formés, et qu'elles sont exploitées sans aucun ménagement pour les terres qui sont placées au-dessus.

Placer avec le caveçon

DE NEWCASTLE

MARQUIS DE NEWCASTLE · *Méthode et invention nouvelle de dresser les chevaux.*

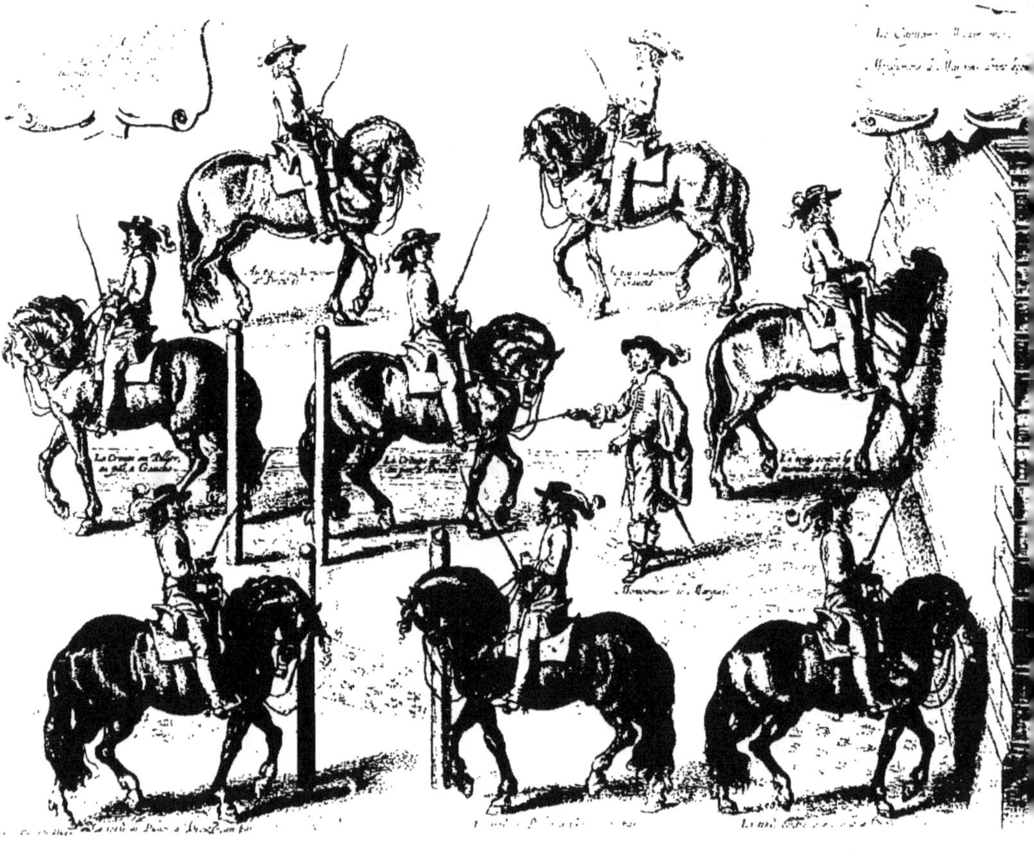

X

M. de Beaumont; l'Escuyer François, 1682 : équitation, médecine vétérinaire, haras, voltige. — Coulon. — De Querinay. — De Rochefort. — Dugard. — D'Ainant. — Bernardi. — Duvernet. — De Moimont. — De Long-Pré. — Du Plessis : accord des aides. — De la Vallée : plus de caveçon. — De Neuville. — Delcampe ; l'Art de monter à cheval : accord des aides, avant-main, arrière-main ; méthode de dressage. — De Vendeuil. — Carbon de Begrières, 1725 ; Manuel des Ecuyers : superstitions. — La connaissance parfaite des chevaux, 1730. — Garsault : l'Anatomie générale du cheval, 1732 ; Le nouveau parfait maréchal, 1741 : selle à la royale, selle à la troussequin, selle à piquer, selle rase, selle anglaise, selle à basque, selle de course ; équitation de chasse ; courses anglaises ; principes de conduite, bride et filet ; maximes de maréchalerie ; thérapeutique. — Le manuel du cavalier, traduit de l'anglais, capitaine Burdon. — Gaspard de Saunier ; sa vie ; La parfaite connaissance des chevaux, 1732 ; Les vrais principes de la cavalerie, 1740 ; l'Art de la cavalerie, 1748 : accord des aides ; caveçon pour le dressage ; critique de l'usage du caveçon en équitation militaire ; nouvelle manière d'entendre le placer de la tête du cheval ; mors plus léger ; le cheval de guerre et l'officier ; avantages du dressage pour le cheval de guerre ; anecdotes ; usage du bridon ; méthode de dressage ; airs de manège en usage ; règles d'un carrousel ; chasse aux chevaux sauvages ; équitation anglaise.

Nous avons dit qu'il y avait eu à la fin du XVIIe siècle toute une pléiade d'écuyers qui avaient été les promoteurs de la transformation de l'équitation. Nous avons voulu parler des de Beaumont, Coulon, de Querinay, Dugard, de Rochefort, de Bournonville, du Plessis, de La Vallée, d'Ainant, de Neuville, de Moimont, Bernardi, de Vendeuil, de Long-Pré, Duvernet, Delcampe, etc,

Ce sont eux en effet qui ont contribué à affranchir l'équitation française des moyens artificiels employés par MM. de Pluvinel et de Newcastle. Bien que, élevés dans les principes combinés de ces deux maîtres, bien que les ayant d'abord professés, ils surent déjà reléguer les moyens empiriques au rang d'aides accessoires en essayant des moyens naturels donnés au cavalier par l'usage combiné de la main et des jambes.

A cette époque, l'équitation est véritablement en progrès et les maîtres se succèdent, chacun perfectionnant la méthode de son prédécesseur.

M. de Beaumont marque d'abord la tendance d'assouplir le cavalier et de le rendre agile par des exercices préparatoires. Il est le premier qui parle de voltige. C'est déjà une rupture avec la raideur du passé. Il publia en 1682 un manuel d'équitation ayant pour titre l'*Écuyer français* :

« L'ESCUYER FRANÇOIS *qui enseigne à monter à cheval, à voltiger et à bien dresser les chevaux, la manière de les emboucher; l'anatomie de leurs veines et de leurs os. La science de connaître leurs maladies, et des remèdes souverains et éprouvez pour les guérir; le moyen de faire et gouverner un bon haras avec profit. Et l'art de voltiger et combattre à cheval. Enrichi de figures très utiles tant à la noblesse qu'à tous ceux qui ont ou qui gouvernent des chevaux.* »

Cet ouvrage était dédié à « *Monsieur Coulon, escuyer à la grande escurie du roy tenant une de ses académies.* »

L'ouvrage de M. de Beaumont est divisé en trois livres complétés par un traité de voltige :

Livre premier : *Du bel homme de cheval ou de l'assiette parfaite du cavalier. — Des actions du cheval en tous ses pas naturels. — Des mouvements artificiels des jambes du cheval. — De la manière de monter le poulain. — De la selle, estriers et esperons.— De la façon dont j'ay coûtume d'attacher les resnes du cavesçon. — Cavesçons à osselets et à chaisne. — Cavesçon à la Françoise avec sa branche.*

Pour rendre les épaules du cheval souple. — Comment il faut manier la première fois un jeune cheval pour le troter à main droite sur un cercle large, avec le cavesçon à une mode. — La première leçon pour un jeune cheval ou poulain, au trot à main gauche. — Quand et comment il faut galoper un cheval. — Pour la main droite au galop. — Pour la main gauche au galop. — Comment il faut arrester un cheval. — La méthode pour travailler la croupe d'un cheval à la main droite. — Comment il faut travailler la croupe du cheval à la main gauche. — Pour travailler la croupe d'un cheval au pas, la croupe auprès du pilier à main droite et à main gauche. — Pour travailler la croupe du cheval la teste vers le pilier, mais en dehors, et cela à la main droite. — Pour travailler à main gauche la teste vers le pilier. — Pour travailler à la main droite (et à la main gauche) un cheval en sa longueur au pas, qui est l'action du trot. — Pour mettre un cheval entre deux piliers. — Leçon très excellente pour tous chevaux, tant pour ceux qui sont pesans à la main, que pour ceux qui y sont légers. — Comment il faut faire entendre la bride à la main droite (et à la main gauche). — Pour travailler un cheval avec les fausses resnes. — Pour travailler un cheval de la bride seule, les resnes séparées dans les deux mains. — Pour travailler un cheval des resnes de la bride en la main gauche seulement qui est le but de l'art; car un cheval qui y obéit et aux talons est parfaitement dressé. — Pour travailler un cheval terre à terre, bride en la main gauche seulement. — Terre à terre à la main gauche. — Pour les passades le long d'une muraille, avec les resnes de la bride seulement, et quelques autres instructions. — Pour changer sur les voltes terre à terre. — Pour dresser un cheval à toutes sortes d'airs. — Diverses sortes d'airs. — Méthode nouvelle d'un pillier, pour les airs ; pour la main droite. — Entre deux pilliers. — Pour travailler un cheval en arrière sur les airs de courbette, sur la main droite. — Pour travailler un cheval de costé à courbettes. — Pour attacher un cheval au pillier avec la resne droite courte et tenir à la main la resne longue : le cheval doit à présent estre monté. — Pour changer à courbettes sur les voltes. — Observations très belles pour les courbettes. — Des aides dont le cavalier se doit servir sur les voltes à courbettes. — Pour travailler un cheval sur les voltes en arrière. — Pour travailler un cheval à courbettes le long d'une muraille, au costé gauche. — Pour faire aller un cheval à courbettes en arrière, tout droit le long d'une muraille, la muraille estant encore au costé gauche. — Pour faire aller un cheval à courbettes en avant le long d'une muraille, le costé droit vers la muraille. — Pour faire aller un cheval droit en arrière à courbettes le long d'une muraille, le costé droit toujours vers la muraille. — Pour les caprioles. — Pour dresser un cheval à balotades. — Pour dresser un cheval à croupades. — Pour faire aller un cheval au pas et au saut. — Comment il faut aider un sauteur en avant, ou sur ses voltes à caprioles, croupades et balotades ; et comment il faut que le cavalier soit assis. — Des aides de la main de la bride. — Pour les caprioles, balotades et croupades par les aides de la main. — Des aides du corps. — Des aides de la gaule ou houssine. — L'aide de la gaule pour les courbettes et demy-airs. — Les aides de la gaule à croupades, balotades et caprioles. — Le cavalier qui est à pied peut aider le cheval sur son devant de la gaule en cette sorte. — L'aide pour la gaule sur la croupe. — Invention pour bien mettre un cheval sur les hanches, très nécessaire pour le manège. — Pour la pirouete. — Pour les passades. — Pour passager un cheval au pas, la croupe dehors ou dedans, travaillant de la jambe et resne contraire, qui sont la resne de dedans et la jambe de dehors. — Pour passager un cheval en sa longueur, la resne du cavesçon attachée au pommeau de la selle. — Pour changer terre à terre. — Pour changer au galop à la soldade. — Observations. — Le triumvirat des leçons, pour travailler et finir un cheval parfaitement dans le manège.

Remarques très utiles et nécessaires pour bien dresser un cheval, et des actions de ses jambes : *Galop en avant. — Le galop du cheval en cercle. — Terre à terre sur les voltes. — Remarques pour la main de la bride, ce qui est d'importance. — Il faut remarquer les leçons suivantes comme très excellentes. — Autre leçon pareille pour faire qu'un cheval attende la main et le talon et y obéisse. — Remarques. — De l'éperon. — L'aide de l'éperon appelée le pincement. — Un autre aide d'éperon. — De la resne du dedans du caveçon attachée au pommeau de la selle. — Pour le cheval rétif. — Pour un cheval qui s'emporte. — Pour terre à terre. — A courbettes sur les voltes. — A passades. — Comment il faut s'aider de la jambe. — Remarque extraordinaire touchant la longe. — Discours sur le pilier à la vieille mode, laquelle est très fausse terre à terre. — Discours sur les deux piliers.*

La règle de trois : 1° *Pour travailler terre à terre avec le caveçon. — 2° Pour travailler avec la bride seule les resnes séparées dans les deux mains. — 3° Pour travailler un cheval la bride en la main gauche seulement.*

Livre deuxième : *Traité de la médecine vétérinaire.*

Livre troisième : *Instruction très utile pour faire un bon haras dans les lieux commodes.*

Traitté pour apprendre a voltiger : *Manière de bien prendre son temps pour commencer à voltiger — Pour entrer en selle. — Pour ressortir de selle. — Pour faire un revers de terre et sauter à pieds joints par dessus la selle du cheval. — Sault de terre pour entrer en selle ayant une femme en crouppe. — Sault de dedans la selle. — Sauter de dedans la selle. — Entrer en selle comme si l'on avoit le pied a l'estrier. — Entrer en selle de l'autre costé du montoir. — Estant en selle se retourner le devant derrière. — Estant en selle a genous les bras derrière le dos sauter de la selle en bas. — Sault de dessus le cheval passant les deux bras sautant les jambes jointes par dessus la crouppe. — Sault de terre prenant son escousse de derrière le cheval. — Sault de terre qui se nomme haute promenade. — Monter et descendre à la sandrine. — Saut de la meusnière à la façon de Trappolin, qui se fait en deux manières. — Saut nommé Toute ma mie. — Monter en selle avec un pied comme si l'on l'avait à l'estrier. — Routade de teste tenant la narine du cheval. — Routades la jambe.*

Tous ces exercices de voltige s'exécutaient sur un cheval de bois portant une selle.

Nous ne nous arrêterons pas au contenu du deuxième livre qui est un formulaire de remèdes tout aussi étranges que ceux que nous avons déjà cités.

Quant à MM. *Coulon, de Querinay, de Rochefort* et *Dugard*, ils étaient écuyers de la grande Écurie. Ils signèrent une approbation au livre de Beaumont et mirent en pratique ses principes.

Le fils de M. Dugard devait continuer l'enseignement de son père au manège qu'il tint sous le règne de Louis XV.

Nous avons encore à citer les noms de MM. *d'Ainaut*, *Bernardi*, qui était italien, *Duvernet* et *de Moimont*, dont le fils fut écuyer de la Grande Écurie, sous Louis XV.

Puis M. *de Lonq-Pré*, dont les fils tinrent aussi une académie et qui furent de « très habiles gens ».

MM. *de Bournonville* et *du Plessis* professaient ensemble au manège de Versailles où ils firent de nombreux élèves, parmi lesquels Gaspard de Saunier, dont nous aurons à parler, lequel se louait beaucoup de la clarté de leur enseignement.

Saint-Simon appelle du Plessis le premier homme de cheval de son siècle. C'était surtout un praticien. Ses leçons étaient basées sur la nécessité d'accorder la main avec les jambes. Il publia même quelques notes à ce sujet.

Un des premiers seigneurs de France, conduisant son fils chez M. du Plessis, lui dit en l'abordant : « *Je ne vous amène pas mon fils pour en faire un écuyer, mais je vous prie seulement de vouloir bien lui enseigner à bien accorder ses jambes et ses mains avec la pensée de ce qu'il voudra faire faire à son cheval.* »

M. du Plessis lui répondit : « *Monseigneur, il y a environ soixante ans que je travaille pour apprendre ce que vous me faites l'honneur de me dire ; et vous me demandez là précisément tout ce que j'ambitionne de savoir.* »

C'était aussi l'époque de M. *de La Vallée*, dont l'enseignement était dans les mêmes idées que celui de Du Plessis. Les La Vallée furent quatre frères, tous quatre écuyers célèbres.

Un des élèves de Du Plessis et de La Vallée disait en parlant de ces maîtres :

« *Je leur ai vu dresser des chevaux abandonnés par des écuyers qui passaient pour habiles gens, et qui n'en avaient cependant rien pu tirer ; mais ces chevaux ayant été mis entre les mains de l'un ou de l'autre de ces messieurs, je puis dire les avoir vus quelque temps après de braves chevaux, tant pour le manège que pour la guerre, quoiqu'ils n'eussent point de caveçon sur le nez, et qu'on ne se fût servi que de la bride seule.*

« *Je ne me souviens point d'avoir jamais vu ces messieurs perdre patience avec aucun cheval, de quelque mauvais naturel qu'il fût. Je n'ai aussi jamais pu remarquer qu'il lui donnassent aucun rude châtiment, ni de longues leçons, mais je me souviens parfaitement qu'ils m'ont dit plusieurs fois à cette occasion, que les longues leçons crévoient les chevaux, et que les courtes leçons, au contraire, les dressoient.*

« *Aprenez de nous, me disaient-ils, que tant vaut l'homme, tant vaut sa terre, voulant dire par là qu'un cheval ne vaut que ce que l'écuyer le fait valoir.* »

M. *de Neuville*, neveu de Du Plessis, professa les principes de son oncle.

Quant à M. *Delcampe*, le seul pour ainsi dire de toute cette pléiade qui ait écrit, il nous a donné dans son *Art de monter à cheval*, publié en 1690, une sorte de paraphrase des leçons de ses contemporains, dont nous allons nous servir pour caractériser leurs tendances.

L'ouvrage de Delcampe s'intitule :

L'Art de monter a cheval *pour élever la noblesse dans les plus beaux airs du manège. Enseigné et pratiqué par les illustres et fameux écuyers de France, tant par les voltes, caprioles, courbettes, passades, sauts de terre à terre, courses de bagues, que pour tout ce que cavalier doit sçavoir pour se rendre habile homme de cheval, avec les figures nécessaires, par M. Delcampe, écuyer du roy.*

L'auteur nous y définit nettement son but d'accorder les aides :

« *Si un homme se veut vanter d'estre bon homme de cheval, et qu'il le veuille dire sans vanité et sans se flatter, il faut de nécessité sçavoir, que s'il se pouvoit faire, pour ainsi parler, que le cheval pût estre séparé en deux également, tout ce qui serait depuis la première coste jusques au bout de l'oreille se doit appeller, et est absolument dit et nommé de la main en avant, et c'est la main seulement qui guide cette partie ; ce qui reste depuis ladite coste jusques au bout de la queue, est dit ou s'appelle de la main en arrière, et c'est absolument le talon qui guide et conduit cette dernière partie, c'est pourquoy on dit, pour parler en bon terme, ce cheval est beau de la main en avant : comme on dit aussi lors que le cheval a la croupe belle avec les parties du derrière : voilà un beau cheval de la main en arrière.*

« *Cela supposé, comme il est vray, il est facile de faire manier un cheval de quelque air ou manège que ce soit, et le conduire de la maniere que l'on voudra, pourvu qu'il soit dressé, et que le cavalier sçache bien accorder la main avec le talon, sçavoir que la main commence toujours le premier effet, et que le talon suive immédiatement après, estant très necessaire que la teste et les épaules cheminent toujours les premières, et les hanches suivent tout aussi-tost après, qui est le vray effet de la concordance de la main et du talon.* »

Il n'est pas nécessaire de souligner le progrès de cette théorie, nouvelle pour l'époque, qui est la base de l'équitation raisonnée.

La méthode de dressage n'est pas moins judicieuse :

« *Vous ferez conduire au manege vostre cheval, et ferez monter quelqu'un dessus, et après luy avoir mis le cavesson, et attacher la grande corde* (la longe), *vous le ferez trotter autour du pillier, avec autant d'étendue que l'espace vous le pourra permettre et le travaillerez si à propos, qu'il chemine sur les quatre lignes de la volte, et non pas en rond, et la teste dedans la volte, qu'il soit droit, qu'il regarde son chemin, et qu'il chemine toujours en avant et vous souvenez que ces premières leçons font la baze et le fondement de tout le métier.*

« *C'est à quoy vous parviendrez facilement dans l'espace de trois mois ; mais si le cheval obéissoit bien au bout d'un mois ou six semaines, il ne serait pas besoin de le retenir plus long-temps à cette leçon.*

« *Quand vous verrez que vostre cheval trottera ou galoppera bien uny, qu'il regardera son chemin à droit comme à gauche, qu'il ne fera point la volte couchée, et qu'il ne se panchera point en galoppant, alors vous pourrez essayer de le changer de main, ce que vous ne ferez que de pas à l'abord et sur l'un des quatre coins de la volte.*

« *Cela fait, et le cheval en étant bien assuré, et surtout qu'il porte la teste en beau lieu, sans faire le col roide, ny autre vilaine ou mauvaise posture, vous luy pouvez ôter la corde, et le laissant sur la foy de celuy qui sera dessus, vous le ferez promener par le droit, et luy donnerez un peu plus de liberté et de terrain que devant.*

« *Lorsqu'il le fera avec facilité, vous essayerez en l'arrestant de le préparer à s'asseoir sur les hanches, afin de fermer son arrest, que s'il s'y prépare, que ce soit le plus droit que vous pourrez, sans souffrir qu'il se traverse à l'arrest, ny qu'il s'impatiente, ce que vous continuerez par plusieurs jours, tant qu'il se mette en devoir de baisser les hanches, si-tost qu'il sentira que l'on mettra le corps en arrière, et qu'en effet il s'arrestera avec quelque certitude et facilité de bouche, sans branler ny remuer la teste, ny forcer la main, lors vous le ferez conduire en un lieu un peu penchant, ou calade, afin de luy donner plus de facilité et d'aisance de s'asseoir sur les hanches et continuer quelque temps cette leçon, afin de luy accoûtumer et lui apprendre à lever le devant sans impatience, afin qu'il puisse marquer quelques trois ou quatre posades au parer ou à son arrest, et lorsqu'il vous obéira à vostre plaisir, vous essayerez de le faire reculer.* »

La leçon du reculer est indiquée de la façon suivante :

« *Premièrement avec l'aide des deux longes du cavesson, puis au bout de quelque temps avec le cavesson et la bride ensemble, puis lorsque le cheval en sera capable, avec la bride seule.*

« *Remarquez encore eecy,* dit l'auteur, *et l'apprenez bien, scachez que le cavesson est donné aux chevaux pour plusieurs raisons, mais on s'en sert pour trois principales. La première, pour leur plier la teste, le col et les épaules. la seconde, pour leur conserver la bouche; et la troisième, pour leur faire aimer et souffrir la bride.*

« *Lorsque le cheval sera tout à fait au point que vous venez d'entendre, il faudra le conduire dans un lieu spacieux, ou le trottant et galoppant quelque cent ou six-vingt pas, vous essayerez de le changer de main, sans l'acculer en le changeant.*

« *Vous ne ferez cette leçon que de pas et de trot, jusques à ce que vostre cheval y soit très certain, et lorsqu'il sera en cet estat, vous le pourrez obliger à prendre le petit galop léger et le changer au bout des lignes à droit et à gauche.*

« *Je vous donne pour toutes ces leçons autant de temps que vostre prudence et votre science le jugera nécessaire pour y bien accoûtumer le cheval. Et afin qu'il demeure toujours en estat et en volonté de vous satisfaire, donnez-lui du pain ou de l'herbe, et après l'avoir fait reculer et avancer par plusieurs fois, vous luy donnerez grande haleine.*

« *Si au premier jour de vostre exercice il ne vous obéissoit pas, ne vous fâchez point, et revenez à vos premières leçons avec grande patience; et lorsqu'il sera bien obéïssant, vous ferez au premier jour de vostre travail ce que je vous vay enseigner : vous luy ferez mettre la grande corde, puis le ferez conduire au pillier, et luy mettrez la teste vis-à-vis d'iceluy, et essayerez de lui faire fuir les talons, ou entendre les talons, ou connoistre les aides des jambes; tous ces termes ne signifient qu'une même chose, vous luy ferez donc fuir les talons avec le plus de douceur et de patience que vous pourrez, luy donnant à connoistre ce que vous desirez de luy, tournant le poignet à droit, et approchant aussi le meme talon, et ferez en sorte que la teste demeure toujours vis-à-vis du pillier.*

« *Apprenez que cette manière de faire travailler ainsi les chevaux se fait pour deux raisons : la première est pour bien leur apprendre à connoistre les talons; et la seconde, pour leur placer la teste, le col et les épaules.*

« *Sçachez aussi de plus, que cette façon de guider les chevaux se nomme la volte renversée, d'autant que les épaules font le petit tour, et les hanches, et la crouppe font le grand, qui est le contraire, ou le revers de la véritable volte. Lorsqu'il le fera sans aucune répugnance, avec souplesse et faci-*

lité alors vous lui apprendrez à fuir les talons par une autre methode.

« *Vous choisirez une muraille propre à vostre dessein, de la longueur de vingt-cinq ou trente pas, puis vous lui mettrez la teste vis-à-vis d'icelle, lors tournant un peu le poignet à droit, vous approcherez le talon gauche, le guidant de la main et du talon, jusques à l'extrémité de ladite muraille, et lors que vous y serez arrivé, après avoir carressé le cheval, et resté quelque temps après en cet estat, vous tournerez le poignet à gauche, et approcherez le talon droit afin de conduire vostre cheval, et le remettre au lieu même d'où il étoit party lors que vous avez commencé vostre première leçon.*

« *Ce que dessus bien imprimé dans la memoire du cheval, et supposé qu'il n'y manque point, vous le ferez conduire dans le lieu de manège. Le premier jour de vostre travail vous le galopperez sur les quatre lignes droites, et l'arrêterez sur les hanches, au bout de chacune d'icelles vous luy leverez le devant au parer, puis vous le ferez reculer trois ou quatre pas, et vous continuërez ce travail cinq ou six jours.*

« *Après donc que vous l'aurez rendu très-certain à tout ce que dessus, vous essayrez de le faire changer par l'extremité de l'une des lignes. Sur tout, prenez bien garde que tout ce qu'il fera soit en demeurant fort droit, sans se traverser et pancher, ny s'éloigner d'un costé ny d'autre, et je vous donneray pour toutes ces leçons un mois ou six semaines, ce que vous rëitererez par cinq ou six reprises chaque jour.*

« *Lors que vous aurez gagné tout ce que dessus, et bien mis dans la mémoire de vostre cheval, il sera fort avancé et bien en estat de vous servir pour la guerre et pour le combat particulier : mais je désire qu'il fasse quelque chose de plus, comme les passades de trois temps. C'est ce manège que l'on doit véritablement nommer juste.*

« *En premier lieu, vous conduirez vostre cheval le long d'une ligne droite, bornée ou non bornée, comme par exemple, le long d'une muraille ou chemin, de l'étenduë de trente ou quarante pas, où étant arrivé vous le conduirez de pas le long d'icelle, aussi loin que vous aurez dessein que vostre passade soit longue : et lors que vous serez dans le dessein de luy faire former la passade, vous mettrez le corps en arrière, peserez un peu sur les étriers, ce qui l'obligera de s'asseoir sur les hanches, et lors que vous sentirez qu'il commencera de les baisser, vous tournerez adroitement le poignet vers la main droite, ce qui luy conduira la tête et les épaules, puis vous approcherez le talon gauche immédiatement après qu'il fera suivre les hanches pour former le premier temps. En second lieu, vous tournerez encore le poignet comme devant, et conduirez aussi la croupe du même talon gaucke afin de former le second temps. En troisième lieu, vous tournerez encore le poignet à gauche, et accorderez si bien le même talon gauche, que vous fermerez et accomplirez la passade, en sorte qu'il se trouvera la tête où il avoit la croupe lors que vous aurez commencé votre leçon, ce qui s'appelle passade juste de trois temps. Manége, comme j'aye dit, beau, juste et tres-difficile, car il est requis qu'il se fasse de tel jugement, que le cheval marchant et s'arrondissant selon la conduite de la main et des talons du cavalier, de telle addresse qu'il se puisse justement tomber sur la même ligne sur laquelle il étoit premierement party, autrement la passade ne se pourroit pas nommer juste.*

« *Il y a une autre passade ou manière de faire tourner les chevaux, que l'on nomme demie volte, ou tour de quatre temps, que j'ay jugé devoir apprendre au cavalier, quoi qu'elle ne soit pas fort necessaire à la guerre, non plus qu'au combat particulier; mais je trouve cette manière excellente pour faciliter le moyen aux chevaux de pouvoir apprendre les passades justes de trois temps.* »

Voici d'ailleurs le sommaire du livre de M. Delcampe.

« *Quel doit estre l'écuyer. — Les qualités du bel homme de cheval. — De la posture du bel homme de cheval. — Ce que doit sçavoir le bon cavalier touchant l'ordre et le gouvernement d'une belle Ecurie. — Les choses essentielles qui se doivent pratiquer sans contredit dans l'Art de monter à cheval. — De la disposition que doit avoir celuy qui veut embrasser l'art de monter à cheval. — Ce qu'il faut que sçache le cavalier touchant tout l'équipage et le harnois de son cheval. — Ce que c'est que le manége. — Ce que c'est que volte. — Ce que c'est que carrière. — Ce que c'est que passades. — Du beau cheval. — Connaissance certaine de l'âge du cheval, depuis sa naissance jusques à la fin de sa vie. — L'équipage necessaire à un Manége. — Des embouchures des chevaux. — Le moyen de connoistre le naturel des chevaux. — Les choses qu'il faut absolument que sçache le bon cavalier. — Les chastiments et les aydes que l'on donne aux chevaux, et leurs différences. — Pour connoistre si un cheval est dressé. — Ce qu'il faut qu'un cavalier sçache pour se dire bon homme de cheval. — Le moyen de dresser les chevaux. — Des passades de la main à la main. — Des piroüettes. — Le moyen de mettre un cheval sur les voltes. — Pour achever un cheval. — Le nom de tous les airs et manéges relevez. — De la course de bague. — Pour mettre et commencer un cheval à capriolles. — De l'air des balotades. — Les parties du cheval les plus nécessaires de sçavoir au bon cavalier. — Les endroits où viennent ordinairement les maux et fluxions aux chevaux.*

Il ne faut pas oublier dans cette pléiade d'écuyers *M. de Vendeuil* qui eut la gloire d'être le maître de *La Guérinière.*

M. de Vendeuil est cité par tous les auteurs comme un homme de cheval accompli. Son enseignement était surtout oral et pratique.

Un de ses contemporains le critique au sujet d'une de ses expressions favorites :

« *M. de Vendeuil, quoique bon écuyer, ne disait autre chose aux élèves qui allaient exercer sous lui, que le mot* BRILLANT : *Du brillant, répétait-il sans cesse. L'idée qu'il attachait à cette expression, était sans doute : placez, tenez droit, rendez léger et adroit le cheval qui exerce sous vous, sans que vos aides soient apperçues par les spectateurs autrement que pour embellir votre assiette. Idée qui ne pouvait être sentie que par un élève instruit qui n'avait pas besoin de cet avis.* »

La famille de Vendeuil tint l'Académie royale de Caen pendant cent neuf ans.

En 1725, un écuyer, M. Carbon de Begrières publia, sous le titre de *Manuel des Écuyers*, un recueil de remèdes vétérinaires :

MANUEL DES ÉCUYERS *ou recueil des differens remèdes pour la guerison des maladies qui arrivent aux chevaux et autres animaux servants à l'utilité de l'homme, par le sieur Carbon de Begrieres, ancien premier ecuyer du duc de Mantoue et ancien capitaine de cavalerie.*

Ce livre est l'expression de l'empirisme le plus absolu et nous nous contenterions de citer son titre si nous n'avions pas rencontré, en le lisant, certaines superstitions qui méritent d'être relatées à titre de curiosités.

Ces superstitions n'ont évidemment rien de surprenant, surtout pour l'époque, — il en subsiste tant aujourd'hui — mais on a lieu cependant de s'étonner qu'elles aient eu le parrainage de gens qui ont marqué dans leur temps.

— « *Le vertigot est un mal très-dangereux, et s'il n'est promptement secouru, le cheval devient comme enragé et d'une folie inabordable; la cause de ce vertige vient d'un ver qui prend naissance dans la queuë, et qui monte toujours le long de l'épine du dos jusqu'à la tête.* »

— « *Quand un cheval est enragé, ce qui vient quelquefois par les maux du crin et plus souvent encore par le mal de dents; il lui faut faire une étoile au front, aux épaules et aux cuisses avec un fer chaud.* »

— « *Secret particulier pour les curieux concernant les tranchées et avives qui arrivent aux chevaux. — Bien que ce remede soit mysterieux, il ne laisse pas d'avoir son merite. Comme quand on a des chevaux ce n'est pas pour toujours rester en ville : il est du mystère de ce remede que quand on se trouve en campagne dans le temps que les taupes travaillent, il est bon d'en prendre une, et de ne la lever de terre que de la main gauche, et la faire mourir dans la main, et quand elle y est morte, et qu'elle a perdue sa chaleur on peut la jetter. Le mérite de ce remède reste dans la main de celuy qui y a fait mourir la taupe. En effet quand un cheval est attaqué de tranchées, il suffit qu'il luy frotte le ventre de cette main mystérieuse. Il en est de même pour les avives, il les guerit egalement en frottant l'oreille gauche du cheval, et en la serrant dans la main. Il faut observer de ne point aller à cette chasse exprès, parce que c'est l'aventure qui en fait le mérite.* »

En 1730, il parut un livre intitulé : « *La connaissance parfaite des chevaux* » lequel, sans nom d'auteur, représentait une compilation de tous ceux qui avaient écrit auparavant en hippiatrique et maréchalerie. La partie équitation était plus particulièrement subordonnée aux idées de M. Delcampe.

« LA CONNOISSANCE PARFAITE DES CHEVAUX, *contenant la maniere de les gouverner, nourrir et entretenir en bon corps, et de les conserver en santé dans les voyages; avec un détail général de toutes leurs maladies, des signes et des causes d'où elles proviennent, des moyens de les prévenir et de les en guérir par des remedes experimentez depuis long-tems et à la portée de tout le monde. Joint à une nouvelle instruction sur le haras, bien plus étendue que celles qui ont paru jusqu'à present, afin d'élever de beaux et de bons poulains pour toutes sortes d'usage ; et l'art de monter a cheval, et de dresser les chevaux de manege, tiré non seulement des meilleurs auteurs qui en ont écrit, mais encore des mémoires manuscrits de feu monsieur Delcampe.* »

Livre premier : extérieur du cheval, races, etc.; livre deuxième : maladies et remèdes; livre troisième : équitation.

Le sommaire de ce troisième livre donnait la progession suivante :

Des qualités que doit avoir celui qui veut apprendre à monter à cheval et comment il y doit être. — De l'importance qu'il y a de connoître un cheval de manege à fond, avant que le faire travailler. Comment cette connoissance s'acquiert. De quelle manière il faut dresser le cheval, et quel il doit être. — Comment gouverner les chevaux au manege, chacun suivant leur génie particulier. — Du tems auquel on doit monter un cheval qu'on dresse, et de quelques observations là-dessus. — De quelques points essentiels à un homme qui veut dresser un cheval, et comment l'obliger à prendre une cadence terre à terre. — De ce qu'on peut souhaitter dans un bon cheval, après qu'il sçait faire trois ou quatre bonnes courbettes. — De l'utilité qu'il y a de faire lever un cheval demi à courbettes et demi terre à terre, et de ce qu'on doit faire pour l'accoutumer à souffrir les talons. — Des instructions qu'on doit donner au cheval accoutumé à souffrir les talons, et comment y rendre sensibles ceux qui ne s'en soucient point. — De quelques observations à faire quand on veut monter à cheval. — De certaines instructions nécessaires pour achever d'ajuster le cheval. — De quelle longueur et largeur doivent être les passades pour être bonnes; et du tems qu'on doit prendre pour faire la demi-volte, et combien il faut de passades pour qu'elles soient de bonne grâce.—De la manière de faire partir de bonne grace son cheval de la main. — Combien il doit il y avoir de courbettes à l'arrêt. Et de ce qu'on apprend au cheval pour le perfectionner dans toutes les justesses du manège. — Methode pour faire manier les chevaux après avoir appris le passage. — De ce qu'il faut faire après que le cheval manie par le droit de son plein gré, et comment le faire tourner aisément, et plier en maniant sur les voltes. — Comment il faut qu'un cheval soit instruit pour être bien ajusté, et qu'elle est la fin de toutes les justesses. — De quelques autres airs dont on doit instruire le cheval, outre celui de terre à terre et de courbettes. — De ce qu'il faut faire lorsque le cheval est assuré entre les deux piliers à se lever devant pour l'aide de la langue et de la gaule. — De la suite des leçons dont il faut se servir pour apprendre au cheval à faire des caprioles en perfection; et ce que c'est que l'air d'un pas un saut.

Un nom que l'on ne doit pas oublier en parlant de l'art équestre, est celui de *Garsault* qui s'occupa, il est vrai, plus d'élevage que d'équitation, en continuant l'œuvre de son père qui a eu le mérite d'aider Colbert à fonder en France l'administration des haras.

C'est en 1732 qu'il publia son premier ouvrage traduit de l'anglais :

« L'ANATOMIE GÉNÉRALE DU CHEVAL *contenant une ample et exacte description de la forme, situation et usages de toutes ses parties. Leurs différences et leurs correspondances avec celles de l'homme. La génération du poulet et celle du lapin. Un discours du mouvement du chile et de la circulation du sang. La manière de disséquer certaines parties du cheval, difficiles à anatomiser. Et quelques observations phisiques, anatomiques et curieuses sur différentes parties du corps et sur quelques maladies. Le tout enrichi de figures. Traduit de l'anglais par F.-A. de Garsault, capitaine du haras du Roy en survivance.* »

Dans sa préface, M. de Garsault nous explique son but en traduisant ce livre :

« *Je crois que je suis le premier François qui ait songé à donner à nos maréchaux une anatomie complette du cheval, et tous les peuples qui nous environnent, sçavoir : les Italiens, les Allemans, les Anglais et les Espagnols nous ont précédé de beaucoup ; mais j'espère du génie de la Nation que nous les atteindrons dans peu, et que le même zèle qui m'a déterminé à cette traduction les animera pour en profiter.* »

Puis en 1741, il publia « *Le nouveau parfait maréchal.* »

« LE NOUVEAU PARFAIT MARÉCHAL *ou la connaissance générale et universelle du cheval divisé en sept traités : 1° De sa construction. — 2° Du haras. — 3° De l'écuyer et du harnois. — 4° Du médecin ou traité des maladies des chevaux. — 5° Du chirurgien et des opérations. — 6° Du maréchal-ferrant. — 7° De l'apothicaire ou des remèdes. — Avec un dictionnaire des termes de cavalerie. Le tout enrichi de cinquante figures en taille-douce. Par M. Fr.-A. de Garsault, ci-devant capitaine en survivance du haras du roi.* »

Dans cet ouvrage, M. de Garsault nous donne la description des selles qui étaient alors en usage :

» LA SELLE A LA ROYALE *est composée d'un arçon, de battes et d'un troussequin : les quartiers se font de velours, de drap ou de roussi : on orne communément ces selles de galons de tresses et de franges.*

« LA SELLE A TROUSSEQUIN *est une selle plus grossière ; elle est composée de deux arçons avec des bandes ; si c'est pour la cavalerie, il faut que ces bandes soient ferrées dessus et dessous, à cause des trousses que les cavaliers portent ; les dites selles sont faites d'un cuir de résistance ; on met deux crampons, dans lesquels on passe deux courroies à boucles pour attacher les valises ou trousses, quatre crampons de pistolets et porte-mousqueton : on y ajoute aussi l'étui à mettre une hache et une bêche pour les dragons ; et comme ils mettent quelquefois pied à terre pour combattre, on ajoute un crampon à l'arçon de devant, dans lequel on passe une courroie qui va d'un cheval à l'autre : ces courroies attachent ainsi tous les chevaux ensemble.*

« LA SELLE A PIQUER *n'est en usage qu'au manège ; elle est composée de deux arçons avec des bandes de fer ; les battes étant fort hautes enchassent pour ainsi dire, entr'elles les cuisses du cavalier et augmentent sa fermeté. On met les étriers à cette selle par le moyen d'un chapelet dont on passe la couronne autour du pommeau. Chaque académiste a son chapelet à la main, qu'il met sur chaque cheval qu'il monte, et qu'il ôte quand il en descend ; par ce moyen les étriers sont toujours à son point.*

« *La selle rase ou demi anglaise et la selle anglaise, sont celles dont communément les chasseurs se servent comme plus légères et moins embarrassantes.*

« LA SELLE RASE *est un arçon composé tout de bois, avec deux petits lièges qui sont collés sur l'arçon de devant, auxquels on ajuste des battes; il n'y a ni battes ni troussequin derrière. On met aux arçons des porte-étrivières doubles, pour y attacher double étrier et étrivière. Les seconds étriers qui, ordinairement sont à l'anglaise, sont attachés à un porte-étrier de cuir qui tient à l'arçon de derrière, et que le cavalier a mis à son point; ainsi, si son étrier se casse ou se défait, il ne fait que détacher cet autre étrier, qui lui sert à la place du premier.*

« LA SELLE ANGLAISE *ou à l'anglaise est une selle dont l'arçon est fort petit. Les quartiers arasent les bandes de l'arçon, venant à rien à l'arçon de derrière. Le siège est coupé en deux pièces justes ensemble, avec un jonc de cuir ou de soie, et cousu tout autour des quartiers. Le siège et les quartiers étant ainsi cousus ensemble, on les applique, on met les porte-étrivières doubles, et deux ou trois contre-sanglots de chaque côté des sangles. On ne met à cette selle ni poitrail ni croupière.*

« LA SELLE A BASQUE *se fait plus moyenne que la selle anglaise; les quartiers sont coupés fort petits, et la genouillière est coupée en rond; on met un entre-jambe que l'on cloue à l'arçon pour éviter le danger des boucles.*

« LA SELLE DE COURSE *ne sert qu'aux courses de chevaux qu'on veut faire courre l'un contre l'autre; celle-ci est très petite et excessivement légère; elle ressemble en miniature à la selle à basque. On met le faux siège fort mince; on pose les quartiers et le siège tout ensemble; on les colle sur la feutrure; on rabat la selle sur l'arçon tout autour, et on l'y cloue; on fait une paire de panneaux très minces, quand ils sont rembourrés et posés, on fait fondre de la poix noire, et on en enduit tout le dessous des panneaux, pour que cette poix prenne sur le poil du cheval quand il fera sa course. Quand la course est finie, on rase l'endroit où le poil est imbu de poix.*

« *Il y a encore* LA SELLE DE FEMME; — LA SELLE DE POSTE; — LA SELLE DE POSTILLON; — LA SELLE DES COURSIERS DE MALLES; — LA SELLE DE FOURGONIER. »

M. de Garsault, en parlant de la selle de femme, nous fait remarquer que cette selle est faite pour les femmes qui ne montent pas à cheval « jambe de ci, jambe de là. »

Nous trouvons également dans cet ouvrage des recommandations pour l'équitation de chasse :

« *Comment il faut se conduire, et son cheval, à la chasse des chiens courants* »

Et aussi un paragraphe sur les courses anglaises de cette époque. Nous transcrivons ce paragraphe qui montrera l'origine d'une foule de conventions subsistant encore aujourd'hui :

« *Les principaux seigneurs élèvent des chevaux de course uniquement pour la course. Il y a un prix qu'on fait publier lorsque l'on indique le lieu et le temps de la course. Le roi donne tous les ans au moins une bourse de cent guinées pour servir de prix aux courses de Newmarket, lieu célèbre pour la course. Les villes ou les communautés, ou un nombre de souscrivants, quelquefois même un particulier, font aussi les sommes nécessaires pour le prix d'une course, qui quelquefois, au lieu d'une bourse, est une jatte d'argent de vingt-cinq ou trente guinées, pour faire du punch; ou une tasse; ou une selle; ou une bride pour le cheval qui a le mieux couru, et un fouet pour le second. Les lois pour la course fixent la grandeur du cheval et le poids qu'il doit porter. On égale ce poids avec du plomb qu'on met, ou sur la selle, ou dans les poches de celui qui pèse le moins. On fixe aussi le nombre de tours que le cheval doit faire, le temps où il doit être mis dans des écuries marquées pour cet effet, et l'argent qu'on doit donner pour son entrée, ce qui se proportionne aux prix indiqués, et ce qui double, quand on ne le remet point à un certain jour à l'écurie d'où il doit partir pour la course. En vertu de ces lois, on peut exclure des chevaux d'une certaine réputation; des chevaux, par exemple, tels que ceux qui auront couru pour des prix d'une telle valeur, ne pourront être admis à la course qu'on indique; on peut même marquer que le cheval victorieux sera donné pour une telle somme d'argent; ordinairement soixante guinées, à ceux qui ont souscrit pour faire le prix de la course. Le nom des coursiers victorieux est publié dans les nouvelles publiques, et souvent même le nom des chevaux qu'ils ont vaincus, quand ils sont en quelque réputation, il est vrai qu'on marque aussi le nom de ceux à qui ils appartiennent. Lorsqu'il y a de pareils divertissements dans une province, non-seulement toute la Gentry, c'est-à-dire la noblesse et autres habitants de la campagne, mais la plupart de ceux des provinces voisines viennent en foule; ce ne sont que festins, que bals et que concerts.* »

Garsault résume comme il suit l'attitude qu'on doit avoir à cheval : « *Droit dans la selle; — Le chapeau droit : — L'habit déboutonné ou large; — La veste boutonnée; — Assis dans la selle; — Les épaules en arrière; — Soutenez les reins en les pliant un peu; — Ne baissez ni levez le nez; — Les jambes aplomb près du cheval, et le talon un peu plus bas que la pointe du pied; — Aucune contrainte apparente à tout cela.*

« *Quand tout ce qui est dit ci-dessus est bien exécuté, alors vous faites partir votre cheval en serrant doucement et point à coup le gras des jambes, et sans déranger votre situation.*

« *Quand votre cheval est en mouvement, tenez vos jambes fermes, c'est-*

à-dire ne les brandillez point ; appuyez sur vos étriers que vous tiendrez au bout du pied, de peur que si votre cheval venait à tomber ou autrement, vous n'eussiez point vos pieds engagés dans les étriers. »

En donnant les principes de conduite, il nous apprend qu'on se servait déjà du filet et de la bride :

« *Rendez de temps en temps la bride et prenez le bridon pour rafraîchir la bouche du cheval, mais ne tenez jamais ensemble la bride et le bridon tendus, car vous diminueriez la sensibilité de la bouche. Ne donnez jamais de saccades, au contraire, ayez beaucoup de moëlleux dans la main. Ne menez jamais votre cheval de biais, mais droit entre vos jambes, le bout du nez un peu à droite. Quand vous voulez tourner, un petit mouvement de la main suffit. N'écartez point vos bras en trottant. Quand vous reculez, ne reculez point de travers, mais sur la même ligne, et ne tirez pas perpétuellement la bride, mais rendez-la quand le cheval recule ; l'égalité des cuisses et l'équilibre du corps aident beaucoup à reculer droit, et le moëlleux de la main à reculer longtemps.* »

Garsault n'a pas fait faire un grand progrès à la maréchalerie, il parle à peine de la façon de parer le pied; ses idées cependant ne manquent pas de raisonnement. Il pose des maximes générales : 1° *Faites les fers les plus légers que vous pourrez* ; — 2° *Employez les clous les plus déliés de lame ;* — 3° *N'appliquez jamais le fer rouge ni trop chaud sur le pied ;* — 4° *Que le fer ne pose en aucune façon sur la sole.* — 5° *N'ouvrez jamais les talons de votre cheval ;* — 6° *Pince devant, talon derrière ;* — 7° *Madame ne doit pas commander à monsieur. Dictum des maréchaux pour signifier que comme le quartier d'en dedans est plus faible de corne que celui de dehors, les clous ne doivent pas être brochés si haut* ; — 8° *Il ne faut pas brocher en musique.*

« *Aux chevaux qui travaillent dans les pays sablonneux, dans les pelouses et aux chevaux de manège, jamais de crampons.* »

Quant à la chirurgie et à la médecine, l'auteur nous confie qu'il a eu recours aux lumières d'un médecin pour les traiter.

« *J'ai pensé ne pouvoir mieux faire pour mettre au fait de ces véritables causes, que de profiter de l'amitié du célèbre M. Chirac, dont les lumières ont enrichi à jamais l'art de la médecine. C'est donc ce médecin par excellence qui a bien voulu me faire part d'une partie de ses grands principes à cet égard. J'ai tâché de les recueillir du mieux qu'il m'a été possible : c'est à lui à qui j'ai l'obligation d'avoir été détrompé de plusieurs erreurs et superstitions qui sont encore en valeur dans la maréchalerie, comme des influences de la lune, des amulettes, secrets, etc., du peu d'usage de la saignée et d'autres qu'on pourra découvrir dans le courant de ce livre si après les avoir adoptées précédemment, on est capable de s'en désabuser.* »

La thérapeutique de Garsault est tirée du règne végétal, du règne minéral et de la chimie. Par exemple pour les diurétiques, il cite : *chardon roland, bardane, arrête-bœuf, oignon, persil, cerfeuil, guimauve ; crapaud desséché et réduit en poudre, écrevisses séchées et réduites en poudre, cloportes écrasés dans le vin blanc, hannetons séchés au soleil dans une bouteille de verre ; sel amoniac : on croit que c'est le sel d'urine d'animaux volatilisée, crystal minéral ; esprit de nitre dulcifié, sel d'écorces de fèves, extrait de genièvre, esprit de térébentine.* »

Mais, comme nous l'avons dit, M. de Garsault est surtout un hippiatre.

En 1737, il parut la traduction en français d'un petit livre anglais d'hippiatrique, auquel le traducteur donne le titre suivant : LE MANUEL DU CAVALIER, *traduit de l'anglais du capitaine Burdon.* C'est un petit guide très pratique et très remarquable pour l'époque. Nous le citons comme une preuve évidente que déjà certaines gens avaient le bon esprit de faire bon marché des préjugés et, devant l'insuffisance de la science, se contentaient de leur expérience pratique.

Le traducteur nous explique pourquoi l'auteur n'est point entré dans le détail des maladies chroniques du cheval. « Ce détail aurait grossi ce volume, qui est fait pour être porté dans la poche de ceux qui voyagent ; c'est pour cela qu'il l'a intitulé *The Gentleman's Pocket Farrier*, c'est-à-dire le Maréchal dans la poche du cavalier. Le titre français que je lui donne exprime à peu près la même pensée. »

Après quelques avis aussi intéressants que sensés, et qui s'adressent à tous ceux qui achètent des chevaux, l'auteur entre dans le détail des accidents, il en examine les rapports et les différences, afin de mettre les cavaliers en garde contre les méprises des maréchaux de campagne « pour l'ordinaire aussi ignorants que grossiers. » Non content de leur enseigner les moyens de distinguer eux-mêmes ces accidents, il leur apprend encore ceux d'y remédier par des méthodes simples et faciles à mettre à exécution. Il s'attache surtout à indiquer parmi les meilleurs remèdes ceux que l'on trouve partout, qui coûtent peu et qui guérissent le plus promptement.

En parlant des boiteries, l'auteur nous dit :

«*Quelques uns de nos auteurs prescrivent pour cet accident des remèdes si difficiles qu'on ne sçaurait les mettre en usage sans beaucoup de peine : tels sont le mou de mouton, un jeune chien gras rôti, un chat vivant ouvert et appliqué chaud sur la partie. Quant à moi, quoique tout accident qui fait boiter un cheval soit de la dernière conséquence, cependant je crois la guérison de celui-ci si facile, que j'ai honte de m'arrêter si longtems sur cette matière, je veux dire l'effort du nerf de la jambe.* »

Une autre citation achèvera de démontrer le côté pratique de ce petit livre réellement remarquable :

« *Si un palefrenier fait galoper un cheval lorsqu'il sort de l'abreuvoir, il vous dira que c'est pour échauffer l'eau qu'il a buë. De là il arrive souvent qu'un cheval devient poussif. Faites boire à un tel raisonneur une pinte de piquette de bierre ou d'eau, et obligez-le à courir immédiatement après ; je crois que cela le fera penser autrement.* »

Les deux écuyers les plus marquants de cette époque sont sans contredit Gaspard de Saunier et de la Guérinière.

Gaspard de Saunier naquit à Saint-Germain-en-Laye, le 1er janvier 1663. Jean Saunier, son père, était « tres habile dans la connaissance des chevaux, de leurs maladies et des remèdes qui conviennent à leur guérison ». Il s'était fait une riche collection d'observations et de recettes dont son fils profita beaucoup dans la suite. Les chevaux devinrent l'objet de la passion dominante du jeune Gaspard, dès qu'il fut en état de les monter.

Son père avait été longtemps attaché au duc du Lude, grand-maître de l'artillerie en France. Un incident qui semblait devoir le perdre, devint au contraire l'origine de son avancement. La cour de France quitta Saint-Germain pour Versailles en 1680. Ce fut environ dans ce temps-là que M. Saunier le père eut une querelle assez vive dans une des cours du château, tira l'épée et blessa son homme. Le parti le plus sage fut de prendre la fuite : il se réfugia à la Marqueris, petit village de l'Anjou, où sa femme se rendit avec ses enfants. Caché dans le voisinage de cet endroit, il y vivait dans une inquiétude continuelle.

Les chevaux du roi furent attaquées de diverses maladies. Ceux qui en entreprenaient la guérison y perdaient leur peine et ne savaient plus que faire pour arrêter la mortalité. Le roi qui ne pouvait ignorer le mauvais état de ses écuries dit un jour : N'y a-t-il donc personne dans mon royaume qui puisse apporter quelque remède à ce mal? Le duc du Lude prit ce moment pour dire qu'il ne connaissait que Saunier capable de cette cure. Le roi ayant commandé qu'on le cherchât, on représenta à Sa Majesté le cas où il était. La grâce fut promptement expédiée. Ses amis le déterrèrent; il fut mené à Versailles où il répondit à l'idée qu'on avait donnée de sa capacité. Cela lui valut le poste d'inspecteur de la Grande Écurie du roi.

Gaspard Saunier, son fils, avait alors dix-huit ans, il fut mis à l'académie sous MM. de Bournonville et du Plessis, qui en étaient les écuyers. Ce fut à cette excellente école, qu'il prit les premiers principes de ce mérite que sa propre pratique devait porter à une si grande perfection. Comme ces exercices se faisaient à Versailles sous les yeux de toute la cour, il ne tarda pas à acquérir des protecteurs. Le duc de Bourbon le choisit pour son écuyer lorsqu'il partit pour l'armée que le Dauphin commanda en 1688. Le jeune écuyer fit encore la campagne suivante. Ce fut là qu'il joignit la pratique à la théorie que son père lui avait enseignée.

Nous avons dit que sous Louis XIV, on avait cherché à multiplier les haras. La terre de Saint-Léger, dans le duché de Montfort-l'Amauri, avait paru propre à ce dessein. On y établit un haras, dont l'inspection fut confiée aux soins du jeune Saunier.

Un homme de son âge et de son tempérament, qui avait déjà fait deux campagnes, n'était pas pour s'accommoder longtemps d'une vie si régulière, il voulait voir et apprendre. Il s'attacha au comte de Montchevreuil jusqu'à la bataille de Nerwinde où ce général fut tué. Ce fut Saunier qui releva le corps et le tira de la mêlée avec beaucoup de zèle et de danger. Saunier était d'un mérite à être recherché. Le comte de Guiscar, gouverneur de Namur, l'employa à quelques voyages pour acheter des chevaux, il s'y connaissait parfaitement. Mais ce service ne lui fournissait point l'occasion d'augmenter ses connaissances, il aima mieux se mettre dans les vivres pour exercer ses observations sur un plus grand nombre de chevaux dont les différents accidents donneraient une ample matière à son instruction. Cela dura jusqu'à la paix de Ryswick en 1697.

Le rétablissement de la tranquillité générale ne borna point les travaux de Saunier. M. de Courtenvaux, fils aîné du marquis de Louvois, le chargea de former un haras à Montmirail dans la Brie. Il n'y fut qu'autant de temps qu'il fallait pour mettre cet établissement sur un bon pied, et retourna auprès de son père. Dans les campagnes qu'il avait faites, il avait éprouvé la solidité de ses leçons; il fut charmé d'en profiter encore et travailla sous lui dans la Grande Écurie de Versailles.

Le comte de Médavi, lieutenant-général, qui allait servir dans l'armée d'Italie en 1702, le prit pour son écuyer. Trois campagnes que fit Saunier à la suite de ce seigneur, lui firent naître plusieurs occasions de travailler à sa fortune. Philippe V, roi d'Espagne, qui l'avait souvent vu à Versailles, le reconnut, et eut la pensée de se l'attacher. Saunier aima mieux demeurer à l'armée et s'y perfectionner dans son art, que d'aller se confiner en Espagne, où il serait tout au plus occupé à l'inspection de quelques haras.

Les maladies dont les chevaux de l'armée française en Italie se trouvèrent attaqués était un puissant motif pour l'y retenir. Il avait déjà de riches recueils de recettes, l'expérience journalière lui en apprit la véritable valeur. Ce fut pour être à portée de faire des études encore plus étendues qu'il se remit dans les vivres où chaque jour donnait lieu à de nouvelles épreuves.

Mais le malheur qu'il eut de ne sauver sa vie qu'en l'ôtant à celui qui l'avait provoqué, l'obligea de chercher un asile hors du royaume. Il se retira à Cologne où il eut bientôt dépensé son argent. Il fallut avoir recours à sa famille qui lui obtint sa grâce et la liberté de revenir dans sa patrie; mais il était de sa destinée de n'y pas finir ses jours.

Depuis la perte de l'Italie en 1706, il servait dans l'armée du Rhin. Un officier, parent de Mme de Maintenon, après avoir perdu au jeu tout son argent et la plus grande partie de son équipage, se trouvait hors d'état de demeurer à l'armée et d'y subsister. Saunier, à qui il s'adressa, lui prêta de quoi se remettre sur pied et acheva la campagne. L'ingrat ayant reçu des secours de sa famille, ne songea point à satisfaire son bienfaiteur. Le créancier lui ayant parlé inutilement, s'adressa à Mme de Maintenon qui lui promit d'y penser. Elle connaissait parfaitement la famille de Saunier et, avant son élévation, elle y mangeait quelquefois. Les plaintes du jeune Saunier furent écoutées et oubliées. Il revint à la charge, elle prit avec lui un ton de hauteur, le traita d'importun, et demanda si elle lui devait quelque chose. Saunier, piqué au vif de la fierté avec laquelle elle lui avait fait cette question, perdit le respect jusqu'à lui dire : « *Vous ne vous souvenez plus, madame, du temps que vous veniez manger la soupe de mon père* ». Comme la marquise, en achevant de parler, lui avait tourné le dos, peut-être n'entendit-elle pas bien distinctement le reproche, mais elle n'était pas seule et d'autres l'entendirent. Saunier rentra chez son père outré de dépit, il lui conta toute l'affaire. Son père le blama fort de cette imprudence et le fit partir pour l'armée afin de donner à la marquise le temps d'oublier cette indiscrétion.

Il ne fut pas longtemps sans trouver son débiteur. Il y eut des paroles fort vives dites de part et d'autre; cela finit par un duel et l'officier demeura sur le carreau. Saunier jugea bien qu'il n'y avait pour lui d'autre parti à prendre que celui d'une prompte fuite, avant que le bruit de cette aventure ne lui fermât tous les chemins. Il quitta le Rhin et prit la route des Pays-Bas. Peu s'en fallut qu'il ne fut arrêté à Namur où il passait sous prétexte d'aller aux eaux d'Aix-la-Chapelle. Son départ ne prévint que de deux heures les ordres qui vinrent se saisir de lui. Il était déjà sur les terres de Liège, il gagna aisément Aix-la-Chapelle et retourna à Cologne.

Il ne s'était pas borné aux maladies des chevaux dans le grand nombre des recettes qu'il avait recueillies. Il en avait amassé plusieurs dont il s'était utilement servi pour les soldats. Le hasard lui donna occasion de s'en prévaloir, et le succès lui acquit une réputation qui devint pour lui une ressource dans l'abandon où son dernier malheur le réduisait. Bientôt on parla du docteur français avec éloge et quelques remèdes qu'il administra fort heureusement, le mirent en vogue. Mais il ne perdit point de vue son principal objet. Quelques seigneurs, qui se piquaient d'avoir une écurie assortie d'excellents chevaux, furent bien aise de profiter de ses lumières et l'attirèrent dans leurs châteaux. L'histoire du motif qui l'arrachait à sa patrie ne le priva point de leur estime. Il ne tenait qu'à lui de vivre commodément en se partageant entre les bonnes maisons qui se l'enviaient l'une à l'autre. Mais on l'a déjà vu, Saunier était un homme assez remuant.

Il faisait de temps en temps des voyages à La Haye. Il trouva dans cette résidence les commencements d'une académie qui s'y formait par l'entreprise d'un certain Gabert, qui l'avait servi en Italie en qualité de domestique et qui ensuite s'était donné pour écuyer.

Cet homme avait besoin d'un pareil appui. Aussi n'oublia-t-il rien pour engager un homme du mérite de Saunier à venir se mettre à la tête de cet établissement. Quoique Saunier n'eut pas lieu d'être fort prévenu pour la bonne foi de son ancien valet, il crut que les grandes misères qui avaient été des punitions naturelles de sa mauvaise conduite l'auraient rendu plus sage. Leur société commença vers 1711.

Gabert s'aperçut de bonne heure que Saunier avait une probité trop rigide pour se prêter aux tours d'industrie dont il eut voulu le rendre complice. Sous prétexte de former une caisse, il vendait des chevaux sans lui faire part du gain. Il recevait même le paiement des cures que Saunier faisait. Ce partage du lion ne pouvait pas durer éternellement.

Saunier s'étant marié, eut besoin de vivre avec plus d'arrangement qu'auparavant. Il voulut compter avec Gabert qui éluda longtemps la question sous divers prétextes. Enfin, il eut même l'effronterie de prétendre que Saunier « son domestique » l'avait voulu assassiner. L'accusé ne laissa pas d'être arrêté et constitué prisonnier à la Porte, et comme la cour examinait les choses mûrement et avec beaucoup de circonspection, le procès dura longtemps. Mais enfin l'innocence l'emporta sur les chicanes. Gabert retomba dans la misère et dans le mépris, et n'eut plus d'autre ressource que celle d'aller quelque part dans le nord chercher quelque pays où il ne fut pas connu.

Ainsi finit cette société qui causa bien des chagrins à Saunier outre la perte de plusieurs milliers de florins. Tout autre aurait fait arrêter Gabert pour cette somme ; il fut assez sage pour mépriser cette vengeance, et se contenta de le démasquer dans un petit ouvrage intitulé : **Histoire abrégée et très mémorable du Chevalier de la Plume-Noire, Écuyer, sire du Hazard, de la Fortune et de l'Aventure**, etc. Le fameux Guendeville, à qui il en fournit les mémoires, y prêta son style, mais l'historique est de Saunier. Ce livre, après avoir été lu longtemps en manuscrit, fut imprimé en 1744.

Saunier ne s'amusa point à relever l'académie de La Haye, il se fixa à Leyde où il était connu et estimé. Il s'y trouvait beaucoup de jeunes seigneurs des plus illustres maisons de divers pays, il y établit un manège et, avec le temps, l'Académie lui fit une pension fixe, que le conseil d'État augmenta d'une pareille.

Saunier forma un grand nombre d'élèves. Il eut l'honneur d'enseigner le Sérénissime Prince Stadhouder, le prince de Deux-Ponts et beaucoup d'autres seigneurs tant d'Allemagne que d'Angleterre et des Provinces-Unies, et tous lui ont conservé leur estime tant qu'il a vécu. Il y avait peu d'écuyers de distinction en diverses cours qui ne se fissent honneur d'avoir été ses élèves ou ses camarades d'exercices.

C'est en 1732 que Saunier donna son premier ouvrage : « La parfaite connaissance des chevaux » qu'il publia sous le nom de son père Jean Saunier.

« La parfaite connaissance des chevaux, *leur anatomie, leurs bonnes et mauvaises qualitez, leurs maladies et les remèdes qui y conviennent. Par S. de Saunier inspecteur de la grande ecurie du Roy de France, pratiquée, continuée, et donnée au public par son fils, Gaspard de Saunier, ecuyer de l'académie de l'illustre université de Leyde*. »

Il n'est pas étonnant après les débuts de Saunier de voir pour son premier livre un traité d'hippiatrique. Sa science, tout entière d'observation, accuse certainement un progrès, mais malheureusement toujours entravé par des recettes empiriques dont il n'a pas su se dégager. Nous avons dit d'ailleurs que le fond de cet ouvrage était un recueil de remèdes qu'il tenait de son père. Il en est de même de ses données de maréchalerie, il invente cependant le fer à crémaillère.

Le parfait maréchal de Garsault dont nous avons parlé et qui est postérieur comme date, est le premier ouvrage dans cette matière qui ait essayé de s'affranchir de la tradition.

Citons au hasard un remède de Saunier :

« *Lorsqu'un cheval est fourbu, montez dessus et menez-le à la rivière, ou etang, ou autre eau; mais la rivière vaut mieux, et s'il était possible de trouver un moulin, le mettre au-dessous du courant et le faire entrer dans l'eau jusqu'au-dessus des cuisses, environ l'espace d'une heure, la tête tournée au fil de l'eau. Après ce temps vous le promenerez jusqu'à ce qu'il süe, et lui frotterez bien les quatre jambes et les reins avec un bouchon de paille...* »

Jusqu'ici fort bien, c'est la douche et la réaction; mais nous retombons ensuite dans l'empirisme.

« *... Puis vous le saignerez des deux côtés du col, et lui tirerez beaucoup de sang, avec lequel vous lui frotterez les nerfs, depuis le bas de la jambe jusqu'en haut, il faut qu'il y ait du brandevin mêlé. Après vous le ramenerez à l'écurie, où vous lui frotterez le tour des sabots avec de l'huile de laurier. Au défaut d'huile de laurier, vous pouvez vous servir de fiante de porc, que vous fricasserez dans du vieux oint, du vinaigre, et une poignée de sel. Ce remede empêchera que la fourbure ne tombe dans les sabots.*

« *Le lendemain que vous l'aurez soigné, vous lui ferez prendre le brevage suivant : Prenez les excréments d'un enfant, à leur deffaut ceux d'une autre personne, environ la grosseur d'un œuf, quatre grosses têtes d'ail épluchées et pilées avec une petite poignée de sel, qu'il faut delayer dans une bouteille de vin blanc, etc.* »

Et à côté de cela cependant nous trouvons dans cet ouvrage, pour certains remèdes, les premiers vestiges d'un formulaire de thérapeutique.

Saunier publia ensuite « Les vrais principes de la cavalerie » qu'il rédigea par demandes et réponses sous la forme d'une conversation entre l'écuyer et son élève.

« *C'est une vérité constante, que rien ne fatigue moins la mémoire que les ouvrages par demandes et par réponses. On ne peut douter que son succès ne fût encore plus assuré pour les jeunes seigneurs, qui, dans l'adolescence, s'adonnent aux exercices, que leurs conditions leur rendent necessaires tant pour eux-mêmes, que pour le service de l'État. J'ai donc pris le parti de donner cette forme à ce volume qui contient une méthode facile pour aprendre à devenir habile écuyer.* »

Saunier perdit sa femme en 1746. Elle passait quatre-vingts ans et lui-même était dans sa quatre-vingt-deuxième année, ses infirmités ne lui permettaient plus depuis quelque temps de monter à cheval. Dès l'an 1730, il s'était choisi un élève qu'il se destinait pour successeur, M. Godefroy Boyer, il le fit recevoir comme écuyer adjoint de l'Académie en 1737, et enfin il lui remit entièrement l'exercice de l'emploi et ne se réserva que son logement et sa pension dont il a joui jusqu'à sa mort, le 10 août 1748.

Le dernier livre de Saunier : *L'Art de la cavalerie* est une œuvre posthume. Il en avait remis le manuscrit à un libraire de la Haye, qui ayant fait de mauvaises affaires, ne put le publier qu'après la mort de son auteur.

« L'ART DE LA CAVALERIE *ou la manière de devenir bon écuyer par des règles aisées et propres à dresser les chevaux à tous les usages, que l'utilité et le plaisir de l'homme exigent ; tant pour le manège, que pour la guerre, la chasse, la promenade, l'attelage, la course, le tournois ou carrousel, etc., accompagné de principes certains pour le choix des chevaux, la connaissance que l'on doit avoir de leurs dispositions naturelles, pour les plier, avec plus de succès, aux exercices qu'on en attend, etc.*

« *Avec une idée générale de leurs maladies, des remarques curieuses sur les haras, l'explication de toutes les pièces qui composent les différentes sortes d'équipages, et des observations sur tout ce qui peut blesser ou gêner les chevaux par M. Gaspard Saunier, de son vivant écuyer à l'Académie de l'illustre université de Leyde, avec figures.*

Voici comment Saunier parle de l'accord des aides :

« *Bien accorder ses aides, n'est autre chose que de bien accorder sa pensée avec ses mains et ses jambes, et c'est le tout d'un écuyer. Ce qui fait qu'il y en a de meilleurs les uns que les autres, n'est qu'autant que les uns savent mieux que les autres accorder ces trois articles ensemble.* »

Il ne comprend le caveçon que pour dresser les jeunes chevaux.

« *Aussitôt que le cavalier a acquis assez de fermeté et qu'il sait bien conduire son cheval, soit dans la galopade, soit sur les talons, comme sur les passades, les demi-voltes et les pirouettes, et qu'il aura monté des sauteurs, afin d'avoir assez de fermeté pour monter de jeunes chevaux, supposé qu'il ait la main bien placée et douce, c'est-à-dire flexible; alors on pourra lui donner de jeunes chevaux à monter. Or, comme il est nécessaire de mettre un caveçon sur le nez des jeunes chevaux pour leur montrer à se conduire, il faut pour cet effet que le cavalier ait la main assurée avant que de lui montrer à se servir du caveçon, autrement ce serait gâter la délicatesse de sa main.*

« *J'avoue qu'autrefois, il y a envion soixante et quelques années, que je commençai à aprendre à monter à cheval, dans le Manége du Roi établi à Versailles, où il y avoit plus de deux cens soixante et dix chevaux de manège, il y en avoit pour le moins plus de la moitié, pour ne pas dire les deux tiers de ce grand nombre, qui avoient le caveçon sur le nez; mais depuis ce tems-là, on est revenu peu à peu de cette erreur, et on ne se sert à présent du caveçon que pour les jeunes chevaux; car de faire commencer un disciple par monter à cheval, avec le caveçon, c'est lui gâter entièrement la main et la lui rendre rude pour toute sa vie.*

« *Pour en revenir à l'utilité du caveçon, je l'aprouve aussi bien que tous ceux qui s'en sont servis les premiers, avec cette différence que les anciens s'en servoient aussi bien pour les vieux chevaux que pour les jeunes.* »

Il en profite pour plaisanter agréablement la façon de M. de Newcastle de comprendre l'usage du caveçon pour l'équitation militaire.

« *Je ne doute pas que Milord duc de Newcastle, comme général, n'ait vu quelques batailles, mais je doute qu'il dise qu'au jour d'action ou de combat, il ait vu un cavalier avec un caveçon sur le nez de son cheval, quoique cependant ce général prétende qu'il dressera plus de chevaux avec le caveçon seul qu'avec la bride seule. Passons-lui cela, mais comment ce seigneur mènera-t-il un cheval dressé avec le caveçon, un jour d'action ou de bataille, puisque personne, ni lui, n'ont vu ces jours-là aucun cheval le caveçon sur le nez?* »

D'ailleurs, à ce sujet, Saunier nous démontre clairement sa façon plus judicieuse d'entendre le placer de la tête du cheval :

« *S'il s'agissait de plier un cheval comme du temps passé, je conviendrais d'abord que le caveçon seroit encore le meilleur pour plier le cou du cheval, et faire venir la tête jusqu'à la botte du cavalier, ce qui pouvoit autrefois être plus difficile à faire avec la bride. Mais aujourd'hui, pour qu'un cheval soit bien sur ses jambes, il ne faut pas que le cou se trouve plié, mais le bout du nez le doit être tant soit peu à chaque main que le cavalier travaille, c'est-à-dire, que s'il travaille à droite il doit regarder à droite, et que s'il travaille à gauche il faut qu'il regarde à gauche, sans avoir le cou plié comme un arc, ainsi que les anciens l'ont prétendu; en un mot, pour trouver un cheval ferme sur ses jambes, il ne faut pas qu'il ait le coup trop plié, afin de ne pas l'exposer à faire la culbute.*

« *Pour moi, je suis bien content lorsque travaillant un cheval à droite, je le vois regarder seulement à droite et que je le vois regarder un peu à gauche, lorsque je le travaille à gauche. Cela suffit encore quand je vois seulement son œil à chaque main que je le fais travailler.* »

Il ne veut plus qu'on se serve des mors extraordinaires dont on martyrisait les chevaux avant lui.

« *Quelques vieux livres ne font mention que de caveçons, de mords-de-*

bride, comme d'embouchures, de pignatelles, pas-d'anes, gorges-de-pigeons, canons à olive, et quantité d'autres mords semblables, qui remplissent la bouche du cheval et la lui gâtent entièrement. C'est pourquoi moins le cheval a de fer dans la bouche, plus il est à son aise. »

En parlant du cheval de guerre Saunier démontre qu'un officier doit savoir parfaitement monter à cheval et que son cheval doit être parfaitement dressé.

« *Il est nécessaire qu'un cheval de guerre et de combat entende bien les aides; car plus il les entendra, plus le cavalier, qui sera dessus, aura l'avantage sur son ennemi, soit dans une bataille, soit dans un combat particulier. Mais aujourd'hui la molesse règne parmi les jeunes gens, ils pensent que pour peu qu'ils puissent se tenir sur un cheval qui va droit son chemin sans tomber; que cela, dis-je, leur doit suffire. Mais je voudrais bien voir comment tous ces Messieurs les petits-maîtres, dans un jour d'action se tireroient d'afaire.*

« *Je parle ici pour avoir vu que de braves gens se sont fait tuer, faute de savoir gouverner leur cheval.*

« *Que l'on juge donc de la perte que fait un officier à la tête d'une troupe, lorsqu'il ne peut pas bien conduire son cheval. Outre sa vie qu'il risque, il expose aussi au même danger toute sa troupe. Outre ce malheur, si l'officier n'est pas bon homme de cheval, comment pourra-t-il enseigner à ses cavaliers la manière de conduire leurs chevaux? D'un autre côté, si ceux-ci ne le savent pas mieux que leur officier, comment pourront-ils parer les coups, tandis qu'ils seront occupés de leurs deux mains à conduire leur cheval? De quelle main pourront-ils combattre leurs ennemis, et se défendre?* »

Après avoir énuméré ce qu'on doit faire pour dresser un cheval, Saunier démontre les avantages qu'on peut en tirer à la guerre et cite son exemple à l'appui.

« *Tout cela ne peut être que très utile dans un cheval de guerre. Je l'avance même pour en avoir eu l'expérience, à plusieurs batailles où je me suis trouvé, principalement à celle de Lusara en Italie où mon cheval me sauva la vie.*

« *Lors donc que j'étais écuyer de M. le comte de Medavi, grand amateur de beaux et bons chevaux. Comme ce seigneur était fort curieux de voir monter les chevaux, on était obligé de choisir hors de la ville une belle et bonne place, pour les faire bien travailler dans toutes les sortes de manège que je pouvais leur demander. Nous étions alors en quartier d'hiver à Castillon; c'est pourquoi l'on conçoit aisément que nous n'avions pas grand'chose à faire, mais cet exercice donnant du plaisir à ce seigneur, nous nous y occupions.*

« Un jour, je ne sai si nous étions vendus ou non, je le crois du moins par les apparences, M. le comte de Medavi, ayant invité M. le comte de Verraque, colonel de dragons, et M. le duc d'Ediguières avec M. le marquis de Saint-Germain Beau-Pré, ces quatre seigneurs se mirent dans une voiture à la romaine, attelée seulement de deux chevaux, parce que la place où j'exerçois les chevaux n'étoit écartée de la ville que d'environ quatre cent pas. Ces seigneurs étant arrivés à cette place pour y voir travailler les chevaux, j'en montai quatre ou cinq, et comme j'étois sur le dernier, M. le comte de Medavi m'ayant ordonné de le faire partir de vitesse sur le grand chemin, pour revenir ensuite à lui, j'eus à peine parcouru environ cent cinquante pas, que j'aperçus dans le chemin, qui faisoit un coude, un gros parti de hussards qui venoient à nous. Je retournai bride abatue pour avertir ces seigneurs de retourner en diligence à la ville, tandis que je pris ma route vers les hussards, en me fiant sur mon cheval, mon dessein étant de les amuser, car étant alors monté sur un cheval harnaché superbement, je ne crus pas mieux que ces hussards, me prenant pour un grand seigneur, viendroient à ma poursuite, et que donnant du côté opposé à M. le comte de Medavi, je faciliterois son évasion avec les seigneurs qui l'accompagnoient.

« Je ne me trompai point dans mon attente ; car dès que j'eus approché ces partisans à la vue du pistolet, ils vinrent à ma poursuite, croyant déjà tenir ce qu'ils cherchoient. Mais comme le chemin étoit bordé de haies et de petits fossés, j'entrepris de les faire franchir à mon cheval, et c'est ce qu'il fit plus heureusement que les chevaux des hussards, quoiqu'ils allassent fort vite. Dans le dessein où ils étoient de me prendre, ils coururent investir une pièce de terre dans laquelle j'étois entré ; mais comme il n'y avoit là pour moi aucun obstacle que je ne pusse surmonter, j'essuyai seulement quantité de coups d'armes à feu que ces hussards tirèrent sur moi, et que je n'appréhendois pas beaucoup, tâchant seulement de me mettre hors de la portée de leurs armes blanches, que je craignois le plus.

« Comme ce manège dura un peu de temps, les seigneurs que je venois de quitter eurent celui de gagner la ville, et de faire partir sur le champ, sans battre la chamade, tout ce qu'ils trouvèrent de dragons pour aller à la rencontre de mes ennemis, dont plusieurs furent tués, et trois amenés prisonniers.

» Durant ces entrefaites, après avoir sauté une dernière haie, je me trouvai dans un chemin qui me conduisit à la ville par une autre porte que

celle par laquelle ces seigneurs étaient entrés. Je traversai donc la ville pour aller les rejoindre, et les vis dans une surprise d'autant plus grande, qu'ils me croyoient perdu, à cause du grand nombre de coups d'armes à feu qu'ils avoient entendu tirer sur moi. J'aurois pu me dispenser de rapporter ce trait, qui m'est personel, mais comme il fait très bien voir la nécessité où l'on est dans la guerre d'avoir un cheval qui sache bien sauter, je n'ai pas cru devoir le passer sous silence. »

L'auteur nous raconte également un autre tour de force équestre dont il est assez fier et que nous rapportons comme un trait d'audace :

« *Je ne puis même me dispenser de raporter encore un autre évènement assez singulier qui se passa dans les tems que j'avois l'honneur d'être ecuyer de M. le comte de Medavi. J'avois un jour acheté dans la ville de Brécia un cheval barbe, en qui j'avois remarqué tant de bonnes dispositions, que je ne pouvois rien lui demander qu'il n'y répondit; ce qui me porta à lui donner le nom de* Singe. *Comme nous commençâmes à entrer en campagne, l'armée s'assembla à Mantoue, où je trouvai M. de Craslin, lieutenant-général, et grand amateur de beaux cheveaux. Ce seigneur m'ayant demandé, en badinant, si j'avois bien maquignonné durant le quartier d'hiver (il étoit alors chez M. de Beson aussi lieutenant-général, et pour lors commandant de Mantoue), je lui répondis que j'avois acheté à Brécia un cheval barbe qui méritoit bien la peine d'être vu; et comme il m'eût demandé s'il étoit plus beau qu'un cheval turc que j'avois acheté l'année précédente, je repartis que non, mais qu'il ne le trouveroit pas moindre, s'il vouloit se donner la peine de le venir voir. M'ayant repliqué qu'il vouloit bien le voir, si je voulois le lui amener dans l'endroit où il étoit, je courus le chercher sans faire attention à la difficulté qu'il y avoit à faire monter à un cheval un escalier de trente-deux marches, avant qu'il parvînt à la chambre où j'avais trouvé ces seigneurs. Cet escalier étoit fait de pierres de marbre noir.*

« *Je dis donc à ce seigneur que j'étois prêt à lui amener mon cheval jusques dans la chambre où il étoit, pour lui faire plaisir : mais ayant remarqué que ma vivacité seule me faisoit parler, sans songer à la difficulté de l'affaire, il me dit qu'il voudroit bien voir la chose pour vingt pistoles, et comme je lui répondis sur le champ que j'en mettois vingt autres contre sa gageure, les quarante pistoles furent d'abord confiées entre les mains de M. de Tavani, aussi officier général.*

« *A l'instant je quittai les seigneurs, et allai quérir mon cheval, mais non sans me répentir de ma gageure, ayant remarqué en descendant combien l'escalier étoit difficile. Mais comme j'étois alors jeune et vif et que je ne crai-*

gnois pas beaucoup les dangers, je me rassurai en me reposant sur la souplesse et la legereté de mon cheval que j'amenai au pied de l'escalier. Alors tous ces seigneurs me voyant arriver, partirent de leur appartement pour se tenir sur le haut de l'escalier, afin de me le voir monter; mais je leur criai que je n'entreprendrois rien, à moins qu'ils ne se retirassent. Je craignois, et non sans raison, qu'ils ne portassent ombrage à mon cheval, quoique cependant je ne le connusse point peureux, ayant eu plusieurs preuves de son courage et de sa hardiesse, par toutes les leçons que je lui avois données. Ces seigneurs s'étant donc un peu retirés, je présentai mon cheval à l'escalier pour le lui faire monter.

« Il est bon de remarquer que les marches de cet escalier étoient fort unies, mais rien ne me décourageant, je fis d'abord parvenir mon cheval jusqu'à la vingt-quatrième marche, où le voyant chanceler, ce fut un bonheur pour moi d'atraper une barre de fer ronde, que j'empoignai de la main droite, cette barre tenoit depuis le haut de l'escalier jusqu'au bas. Avec son secours je soulageai un peu mon cheval et lui faisant sentir alors le gras de mes jambes en lui approchant très doucement mes éperons auprès des flancs, je lui fis faire un dernier effort qui me mit avec lui au haut de l'escalier.

« Après avoir si bien réussi, j'entrai avec mon cheval dans la salle où étoient ces seigneurs, en demandant tout glorieux ma gageure à M. de Tavani. Ce n'est pas la vaine gloire qui me fait raporter cette aventure, mon intention est seulement de donner à connoître que l'on peut tout faire d'un cheval quand il est bien dressé. »

Saunier nous explique comment il entend l'usage du bridon (ou filet).

« Je consens qu'on mette aux chevaux un bridon avec la bride, je le crois même fort nécessaire, principalement pour la guerre, ainsi que j'en ai souvent eu l'expérience; cela est même aussi utile à la chasse de force, pour les raisons suivantes : Par exemple, si un jour d'action une bride vient à se rompre ou à se casser, soit dans l'embouchure, soit dans les rênes que l'ennemi pourroit bien couper, le cavalier seroit alors en risque d'être perdu, mais ayant un bridon à l'angloise dans la bouche du cheval, avec le mors, le cavalier aura un secours pour le tirer d'affaire. »

Nous transcrivons aussi sa méthode de dressage :

« Je me contenterai de dire un mot des principaux manèges qui donnent les meilleures règles pour dresser les chevaux. On commence par le trot autour du pilier, à la longe, après quoi on peut faire troter le cheval en rond autour du manège. Quoique l'on dise en rond autour du manège, ce n'est pas à dire pour cela qu'il faille réellement faire troter le cheval en rond, car on

entend plutôt par ces termes le faire trotter en quarré et bien dans les coins, ensuite trotter en quatre, c'est-à-dire qu'il faut que le cheval coupe le manège par le milieu en quatre parties et qu'il entre bien dans les huit coins. Faire fuir les talons et apprendre à connoître les aides, passades et demi-voltes. Toute la différence, c'est que les passades sont plus longues que les demi-voltes.

Cette sorte de manège doit être suivie des voltes rondes, des voltes quarrées, des voltes renversées. Il y a aussi des demi-voltes et des passades renversées. »

Il nous explique les différents airs de manège en usage :

« *On se sert de divers termes pour dire qu'un cheval manie sur tel ou tel air. Le manier se fait au galop et le passage au pas. Le manier terre à terre est différent du terre à terre, lorsqu'on manie près de terre, qui, en terme de manège, signifie près le tapis; à mézère, le galop est plus relevé, et à courbettes il l'est encore plus.*

« *Nous avons encore des voltes plus relevées, voltes à croupades, à balotades. A l'égard des voltes à cabrioles, elles ne consistent que dans l'imagination de quelques auteurs qui ne les ont jamais faites.* »

Il est à remarquer que tous ces mouvements se faisaient à deux pistes, c'est-à-dire les pieds de derrière traçant une piste et les pieds de devant en traçant une autre, celle-ci intérieure ou extérieure à la première, suivant le cas. Bref, la méthode d'équitation de Saunier se résume dans le sommaire suivant :

« *Manière d'entrer dans le manège. Comment il faut monter à cheval, s'y tenir et en descendre. Posture du cavalier à cheval. Manière de mettre le pied à l'étrier et de se servir des rênes et de la gaule. Manège à droite, à gauche, etc. — Manière de galoper, d'accorder les aides et de s'en servir. — Passades à droite et à gauche. — Demi-voltes. — Des voltes et des pirouettes. — Combien il est utile de dresser les chevaux. Diverses manières de les exercer, suivant le besoin. — Usage du caveçon. — Ce que c'est qu'être ferme à cheval. — Manière de conduire un cheval et de lui faire goûter le mord de la bride. — Si le caveçon est préférable à la bride. — Manière d'emboucher les chevaux et pourquoi ils prennent le mord aux dents. — Pour tous ceux qui n'ont jamais approché des chevaux sauvages. — Diverses manières de bien dresser les chevaux. Exemples qu'on donne de leur intelligence et de leur sagacité. — Des courbettes. — De la manière de dresser les chevaux de guerre et de chasse. Des différentes sortes de sauts. — De la différence qu'on remarque dans le caractère des chevaux, suivant les climats où ils naissent. — Combien il est nécessaire à tout officier qui sert dans les troupes d'être bon homme de cheval.*

— Des inconvéniens du caveçon. — De la manière de conserver la bouche des chevaux. — D'une espèce d'embouchure pour les chevaux qui tirent la langue. — De la pratique des Italiens et des anciens écuyers. — Du degré de perfection où l'art de la cavalerie est parvenu en France sous Louis XIV. — Éloge de quelques habiles écuyers françois. — Manœuvre des Anglois. — De la chasse à cheval. — Si l'on peut juger de la qualité des chevaux par la couleur de leurs poils. — Des haras et de tout ce qu'on y doit principalement observer, avec quelques remarques sur la manière de dresser les chevaux sauvages. — De la manière de bien seller les chevaux, de les brider et de les emboucher, avec quelques remarques sur la gourmette. — Divers exemples remarquables de chevaux négligés ou entièrement abandonnés qui ont fait des merveilles après avoir été dressés par l'auteur. — Quelles sont les choses qu'il faut observer pour être bien à cheval. — Des différentes sortes d'exercices ou manèges que l'on fait faire aux chevaux. — Exemples remarquables qui servent à prouver les grands avantages qu'on peut retirer des chevaux dressés par un habile maître aux différentes sortes d'exercices ou manèges. Ce qui sert de suite au précédent. — Des qualités et des dispositions particulières des chevaux; du choix qu'on en doit faire; de quelle importance il est de les bien connoître, et des inconvénients qui résultent du défaut de cette connaissance. — Diverses manières de distinguer les bonnes et les mauvaises qualités des chevaux, pour guider ceux qui veulent ou les employer, ou en acheter, avec une idée générale de leurs maladies et des accidents auxquels ils sont sujets. — Des cheveux de bât et des qualités qu'ils doivent avoir pour remplir les fonctions auxquelles on les destine. — Des chevaux d'attelage, de leurs différentes espèces et des qualités qu'ils doivent avoir — Des trois espèces de chevaux de course qui sont les chevaux de course forcée, les chevaux de poste et les chevaux de promenade où de manège. — Des chevaux de chasse et du choix qu'on en doit faire, suivant les différentes sortes de chasses, et les endroits où elles se font. — Des chevaux de guerre, de leurs qualités et de la manière de les exercer. — De la manière d'équiper les chevaux. — Des brides. — Du mords de bride. — De la différence des branches de mords. — De la différence des canons. — Des gourmettes, des bridons. — Des caveçons. — De la martingalle. — Des chaperons. — Des bâts. — Des selles. — Des harnois. — Explication des planches les plus nécessaires, tant pour l'instruction des disciples que pour la manière de dresser les chevaux. — Manège quarré. — Manège en quatre. — Manège pour les changemens de main. — Autre manège pour les changemens de main, de coin en coin. — Manège pour les pirouettes renversées. — Manège pour les pirouettes ordinaires. — Manège pour bien exécuter les

changemens de main. — Manège pour les passades et les demi-voltes. — Manèges pour les voltes. — Carrousels. — Des pièces qui concernent le carrousel. — Le pas, le trot, le galop uni à droite, le galop uni à gauche. — Le galop désuni du devant à gauche ; le galop désuni du derrière à gauche ; le galop faux à gauche, du devant et du derrière. — Le galop désuni, du derrière à droite ; le galop faux à droite, du devant et du derrière ; l'amble ; l'aubin ou trachnard. — Le passage, le terre-à-terre, la galopade ; le mezair. — La courbette, la croupade, la balotade, la cabriole. — Attitude d'un cavalier qui commence à apprendre et qui doit estre sans éperons et sans étriers. — Autre posture d'un cavalier qui prend les premières leçons. — Cavaliers qui passagent.

Les carrousels sont définitivement réglementés et l'auteur en explique les conventions. Les cavaliers ne luttent plus les uns contre les autres ; leurs adversaires sont maintenant des têtes sur des chandeliers qu'ils doivent renverser de la lance, de l'épée ou du pistolet.

Saunier nous apprend qu'à son époque plusieurs seigneurs avaient des *haras sauvages*. On lâchait des étalons et des juments dans les bois et ils se croisaient à leur gré. Quand on voulait prendre leurs produits, c'était une véritable chasse ; ils fallait les panoter.

« *Premièrement, pour prendre dans les bois des chevaux sauvages, il faut faire une grande enceinte de toiles, de même que l'on ferait, s'il s'agissait de prendre des cerfs. On fait aller peu à peu ces chevaux dans une certaine place, et cela par le moyen de beaucoup de monde, afin de les resserrer dans une petite enceinte d'environ un arpent de terrain, dont une partie sera de bois taillis et l'autre une rase campagne. Après cela, on fera un petit échafaud contigu à la toile en dehors. On fera placer sur cet échafaud, un homme qui tiendra une longue corde, attachée par un bout à un gros arbre ; l'autre bout de la corde doit avoir une espèce de colet, à peu près comme l'on fait ceux qui servent à prendre les petits oiseaux.* »

Nous apprenons aussi par lui ce qu'était alors l'équitation anglaise ; c'est une caractéristique fort curieuse.

« *Autrefois, l'Angleterre avoit quantité de bons écuyers, mais présentement la nation fait peu de cas de cette science ; de manière que si un étranger alloit à présent dans ce royaume, fût-il même le plus habile qui ait paru dans le monde, n'étant point né en Angleterre, il ne seroit ni écouté, ni même regardé. Mais un jeune valet, fort léger et hardi, capable de monter un cheval de course à Newmarquet ou ailleurs, sera plus estimé, de même que le maître valet, qui auroit mis le cheval en haleine, en tachant de gagner la course; ces deux hommes, dis-je, seront plus estimés que les plus habiles écuyers de l'univers, ce qui provient de ce que les manèges sont présentement négligés en Angleterre.*

« Je me souviens aussi que, lorsque le roi Jaques quitta l'Angleterre, pour passer en France, plusieurs seigneurs et milords le suivirent, et lorsque Louis XIV fut à Fontainebleau, plusieurs de ces seigneurs anglois, crurent pouvoir chasser comme chez eux, c'est-à-dire avec leur bridon, et leur petite selle à l'angloise; mais ils trouvèrent bien du changement par raport au terrain et aux bois remplis de montagnes très escarpées, rencontrant partout des rochers et de grosses pierres. C'est ce qui obligea Louis XIV de faire applanir le terrain en beaucoup d'endroits, et d'y faire tirer de grandes allées qui répondoient souvent les unes aux autres, ce qui n'étoit pas auparavant. Louis XIV vouloit alors courir le cerf dans une espèce de voiture à quatre roues, ce qui n'est cependant pas la manière des véritables chasseurs, qui doivent toujours suivre la queue des chiens : c'est ce que les piqueurs et les amateurs de chasse faisoient à travers les bois et les rochers. Tous ces lords et seigneurs étrangers, qui étoient présens, prétendoient alors l'emporter sur les François, et c'est en quoi ils auroient réussi, s'ils eussent trouvé un terrain comme dans leur païs: mais avec leurs bridons, leurs petites selles et petites botines, aussi souples qu'elles doivent estre dans un manège, pour passer à travers toutes les grandes forêts remplies de bois-taillis, de gros et de petits arbres entre les rochers et les cailloux; tantôt l'un se cassoit la jambe en donnant de vitesse contre les arbres pour éviter les rochers; tantôt d'autres ne pouvant conduire leurs chevaux comme ils auroient pu faire avec la bride, les branches d'arbres les emportoient de dessus leurs petites selles; tantôt, après avoir monté une éminence, trouvant de l'autre côté un précipice, ils ne manquoient pas de faire la culbute, de se casser le cou ou une jambe, faute de pouvoir retenir leurs chevaux, qui, quelquefois même, se trouvoient fort estropiés.

« Je cite tout cela pour l'avoir vu arriver plusieurs fois, mais l'année suivante, je vis ces seigneurs et lords, qui étoient venus en France, obligés de prendre la manière françoise, c'est-à-dire de se servir de la bride et de selles nommées vulgairement selles à la Royale, qui ont été inventées pour la commodité de Louis XIV. Ces seigneurs furent aussi contraints de prendre des bottes fortes, afin de pouvoir passer en sûreté à travers les bois-taillis et autres brossailles. Cette seconde année donc il ne fut plus question ni de bridons, ni de selles à l'angloise, ni de botines légères. »

Les airs de Manège pratiqués en 1740

SAUNIER

GASPARD SAUNIER : *L'Art de la Cavalerie.*

Airs près de terre.

Le Passage. La Galopade.

La Volte à droite. La Pirouette à Gauche.

Le Terre à terre. Les Mezairs.

La Pesade. La Courbette.

La Croupade. La Balotade.

La Capriole.

XI

École française. — École italienne. — École anglaise : Les frères Alexandre, Romano, Prospero, Claudio Curtio, Blundeville, Marklam, de la Gray, Newcastle, Bérenger. — École allemande : Engelhart, Winter de Adlersflügel, baron d'Eisenberg, Ridinger, comte de Paar, de Reguental, Prince de Dietrichstein, comte de Trautmannsdorff, baron de Sind, de Weyrother. — Ecole espagnole : Pedro de Aquilar, don Bernardo de Vorgas, Machucha. — M. de la Guérinière : École de cavalerie ; Éléments de cavalerie ; Manuel du cavalier : ajuster le mors ; bride, selle, chambrière, gaule, éperons, longe, martingale, poinçon, lunettes, troussequeue, piliers, caveçon de cuir, caveçon de fer, bridon, filet ; manège ; aides fines ; rendre la main ; s'attacher à la main ; tirer à la main ; peser à la main ; battre à la main ; appui ; parade ; marquer un demi-arrêt ; ramener ; rassembler ; être dans la main et dans les talons ; renfermer ; bien mis ; falcade ; tride ; allures naturelles et allures artificielles ; passage, voltes, demi-voltes, voltes et demi-voltes renversées ; passades ; pirouettes ; terre à terre ; airs relevés : pesade, mézair, courbette, croupade, balotade, capriole, pas et saut ; position du cavalier ; qualités et effets de la main de bride : descente de main ; aides ; travail à la longe ; leçons du cheval monté ; la longe ; leçons en liberté ; arrêt, demi-arrêt, reculer ; épaule en dedans ; croupe au mur ; dressage aux piliers ; le passage ; passades en pirouettes et demi-pirouettes ; passager un cheval dans sa longueur ; terre à terre ; mézair ; règles pour la ferrure ; résumé de la méthode de la Guérinière. — Un carrousel et ses accessoires du temps de la Guériniére : chariots, machines, décorations, devises, récits, concerts, mestre de camp, ses aides, quadrilles, cartels, armes, pages, esclaves, valets, estafiers, chevaux, ornements, personnes des récits, machines, musiciens, bâtons de commandement, tenants, assaillants, comparse, courses de têtes, de bagues, de javelot, de pistolet, balets de chevaux. — Le nouveau Newcastle, de Bourgelat 1747 : la position rectifiée du cavalier à cheval, ses raisons. — La cavalerie sous Louis XV ; les chevaux ; les haras. — Le cheval de bois. — Les idées du maréchal de Saxe sur l'entraînement.

Nous voici arrivé à l'épque où l'équitation de chaque pays a pris ses caractéristiques respectives, il est utile d'en dire un mot avant de poursuivre l'étude de l'équitation française. Nous rappellerons seulement que l'origine commune de toutes ces méthodes a été l'équitation italienne.

Pour ce qui est de l'école française, nous avons suffisamment défini ses tendances en parlant de ses représentants, nous nous contenterons d'ajouter que, si l'école anglaise avait déjà accusé sa recherche de la vitesse, l'école française, à l'inverse, se renfermait par trop au manège et dans les allures cadencées. Les chevaux dits de manège, c'est-à-dire ceux-là seuls qu'on avait menés à un dressage complet, ne sortaient jamais, et l'on jugeait qu'il ne devaient pas être employés à un autre service.

Aussi, Saunier rapporte que les meilleurs chevaux de manège de Versailles, mis en route pour faire la campagne de Mons, eurent bien de la peine à s'accoutumer à ce nouveau travail, faisant des bronchades (ce que nous appelons aujourd'hui des fautes, autrement dit, butant) et paraissant avoir à peine la force de se soutenir, parce qu'ils ne trouvaient plus le terrain uni comme dans le manège. Il en conclut que les chevaux dressés pour le manège, doivent l'être aussi pour la campagne.

Bref, la nécessité où tout le monde fut de se servir de chevaux vites, devait changer l'équitation. Cette tendance se révéla dès ce moment; il en naquit une divergence avec le personnel enseignant, parce que les écuyers restèrent malheureusement en retard de ce mouvement, au lieu de le diriger. Ils s'opposèrent au goût qui se manifestait de toute part, d'accélérer les charges à la guerre, les débuchés à la chasse, les étapes à cheval et en voiture, dans les voyages; ils retardèrent la chute du vieux système jusqu'à la révolution qui engloutit les manèges comme tant d'autres choses.

Nous n'avons pas non plus à rappeler les noms des représentants de l'*École italienne*, nous dirons seulement qu'elle resta fidèle aux principes de Fiaschi et de Grison; mais elle ne conserva pas longtemps sa supériorité, ou du moins sa renommée. Dans tous les genres, on peut reprocher au caractère italien de rechercher les subtilités; aussi sa méthode fut-elle pointilleuse, assujettissante pour le cheval, hérissée de petites difficultés pour le cavalier. On y adopta l'amble, appelé pas napolitain, allure que proscrivaient toutes les académies. On y faisait un usage immodéré des éperons, du caveçon, de la gaule, de la gaule armée, du poinçon, etc.; on y inventa une multitude innombrable d'embouchures.

Les chevaux dressés à cette école étaient ordinairement mis fort régulièrement et remplis de finesse et de précision, mais leur éducation était fort longue et ne réussissait pas avec tous les individus.

Tous les chevaux d'Italie, principalement les napolitains, en grande vogue alors, avaient une réputation de mauvais caractère, due probablement à la trop grande exigence des écuyers.

On doit dire toutefois que les hommes de cheval étaient fort habiles en Italie, mais fort rares. Plusieurs écuyers italiens, formés en France et en Allemagne, après la décadence des écoles de leur patrie, ont joui d'une réputation très méritée.

L'*École Anglaise* commença comme toutes les autres, par l'équitation italienne, ses premiers représentants dans le pays furent deux écuyers italiens, *les frères Alexandre*, que le roi Henri VIII avait fait venir en Angleterre. Après eux, le *signor Romano* également italien, puis le *signor Prospero*, et *Claudio Curtio*.

Le marquis de Newcastle parle de ces écuyers avec grande admiration.

Il n'accorde pas la même considération à leur successeur, M. Blundeville :

« *La méthode de M. Blundeville, n'est autre chose que le bon Grison traduit en anglois. Or, Grison, dans le temps qu'il a écrit, étoit bon, car on ne sçavoit pas mieux faire, mais à présent, on ne se mouche plus sur la manche.* »

Marklam n'est autre que Blundeville sous d'autres termes. Après lui vient *de la Gray*, qui n'est aussi autre chose que Blundeville avec quelques nouvelles recettes.

Enfin vint *le marquis de Newcastle*, qui écrivit et professa les principes de Pignatelli et de Pluvinel en les modifiant par des moyens à lui et où se révélait la tendance particulière. *Bérenger* modifia dans le même esprit les méthodes françaises de son époque.

Ensuite, les principes spéciaux de l'École anglaise sont assez diffus. Du reste, les écuyers anglais furent assez rares et écrivirent peu, le génie de la nation se portant beaucoup plus vers la pratique et l'utilité immédiate que vers la théorie.

L'Ecole anglaise a fait une révolution complète dans le monde hippique. C'est elle qui a institué les courses de vitesse et a régénéré les races de chevaux. Mais si tout d'abord elle a eu une méthode et des maîtres, elle est bientôt tombée à un état latent. Il en est resté dans le pays un goût très développé du cheval ; quant aux préceptes équestres, ils ont complètement disparu. Les cavaliers ont une hardiesse incontestable, mais de méthode point.

L'*Ecole allemande* a eu pour promoteur le célèbre écuyer *Engelhart* qui professa à la fin du XVIe siècle. *Winter de Adlersflügel* au XVIIe siècle publia à la fois en allemand, en français, en italien et en latin un traité d'hippiatrique ayant particulièrement trait à la reproduction des espèces chevalines. Au XVIIIe siècle, le *baron d'Eisenberg* écrivit une méthode sous le titre de « l'*Art de monter à cheval.* » Après lui, le peintre *Jean Ridinger* vulgarisa la méthode allemande en publiant un album de toutes les leçons d'équitation avec texte allemand et français.

Vinrent ensuite parmi les hommes de cheval signalés de l'Allemagne : M. le *comte de Paar*, M. *de Reguental*, le *prince de Dietrichstein*, le *comte de Trautmannsdorff*, le *baron de Sind* et M. *de Weyrother*.

M. de Reguental à Vienne « s'étoit attiré l'admiration universelle par ses chevaux dressés au passège. L'empereur Charles VI étoit dans l'usage de les monter deux ou trois fois par semaine au manège. Il s'en servoit avec succès dans toutes les fonctions publiques, que la bienséance lui permettoit de faire à cheval. Outre ceux que l'empereur montoit seul, je me souviens d'en avoir vu comparoitre douze sur le théâtre, qui formèrent un ballet, suivant exactement les pas tracés par le maître des ballets, et marquant la cadence avec la dernière précision. »

Les Allemands quittèrent peu à peu les errements de la méthode italienne. Leur caractère lent, patient, flegmatique, intelligent, s'attacha à travailler le moral du cheval. On voulut obtenir par l'habitude, par la régularité et par la répétition des choses simples plutôt que par la violence des moyens et la sévérité de l'assujettissement.

L'homme prit une position noble et régulière, mais raide et étudiée ; le corps bien assis, mais un peu renversé en arrière, la poitrine effacée, les jambes raides, tendues en avant, le talon bas et le pied dans une direction telle, que la pointe regardait l'oreille du cheval.

La jambe ne sortait de cette attitude que pour châtier vigoureusement de l'éperon, ce que du reste on s'appliquait à rendre le plus rare possible.

La main travaillait beaucoup, mais avec fixité ; un dressage préparatoire, très compliqué, au moyen des caveçons, des fausses rênes, des kinnband et des piliers, amenait par degrés l'encolure à une souplesse très grande et la tête à une position régulière et fixe. « Le cheval dressé à l'allemande est franc, régulier, soumis et le plus propre, peut-être de tous, à supporter un mauvais cavalier comme à briller sous une main habile. » Du reste, la méthode allemande a changé plusieurs fois.

Tout d'abord l'*Ecole espagnole,* comme l'école italienne, se borna uniquement, comme but, à enseigner ce qu'il fallait pour le duel ou le combat singulier. Tout ce qui, en équitation, sortait du domaine de l'escrime à cheval, lui était étanger.

Parmi les maîtres de l'école espagnole, il faut citer le capitaine *Pedro de Aquilar*, en 1572 ; *don Bernardo de Vorgas Machucha*, en 1600.

Le voisinage des Maures et le souvenir qu'ils laissèrent en Espagne y influèrent sur l'équitation comme sur les autres arts et sur les mœurs.

Le mors Pignatelli fut remplacé par le mors arabe, tel que nous l'a dessiné Machucha, en y ajoutant toutefois les jouettes et les chaînettes à la Pignatelli ; l'étrier conserva un peu de sa forme mauresque.

Les courbettes, le piaffer, le passage, le pas espagnol, constituaient, dans l'esprit de cette école, le véritable type du beau et du brillant, et tel fut le goût national de l'Espagnol pour les chevaux de parade, que bientôt la race du pays se composa d'individus chez lesquels les qualités brillantes étaient naturelles. Aussi le cheval andalou, pour ainsi dire dressé en naissant, fût-il recherché de toute l'Europe comme le premier cheval de manège, et la plus magnifique monture qu'un prince pût avoir.

Revenons à l'École française.

Nous avons dit que ses deux représentants les plus marquants avaient été, pour la première moitié du XVIIe siècle, MM. de Saunier et de La Guérinière.

Le premier, comme nous l'avons montré, a surtout professé à l'étranger. M. de La Guérinière, au contraire, professa exclusivement en France ; sa méthode fit loi non seulement dans nos écoles, mais aussi bien à l'étranger.

François Robichon de la Guérinière fut un très habile élève de Vendeuil. Il avait le titre d'écuyer du roi, parce qu'il possédait un brevet lui permettant d'ouvrir une académie. Il professa en particulier à Caen.

On possède de lui deux volumes : l'*École de cavalerie*, 1733, et les *Éléments de cavalerie*, 1740. Ces deux ouvrages furent réédités ensemble, en 1742, sous le titre : *Manuel du cavalier*.

La Guérinière peut être considéré comme le père de l'équitation actuelle. En simplifiant les moyens de dressage, il enseigna au cavalier à chercher ses moyens de tenue dans l'équilibre et dans la rectitude de la position. L'équitation qu'il professa fut raisonnée et naturelle. Il parla de l'équilibre du cheval, fit usage du mouvement de l'épaule en dedans pour l'assouplir, il alla jusqu'à recommander, pour les chevaux de chasse, de les habituer à tourner à faux et à serpenter au galop en changeant de pied.

La Guérinière fit usage des piliers et du caveçon, et il apporta de profondes modifications dans le harnachement.

On n'a pas encore rompu complètement avec les traditions des prédécesseurs et l'on voit subsister une grande diversité de mors « *à simple canon, à gorge de pigeon, à pas d'asne, à branche sans jarret, à branche droite, à pistolet, à branche française, à branche à la connétable*, etc. ». On se sert du « *bridon allemand*, du *bridon anglais*, du *caveçon de fer*, du *caveçon de cuir*, du *martigadour*. » Il y a des « *selles à piquer*, des *selles rases*, des *selles à la royale*, des *selles anglaises*. »

Avant de donner les principes d'équitation, M. de La Guérinière passe en revue les instruments qui servent au cavalier, et c'est à ce sujet qu'il nous donne la règle pour ajuster le mors dans la bouche du cheval :

« *Il faut ajuster un mors suivant la structure intérieure de la bouche du cheval ; les branches, selon la proportion de son encolure, et la gourmette suivant la sensibilité de la barbe. Le mors doit porter sur les barres, un demi-doigt au-dessus du crochet, et quelquefois un doigt.* »

Du temps de M. de La Guérinière, on n'avait point encore joint le bridon à la bride ; on donnait le pli en pesant sur l'une ou l'autre rêne de la bride, et l'on ne tenait jamais cette dernière que dans la main gauche, sur une piste ou sur l'autre.

Après la bride et la selle, les instruments qui sont le plus en usage pour dresser les chevaux sont la chambrière, la gaule, les éperons, la longe, la martingale, le poinçon, les lunettes, le trousse-queue, les piliers, le caveçon de cuir, le caveçon de fer, le bridon et le filet.

« Le POINÇON *est un manche de bois, long de sept à huit pouces, au bout duquel il y a une pointe de fer. On tient le bout du poinçon dans le creux de la main droite et on appuie la pointe sur la croupe du cheval pour lui faire détacher la ruade. Je n'approuve point cet instrument, car, outre la situation contrainte où est le bras du cavalier lorsqu'il appuie le poinçon, il peut y avoir encore deux autres inconvéniens qui sont, ou que la pointe du poinçon étant trop émoussée, il ne fait point d'effet, ou lorsqu'elle est trop pointue, elle déchire et ensanglante la croupe et y fait de longues estafilades. Je préfère l'invention de M. de la Broue, qui est une espèce de col d'éperon creusé avec une molette : on attache cet éperon à un bout de gaule long d'environ deux pieds.*

« Le FILET *est une espèce de mors monté d'une têtière sans muserole, avec une gourmette et des branches sans chaînettes. Ce mors sert aux chevaux de carosse ou autres, lorsqu'on les étrille ou qu'on les mène à la rivière.*

« *Les Anglois, plus attentifs qu'aucune autre nation, pour ce qui regarde l'équipage du cheval, ont inventé un filet d'une structure assez singulière. Il sert en même tems de bridon et de bride par le moyen de deux paires de rênes, l'une desquelles est attachée au bas des branches, comme aux brides ordinaires. Les autres rênes sont attachées à deux arcs qui sont aux deux extrémités de l'embouchure ; et en se servant de ces deux dernières rênes, la gourmette alors n'agissant plus, l'embouchure agit comme celle du bridon et produit le même effet.* »

Nous relevons quelques définitions de M. de la Guérinière pour montrer à quel point il avait mené la compréhension de l'équitation :

« *A l'égard des manèges où l'on exerce les chevaux, il y en a de couverts et de découverts. Un beau manège couvert doit être large de trente-cinq à trente-six piés et long de trois fois la longueur.* »

« AIDES FINES. *On dit d'un homme de cheval qu'il a des aides fines lorsque ses mouvements sont peu apparens, et qu'en gardant un juste équilibre, il aide son cheval avec science, avec aisance et avec grâce ; ce qu'on appelle aussi* AIDES SECRETTES. *On dit qu'un cheval a les aides fines lorsqu'il obéit promptement et avec facilité au moindre mouvement de la main et des jambes du cavalier.* »

« RENDRE LA MAIN. *C'est le mouvement que l'on fait en baissant la main de la bride, soit pour adoucir ou pour faire quitter le sentiment du mors sur les barres.* »

« S'ATTACHER A LA MAIN. *C'est lorsqu'un cavalier a la main rude, et qu'il la tient plus ferme qu'il ne doit.* »

« TIRER A LA MAIN. *Ce défaut regarde le cheval, c'est lorsque la bouche se roidit contre la main du cavalier, en tirant, et en levant le nez, par ignorance ou par désobéissance.* »

« PESER A LA MAIN. *C'est lorsque la tête du cheval s'appuie sur le mors, et s'appesantit sur la main de la bride, en sorte qu'on est obligé de porter, pour ainsi dire, la tête du cheval.* »

« BATTRE A LA MAIN. *C'est le défaut des chevaux qui n'ont pas la tête assurée, ni la bouche faite, et qui, pour éviter la sujestion du mors, secouent la bride et donnent des coups de tête.* »

« APPUI. *C'est le sentiment que produit l'action de la bride dans la main du cavalier, et réciproquement l'action que la main du cavalier opère par les barres du cheval.* »

« PARADE. *Est la manière d'arrêter un cheval à la fin de sa reprise, ainsi parer signifie arrêter.* »

« MARQUER UN DEMI-ARRÊT. *C'est lorsqu'on retient la main de la bride près de soi, pour retenir et soutenir le devant d'un cheval qui s'appuie sur le mors, ou lorsqu'on veut le ramener ou le rassembler.* »

« RAMENER. *C'est faire baisser la tête et le nez à un cheval, qui tire à la main et porte le nez haut.* »

« RASSEMBLER UN CHEVAL, *ou le tenir ensemble. C'est le raccourcir dans son allure ou dans son air, pour le mettre sur les hanches ; ce qui se fait en retenant doucement le devant avec la main de la bride, et chassant les hanches sous lui avec le gras des jambes, pour le préparer à le mettre dans la main et dans les talons.* »

« ÊTRE DANS LA MAIN ET DANS LES TALONS. *C'est la qualité que l'on donne à un cheval parfaitement dressé, qui suit la main, suit les jambes et les éperons avec liberté et obéissance. Si l'on trouvoit aujourd'hui un pareil cheval, on pourroit, sans témérité, lui donner le nom de Phénix.* »

« RENFERMER. *C'est tenir beaucoup ensemble un cheval qui est assez avancé pour commencer à le mettre dans la main et dans les talons.* »

« Bien mis. *C'est-à-dire bien dressé; bien mis dans la main et dans les talons.* »

« Falquer. *Falcade est l'action que fait le cheval en coulant les hanches basses et trides à l'arrêt du galop.* »

« Tride. *Ce mot est de M. de la Broue; il s'en est servi pour exprimer les mouvements prompts, courts et unis, que font les chevaux avec les hanches, en les rabattant promptement sous eux. On dit d'un cheval, qu'il a la carrière tride, c'est-à-dire qu'il galope court et vite des hanches.* »

L'auteur nous parle ensuite des allures :

« *Les chevaux ont deux sortes d'allures, savoir : les allures naturelles et les allures artificielles.*

« *Dans les allures naturelles, il faut distinguer les allures parfaites, qui sont le pas, le trot, et le galop; les allures défectueuses sont l'amble, l'entrepas ou traquenard, et l'aubin.*

« *Les allures artificielles sont celles qu'un habile écuyer sçait donner aux chevaux qu'il dresse pour les former dans les différens airs dont ils sont capables et doivent se pratiquer dans les manèges bien réglés.*

Nous relevons également quelques définitions :

« Passage *qu'on appelait autrefois passège, du mot italien spasseggio, qui signifie promenade. C'est un pas ou un trot mesuré et cadencé. Il faut dans ce mouvement qu'un cheval tienne plus longtemps les jambes en l'air, l'une devant et l'autre derrière, croisées et opposées comme au trot : mais il doit être beaucoup plus raccourci, plus soutenu, et plus écouté que le trot ordinaire; en sorte qu'il n'y ait pas plus d'un pié de distance entre chaque pas qu'il fait; c'est-à-dire, que la jambe qui est en l'air, se pose environ un pié au-delà de celle qui est à terre.*

« *Le mot* volte, *est une expression italienne, qui signifie cercle, rond, ou piste circulaire. Il faut remarquer qu'on entend en Italie par volte, le cercle que décrit un cheval qui va simplement d'une piste, et ce que nous entendons par volte, ils l'appellent, Radoppio; mais en France, le mot volte signifie aller de deux pistes de côté, le cheval formant deux cercles paralelles, ou un quarré, dont les coins sont arrondis.*

« *La* demi-volte *est la moitié d'une volte, ou une espèce de demi-cercle de deux pistes. On fait les demi-voltes, ou dans la volte même ou aux deux extrémités d'une ligne droite.*

« *Il y a encore des* voltes renversées, *et des* demi-voltes renversées.

« *Par* volte renversées, *on entend le chemin que décrit un cheval qui va de deux pistes, avec la tête et les épaules du côté du centre; et alors les piés de devant décrivent la ligne la plus près du centre, et ceux de derrière la plus éloignée ; ce qui est l'opposé de la volte ordinaire, où la croupe est du côté du centre de la volte.*

« *La* DEMI-VOLTE RENVERSÉE, *se fait comme le changemement de main renversé, excepté que le cheval doit aller de deux pistes pour la demi-volte.*

« *Faire des* PASSADES, *c'est mener un cheval sur une même longueur de terrain, en changeant aux deux bouts, de droite à gauche et de gauche à droite, passant et repassant toujours sur la même ligne.*

« *Il y a des passades au petit galop, et des passades furieuses.*

« LA PIROUETTE *est une espèce de volte, qui se fait dans une même place et dans la longueur du cheval : la croupe reste au centre, et la jambe de derrière de dedans, sert comme de pivot au tour duquel tournent, tant les deux jambes de devant, que celle de dehors de derrière.*

« *M. le duc de Newcastle a fort bien défini le* TERRE-A-TERRE, *un galop en deux temps, qui se fait de deux pistes. Dans cette action le cheval lève les deux jambes de devant à la fois, et les pose à terre de même ; celles de derrière suivent et accompagnent celles de devant ; ce qui forme une cadence tride et basse, qui est comme une suite de petits sauts fort bas, près de terre, allant toujours en avant et de côté.*

« *On appelle* AIRS RELEVÉS, *tous les sauts qui sont plus détachés de terre que le terre-à-terre. On en compte sept qui sont, la* PESADE, *le* MÉZAIR, *la* COURBETTE, *la* CROUPADE, *la* BALOTADE, *la* CAPRIOLE, *et le* PAS-ET-LE-SAUT. »

Voici selon l'auteur quelle doit être « la belle posture de l'homme à cheval » :

« *La gaule dans la main droite, la pointe en haut, la main de bride au-dessus du col du cheval, ni en dedans ni en dehors, à la hauteur du coude, la main droite placée à la même hauteur et près de la gauche quand on mène un cheval les rênes égales ; mais quand on se sert de la rêne droite pour le plier à main droite, il faut qu'elle soit plus basse et près de la selle.*

« *Il faut s'asseoir juste dans le milieu de la selle, la ceinture et les fesses avancées, afin de n'être pas assis près de l'arçon de derrière, tenir ses reins pliés et fermes pour résister aux mouvements du cheval.* »

Les qualités d'une bonne main et ses effets sont nettement définis :

« *Les mouvements de la bride, servent à avertir le cheval de la volonté du cavalier. Comme le cheval a quatre principales allures, qui sont, aller en avant, aller en arrière, aller à droite, et aller à gauche ; la main de la bride doit aussi produire quatre effets, qui sont, rendre la main, soutenir la main, tourner la main à droite et tourner la main à gauche.*

« *Une bonne main renferme trois qualités, qui sont d'être légère, douce et ferme.*

« *Il y a deux manières de rendre la main. La première qui est la plus ordinaire et la plus en usage, est de baisser la main de la bride. La deuxième manière est de prendre les rênes avec la main droite, au-dessus de la main gauche, on fait passer le sentiment du mors dans la main droite, et enfin en quittant tout-à-fait les rênes qui étoient dans la main gauche, on baisse la main droite sur le cou du cheval, et alors le cheval se trouve tout-à-fait libre, sans bride. Cette dernière façon de rendre la main s'appelle* DESCENTE DE MAIN. »

L'auteur nous énumère ensuite les aides :

« LES AIDES *consistent dans les différents mouvements de la main et de la bride ; dans l'appel de la langue : dans le sifflement et le toucher de la gaule ; dans le mouvement des cuisses, des jarrets, et des gras de jambes, dans le pincer délicat de l'éperon, et enfin dans la manière de peser sur les étriers.* »

Puis le trot est indiqué comme la meilleure allure pour assouplir le cheval au travail de la longe :

« *C'est par le trot, qui est l'allure la plus naturelle, qu'on rend un cheval léger à la main sans lui gâter la bouche, et qu'on lui dégourdit les membres sans les offenser.*

« *La longe attachée au caveçon sur le nez du cheval, et la chambrière, sont les premiers et les seuls instruments dont on doit se servir dans un terrain uni, pour apprendre à troter aux jeunes chevaux, qui n'ont point encore été montés, ou à ceux qui l'ont déjà été, et qui pèchent par ignorance, par malice, ou par roideur.*

« *Deux personnes à pié doivent conduire cette leçon, l'une tiendra la longe et l'autre la chambrière.*

« *Quand le cheval commencera à troter librement à chaque main et qu'on l'aura accoutumé à venir au centre, il faudra alors lui apprendre à changer de main.*

« *Afin que la leçon du trot soit plus profitable, il faudra avoir l'attention de tirer la tête du cheval en dedans avec la longe, et de lui élargir en même temps la croupe avec la chambrière.*

Après les premières leçons de la longe, M. de la Guérinière fait monter le jeune cheval, encore à la longe :

« *Il faudra ensuite monter le cheval en prenant toutes les précautions nécessaires pour le rendre doux au montoir. Le cavalier étant en selle, tâcher de donner au cheval les premiers principes de la connoissance de la main et des jambes ; ce qui se fait de cette manière : Il tiendra les rênes du bridon séparées dans les deux mains, et, en même temps, il approchera doucement près du ventre les deux gras de jambes, sans avoir d'éperons (car il n'en faut point dans les commencemens). Si le cheval ne répond point à ces premières aides, ce qui ne manquera pas d'arriver, ne les connoissant point, il faudra alors lui faire peur de la chambrière.*

« *De même lorsqu'on veut apprendre au cheval à tourner pour la main, il faut dans le temps que le cavalier tire la rêne de dedans du bridon, et que le cheval refuse de tourner, que celui qui tient la longe tire la tête et l'oblige de tourner, en sorte qu'elle serve de moyen pour l'accoutumer à tourner pour la main, comme la chambrière à fuir pour les jambes.* »

Vient alors la leçon en liberté :

« *Lorsque le cheval commencera à obéir à la main et aux jambes, sans le secours de la longe ni de la chambrière, il faudra alors, et pas plus tôt, le mener en liberté, c'est-à-dire sans longe, et au pas sur une ligne droite, en le sortant du cercle pour l'aligner, c'est-à-dire lui apprendre à marcher droit et à connoître le terrain.*

« *Quoique je regarde le trot comme le fondement de la première liberté qu'on doit donner aux chevaux, je ne prétends pas pour cela exclure le pas, qui a aussi un mérite particulier.*

« *C'est au pas lent et peu raccourci, qu'il faut mener un cheval qui commence à savoir troter. Il faut le mener sur de fréquentes lignes droites, le tournant tantôt à droite tantôt à gauche sur une nouvelle ligne, mais seulement les épaules, en le faisant toujours marcher en avant après l'avoir tourné.* »

L'auteur fait un cas particulier du cheval auquel on veut donner de l'allure :

« *Il faut, quand le cheval sera obéissant à cette leçon et qu'on en voudra faire un cheval de promenade, le mener sur une longue et seule ligne droite, afin de lui donner un pas étendu et allongé, le tournant seulement de tems en tems, pour lui conserver l'obéissance de la main et la souplesse des épaules ; mais il faut pour cela le mener en pleine campagne, car le terrain d'un manège est trop borné.* »

Voici le moment d'asseoir un peu le jeune cheval :

« *Pour mettre un cheval sur les hanches et lui ôter le défaut d'être sur les épaules, les hommes de cheval ont trouvé un remède dans les leçons, qui sont : l'arrêt, le demi-arrêt et le reculer.* »

Après ces premières leçons, M. de la Guérinière recommande l'*épaule en dedans*, une innovation qui caractérise sa méthode :

« *Il faudra alors mener le cheval au petit pas lent et peu raccourci, le ong de la muraille, et le placer de manière que les hanches décrivent une ligne et les épaules une autre. La ligne des hanches doit être près de la muraille, et celle des épaules détachée et éloignée du mur environ un piè et demi ou deux, en le tenant plié à la main.*

« *1° Cette leçon assouplit les épaules. — 2° L'épaule en dedans prépare un cheval à se mettre sur les hanches. — 3° Cette même leçon dispose un cheval à fuir les talons.*

« *Lorsque le cheval commencera à obéir aux deux mains à la leçon de l'épaule en dedans, on lui apprendra à bien prendre les coins, ce qui est le plus difficile de cette leçon.* »

La Guérinière n'est pas partisan de l'appuyer tête au mur, il préfère la croupe au mur, et il s'en explique ainsi :

« *Ceux qui mettent la tête d'un cheval vis-à-vis du mur pour lui apprendre à aller de côté, tombent dans une erreur dont il est facile de voir l'abus. Cette méthode le fait plutôt aller par routine que pour la main et les jambes. Il est bien plus sensé, selon moi, pour éviter cet embarras et les désordres qui peuvent en arriver, de lui mettre la croupe au mur. Cette leçon est tirée de l'épaule en dedans.*

« *En maniant ensemble les trois leçons d'épaule en dedans, de trot et de croupe au mur, on verra venir de jour en jour et augmenter la souplesse et l'obéissance d'un cheval, qui sont, comme nous l'avons dit, les deux premières qualités pour estre dressé.* »

Il préconise l'usage des piliers :

« *Je regarde les piliers comme un moyen, non seulement de découvrir la ressource, la vigueur, la gentillesse, la légèreté et la disposition d'un cheval; mais encore comme un moyen de donner ces dernières qualités à ceux qui en sont privés.*

« *Il faut d'abord se placer avec la chambrière derrière la croupe du cheval, et le faire ranger à droite et à gauche en donnant de la chambrière par terre et quelquefois sur la fesse. Quand il obéira à cette aide, il faudra le chasser en avant et dans le tems qu'il donne dans les cordes, l'arrêter et le flatter.*

« *Une autre attention nécessaire, c'est de faire ruer dans les piliers les chevaux qui ont la croupe engourdie et qui n'ont point de mouvement dans les hanches. Cette action leur dénoue les jarrets et leur fait déployer les hanches, donne du jeu à la croupe et met tous les ressorts de cette partie en mouvement.*

« *Quand le cheval cessera de se traverser, qu'il donnera en avant et droit dans les cordes, il faudra alors l'animer de la langue et de la chambrière pour lui tirer quelque cadence de trot en place, droit et dans le milieu des cordes, qui est ce qu'on appelle piafer.*

« *Lorsque le cheval sera confirmé dans cet air de piafer que produit le passage entre les piliers, il faudra alors, et non plus tôt, commencer à le détacher de terre, lui faisant lever quelque tems de pesades et de courbettes en touchant légèrement de la gaule devant et l'animant de la chambrière par derrière.* »

M. de la Guérinière nous indique ensuite à quel moment il donne la leçon du passage et quelle est sa méthode :

« *Après avoir donné à un cheval la première souplesse par les moyens du trot d'une piste, sur la ligne droite et sur les cercles ; l'avoir arrondi et lui avoir appris à passer ses jambes dans la posture circulaire de l'épaule en dedans ; l'avoir rendu obéissant aux talons, la croupe au mur, et rassembler au piafer dans les piliers ; lesquelles leçons renferment la souplesse et l'obéissance, qui sont, comme nous l'avons dit, les deux premières qualités qu'on doit donner à un cheval pour le dresser ; après cela, dis-je, il faut songer à l'ajuster, c'est-à-dire le régler et le faire manier juste dans l'air, où sa disposition permettra qu'on le mette.*

« *Le passage est la première allure qui regarde la justesse. L'action du cheval au passage est la même qu'au piafer, en sorte que pour avoir une idée juste de l'un et l'autre, il faut regarder le piafer comme un passage dans une place sans avancer ni reculer, et le passage est pour ainsi dire un piafer, dans lequel le cheval avance d'environ un pié à chaque mouvement.*

« *Il ne faut point passager un cheval, qu'auparavant il ne soit assoupli de tout son corps et réglé au piafer dans les piliers. Cette pratique est le modèle du beau passage.* »

Avant de la Guérinière, il n'existait pas de méthode bien arrêtée pour dresser le cheval aux *passades en pirouettes et en demi-pirouettes*, dont on faisait cependant un si fréquent usage dans les tournois. La méthode que nous allons décrire est encore appelée, dans les reprises de haute école, le travail sur le carré, de la Guérinière. Ce travail consistait à faire cheminer les chevaux des deux pistes sur un carré de quatre à six mètres, suivant la taille du cheval. L'animal était obligé de faire, à chaque angle du carré, un quart de pirouette ou un quart de pirouette renversée, selon la façon dont on cheminait, croupe en dedans ou croupe en dehors. On reprenait ensuite le même travail au trot raccourci, et l'on diminuait progressivement le côté du carré jusqu'au point où le cheval était obligé de passager dans sa longueur ou de pirouetter au trot. *Passager un cheval dans sa longueur* était la véritable quintessence de tout travail au trot de l'ancienne école : dans cet exercice difficile, le cheval fait le passage du devant, tandis qu'il piaffe du derrière. On reprenait ensuite le travail progressif sur le carré, mais au *terre à terre*, galop en deux temps, plus cadencé que le galop ordinaire, et dans lequel le cheval pose en même temps les deux jambes du devant sur le sol et puis celle de derrière ; c'est, à vrai dire, une continuation de petits sauts fort bas et près de terre, le cheval avançant toujours, mais de côté. Du terre à terre au mézair, il n'y avait qu'un pas. Le *mézair* ou mésair (demi-air), était, en effet, un air qui consistait, comme nous l'avons dit, dans une suite de sauts ; les extrémités antérieures s'élevaient plus haut que dans le terre à terre, mais plus bas, plus coulé, plus avant que dans la courbette : c'était, à proprement parler, une succession de demi-courbettes ; de là vient aussi le nom de demi-air. On conçoit qu'un cheval dressé au mézair, le long du mur, ne tardait pas à faire des quarts de pirouettes à chaque angle du carré de la Guérinière. Le calme et la régularité étaient, chaque jour, plus strictement exigés et le côté du carré était diminué jusqu'au point d'obtenir la pirouette complète sur l'arrière-main, l'avant-main au mézair.

L'auteur nous donne également quelques règles pour la ferrure, nous en transcrivons quelques extraits qui suffiront à démontrer le progrès accompli déjà dans la théorie de cette importante partie :

« *Les principaux instruments dont on se sert pour ferrer un cheval, sont le Brochoir, le Boutoir, la Triquoise, le Rogne-Pié, la Rape et le Repoussoir.*

« *Il y a quatre sortes de fers en usage ; savoir, le Fer ordinaire, le Fer à pantoufle, le Fer à demi-pantoufle et le Fer à lunette. Il y en a encore un cinquième qu'on appelle, Fer à tous Piés, qui se plie au milieu de la pince, s'élargit et se serre selon la forme du pié. On s'en sert en voyage, quand un cheval a perdu son fer. Le Fer ordinaire est également plat partout, et accompagne la rondeur d'un pié bien fait. Le Fer à Pantoufle est celui qui a le dedans plus épais de beaucoup que le dehors ; en sorte que la partie qui s'applique contre la corne, va en talus. Demi-Pantoufle, est l'éponge du fer un peu tournée en talus et un peu plus épaisse du côté de dedans, mais pas tant que le fer à pantoufle, en sorte qu'il paraît vouté en dedans. Le Fer à Lunette, est celui dont les éponges sont coupées jusqu'au premier trou.*

« *Il y a quatre Règles principales qui servent de méthode pour ferrer les chevaux qui ont de bons piés ; savoir : Pince devant, Talon derrière, —*

N'ouvrir jamais les talons, — Employer les clous les plus deliés de lames, — Faire les fers les plus légers selon le pié et la taille du cheval. Ce sont là les règles posées par M. de Solleysel.

« *Outre ces quatre règles générales,* ajoute la Guérinière, *il y en a encore de particulières et aussi essentielles à observer :*

« 1° *Il faut que le fer accompagne la rondeur du pié jusqu'auprès du talon, afin que le cheval marche à son aise, et que les éponges ne débordent guère au talon ; ce qui l'empêchera de forger en marchant, et de se déferrer.*

« 2° *Le fer doit porter justement sur la corne ; car s'il portait sur la sole, qui est une corne plus tendre, il feroit boiter le cheval. C'est aussi pour cette raison, qu'il ne faut pas qu'il soit bordé par dedans, ni étampé trop gras, c'est-à-dire les clous percés trop en dedans.*

« 3° *Il ne faut pas que les clous soient brochés plus haut les uns que les autres, mais également en rond, de peur que quelque clou étant trop élevé, ne serre la veine qui entoure le petit pié.*

« 4° *Quand les clous sont brochés, il faut bien les river, afin que le cheval ne se coupe pas.*

« 5° *Enfin quand le cheval est ferré, il faut raper le pied tout autour, afin de l'unir et de lui donner une forme ronde et égale, et d'émousser les pointes de rivets qui pourroient déborder.* »

La Troisième partie du livre de M. de la Guérinière, comprend : — *Hippostéologie ou traité des os du cheval. — Des maladies du cheval. — Des opérations de Chirurgie, qui se pratiquent sur les chevaux. — Traité du haras.*

L'auteur nous explique que pour cette dernière partie, il n'a pas voulu s'en rapporter comme ses prédécesseurs à la tradition des remèdes ; mais qu'il a confié le soin de rédiger la partie hippiatrique à un médecin de la Faculté.

En résumé, M. de la Guérinière fit faire à l'équitation une évolution complète ; l'organisation plus large de la cavalerie lui avait fait comprendre qu'on devait avoir recours à une équitation moins savante. Ce fut lui qui, le premier, prescrivit l'aisance à cheval, et indiqua les moyens de l'obtenir : il substitua la position obtenue par l'équilibre à la tenue acquise par la force. Il fit abattre la palette et prescrivit au cavalier de glisser les fesses en avant, afin d'être plus à même d'embrasser le cheval ; la cuisse devait être tournée sur son plat et la jambe, libre, mais assurée.

Il fut l'inventeur du travail appelé épaule en dedans. Comme nous l'avons déjà vu, Pluvinel avait introduit, en France, le travail du pilier, qu'il avait su pratiquer, avec succès, en Italie. Au moyen d'une longe de la longueur du rayon d'une volte, on attachait le cheval à un poteau central, afin de l'exercer à la piste des hanches : nécessairement, le cheval avait le faux pli. Un siècle plus tard, de la Guérinière supprima le pilier central ; de là vient le travail des deux pistes, dans lequel la tête du cheval est tournée du côté opposé à celui où se dirige la croupe.

Les détracteurs de cette méthode prétendent qu'il est nuisible d'enseigner au jeune cheval à cheminer des deux pistes avec le faux pli. Mais on peut objecter que la Guérinière prescrivit ce travail comme une gymnastique préparatoire, inutile aussitôt que l'arrière-main est suffisamment assouplie pour appuyer la croupe au mur ou croupe en dehors, avec le vrai pli.

De la Guérinière, suivit les enseignements de la Broue, de Newcastle, de Pluvinel, mais en modifiant leur équitation supérieure. Pratiquant un travail qui tendait à assouplir les hanches et les épaules, il conservait à la bouche une légèreté extrême, et ne considérait un cheval comme ajusté que, si fidèle à l'action des jambes, à l'attaque ou au pincer de l'éperon, il se maintenait et se dirigeait, placé du devant, par la simple action des rênes.

En un mot, il a compris la direction des forces instinctives du cheval dans toute la brillante application de son époque ; ses théories sont celles de l'homme pratique, habile observateur, travaillant sur les données de ses devanciers. Mais son école, n'ayant eu que le tact pour guide, devait rester avec les commencements de la science positive; toutefois elle est un acheminement vers cette dernière, une préparation intelligente à des idées plus sérieuses et c'est avec raison qu'on appelle M. de la Guérinière, le père de l'équitation actuelle.

M. de la Guérinière nous fait connaître comment on entendait un carrousel a son époque; nous en transcrivons quelques détails qui montreront qu'on cherchait à y copier les coutumes des tournois :

« Le carousel est une fête militaire ou une image de combat représentée par une troupe de cavaliers, divisée en plusieurs quadrilles destinés à faire des courses pour lesquelles on donne des prix.

« Ce spectacle doit être orné de *chariots, de machines, de décorations, de devises, de récits, de concerts et de balets de chevaux* dont la diversité forme un magnifique coup d'œil.

« Comme ces fêtes se font dans la vue d'instruire les princes et les personnes illustres en faveur de qui elles se font, ou d'honorer leur mérite, le sujet doit en être ingénieux, militaire et convenable aux tems, aux lieux et aux personnes.

« Il y a plusieurs choses à considérer dans un véritable carrousel : 1° *Le mestre de camp et ses aides;* 2° *les cavaliers qui composent chaque quadrille ;* 3° *leurs cartels, leurs noms, leurs habits, leurs devises, leurs armes, leurs machines, leurs pages, leurs esclaves, leurs valets-de-piés, leurs estafiers, leurs chevaux et leurs ornements ;* 4° *les personnes des récits et des machines et les musiciens ;* 5° *les différentes courses* que font les cavaliers, et pour lesquelles on donne les prix.

« *Le mestre de camp* est celui qui conduit toute la pompe ; qui règle la marche ; qui fait filer les quadrilles et leurs équipages ; qui introduit dans la carrière et dans les lices ; qui place les cavaliers dans leurs postes et qui indique le lieu des machines.

« *Les aides de camp* sont ceux qui le servent en ces fonctions. Ils n'agissent que par ses ordres, en portant, comme lui, des *Bâtons de commandement.*

« Le moindre *nombre des quadrilles* pour un véritable carrousel est de quatre, et le plus grand de douze. Elles doivent être toutes de nombre pair, afin que les partis soient égaux entre eux pour combattre, et pour faire les courses doubles.

« *Le nombre de cavaliers,* dont chaque quadrille est composée, est ordinairement de quatre, quelquefois de six, de huit, de dix ou de douze non compris le chef, qui est la personne la plus qualifiée, à moins que les cavaliers ne soient de condition égale : et alors on tire au sort celui qui doit l'être, pour éviter les contestations. Dans les carrousels célèbres, ce sont ordinairement les princes qui sont les chefs.

« Il y a *deux sortes de quadrilles* ; celles des tenans et celles des assaillans. La quadrille des tenans est la plus considérable.

« *Les tenans* sont ceux qui ouvrent le carousel, et qui font les premiers défis par les *cartels* que des *hérauts* publient. Ils sont dits tenans parce qu'ils avancent certaines propositions qu'ils s'engagent de soutenir les armes à la main contre tous venans. Ils composent les premières quadrilles.

« *Les assaillans,* sont ceux qui s'offrent par leurs réponses, aux désirs et aux cartels des tenans, à soûtenir le contraire ; ils composent les quadrilles opposées.

« *Le cartel* se fait au nom du chef de la quadrille, qui lui donne ses *livrées.*

« Les cartels contiennent ordinairement cinq choses :

« 1° *Le nom et l'adresse* de ceux que les tenans envoyent défier.

« 2° *Le sujet* que les tenans ont de défier au combat ceux qu'ils attaquent.

3° Quelques autres *propositions* qu'ils veulent soûtenir les armes à la main contre tous venans.

4° *Le lieu et la manière du combat.*

5° *Le nom des tenans* qui envoyent le défi ou le cartel, lesquels noms sont tirés de l'histoire ou de la fable.

« Ces cartels peuvent être en *prose* ou en *vers ;* et comme l'occasion de ces défis est le désir d'acquérir de la gloire et de se faire connoître, ils sont assaisonnés de quelque rodomontade. On excepte les princes des défis et cartels que l'on donne aux autres.

« Comme les sujets des caroussls sont *historiques, fabuleux et emblématiques*, les tenans et les assaillans y prennent ordinairement des noms conformes au sujet qu'ils représentent. Par exemple, ceux qui représentent les illustres Romains, prennent le nom de *Jules César*, *Auguste*, etc.

« On prend aussi des noms de romans, comme les *chevaliers du Lys, du Soleil, de la Rose*, etc. Quelquefois ils sont de pure invention comme *Florimond, Lisandre,* etc.

« Les noms doivent répondre aux devises des cavaliers, et la quadrille doit aussi en porter le nom. Leurs habits, leurs livrées, leurs armes, leurs machines, leurs esclaves, leurs cartels, doivent être uniformes.

« *Les Pages* sont ordinairement à cheval, ils portent les lances et les devises.

« *Les valets de piés* et les *estafiers* conduisent les chevaux de main et se tiennent auprès des machines. On les déguise en *Turcs*, en *Mores*, en *esclaves*, en *sauvages*, en *Arméniens*, en *singes*, en *ours*, suivant le sujet et la volonté du chef de la quadrille.

« *Les récits, la musique* et la plupart *des machines* qui servent à la pompe d'un carousel, sont de l'invention des Italiens, qui ont toujours recherché en toutes choses la fin de l'application, et qui ont excellé dans ce genre.

« *Les personnes des récits et des machines* sont comme des acteurs de théâtre, qui représentent diverses choses, selon le sujet ; il y a aussi quelquefois des vers allégoriques en l'honneur de ceux pour qui l'on fait ces fêtes.

« *Les musiciens* sont employés aux concerts de voix et d'instrumens, et l'harmonie qu'on employe à ces fêtes, est de deux sortes ; l'une militaire, c'est-à-dire fière et guerrière ; l'autre douce et agréable. La première est à la tête de chaque quadrille, pour animer les cavaliers, et pour annoncer leur venue, leur entrée dans la carrière, qu'on nomme *Comparse*, et leurs courses ; l'autre ne sert qu'aux récits, aux machines et à la pompe.

« Pour l'harmonie guerrière, on employe des *trompettes*, des *tambours*, des *timbales*, des *hauts bois* et des *fifres*.

« Pour celle qui accompagne les chars, et les machines, ce sont des *violons*, des *flûtes*, des *musettes*, des *haut-bois*, etc. On fait aussi au son de tous ces instrumens, des danses, et des ballets de chevaux.

« De toutes les courses qui étoient anciennement en usage dans les Tournois, et dans les Carousels, on n'a retenu dans les Académies modernes que les *courses de Têtes et de bagues*. On se sert dans la course des têtes, de la *lance*, du *dard*, de *l'épée* et du *pistolet*. »

En 1747 parut un nouvel ouvrage d'équitation qui eut son retentissement. Cet ouvrage, intitulé :

Le Nouveau Newcastle ou nouveau traité de cavalerie, ne portait pas de signature ; mais on sait qu'il est dû au fameux Bourgelat dont nous parlerons amplement plus tard à l'époque de son apogée. Bourgelat n'était pas alors l'hippiâtre remarquable que l'on sait, il n'était encore qu'un écuyer amateur, admirateur enthousiaste de Newcastle. Sur la foi de la renommée de cet écuyer, et quoiqu'il n'eût point lu son ouvrage, le jeune auteur écrivit le *Nouveau Newcastle* sous l'impression de cette admiration de confiance, et dans le but, dit-il, de remédier au *défaut d'ordre, de netteté, et à la confusion qui régnaient* dans le traité de Newcastle. Il est assez difficile de concilier cette confiante admiration pour son auteur modèle, avec l'aveu des défauts qu'il lui reconnaît, et qu'il prétend corriger. Nous ne nous chargerons pas d'expliquer cela ; lui-même en se reconnaissant plus tard auteur du *Nouveau Newcastle*, l'a suffisamment expliqué, mais n'a pas justifié son inconséquence et sa légèreté en avouant qu'il *n'avait pas lu l'ouvrage* avant d'avoir écrit le sien. On est un peu étonné, d'après la connaissance de ce fait, que Bourgelat n'ait pas pris en considération le progrès inauguré par l'ouvrage de La Guérinière, qui venait de paraître, trois ans seulement avant la première édition du sien : c'est qu'il *ne l'avait pas lu*, car il n'est pas présumable que Bourgelat, qui avait à un si haut degré l'intelligence des sciences et des arts, et qui a prouvé, en donnant les *proportions et les aplombs du cheval*, combien il avait le sentiment du beau, de l'harmonie, des formes et des mouvements de la machine animale ; il n'est pas présumable, disons-nous, qu'il eut passé sous silence un progrès de cette importance, et qu'il eut affecté de le décliner, en quelque sorte, par une fin de non-recevoir, en prenant pour point de départ, et pour type générateur de son traité, précisément celui dont les principes venaient de recevoir plus particulièrement une modification essentielle et profonde.

Les préliminaires de son ouvrage, toutefois, sont excellents :

« *Pour réussir dans un art, dit-il, où le mécanisme du corps est totalement nécessaire, et où chaque partie de ce corps a des fonctions particulières et qui lui sont propres, il est incontestable qu'il faut que ces parties soient dans une attitude naturelle... Tout mouvement que suit et que dirige la contrainte étant un mouvement faux et incapable de justesse, il n'est pas douteux que la partie forcée précipiterait le tout dans une disposition irrégulière...*

« *Il ne suffit donc pas, dans la leçon de l'assiette de l'homme de cheval, de s'en tenir uniquement à des règles triviales et suivies indifféremment ; il faut les savoir diriger et en faire une juste application, proportionnément à la structure plus ou moins avantageuse de celui qu'on enseigne ; car tel mouvement, naturel à cet homme, est contraire à celui-ci, de là des défauts qui paraissent incorrigibles dans certains sujets ; un peu plus de théorie, un peu plus d'attention, une étude plus sérieuse eût fait cependant de ce cavalier désagréable un cavalier souple, liant, etc.*

« *Les parties qui ne doivent jamais mouvoir sont*, dit Bourgelat, *et la fourchure et les cuisses du cavalier ; or, pour que ces parties ne se meuvent pas, il faut leur donner un point d'appui fixe et assuré qu'aucun mouvement du cheval ne puisse faire perdre ; ce point d'appui est la base de la tenue du cavalier, et c'est ce que nous appelons l'assiette de l'homme de cheval : or, si l'assiette n'est autre chose que ce point d'appui, c'est conséquemment de la position des parties immobiles que dépend non seulement la beauté, mais encore la proportion juste et symétrisée de l'attitude entière.* »

« *Que le cavalier*, continue l'auteur, *se mette d'abord sur la fourchure, occupant directement le milieu du siège de la selle ; qu'il étaie, par un appui médiocre, sur ses fesses, cette position dans laquelle la fourchure seule paraît soutenir tout le poids de son corps ; que ses cuisses soient tournées sur leur plat et que, pour cet effet, le tour des cuisses parte de la hanche et que le poids seul des cuisses et de son corps soit l'unique degré de force qu'il emploie pour sa tenue. Voilà la stabilité de l'édifice entier, stabilité dont on ne trouve point la réalité dans les commencements, mais que l'on acquiert insensiblement par l'exercice et par la pratique.*

« *Je ne demande qu'un médiocre appui sur les fesses, parce qu'un cavalier assis ne saurait avoir les cuisses sur leur plat; parce que le gras de la cuisse étant insensible, le cavalier ne pourrait sentir les mouvements de son cheval; j'exige que le tour de la cuisse parte de la hanche, parce que ce tour ne peut être naturel qu'autant qu'il procède de l'emboîtement de l'os; je soutiens enfin que l'homme de cheval ne doit point mettre de force dans ses cuisses, parce que, outre qu'elles en seraient moins assurées, plus il les serrerait, plus il s'élèverait au-dessus du siège de la selle, et que la fourchure et les fesses ne doivent jamais en abandonner ni le milieu ni le fond.* »

Tout ce que Bourgelat dit de la disposition et de l'attitude du corps de l'homme pour être placé le plus avantageusement possible au maintien de l'assiette et de l'équilibre, a été dit avant et après lui, mais il motive la nécessité de l'aisance et de la liberté de la tête, des épaules et des bras, par de fort bonnes raisons, qui paraissent avoir été empruntées à son ouvrage par les rédacteurs de l'Ordonnance de cavalerie de 1829, pour *motiver* aussi les principes de la *position du cavalier à cheval.*

Quant au reste de la position à cheval de Bourgelat, c'est toujours les *épaules effacées*, la poitrine *saillante*, bien que l'expression ne s'y trouve pas, mais l'équivalent y est; c'est toujous le *pli* des reins; mais ici il le prescrit *léger*, ce qui est un progrès; et enfin la *ceinture en avant*, c'est-à-dire près du pommeau de la selle, « *parce que*, dit-il, *cette position unit le cavalier aux mouvements du cheval* ».

Ce qu'il dit de la position des jambes paraît encore plus faux : il veut qu'elles soient *près du corps du cheval*, ce qui est fort bien, mais il les veut aussi *sur la ligne du corps du cavalier*, ce qui est revenir tout uniment à la position de Newcastle, de Pluvinel, etc.

On trouve cependant, dans le *Nouveau Newcastle* de Bourgelat, que Bohan a qualifié un peu sévèrement peut-être : « une esquisse informe et brillante de l'art de monter à cheval », des aperçus nouveaux et vrais sur la nécessité de consulter l'anatomie, pour apprendre aux hommes à monter à cheval, et par conséquent de connaître la structure osseuse et myologique de l'homme, afin de modifier l'application des principes en raison des différentes conformations ; on en trouve également sur l'utilité que l'équitation peut retirer des mêmes connaissances, relativement à la conformation des chevaux, par rapport aux dimensions, à la direction possible des rayons articulaires, c'est-à-dire des leviers qui forment la charpente osseuse, et enfin de la disposition et du mode d'agir de leurs agents moteurs, les muscles. Quelques idées neuves pour l'époque, y sont aussi mises en avant sur l'action et la puissance du corps de l'homme, considéré comme levier sur le corps du cheval, et sur l'initiative de ses mouvements, sur la répartition du poids des masses et leur emploi comme force motrice ou régulatrice, etc; idées encore mal élaborées et mal définies, peut-être, et trop hardies, trop nouvelles, eu égard à l'état de la science équestre, pour n'être pas accueillies avec défiance, controversées avec passion, à une époque de transition comme celle où le jeune écuyer, devenu depuis grand hippiatre, écrivait ce premier essai.

Nous ne nous arrêterons pas plus longtemps sur la valeur équestre de M. de Bourgelat, nous nous contenterons de transcrire la table de son livre :

« *De l'assiette de l'homme de cheval. — De la main et de ses effets. — Des défenses des chevaux et des moyens d'y remédier. — Du trot. — De l'arrêt ou du parer. — Du reculer. — De l'ensemble ou de l'union. — Des piliers. — Des aides et des châtiments. — Du passage. — De la tête et de la croupe au mur. — Des changements de mains larges et étroits. — Des voltes et des demi-voltes. — Des aides du corps. — Du galop. — Des passades. — Des pesades. — Du mezair. — Des courbettes. — Des croupades et des balotades. — Des cabrioles. — Du pas et du saut.* »

Malheureusement les institutions militaires restaient stationnaires en France. En 1715, après la paix d'Utrecht, la cavalerie française se composait de : la maison du roi, la gendarmerie (seize compagnies au lieu de douze), cinquante-huit régiments de cavalerie légère et quinze de dragons. Sous Louis XV, elle resta, jusqu'en 1750, à peu près ce qu'elle était au temps de Louis XIV, sous l'empire des premiers principes appliqués par Gustave-Adolphe.

Si l'équitation militaire ne progressait pas il faut s'en prendre aussi à la conformation des chevaux qui créait plus de difficulté au dressage que de nos jours. Du moins, quand on voit les tableaux qui représentent les chevaux de cette époque, avec leur arrière-main lourde et pesante, leur tête et leur encolure énorme, leurs ganaches prononcées, leur arrière-main relativement faible, on s'étonne qu'on ait pu monter de pareils chevaux.

La toile sur laquelle ils sont peints, est complaisante, il est vrai ; mais, comme le même type se reproduit sans cesse et qu'on ne rencontre sur les vieux tableaux aucun cheval répondant à la notion que nous avons du cheval noble et élégant, on est amené à penser que les tableaux nous donnent une idée exacte de la race de cette époque. Mais il ne faut pas oublier non plus que l'on montait alors beaucoup de chevaux entiers, qui se prêtent mieux au dressage et possèdent une arrière-main plus puissante.

Les longues guerres de Louis XIV avaient anéanti les ressources chevalines du pays. En 1717, sous l'impulsion du régent, on reconstitua le service des haras. On réunit les étalons éparpillés dans les campagnes ; les producteurs devaient conduire leurs juments dans des dépôts centraux. Le règlement de 1717, dû à Villars, était despotique dans ses dispositions. Il était interdit aux cultivateurs de se servir de leurs chevaux entiers comme reproducteurs, sous peine de confiscation des chevaux et des juments et d'une amende de 300 livres. On les forçait de se servir des étalons qui leur étaient indiqués. Le but à atteindre fut dépassé. La production, enserrée dans des entraves maladroites qui minaient l'expansion de l'industrie privée, devint fort restreinte.

Le gouvernement du roi sentit promptement la nécessité de venir en aide aux nouveaux éleveurs. Louis XV donna l'ordre à M. de Garsault, d'entreprendre cette tâche et lui confia la création du haras du Pin, où il fut chargé de réunir les meilleurs étalons.

En 1743, Maurice de Saxe forma un régiment de cavalerie légère ou hulans, nommé Saxe-Volontaires. Ce corps était un assemblage de toutes les nationalités : Allemands, Turcs, Alsaciens, Arabes, Nègres. Mais il établit ensuite, dans sa splendide résidence de Chambord, un haras pour la remonte de ce régiment, *n'ayant rien épargné, dit-il pour procurer à la France une espèce de chevaux supérieurs en vitesse à ceux qu'on y élève à présent, chose dont l'on manque pour la cavalerie légère et que l'on ne saurait se procurer en temps de guerre.*

Certains colonels, grands propriétaires, avaient aussi, dans leurs domaines, des dépôts de jeunes chevaux pour les besoins de leur régiment.

Enfin, Choiseul créa le haras de Pompadour. Les deux haras du Pin et de Pompadour étaient dits haras royaux. D'autres établissements du même genre furent installés dans les provinces, en Normandie et en Limousin notamment. Le grand-écuyer avait la direction spéciale des haras et la surintendance générale des dépôts d'étalons.

Ces ressources n'étant pas suffisantes, il fallut recourir à l'étranger. A tort ou à raison, sous Louis XV, les chevaux allemands étaient réputés les meilleurs chevaux de cavalerie de ligne.

Nous ne pouvons passer sous silence une singulière coutume qui défrayait d'ailleurs les plaisanteries des troupiers de cette époque : « On va te faire monter le *cheval de bois* », se disaient-ils en manière de menace, comme ceux d'aujourd'hui se disent : « On va te mettre à l'ombre ».

Le cheval de bois était, en effet, un châtiment assez ridicule pour celui qui le subissait. C'était une sorte de machine de bois ayant la forme d'un cheval. Ce cheval était établi à demeure sur la place d'armes des garnisons, et on le faisait enfourcher au patient pendant la parade. Une ordonnance de 1727 disposait que tout soldat qui aurait vendu de la poudre ou autres munitions de guerre, qui se serait enivré pendant la durée de sa garde, ou qui aurait fait feu pendant la nuit de manière à répandre l'alarme, serait mis sur le cheval de bois à la parade générale. Les femmes prostituées, surprises avec des soldats subissaient la même peine ; elles portaient à nu sur le cheval de bois et avaient un boulet attaché à chaque pied. La batterie des marionnettes (manière de battre le tambour) était l'orchestre de ce spectacle. Le cheval de bois fut aboli en 1768.

Cependant, au milieu de l'état stagnant de la cavalerie, quelques esprits éclairés étudiaient les perfectionnements à apporter à cette arme. Tel, par exemple, le maréchal de Saxe dont les idées de progrès eurent la plus heureuse influence.

« *Il faut que la cavalerie soit leste, qu'elle soit montée sur des chevaux rendus propres à la fatigue, et surtout qu'elle ne fasse pas son point d'honneur d'avoir des chevaux gras. Il est certain que l'on ne connaît pas la force de la cavalerie, ni les avantages qu'on en peut tirer. D'où vient cela ? De l'amour qu'on a pour les chevaux. J'ai eu un régiment de cavalerie allemande, en Pologne, avec lequel j'ai fait, en dix-huit mois, plus de 1,500 lieues, soit en marches ou en courses, et je puis assurer que ce régiment était plus en état de tenir au bout de ce temps-là qu'un autre qui aurait eu des chevaux gras. Mais pour cela il faut faire les chevaux peu à peu au mal et les endurcir à la fatigue par des courses et des exercices violents, ce qui les conserve plus sains et les fait durer bien davantage. Quand ils y sont faits, vous pouvez compter avoir de la cavalerie, au lieu que vous n'en aviez pas auparavant. De plus, cela rompt et style vos cavaliers, leur donne un air de guerre qui sied bien ; mais il faut faire galoper les chevaux, il faut les faire courir à toutes jambes en escadrons et les mettre peu à peu en haleine. On ne doit pas se contenter de manœuvrer tous les trois ans une fois avec une lenteur extrême, de peur que ces pauvres bêtes se tuent... etc.* »

Ne sont-ce pas là les principes de l'entraînement ? Mais ces récriminations montrent qu'on y était récalcitrant en France. Et les choses se maintiennent ainsi jusqu'au moment où les principes de Frédéric firent leur apparition sur les champs de bataille de l'Allemagne. Il fallut bien les appliquer à notre cavalerie.

L'épaule en dedans

DE LA GUÉRINIÈRE

DE LA GUERINIÈRE. *École de Cavalerie.*

XII

Drummont de Melfort : Essai sur la cavalerie légère (1748), projet de règlement d'exercices : équitation des cavaliers ; paquetage ; bride ; bridon ; ferrure, école de maréchalerie ; monter à cheval à droite et à gauche ; manège ; position du cavalier ; discussion des étriers courts et des étriers longs ; abréger l'éducation des recrues ; réduction du mécanisme des aides et de la théorie de leur accord ; leçon du trot à la longe ; leçon du pas ; l'épaule en dedans ; galop ; manière de sabrer ; manœuvres. — Les compagnies de cadets sous Louis XV. — Création de l'École militaire (1751) ; son organisation. — Tirage au sort à Saumur. — Compagnie de cavalerie bourgeoise. — Les trois pièces de canon de Saumur. — Académie d'équitation d'Angers. — Sport des courses ; le pari de Lord Poscool. — Les institutions militaires pour la cavalerie et les dragons, par M. de La Porterie (1754) ; instruction de l'homme de recrue ; manière de mener le cheval en main ; monter sans étriers ; position à cheval ; position de la main de la bride ; mouvements de la main de bride ; pour faire avancer le cheval ; pour faire reculer le cheval ; pour redresser le cheval qui ne recule pas droit ; tourner à droite ; dressage du cavalier à la longe et en liberté ; règle pour ajuster les étriers ; différence de la longueur des étriers pour les officiers ; méthode de dressage pour les jeunes chevaux ; leçon de l'appuyer. — L'ancienne et la nouvelle selle de cavalerie, 1750. — La selle des officiers. — La bride de troupe et d'officier. — Instruction provisoire de 1754. — Ordonnance de 1755. — Le nouveau pont de Saumur, 1756. — Suppression des murs et portes de la ville. — Premières sorties de l'École militaire, 1760. — M. d'Autheville : Essai sur la cavalerie tant ancienne que moderne : équitation militaire.

Ce fut le maréchal de Saxe qui inspira *le comte Drummont de Melfort* qu'on peut considérer à juste titre comme le promoteur du premier règlement d'exercices. M. de Melfort écrivit, en 1748, « *Essai sur la cavalerie légère* » sorte de code pour l'exercice particulier d'un régiment, dont il développa plus tard les principes dans son *Traité de cavalerie* qui parut en 1776. Dans la préface de ce dernier ouvrage l'auteur rendit hommage à l'inspiration du maréchal de Saxe,

« *Le désir de mériter l'estime de ce général à qui je voyais qu'on ne pouvait plaire que par des preuves de zèle pour le service du roi, est ce qui a donné lieu à un premier travail que j'ai fait sur la cavalerie en 1748, lequel fut lu et approuvé dans une assemblée d'inspecteurs, qui se tint en 1749, chez M. le comte d'Argenson et que je puis dire, avec d'autant plus de vérité, avoir servi de base à l'ordonnance qui a paru en 1766, pour l'instruction de ce corps, qu'elle a été calquée sur le manuscrit que j'en ai remis dans le temps à celui qui fut chargé de la rédiger.*

« *Mais j'en reviens à la part que M. le maréchal de Saxe peut avoir eue à l'existence du travail qui paraît aujourd'hui, lequel n'est qu'un supplément à celui de 1748, puisque je pars exactement de la même base : on saura donc, qu'après avoir fait une partie de la campagne de Fontenoy, en qualité d'aide-de-camp de ce grand capitaine, pourvu par ses sollicitations, auprès du feu roi, d'un régiment d'infanterie, vers le milieu de la même année, et être passé à la tête du régiment de cavalerie d'Orléans en 1747 ; ce fut lors de la reddition de la ville de Maestricht en 1748, que M. le maréchal de Saxe me dit : L'armée va entrer dans des cantonnements jusqu'à la décision de la paix; profitez de ces moments d'inaction pour exercer votre régiment, tant à pied qu'à cheval; si la guerre recommence, vous vous en trouverez bien.* »

C'est donc en *1748* que M. de Melfort fait paraître son premier traité de cavalerie qui, comme il nous le dit, fut lu et approuvé par l'assemblée des inspecteurs.

Le premier chapitre est consacré essentiellement à l'équitation militaire. Il suffit d'en citer les paragraphes pour montrer l'idée dirigeante : *Observations sur les haras — de l'équitation — de la selle — de la bride — du bridon — de la ferrure — de la manière de paqueter — de la manière de se préparer à monter à cheval — de la manière dont le cavalier doit être placé à cheval — du manège — de la position des jambes — des aides — de l'aide de la bride — du trot à la longe — du pas et de l'arrêt — des demi-arrêts — de l'action de reculer — de l'épaule en dedans — des changements de main — de la croupe au mur — le galop — résumé des principes du manège propre à la cavalerie — de la manière de tirer à la cible — de la manière de tirer à coups de pistolet dans une cible — de la manière de sabrer — de la manière de pointer — de l'école particulière des chevaux — manière d'accoutumer le cheval au bruit du tambour — manière d'accoutumer le cheval au flottement des drapeaux — manière d'accoutumer les chevaux au feu — principes à suivre pour accoutumer les chevaux à la course — du saut — de l'utilité qu'il y aurait d'apprendre à nager à un certain nombre de chevaux par régiment de cavalerie.*

Nous allons d'ailleurs relever à travers ce chapitre quelques idées de l'auteur qui le feront certainement mieux connaître et apprécier que la plus longue analyse qu'on en pourrait faire. Nous recommandons seulement de ne pas oublier la date à laquelle tout cela est écrit.

Sous le titre « De l'Equitation », nous trouvons :

« *Il serait avantageux, sans doute, que tous les officiers et les cavaliers pussent être d'excellents écuyers. Mais il serait à craindre, qu'en voulant pousser trop loin la théorie des principes d'équitation militaire, la véritable instruction militaire qui seule peut donner la clef de ces grandes manœuvres, si nécessaires pour gagner des batailles, n'en fut infiniment retardée ; on établira comme un principe, duquel tout homme qui a de la cavalerie à former, ne doit jamais s'écarter, que tout cavalier, qui aura étudié quatre mois sous un bon instructeur, doit sans hésiter, être placé dans un escadron ; sans quoi la cavalerie ne sera jamais, en totalité, en état d'exécuter ces espèces de mouvements, qui, par leur ensemble et leur rapidité, peuvent, dans l'occasion décider du succès.*

« *Mais, autant je crois être fondé à insister, pour que le gouvernement forme, dans les principales villes du royaume, des manèges militaires, autant j'insisterai pour que ceux qui seront chargés des différentes écoles d'équitation proposées, ne suivent qu'une seule et unique méthode, dans leur manière de transmettre à leurs écoliers les principes qu'ils auraient reçus eux-mêmes.*

« *Cet objet selon moi, est d'autant plus essentiel, que comme les officiers de cavalerie ne sont point d'accord entre eux sur les préceptes, il faut de nécessité que la cour fixe leur opinion par une Ordonnance définitive.*

« *Je voudrais que cette Ordonnance pût comprendre les principes d'équitation à donner à la cavalerie, que l'article fût court et qu'on se contentât de les réduire à l'indispensable.*

« *Je suis donc dans l'opinion que pourvu qu'un cavalier sache porter son cheval en avant, l'arrêter quand il veut, le faire reculer, le tourner à droite, à gauche et le faire aller au pas, au trot et au galop, c'est exactement tout ce qu'il doit savoir.*

« *L'on ne peut exiger du cheval de cavalier, dont le prix est borné, qu'il ait la souplesse, l'agilité et le nerf qu'ont à peine les chevaux de maître, que l'on achète au poids de l'or.*

« *Ne perdons pas, sur toute chose, notre temps à cette école, et passons le plus rapidement qu'il sera possible, à l'étude des grandes manœuvres ; c'est le seul moyen de mettre la cavalerie en état de se distinguer dans les combats ; et je suis si convaincu de la vérité et de l'utilité de cette proposition, que si le Ministre avait assez d'opinion de mes talents, pour me confier un corps de 800 chevaux, pris au hasard dans la cavalerie, ou dans les Dragons, je ne demanderais que six mois pour les mettre en état de paraître devant lui et de pouvoir exécuter en sa présence, tout ce qu'il lui plairait d'en exiger ; je n'emploierais pas le secours d'un seul écuyer pour y parvenir.* »

Suivent quelques réflexions sur le paquetage :

« *Comme les détails nécessaires à cette instruction deviendraient trop volumineux, on se contentera de dire qu'il serait à désirer qu'il y eût, sur cet article, une école de théorie par régiment de cavalerie, ainsi qu'il y en a dans quelques régiments d'Infanterie pour la partie des armes.*

« *Je voudrais que toute la cavalerie eût des couvertures de laine, lesquelles seraient étendues sur le corps des chevaux, toutes les fois qu'ils seraient au piquet; ce qui, en été, leur serait utile contre les mouches, et en hiver, ne contribuerait pas peu à leur conservation, en garantissant du froid la partie qu'on appelle les rognons.*

« *Lorsque la cavalerie serait dans le cas de monter à cheval, cette même couverture pliée en quatre et placée depuis la naissance du garrot jusque vers les rognons et servant, pour ainsi dire, de doubles panneaux à la selle ne contribuerait pas peu à la conservation du cheval.*

« *Elle pourrait en outre être placée sous les trousses, ou du moins être utile aux cavaliers lorsqu'ils vont au fourrage, plusieurs d'entre eux ayant une peine infinie à se tenir à poil.*

« *Il est d'une nécessité indispensable non seulement de fixer à chaque cavalier le nombre d'ustensiles, de linges, de chaussures, de vêtements et de cordages qu'il doit avoir en campagne, mais encore de prescrire une méthode uniforme de paqueter.* »

Les réflexions de l'auteur au sujet de la bride ne sont pas moins judicieuses :

« *Les mors les plus simples et les plus doux sont communément ceux qui conviennent le mieux à la cavalerie, pourvu que les canons et la gourmette soient placés d'aplomb sur les barres, ainsi que sur la barbe; les effets de cette bride bien ajustée, sont suffisants pour faire obéir le cheval, n'étant point de l'avis d'un assez grand nombre d'officiers de cavalerie, qui prétendent qu'il est égal que le cheval d'un cavalier soit conduit avec douceur ou par sacades, et à coups d'éperons, pourvu que le résultat de ces deux manières de procéder soit le même, c'est-à-dire l'exécution du mouvement qu'on lui indique.*

« *L'on devrait armer la bride du cheval de cavalier d'une chaînette de fer, placée au-dessus de la têtière, pour empêcher dans les combats, qu'elle ne pût être coupée d'un coup de sabre; tout homme à qui cet accident arriverait devant être considéré comme perdu.* »

M. de Melfort réclame avec raison des bridons pour tous les cavaliers :

« *Je voudrais aussi qu'il fut ordonné que tous les cavaliers eussent des bridons; c'est encore un objet de dépense auquel, jusqu'ici, peu de régiments de cavalerie ont cru nécessaire de s'assujettir.* »

Après avoir exprimé le désir, comme remède souverain aux inconvénients de la ferrure, de la voir supprimer, il démontre que si on continue à ferrer les chevaux il faut créer une école de maréchalerie. Cette idée ingénieuse devait, on le sait, demeurer encore ajournée pendant bien longtemps.

« *Il serait bien à désirer qu'on pût trouver le moyen de se passer de faire ferrer les chevaux de la cavalerie. Il y a, en effet, une infinité de pays où la ferrure est inconnue et où les chevaux n'ont pas la corne faite d'une autre trempe que celle des chevaux Européens.*

« *La ferrure regardée comme nécessaire, embrasse tant de parties essentielles à la conservation du cheval, qu'il serait à désirer qu'il y eut une école, tenue par les plus grands maîtres en ce genre, où chaque régiment enverrait des sujets qui s'y formeraient sur des principes solides et qui, revenant ensuite à leur corps, y deviendraient, en quelque sorte, presque aussi utiles à la conservation des chevaux que les chirurgiens-majors le sont à celle des hommes.* »

Puis à propos de la manière de se préparer à monter à cheval :

« *Il serait à désirer qu'on pût s'occuper à réduire la hauteur et le poids de la charge du cheval du cavalier.*

« *Il serait peut-être aussi très intéressant pour la cavalerie qu'elle ne négligeât pas d'instruire les cavaliers à monter à cheval indifféremment à droite et à gauche, pouvant se rencontrer mille circonstances à la guerre, où ils se trouveraient très-bien d'avoir contracté cette habitude.* »

Au sujet des manèges, M. de Melfort revient sur les principes d'équitation propres aux cavaliers militaires et particulièrement sur la position de l'homme à cheval :

« *On regarde comme indispensable que dans tous les quartiers où l'on met de la cavalerie, il y ait un terrain destiné à cet usage, long de cent à cent vingt pieds, sur trente-cinq à quarante de large, si cela est possible.*

« *Il faut, pour la cavalerie, renoncer à tout ce qui est délicatesse, grâces et perfections et s'en tenir aux seuls principes qui peuvent procurer au cavalier un air martial, de la solidité, de l'aisance et cette sûreté dans tous les mouvements de la main et des jambes, sans laquelle ils ne peuvent se rendre totalement maîtres de leurs chevaux.*

« *Tout ce qu'on peut en exiger est qu'ils aient la tête droite et libre, les épaules bien placées et que ces deux parties, quoique d'aplomb sur les hanches, soient plutôt un peu renversées en arrière que de tomber dans le défaut contraire, que les bras soient plutôt un peu détachés du corps que d'y être trop fortement assujettis et que l'avant-bras de la main qui tient la bride forme l'équerre avec le coude, en arrondissant le poignet d'une manière presque imperceptible.* »

M. de Melfort nous révèle que la fameuse question des étriers longs ou courts pour le cavalier militaire était déjà à son époque une source de discussions. Mais il est surtout curieux de voir que ces discussions s'appuyaient sur l'argumentation inverse de celle qui leur sert de base aujourd'hui. A présent, en effet, les partisans de l'étrier long plaident en faveur de l'usage des armes et leurs adversaires en faveur de la diminution de fatigue dans les marches. A l'époque que nous étudions, ce sont, au contraire, ceux qui plaident pour le combat qui veulent l'étrier court.

« *Si ce n'était pas fronder le sentiment général des officiers de cavalerie, qui sont convaincus, au point que rien ne pourrait les en dissuader, que les cavaliers, pour bien asséner un coup de sabre, doivent nécessairement avoir leurs étriers courts, j'entreprendrais de donner des raisons contraires.*

« *Il convient de regarder comme illusoire l'exhaussement et l'allongement du cavalier pour les moments de la charge, puisqu'il n'y a point d'occasions où il ait un besoin plus évident d'avoir, dans son assiette, toute la solidité dont la structure de l'homme le rend susceptible, lorsqu'il est livré à la fougue ou à la maladresse de l'animal dont il se sert pour aller combattre.* »

L'auteur établit franchement la différence que l'on doit faire entre les principes de l'équitation de manège et les principes de l'équitation militaire surtout pour abréger l'éducation des recrues :

« *Les principes de l'école du manège sont trop lents pour la cavalerie, puisqu'ils exigent qu'un élève trotte à la longe des six mois de suite sans étriers. Or, comme par les principes qu'il est à désirer qu'on adopte pour la cavalerie, il convient qu'un homme de recrue soit en état d'entrer dans l'escadron au bout de quatre ou cinq mois au plus, il faut, de nécessité, abréger infiniment les leçons du trot à la longe et conséquemment permettre l'usage des étriers, presque dès le commencement, afin d'habituer de bonne heure le cavalier à s'en servir et à ne pas en être embarrassé.* »

Aussi, à ce propos, conseille-t-il de saper toutes les superfluités :

« *Tous les détails de la finesse de l'art, tels que de peser sur un étrier plus que sur l'autre, de serrer le jarret ou le talon de dehors, pour porter le cheval en dedans, sont superflus à la cavalerie ; on se contentera de dire que le cavalier doit éviter de se servir de l'éperon, toutes les fois que par la vigueur de ses jarrets il pourra déterminer son cheval en avant et que l'aide des gras des jambes est fait pour avertir le cheval, qui n'a pas répondu à l'aide des cuisses, que les éperons sont prêts à agir, s'il n'obéit pas à ce second avertissement.* »

Et voici comment il entend qu'on résume la théorie de l'accord des aides :

« *Le mouvement de la bride ne doit servir qu'à avertir le cheval de la volonté du cavalier.*

« *Il faut qu'un cheval de cavalier, pour être au point de manœuvre, appuie sur son mors, sans cependant peser à la main, car dans l'escadron il ne faut point de bouches trop sensibles.*

« *On s'attend bien que les écuyers diront qu'il faut que les jambes s'accordent avec la main, pour que les effets qui doivent résulter de cet ensemble soient justes ; mais, comme l'on part du principe de vouloir former des cavaliers, et non des écuyers, on se contentera de dire que comme la tête et les épaules du cheval doivent marcher les premières, de même la main du cavalier doit précéder le mouvement de ses jambes, toutes les fois qu'il veut lui indiquer de se porter en avant, de reculer, de tourner à droite ou à gauche.* »

Pour la leçon du trot à la longe, l'auteur fait des remarques toujours aussi sensées :

« *On regarde l'action de faire trotter à la longe comme la base de l'instruction de l'homme, ainsi qu'elle l'est de celle du cheval.*

« *Dès qu'un cheval saura obéir à cette leçon, laquelle communément n'est ni longue, ni difficile, on commencera à le monter toujours à la longe, afin de continuer à lui assouplir les épaules; c'est alors l'affaire du cavalier de lui enseigner comment il doit obéir à la main et aux jambes.*

« *Pour y parvenir, le cavalier, n'ayant pas d'éperons, prendra les rênes séparément et élèvera doucement les deux mains, tournant les ongles en haut, lorsqu'il voudra porter son cheval en avant, en même temps qu'il approchera doucement les gras de jambes près du ventre.*

« *Il faut que l'instructeur chargé des hommes et des chevaux que l'on fait trotter à la longe ait attention que celui qui tient la longe se porte circulairement en avant, en suivant le cheval, au lieu de l'assujettir à former un cercle exact autour de lui; plusieurs habiles écuyers étant d'opinion qu'à la longe le cheval qui tourne sur un même cercle, auquel on ne procure pas la liberté de se porter en avant, quoique tournant circulairement, finit par se prendre les épaules.* »

Pour passer ensuite à la leçon du pas, il ajoute :

« *En sortant de la leçon du trot à la longe, où un cheval a été étendu et alongé, il lui est difficile de s'assujettir à une allure rassemblée, telle que l'est celle du pas ; il est nécessaire de l'y préparer par des arrêts et demi-*

arrêts, non dans l'intention de le mettre sur les hanches, mais pour l'assujettir à l'obéissance, et lui ôter le défaut d'être par trop sur les épaules. »

Nous trouvons plus loin une leçon de l'épaule en dedans; c'est évidemment une influence de M. de la Guérinière.

A l'article galop, l'auteur fait une observation fort juste :

« *Cette allure, pour un cheval de cavalier, doit être soutenue, alongée et hardie : il faut même éviter avec soin de le mettre sur les hanches, de peur de lui faire contracter l'habitude d'un train trop raccourci.* »

Quant à la manière de sabrer, M. de Melfort dit que c'est « *une instruction que l'on juge d'autant plus nécessaire, qu'elle a été infiniment négligée jusqu'ici, puisque, de cent coups qui se portent dans un combat de cavalerie, il y en a peut-être quatre-vingt-dix qui tombent sur le plat du sabre,*

« *Si l'on questionne la plupart des officiers qui se sont trouvés engagés dans des combats de cavalerie, je crois qu'il s'en trouvera peu qui ne conviennent que le sabre est, de toutes les armes, celle qui, par cette raison, est la moins meurtrière ; c'est sans doute ce qui a fait armer la cavalerie espagnole d'épées au lieu de sabres.* »

Ne croirait-on pas que tout cela est écrit d'hier?

Dans ses autres chapitres, M. de Melfort traite des manœuvres et du service de la cavalerie en campagne, voire même des opérations en combinaison avec les autres armes.

Quant aux Écoles militaires, on en était revenu au système de Louvois, sauf quelques modifications qui renfermaient en elles un germe de mort.

Louis XV, par une Ordonnance du 12 décembre 1726, porta le nombre des cadets à six compagnies, qui étaient placées dans les citadelles de Cambrai, Metz, Strasbourg, Perpignan, Bayonne et au château de Caen. Aucun sujet n'y était admis qu'il ne fût gentilhomme ou fils d'officier, et qu'il n'eût quinze ans. Le roi fournissait, pour l'instruction de ses cadets, des maîtres de dessin, de mathématiques, d'armes et de danse. En cas de guerre, les cadets devaient remplir des emplois de sous-lieutenant dans les milices; puis, à la paix, rentrer dans leurs compagnies et continuer leurs études : on conçoit combien elles devaient être incomplètes.

Ces six compagnies, qui étaient composées de cent hommes chacune, furent réunies, par une ordonnance du 20 mai 1729, en deux compagnies, chacune de trois cents homme, dont l'une fut fixée à la citadelle de Metz et l'autre à celle de Strasbourg. Elles furent encore réunies, par une ordonnance du 10 juin 1732, en une seule compagnie de six cents hommes dans la citadelle de Metz ; et le 22 décembre 1733, elle fut licenciée.

Rien n'était stable, et cependant une nation encore presque barbare nous montrait un exemple à suivre. Le maréchal comte Munich avait établi, sous le règne de l'impératrice Anne, une École de cadets à Saint-Pétersbourg, dans le palais du prince Menschikoff, et chaque année il en sortait des officiers distingués, qui rececevaient un grade plus ou moins élevé, suivant leur supériorité dans les examens sévères qu'ils avaient à subir à leur sortie de cette École.

Par son édit de janvier 1751, Louis XV fonda une *École militaire* et la dota du droit sur les cartes qui, d'après les mesures conseillées par Paris-Duverney, prit une réelle importance. On se mit immédiatement à l'œuvre pour bâtir cette École militaire qui, devenue maintenant une caserne, a toujours conservé son nom. La première admission des jeunes enfants de la noblesse française militaire n'eut lieu qu'en 1753; ils devaient tous compter quatre générations nobles y compris l'impétrant.

On les plaça à Vincennes; ils ne vinrent à Paris qu'en 1756, quand les bâtiments furent terminés et prêts à les recevoir.

L'Édit de 1751, fondant l'École militaire, réglait l'organisation de cette École de la manière suivante :

« Nous avons par notre présent Édit, fondé et établi, fondons et établissons à perpétuité une École militaire pour le logement, subsistance, entretien et éducation dans l'art militaire, de cinq cents jeunes Gentilshommes de notre Royaume, dans l'admission et le choix desquels il sera exactement observé, ce que nous prescrirons ci-après. A l'effet de quoi, voulons, qu'il soit choisi incessamment aux environs de notre bonne Ville de Paris, un terrain et emplacement propre et commode à construire et bâtir un Hôtel pour loger lesdits cinq cents Gentilshommes, et tous ceux que nous jugerons nécessaires à leur éducation et entretien, lequel Hôtel sera appelé Hôtel de l'École Royale Militaire.

« Le service militaire sera fait dans ledit Hôtel, pour former d'autant plus les élèves aux opérations pratiques de l'art militaire, et les accoutumer à la subordination; à l'effet de quoi nous choisissons et nous commettrons des officiers pour composer un État-Major, et pour commander les compagnies d'élèves, suivant l'ordre que nous établirons par la suite. »

On devait recevoir d'abord les fils de militaires, on en faisait sept catégories : 1° *orphelins de pères tués au service;* 2° *orphelins de pères morts de maladie au service,* etc., etc., la huitième classe enfin comprenait *les enfants de tout le reste de la noblesse, qui, par son indigence se trouvait avoir besoin de secours.*

« On recevra lesdits enfants, depuis l'âge de huit à neuf ans jusqu'à celui de dix à douze, à l'exception des orphelins qui pourront être reçus jusqu'à l'âge de treize ; en observant de n'en point admettre qui ne sachent lire et écrire, de façon que l'on puisse les appliquer tout de suite à l'étude des langues.

« Il ne sera admis dans ledit Hôtel aucun élève, qu'il n'ait fait preuve de quatre générations de Noblesse de père, au moins.

« Lorsque lesdits enfants seront parvenus à l'âge de dix-huit ou vingt ans, et même lorsque dans un âge moins avancé, leur éducation se trouvera assez perfectionnée pour qu'ils puissent commencer à nous servir utilement, notre intention est qu'ils soient employés dans nos troupes ou dans les autres parties de la Guerre, suivant l'aptitude et les talents que l'on reconnaîtra en eux. Et pour qu'ils puissent se soutenir dans les premiers emplois qui leur seront confiés, nous voulons et entendons qu'il leur soit fait sur les fonds de l'École Militaire une pension de deux cents livres par année, laquelle leur sera continuée tant que nous le jugerons nécessaire. »

Saumur, qui devait bientôt prendre la tête des institutions de la cavalerie en France, en était encore réduite à cette époque à son Académie d'équitation, qui peu à peu relevait son prestige passé.

La ville suivait toujours avec anxiété les événements militaires en y souscrivant de toutes ses forces.

En 1742, la levée de soldats provinciaux a été décrétée, Louis César Budan subdélégué de l'intendance de Touraine, fixe au 10 janvier 1743 le tirage au sort des garçons de la paroisse Saint-Pierre.

Les six compagnies de milice bourgeoise, créées dès le début de l'institution de cette garde nationale, prennent leur rôle tout à fait au sérieux. Mais il leur manque de la cavalerie; on n'a pas voulu entendre en haut lieu les demandes réitérées des aspirants cavaliers. C'est en vain qu'ils ont fait valoir leurs qualités équestres, en tant qu'élèves de l'Académie d'équitation.

Enfin, le 26 août 1744, arriva l'autorisation de former une *compagnie de cavalerie bourgeoise*. Elle se composa de : un capitaine, un lieutenant, un cornette, deux maréchaux des logis, deux fourriers, deux brigadiers, un trésorier et quarante cavaliers, tous bourgeois notables et gros marchands.

Le 18 juin 1751, on obtint du ministre de la guerre, M. d'Argenson, que les trois pièces de canon de huit, données autrefois à la ville par le cardinal de Richelieu, resteraient au château.

Angers, que nous avons présenté comme le berceau de l'équitation française, n'avait point non plus démérité. Les habitants firent construire, à leurs frais, en 1753, une magnifique *académie d'équitation*, qui attira dans cette ville beaucoup d'étrangers de distinction, particulièrement des Anglais. Nous citerons, parmi les plus connus, MM. Pitt et Canning, lord Wellington.

Nous avons déjà parlé de l'influence de l'équitation anglaise. C'est vers le milieu du XVIIIe siècle, que le *sport des courses* nous arriva d'outre-mer, porté sur les ailes de l'anglomanie.

Au mois de novembre 1754, mylord Poscool fit la gageure de venir de Fontainebleau à Paris en deux heures. Il y a quatorze lieues de distance. Le roi ordonna à la maréchaussée de lever sur la route tous les obstacles qui pourraient causer au coureur le moindre empêchement Mylord Poscool ne se servit point de jokey; il partit de Fontainebleau à sept heures du matin et arriva à Paris à huit heures quarante huit minutes: ainsi il gagna de douze minutes. Il n'est pas dit combien de fois il changea de chevaux.

Nous avons dit que si d'une façon générale la cavalerie française avait peu ou point progressé, certains chefs de corps faisaient cependant tous leurs efforts pour susciter le progrès, en s'ingéniant à créer une méthode d'instruction pour leur régiment. C'est ainsi que nous avons vu paraître les principes de M. Drummont de Melfort en 1748, et c'est ainsi que nous voyons paraître en 1754 les principes de M. de la Porterie. C'étaient autant d'avertissements donnés pour réclamer un règlement d'exercices, et nous verrons bientôt en effet le ministre de la guerre se saisir de la question.

Le livre de M. de la Porterie était intitulé :

INSTITUTIONS MILITAIRES POUR LA CAVALERIE ET LES DRAGONS. *Par M. de la Porterie, mestre-de-camp de dragons, major du régiment, mestre-de-camp général des dragons.*

Nous en reproduisons quelques paragraphes, qui montreront comment on entendait alors l'instruction militaire. Comme pour les ouvrages précédents nous ne parlerons que de l'école du cavalier. Les leçons d'équitation sont beaucoup plus détaillées dans M. de la Porterie que dans Melfort.

— De la manière d'instruire les cavaliers et dragons de recrue à monter à cheval, et de former des chevaux de remonte :

Il faudra que le maréchal des logis instruise le cavalier ou le fasse instruire de tous ses devoirs ; qu'il lui apprenne à seller et à brider le cheval qu'on lui donnera à monter, qui doit être un cheval sage, qu'on aura appris à trotter à la longe. On lui ôtera ses éperons pendant les deux ou trois premiers mois.

— Comment l'homme de recrue doit se rendre au lieu désigné pour monter à cheval: *Les maréchaux des logis, toutes les fois qu'ils voudront faire monter un homme de recrue à cheval, lui indiqueront un lieu convenable où il se rendra à l'heure marquée, menant son cheval par la bride, qu'il doit tenir par les rênes avec la main gauche, par dessous et contre les branches du mors : ainsi, le cheval sera à la gauche de l'homme. Pour éviter que le cheval ne glisse et ne blesse personne dans les rues, il faudra que le cavalier ou dragon marche en bas du pavé, et le cheval sur le haut, près des murailles.*

On fait mener les chevaux en main de la main gauche parce que, communément, ils sont plus roides à droite qu'à gauche, et tournent plus difficilement de ce côté-là.

—Façon de faire monter l'homme de recrue à cheval. — *On ne lui donnera des étriers que le plus tard possible, le délai sur ce point ne pouvant qu'être utile. On lui en donnera seulement si on le fait monter à cheval au quartier, pour se rendre au lieu indiqué pour la leçon, et pour s'en retourner au quartier, afin de le préparer à les porter,*

— Position de l'homme à cheval. — *Il portera la gaule comme on porte actuellement le sabre, le long de l'épaule, le poignet à peu près à hauteur de la jambe droite.*

Pour être bien placé à cheval, et avec justesse, il doit avoir la ceinture près du pommeau le corps d'à-plomb, le haut en arrière, la tête levée, et le regard fier. Il doit être bien assis, avoir les fesses dans le milieu de la selle, les jambes aisées, tombantes perpendiculairement le long des cengles, sans tourner les genoux en dehors : en un mot, il doit chercher une position où il soit naturellement, et à son aise; car ce n'est qu'avec une grande liberté dans tout le corps, qu'on mène bien les chevaux.

— Règle pour placer la main de la bride. *On lui placera la main devant lui, élevée d'un pouce au-dessus du pommeau, et à un demi-pied du corps sans contraindre ni tourner le poignet, les ongles regardant les boutons; le petit doigt plus près du corps que le haut de la main ; le pouce allongé sur les rênes.*

Les cavaliers et dragons ont la mauvaise habitude de tenir toujours à poignée le bouton coulant des rênes, au lieu de le laisser en haut contre le bouton du bout qui joint les deux rênes. Ce bouton coulant serait presque inutile, si ce n'est pour mener des chevaux en main.

— Mouvements de la main de la bride pour faire mouvoir le cheval. *Le premier mouvement pour rendre la main, se fait en avançant et baissant la main vers la crinière, ou en prenant avec les trois derniers doigts de la main gauche la rêne du bridon, et la tirant à soi, ce qui raffraîchit en même temps les barres du cheval. Il y a encore une troisième façon, qui est, si l'on n'a pas la main droite occupée, de prendre avec cette même main, et sans déplacer la gauche, la rêne du bridon qu'on tire à soi en baissant la main gauche à mesure. Le second mouvement, pour retenir, arrêter, ou reculer le cheval se fait en tirant la main à soi, les ongles près des boutons, écartant un peu le coude du corps, sans le lever plus que la main, ni gêner le poignet.*

— Pour faire avancer le cheval, *il faut rendre la main, fermer les cuisses, les jarrets au corps du cheval, sans ouvrir ni tourner les genoux en dehors, approcher les jambes près du corps en arrière des cengles, sans les retirer en haut, ni lever les talons.*

— Pour faire reculer le cheval, *il faut tirer la main à soi jusques sur les boutons ; et pour se donner plus de facilité, surtout si le cheval n'obéit pas, il faut lever la main devant soi, le long des boutons, sans plier ni contraindre le poignet, en relevant aussi le coude à la hauteur de la main. Pour se donner encore des moyens, on renverse en même temps le haut du corps en arrière.*

— La règle générale pour redresser le cheval qui ne recule pas droit, *est de lui porter la tête et les épaules du côté qu'il porte la croupe, en fermant au corps la jambe du même côté où il porte la croupe.*

— Pour tourner le cheval à droite, *il faut y porter la main, en soutenant le cheval, fermer la cuisse et le jarret droit, et approcher la jambe droite au corps en arrière des cengles.*

Comme tous les chevaux ne tournent pas pour la main droite de la bride seule, et qu'il n'y a même que ceux qui la connoissent, il faut dans les occasions où l'on trouve de la résistance, séparer les rênes.

— Façon de faire troter le cavalier et le dragon de recrue à la longe, sans étriers. *Cette leçon est excellente, elle sert à assurer l'homme à cheval, à lui donner de l'assiette et de la liberté dans tout le corps ; elle lui apprend à se servir de ses cuisses, de ses jarrets et de ses jambes ; mais il faut observer par précaution de ne pas faire monter d'abord l'homme sur un cheval, qu'il n'ait troté au moins trois ou quatre fois à la longe, sans être monté.*

L'homme à cheval, dans le moment qu'il changera de main, prendra la bride de la main droite du même sens qu'il la tenoit de la gauche ; cela lui fera avancer l'épaule droite, et lui apprendra aussi à conduire son cheval de la main droite. Pendant qu'il trotera à gauche, il tiendra la gaule de la main gauche, le petit bout en bas, le bras tombant à côté de lui.

Il ranimera aussi son cheval s'il en a besoin, en donnant de la gaule à revers de main derrière la botte sur les flancs du cheval.

On ôtera après la longe et le caveçon au cheval et on le fera marcher au pas et troter sur des lignes droites, et en rond à droite à gauche, étant conduit par l'homme de recrue. Après qu'il aura ainsi troté un mois, on répétera les mêmes leçons ; mais on le fera troter, alors les rênes séparées, qu'il prendra à poignée par dessus, une dans chaque main ; il les placera sur le premier doigt et les tiendra avec le pouce alongé dessus le bout des rênes tombant en avant du côté du cou du cheval. On fera tenir à l'homme les deux mains à côté l'une de l'autre devant lui, les ongles se regardant. La gaule, s'il en a une, sera tenue dans la main gauche, le petit bout en bas allant vers le gras de la jambe gauche.

On continuera les mêmes leçons tant qu'on pourra, jusqu'à ce qu'on juge l'homme en état de conduire son cheval dans la troupe.

— Règle pour mettre les étriers au point juste.

Quand le cavalier ou dragon sera bien assuré dans la selle, et qu'on le jugera en état de lui donner des étriers, on lui placera le pied dedans, lui faisant bien appuyer tout le pied à plat sur l'étrier, le côté de dedans comme celui de dehors, et placer la racine du pouce sur le milieu de la grille, ce qui ne doit s'entendre qu'en bottes molles ou bottines, car on sait qu'en bottes fortes il faut chausser l'étrier, c'est-à-dire enfoncer le pied dedans jusqu'au talon.

Pour fixer les étriers à une longueur convenable, il faut en s'élevant dessus, comme si on voulait porter un coup de sabre, qu'il y ait une distance de quatre pouces depuis le siège de la selle jusqu'à l'enfourchure de l'homme.

Pour la mesurer, les cavaliers se serviront d'un étui ou d'un petit morceau de bois de quatre pouces de longueur qu'il porteront à cet usage dans leur poche.

La même règle peut servir pour les officiers en mettant cette mesure à deux pouces, qui est suffisante pour eux, n'étant pas nécessaire qu'il ayent les étriers aussi courts que les troupes, parce que d'ailleurs l'étrier court leur ôteroit de la grâce qu'ils doivent avoir de plus à cheval que les cavaliers et dragons.

— Façon de former les jeunes chevaux de remonte qui arrivent dans la compagnie.

Pour former les jeunes chevaux de remonte, il est nécessaire de les accoutumer d'abord à la selle et au montoir, et de les faire monter pendant quelque temps dans les compagnies en bridons. La façon dont on doit s'y prendre est d'abord de mettre une selle au jeune cheval avec deux bridons d'abreuvoir, ayant soin de ne pas le trop cengler d'abord, ensuite on le fait troter droit devant lui, en le faisant tenir droit par le bout des rênes du bridon, et sans être monté. Ensuite on passe les rênes de bridons derrière les battes, ou on les noue sur le cou du cheval avec du crin, et on met le caveçon avec la longe au cheval pour le troter; cette leçon est la meilleure de toutes pour un jeune cheval; elle rompt ses volontés, elle l'assouplit et détermine en avant ceux qui auroient de la disposition à se retenir. Le trot en général est la base de toutes les leçons; mais il ne faut pas en abuser; en les donnant trop longues, elles éteindroient la vigueur et la gentillesse du cheval.

Deux hommes sages feront troter le jeune cheval sans être monté. et se conformeront, pour cette leçon du cheval, à celle du cavalier, en observant seulement plus de précaution, et de le caresser et flatter davantage en le ramenant au centre, cachant derrière soi les objets qui pourroient l'effrayer, comme la gaule, la chambrière.

Quand le cheval aura fait sa reprise en trois fois et qu'on le connoîtra assez pour ne pas s'exposer au hasard, on profitera de ce moment qu'il aura jeté son premier feu pour l'accoutumer au montoir.

Le cheval rendu sage à la selle, au montoir et à la longe, on le fera monter en liberté pendant quelque temps; mais en bridon et en commençant par lui faire répéter la leçon de la longe, choisissant toujours les hommes sages, légers et de bonne volonté, afin de les instruire de préférence. Mais il faut toujours dans ces premiers temps continuer d'interdire les étriers et les éperons aux hommes qui seront choisis pour monter les jeunes chevaux. Pour éviter les inconvénients fâcheux, il faut prendre et tenir les rênes du bridon par dessus, séparées, une dans chaque main à poignée, tenant la rêne sur le milieu du premier doigt, le pouce allongé dessus, le bout en bas, et du côté du corps, chaque rêne sortant par la partie inférieure de la main du côté du petit doigt. En les relevant ainsi, on relève et soutient mieux le cheval.

On aura aussi, autant qu'il sera possible, une gaule dans chaque main qu'on tiendra par le gros bout la pointe en bas; ces deux gaules servent à chasser le cheval en avant, et à lui faire connoître les jambes, en accompagnant toujours dans les premiers temps l'approche des jambes de deux petits coups de gaule derrière la botte.

Après avoir fait troter le cheval à la longe avec l'homme dessus, il faudra lui ôter le caveçon, le promener au pas et au trot, en liberté sur des lignes droites, car il ne faut lui demander dans les commencemens que d'aller simplement droit devant lui, en l'y déterminant par de petits coups de gaule derrière la botte. Quand il ira de bonne volonté droit devant lui, on lui demandera de reculer, de tourner à droite et à gauche; mais il ne faudra l'exiger que peu à peu et par degrés. Il est très important de s'y prendre avec beaucoup de douceur et de ménagement; car faute de cette précaution, on peut rebuter le cheval, et même causer des accidents qui arrivent si l'on veut l'assujettir trop vite et avec obstination.

Quand les jeunes chevaux commenceront à connoître un peu les aides de la main et des jambes, il faudra leur former la bouche, leur mettre une buade (sorte de pelham), *et un bridon d'abreuvoir, avant que de les emboucher à demeure, et les monter avec les mêmes précautions que l'on a fait en bridon sans bride, c'est-à-dire qu'il faudra tenir les rênes de la bride et du bridon séparées, deux dans chaque main, et faire agir davantage le bridon jusqu'à ce qu'il obéisse facilement pour la bride seule, qu'on tiendra pour lors de la main gauche seulement, et une gaule de la droite qu'on portera comme le sabre le long de l'épaule, et de laquelle on se servira si le cheval en a besoin, en lui en donnant de petits coups sur les épaules, en observant de frapper de préférence sur la gauche quand le cheval trotera droit devant lui, ou qu'il tournera à droite, et sur l'épaule droite quand il ira à gauche. On indique l'épaule gauche pour donner le coup de gaule en allant droit devant lui et en tournant à droite, parce qu'on est plus en main, et que d'ailleurs pour faire partir un cheval au galop sur le pied droit, le coup de gaule sur l'épaule gauche, est un aide pour l'y déterminer.* Nous ne voulons pas entrer dans la critique, mais ceci pose un point d'interrogation.

— Leçon pour apprendre aux chevaux à fuir les talons. (C'est ce que nous appelons appuyer.)

On mettra au cheval qu'on veut instruire à fuir les talons, deux bridons d'abreuvoir dans la bouche, et la couverture sur le dos, pliée en double, qu'on cenglera avec le surfaix. L'homme qui le montera sans éperons tiendra les rênes du bridon séparées, comme dans la leçon du trot à la longe pour l'homme de recrue, et autant qu'il sera possible, une gaule dans chaque main, qu'il tiendra par le gros bout la pointe en bas, comme dans la leçon ci-devant. On présentera ensuite le cheval vis-à-vis d'une muraille; et un officier à pied, ou maréchal-des-logis, ou même cavalier ou dragon, sage et intelligent, ayant une gaule à la main, se placera du côté opposé à celui où l'on voudra faire aller le cheval. Dans la règle, on commencera la leçon par aller du côté droit ; et l'homme à pied, dans ce cas, se placera du côté gauche du cheval. On se contentera, pour les premières fois, que le cheval porte la tête du côté de la muraille, sans le contraindre ni l'assujettir, en le faisant seulement marcher un peu de biais, et avec beaucoup de douceur et de précaution afin de ne pas le rebuter.

Après lui avoir fait connoître la muraille et ce qu'on lui demande, on l'assujettira davantage, c'est-à-dire qu'on tâchera de le faire marcher plus près de la ligne droite de côté. Pour y parvenir il faut qu'en allant sur le talon droit, celui qui sera dessus le cheval tienne les deux rênes fermes, bien égales, qu'il porte les épaules du cheval à droite, et qu'il ferme la cuisse, le jarret et le gras de jambe gauche au corps du cheval, la jambe en arrière, et qu'il donne avec la gaule de la main gauche quelques coups proportionnés à la sensibilité du cheval sur l'épaule gauche si elle ne marche pas. Si au contraire les jambes restent, il donnera les coups de gaule derrière sa jambe sur les flancs du cheval pour faire marcher les hanches. L'homme à pied place à gauche pour aider celui qui sera à cheval, donnera de petits coups avec sa gaule sur les fesses du cheval, si les hanches ne vont pas ; et si ce sont les épaules qui restent, il donnera de la gaule sous le ventre à l'endroit des cengles pour les faire marcher.

On observera que les épaules doivent toujours précéder un peu les hanches, afin que ce mouvement se fasse bien et sans risque, ce qui ne seroit point si la croupe marchoit la première, le cheval pouvant se donner des atteintes, et s'entabler, c'est-à-dire s'embarrasser, se croiser les jambes et tomber; d'ailleurs, dans l'allure naturelle du cheval le devant marche toujours le premier.

Comme il faut prendre les moyens qui peuvent conduire plutôt au but ; il faut, à cause du penchant que tous les chevaux ont les uns pour les autres, mettre, dans le temps qu'on exécute cette leçon, quelques chevaux à une extrémité de la muraille et quelques autres à l'autre bout, afin qu'ils servent d'aide à celui que l'on fera travailler, en l'engageant à se porter plus aisément sur le côté où on voudra qu'il aille. La porte de l'écurie est aussi une aide, en se plaçant de manière qu'elle se trouve du côté où on veut faire aller le cheval. Après l'avoir fait aller sur le talon droit, on le fera aller sur le gauche en se servant des aides contraires, et l'homme à pied passera aussi du côté droit. Lorsqu'il aura ainsi marché des deux côtés, la tête à la muraille, et qu'il y sera confirmé, il faudra lui tourner la croupe au mur pour lui faire répéter la manœuvre, lui ôter la routine de la muraille, et le préparer à fuir les talons en campagne.

Il faut, pour qu'un cheval fuie les talons, que les hanches marchent immédiatement après les épaules, et que lorsqu'il va sur le talon droit, les jambes gauches passent par devant et dessus les droites, et qu'en allant à gauche, les droites passent par devant et dessus les gauches.

Quand les chevaux obéiront bien à ces leçons en bridon, il faudra les leur faire répéter en bride, en tenant les rênes séparées, et insensiblement on tiendra les rênes avec la main de la bride seule, observant de tenir les rênes courtes.

La jambe du côté sur lequel on porte le cheval, ne doit point s'écarter du corps; elle doit au contraire en être fort près pour contenir le cheval s'il se jettait trop sur ce côté, et pour le porter en avant s'il reculoit, comme cela arrive très-communément.

L'homme qui est à cheval, en faisant fuir les talons, doit se tenir juste et droit dans le milieu de la selle, faire agir sa main et ses jambes sans remuer les épaules, ni le corps, ni le pencher du côté d'où l'on vient, comme cela est assez ordinaire; il faut au contraire, recommander aux cavaliers et dragons, pour les corriger de ce défaut, de se pencher plutôt du côté où l'on va, que de celui d'où l'on vient.

Nous ferons remarquer que, parmi tous ces principes d'équitation donnés aux cavaliers, l'auteur ne dit pas un mot du galop.

Pour résumer l'ouvrage de M. de la Porterie, nous nous contenterons de citer les entêtes de ses chapitres.

De la personne du cavalier, et du dragon, et de leur habillement. — De l'armement des cavaliers et dragons, réglé par les ordonnances. — De la connaissance du cheval, d'après M. de Bourgelat, auteur de l'Hyppiatrique. — De la selle et de ses dépendances. — Des brides, bridons, licous, leurs dépendances et tout ce qui termine l'équipement des chevaux du cavalier et du dragon. — De la manière d'ordonner la bride, de brider et débrider le cheval. — De la manière d'instruire les cavaliers et dragons de recrue à monter à cheval, et de former les chevaux de remonte. — Où l'on traite de la charge du cheval, de la façon de faire monter une troupe à cheval, et de quelques autres détails du même genre. — De l'habillement et armement des officiers et de l'harnachement de leurs chevaux. — De l'armement et équipement d'un dragon à pied. — De la propreté de l'habillement et de l'armement. — Des crimes et délits militaires, tirés mot-à-mot du Code de Briquet, édition de 1747. Tome II. Ordonnance du 1 juillet 1727.

Jusqu'en 1750, on fit usage, dans notre cavalerie, d'une selle assez mal construite, plus élevée au pommeau qu'au troussequin et qu'on plaçait de telle sorte que le cavalier chevauchait jusque sur le garrot de son cheval.

C'est encore à M. de la Porterie que nous allons emprunter la critique de ces anciennes selles de cavalerie et la description des nouvelles qui furent adoptées en son temps.

« Dans les selles qui ont été jusqu'à présent en usage pour la cavalerie et les dragons, les sièges sont relevés du devant en montant vers le haut du pommeau où ils sont attachés avec un clou seulement; la bourre sort toujours contre les lièges; le siège se dégarnit et fait un vilain effet; les hommes y sont mal à leur aise, et placés contre la règle naturelle. Ils sont contraints d'éloigner du pommeau la ceinture qui doit en être près, et de porter en avant le haut du corps qui doit être en arrière, et les jambes qui doivent tomber perpendiculairement le long des sangles. Une construction de siège aussi vicieuse n'est fondée sur aucune raison. On a imaginé sans fondement qu'elle servait à tenir l'homme élevé sur ses étriers pour donner le coup de sabre. D'autres ont dit avec plus de vraisemblance, qu'en relevant le siège du devant, on a voulu garantir le garrot du cheval d'être blessé, mais l'expérience fait voir que cet endroit est encore très sujet à être foulé, et que sans garantir le garrot on blesse avec bien plus de danger le cheval sur le rognon, parce que tout le poids du cavalier se trouve porter sur le derrière de la selle. Il est à remarquer que ni les officiers de cavalerie ou de dragons, ni la maison du roi à cheval, ni aucunes troupes étrangères ne font usage des sièges qu'on condamne ici.

« Un autre défaut des selles anciennes, est la faiblesse des battes ou lièges qui ne sont attachés que par deux petits morceaux de cuir avec deux clous sur l'arçon de la selle, et se cassent très aisément en manœuvrant, en portant la fascine et surtout lorsque le cheval se roule. Les lièges des nouvelles sont beaucoup plus solides.

« Les nouvelles selles dont la Cour a envoyé des modèles aux régiments de cavalerie et de dragons, n'ont aucuns des défauts des anciennes. On verra par le détail qu'elles sont simples, solides et commodes; que toutes les parties en sont disposées de manière à donner plus d'aplomb au cavalier et plus d'aisance à conduire son cheval.

« *L'arçon* a toutes ses pièces en bois, au nombre de neuf, toutes de *bois de hêtre* nervées de nerfs de bœuf, encurées et couvertes d'un bon cordat lessivé, puis collé de colle forte.

« L'arçon de devant a quatre pièces et sept parties : *le pommeau, le collet, le garrot ou l'arcade, les mamelles et les pointes.*

« Cet arçon doit être ferré d'une bande de tôle. *Le collet est ferré* d'une bande de fer battu.

« *Les lièges ou battes* sont deux morceaux de bois de hêtre longs de sept pouces sur trois de large. Les lièges sont renforcés par la bande de collet. Ils sont collés, nervés et encurés aussi avec le corps de l'arçon, renbourrés et garnis à la partie de dedans.

« L'arçon de derrière est composé ordinairement de trois pièces au lieu de cinq, dont sont composés les arçons de derrière des selles de maître. Ces trois pièces sont les pointes ou côtés d'arçons, et le trousséquin. Les deux côtés d'arçons se réunissent et s'enchassent au troussequin au moyen du *pontet*. Cet arçon, mesuré de la partie de devant à celle de derrière sous le pontet, doit avoir un pouce neuf lignes de large. Il se nerve et s'encure comme celui de devant avec les autres pièces de l'arçon.

« *Les pointes* sont ferrées avec deux liens de tôle embrassant le devant du troussequin et une partie de l'arçon et d'une bande de fer embrassant toutes les parties intérieures de l'arçon jusqu'à un pouce du bout des pointes.

« *Le troussequin* est formé, pour la selle du cavalier et du dragon d'un morceau de bois représentant une espèce de croissant long d'un pied six pouces, et haut de deux pouces quelques lignes.

Les bandes sont deux morceaux de bois de hêtre qui réunissent l'arçon de devant à celui de derrière; elles sont un peu bombées vers le milieu pour prendre la forme du dos du cheval. Dix-sept pouces de long pour les selles des chevaux de la cavalerie, dont on a réglé la longueur du siège à quinze pouces, et seize pouces pour les selles des chevaux de dragons, dont la longueur du siège est réglée à quatorze pouces.

« Bien des gens croiront que les bandes de fer seront préférable aux bandes de bois; c'est pourquoi on propose une troisième espèce qui peut concilier les deux sentiments, en réunissant les deux qualités du fer et du bois. Il ne s'agit que de rapporter sous la bande de bois une lame ou bande mince de fer battu de la largeur d'un pouce et de les clouer ensemble dans toute leur longueur; comme cela se fait aux selles des troupes angloises.

« Lorsque l'arçon est assemblé on le présente, avant que de le garnir, sur le cheval. Il faut, pour que la selle aille bien, que les bandes portent également sur son dos; que l'arcade se trouve distante d'environ un pouce et demi du garrot, et qu'il y ait un demi pouce entre le rognon et l'arcade de derrière sous le pontet. Cela fait, on nerve l'arçon, on le ferre et on le garnit de deux porte-étrivières; ils se clouent à la bande et à l'arçon de devant. On attache encore sur ses bandes quatre porte-contre-cenglons. On attache aussi sur les deux pointes de l'arçon de devant deux petits contre-cenglons pour attacher la housse. On attache de même l'arçon de derrière, et vers le milieu des pointes un porte-étrier, de chaque côté du pontet des chapes pour tenir le coussinet.

« *Les quartiers* sont les deux pièces de cuir qui forment les deux côtés extérieurs de la selle ; en les mesurant dans le bas d'un coin à l'autre, ils sont longs d'un pied neuf pouces pour le cavalier et d'un pied huit pouces pour le dragon.

« Pour rendre les quartiers plus solides, on les borde par dessous d'un cuir fort appelé *blanchet*, large d'un pouce et demi.

« Ce qu'on appelle *faux siége* est composé de deux cengles clouées par les quatre bouts : savoir, deux à l'arçon de devant et deux à celui de derrière, se croisant par conséquent au milieu. Elles sont couvertes d'une toile qui sert avec les sangles à soutenir le siège. Le siège est ce qui forme la place où s'assied le cavalier. Il doit être de veau noir, sans coutures au milieu, doublé de toile et picqué. Il se réunit devant avec les cuirs appelés *chaperons*, qui enveloppent une partie des lièges, et derrière, il s'étend sur une partie du troussequin. Les bords sont recouverts d'un petit cuir qu'on appelle la *bordure*.

La longueur du siège se règle par celle de l'arçon. Pour la largeur, le siège aura au-devant neuf pouces, à l'entre-jambe onze, et au derrière dix-sept.

« La *dragone* a pris son nom des dragons, qui les premiers s'en sont servis. C'est un morceau de fer formant un demi-cercle, servant à contenir deux anneaux de fer. Elle doit être attachée au-dessous, et tout près du pommeau, de sorte qu'il n'y ait de distance que ce qu'il en faut pour faire rouler aisément les deux anneaux où l'on attache la courroie qui sert au cavalier et au carabinier à porter le mousqueton ou la carabine, les bâtons de tente et piquets, et au dragon le fusil et les bâtons de tente et piquets.

« Il doit y avoir sur la selle du cavalier et du dragon *six crampons de fer* et *deux de cuir*. Parmi les crampons de fer, quatre sur l'arçon de devant servent à passer les courroies d'attache des fontes du cavalier. Ceux du côté droit lui servent de plus à passer la courroie de la botte du mousqueton, et au dragon à passer la courroie du porte-crosse seulement. Les deux de l'arçon de derrière servent à passer deux boucletots pour porter deux fers, de la manière qu'il sera expliqué.

« Les deux crampons de cuir doivent être assez larges pour y pouvoir passer les branches de deux fers, être cousus un de chaque côté sur les quartiers au dessous et un peu en avant du bas du troussequin, et à dix pouces du bas des quartiers.

« *Les contre-cenglons* sont des morceaux de cuir de Hongrie, large d'un pouce. Il en a cinq de chaque côté; ils correspondent aux cengles avec lesquelles ils tiennent la selle ferme sur le dos du cheval. Il n'y en a que six qui servent habituellement; les quatre autres sont seulement de précaution.

« Les panneaux sont des espèces de petits matelas, dont le dessus est d'une peau appelée *basane*, et le dessous d'une toile. Les panneaux s'attachent aux arçons par le côté de la basane. Le côté de la toile est celui qui porte sur le cheval. Il faut qu'ils soient rembourrés d'un premier lit de foin et d'un second lit de bourre, ils sont moins sujets à blesser les chevaux que ceux qui ne sont rembourrés que de bourre.

« Les *étrivières* sont deux longes de cuir de Hongrie ou d'Angleterre, longues pour l'ordinaire de cinq pieds, larges d'un grand pouce. Les étrivières d'Angleterre sont beaucoup plus fortes, et plus commodes que celles de cuir de Hongrie parce qu'elles sont moins sujettes à s'allonger que les autres, et que par cette raison on a les étriers plus égaux.

« Pour que celles de cuir de Hongrie soient solides, ce cuir doit être razé, et passé à l'alun, au sel et au suif, et les deux étrivières coupées dans le dos, et dans le cuir du côté de la croupe l'une contre l'autre.

« Les *porte-étrivières*, placés sur la selle aux deux côtés du siège, comme on les place aux selles de poste, procureraient beaucoup de facilité aux cavaliers et aux dragons pour alonger et raccourcir les étrivières, sans descendre de cheval.

« Les étriers sont de fer et doivent être solides. Ils ont quatre pouces six lignes de largeur. La grille doit être dentellée pour mieux tenir le pied.

« Les *porte-étriers* sont deux petites bandes de cuir longues ordinairement de neuf ou dix pouces, sur lesquelles on fait une boutonnière pour y passer un bouton de cuir qu'elles ont à un bout. Elles s'attachent sous les pointes des arçons de derrière, à environ trois pouces et demi du bout.

« Les meilleures *cengles* pour les troupes sont celles de chanvre. On donne pour l'ordinaire deux pouces de largeur à chacune, ce qui fait quatre pouces pour les deux.

« Le *surfaix* est large de trois pouces six lignes. Il s'en perd moins à présent qu'autrefois, parce qu'ils tiennent à droite à un contre-cenglon comme les cengles.

« La *croupière* est une longe de cuir, qu'on fend en fourche pour attacher au deux bouts ce qu'on appelle le culeron,

« Le cavalier et le dragon doivent avoir un *ruban rouge* à deux lacets pour nouer à la queue du cheval. Il se noue assez ordinairement au culeron, pour ne pas le perdre ; mais étant de laine, il blesse le cheval sous la queue. Il est mieux d'attacher au culeron une petite courroie de peau mince, et d'y nouer le ruban de queue.

« Le *coussinet* est couvert et rempli de bourre. Il s'attache à l'arçon de derrière avec deux lacets à deux petites chapes de cuir. Il empêche que la boucle à chape coulante, l'anneau quarré enchapé sous le pontet, au milieu de l'arçon, et les chapes qu'on peut mettre sur la croupe ne blessent le cheval.

« Il y a communément *cinq courroies de derrière*, dont une embrasse le milieu du troussequin, deux autres les pointes de l'arçon. Les deux autres qui attachent le manteau n'ont point de boucles. Les grandes servent à attacher la besace. La grande courroie du milieu, en la déployant, et en passant le bout dans la boucle jusques dans un des premiers trous, peut servir d'étrier aux dragons à pied pour monter en croupe quand l'occasion le demande, sur les chevaux des dragons à cheval; et pour cet effet, elle doit être de six pieds de long.

« Le *poitrail* ainsi nommé, parce qu'il se place sur le poitrail du cheval, est composé de deux montants. Il se boucle sur le milieu du poitrail du cheval. Les travers servent à empêcher la selle d'aller en arrière. Les montants servent à soutenir les travers en se bouclant aux boucles enchapées sur les deux côtés de l'arçon. Les deux montants du poitrail servent au cavalier à contenir les fontes qu'on assujettit dessus avec de petits morceaux de cuir appelés *ronds,* dont nous reparlerons.

« La *fonte* a la forme à peu près d'un entonnoir. On fait des fontes de bois et de cuir fort qu'on appelle *semelles*, et qu'on doit faire bouillir pour lui donner plus de force. On recouvre les unes et les autres de cuir de Russie. La longueur des fontes doit être d'un pied trois pouces, pour contenir les pistolets de seize pouces tout montés.

« Pour règle générale, les *pistolets* non plus que les *outils de dragons*, ne doivent point passer le pommeau. Les dragons n'ayant qu'un pistolet, ils n'ont aussi qu'une fonte.

« La *botte du mousqueton* est en cuir bouilli et de la forme à peu près d'un bout de fonte. La courroie qui sert à porter la botte du mousqueton ou le porte-crosse du fusil doit être longue de cinq pieds. Elle s'attache aux deux crampons de fer placés à droite sur l'arçon de la selle.

« La botte du mousqueton du cavalier, et le porte-crosse du fusil du dragon, ne doivent point excéder la pointe de l'épaule du cheval, quand le mousqueton ou le fusil est dedans, et il est nécessaire qu'ils aient l'un comme l'autre un anneau de fer pour porter le piquet, auquel on attache les chevaux dans un camp.

« La *housse* doit avoir trois pieds six pouces de long pour le cavalier et un pied six pouces de large à chaque côté. Celle du dragon ne doit avoir que trois pieds cinq pouces de long, et un pied cinq pouces de large. La housse sert d'ornement au cheval et empêche que la sueur et la crasse du cheval ne gâtent l'habit du cavalier.

« La *bavette des chaperons* doit avoir un pied en quarré, et les deux coins d'en-bas arrondis. La *calotte* est haute devant, mesurée à l'endroit qui porte sur le pistolet, de sept pouces six lignes, large de neuf pouces, et haute du derrière à l'endroit aussi du pistolet, de cinq pouces. Les calottes et bavettes sont bordées d'un galon de laine large d'un pouce et demi, de la couleur affectée au régiment. La bavette sert d'ornement et la calotte à garantir le bassinet de la pluie et de la poussière.

« Les cavaliers et dragons portent les fers tantôt dans la besace, ou bien dans les petites courroies à lier le manteau. »

Quant à la selle des officiers, c'était toujours la selle à la royale, galonnée ou brodée en or, argent ou soie. Le siège était le plus souvent de velours cramoisi, de drap ou de panne. Les officiers avaient l'habitude de recouvrir leur selle d'une couverture de peau. Les étriers devaient être étamés ou vernis. Les chaperons galonnés étaient en bourse ou en calotte. La housse avait la même dimension que celle de troupe.

Pour *la bride*, les ordonnances de mai et juin 1750 en avaient fixé le modèle qui avait été aussitôt répandu dans les corps de troupe. Le mors avait une embouchure à gorge de pigeon, des branches en tourets, une gourmette fixée par deux crochets de gourmette, simples, volants, ou à ressorts. Les deux branches étaient retenues par des chaînettes. On employait aussi et particulièrement pour le dressage la *buade* à simples canons brisés, c'était encore une sorte de pelham. La bride se composait du dessus de tête, de la sous-gorge, du frontal, des rênes, de la *plate longe* avec son *ferret* pour la bride de dragons. La plate longe était une courroie de cuir, longue de un pied trois pouces, attachée par une boucle à l'anneau du côté gauche du mors et portant à l'autre extrémité un ferret destiné à s'attacher au côté droit du mors du cheval de gauche quand le dragon mettait pied à terre. Le bridon (ce que nous appellerions le filet aujourd'hui), n'avait pas de montants, il s'attachait à ceux de la bride au moyen de deux petits cuirs. Le cavalier avait aussi un bridon d'abreuvoir à peu près semblable à celui d'aujourd'hui, en cuir de Hongrie comme le licou.

La bride des officiers devait avoir une muserole parce qu'il n'était pas d'usage qu'un officier eut un licou à la tête de son cheval. Les boucles et ornements étaient de cuivre argenté ou doré. Ces garnitures étaient communément accompagnées de boutons qu'on mettait à côté du frontal, sur le milieu même, et jusque sur la croupière et le poitrail.

Les officiers avaient une martingale, simple lanière de cuir, s'attachant d'une part aux sangles, d'autre part à la muserole en passant par le poitrail c'était plutôt une concession à la mode équestre qui prétendait remédier ainsi à bien des défauts du cheval en l'empêchant de battre à la main, de tirer, d'encenser, etc.

Toutes ces instructions particulières dont nous avons parlé avaient pour but principal de suppléer au défaut de réglements d'exercices. Mais l'éveil donné au Ministre de la guerre par M. de Melfort avait déjà eu son résultat : *l'instruction provisoire* du 14 mai 1753, qui fut renouvelée et augmentée en 1754.

Une autre *ordonnance du roi* sur les exercices de la cavalerie parut *en 1755* ; elle renfermait les principes épars dans les instructions de 1752, 1753, 1754, toutes postérieures au travail de M. de Melfort. Ce fut le premier pas fait hors des manuels particuliers, des méthodes diverses, des régiments et des colonels. Ce premier essai fut très imparfait ; on y remarquait surtout une fâcheuse lacune, c'était un silence absolu sur l'instruction de détail quant à l'équitation.

Revenons à Saumur notre objectif principal :

Les ponts de Saumur, construits, l'un sur le Thouet, vers le VIIe siècle, les autres, sur la Vienne et la Loire, vers le milieu du XIIe, avaient été, à diverses époques, ruinés par les glaces et les inondations, et toujours rétablis à peu près dans la place qu'ils occupaient à leur origine. En 1752, deux arches de l'un des ponts sur la Loire s'étant écroulées, l'ingénieur chargé de les reconstruire, après en avoir élevé les piles au tiers de la hauteur qu'elles devaient avoir, se contenta de les couvrir de travées de bois et proposa ensuite au gouvernement un vaste projet pour l'établissement de nouveaux ponts sur une seule ligne droite, depuis le village du Pont-Fouchard jusqu'à la Croix-Verte.

A cette époque, la Loire se partageait devant Saumur, en six bras ou canaux, sur lesquels il y avait autant de ponts, qui étaient tous dans un état de ruine imminent, particulièrement celui qui était sur le principal bras de la Loire.

Les fondations de la première culée et de la première pile du côté du faubourg, furent commencées le 3 mai 1756, avec les moyens alors en usage, les bâtardeaux et les épuisements. Mais cette année les eaux furent toujours si élevées dans la Loire que quarante-cinq pompes à chapelets, servies par six cents hommes qui se relevaient par tiers de deux heures en deux heures, ne pouvaient suffire à l'épuisement complet des bâtardeaux, ce qui entravait considérablement les travaux de construction. M. de Cessart renonça aux bâtardeaux et aux épuisements, et proposa un moyen dont on ne s'était pas encore servi en France : celui des caissons.

C'est aussi pour le grand pont de Saumur que le même ingénieur composa cette machine qui coupait avec la plus grande précision, à douze ou quinze pieds d'eau, les pilotis sur lesquels on plaçait ces mêmes caissons lorqu'ils contenaient les premières assises des culées ou des piles. Ce pont fut terminé en 1770.

Malgré leurs allures guerrières, les habitants de Saumur demandèrent, en 1758, la démolition et la suppression des murs et portes de la ville. Il est vrai que cette enceinte ne pouvait pas être d'un bien grand secours contre les engins nouveaux.

A cette date il y avait des prisonniers anglais au château, et le gouverneur reçut de vigoureuses réprimandes pour leur avoir laissé par trop de liberté. On s'était aperçu que deux d'entre eux entretenaient, grâce à leurs relations, une active correspondance avec les nations étrangères, en hostilité avec la France.

Dès lors on doubla les postes de la milice bourgeoise qui, on le pense, en accrut son importance.

Nous avons parlé de l'ouverture de l'École militaire. Les premières sorties et admissions dans les régiments de l'armée eurent lieu en 1760, et le roi voulut que chaque jeune officier arrivât dans son corps avec une marque indiquant sa qualité d'élève de l'École militaire. La croix de minorité des ordres de Notre-Dame du Mont-Carmel et de Saint-Lazare fut choisie. C'était un noble rappel du passé. Le nouveau chevalier ne pouvait donc pas oublier ce qu'il devait au roi et au pays, et sur le champ de bataille il se trouvait ainsi doublement obligé.

M. d'Autheville qui était professeur à cette école écrivit pour ses élèves un ouvrage ayant pour titre : *Essai sur la cavalerie tant ancienne que moderne*. Cet ouvrage parut en 1756. Il avait pour principal objet de rechercher les grands exemples dans l'histoire de la cavalerie ; les Grecs et les Romains étaient particulièrement invoqués pour faire ressortir l'éducation nécessaire à la jeunesse. L'auteur y traitait également l'organisation et les transformations de la cavalerie. Nous ne le suivrons pas dans tout son travail fort remarquable pour l'époque ; mais nous relèverons quelques-unes de ses réflexions sur le cavalier de son temps.

« *Ce n'est que depuis peu que les Officiers de la cavalerie commencent à s'appliquer à l'exercice du cheval qui avait été fort négligé en France, et l'on pourra regarder ce temps-ci comme l'époque de l'excellence des armes Françaises, puisqu'il est celui des exercices. L'exercice du cheval est le plus noble de tous; et celui qui convient le mieux à un homme de qualité; quiconque ne peut manier un cheval, ne peut jamais être un bon officier de cavalerie; c'est pourquoi on doit s'attacher à cet objet si essentiel, que souvent l'honneur et la vie en dépendent. Les plus grands capitaines ont tous excellé dans l'art de l'équitation. Les Allemands, les Espagnols, les Anglais font de l'exercice du cheval une étude continuelle, et nous voyons qu'ils y réussissent parfaitement : nous convenons même qu'ils ont de ce côté quelque avantage; pourquoi donc plus légers, plus adroits, ne travaillerions-nous pas à joindre l'art à nos dispositions naturelles, et à leur ravir par là cette supériorité? Il paraît qu'il n'y a rien de plus facile que de mettre en peu de temps la cavalerie bien à cheval : plusieurs Régiments ont commencé; et l'on peut juger par les progrès qu'ils ont déjà faits, qu'il ne faut que de la bonne volonté pour qu'on en puisse autant attendre des autres Régiments dont les Officiers doivent se sentir piqués d'honneur. Il n'y a pas de Régiment où il n'y ait un ou même plusieurs Officiers capables d'enseigner aux autres; en tout cas il est fort aisé de s'en procurer un de ceux qui composent cette compagnie de la Maison du Roi, si recommandable par les vertus qu'on y puise.* »

« *L'été est la saison la plus convenable pour exercer la cavalerie en escadrons : l'on trouve aisément dans ce temps des endroits spacieux; mais il faudrait qu'ils fussent éloignés de celui de l'assemblée, puisqu'il n'y a rien de mieux pour conduire à toutes les manœuvres que celle de bien marcher.* »

« *L'hiver semble plus propre à dresser les chevaux et à enseigner à chaque cavalier à les monter chacun en particulier : il n'y a pas de place de guerre où il ne se trouve un endroit couvert pour former une espèce de manège; il y a dans tous les villages des granges qui peuvent en servir : quinze ou vingt pieds de terrains en carré suffisent pour trotter, et pour apprendre tous les mouvements nécessaires à l'homme et au cheval.* »

« *Il faudrait d'abord commencer par instruire les Officiers, les Maréchaux des Logis et les Brigadiers; on pourrait y joindre deux cavaliers par compagnie, que l'on choisirait parmi ceux qui montreraient le plus de dispositions : cela formerait un fonds pour enseigner du moins les premiers principes aux autres.*

« *Dans les Garnisons où il y aurait des manèges généraux, il serait enjoint à un Officier de chaque compagnie de s'y trouver, ou au Maréchal des Logis, avec un Brigadier ou l'un des cavaliers instruits : mais dans les quartiers chaque Officier serait tenu d'enseigner aux cavaliers de la compagnie à laquelle il serait attaché ; et lorsqu'il s'en trouverait quatre en état de manœuvrer en troupes, on les enverrait successivement au quartier de l'État-Major pour y être exercés, en observant absolument de n'en admettre aucun qu'il ne fût parfaitement à cheval, et qu'il ne le sût bien manier. On peut dire que ce serait là le moyen de faire naître l'émulation parmi les cavaliers, qui regarderaient ces exercices, moins comme un devoir que comme un plaisir. Dans les routes les Officiers et les Maréchaux-de-Logis ne doivent rien passer aux cavaliers, mais leur répéter sans cesse ce qu'ils ont à faire pour être bien à cheval, et bien dressés dans leur rang et sur leur file : avec tous ces soins, et sans qu'il en coûte rien, on parviendrait à former en peu de temps d'excellente cavalerie.* »

« *Les préceptes pour bien mettre la cavalerie à cheval, sont détaillés dans les institutions de cavalerie de M. de la Porterie, et dans une instruction pour le Régiment de cavalerie de Moustier, qui a paru l'année dernière. Il suffit de savoir que ce sont les mêmes principes dans lesquels on a exercé les Régiments de Moustiers et celui de Mestre de Camp de Dragons, pour être assuré qu'ils sont excellents, et c'est pour cette raison qu'on entrera pas dans un long détail à ce sujet.* »

M. d'Autheville entre cependant dans le détail de l'équitation :

« *Le cavalier doit s'asseoir et s'enfoncer dans la selle, de manière qu'il y soit à son aise, et que les fesses ne la quittent point, quelque mouvement que fasse le cheval. La tête doit être droite, mais sans gêne, les épaules plates et un peu en arrière, la poitrine tant soit peu en avant, les bras pliés aux coudes et joints légèrement au corps, l'avant-bras soutenu à la hauteur du coude et en dedans, la main des rênes trois doigts au-dessus du pommeau de la selle, et quatre doigts en avant du corps, les jointures tournées du côté du corps et un peu renversées en dehors, et la main droite près de la gauche, mais de façon qu'elles aient toutes deux les mouvements libres. Il faut tenir les rênes de la main gauche jointes ensemble bien également et séparées par le petit doigt ; la main bien fermée et le pouce sur le plat des rênes, dont le bout doit être renversé sur le premier doigt. Les hanches et les reins doivent être perpendiculaires aux fesses, la ceinture en avant, les cuisses tournées en dedans sur le plat, et les genoux fermés et serrés contre la selle. Les jambes doivent tomber tout naturellement, et ne point toucher au cheval que lorsqu'il faut lui donner des aides ; les pieds fermes et plats sur les étriers, le talon de la botte devant seul deborder, sans que la pointe tourne ni à droite ni à gauche.*

« Voilà, en peu de mots ce qu'il faut observer pour être bien à cheval ; mais ce n'est que par de longs exercices qu'on vient à bout de se rendre toutes ces choses familières, et quelques dispositions qu'on ait reçues de la nature, on ne saurait se passer des leçons d'un maître, non seulement pour acquérir ce qu'on appelle la bonne grâce, qui est une chose sur laquelle on ne peut point se juger soi-même, mais encore pour apprendre à faire usage à propos de la main et de la jambe, et faire faire au cheval des mouvements de toutes espèces.

« Ces mouvements paraissent d'abord peu de chose, cependant ils ne laissent pas d'avoir de difficulté. Nous n'en dirons que deux mots. Aller en avant, en arrière, à droite, à gauche, de côté sur la droite et sur la gauche, c'est à quoi se réduisent ces mouvements. Une observation qu'il est bon de faire, c'est que quelque chose qu'on veuille faire faire au cheval, il ne faut jamais le surprendre ni des rênes, ni des jambes ; mais on doit le lui demander par degré et avec plus ou moins de douceur, selon qu'il a la bouche délicate et qu'il est sensible aux aides. Si l'on veut aller en avant, il faut baisser la bouche, et approcher les jambes près du cheval ; pour reculer, lever la main en la portant près du corps, les jambes égales près du cheval.

« Pour un à droite ou un à gauche, porter la main du côté où l'on veut aller, et appuyer la jambe du même côté.

« Les pas de côté se font en portant la main du côté où l'on veut aller, et en appuyant la jambe du côté opposé.

L'Equitation militaire en 1748

DE MELFORT

DE MELFORT : *Traité de Cavalerie.*

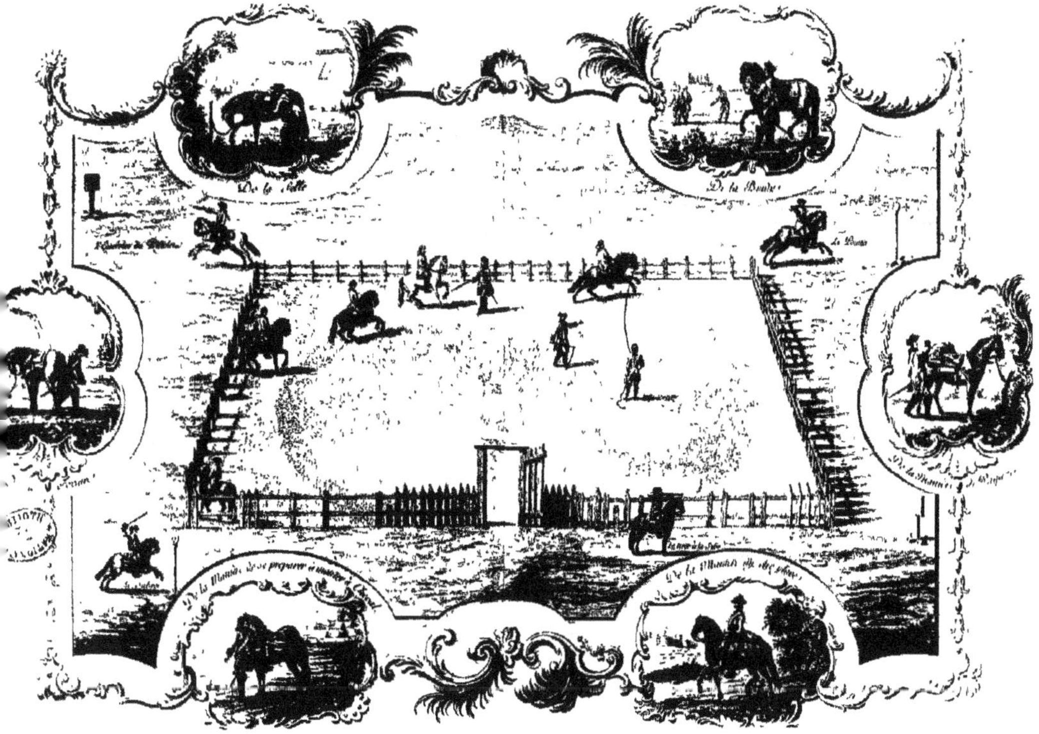

XIII

École militaire : d'Auvergne, de Boisdeffre. — École des Pages : Dugaste, de Villemote. — École des chevau-légers : de Lubersac, de Montfaucon de Rogles. — École de Versailles : de Nestier, de Salvert, de Neuilly. — Manège de Saint-Germain. — Manège de Lunéville: Mottin de la Balme, Bohan. — M. de Nestier. — M. de Salvert. — M. de Neuilly. — M. de Lubersac. — MM. de Croix-Mare, de Briges, de Tourdonnay et de Saint-Angel. — Les Écuries de Versailles, leur organisation : Grande Écurie, Petite Écurie, Grand Écuyer, Intendant, Trésorier, Juges d'armes, Fourriers, Généalogistes, Chevaucheurs, Courriers du Cabinet, Hérauts, Roi d'armes, Poursuivants d'armes, Porte-épée de parement, Porte manteau, Porte-caban, Médecin, Chirurgien Apothicaire, Garde-malade, Garde-meubles, Lavandier, Portier, Drapier, Passementier, Mercier, Tailleur, Sellier, Eperonnier, Charron, Bourrelier, Brodeur, Menuisier, Trompette, Joueur de violon, Hautbois, Saqueboutes, Cornets, Musettes de Poiron, Fifre, Tambour, Cromorne, Trompette Marine, Ambleur, Conducteur de chariot, Maîtres d'armes, d'exercices de guerre, de danse, de mathématiques, d'écriture, de dessin, de voltige, Argentier, Écuyer commandant, Écuyer ordinaire Cavalcadour, Pages, Gouverneur, Sous-Gouverneur, Précepteur, Aumônier, Valets de Pages, Palefreniers, Maréchaux, Arroseur de manège, Concierge, Grands valets de pied, Capitaine des Haras, Gardes du Haras, Taulpier, Écuyers de main ordinaire, Écuyers de quartier, Petits valets de pied. — M. d'Auvergne (1750) : simplification de l'Equitation militaire ; démonstration mécanique de la position ; éperons; schisme de l'équitation militaire et de l'équitation académique. — M. de Montfaucon de Rogles (1750) : Équitation académique ; Traité d'équitation : rendre la main, placer avec la main droite, pas, trot et galop à la longe, accord des mains et des jambes, finir son cheval, sauteurs, instruction du cheval, passage, piliers, courbettes dans les piliers et en liberté, cheval d'officier, cheval de cavalier, cheval de course. — Invention de la ferrure à chaud. — Lafosse père : Traité sur le véritable siège de la morve, 1749 ; observations sur les accidents qui arrivent souvent aux pieds des chevaux, 1750 ; Remède pour arrêter, sans ligature, le sang des grosses artères coupées, 1750; Suite d'expériences et d'observations sur la morve, 1752; Nouvelle pratique de ferrer les chevaux de selle et de carosse, 1756 ; examen des usages des différents pays, l'aplomb anatomique, jamais parer la sole ni la fourchette, les clous, réfutation et réformes des abus dans les traitements — Réponse à la nouvelle pratique de ferrer par les Maîtres Maréchaux de Paris, 1758. — Ronden aîné : observation sur des articles concernant la Maréchalerie, 1750. — La cavalerie française en 1756. — Influence de Frédéric le Grand, de Zieten et Seydlitz sur l'équitation militaire : deux heures de travail par jour ; travail individuel ; préparation au ralliement rapide ; etc..... — Adam de Weyrother : L'utile à tout le monde ou le parfait écuyer militaire, 1760. 261

De nombreuses accadémies d'équitation existaient alors ainsi que des manèges justement renommés, entr'autres ceux de l'École militaire, de l'École des pages, de l'École des chevau-légers, de l'École de Versailles, de Saint-Germain, de Lunéville, et de quelques autres corps de la maison du roi.

C'est dans ces divers manèges que se forma cette nouvelle pléiade d'écuyers que nous allons passer en revue,

L'École de Versailles garde précieusement les noms des *de Nestier, de Salvert, de Neuilly, etc.*

L'École des chevau-légers, ceux de *Lubersac* et de *Montfaucon de Rogles*.

L'École militaire compte au nombre de ses écuyers *d'Auvergne* et *de Boisdeffre*.

C'est à l'École des pages que professèrent avec distinction *MM. Dugaste* et *de Villemote*.

Le manège de Lunéville se glorifia à juste titre d'avoir possédé *Mottin de la Balme* et *de Bohan*.

Ce fut aussi l'époque de *MM. de Croix-Mare ; de Briges, de Tourdonnay* et *de Saint-Angel*.

L'organisation des écuries de Versailles mérite quelques détails.

Les écuries de Versailles ou Écuries du roi étaient séparées en deux bâtiments : l'un destiné pour les chevaux de manège et de guerre, et pour les chevaux de selle et de chasse, ce qui s'appelait la *Grande écurie* ; l'autre écurie, appelée la *Petite écurie* était faite pour les chevaux de carrosse. M. le Grand vendait toutes les charges de la grande écurie, du haras qui en dépendait, et de la petite écurie ; il ordonnait les fonds pour les dépenses des écuries, comme aussi de toute la livrée. Nul maître d'académie ne pouvait monter ni établir d'académie sans son ordre et permission formelle, avec des lettres pour prendre le nom d'académie royale. Parmi les officiers des écuries il y en avait qui étaient communs à la grande et à la petite ; tels étaient, premièrement, le *Grand Écuyer*, un *Intendant* et *Contrôleur* ancien, alternatif et triennal, un *Trésorier*, deux *Juges d'armes* et *Généalogistes*, huit *Fourriers*, douze *Chevaucheurs*, autrement *Courriers du Cabinet*, douze *Hérauts*, y compris le *Roi d'armes*, deux *Poursuivants d'armes*, trois *Porte-épée de parement* deux *Porte-Manteau*, deux *Porte-caban*, (qui était un manteau de pluie), deux *Médecins*, quatre *Chirurgiens*, deux *Apothicaires*. D'autres officiers nécessaires comme *Garde-malade*, *Garde-meubles*, *Lavandiers*, *Portier*, *Drapiers*, *Passementiers*, *Merciers*, *Tailleurs*, *Selliers*, *Éperonniers*, *Charron*, *Bourrelier*, *Brodeur* et *Menuisiers* des deux écuries, *Trompettes*, *Joueurs de violon*, *Haut-bois*, *Saqueboutes*, *Cornets*, *Musettes de Poiron*, *Joueurs de fifres* et *Tambours*, *Cromornes* et *Trompettes marines*, un *Ambleur* et un *Conducteur du chariot*, *Maîtres en fait d'armes*, des *exercices de guerre*, *à danser*, *de mathématique*, *à écrire*, *à dessiner* et *à voltiger*. Les officiers de la grande écurie étaient, un *Argentier proviseur*, un *Écuyer commandant*, quatre *Écuyers pour le manège* dont deux ordinaires et deux cavalcadours, un *Écuyer ordinaire* et un *Cavalcadour*. Il y avait encore quatre ou cinq charges d'écuyer ordinaire sans fonctions, quarante *Pages* portant la livrée du roi, la poche en travers, un *Gouverneur*, deux *Sous-gouverneurs*, un *Précepteur*, un *Aumônier*, huit premiers *Valets des pages*, quatorze *Palefreniers*, quatre *Maréchaux*, un *Arroseur de manège*, un *Concierge*, quarante-deux *Grands valets de pied*. Le Haras du roi avait pour officiers, un *Écuyer capitaine du haras*, six *Gardes du haras*, deux *Maréchaux*, deux *Pages*, *Médecin*, *Chirurgien*, *Apothicaire*, *Taulpier*. Les officiers de la petite écurie étaient, un *Écuyer de main ordinaire*, et vingt écuyers de main appelés *Écuyers de quartier*, qui devaient donner la main au roi quand il sortait et partout où il allait, un *Écuyer ordinaire, commandant la petite écurie*, et deux autres écuyers ordinaires, vingt *Pages*, portant la livrée du roi et les poches en long, un *Argentier proviseur*, un *Gouverneur*, un *Précepteur*, un *Aumônier*. Tous les pages devaient faire leurs preuves anciennes et militaires de quatre générations paternelles. Tous les officiers des écuries étaient commensaux de la maison du roi. La petite écurie avait seize *Petits valets de pied* par commission.

L'*Écuyer cavalcadour*, chez le roi et chez les princes, était celui qui commandait l'écurie des chevaux qui servaient à leur personne. Il y avait dans la maison du roi, le grand écuyer, auquel appartenaient à la mort du roi, les chevaux et les harnais de l'écurie ; le premier écuyer et des écuyers de quartier, qui aidaient au roi à monter à cheval et à en descendre, le suivaient à cheval et portaient son épée. Il y avait aussi des écuyers de main, dont l'emploi était de donner la main à la reine, aux princesses et aux dames de la première qualité.

Le *manège des Tuileries, ou manège des pages d'Orléans*, portait le nom d'Académie royale d'équitation. C'était un très beau manège du même style et de la même échelle que celui de l'école militaire de Paris. Il fut successivement dirigé par M. de Dugaste et de Villemotte. Il était placé où est à présent la rue de Rivoli, son extrémité au couchant ; les écuries et dépendances de l'Académie s'étendaient à droite et à gauche sur une longue ligne jusqu'à la rue du Dauphin, formant cette cour du manège qui fut le rendez-vous de ces réunions tumultueuses de pétitionnaires armés dont il est si souvent question dans les annales révolutionnaires.

M. de Nestier a professé à Versaille et a été le maître le plus illustre. Il a joui d'une réputation euporéenne. Ce qui a contribué à vulgariser son nom, c'est le tableau qui le montrait montant le fameux Florido, cheval andaloux dont le roi d'Espagne avait fait cadeau à Louis XV. La gravure, copie de ce tableau, eut place chez les plus grands seigneurs de la cour comme chez les plus simples particuliers amateurs d'équitation. Cette gravure fut toujours citée avec raison comme donnant l'idée la plus juste de la belle position d'un écuyer d'académie.

Le tableau original était chez M. d'Augny, intendant général des postes, ami et admirateur de M. de Nestier. M. d'Augny était si grand amateur de chevaux et d'équitation qu'il avait fait construire un manège dans son bel hôtel de la rue Grange-Batelière ; il avait à son service plusieurs écuyers et piqueurs occupés à lui dresser des chevaux précieux qu'il payait les plus grands prix. C'est ce même manège qui fut tenu ensuite par MM. Vincent et Dupeyron de la Taste, qui eut une si grande vogue, et que l'on appelait le Manège des Dames.

M. de Nestier fut grand écuyer et capitaine des haras. Il n'a pas écrit, mais on sait qu'il a raccourci les branches du mors et a inventé le mors Nestier.

M. de Salvert a eu presque autant de réputation. Il fut écuyer ordinaire du roi et grand praticien.

M. de Neuilly, très habile homme de cheval, fut le maître de d'Abezac.

M. de Lubersac était élève de M. de Salvert. Il obtint d'abord une place d'écuyer cavalcadour, c'est-à-dire sous-écuyer, à la Grande-Écurie ; il quitta cette place pour acheter une charge de cornette de Dragons. Pendant la guerre de Bohême, Louis XV le rappela à Versailles ; il rentra à la Grande-Écurie d'où il sortit pour entrer aux chevau-légers de la garde. C'est sous son commandement que se créa cette fameuse école de chevau-légers qui a fourni à la cavalerie les sujets les plus distingués.

M. de Lubersac est le premier qui ait eu quelque idée des principes naturels et mécaniques de l'équitation. Il n'a malheureusement pas écrit. On raconte qu'il dressait ses chevaux en les montant pendant dix-huit mois au pas :

« Le fameux M. de Lubersac ne se servait que du pas pour dresser ses chevaux, il s'en emparait sitôt qu'ils étaient ce qu'on appelle *débourrés* ; il les montait pendant dix-huit mois ou deux ans, toujours au pas, et quand, au bout de ce temps, il les mettait sous ses plus forts écoliers, ils étaient tout étonnés de trouver à ses chevaux le passage le plus cadencé, et la galopade la plus écoutée et la plus juste. »

Le célèbre *d'Auvergne*, lieutenant-colonel de cavalerie et commandant l'équitation de l'école royale militaire était élève de M. de Lubersac. Il fut, en France, le véritable fondateur de l'équitation militaire qu'il dépouilla de toutes les superfluités existantes. Cette voie de simplification ne tarda pas à être suivie par les écuyers civils.

M. d'Auvergne réunissait toute la perfection du plus rare talent : admirable sur les chevaux dont la finesse exigeait une grande précision, il se montrait sur tous un grand maître, et il n'en était point qui ne fut embelli par sa brillante exécution. Jamais on ne le vit impatient ou colère faire subir à un cheval un châtiment inconsidéré, parce que sa justesse lui indiquait toujours la source d'une difficulté et les moyens de la surmonter. Il en appliquait les effets avec une précision singulière sur les chevaux qui paraissaient les moins domptables par l'extraordinaire de leur ardeur et la rapidité de leurs mouvements, plus même ces qualités étaient brillantes, mieux il prouvait le mérite de son travail. Il enseignait avec le même succès, et tous ceux de ses élèves qu'il a pu instruire, seulement trois années, ont eu du talent ; et s'ils ne l'ont pas conservé c'est qu'ils ont cessé d'exercer.

Dans sa *Démonstration mécanique de la meilleure position de l'homme sur le cheval*, le célèbre professeur nous dit :

« *L'union, l'équilibre et le mouvement des corps étant du ressort de la mécanique, il est clair que l'équitation ou l'art de monter à cheval peut être subordonné à ses lois et si l'on avait eu plutôt recours à cette science démonstrative on aurait évité une marche équivoque qui nous a conduits à tant d'erreurs ; mais, tel est l'esprit humain, parvenant quelquefois à la démonstration des vérités les plus abstraites, il erre d'autrefois auprès des vérités les plus simples.* »

Et à propos des éperons :

« *Lorsque le cavalier sera un peu ferme à cheval et maître de ses jambes, on lui donnera des éperons : il en fera usage dans le cas où le cheval cabrerait, ou se retiendrait trop, en un mot quand son cheval n'obéira pas à ses jambes. Il faut prendre garde que le plus grand nombre de chevaux se révoltent si, en les punissant des éperons, on les leur laisse un seul moment dans le ventre après les en avoir frappés. Souvent, cette action les rend ramingues, et les habitue aussi souvent à ruer en marche contre le talon pour se venger du mal que le cavalier leur fait. En général, il vaut mieux réitérer le coup s'il en a besoin que de prolonger l'impression qui le suit ; d'ailleurs, il ne faut jamais appliquer l'éperon faiblement. C'est un châtiment, c'est tout dire. Ce sont les éperons qui rendent l'animal fin et sensible à l'aide des jambes. On se sert quelquefois des éperons pour pincer ; mais c'est une aide qui ne doit être employée que sur les chevaux qui ont connu le châtiment et qui n'y ont pas été rebelles. Si vous les mettez en usage sur les autres, elle n'opèrera qu'un chatouillement contre lequel ils se défendent. L'action de l'éperon, soit en aide, soit en châtiment, demande les plus plus grandes attentions dans les troupes qu'on instruit ; car, en outre que le cheval peut se défendre, il peut aussi casser les jambes des voisins.* »

On remarquera que, d'après M. d'Auvergne, le cavalier n'avait pas à baisser la main avant l'attaque, ce qui devait fausser l'aplomb du cheval..

A l'époque où d'Auvergne fut l'écuyer en chef de l'École militaire, les idées nouvelles sur la position équestre prouvées par la mécanique s'étaient déjà fait place. Il les adopta mais en les dégageant des erreurs spéculatives dans lesquelles plusieurs théoriciens tels que Dupaty de Clam, dont nous parlerons plus loin, voulaient les entraîner. Néanmoins d'Auvergne se montra très partisan de la nouvelle science qui devint sous son patronage la caractéristique du progrès de l'équitation militaire sur l'équitation civile qui n'avait pas voulu souscrire à cette innovation. C'est de cette époque que date surtout la scission profonde qui s'est maintenue si longtemps entre les principes de l'équitation dite académique, qui eut son origine et sa source dans le manège de la maison du roi, représenté plus tard par le manège de Versailles, et ceux de l'équitation militaire, représentée successivement par les écoles d'équitation de Versailles, de Lunévile, d'Angers, de Saint-Germain, de Saumur, et enfin en dernier lieu par le manège de l'école de cavalerie.

De cette divergence de principes naquirent des schismes, des rivalités et des tentatives d'empiètement de l'école académique sur l'équitation de l'armée, qui retardèrent longtemps les progrès de la cavalerie.

Dans ce schisme, M. de *Montfaucon de Rogles*, quoique écuyer militaire, représente le parti de l'équitation académique.

Admirateur trop exclusif et interprète trop fidèle de La Guérinière, dont les traditions s'étaient conservées pures au manège de la maison du roi, il arriva à la direction de cette école, et dès lors l'équitation, tout à l'usage du service de cour, plaça le cheval toujours contenu et raccourci dans les allures écoutées et cadencées, préféra la position académique, *la pose gracieuse*, mais apprêtée, identique et uniforme pour tous, à la position naturelle, aisée, commode, et basée d'après les différences de conformation des hommes.

Montfaucon entra page du roi en 1738. Ses progrès lui méritèrent l'honneur d'être choisi, en 1740, pour l'émule de Monseigneur le Dauphin dans ses exercices. Cornette de cavalerie en 1745, il entra deux ans après dans la compagnie des chevau-légers de la garde ordinaire du roi, où il fut appelé par M. le comte de Lubersac pour être mis à la tête du manège de l'école que l'on établissait alors dans ce corps. Écuyer de la petite écurie du roi en 1750, il fut attaché l'année suivante à Monseigneur le Dauphin.

Son traité d'équitation ne parut qu'après sa mort ; il fut publié en 1778 par son frère :

« Traité d'équitation *par feu M. de Montfaucon de Rogles, écuyer ordinaire de la petite Écurie du roi, commandant l'Équipage de feu Monseigneur le Dauphin.* »

L'auteur nous explique son but dans sa préface :

« Loin de profiter de tous les avantages qu'on peut retirer des chevaux, on se prive, en abusant de leurs qualités, d'une partie des services qu'ils pourraient rendre. Pourquoi ne pas chercher au contraire à augmenter ces qualités ? Si la nature les donne, l'art peut, en les développant, les perfectionner ; mais pour cela, il faudrait une méthode sûre, et des préceptes clairs : où les trouver ?...

« D'ailleurs, pour m'éclaircir davantage de la vérité dans une matière aussi intéressante pour moi, j'ai pris le parti de pratiquer chaque méthode en particulier, sur différents chevaux, et ce n'est qu'après avoir comparé les effets qui ont résulté de chacune d'elles, que je me suis décidé.

L'auteur nous explique alors le plan de son ouvrage.

« Je l'ai divisé en deux parties : la première traite de tout ce qui concerne la posture du Cavalier et des moyens dont il doit faire usage pour bien mener un cheval confirmé dans l'obéissance des aides.

« La seconde présente les moyens de parvenir à donner au cheval cette connaissance, et de tirer le meilleur parti de toutes sortes de chevaux.

« J'ai cru devoir placer à la suite une explication de différents termes de l'art, qu'on pourra consulter au besoin.

« Enfin, pour rendre ce traité plus utile, j'y ai ajouté quelques articles dont il est essentiel qu'un homme de cheval soit instruit. Ces articles traitent de l'équipement, de l'embouchure, et l'entretien des chevaux, de la ferrure, de l'économie amicale, et de la manutention des haras. »

Parcourons cet ouvrage, nous relèverons en passant les points les plus saillants :

« Première partie. — Instruction du cavalier ; — De la posture du cavalier ; — Des mouvements de chaque partie du corps en particulier ; — Des jambes ; — Des mains.— *Rendre la main à un cheval, c'est ne plus sentir l'effet du mors. On rend la main pour rafraîchir les barres, en leur ôtant la pression de l'embouchure que produisait l'action de la main. Il faut marquer d'abord un demi-arrêt, c'est-à-dire que le mors doit moins agir sur la bouche que dans l'arrêt, et un peu plus que dans son équilibre ordinaire, Ce demi-arrêt sert à alléger le devant du cheval et à lui faire prendre un point d'appui sur les hanches, afin que se trouvant par là en équilibre, il n'augmente point son train lorqu'on lui rendra la bride ; ce qui arriverait immanquablement en le laissant sur les épaules : d'ailleurs, il pourrait alors broncher et tomber, n'étant plus en force pour se soutenir.* »

« **Placer avec la main droite.** — *Lorsque la main droite n'est point occupée à tenir une épée, un pistolet ou telle autre arme, et que l'Écolier est assez fort, on lui apprendra comment cette main peut servir à placer le cheval : pour cela, il faut la porter au dessous de la main gauche, entre l'encolure et la rêne droite, les doigts tombant naturellement et sans force sur la rêne de dedans.*

« **Des moyens de conserver la posture. — Du pas à la longe.** — *Je fais mener le cheval droit devant lui, parce qu'autrement son corps serait obligé de se prêter à la courbature du cercle, ce qui mettant celui du commençant de travers, ferait glisser son assiette, ou au moins l'obligerait à employer beaucoup de force pour empêcher ce mauvais effet. Ensuite, on travaillera à accoutumer l'Écolier à contenir son assiette droite sur les cercles, et pour lui en faciliter l'exécution dans les commencements, on observera d'en faire décrire au cheval de très grands.*

« **Du trot à la longe.** — *D'abord le mener droit, ensuite lui faire décrire un grand cercle, et ainsi du reste. De courtes reprises.*

« **Du galop à la longe.** — *Quelque temps de galop en cercle. Il faut le reprendre au trot afin de le replacer.*

« **Moyens de rétablir dans leur position les parties qui se dérangent.** — *Tous les défauts sont si imperceptiblement liés les uns aux autres, et influent tellement sur les opérations que, quelque longueur qu'on trouve à les examiner tous à chaque reprise que fait l'écolier, il n'est pas possible qu'on vienne à bout de les corriger, si le maître n'y met absolument la patience, le temps et la suite nécessaires. A la fin de chaque reprise, soit du trot ou du galop, on reprendra l'écolier au pas et autour de soi, pour l'accoutumer à exécuter tous les mouvements des mains et des jambes. On n'aidera pas le cheval, afin que l'écolier puisse voir l'effet que produiront ces deux aides.*

« **De l'accord des mains et des jambes.** — *Jusqu'à présent, tous ceux qui ont traité cette matière se sont contentés de dire que c'était dans l'accord des jambes et des mains que consistait la perfection de l'homme à cheval : ce principe n'est point assez développé par la seule exposition. Il est impos-*

sible de le mettre dans un plus grand jour, sans rapprocher sous un seul point de vue la liaison intime de toutes les parties qui forment cet accord ; et comme c'est par les rênes et les jambes qu'on commande au cheval, il faut être bien assuré de leur effet. »

L'auteur détaille alors l'effet des rênes puis l'effet des jambes. — « *En récapitulant ce que nous venons de dire, on trouvera :*

« 1° *Qu'en tournant son cheval de la rêne de dedans, si l'effet de celle de dehors est suffisant pour contenir les épaules de les empêcher de tomber vers le centre, les hanches ne pourront se porter au dehors de la ligne circulaire qu'elles décrivent, puisque l'avant-main leur opposera une résistance au moins aussi forte que l'impulsion qu'elles peuvent recevoir de la jambe de dedans.*

« 2° *Que les hanches se trouvent contenues et comme resserrées par l'effet appelé de la rêne de dehors et de la jambe de dedans ; l'impression que celle-ci leur fait éprouver, les excitant à se dérober, et ne pouvant le faire de côté ni d'autre, elles seront obligées de se porter en avant, sans qu'il soit besoin pour cela d'y joindre l'effet de la jambe opposée.*

« 3° *Que puisque la rêne de dehors, en remplissant l'objet particulier dont elle est chargée, opère en même temps l'effet qui pourrait résulter de la jambe de dehors il faut supprimer l'action de cette jambe. Peut-être objectera-t-on que, selon les principes que j'ai admis, en ne faisant agir qu'une seule jambe, son impression doit nécessairement porter les hanches en dehors : je conviens que cela arriverait si, dans la circonstance dont il s'agit, la rêne de dehors ne remplaçait pas la jambe de ce côté : On vient de voir qu'elle oppose une résistance capable de balancer l'action de la jambe de dedans ; ainsi quand même la jambe de dehors pourrait produire le même effet, il serait encore plus prudent de n'en pas faire usage, puisqu'elle devient un moyen superflu ; qu'on doit, autant qu'il est possible, simplifier les opérations en tout genre, et que d'ailleurs son effet réuni à celui de la rêne de dehors, l'emporterait de beaucoup sur celui de la jambe du côté opposé ; que conséquemment les hanches forcées d'y céder se jetteraient en dedans et mettraient le cheval de travers.*

« *Il est cependant des exceptions à cette règle, ainsi qu'à tous les principes généraux : par exemple, on ne peut s'empêcher de faire usage de la jambe de dehors, dans le cas où les chevaux marqueraient une insensibilité si grande à la rêne de dehors, que, loin de céder à son effet, ils y résisteraient au point de la forcer.*

« 4° *Enfin que la jambe de dedans doit coopérer avec la rêne de dedans pour tourner le cheval, puisqu'elle le chasse en avant, tandis que la rêne l'attire en dedans ; car la rêne agissant seule le ferait reculer.* »

« Des différentes opérations qu'on fait éxécuter au cheval en liberté : — Passage du coin ; — Doubler ; — Changement de main ; — Demi-volte ; — Changement de main en tenant des hanches ; — Demi-volte en tenant des hanches ; — Contre-changement de main ; — Huit de chiffre ; — Volte ; — Volte renversée ; — Faire partir au galop ; — Faire reprendre (c'est-à-dire le faire galoper sur l'autre pied) ; — Finir son cheval :

« *Il est à propos, afin de donner de la justesse et de la précision aux élèves, de leur faire finir leurs chevaux après leur travail ordinaire, ainsi qu'il va être expliqué.*

« *On commencera d'abord par les faire aller au pas autour de soi et sur une piste, ensuite et peu à peu on les fera aller les hanches en dehors, de manière que le cheval décrive deux cercles, l'un des pieds de derrière, l'autre des pieds de devant C'est ainsi qu'en contenant le cheval, on arrivera insensiblement à lui faire suivre les murs dans la même situation ; et c'est ce que l'on nomme indifféremment les hanches en dehors ou les épaules en dedans, ou la croupe au mur.*

« Du bout du nez en dedans. — Des Étriers. — Des Sauteurs :

« *Quoiqu'il soit très possible d'apprendre à monter cheval sans le secours des sauteurs, j'insiste cependant qu'on en fasse usage, pouvant être d'une grande utilité qour assurer la posture et pour procurer de la tenue.*

« Réfléxions particulières pour faire monter souvent à cheval dehors, — Pour procurer de l'aisance et de la liberté, faire monter des coureurs. — Des courses de la bague et des têtes.

« Seconde partie. — Instruction du cheval :

« *Il faut que le cheval soit âgé au moins de quatre à cinq ans. Je veux seulement qu'il puisse souffrir la selle sur le corps. Après l'avoir sellé et bridé avec un filet et un grand bridon à l'anglaise, on le conduira sur le terrain où on se repose de l'exercer. Pour lui donner la première leçon, on lui mettra un cavesson, auquel on aura attaché une longe. La personne préposée pour tenir la longe, la doit tenir d'abord extrêmement courte pour faciliter à la personne qui sera chargée de la chambrière le moyen d'approcher du cheval et de le caresser devant, sur la croupe à droite et à gauche, ainsi que d'arranger les étriers sur le cou, ou de les raccourcir.*

« Première leçon à la longe. — *Il est nécessaire de le faire ébranler, en l'attirant en avant par le moyen de la longe et de quelques coups de langue, on lui présentera doucement la chambrière vis-à-vis et à hauteur de l'œil, afin que la crainte que ce mouvement lui inspirera puisse l'éloigner peu-à-peu du centre.*

« Du trop à la longe. — Premiers moyens d'apprendre au cheval à reculer. — Du galop à la longe. — Seconde leçon à la longe. — Faire monter le cheval. — Méthode pour tenir les rênes du bridon séparées. — Moyens de faire connaître au cheval l'effet particulier de chaque rêne et de chaque jambe. — Moyens de confirmer le cheval dans l'habitude de faire la distinction des rênes et des jambes ;

« *En marquant de fréquents demi-arrêts, en formant des arrêts, en sciant des bridons, enfin, en reculant les chevaux, on réveillera le sentiment de la bouche. On en fera de même pour les parties sur lesquelles agissent les jambes, en appelant de la langue, en faisant siffler la gaule, en leur en donnant des coups d'abord légers derrière la botte, sur la croupe,*

« Moyens d'apprendre à un cheval à partir au galop, — d'apprendre au cheval à reculer, — de mettre les chevaux droits. — Première leçon par le large. — Changement de main. — Leçon des hanches en dehors. — Moyens d'accoutumer les chevaux à l'embouchure de la bride. — De la Tête au mur. — Du changement de main sur les hanches. — De la Demi-Volte. — Du contre-changement de main. — Du Huit de chiffre. — De la Volte. — De la Volte renversée. Des Coins. — Du bout du nez en dedans. — Du Passage.

« *Il est des chevaux qui en ont naturellement, et à ceux-ci, pour le leur conserver, il ne s'agit que de diminuer insensiblement leur trot, d'entretenir leur action avec l'aide de la langue et des jambes et même de l'augmenter, s'il est possible, en les rassemblant.*

«Des Piliers. — *On commencera par mettre un cavesson de piliers au cheval, ensuite on attachera les cordes aux piliers assez courtes pour qu'en tirant dessus il ne puisse pas passer la croupe de l'autre côté des piliers ; assez longues, pour qu'en tirant également sur les deux cordes, les piliers se trouvent vis-à-vis les hanches ; assez basses, pour qu'il ne puisse pas passer dessous ; enfin assez hautes, pour qu'il ne soit contraint ni à baisser la tête, ni à plier l'encolure. On se servira du terme d'*adela *pour le faire ranger, pour le faire arrêter, lui dire* hola *et s'il s'arrête, le caresser afin de lui faire connaître qu'il a fait ce qu'on voulait de lui.*

« *Pour apprendre au cheval à lever la courbette, il faudra faire placer à côté des piliers deux hommes munis d'une gaule pour toucher devant lorsqu'on le leur dira ; l'instant qu'il faut saisir pour cela est celui où, après avoir fait donner le cheval dans les cordes, on l'a mis en action et sur les hanches, afin que, rassemblant ainsi toutes ces forces dans cette partie, il soit en état d'élever le devant, et qu'il n'y ait plus qu'à l'exiter à le faire par le moyen de quelques légers coups de gaule sur le poitrail, qu'on augmentera selon le besoin, en appelant de la langue et en élevant la chambrière pour le porter en avant : dès qu'il aura levé le devant, on doit l'arrêter et le faire caresser par les personnes qui l'ont touché, afin qu'il n'en prenne point d'ombrage.*

« Des courbettes en liberté. — *Quand un cheval lèvera aisément à courbettes dans les piliers sans qu'il y ait personne dessus, il faudra alors le faire monter et faire aider le Cavalier par des personnes à pied qui seront placées, ainsi qu'il a été dit ci-devant.*

« Des Sauteurs dans les piliers. — Des Sauteurs en liberté. — Moyens de mettre un cheval sur les hanches. — Moyens de dresser les Chevaux qui manquent de qualités ou qui ont des défauts. — Du manque de force. — De la bouche dure, causée par le manque de forces. — Des Chevaux qui portent la tête basse ou qui s'encapuchonnent. — Des Chevaux mal-adroits. —Des Chevaux qui sont faibles des hanches ou des jarrets. — Des Chevaux qui ont les jarrets douloureux. — Des défauts de l'avant-main. — De la bouche égarée. — Bouche trop sensible. — Bouches fausses. — Bouches fortes. — Chevaux qui ont une barre plus dure que l'autre. — Bouches pesantes, par la conformation vicieuse de l'encolure. — Bouches dures, par défaut de conformation de l'encolure. — Des différents inconvénients que tous ces défauts peuvent entraîner. — Des Chevaux qui battent à la main. — Des Chevaux qui sont trop sensibles. — Des Chevaux qui ont de l'ardeur. — Des Chevaux qui ont de la peine à se plier. — Des Chevaux peureux ou ombrageux. — Des Chevaux qui se défendent en sautant à la même place. — Des Chevaux qui ruent en place. — Des Chevaux qui se défendent en reculant. —Des Chevaux qui se défendent en faisant des pointes. — Des Chevaux qui se défendent par leur naturel vicieux. — Des Chevaux qui se défendent et qui rassemblent en eux plusieurs des motifs qui les y portent. — Des différents usages qu'on fait des Chevaux et des moyens de les dresser. — Du Cheval de manège. — Du Cheval destiné pour un Officier :

« *Je crois qu'on ne saurait trop bien dresser un cheval qu'on destine à un militaire, parce qu'à égalité de courage, d'adresse et de science dans l'art de l'équitation, un Officier qui se trouve dans une mêlée, ne peut se flatter d'avoir de l'avantage sur son ennemi, qu'en proportion de ce que son cheval peut et sait faire.*

« Du cheval de Cavalier :

« *Le cheval d'un cavalier étant ordinairement plus matériel, moins ner-*

veux, par conséquent moins agile que celui de l'Officier, il ne serait pas raisonnable de prétendre en tirer le même parti ni d'en exiger les mêmes choses; mais comme il est essentiel de pouvoir le porter en avant, le tourner à droite ou à gauche, le reculer, enfin le porter d'un talon sur l'autre, parce qu'il n'est point d'évolution de Cavalerie où il n'y ait une de ces quatre actions, on ne peut se dispenser de le mettre au point d'obéir sans difficulté aux quatre aides qui en sont les mobiles.

« Du cheval d'arquebuse. — Des coureurs :

« *La destination ordinaire d'un coureur est particulièrement pour la course et la chasse : conséquemment on n'a pas besoin qu'il puisse comme un cheval de manège, exécuter un changement de main sur les hanches, une volte ou telle opération semblable. Avant de les courir à fond, il faut les y préparer en courant un peu pour la première fois, la seconde un peu plus, la troisième davantage, ainsi de suite, mettant une intervalle d'un jour à l'autre, jusqu'à ce que l'on voit qu'ils soient en fond d'haleine.*

L'auteur finit en traitant « Des chevaux de chaise et de carosse ».

Nous nous sommes un peu étendus sur l'équitation de Montfaucon de Rogles parce que, comme nous l'avons dit déjà, il représentait la tradition dans le schisme des deux tendances divergentes de l'équitation militaire et de l'équitation académique. Nous avons encore une autre raison, c'est que le Traité d'équitation de Montfaucon fut réédité en 1803, à une époque où les méthodes faisaient défaut et qu'il eut une grande influence sur les méthodes militaires qui se réorganisaient à cette époque. Nous aurons aussi à constater que lors de l'installation de l'École de cavalerie à Saumur en 1814, le manuel dressé pour l'instruction équestre s'inspira en grande partie des principes de Montfaucon. C'est donc par l'intermédiaire de Montfaucon que l'équitation militaire s'est renouée à la tradition académique dont elle s'était écartée.

Est-ce à dire pour cela que l'ouvrage de Montfaucon ait eu une très haute valeur et ait éclipsé ses devanciers? Ce serait beaucoup dire. La copie presque textuelle de la Guérinière y est trop transparente pour qu'il soit besoin d'insister sur ce point. Seulement Montfaucon a été réédité fort à propos à un moment où l'on avait besoin d'une méthode, et bien que la tradition n'ait point été perdue et fut même représentée à cette époque par des écuyers éminents, il a eu les honneurs d'un chef d'école parce que ses successeurs n'avaient rien écrit.

Le progrès ne s'était pas borné à l'équitation, la ferrure s'était également perfectionnée. C'est vers le milieu du XVIIIe siècle que l'on commença à ferrer à chaud.

La ferrure à chaud a été inventée pour corriger les imperfections de la ferrure à froid ; c'est dans les grandes villes qu'elle a été employée pour la première fois par des ouvriers expérimentés dans le but d'amélioration.

Mais la véritable impulsion vers le progrès fut donnée à la maréchalerie par *Lafosse père*, maréchal des petites écuries du roi.

Lafosse est le patricien instruit et l'observateur profond par excellence ; il est la preuve vivante des résultats produits par les efforts de ceux qui dès le XVIe siècle s'étaient donnés pour mission de réglementer la maréchalerie, et il peut à juste titre en être considéré comme le réformateur. Quel dommage qu'une rivalité malheureuse, un antagonisme continuel aient existé entre lui et Bourgelat ! L'union de ces deux belles intelligences eût fait gagner cinquante années à la science.

Malgré les observations de César Fiaschi sur les inconvénients des crampons, observations répétées par Garsault, leur emploi était devenu général sous le règne du grand roi ; on peut en juger par les nombreux tableaux de bataille et de chasse de ce temps. Sous Louis XV, les maréchaux en étaient venus à supprimer généralement les crampons, mais ils les avaient remplacés par de longues et fortes branches, et les fers n'en avaient ainsi acquis que plus de poids. Les inconvénients de cette ferrure étaient palpables pour tout homme de bon sens dégagé des étreintes de la routine.

Les différents écrits de Lafosse ne furent pas seulement bien reçus en France, mais aussi en Angleterre et en Espagne où ils ont été traduits.

Ses premiers ouvrages n'eurent pas trait à la maréchalerie, il étudia plutôt l'art vétérinaire et son fils nous dit que : « Ce fut après dix années de travail, de recherches et d'expérience sur la morve, qu'il parvint à reconnoître le véritable siège de ce mal. »

Pour donner à cette découverte importante toute l'authenticité qu'elle devait avoir, il présenta, en 1749, à l'Académie des sciences, un mémoire qu'il publia ensuite sous le titre :

TRAITÉ SUR LE VÉRITABLE SIÈGE DE LA MORVE *des chevaux et les moyens d'y remédier. Dédié à S. A. M. le Prince Charles de Lorraine, comte d'Armagnac, pair et grand écuyer de France, etc., par le sieur Lafosse, maître maréchal à Paris, et maréchal de la Petite Écurie du Roy. Avec figures gravées en tailles douces. Avec l'approbation de Messieurs de l'Académie royale des sciences.*

Lafosse fournit deux autres mémoires aux lumières de l'Académie ; le premier, au mois de janvier 1750, contenant des OBSERVATIONS SUR LES ACCIDENTS QUI ARRIVENT SOUVENT AUX PIEDS DES CHEVAUX, *et qui les font boîter subitement, sans qu'on puisse distinguer d'où vient le mal.* Il fut approuvé par l'Académie et jugé digne d'être imprimé dans le recueil des mémoires communiqués par les étrangers. Dans le second, il proposait un REMÈDE TRÈS PROMPT, *très sûr et immanquable pour arrêter, sans ligature, le sang des grosses artères coupées. Ce moyen était le lycoperdon.*

En 1752, il remit encore à l'Académie un mémoire qui contenait une SUITE D'EXPÉRIENCES ET D'OBSERVATIONS SUR LA MORVE où il étendait et perfectionnait sa découverte.

Ces trois derniers mémoires furent imprimés en 1754. En 1756, il fit paraître sa *Nouvelle pratique de ferrer les chevaux de selle et de carosse.*

« LA NOUVELLE PRATIQUE DE FERRER LES CHEVAUX DE SELLE ET DE CAROSSE, *afin de les rendre fermes en tout temps sur le pavé sec, ce qu'on appelle vulgairement plombé. Par le sieur Lafosse, maréchal des Petites Écuries du roi.* »

Cet ouvrage fut traduit en anglais par le médecin Bracken.

Lafosse père, auquel la chirurgie vétérinaire est si redevable, conçut le premier l'idée de baser la pratique de la ferrure sur la structure organique du pied. L'opuscule dont nous parlons renferme une table anatomique accompagnée de deux planches dont les figures représentent en petit, diverses parties du pied que l'auteur ne fait qu'indiquer : cette table n'est, à la vérité, qu'une ébauche d'anatomie, qu'un objet accessoire aux sujets principaux de l'ouvrage ; mais elle fut suffisante, à l'époque où elle parut, pour poser les bases fondamentales d'une ferrure rationnelle, pour renverser toutes les idées routinières et pour amener une heureuse révolution. Le travail esquissé par le père devait recevoir, quelques années plus tard, par les soins particuliers de son fils, une grande extension.

« *C'est à l'anatomie seule que je dois toute mes découvertes,* nous dit Lafosse père, *si mes confrères veulent tracer les mêmes routes à leurs enfants, et faire apprendre l'anatomie de bonne heure à ceux qu'ils destinent à la profession de maréchal, je suis sûr qu'on fera beaucoup moins de fautes.*

« *Cependant, comme les connaissances anatomiques ne sont pas les seules nécessaires à notre profession, il faudrait encore y joindre celle de la médecine.* »

Dans sa méthode de ferrure, Lafosse examine d'abord les modes de ferrure en usage :

« *Chaque pays, chaque pratique différente de ferrer les chevaux.*

« *En Prusse, on les ferre du devant èt point du derrière ; en Allemagne, du devant et du derrière, et on cramponne communément chaque fer à trois crampons. En France, on ne les cramponne que du derrière. En Angleterre, on ne les cramponne ni du devant ni du derrière, et les fers sont minces, larges et forts d'éponge, pour empêcher que la fourchette ne porte à terre. En Espagne, les éponges sont minces et rabattues en partie sur les côtés des talons. En Turquie, les talons et la sole sont couverts d'une plaque qui leur sert de fer, dans laquelle on ménage une petite ouverture pour laisser passer une partie de la fourchette.*

Il expose alors une anatomie scrupuleuse du pied et entreprend de réformer les usages qu'ils trouvent vicieux.

Pour lui, le pied doit poser, autant que possible, par toutes ses parties ; il est inutile et même nuisible de mettre du fer sous la partie de la corne qui « peut se conserver par elle-même, comme celle des talons et de la fourchette ».

Cette méthode consiste à ne pas parer la sole et la fourchette, à faire porter d'aplomb sur le terrain la fourchette et les talons et à employer trois fers particuliers ayant en outre l'avantage, d'après lui, d'empêcher les chevaux de glisser : *fer à croissant, fer à demi-cercle ordinaire, fer à demi-cercle enclavé.*

« *Il ne faut jamais parer la sole ni la fourchette, on doit se contenter d'abattre seulement la muraille si on la juge trop longue.*

« *Pour que le fer tienne long-tems, il faut se servir du cloud que j'ai imaginé, dont la tête est en forme de cône, et l'étampure proportionnée au cloud. Ces sortes de clouds ont d'ailleurs trois avantages, l'un qu'ils sont moins sujets à se décoler à cause qu'ils entrent à force dans l'étampure, l'autre qu'ils sont plus petits, et par là ne sont point si sujets à presser la chair cannelée et la sole charnue ; enfin le dernier c'est qu'ils éclatent moins bien la corne.*

« *Q'on se mette bien dans la tête que plus on presse le pied d'un cheval, plus on l'exposera aux accidents ; c'est le priver en premier lieu d'une défense que la nature lui a donnée contre les corps durs et pointus, qu'il court risque de rencontrer : et en second lieu de l'avantage le plus important, et pour le cheval, et pour le cavalier, c'est qu'en ne lui parant pas la sole et ne lui donnant de fer que ce qu'il en a besoin pour conserver la corne, il ne sera plus sujet à glisser, ni sur le mauvais pavé d'hyver, ni sur celui d'été, appelé vulgairement plombé.*

« *Il est de fait que tous les chevaux, excepté ceux qui ont les pieds combles, et à qui les fers sont nécessaires pour conserver la sole, pourroient à la rigueur se passer d'être ferrés. Mais dès que nous mettons nos soins et notre adresse à leur creuser le pied, pour ainsi dire jusqu'au vif, et à faire une belle fourchette, égale et symétrisée, enfin ce que nous appelons en France bien et proprement travaillé, les fers leur deviennent indispensablement nécessaires.*

« *J'invite donc tous les amateurs de la cavalerie à garantir leurs chevaux, autant qu'il le pourront, de cette prétendue perfection. On pourroit demander que deviendra la sole de corne si on ne la pare jamais? On craindra peut-être que par son accroissement le pied du cheval ne devienne comble; point du tout, car à mesure qu'elle pousse, elle se dessèche, s'écaille et tombe en lames.* »

En résumé, le système Lafosse avait pour but de laisser aux talons toute la liberté de mouvements et de favoriser l'élasticité du pied. Sa méthode d'ajusture facilitait les allures et permettait l'appui sur la plus grande partie du pied, au lieu de le borner à une ligne transversale correspondant aux quartiers. Les inconvenients à signaler consistaient dans l'usure prématuré de la corne des talons qui ne peut résister aux percussions sur le sol, ce qui devient une cause de douleur.

En signalant les abus dans les traitements pratiqués à son époque, Lafosse nous montre qu'il fait bon marché des préjugés et des traditions. Sa méthode éclairée, essentiellement raisonnée, est un immense progrès.

« *On barre les veines pour différentes causes dans l'idée qu'elles portent des humeurs. J'ai vu barrer les jugulaires à des chevaux qui sont devenus aveugles.*

« *Lorsque les chevaux sont fourbus, on arrête la circulation du sang, sans le sçavoir, par les ligatures qu'on leur met aux quatre jambes. J'ai vû des chevaux à qui la gangrène, causée par la compression est venue à cette partie.*

« *Il y en a qui prétendent que les tranchées d'un cheval sont occassionnées par des avives, et pour y remédier, on ouvre les glandes maxillaires qu'on nomme vulgairement avives, et souvent par cette ouverture on détruit les canaux maxillaires qui portent la salive à la bouche, et quelquefois il arrive que la plaie devient fistuleuse.*

« *Il y en a qui ôtent le lampa ou la fève. J'ai vu un cheval à qui on n'a pas pu arrêter le sang, et qui en est mort.*

« *Il y a des chevaux qui se trouvent dégoutés; on prétend que ces dégouts viennent des surdents, c'est une pure imagination. L'opération loin de leur donner de la facilité à manger les empêche.*

« *On dénerfe au bout du nez pour différentes raisons qui ne tendent à rien et sont plus nuisibles qu'utiles. J'ai vu des chevaux en devenir aveugles et d'autres en contracter la gangrène, et cela par la grande inflammation qui survient dans cette partie.*

« *Il y a, dit-on, des chevaux qui ont le vertigot, à qui ont perce le toupet et aussi la crinière près de l'occipital avec un fer rouge, ce qui attaque quelquefois le ligament cervical qui a son attache fixe à la crette postérieure de l'occipital. Cette opération se fait pour y détruire un ver vivant qui est sans contredit une vraie chimère.*

« *J'ai vu un cheval à qui on avoit fourré un poireau dans la gorge, parce que l'on s'imaginoit qu'il avoit avalé une plume qui le faisoit tousser; on l'enfonça jusque dans la tranchée artère, il y resta quelques petites parcelles du poireau qui le fit tousser encore davantage, on reprit un nerf de bœuf qu'on lui enfonça plus avant, et le cheval étouffa.*

« *On fait tirer l'épine à des chevaux boiteux dont la persuasion où l'on est que la tête de l'os du fémur est sortie de sa cavité, et à dessin, par conséquent, de la leur remettre.*

« *Supposons qu'elle en soit sortie (ce que je n'ai pas encore vu) j'ai bien vu le fémur et la tête cassée dans la cavité cortiloïde. Dans cette supposition je ne crois pas qu'il soit possible de le remettre.*

« *Tirer l'épine, c'est attacher une corde d'un bout au paturon de la jambe malade, et de l'autre à un arbre flexible, duquel on fait tirer le cheval à coup de fouet*, etc., etc. »

Ces citations suffisent à prouver l'influence heureuse qu'eût Lafosse sur l'art vétérinaire.

Malheureusement l'entêtement de la routine se mit en travers de ce progrès et notamment les maîtres maréchaux de Paris, se mirent à la tête de la protestation en publiant en 1758 un ouvrage intitulé : « RÉPONSE A LA NOUVELLE PRATIQUE DE FERRER. »

Pourtant un autre homme combattit pour le progrès. Ce fut *Ronden (aîné)*, maréchal de la grande écurie du roi, qui publia à Paris, en 1759, un écrit intitulé : OBSERVATIONS SUR DES ARTICLES CONCERNANT LA MARÉCHALERIE. Cet ouvrage est d'autant plus intéressant qu'il répondait à plusieurs erreurs commises en maréchalerie et qu'il agitait des questions très importantes à résoudre sur l'encastellure, ses causes, et les moyens de guérison par la ferrure; il traita aussi des talons et des quartiers serrés, de la seime, de l'enclouure, de la retraite, de la cure, de la piqûre, du pied serré, du clou de rue, et des abus. En général, l'auteur a répondu d'une manière assez exacte et « l'expérience, qui est le pivot sur lequel il faut s'appuyer, dit Jauze, ne le dément point. »

En 1756, au début de la guerre de Sept-Ans, la cavalerie française comprenait : la maison du roi et la gendarmerie, la cavalerie légère, 64 régiments dont celui des carabiniers équivalant à 5 régiments et 17 régiments de dragons.

Nous avons dit déjà que c'était au grand Frédéric qu'il était réservé de faire progresser la cavalerie, progrès que la France devait copier ensuite.

Ce fut en effet Frédéric le Grand, qui fit faire à l'équitation militaire le plus grand pas, en voulant une cavalerie mobile, avec de la vitesse et du choc. Avec des cavaliers montant bien et ayant beaucoup d'allant, il adopte l'ordre mince, le combat à l'arme blanche, ploie et déploie rapidement ses escadrons. L'équitation devenait plus hardie en même temps que la cavalerie devenait ce qu'elle est toujours, l'arme de la vitesse.

Frédéric le Grand, étant monté sur le trône, reconnut que sa cavalerie, comptant cependant de savants écuyers, ne répondait pas au but que son génie lui avait révélé. L'équitation italienne, aux allures très raccourcies et aux airs relevés, semblait avoir pour fin principale de briller dans les tournois et les carrousels, mais elle ne répondait pas aux vues du grand tacticien. La méthode de la Guérinière lui semblait encore trop savante.

Des hommes spéciaux furent chargés d'enseigner, dans les régiments, le moyen de faire marcher franchement les chevaux à des allures rythmées et régulières, et de les faire passer, de pied ferme, au trot et au galop. C'est ce changement dans l'équitation qui permit à Frédéric de substituer l'ordre mince à l'ordre profond.

Deux hommes ont spécialement marqué dans cette transformation, deux noms légendaires comme généraux de cavalerie, comme les promoteurs de cette impulsion qui devait gagner l'Europe entière : Zieten et Seydlitz.

Seydlitz fut particulièrement un hardi cavalier militaire et c'est par centaines qu'on raconte ses traits d'audace. Nous n'en citerons qu'un : c'était, paraît-il, un de ses amusements favoris de passer au galop entre les ailes d'un moulin à vent pendant qu'il tournait. Mais c'eut été peu que cette hardiesse et cette habileté personnelle s'il n'avait su, comme il fit, en communiquer l'influence à ses cavaliers.

Il habituait ses hussards à aller au grand galop, et à se servir de leurs armes blanches comme de leurs armes à feu, à cette allure, en rase campagne ; il usait de différents moyens pour les rendre adroits à tous les exercices.

On raconte de lui cette anecdote : Un jour le roi, inspectant son régiment, se plaignit du grand nombre de morts occasionnées depuis peu par les accidents a l'exercice ; Seydlitz lui répondit très sèchement : « *Si vous faites tant de bruit pour quelques cous rompus, jamais Votre Majesté n'aura les intrépides soldats qu'il lui faut pour la guerre.* »

Et pourtant Frédéric ne passait pas pour ménager sa cavalerie, il la forçait à travailler tous les jours, ce qui était bien un grand progrès pour l'époque.

Il exigea deux heures de travail par jour au grand air pour tous les chevaux. Même le dimanche, les chevaux avaient leurs deux heures au dehors, avant l'heure du service religieux, sous la surveillance du maréchal-des-logis chef.

Mais pourtant on n'allait pas tous les jours à la manœuvre, hiver comme été. On devait, pendant un certain temps, monter au manège, soit au manège couvert soit sur les carrés.

Le roi disait : « *Si le cavalier passe une journée sans travailler son cheval, c'est une journée perdue.* » Le travail, c'est le travail individuel. Le roi attachait un grand prix au travail individuel, comme étant la première condition du ralliement. Le travail individuel consistait à porter son cheval dans toutes les directions, à toutes les allures, à son gré, à passer partout au galop allongé, à travers les obstacles, les terrains accidentés, sans perdre l'assiette et à se servir de ses armes. « *Celui qui ne peut galoper longtemps est un cavalier qui n'est bon à rien.* »

Bien plus, le travail individuel était considéré comme la base même du ralliement rapide, et c'est dans ce sens qu'il était pratipué. Car celui qui peut, à tout instant et en toutes circonstances, porter son cheval dans n'importe quelle direction et à toutes les allures, peut également se rendre promptement au point où il entend sonner le ralliement.

Une cavalerie qui sait se rallier vivement, vaut deux ou trois fois plus qu'une autre qui échappe à son chef pour toute la journée après la première charge. C'est pourquoi le roi avait arrêté encore, qu'après toute charge en ordre compacte, on devrait commander : « *Marche, marche, dispersez-vous!* » mais il ajoute : « *Ce n'est pas parce qu'on se propose d'en faire autant devant l'ennemi, mais il faut dire aux hommes que ce qu'on fait, c'est pour les exercer au ralliement. Car les mâtins se disperseront toujours quand même après le choc.* »

Comme le roi s'exprime durement sur un régiment insuffisamment instruit !

« *Pas de sang, pas de vie, pas d'ordre. Les bougres montent comme des savetiers. Vous aurez affaire à moi !* »

C'est ainsi que le roi parle aux officiers ! Il leur parle de « *rossardise*, » de « *déshonneur* », de « *cassation* » ; il leur dit :

« *Je vais vous secouer le poil, il faut que cela change ou nous verrons !* »

Il n'aurait certainement pas admonesté aussi vertement ce régiment, si d'autres régiments n'avaient pas satisfait à ses exigences. Ses propres discours en cette circonstance montrent précisément combien il était exigeant pour les officiers de cavalerie :

« *Votre service est tel, dit-il, que je dois obtenir d'avantage d'un lieutenant de cavalerie que d'un major d'infanterie.* »

Dans son règlement pour la cavalerie le roi ordonne, qu'au printempss on fasse exercer les régiments six fois par semaine, et une fois à pied ; et que le jour qu'on aura exercé à pied, on fasse promener les chevaux ; il est d'ailleurs permis à chaque cavalier prussien de monter son cheval quand bon lui semble, et de le caracoller comme il lui plaît.

L'Allemagne tout entière ressentit l'influence des idées de Frédéric. L'Autriche suivit le mouvement.

Un nouveau livre d'équipation parut en 1760, mais malgré son titre « *Le Parfait écuyer militaire* » il n'apprit rien de nouveau. Cet ouvrage était dû à *M. Adam de Weyrother,* chevalier du Saint-Empire, et premier Écuyer Académicien de Sa Majesté feu l'empereur Charles VI. Cette famille Weyrother était une famille d'écuyers. Jean-Michel de Weirother, frère du précédent, fut Écuyer Académicien à Bruxelles, et François de Weyrother son fils, premier Écuyer Accadémicien de Sa Majesté l'Impératrice Reine.

« L'UTILE A TOUT LE MONDE *ou le parfait écuyer militaire et de campagne divisé en quatre livres 1° De la connoissance du cheval ; 2° De la cure des chevaux ; 3° De la ferrure ; 4° Des qualités et devoirs du parfait écuyer. Par* M. A. DE WEYROTHER, *chevalier du Saint Empire Romain, ancien officier de cavalerie, et Écuyer Académicien.* »

Tel était le titre de l'ouvrage dont nous avons parlé. Un programme pompeux, mais c'est tout, C'est une récapitulation des devanciers et quant aux principes d'équipation il y en a peu ou pas.

Quant à la ferrure, l'auteur en pose d'abord les principes généraux, puis expose les défauts du pied en parlant du sabot éclaté, du pied plat, du pied cerclé, pied gras, des talons bas, de la fourchette grasse et maigre, des pieds trop gros et trop petits. Le pied parfait y est décrit comme hypothèse.

Enfin, on y trouve les notions des ferrures, qui conviennent aux pieds plats, aux pieds combles des chevaux fourbus et des chevaux droits, de ceux qui se coupent, qui forgent, qui se déferrent, qui ont des bleimes, des seimes, un talon plus haut, etc. En dernier lieu la ferrure des chevaux difficiles.

Dressage du cheval de guerre en 1756

XIV

Les réformes de Choiseul : la cavalerie galope. — La cavalerie française en 1763 : uniforme, armement, harnachement, chevaux, manèges régimentaires. — Le médecin des chevaux, 1763. — Arrivée des carabiniers à Saumur. — Saumur en 1763. — Les Saumuroises. — Rivalité des carabiniers et de la milice bourgeoise. — Cinq écoles de cavalerie en 1764 : Douai, Metz, Besançon, la Flèche, Cambrai, puis Saumur. — Le premier manège de Saumur. — École Royale de cavalerie de Saumur : le cadre. — Divergence d'enseignement ; exercices trop académiques. — Méthode d'instruction du régiment de Penthièvre, 1765. — Ordonnances de 1765 et de 1766. — Choiseul à Saumur, 1766. — Concours entre les Écoles de cavalerie. — Changement dans l'uniforme de la cavalerie. — Naissance des Écoles vétérinaires : Lyon 1762, Alfort 1765. — Création des maréchaux dans les régiments, 1769. — Maréchaux experts, premiers vétérinaires militaires. — Bourgelat : Traité de la conformation du cheval, 1769 : choix du cheval de guerre ; éléments d'art vétérinaire ; essai sur les appareils et bandages. — Essai sur les haras et la manière d'emboucher les chevaux, 1769. — Dupaty de Clam : Pratique de l'équitation, 1769 : Résumé des méthodes militaires de l'époque, position raisonnée du cavalier, moyens et preuves du dressage, opérations de la main, accord des aides, dressage, le trot dehors, le galop dehors ; Traité de cavalerie, traduit de Xénophon, et Traité d'Equitation, 1771. — Dugast. — De Villemote. — De Pignerolles. — Dupaty de Clam. — De la Pleignière. — De la Tour. — Suppression des Écoles de cavalerie. — Manèges d'instruction. — Lunéville et Saumur. — Inondation de 1770. — École d'Équitation de Saumur. — Manèges de Saint-Germain et de Versailles. — Baron de Sind, l'Art du manège : rêne directe, point de hanches en dehors, méthode de la Guérinière, spirales et huit de chiffres, haute-école, passades, passage, piliers, courbettes véritables, courbettes communes, mors brisé, hippiatrique, fer pour les pieds dessollés. — Bourgelat : Essai théorique et pratique sur la ferrure, 1771 : Etampures également espacées, ajusture en proue de bateau, raisons et moyens d'opérer dans la ferrure, considération faite seulement du pied, considération faite du corps et des membres, fer ordinaire, fer à lunette, fer à demi-lunette, fer mi-couvert, fer à pantoufle, fer geneté, fer tronqué, fer prolongé, fer à la turque, fers à tout pieds, fers à patins, fer à l'anglaise, fers à planche. — Chabert. — Lafosse fils, Guide du maréchal, 1766 : anatomie du pied ; Cours d'hippiatrique, 1772 : hippotomie, ostéologie, splanchnologie, angiologie, névrologie, adénologie, hygiène, hippopathologie, ferrure, ses principes : ferrer court et ne jamais parer, pas de fers couverts, faire la contre-perçure du même côté que l'étampure, ajusture douce, clous à tête conique ; Dictionnaire d'hippiatrique, 1775.

C'est à Choiseul, ministre de la guerre de 1761 à 1771, que revient l'honneur d'avoir entrepris les réformes utiles. En 1763, il n'y a plus que 10 compagnies de gendarmerie, 31 régiments de cavalerie, 3 régiments de hussards, 17 régiments de dragons et 6 légions mixtes.

Le corps des carabiniers est formé de 5 brigades à 2 escadrons de 3 compagnies, dont le recrutement s'opère au moyen de cavaliers d'élite choisis dans tous les régiments de cavalerie.

Nous insistons sur le corps des carabiniers, parce que nous allons le voir arriver à Saumur.

Les succès soutenus de la cavalerie prussienne, durant la guerre de

Sept-Ans, avait rendu plus évident encore le manque d'instruction de la cavalerie française. C'était un édifice entier à construire et à prendre à la base ; aussi, fallait-il un homme non moins habile que courageux, pour oser combattre avec succès les amours-propres et les intérêts de cour froissés par la réforme ; cet homme fut le duc de Choiseul.

Ce ministre remarquable ne tarda pas à se convaincre, que c'était la constitution de l'armée qu'il fallait refondre. Quels résultats pourrait-on se promettre, quant à la cavalerie, avec des capitaines propriétaires de leurs compagnies, naturellement dominés par leurs intérêts privés, et tremblant de détériorer ou de perdre leurs effets d'habillement, de harnachement et leurs chevaux, surtout, pour peu qu'on les fît sortir?

Il est évident que partout où le cheval ne sera pas fourni par l'État, les régiments compteront moins de cavaliers que de palefreniers, et qu'à chaque sortie on craindra de les faire suer.

La grande réforme de Choiseul fut de décider que toutes les troupes seraient entretenues par le roi, et dès lors les conditions d'emploi de la cavalerie devinrent tout autres.

Ainsi ce fut l'État qui se chargea désormais de pourvoir à tout, et les capitaines n'appliquèrent plus que les règles administratifs.

L'armée, la cavalerie surtout, devinrent ainsi plus mobiles, complètement à la disposition du pouvoir royal, et il fut facile alors de suivre un système rationnel d'instruction, que dans l'état précédent on aurait vainement prescrit.

La cavalerie commença à sortir de ses écuries ; on fit manœuvrer les escadrons deux ou trois fois par semaine, sans avoir à craindre, comme avant, les représentations de MM. les capitaines sur l'excès de ce travail. Les escadrons galopèrent enfin, et c'était avoir beaucoup gagné !

M. de Choiseul ne s'en tint pas là ; il donna à la cavalerie une organisation plus régulière et qui la préparait à des améliorations nouvelles.

Le système de l'uniforme roulait sur l'emploi exclusif des trois couleurs : bleu, rouge et blanche, le règlement de 1763 donna l'habit bleu à tous les régiments de cavalerie, et leur affecta des couleurs distinctives à la doublure, au collet renversé, aux revers et aux parements.

Les poches sont coupées en travers et garnies de trois boutons. Tous les cavaliers, excepté les cuirassiers, ont le buffle ou veste de peau de chamois et tous portent la culotte de chamois et les bottes molles. Tous ont le chapeau galonné de blanc avec la cocarde noire. Les trois régiments de l'état-major, c'est-à-dire colonel général, mestre de camp général, commissaire général, ont seuls le galon jaune, remplacé en 1768 par le galon aurore. Les boutons suivent la couleur du galon et sont timbrés pour la première fois du numéro d'ordre du régiment.

Pour tous, le manteau est de drap gris blanc, doublé, comme l'habit, avec trois brandebourgs de la couleur distinctive.

Les hussards conservent le dolman à la hongroise.

Les dragons prennent l'habit vert et le casque de cuivre.

L'armement d'un cavalier comprenait un mousqueton, une paire de pistolets et un sabre droit à fourreau de cuir.

Jusqu'en 1763, le cavalier portait une cuirasse plastron de fer bruni ; le régiment de cuirassiers seul portait la cuirasse double. En 1763, la cuirasse plastron fut supprimée.

Dès 1759, l'épaulette avait été adoptée comme signe distinctif des grades parmi les officiers.

En 1759, on avait adopté aussi une selle mieux faite qu'on plaça plus en arrière. Cette selle fut encore modifiée en 1767 : La housse et les chaperons des fontes étaient en drap de couleur, galonnés de la livrée du mestre de camp.

Les chevaux étaient de taille moyenne, haut de quatre pieds sept pouces environ, âgés de cinq ans au moins, de seize ans au plus. Lors d'une revue, les crins étaient nattés et ornés d'une rosette en ruban au toupet et à l'oreille droite. La queue à tous crins et laissée flottante était ornée à la racine d'une grosse rosette.

L'administration des haras n'avait su procurer jusqu'alors que de faibles ressources à l'armée, et c'était, il faut le reconnaître, une des raisons pour lesquelles notre cavalerie n'avait tenu qu'un rôle secondaire dans la guerre de Sept-Ans. La lenteur de ses mouvements attestait qu'elle n'était pas montée convenablement pour acquérir la mobilité qui distingue toute bonne cavalerie. Il fut évident alors que les haras seraient impuissants à satisfaire les besoins des corps de troupes à cheval, aussi longtemps que cette administration resterait étrangère aux intérêts militaires. Sa direction fut aussi confiée au duc de Choiseul. Cet homme d'État savait bien qu'un puissant moyen de perfectionner nos races, c'était d'inspirer le goût du cheval, de répandre les connaissances hippiques ; il savait bien que la multiplication et l'amélioration du cheval de guerre ont une intime connexité avec son bon emploi. Des manèges s'élevèrent dans plusieurs villes de garnison, pour s'occuper de l'équitation, considérée, avec raison, comme la base de toute instruction.

On se plaignait, il est vrai, et avec raison, il faut le dire, de ce que la construction de ces manèges n'avait pas toujours été bien entendue ; on accusa le plus grand nombre d'être d'une dimension trop petite, pour que le mouvement direct fut suffisamment prolongé, pour que les allures pussent acquérir de l'étendue et de la vitesse.

En 1763, parut un ouvrage d'hippiatrique que nous devons signaler pour ne laisser passer aucune des données de cette science, encore fort rares à cette époque. Cet ouvrage, intitulé : Le Médecin des chevaux, *à l'usage des laboureurs*, était publié par un libraire de Paris, nommé Hérissant. Il traitait de la ferrure, de la manière de parer le pied et d'appliquer le fer. Il parlait des accidents qui arrivent par la faute des maréchaux, comme du pied serré, de la piqûre, de l'enclouure, de la retraite. Mais en général, tout ce que disait l'auteur sur ce sujet était extrait des ouvrages de Lafosse et de Bourgelat.

C'est en 1763 qu'une brigade de Carabiniers vint tenir garnison à Saumur. Ce corps d'élite, qu'on appelait le Royal-Carabiniers de Monsieur, parce que le comte de Provence, frère de Louis XVI, en était le mestre de camp honoraire, devait éclipser la vieille académie d'équitation de la ville, en fondant son manège devenu si célèbre, la première pierre, on peut dire, de l'École de cavalerie.

En 1763, l'aspect de Saumur, vu de la rive droite de la Loire, ne ressemblait guère au paysage que nous voyons aujourd'hui. La place de la Bilange se terminait en forme de cale sur l'alignement des rues de la Comédie et de la Petite-Bilange.

Depuis la place de la Bilange jusqu'au Port-au-Bois ou de Saint-Michel, il existait un quai plus ou moins régulier, sur lequel s'élevaient d'anciennes boucheries appartenant à Mme l'abbesse de Fontevrault.

L'hôtel de ville, les tours de la porte de la Tonnelle, les murailles d'enceinte bordaient ce quai de l'ouest à l'est, tandis qu'il fermait la ville basse vers le nord.

En face de la porte de la Tonnelle débouchait le pont, divisé en deux parties fort inégales par l'île de la Saulnerie, s'allongeant en demi-ellipse à droite et à gauche du pont.

Dans cette île se trouvaient : d'un côté, la Poissonnerie ; de l'autre côté, un renfermé boisé, dit le Parc, servant de promenade publique.

Le pont, placé en aval des ruines de celui du XIIe siècle, était formé par quinze voies, dont le tablier était fait en bois de charpente, porté sur des piliers de maçonnerie. Le nouveau pont n'était pas terminé.

Quel événement que l'arrivée de cette nouvelle garnison pour les Saumurois, uniquement occupés des querelles molinistes et jansénistes! Ce fut, à coup sûr, une puissante diversion qui bouleversa de fond en comble la vie habituelle de Saumur.

Toute la semaine on se tenait renfermé chez soi, les hommes, seuls, vaquaient aux affaires du dehors; point de visites, encore moins d'assemblées, et jamais de spectacles. Le dimanche, dès le matin, la famille était en habits de fête. La mère et ses filles, portant sur la tête une haute coiffure de cheveux frisés et poudrés, les mains croisées l'une sur l'autre, les coudes appuyés sur d'énormes hanches postiches qu'on nommait paniers, les pieds dans de petits souliers dont les talons avaient quatre pouces de hauteur, allaient à la messe, en marchant gravement et en baissant modestement les yeux. Le père et ses fils, coiffés d'un petit chapeau à trois cornes, bordé en or, les cheveux dans un large sac de taffetas noir qu'on appelait bourse, l'épée au côté, et un gros livre sous le bras, suivaient les dames à l'église. On rentrait à midi; à une heure on avait dîné, à deux on allait à vêpres, au sermon, au salut; on rentrait; on soupait à sept heures; le père sortait ensuite pour aller boire avec ses amis; les jeunes gens allaient jouer à la paume, et la mère et ses filles s'asseyaient sur des bancs de pierre qui étaient aux portes, faisaient avec les voisines la conversation dans la rue, et à neuf heures tout le monde était couché.

La grande distraction des jeunes gens était le jeu de paume. Le vieux Saumur en possédait trois : l'un sur la place de la Bilange, un autre Grande Rue, le troisième au faubourg populeux de la Croix-Verte. On se servait alors de larges battoirs en parchemin pour diriger les balles. Les raquettes élastiques les ont remplacées plus tard.

Toutes les dames saumuroises crièrent presque au scandale en apprenant l'arrivée de ces majestueux cavaliers. Elles ne savaient pas, ces pauvres vieilles grand'mères, grassouillettes beautés à la Pompadour, collets montés prudes et symétriques, toutes roides et compassées dans leurs falbalas, qu'elles en reviendraient bien vite sur le compte de ces ogres militaires.

Mais il ne faut pas s'étonner de leurs préventions, car le janséniste Arnaud, évêque d'Angers, avait employé tout son crédit pour fermer aux carabiniers les portes de la ville épiscopale. Et le prélat, qui tremblait pour les dames angevines, livrait à la damnation les aimables saumuroises. Aussi, celles-ci avaient formé les plus sages résolutions, et toutes les maisons devaient être murées pour ces formidables carabiniers. Ces sages résolutions n'empêchèrent pas un grand nombre d'entre elles de céder au désir de se trouver sur les ponts de Saumur, à l'arrivée du régiment, et plus d'une déjà, peut-être, sentit, au retour de la promenade, faiblir sa prudente réserve et ses petits calculs de crainte.

Ils étaient plus de trois cents cavaliers qui traversèrent le pont de la Croix-de-par-Dieu, l'île de la Saulnerie et le pont Foulon, pour venir se ranger en bataille sur le petit quai, déchiqueté par les eaux du fleuve, et s'allongeant de l'hôtel de ville à la place Saint-Michel.

C'étaient des hommes de vingt-cinq à quarante ans, ayant la taille moyenne de $1^{m},76$, dont l'uniforme rehaussait encore la stature.

Les carabiniers avaient pour coiffure un chapeau de feutre, bordé d'argent fin ; leur habit, coupé à la française, était en drap bleu de roi avec des revers écarlate. Ils portaient des contre-épaulettes blanches, en forme de pattes d'oie ; un galon d'argent, en manière de fer à cheval, marquait la taille autour de laquelle était un ceinturon en peau de daim jaunie avec agrafe dorée.

Une cuirasse d'acier, ornée d'un soleil d'or, couvrait la poitrine des cavaliers ; elle était remplacée dans la tenue ordinaire par un gilet de drap blanc.

Ils portaient une culotte de peau blanche, avec des bottes à tiges basses, parce qu'ils étaient appelés à faire un service à pied et à cheval.

Les chevaux étaient appropriés aux hommes. De race danoise, ils étaient de robe noire avec une longue queue retroussée pour la marche. Leur taille moyenne atteignait quatre pieds dix pouces.

La selle avait une housse bleue, relevée de galons d'argent ou de soie blanche, selon le grade ; la bride avait une têtière et un mors à bossettes dorées.

Comme il n'y avait pas de quartier de cavalerie à cette époque, puisqu'il fut construit seulement par les carabiniers, on dut loger la nouvelle garnison chez les habitants.

On dressa un état de toutes les écuries et de tous les bâtiments propres à y installer des chevaux. Les principales hôtelleries furent surtout utilisées : la Corne, l'Oie-Rouge, l'Écu-de-Bretagne, la Cloche, le Dauphin.

On se figure aisément l'effet que dût produire, dans une ville de sept à huit mille âmes, l'arrivée d'un corps d'officiers aussi nombreux, aussi bien composé que l'était celui des carabiniers. Les maris s'en alarmèrent, les dames prirent de sages résolutions et, d'une voix unanime, décidèrent qu'elles ne recevraient pas ces messieurs. Mais le germe de coquetterie que la nature met dans le cœur de toutes les femmes se développa rapidement à la vue de cette réunion d'hommes d'un si beau choix. Son premier effet fit naître le désir de plaire ; le second, le désir de la parure et des modes nouvelles. Pour voir et être vue, on courut à la messe militaire qui se célébrait en musique.

L'éventail, en servant la modestie, permit d'observer que ces carabiniers étaient très bien de taille et de figure, que leur uniforme était un modèle de richesse et d'élégance, et qu'enfin il serait difficile de refuser d'admettre dans sa maison cette brillante jeunesse, dont le maintien noble annonçait à la fois la naissance et l'éducation. Le corps des officiers fit des visites ; il fut reçu partout, et, au bout de quelques semaines, une heureuse union, qui a duré vingt-cinq ans, s'établit entre les militaires et les bourgeois.

Mais le régime ultra-modeste des Saumurois, ces élancements aux pieds de Marie toujours vierge, étaient peu du goût des carabiniers. Ils n'avaient d'amour ni pour la dive bouteille, ni pour le jeu de paume, ni pour bobillonner sur le banc de pierre. Bientôt le jeu de paume de la Grande Rue se transforma en salle de spectacle, il y eut des redoutes et des concerts publics, des assemblées particulières, des jeux de société. Les officiers firent venir des actrices de Paris, et, artistes comiques ou tragiques, les capitaines et lieutenants déposèrent leur épée pour le masque de Scapin ou le poignard de Brutus.

Les vieilles et laides crièrent au scandale et se joignirent aux maris déjà très mécontents ; mais les jeunes femmes laissèrent gronder l'orage, et pour les carabiniers abandonnèrent les évêques et la Sorbonne.

Le corps des carabiniers se composait de 1,560 hommes, divisés en cinq brigades. Une première brigade s'établit à Saumur en 1763, l'année suivante il y arriva une seconde brigade et l'état-major du corps. Elles logèrent chez les particuliers jusqu'à la construction du quartier de cavalerie, qui fut achevé en 1769.

Outre son état-major général, le corps des carabiniers avait son état-major particulier pour chaque brigade. Cet état-major se composait d'un mestre de camp commandant la brigade, d'un mestre de camp commandant en second, d'un lieutenant-colonel, d'un aide-major, d'un quartier-maître, de cinq porte-étendards, d'un adjudant, d'un aide-chirurgien-major et d'un maréchal expert.

Chaque compagnie de carabiniers était commandée par un officier supérieur, ayant sous ses ordres un capitaine en premier, un capitaine en second, un lieutenant en premier, un lieutenant en second et un sous-lieutenant en troisième.

Outre ces officiers, il y avait encore dans le corps des carabiniers cinq capitaines et seize sous-lieutenants attachés au corps. L'un de ces seize sous-lieutenants était chargé de faire la police des carabiniers qui étaient en permission à Paris.

Les bas officiers de chaque compagnie étaient un fourrier, quatre maréchaux des logis et huit brigadiers. Le fourrier avait rang de maréchal des logis chef de la cavalerie.

Les armes offensives des carabiniers étaient la carabine, la baïonnette, les pistolets et le sabre; leurs armes défensives la cuirasse et la calotte de fer.

Une prérogative, grande alors, était celle de combattre à pied et à cheval. La baïonnette leur fut donnée comme monument à jamais durable de la gloire qu'ils acquirent à la journée de Guastalla.

A Bruxelles, à Prague, dans tous les sièges, ils avaient fait le service des grenadiers.

Lorsque les carabiniers arrivèrent à Saumur, ils étaient commandés, sous les ordres du comte de Provence qui en était le colonel honoraire, par un lieutenant commandant, le marquis de Poyanne, lieutenant général des armées du roi. Après lui, les principaux oficiers étaient : un major général, le baron de Livron, brigadier des armées, et un aide-major général, le comte de Châtaigner, ayant brevet de colonel; les cinq lieutenants-colonels et les cinq premiers capitaines avaient aussi le brevet de colonel ; ce qui faisait avec les cinq commandants de brigade, seize officiers ayant le rang de colonel.

Les carabiniers avaient trois uniformes : la grande tenue, la petite, et l'habit de manège.

Le grand uniforme des officiers était l'habit bleu, revers, parements et doublure écarlate, avec larges broderies et paillettes d'argent, boutons d'argent, veste et culotte blanches, chapeau bordé en lames d'argent, panache blanc.

Le petit uniforme : habit bleu, revers et parements écarlate, avec petite broderie en paillettes d'argent, veste et culotte blanches.

L'uniforme de manège et pour l'exercice à pied : habit-veste couleur chamois, parements et collet rouge, galonné en lame d'argent, doublure blanche, boutons d'argent, veste et culotte blanches, guêtres blanches pour l'exercice à pied.

Les trois uniformes des carabiniers étaient semblables, pour la forme et la couleur, à ceux des officiers ; mais au lieu de broderie pour le grand uniforme, c'était un galon d'argent d'un pouce de largeur, et, pour les deux autres, des galons de fil blanc. Une large bandoulière jaune portait la giberne.

Les selles des chevaux des officiers étaient de velours bleu, ainsi que les housses et chaperons de pistolets, le tout garni de trois galons d'argent ; les bossettes, les boucles de la bride, le bridon, tout était en argent. Rubans de queue et de toupet écarlate, avec pompon au milieu et les bouts ornés d'une frange d'argent. Le harnachement des chevaux de carabiniers était fait de même, mais en drap bleu, galon de fil blanc, boucles et bossettes de cuivre.

Les officiers de la milice bourgeoise, qui jusqu'alors avaient joui sans partage de l'admiration des jolies Saumuroises, étaient bien éclipsés par les nouveaux venus ; aussi se hâtèrent-ils d'adopter un nouvel uniforme qui ne manquait pas d'éclat.

C'était un habit de drap bleu de roi avec parements et veste de velours cramoisi ; culotte de drap bleu, boutons dorés avec les armes de la ville, les boutonnières en fil d'or. La veste était bordée d'un galon d'or large d'un pouce. Les épaulettes étaient en tresses d'or. Le chapeau était bordé d'un galon d'or de deux pouces de largeur.

Cette rivalité d'uniformes défraya la coquetterie des dames, dont la prude réserve était déjà une fable oubliée.

En 1764, Choiseul créa *cinq écoles de cavalerie* : à Douai, Metz, Besançon, Cambrai et La Flèche, afin d'assurer le recrutement et l'instruction des jeunes officiers de cavalerie.

Ces écoles devaient verser leurs meilleurs élèves dans une école supérieure qui devait être établie à Paris.

1re École d'équitation à *Douai*, commandée par *Dumolard*, lieutenant-colonel.

2e École d'équitation à *Metz*, commandée par le *chevalier de Panas*.

3e Ecole d'équitation à *Besançon*, commandée par *Dumont*.

4e École d'équitation à *La Flèche*, commandé par *de Livron*, major de carabiniers.

5e École d'équitatation à *Cambrai*. commandée par *de la Porterie*, maréchal de camp.

Les trois écoles de Douai, de Besançon et de Metz furent placées sous le commandement supérieur du lieutenant général marquis de Barbançon et du maréchal de camp de Montchenu, qui se succédaient alternativement pour les inspecter.

L'école de La Flèche fut sous les ordres du lieutenant général marquis de Poyanne, colonel des carabiniers.

L'école de Cambrai fut instituée spécialement pour les dragons ; le maréchal de camp qui la commandait avait sous lui huit officiers et douze maréchaux des logis ; chacune des autres écoles n'avait que quatre officiers et huit sous-officiers.

L'école de La Flèche fut transférée à *Saumur* après la construction du manège des carabiniers. Ce manège tenait l'emplacement du manège actuel des écuyers.

Voici quelle fut la composition de l'état-major de l'école royale de cavalerie de Saumur :

COMMANDANT :

M. Le marquis de Poyanne, lieutenant général des armées du roi.

COMMANDANT EN SECOND :

M. Le baron de Livrön, brigadier des armées du roi.

INSTRUCTEURS :

M. Le Chevalier de Jalamonde, *M. Villemet*, *M. Beaurepaire*, *M. L'Érivint*,	Lieutenants au corps royal des carabiniers.

Un grand progrès était accompli, mais c'était un mal d'avoir plusieurs écoles ; parce que les écuyers de Douai, de Metz, de Besançon, de Cambrai et de Saumur, tous hommes de cheval sans doute, mais sortant eux-mêmes de différentes académies et ayant eu différents maîtres, avaient des principes différents. Il existait dès le début des divergences d'enseignement et des rivalités fâcheuses en surgirent.

Tous ces instructeurs travaillèrent plus en *écuyers calvacadours* qu'en officiers de cavalerie ; au lieu de former des chevaux pour la manœuvre, ils formèrent des chevaux pour les airs de manège, et dans ces écoles on parlait de *fermer*, de *manier sur deux pistes*, de *voltes renversées*, de *passage*, etc. ; mots techniques, inutiles dans les académies mêmes, mais pernicieux surtout dans les manèges de cavalerie.

Les jarrets des chevaux se ressentirent de ces exercices par trop académiques ; il y eut un grand nombre de chevaux ruinés et en peu de temps ; et les cavaliers préférèrent entrer écuyers ou piqueurs chez quelque seigneur, plutôt que de se rengager.

Ces inconvénients n'échappèrent point à l'œil pénétrant du ministre ;

mais il les toléra, parce que voulant tout instruire à la fois, il fallait bien souffrir la pluralité des maîtres. D'ailleurs, tous les chefs de ces écoles jouissaient de la réputation de capables, il fallait donc s'en rapporter à eux; et il fallait encore mieux souffrir les inconvénients des écoles que de n'avoir point d'écoles du tout.

Cependant ces vices, dans la première institution, en produisirent d'autres; les jeunes gens sortant de ces écoles, qui avaient monté à cheval deux ou trois fois la semaine, pendant dix-huit mois ou deux ans, rentrèrent dans leurs régiments, n'ayant que des notions très confuses sur tout ce qu'ils avaient vu ou pratiqué; destinés à être maîtres, ils en prirent le ton et bientôt l'orgueil, lorsque les plus anciens officiers, les colonels mêmes, qui disputaient alors aussi sur les mots techniques de l'équitation, vinrent les consulter et les prendre pour juges. Au milieu de toutes ces disputes, et des essais qui s'en suivaient toujours, on criait et l'on s'entêtait sans s'entendre. N'y ayant rien d'écrit, rien de démontré, chaque régiment avait ses méthodes, qu'il appelait ses principes.

Parmi toutes ces méthodes différentes, nous en citerons une au hasard, celle du régiment de Penthièvre qui fut publiée en 1765 sous le titre de : « ÉCOLE D'ÉQUITATION A L'USAGE DU RÉGIMENT DE CAVALERIE DE PENTHIÈVRE. »

Nous n'en relèverons que quelques passages :

— Comment on doit être placé à cheval. — *L'enfourchure doit porter à plat sur la selle; être assis naturellement sur les fesses et se placer le plus près des lièges qu'il est possible; la ceinture fort en avant, le corps nullement gêné, les reins très fort ployés, les épaules fort en arrière et bien effacées, la tête haute et ferme, sans roideur et regardant entre les oreilles du cheval, les bras tombant naturellement le long du corps, sans être collés; nulle roideur absolument dans le corps ni dans aucunes de ses parties; la main gauche, de laquelle on tient la bride, doit être devant soi, un peu plus portée à droite qu'à gauche, les doigts fermés, le pouce étendu sur les rênes, les ongles tournés du côté du corps et un peu en l'air, afin que le petit doigt soit plus près du corps que les autres. Cette main sera à trois doigts du corps et à même distance au-dessus du pommeau de la selle. La main droite sera placée à la même hauteur que l'autre, un peu plus en arrière, de façon que la partie de l'avant-bras qui tient au poignet soit appuyée et portée sur la hanche. Le bas du corps doit être exactement placé comme il l'est à pied, c'est-à-dire qu'il faut que depuis les hanches jusqu'aux talons on puisse tirer la ligne droite. Les hanches doivent être tournées en dedans. Les cuisses tournées sur le plat et tomber perpendiculairement. Les genouils placés en arrière. Les jambes tomberont naturellement, sans roideur et perpendiculairement, sans être portées en avant ni en arrière; mais elles seront près le corps du cheval. — Les pieds tomberont naturellement et sans roideur, la pointe en bas lorsqu'on n'aura point d'étriers; la cheville du pied ne se portera point en avant et ne sera point estropiée. — Quant on aura des étriers, le talon sera de deux pouces plus bas que la pointe du pied. — Les cuisses, les genouils, les jambes et le. pieds seront tournés ainsi qu'ils doivent l'être, si la hanche l'est bien parfaitement: la position de ces différentes parties dépend totalement de celle de la hanche. — Les jarrets doivent être très fort tendus.*

— Rendre la main. — *On prendra à quatre pouces au-dessus de la main gauche les rênes à pleine main de la main droite, le pouce en-dessous, le petit doigt en haut, les ongles tournés du côté opposé au corps, on retournera ensuite la main de façon que le pouce vienne en dessus, les ongles pour lors tournés vers le corps; on formera un demi-arrêt, et quand on sentira son cheval dans la main et dans les jambes, se soutenant bien, on ouvrira entièrement la main gauche, qui néanmoins restera dans sa position ordinaire, quittant absolument les rênes, et on baissera la main droite, jusques sur les crins en la passant entre le corps et la main gauche.*

— Pour partir au galop: *il faut former un demi-arrêt, en élevant un peu la main de la bride lorsque ce demi-arrêt est formé, prendre le moment où l'épaule et le pied de dedans se présentent d'eux-mêmes pour partir les premiers, baisser la main de la bride et chasser en avant. Ce mouvement de l'épaule du cheval se sentant parfaitement dans les cuisses, dans les jarrets et dans les jambes, on peut se dispenser de regarder, sçavoir celle qui part.*

Voici d'ailleurs le programme de cette méthode d'instruction:

De la selle. — De la bride. — Pour mener un cheval en main, le cavalier étant à pied. — Mettre les rênes sur le col. — Monter à cheval. — Mettre pied à terre. — Assiette. — Comment on doit être placé à cheval. — Des hanches, des cuisses, des genouils, des jambes et des pieds. — Des étrivières. — Ajuster les rênes et les mettre à une juste longueur. — Rendre la main. — Prendre les rênes de la main droite. — Séparer les rênes de la bride. — Prendre le bridon de la main droite. — Sier du bridon. — Visiter, sçavoir si rien ne manque au cheval et à l'équipage. — Approcher les jambes. — Pincer. — Porter les mains à droite et à gauche. — Rassembler un cheval. — Arrêts et demi-arrêts. — Pour reculer. — Pour porter un cheval en avant. — Pour tourner à droite. — Pour tourner à gauche. — Doubler. — Main. — Changer de main. — Placer un cheval. — Principes fondamentaux. — Pour marcher au pas, au trot et partir au galop. — Pour entrer dans les coins et les passer. — Corriger un cheval qui se cabre. — Empêcher un cheval de ruer. — Empêcher un cheval de s'emporter et l'arrêter. — Lorsqu'un cheval nage. — L'épaule en dedans. — La tête en dedans du cercle, marchant sur deux pistes. — Les pas de côté, ou fuir les talons en avant. — La tête au mur, ou fuir les talons sur une ligne droite. — La croupe au mur. — Renverser les épaules. — La croupe en dedans du cercle, marchant sur deux pistes. — Des jeunes chevaux. — Instruction à donner à la leçon de pied ferme ou sur le cheval de bois. — Leçon à la longe. — Leçon en liberté.

Enfin, une ordonnance provisoire sur l'exercice de la cavalerie fut donnée à cette arme le 1er mai 1765, laquelle fut remplacée le 1er juin 1766, par une ordonnance définitive, basée sur le travail de 1748, de M. de Melfort, qui remit son manuscrit à celui qui fut chargé de la rédiger.

Cette ordonnance qu'on dut, ainsi que nous l'avons déjà fait remarquer, au zèle éclairé et à l'intelligence de M. de Melfort, ouvrit la carrière du progrès à la cavalerie française. Les principes d'équitation à suivre par les régiments furent posés et le complément de cette instruction, bien discrétionnaire encore, puisqu'elle ne fût pas divisée en leçons comme de nos jours, fut la course des têtes. Les officiers et élèves détachés aux écoles générales de cavalerie furent chargés de cette instruction à leur retour dans les corps.

En 1766, Choiseul fit une tournée d'inspection dans toutes les écoles d'équitation qu'il venait de créer, dans le but évident de remédier aux divergences d'enseignement.

La municipalité de Saumur se mit en frais pour recevoir le ministre. La ville fut enguirlandée; un arc de triomphe fut dressé dans l'île de la Saulnerie où les édiles allèrent attendre l'homme d'État. La milice bourgeoise se joignit aux carabiniers pour aller au-devant de lui. Trois coups de canon retentirent dès qu'il parut et l'on tira des boîtes pendant tout le temps du défilé sur les ponts.

Toute la foule suivit le cortège jusque sur le Chardonnet, où les carabiniers manœuvrèrent à cheval et à pied avant d'entrer dans leur manège pour y exécuter ces brillants exercices équestres qui émerveillèrent Choiseul.

Ce qui frappa surtout le ministre de Louis XV dans son inspection des diverses écoles, c'est que chacune d'elles avait une méthode particulière d'enseignement qu'il importait de ramener à l'uniformité. Aussi fit-il appeler à Paris les meilleurs élèves de chacune d'elles, afin qu'une commission composée des inspecteurs et colonels de cavalerie décidât, sous sa présidence, celle dont les principes devaient être adoptés. Ceux de l'École de

Saumur furent proclamés les plus méthodiques et les plus rationnels, les autres écoles durent les adopter.

Tous les ans, pendant un mois de la belle saison, les cinq brigades de carabiniers se réunissaient à Saumur. A ces époques, les généraux et les inspecteurs de cavalerie s'y rendaient pour assister aux grandes manœuvres. Après celles qui eurent lieu en 1767, le corps entier partit pour Compiègne, où il passa la revue du roi le 9 août; il revint ensuite à Saumur, d'où il se rendit dans ses différents cantonnements.

Ce fut en 1768, pendant leur séjour à Saumur, que les carabiniers commencèrent la construction du beau quartier qui sert aujourd'hui à l'École de cavalerie. Puis vint la construction des écuries et du second manège désigné sous le nom de Manège Montbrun et bâti au pied de la levée de la Loire.

Dès lors, sept escadrons de carabiniers, avec l'état-major du régiment, prirent possession de ce quartier et de ses annexes; et l'on peut juger maintenant de l'essor donné à l'agrandissement de la ville, qui se groupait jadis sous les vieilles murailles du château.

Nombre de jeunes gens appartenant à ce que la France avait de plus distingué, attirés par l'École d'équitation et décorés du titre d'officiers à la suite du corps des carabiniers, dont ils portaient l'uniforme, se logèrent chez les habitants et répandirent l'or et l'argent à pleines mains dans la ville. Les propriétaires et les fermiers vendirent plus avantageusement leurs denrées, les petits bourgeois louèrent leurs appartements, les artisans améliorèrent leur sort, la plupart des vieilles maisons de bois furent démolies et remplacées par d'autres en pierres; enfin, la ville s'embellit, s'agrandit, et la population augmenta en proportion de cette nouvelle prospérité publique et particulière.

L'École faisait déjà à cette époque la fortune du pays.

L'uniforme de la cavalerie avait été modifié. Le règlement du 25 mars 1767 donnait la culotte de peau à toute la Cavalerie ainsi qu'aux trompettes de hussards; il donnait la culotte hongroise de drap garance à tous les hussards.

Dans cet historique rapide de l'équitation militaire, nous ne devons pas oublier de signaler la *naissance des Écoles vétérinaires* dont l'illustre Bourgelat fut le créateur.

Bourgelat, nommé maître d'académie du roy, à Lyon, se livra surtout aux études vétérinaires. Il ouvrit la première école à *Lyon*, le 1er janvier 1762, et en 1765, il fonda *Alfort*.

Ce fut en 1769 que l'on créa les Maréchaux dans les régiments de cavalerie. L'embarras où une troupe à cheval pourrait se trouver dans les routes, et surtout en campagne, dans les endroits éloignés des villes et villages si un cheval venait à se déferrer, avait déterminé à attacher un Maréchal à chaque compagnie. Il était engagé comme cavalier et en faisait le service; mais on lui faisait un traitement, payé sur les fonds de la masse générale, au moyen duquel il était obligé de ferrer tous les chevaux de la compagnie, quand ils en avaient besoin : il consistait en six deniers par jour, pour chaque cheval existant. C'était au Maréchal à s'occuper de louer une forge, ou de s'arranger de gré à gré avec les Maréchaux des endroits où la compagnie était établie.

Choiseul sut comprendre tout l'avantage que l'armée pouvait tirer des écoles de Bourgelat. En 1769, également, chaque régiment de cavalerie reçut l'ordre de détacher un sujet à l'école d'Alfort, pour y être instruit dans l'art vétérinaire, et reporter ses connaissances dans l'armée. Ils étaient placés sous les ordres d'un officier, et ils avaient une tenue.

Ils revenaient dans les régiments avec le titre de *maréchaux experts*, ayant le rang de maréchal des logis. Il en fut ainsi jusqu'en 1774. Les maréchaux experts n'avaient pas d'autre service que de visiter les chevaux malades, ce furent donc les premiers vétérinaires militaires.

On peut dire qu'avant les institutions de Bourgelat, la médecine des animaux était abandonnée aux mains de l'empirisme le plus pur. C'était une science de tradition, et l'on peut dire même d'héritage; grâce au célèbre hippiatre, elle devint une doctrine.

C'est ici l'occasion de définir la personnalité de M. de Bourgelat dont nous avons déjà parlé comme écuyer. Avocat de mérite, confus d'avoir gagné de mauvaises causes et ne pouvant se consoler d'en avoir perdu de très bonnes, il revint au goût qui le dominait, l'étude du cheval. Mais il sacrifia bientôt l'équitation à l'anatomie, la physiologie et la médecine. Génie profond, il a fourni à la science équestre, mais sans les indiquer et par le fait seul de ses découvertes, la matière des règles qu'un infatigable travailleur peut seul découvrir. Il a étendu le cercle des connaissances des écuyers, ses prédécesseurs, vétérinaires ainsi que lui, et parmi lesquels nous avons cité en première ligne, de Solleysel, Gaspard de Saunier et de Garsault.

Sa renommée fut universelle. Très lié avec Voltaire, il prit part, plus tard, à la rédaction de l'*Encyclopédie*.

Il fut plus vétérinaire qu'homme de cheval; mais l'équitation doit lui être reconnaissante de sa théorie des aplombs et de ses lignes de proportion. qui établissent d'une façon si nette l'équilibre du cheval.

Après avoir suivi les meilleurs maîtres d'équitation de la capitale et les avoir étonnés par ses progrès, Bourgelat obtint la place d'écuyer en chef de l'académie de Lyon ; sous sa direction, cette école connut sa plus grande splendeur. Avec le concours du célèbre chirurgien Ponteau, il entreprit avec ardeur, la dissection des chevaux, étudia la médecine et s'y rendit habile. En 1761, il obtint l'autorisation d'établir à Lyon la première école vétérinaire : elle s ouvrit le 1er janvier 1762, et prit le nom d'école royale, en 1764. Peu après, il établit l'école d'Alfort, près Paris.

Bourgelat fut l'auteur de plusieurs ouvrages : *Traité de la conformation du cheval. — Éléments d'art vétérinaire. — Essai sur les appareils et les bandages. — Essai théorique et pratique sur la ferrure.*

Ces ouvrages sont remplis de recherches profondes et remarquables par la clarté du style, qualité dont il était redevable à la pratique du barreau. Le chef-d'œuvre de Bourgelat est le « TRAITÉ DE LA CONFORMATION EXTÉRIEURE DU CHEVAL, *de sa beauté et de ses défauts ; du choix des chevaux et des haras* ». Cet ouvrage fut traduit en plusieurs langues et il s'en fit, en peu d'années, cinq éditions, de 1769 à 1776.

Bourgelat seul, en fixant les proportions, en établit d'applicables à tous les chevaux, à ceux de toutes les contrées, de toutes les tailles et de tous les genres de service ; car le cheval qu'il offre n'est pas un modèle auquel il veuille que l'on compare tous les autres pour les formes et les contours.

Bourgelat dit que quatre qualités font le cheval parfait : la *force*, la *légèreté*, le *courage* et le *jugement ;* quatre autres le font défectueux : la *faiblesse*, la *pesanteur*, le *défaut de courage*, et la *paresse*.

Pour le choix du cheval de guerre voici ses données :

« *Le choix du cheval de guerre n'a que trop souvent coûté la vie à celui qui l'a fait ou pour qui il a été fait imprudemment et sans lumières. La taille des chevaux consacrés à cet usage ne doit être ni trop élevée, ni trop petite ; il est rare de trouver de l'agilité et de la légèreté dans une grande machine ; et, d'autre part, outre le désavantage qu'il y a de combattre sur un petit cheval, il est constant qu'il ne résistera jamais à la fatigue comme un cheval d'une certaine hauteur. Le poil doit être obscur, principalement s'il est destiné à monter un officier de marque. Il faut qu'il soit bien proportionné, bien traversé, beau du devant, bien ouvert et non chargé d'épaules, puisqu'alors il serait pesant, paresseux et lent dans ses actions. La tête et l'encolure doivent être bien conformées, la bouche belle, et l'appui à pleine main, afin qu'il obéisse assez promptement, sans cependant être effarouché de quelques mouvements irréguliers de cette partie, qui ne seraient pas extraordinaires, même de la part d'un homme de cheval, dans le moment du combat. La jambe en sera bonne, les pieds excellens et non dérobés ; car un semblable défaut serait une raison d'exclusion. Il sera uni ; il aura de la souplesse, de la sensibilité, de l'adresse et du courage, et une liberté entière à toutes mains, soit au pas, soit au trop, soit au galop ; actions qu'il doit exécuter avec facilité et promptitude. Il sera docile aussi au partir de la main, et susceptible d'un retour facile à un galop écouté, ainsi qu'au trot et au pas. Il connaîtra les jambes : il fuira librement les talons ; et lorsqu'il sera arrêté, il ne témoignera aucune inquiétude, et sera comme immobile à la même place. Il importe encore qu'il ne redoute aucun des objets qui peuvent frapper son ouïe ou sa vue ; qu'il ne craigne ni le feu, ni l'eau ; qu'il ne soit point vicieux envers les autres chevaux ; qu'il n'ait point d'ardeur, qu'il soit d'un bon et facile entretien, etc., etc.»*

En 1769, il avait paru un ouvrage publié à Turin, sans nom d'auteur, ayant pour titre :

« ESSAI SUR LES HARAS *ou examen méthodique des moyens propres pour établir, diriger et faire prospérer les haras, suivi de deux courts traités. Dans l'un on montre une méthode facile de bien examiner les chevaux que l'on veut acheter, afin de les choisir avec intelligence et n'être point trompé par les maquignons, — Dans l'autre on traite de la mécanique du mors, et on enseigne l'art de le bien assortir aux différentes bouches des chevaux. — On y a encore joint un chapitre en forme de supplément sur les préjugés, les abus et l'ignorance de la maréchalerie.* »

Nous y relevons le passage suivant à propos du mors :

« *Si l'on avoit une liste exacte de tous les généraux, de tous les officiers et de tous les soldats qui se sont perdus faute d'avoir eu leurs chevaux bien embouchés, on pourroit encore ajouter, et faute de savoir monter à cheval, mais cela n'est pas de mon sujet pour à présent, je crois que leur nombre nous effrayeroit, et je crois encore qu'on s'appliqueroit un peu davantage à une étude si utile, si nécessaire et si facile :*

« *J'ai vu des armées entières, où il y avoit beaucoup de cavalerie, et en même temps j'ai vû aussi, y ayant regardé bien attentivement, qu'il n'y avoit pas cent chevaux de bien embouchés, ni parmi le nombre prodigieux d'officiers qui commandoient cette cavalerie, pas quatre qui sussent ce que c'est qu'emboucher un cheval ; ce n'est pas qu'ils en convinssent, bien loin de là, il n'auroit pas fallu le leur dire, car on ne les auroit pas mal fâchés, et ils vous auroient, pour la plupart, fait tirer l'épée, pour vous prouver qu'ils savoient très bien ce qu'ils ignoroient parfaitement; il est vrai que si, après cela, on leur eût seulement demandé le nom des différentes parties du mors, ou de la bouche du cheval, ils auroient été un peu court dans leurs réponses.*

« *Mais comme c'est un grand dommage que les braves Officiers se perdent quelquefois pour un rien; souvent pour avoir mal choisi un mors, ou bien pour avoir donné à leurs chevaux une gourmette ou trop rude, ou trop douce qui aura été cause que leurs chevaux se seront emportés ou cabrés, ou qu'ils n'auront pas tourné assez vite, pour que leur maître ait pu ou parer, ou porter un coup d'épée à temps; j'ai pensé que, pour rendre service au moins à quelques-uns de ces messieurs, je ne pouvois mieux faire que de donner un petit traité sur la méthode de bien emboucher un cheval.*

« *Et je promets à messieurs les officiers de cavalerie (car c'est surtout pour eux que je travaille ici), de ne pas les tenir long-temps, c'est-à-dire d'être si court, qu'ils n'auront pas le temps de s'ennuyer.* »

Malgré ces belles promesses d'innovation, l'auteur n'apprend rien qu'on ne sache. Quant à ses observations sur les préjugés et les abus de la maréchalerie, il puise tous ses renseignements dans Lafosse et Bourgelat.

La nécessité d'une bonne instruction équestre frappait tous les esprits, deux hommes y travaillèrent particulièrement à cette époque : Dupaty de Clam et Mottin de la Balme.

Le premier, qui prit les devants, fit paraître sur ce sujet plusieurs ouvrages qui firent grand bruit par les idées nouvelles qu'ils mirent au jour.

Dupaty de Clam n'était pas un praticien remarquable, il était certainement plus écrivain qu'écuyer. Ancien mousquetaire, il avait quitté le service pour se donner à la science et il était membre de l'Académie de Bordeaux. C'était un chimiste distingué. Seulement on parlait de lui et de ses ouvrages d'équitation parce qu'il essayait d'appliquer aux études équestres l'anatomie, la mécanique, la géométrie et la physique. Ses écrits ne manquaient ni d'attrait, ni d'utilité; mais il a partagé, avec beaucoup d'écuyers et d'hippologues qui l'ont suivi et imité, une erreur bien grave, celle de croire expliquer la mécanique animale par la rigueur des raisonnements mathématiques.

Il avait fait ses études à Caen, et avait suivi les cours de l'Académie d'équitation de cette ville. Sur 32 élèves, il y avait 16 Anglais, 2 Belges et 1 Polonais; il faisait déjà bande à part.

Son défaut capital est de n'avoir pas raisonné par la pratique et d'avoir voulu faire de l'équitation spéculative dans son cabinet.

Dans un discours à l'Académie de Bordeaux, il écrivait :

C'est ainsi que l'équitation m'occupe dans mon cabinet et que, devenue pour moi une science, si quelqu'accident m'interdit la pratique de cet art, je pourrai y faire de nouvelles découvertes. Quoique la route que je tiens choque les préjugés reçus parmi les écuyers, je la suivrai toujouts avec confiance : je marche avec la règle et le compas. »

Dupaty de Clam a publié plusieurs ouvrages, entre autres : en 1769, *Pratique de l'Équitation ;* en 1771, *Traité de cavalerie,* traduit de Xénophon, et *Traité d'Équitation* ; en 1776, *La Science et l'Art de l'Équitation démontrés d'après nature ;* en 1781, *Différentes parties de l'Équitation.*

Dupaty de Clam, penseur aussi consciencieux que Bourgelat, ne s'est pas contenté du simple exposé de la science anatomique; il a voulu y puiser, en y joignant les mathématiques, des règles propres à éclairer l'élève et à le guider.

Malheureusement, cet homme de génie n'a pas su choisir dans les sciences les parties nécessaires à l'application qu'il a voulu faire. On voit que ses efforts sont paralysés par les idées premières qui dirigèrent ses travaux. S'appuyant sur la science, il devait suivre pas à pas ses préceptes et ne point marcher avec le bandeau de la routine sur les yeux, retombant sans cesse dans les ornières qu'elle laisse après elle. Néanmoins il a fait un pas de plus que ses devanciers; il a appelé au secours de la connaissance pratique du cheval la seule science qui pût lui dévoiler les règles des mouvements de cet animal.

Il manquait à Dupaty de Clam la découverte d'une application importante à faire dans l'équitation ; il parlait bien des règles mathématiques mais il négligeait la physiologie, et, dans l'application qu'il a voulu faire de l'anatomie et des mathématiques, on voit, bien qu'il fût sur la voie de la vérité, que ses éléments ne pouvaient la lui donner, car il néglige de faire au cheval l'application de la théorie des leviers, et, dans ses rapports avec la myologie, il oublie de désigner les cordes (muscles) qu'il importe de faire vibrer dans chaque mouvement d'ensemble ou partiel.

Il travailla à changer la base de l'assiette en faisant reposer le Cavalier sur trois points : les deux pointes des fesses (ischions), et le dernier os de la colonne vertébrale (coccyx); c'était contredire avec exagération les principes précédents. Cette position du haut du corps est également prescrite par Hünersdorf, célèbre écuyer et écrivain allemand du XVIIIe siècle; mais celui-ci ne partagea pas l'exagération de Dupaty de Clam et laissa une excellente méthode d'équitation allemande.

Malgré les erreurs anatomiques que les principes de la position à cheval de Dupaty contiennent, sa théorie, les excellents développements dont il l'accompagne furent un progrès considérable. Après lui, il ne fut plus permis de professer l'équitation sans être instruit de la structure, de la charpente osseuse de l'homme et du cheval et du mécanisme de leurs attitudes et de leurs mouvements.

Dupaty de Clam publia sa *Pratique de l'Équitation* douze ans seulement après le désastre de Rosbach, où notre cavalerie n'avait pas brillé et à un moment où de grandes idées de réformes, de simplicité et de célérité dans les évolutions étaient à l'ordre du jour. Dans deux compagnies de mousquetaires à cheval, — notre auteur faisait partie de la première, — l'équitation était très recherchée, très savante, trop savante peut-être, et surtout affaire de parade. La chose est explicable dans ce corps exclusivement destiné « à la garde ordinaire de Sa Majesté », et par conséquent associé à toutes les fêtes, aux cérémonies publiques et aux splendides cortèges de l'ancienne Cour. Du reste, il fut supprimé pour économie en 1775, sous le ministère du comte de Saint-Germain.

On doit savoir gré à Dupaty de Clam d'avoir, malgré son éducation équestre, le milieu dans lequel il vivait et les préjugés de son temps, enseigné, comme nous le montrerons, une tenue plus solide et plus commode, et un emploi du cheval plus en rapport avec l'arme de la cavalerie.

PRATIQUE DE L'ÉQUITATION, *où l'art de l'équitation réduit en principes, par M. Dupaty de Clam, mousquetaire dans la 1re compagnie.*

L'auteur ne prétend pas avoir inventé un système particulier. « *J'ai, dit-il, tâché de rassembler les bonnes lois de l'équitation, ces lois fondamentales si strictement observées dans les manèges royaux. Quelques années d'habitude m'ont appris à leur donner un ordre, et à former un total qui pût être analogue aux principes qui conviennent à une troupe comme la Compagnie des mousquetaires.* »

Son livre représente donc les méthodes militaires de l'époque, usitées dans un corps d'élite ; la première compagnie des mousquetaires avait pour capitaine un lieutenant général, le comte de Lachèze, et son service auprès du roi le mettait en relation avec tous les gentilshommes de la cour, chez lesquels l'équitation était en grande faveur. Alors brillait d'un vif éclat le célèbre La Guérinière.

Dupaty de Clam consacre toute la première partie de son ouvrage à la position du cavalier ; il est à remarquer avec quel bon sens pratique les anciens insistaient sur se sujet, ne permettant à l'homme de ne rien entreprendre sur le cheval avant qu'il fût aisément et solidement assis. L'auteur veut que l'assiette soit complète ; il ajoute ; « *Certains écuyers ne demandent qu'un appui médiocre sur les fesses, mais ils prétendent en revanche que l'enfourchure des cuisses doit seule porter le corps. On voit clairement le danger auquel expose une pareille position dans tous les contre-temps du cheval, et la fatigue que l'on essuie continuellement à lutter contre le mouvement de l'animal : ..... Le cheval porté en avant donne au corps de l'homme un degré de facilité à suivre son impression, proportionnée à la vitesse de l'animal ; et pour résister à ce mouvement involontaire qui lui fait porter le haut du corps en avant, il faut que l'appui sur les fesses soit bien plus solide que les deux autres* (ceux des cuisses et des genoux), *à raison de la difficulté qu'il éprouve ; ..... La moindre roideur est à éviter à cheval ; cette vérité est si constante qu'on ne verra jamais un homme roide réussir dans aucune partie de l'équitation : ce défaut occupe trop ses membres, pour pouvoir lui permettre de donner attention aux mouvements du cheval.*

« *Les épaules seront bien égales, et l'une ne baissera pas plus que l'autre... Je voudrois qu'on les laissât suivre tous les mouvements du trot excessivement, afin de les dénouer et de leur donner de l'aisance : très souvent la dureté de cette partie empêche que l'on puisse tenir ; quelque force que puisse mettre l'homme, il ne tiendra jamais si bien que lorsqu'il sera souple, bien assis, et qu'il suivra les mouvements du cheval. La ceinture sera en avant. Il faut aussi donner à son rein un degré de soutien convenable à la nature du cheval, et au plus ou moins de dureté de son allure : sur les uns il faut se relâcher ; sur d'autres, se rassurer ; mais jamais de roideur, car elle est ennemie de toute liaison.*

« .... *Le tronc se trouvant bien d'aplomb, on laisse les cuisses se fixer à l'endroit de la selle qui sera le plus commode. Ceux dont les cuisses sont plus longues placeront leurs genoux plus bas ; c'est ainsi que les cuisses, au lieu de s'écarter du corps du cheval à mesure qu'elles s'éloignent de l'enfourchure prendront en quelque sorte la tournure de l'animal. Elles doivent, si cela se peut, être tournées sur le plat parce qu'elles occuperont un espace plus large, et par là réuniront plus de points de contact. Car les cuisses rondes et charnues ont bien de la peine à tourner les genoux, et elles sont obligées de prendre leur liaison sans pouvoir les fermer. On appelle fermer les genoux, les coller à la selle de sorte que la rotule, et les gros muscles du jarret la sentent également. Mais dans le cas où il faudroit opter de l'un ou de l'autre, on ne doit pas manquer de choisir le muscle du jarret. Malgré le peu de grâce qu'il y a de travailler les genoux ouverts, le long travail et l'habitude y remédient cependant beaucoup. Il faut aussi convenir que si l'homme monte un cheval trop étoffé pour l'ouverture de ses cuisses, jamais il ne pourra fermer les genoux et s'asseoir; il fera l'un au dépens de l'autre, et j'aimerais mieux, en pareil cas, être assis que ferme des genoux. Malgré cette ouverture, on travaille très bien, et ce défaut ne devient pas essentiel, dès que la cuisse n'est pas roulante. La cuisse sera étendue autant qu'il se pourra, si l'on ne s'occupe qu'à fermer les genoux, on sentira bientôt qu'il remonte, puisque l'on travailleroit sans cesse à serrer un corps toujours glissant, et qui échappe à mesure qu'on cherche à le tenir.*

« .... *La cuisse ne doit point remuer; ferme, étendue et liée, elle suit tous les mouvements de la machine qui l'emporte et la meut. On ne doit apercevoir aucun mouvement qui lui soit propre; elle doit en quelque sorte paroître attentive à toutes les opérations qui se passent dans les membres du cheval, pour les sentir et les juger.*

« *Les deux jambes moelleuses, tombant bien perpendiculairement sous les genoux sans aucune force, serviront de contre-poids à tout le corps pour l'aider à conserver son équilibre; elles doivent suivre la tournure des cuisses, et n'en avoir point d'autre... Il faut se servir de ses jambes, sans ouvrir les genoux ou les remonter, et en les portant un peu en arrière à proportion de la sensibilité de l'animal.*

« *Les deux pieds doivent aussi être exactement sous les jambes. Ceux qui s'imaginent qu'avec la force on vient à bout de donner une bonne position aux pieds se trompent, et par la roideur de leurs pieds ôtent à tout le corps l'aisance et la souplesse; car cette roideur répond aux épaules comme ces dernières et influe jusqu'au bout des doigts du pied. Si la cuisse est bien tournée, les jambes le seront aussi, et conséquemment les pieds; ainsi il n'y aura aucune peine à se donner pour les bien placer. Le cou du pied doit être très souple et suivre exactement tous les mouvements de la jambe, sans chercher à en faire de particuliers...on placera sur la même ligne le talon et les doigts du pied; ils seront les uns et les autres, morts, sans aucune force particulière.*

« *Le corps, les cuisses, les jambes étant placés, l'homme ne craindra plus désormais de tomber, sa position l'en empêche; mais sa main encore indécise ne peut guider, il faut la fixer et lui donner une attitude à laquelle elle rapporte tous ses mouvements. On se sert ou de la main gauche toute seule; alors les deux rênes y sont passées, et le petit doigt les sépare; ou de la main droite, celle-ci tient les rênes en-dessus, sans les partager : on tient encore les rênes séparées dans chaque main. Si l'on tient les rênes dans une seule main, n'importe laquelle, elle doit être posée précisément au milieu du corps de l'homme, de sorte qu'une ligne droite puisse diviser la moitié de l'encolure du cheval, et rencontrer le milieu de l'espace qui se trouve entre les deux rênes : le coude, la main et le poignet doivent être sur la même ligne sans que le poignet rentre en dedans, ni qu'il s'arrondisse en dehors. Aucune de ces positions n'est naturelle : la main n'est pas dans sa force ; ses mouvements sont toujours gênés, et le tact ne peut en être moelleux.*

« *Le bras tombera naturellement de l'épaule, sans avancer le coude, ni le retirer. Que l'on évite surtout de le coller le long du corps : on ne pourroit le faire sans roideur, et nous sommes convenus qu'il falloit l'éviter. La main doit être soutenue perpendiculairement environ à trois doigts du pommeau de la selle, lorsque le cheval rentre bien : elle doit être fermée, et tenir les rênes bien égales sans les laisser couler, pour cela on allongera les pouces dessus... il ne faut pas employer d'autre force que celle qui est indispensable pour ne pas la laisser tomber, pour soutenir les rênes. Dans cette partie surtout la moindre dureté est à éviter.*

« *La bonne main est bien placée devant elle, légère, assurée, capable de sentir la moindre des impressions que le mors peut faire sur les barres du cheval. La bonne main est le prix d'une bonne assiette et de l'aisance ; le temps et une pratique bien raisonnée peuvent donner l'une et l'autre... On ne doit jamais commencer à travailler les chevaux que le corps ne soit accoutumé à une bonne position ; autrement on contracte de mauvaises habitudes, et on exécute de travers. Cet article mérite attention, car si l'homme est placé de travers, nécessairement le cheval l'est aussi ; alors on ne dresse plus les chevaux, on les gâte. Cependant rien de plus commun que d'entendre dire à des hommes sans position, qu'ils sont en état de dresser un cheval.*

« ..... *La position est la première et la dernière leçon que reçoit l'écuyer ; c'est-à-dire que jamais elle n'est assez finie, qu'elle se dérange continuellement si on n'a une attention continuelle à la garder, et que l'écuyer habile cherche toujours à la rendre plus belle. Qu'on ne s'étonne donc pas si j'en parle d'une manière si étendue.*

« ..... *Une des choses les plus difficiles* (au cavalier) *est de conserver le rapport exact qui doit exister entre ses jambes et le haut de son corps. Je m'explique : Le tronc du corps humain placé sur le cheval peut se porter en avant, si les épaules ne sont pas sur les fesses ; il peut se porter en arrière si les cuisses et les jambes n'ont pas assez de force pour le retenir.*

« *De même si le buste se porte trop en avant, les cuisses et les jambes se porteront en arrière, et il s'en suivra les mêmes fautes que dans le premier cas, et de plus grandes encore. Il faut donc que le haut et le bas ne cherchent point à s'entraîner l'un l'autre; et leur accord réglé par nos principes maintiendra le corps dans sa véritable assiette. C'est sur ce raisonnement qu'un homme doit former la sienne, car c'est à lui de sentir. Nulle loi ne peut fixer à un homme le point précis où il est assis, c'est à lui de tâtonner jusqu'à ce qu'il se trouve bien à son aise, et toujours dans la même position sur le cheval qu'il monte actuellement; car le même homme trouve peu de chevaux également proportionnés à sa taille, et pour être bien sur tous, il doit consulter cette même proportion. Un petit homme est plus en arrière sur un petit cheval, il doit être plus en avant sur un grand; s'il étudie la nature, il sentira à quel point et à quel degré il peut être assis sur ces chevaux. Il n'est pas possible de donner une règle universelle à laquelle chaque homme puisse confirmer son assiette... Au reste un homme aisé à cheval, dont la position ne varie point, qui essuie sans dureté et sans efforts les contre-temps les plus durs, et qui se trouve toujours en état de travailler, est nécessairement bien placé, quoiqu'à l'extérieur il semble avoir des défauts; nous devons croire que sa construction est telle qu'il n'aurait pu se placer autrement.* »

Dupaty de Clam consacre à la position du cavalier soixante pages d'un livre qui en a deux cent cinquante.

Dans la seconde partie, l'auteur s'occupe des opérations que l'on exige du cheval, et des moyens sûrs de s'en faire obéir.

« *Quelque bon caractère qu'ait le cheval, dit-il, il devient dangereux par sa construction dans bien des occasions; car les raisons physiques l'empêchent d'obéir d'une manière sûre pour l'homme, si on n'emploie pas le secours de l'art pour remédier à ce que ses membres ont de défectueux. Si l'on est assez heureux pour rencontrer un cheval d'une belle construction, fort, vigoureux, sans caprice et d'un bon naturel, comment sera-t-on plus en sûreté, s'il ne sait ce que le cavalier lui demande? Obéira-t-il sans rien savoir? Ne sera-pas sans cesse sujet à se tromper, surtout si son homme, aussi incertain que lui, cherche à lui faire faire tout le contraire de ce que l'opération exige. L'ignorance du cavalier trouble le cheval et le fait se désespérer.*

« *On dresse les chevaux d'après les mêmes principes pour le manège, pour la guerre, pour la chasse; ceux de manège doivent être les plus finis, puisqu'ils sont destinés à apprendre aux élèves les règles de l'art, et qu'ils servent de modèles.*

« *Mais quel que soit l'usage auquel on destine un cheval joli, fort, plein d'âme et de bonne volonté, les premiers éléments sont toujours les mêmes.... Un cheval bien dressé est donc celui dont toutes les parties du corps sont bien assouplies, c'est-à-dire ont reçu par le travail la facilité d'opérer différentes actions, chacune en particulier ou toutes ensemble, suivant le désir de l'homme; et dont la volonté est tellement gagnée, qu'il obéisse aux opérations les moins sensibles..... Les preuves d'un cheval bien dressé sont la souplesse et l'obéissance.* »

Dupaty de Clam traite ensuite des opérations de la main et du travail des rênes; il recommande surtout « *de se garder de tenir la main dans le même degré de fermeté ou d'assurance; on doit dans chaque temps suivre de nouvelles opérations pour maintenir la position du cheval.*

« *La bonne main passe insensiblement d'une opération à l'autre sans dureté, et sans offenser la bouche du cheval en le surprenant, car le cheval bien dressé, ou du moins bien entrepris, répond à un tel travail; mais les à-coups le désespèrent et lui font perdre la mémoire.* »

Il termine le chapitre ainsi (le cheval étant supposé travailler dans un manège ou une carrière) : « *en résumé, la rêne de dedans détermine; celle de dehors soutient; toutes les deux au même degré précisément ont la vertu d'enlever le devant; une seule fait tourner le cheval. Voilà les règles, c'est à la main à modifier son tact et à distribuer le sentiment suivant qu'elle veut opérer.* »

Il passe ensuite avec la simplicité et la clarté habituelles aux anciens maîtres, aux opérations des jambes, et ensuite à leur accord avec les opérations des mains.

« *Cet accord est le point le plus difficile de la cavalerie; sans lui on ne peut dresser de chevaux.* »

Enfin il revient pour ainsi dire malgré lui à la position du cavalier dans un chapitre intitulé : avantages généraux de l'assiette de l'homme à cheval...

« *Sans la belle assiette, la main de l'homme ne pourra jamais rester en place, devenir légère et susceptible d'un tact fin : les jambes ne pourront travailler avec sûreté et succès. Un homme bien assis trouve dans ses jambes des aides d'une grande finesse; avec presque rien, il produit des effets brillants... pour le dire en un mot, c'est l'assiette qui fait l'homme et le cheval, et c'est la première et la dernière leçon que l'on doit donner à ceux qui veulent connaître l'art.* »

La troisième partie du livre est consacrée aux moyens d'employer les opérations décrites dans la seconde pour le travail des chevaux que l'on dresse.

« *On apprend au cheval à aller en avant, en arrière, à droite, à gauche, à enlever le devant, et à enlever le derrière ; voilà à quoi peut se réduire tout le travail que l'on emploie pour faire un cheval. La variété des positions dans lesquelles le cheval produit ses actions, la différence de l'allure dans laquelle il les exécute, donnent à l'art de l'équitation toute son étendue, car il ne suffit pas de faire avancer et reculer le cheval, il faut encore être sûr qu'il le fera sans nous faire courir de risques ; et c'est à quoi tendent tous les principes et toutes les méthodes : les moyens les plus clairs, les voies les plus courtes, sont les meilleurs lorsqu'ils sont sans inconvénients.*

« *Je ne crois pas qu'en dressant un cheval, on doive avoir d'autre but que de le disposer à nous obéir dans tout ce qui nous sera possible. Ceux qui ont dressé des chevaux à faire des choses extraordinaires, et tout opposées aux règles de l'art, et ceux qui se sont contentés d'un manège raccourci et peu varié, sont aussi mal avisés que ceux qui veulent accoutumer un cheval à sauter sans l'avoir assoupli auparavant.* »

Dupaty de Clam entreprend une série de leçons pour le dressage du cheval, depuis la première connaissance des mains et des jambes jusqu'aux courbettes, le seul air de manège dont il s'occupe, parce que, dit-il, c'est le plus usité. Nous ne continuerons pas notre analyse dans cette partie du livre, où l'enseignement est moins clair, plus quintessencié et surtout désagréablement interrompu et coupé par une polémique fastidieuse avec l'auteur de l'*École de cavalerie*, le fameux La Guérinière.

Dupaty de Clam termine son livre par un petit traité des allures naturelles, le pas, le trot et le galop, où il se retrouve lui-même. N'étant plus préoccupé de faire étalage de science pour battre en brèche la personnalité importante de La Guérinière, dont la haute situation à la cour excitait, comme toujours, une grande jalousie, il devient clair et précis.

Dans le chapitre du trot, par exemple, il nous dit :

« *On ne se sert ordinairement d'un cheval que pour aller vite : il faut donc le dresser à se porter bien en avant, et ne point lui donner une allure lente, raccourcie et qui n'avance pas ; les chevaux de parade sont les seuls qui doivent avoir ce clinquant ; un cheval de chasse ou de guerre doit avoir un trot soutenu, allongé et bien ensemble.*

« *... Les chevaux n'ont pas tous la même manière de trotter ; les uns embrassent beaucoup plus de chemin et sont moins enlevés ; les autres, plus rassemblés, cadencent bien davantage leur trot. Je crois qu'un juste milieu convient à un cheval de dehors ; dans le premier cas, il incommoderait son homme, courrait risque de s'emporter, et se trouverait dans une mauvaise position ; dans le second, il pourrait se retenir, défaut qu'on ne peut trop* *avoir soin de châtier dans un cheval dehors. Il est donc convenable que son trot, sans être trop lent et trop écourté, soit néanmoins bien égal dans sa cadence ; un homme de cheval ne doit jamais l'abandonner à un trot déréglé, il se fatigue et se gâte.*

« *... La position d'un homme qui mène un cheval dehors ne doit pas être aussi parfaitement régulière que s'il étoit dans le manège, il y auroit un peu trop d'affectation ; néanmoins, il faut qu'il ne néglige ni son assiette ni ses cuisses ; il doit régner dans toute sa personne un air d'aisance qui ne fasse point soupçonner trop d'attention à mener son cheval ; c'est surtout dans les mains qu'on doit remarquer de la facilité à travailler.*

« *L'adresse consiste à faire éviter au cheval les mauvais pas, les pierres et les autres obstacles qui peuvent le blesser, ou lui faire prendre de mauvaises positions. Il est aussi très bon d'accoutumer de bonne heure le cheval à trotter dans les taillis et dans les futaies, et l'empêcher de se blesser aux troncs d'arbres, et surtout l'habituer à bien passer au milieu de deux arbres que l'on voudroit traverser ; sans cela, on courroit risque de se blesser les genoux.* »

Pour le galop dehors, Dupaty de Clam dit avec beaucoup de sens :

« *Il ne faut pas s'imaginer non plus que ce qu'on appelle le bon pied soit une règle dont il ne faille pas s'écarter. En France, bien des hommes croiroient avoir fait une grande faute de courir sur le pied gauche. Mais les chevaux n'en ont-ils pas deux? Ne faut-il pas qu'ils s'en servent? Qu'importe qu'ils soient sur un pied ou sur l'autre, pourvu qu'ils soient placés? Dès qu'une fois ils seront bien sur tous les deux, et que, dans la leçon, ils répondront au partir sur l'un ou sur l'autre pour les opérations de l'homme, il ne faut point s'inquiéter s'ils partent à droite ou à gauche ; si on les sent, cela suffit.*

« *Souvent, dans les commencements, un jeune cheval se désunit parce que, dans le galop, les deux jambes de derrière ne font pas le même effort, et qu'il n'a pas assez de force pour demeurer longtemps sur le même côté ; il change le plus souvent qu'il peut, croyant se soulager, mais il se fatigue davantage, car le contre-temps qu'il est obligé de faire lui fait sentir bien de la douleur.*

« *Mon avis seroit donc, lorsqu'un jeune cheval que l'on court se désunit par faiblesse, et semble avertir son homme qu'il est hors d'état de continuer, qu'on l'arrêtât, et qu'on le menât à une allure moins fatigante. Je suis persuadé que cette faute prouve la faiblesse ; car j'ai quelquefois monté des chevaux de poste, qui couroient bien et me faisoient plaisir, qui ne se désunissoient pas deux fois dans une poste, ce qui m'a fait conclure qu'ils pouvoient courir longtemps sans souffrir.*

« ... *Le beau galop doit embrasser du chemin, avoir une cadence réglée, et qui soit toujours la même, soit que le cheval aille vite, soit qu'il aille doucement ou au petit galop.*

« *Il n'appartient qu'au galop de manège d'être raccourci, c'est son grand mérite* ; *mais il faut dehors chercher à avancer ; pour cela le cheval ne doit pas, selon moi, réitérer le mouvement de ses jambes plus souvent que s'il allait plus lentement* (*mais l'étendre*). »

Dupaty de Clam termine son livre par ces derniers mots : « *L'aisance, l'étendue, la liaison au galop, caractérisent le bon homme de cheval ; il faut courir souvent pour acquérir ces bonnes qualités, et courir avec intelligence en se donnant leçon continuellement. La position, bonne ou mauvaise, influe singulièrement sur le galop ; presque tout dépend de l'assiette et du bon emploi que l'on en fait.* »

On le voit, par ces divers extraits, dans l'ancienne école, la bonne position du cavalier avait une importance capitale ; on comprenait si justement son influence dans l'emploi du cheval et dans tout le travail de l'équitation, qu'elle était un objet constant d'étude. Nous l'avons dit en commençant, les anciens maîtres lui donnent dans leurs écrits des développements étendus, qui nous paraîtraient puérils aujourd'hui.

A l'époque où nous en sommes, les écuyers marquants, en dehors de ceux dont nous avons déjà parlé, étaient MM. *Dugast* et *de Villemote*, à Paris ; *de Pignerolles*, à Angers ; *Dupaty de Clam*, à Bordeaux ; *de la Pleignière* et *de la Tour*, à Caen.

« M. de la Pleignière, écuyer du roi à Caen, connu par ses talents en tout genre, possédait une superbe collection anatomique, avec laquelle il démontrait son art, à l'aide de machines qu'il avait composées lui-même pour le même sujet. « La vue des objets fixe davantage l'attention, nous dit un de ses élèves, en exaltant les méthodes du maître ; elle est d'une conviction bien plus forte. C'est ce qui a donné à cet habile écuyer l'idée de faire, par des figures en relief, toutes les démonstrations de son art. Comme il a la nature à sa disposition, et que c'est d'après elle qu'il donne ses leçons, il est probable qu'il a des lumières certaines. »

Quant à l'équitation militaire, on avait fini par reconnaître le tort que se faisaient les cinq écoles existantes et qui ne voulaient pas reconnaître la supériorité de l'enseignement de Saumur, si bien démontré cependant par le concours qui avait eu lieu.

Enfin, comme le dit M. Turpin de Crissé, bien à même, par les fonctions d'inspecteur général de la cavalerie et des dragons, de constater le mal :

« Heureusement, pour la cavalerie et pour l'État, ces cinq écoles furent supprimées en 1770 et remplacées dans chaque régiment par un manège d'instruction. »

Ainsi, il n'y eut plus d'école proprement dite ; toutefois, les manèges des carabiniers à Saumur et de la gendarmerie à Lunéville, formèrent, à l'est et à l'ouest de la France, deux corps modèles qui rivalisèrent d'émulation et de zèle, et en tinrent lieu jusqu'à un certain point.

Ceci nous ramène à Saumur.

Le 10 novembre 1770, le niveau de la Loire s'éleva, d'après M. de la Sauvagère, à « dix-sept pieds au-dessus de l'étiage, c'est-à-dire au-dessus des plus basses eaux d'été », ce qui, à cette époque, parut une crue extraordinaire.

Ce fut en 1771 que l'École d'équitation de Saumur fut définitivement constituée. Elle était toujours commandée par le marquis de Poyanne. Les autres écoles étaient licenciées et tous les régiments de cavalerie devaient envoyer chaque année à Saumur quatre officiers et quatre sous-officiers.

C'était donc bien l'école de la cavalerie ; il n'y avait pas alors d'écuyers attitrés, mais ils étaient choisis parmi les officiers de carabiniers.

En 1771, on fonda également les *manèges de Saint-Germain et de Versailles*, qui devaient concourir, avec Saumur, à former des instructeurs.

Il nous faut parler d'un ouvrage d'équitation, d'un auteur allemand, le baron de Sind, contemporain de Dupaty de Clam et de Mottin de la Balme.

« L'Art du Manège *pris dans ses vrais principes suivi d'une nouvelle méthode pour l'embouchure des chevaux et d'une connaissance abrégée des principales maladies auxquels ils sont sujets, ainsi que du traitement qui leur est propre, par* M. le baron de Sind, *colonel d'un régiment de cavalerie, premier écuyer de S. A. E. de Cologne, Prince de Munster, Membre de plusieurs sociétés des sciences.* »

Cet ouvrage, qui eut un grand retentissement en Allemagne et qui fut traduit en français, en était à sa troisième édition en 1771. Sa table de chapitres en montrera le programme :

De la belle assiette de l'homme à cheval. — Observations sur l'équitation de M. du Paty de Clam. — Du trot et du pas. — De l'épaule en dedans et de la croupe au mur. — De la galopade, des voltes, des demi-voltes et des passades. — Des pirouettes et du terre à terre. — Du piaffer. — Du passage et de l'utilité des piliers. — De la pesade et du mesair. — Des courbettes com-

mines et des véritables courbettes. — De la croupade, de la balotade, de la capriole, du pas et le saut. — Quelques réflexions sur les haras. — Vraie Méthode pour l'embouchure des chevaux. — De la bouche des chevaux, et des diversités qui s'y rencontrent. — Des branches et de leurs fonctions. — Des gourmettes et de leurs fonctions. — Des principales maladies des chevaux et du traitement qui leur est propre... »

L'auteur n'est pas partisan de l'action de la rêne opposée :

« *J'observe scrupuleusement de ne pas mener le cheval par une autre rêne que par celle du côté où il doit aller ; et cela, dans tous les mouvements et dans tous les airs du manège sans exceptions. Je suis d'une opinion tout à fait contraire à ceux qui prétendent que la rêne de dehors porte l'épaule en dedans, et détermine le cheval à aller de ce côté.* »

Il ne veut pas non plus de ce qu'on appelait alors chasser les hanches en dehors :

« *M. de la Guérinière a pensé très juste, lorsqu'il a dit que l'action de la tête en dedans et de la croupe en dehors est un exercice des plus pernicieux aux chevaux. Cependant tout le monde en use, parce que tout le monde ignore le mauvais effet de cette leçon. On se persuade qu'elle assouplit les épaules et qu'elle les rend libres* ; *et on ne prend pas garde que les épaules sont extrêmement contraintes par la croupe, qui embrasse le dehors du cercle, et qui, par cette position, charge les épaules de tout le poids du corps.* »

La Guérinière est principalement son inspirateur, il le cite à tous propos :

« *Il est inutile que j'entre dans une description détaillée des voltes et des demi-voltes, du procédé dont on doit user de divers changements de main et de la manière de doubler les voltes. M. de la Guérinière nous en a dit assez sur ce sujet ; et ceux qui ne sont pas au fait de la chose, peuvent le consulter.* »

Cependant il ajoute aux méthodes du maître, quelques procédés à lui pour parfaire l'assouplissement du cheval.

« *Mais après que mon cheval est bien instruit dans ces mouvements, je lui fais exécuter toutes sortes de figures telles que spirales, huit de chiffre et autres lignes enchevêtrées.* »

La Haute École est son dada favori et il veut que tous les chevaux dressés pour les grands personnages y soient mis ; mais les restrictions qu'il fait prouvent que les cavaliers d'élite qu'on destinait à ces chevaux perfectionnés devaient avoir moins de dressage que leurs montures.

Les chevaux, uniquement destinés aux fonctions publiques, ne doivent être exercés qu'aux passages et aux courbettes pour ne pas confondre les différents airs ensemble.

« *Je donnai un cheval gris pommelé à monter à l'Électeur de Cologne, mon maître, pour le jour du couronnement de son frère l'empereur Charles VII à Francfort. La magnificence du cortège de la cour attira une foule prodigieuse de spectateurs ; tout le cortège était au passage : mais l'attitude du cheval que l'Électeur montait, l'emporta sur tout le reste. Il continua son passage depuis le Romer jusqu'à l'église, et au retour, depuis l'église jusqu'au Romer, sans manquer à la cadence. Agité d'une fierté noble et courageuse, il embellissait son action par deux ou trois courbettes après quelques pas du passage et en entremêlant à propos de ces deux mouvements, il fit l'admiration de tout Francfort.* »

Que le cheval ait fait l'admiration de tout Francfort, nous n'en doutons pas; mais l'Électeur devait être légèrement courbaturé après cette petite représentation.

L'auteur se complaît à détailler les airs de haute école qu'il sait pratiquer :

« *Les passades se font de différentes pratiques. On les fait en demi-volte à deux, à trois, à quatre temps et un quart de volte ; je les fais souvent de ferme-à-ferme, en un seul temps ; mais je n'y contrains point le cheval, à moins qu'il ne soit parfaitement affermi dans la pirouette.*

L'exercice des passades affermit parfaitement le cheval dans le bon appui : il le rend léger à la main et il l'assouplit des hanches.

« *J'aime beaucoup à travailler mon cheval aux passades, je lui en fais faire sur la ligne droite, et aussi sur les voltes sans le faire partir sur le cercle.* »

Il est naturellement partisan des piliers.

« *Les piliers sont d'une grande ressource, et leur usage est plus essentiel que toute autre méthode relative à l'instruction des chevaux dans les grands airs du manège.*

« *Si vous voulez apprendre l'air du passage à un cheval doué des qualités requises pour ce mouvement, mettez-le entre piliers, animez-le de la langue ou du sifflement de la gaule, il vous comprendra aisément, et vous ne l'aurez pas mis trois fois entre les piliers qu'il se portera de bon gré à vous satisfaire.*

« *Les piliers sont le vrai moyen de tranquilliser les chevaux impatients, de corriger les rétifs, d'adoucir les fougueux, d'assouplir les roides et d'allégérir les pesants.* »

Le Baron de Sind a aussi ses inventions en haute école.

« *Je pratique une espèce de courbette que je n'ai jamais vu pratiquer que par MM. de Paar et de Reguental ; je l'appelle courbette véritable, parce qu'elle est toute différente des autres, que je nomme courbettes communes. Le cheval se met en action de pesade, et dans le temps qu'il soutient en l'air, il rabat des hanches sans retomber de devant en terre. Ensuite il retombe, en rabattant en courbette commune. Il se relève en pesade, et rabat comme la première fois le devant en l'air. Il fait ainsi alternativement une courbette véritable et une courbette commune. Il fournit une reprise de courbettes si bien cadencées et si exactement unies et suivies, qu'on ne peut rien imaginer de plus parfait. La succession alternative de ces deux courbettes produit la cadence suivante : Taf-paf = ta paf, taf-paf = ta paf, taf-paf = ta paf.* »

Le Baron de Sind ne se sert que de mors brisés, et il dit à ce sujet : « *Je dois vous avertir qu'il ne faut point vous servir de mors entiers, à moins que ce ne soit pour un cheval qui ait le vice de prendre les branches du mors avec les dents ou avec les lèvres pour s'en défendre. Le mors entier n'ayant pas de jeu dans la bouche, ne sera pas si aisé à badiner ; il sera plus ferme sur les parties de la bouche, et les tiendra en respect.* »

Pour la partie hippiatrique, l'auteur confesse que le fond de sa science est l'ouvrage de Bourgelat, qu'il a traduit en allemand et auquel il a ajouté quelques remèdes d'expérience. Il cite très souvent aussi MM. de Solleysel, Garsault et Lafosse.

Nous ne relèverons qu'une invention de sa part : un *fer pour les pieds dessollés*. Comme le fer ne pourrait être fixé dans ce cas avec des clous, il avait imaginé un fer à charnière sur lequel on levait de longs pinçons sur tout le pourtour, pinçons qui rabattus sur la paroi, fixaient le fer au pied. L'assujetissement était complété par une vis pouvant resserrer l'extrémité des deux branches du fer. Ou bien encore le fer était fixé au pied par des courroies comme les solea des Romains.

Nous avons cité l'ouvrage du baron de Sind, non pas pour enregistrer un progrès, mais pour constater une copie de nos méthodes par l'étranger ; nous avons suffisamment montré que les idées équestres avaient déjà fait un pas de plus en France par les innovations dont nous avons parlé — innovations qui cependant n'étaient pas encore admises par l'équitation académique.

Si nous avons fait jusqu'à présent l'éloge de tous les ouvrages de Bourgelat, nous n'en dirons pas autant de son « Essai sur la ferrure » paru en 1771. C'est dans cet ouvrage, écrit avec le génie méthodique qui caractérise les autres productions de cet auteur, que l'on rencontre, pour la première fois, une étude des aplombs et de la sécrétion cornée. Malheureusement les idées de Bourgelat à ce sujet, fausses à plus d'un point de vue, l'ont conduit à des conclusions erronées et à des pratiques irrationnelles.

Dans ce Traité de ferrure, l'auteur fait connaître successivement les diverses parties constitutives du pied ; il décrit en premier lieu le sabot et passe ensuite en revue les différents objets renfermés dans la boîte cornée et sur lesquels il insiste peu. Ses considérations fort étendues sur la structure du sabot, sur son accroissement, sur son mode d'union avec les tissus sous-jacents, sur ses propriétés les plus remarquables, ne manquent assurément pas d'intérêt; mais elles ne sont pas toutes présentées avec la même clarté : quelques-unes sont même si obscures, qu'il est difficile de bien saisir toutes les idées que l'auteur a cherché à développer.

Sans tenir aucun compte des travaux de Lafosse, qui pourtant avaient fait du bruit, puisqu'ils furent l'objet d'une polémique entre lui et les maîtres maréchaux de Paris, Bourgelat ne fait que consacrer, dans son ouvrage, les errements de ces derniers, et essaie même d'en poser des règles immuables.

Il est bien inférieur à César Fiaschi, son prédécesseur de plus de deux siècles ; en effet, comme si l'écuyer italien eût la prescience des fonctions physiologiques du pied, il lui applique une ferrure plate et des étampures concentrées en pince, disposition que les hippiâtres qui le suivent observent scrupuleusement, en la traduisant par le dicton : « pince devant, talon derrière ». Pour Bourgelat, ce dicton est un non sens : il veut que les étampures du fer soient également espacées de l'éponge à la pince, et l'ajusture faite de telle sorte que, dans son ensemble et vu de profil, le fer représente une ligne courbe, et sa pince une véritable *proue de bateau*, de sorte que le cheval a le pied à peu près comme dans une coquille de noix ; de là, appui instable, et à la longue, rétrécissement forcé du pied. Et pour qu'il ne soit pas possible de s'éloigner de ce beau modèle, Bourgelat en donne les dimensions dans les moindres parties.

Ce qu'il y a de plus erroné dans la ferrure de Bourgelat, c'est sa théorie sur la vitalité de la corne, sur la manière de la parer pour provoquer sa régénération plus prompte. Ce point de départ, entièrement faux, a du naturellement le conduire à de nombreuses erreurs pour remédier aux défectuosités du pied. Enfin, Bourgelat a voulu établir des proportions pour les fers destinés aux pieds malades et défectueux. C'était compliquer inutilement la confection de ces fers, qui peuvent être modifiés à l'infini d'après les changements survenus dans la forme du sabot et dans sa consistance.

Et pourtant, à la lecture, les principes de Bourgelat semblent fort judicieux, tant il est vrai qu'il y a loin de la théorie à la pratique :

« *Le premier principe, dans cette opération, est de forger le fer pour l'ongle, et non d'ajuster, et de couper l'ongle pour le fer. Le fer ordinaire pour les pieds antérieurs doit être tel, que sa longueur totale soit quatre fois la longueur de la pince, mesurée de sa rive antérieure, entre les deux premières étampures, à sa rive postérieure ou à la voûte.*

« *Eu égard à l'ajusture, la pince doit se relever en bateau dès les secondes étampures en talons, de deux fois l'épaisseur du fer, à compter du sol à sa rive supérieure en cet endroit; il faut donc que, dès ce même lieu, les éponges perdent terre, du côté des talons, de la moitié de son épaisseur réelle, et dès lors la convexité de la partie inférieure du fer sera d'une fois et demie son épaisseur.*

« *Après que le maréchal a paré le pied, il importe qu'il l'examine dans son repos, sur le sol, à l'effet de s'assurer que, relativement à cette disproportion dans la hauteur de ces mêmes quartiers, il n'est pas tombé dans l'erreur commune.*

« *L'action de ferrer doit être nécessairement précédée non seulement de l'examen des pieds de l'animal, mais de celui de l'action de ses membres, soit au trot, soit au pas, ainsi que de la considération de la justesse ou de la fausseté de leur aplomb.*

« *L'aide lèvera ensuite de nouveau le pied et l'artiste présentera sur cette partie le fer légèrement chauffé; il ne l'y laissera pas trop longtemps, à l'exemple de ceux qui, consumant par ce moyen l'ongle, pour s'épargner la peine de le parer, affament sans considération tous les pieds qu'on leur confie; il se hâtera de plus, dès qu'il l'aura retiré, d'enlever la portion de ce même ongle sur lequel la chaleur du fer se sera imprimée. Il observera que ce fer doit porter justement partout.*

« *La preuve que le fer n'a pas porté sur une partie se tire de l'inspection du fer même, qui se trouve, dans la portion sur laquelle l'appui n'a pas été fixé, plus lisse, plus brillant et plus uni que dans toutes les autres. Lorsque nous disons, au surplus, que le fer doit porter également partout, nous prétendons que son appui doit avoir lieu dans toute la rondeur du sabot, sans en excepter les talons, qu'on croit ordinairement, et très mal à propos, ménager en éloignant le fer depuis la première étampure en dedans et en talon jusqu'au bout de l'éponge; ce qui écrase ces parties, bien loin de les conserver.*

« *Dès que l'appui du fer est tel qu'on le peut exiger, l'artiste doit l'assujettir : il brochera d'abord deux clous, un de chaque côté; après quoi le pied étant à terre, il examinera si le fer est daus une juste position, et il fera ensuite reprendre le pied par l'aide, pour achever de le brocher,*

L'ouvrage de Bourgelat est divisé en plusieurs parties :

Raisons et moyens d'opérer dans la ferrure, considération faite seulement du pied.

Dans ce chapitre, l'auteur examine successivement :

La ferrure d'un pied naturellement beau. — La ferrure d'un pied trop volumineux. — La ferrure d'un pied trop petit. — La ferrure d'un pied trop long en pince. — La ferrure d'un pied trop court en pince. — La ferrure d'un pied trop étroit et trop allongé. — La ferrure d'un pied mou, communément appelé pied gras. — La ferrure d'un pied dérobé. — La ferrure d'un pied de travers, un quartier étant plus haut que l'autre. — La ferrure d'un pied de travers, un des quartiers se jetant en dehors ou en dedans. — La ferrure des chevaux qui ont des bleimes. — La ferrure des chevaux qui ont des seimes. — La ferrure des chevaux qui ont des soies. — La ferrure d'un pied dont les talons sont bas. — La ferrure d'un pied dont les talons sont flexibles. — La ferrure d'un pied dont les talons trop hauts tendraient à l'encastellure. — La ferrure d'un pied encastelé. — La ferrure d'un pied plat. — La ferrure d'un pied plat, large et étendu. — La ferrure du pied comble. — La ferrure du pied qui a un ou deux ognons. — La ferrure des mules de bât ou de somme. — La ferrure des mulets encastelés ou qui s'encastèlent. — La ferrure des mulets dont les talons sont bas. — La ferrure des mulets de charrette et de trait.

Dans ses *raisons et moyens d'opérer dans la ferrure, considération faite du corps et des membres,* l'auteur examine successivement :

La ferrure d'un cheval trop long de corps par le trop de longueur du thorax. — La ferrure du cheval trop long de corps par l'extension de l'os des îles. — La ferrure du cheval dont le corps est trop court. — La ferrure du cheval bas du devant. — La ferrure du cheval qui est dit sous lui. — La ferrure du cheval dont le défaut est diamétralement opposé au précédent. — La ferrure du cheval arqué, ainsi que du cheval brassicourt. — La ferrure des chevaux dont les jarrets sont trop coudés. — La ferrure des chevaux dont les jarrets sont droits. — La ferrure du cheval huché droit sur ses membres. — La ferrure du cheval rampin. — La ferrure du cheval panard et du cheval cagneux. — La ferrure du cheval dont les articulations inférieures se déversent en dedans ou en dehors, et dans d'autres sens quelconques, sans nuire évidemment à la position du pied. — La ferrure du cheval qui trousse, qui relève beaucoup. — La ferrure du cheval qui billarde. — La ferrure du che-

val qui se berce des épaules. — La ferrure du cheval dont l'appui du pied, lors de la foulée, n'a pas lieu par toute sa face inférieure en même temps. — La ferrure du cheval dont les épaules sont nouées, prises, et presque dénuées d'action.

Nous finirons en relevant quelques définitions des fers employés par Bourgelat :

« *Le fer ordinaire pour les pieds postérieurs répond, comme le précédent, par sa longeur, à quatre fois la longueur de la pince, et par sa partie la plus large, qui se rencontre au droit de la seconde étampure en talons, à trois fois et demie cette mesure.*

« *Le fer à lunette est un fer dont une partie des branches et les éponges ont été supprimées.*

« *Le fer à demi-lunette est celui auquel on a coupé une seule éponge et une partie d'une seule de ses branches.*

« *Le fer couvert occupe une plus grande portion de la partie inférieure du pied que le fer ordinaire.*

« *Il en est de même du fer mi-couvert, c'est-à-dire du fer en qui la largeur d'une branche excède la largeur de l'autre.*

« *Le fer à pantoufle présente, dans la partie supérieure de chacune de ses branches, un glacis incliné de dedans en dehors.*

« *Le fer geneté est un fer ordinaire, moins long que ce dernier d'une demi-longeur de la pince, et dont les éponges, une fois plus amincies, sont courbées de court sur plat en contre-haut.*

« *Le fer tronqué n'est ordinairement qu'un fer propre aux pieds de derrière.*

« *Le fer prolongé, et qu'on approprie aux chevaux rampins, ne diffère du fer ordinaire de derrière que par les étampures.*

« *Il est plusieurs espèces de fers, nommés fers à la turque.*

« *Les fers à tous pieds sont de plusieurs sortes, et diffèrent peu du fer ordinaire, quant aux proportions :*

« 1° *Les branches du fer simple à tous pieds sont seulement plus larges et percées sur deux rangs d'étampures distribuées tout autour de ce fer ;*

« 2° *Les branches du fer brisé à un seul rang sont réunies à la pince par entailles, et sont mobiles sur un clou rond rivé dessus et dessous ;*

« 3° *Le fer brisé à deux rangs est semblable à ce dernier par la brisure et au premier par l'étampure ;*

« 4° *Le fer à tous pieds sans étampures, est brisé en pince comme les précédents ;*

« 5° *Les branches du fer à double brisure sont brisées comme la pince de ces derniers.*

« *Il est encore plusieurs espèces de fers à patin. La première présente un fer à trois crampons. La seconde est aussi un fer ordinaire, sous lequel on soude quatre tiges, une à chaque éponge et une à la naissance de chaque branche. Quant à la troisième, elle est encore un fer ordinaire, de la pince duquel on a tiré une lame de quinze centimètres de longueur, prolongée sur plat dans un plan parallèle à celui de l'assiette du fer, suivant sa ligne de foi; cette lame est quelquefois terminée par un petit enroulement en dessous.*

« *Nous ne parlerons point ici de ces fers absolument plats, dont le champ est tellement étroit, qu'à peine ils anticipent sur la sole. Ils sont appelés par quelques-uns, fers à l'anglaise.*

« *La planche en florentine est une large platine, de figure à peu près ovalaire, ouverte d'un trou relatif aux proportions de la sole.* »

En somme, la maréchalerie française n'est rien moins que redevable à Bourgelat, et il faut arriver à cinquante ans plus tard pour voir, grâce aux travaux des vétérinaires anglais sur cette matière, et surtout à leurs recherches sur l'élasticité du pied, les vétérinaires français secouer les langes classiques et adopter une ferrure plus conforme aux principes qui découlent de la connaissance exacte de la physiologie du pied.

Nous ne devons cependant pas oublier le nom de *Chabert*.

Chabert avait la réputation d'être le premier maréchal de son temps; mais comme il n'a point écrit sous son nom de corps de doctrine sur la ferrure, on ne peut admettre l'opinion assez généralement accréditée qu'il est le principal auteur de l'ouvrage publié sur ce sujet par Bourgelat.

Nous aurons l'occasion d'ailleurs de revenir sur le compte de cet hippiatre.

Mais c'est surtout de *Lafosse fils* que nous devons parler à cette place parce qu'il a continué l'œuvre de son père et, partant, la lutte engagée entre lui et Bourgelat.

Lafosse fils réédita, en 1776, la *Pratique de ferrer* de son père, sous le titre : *Guide du Maréchal.* Le renom de cet ouvrage se maintint bien longtemps après lui, puisque nous en voyons une nouvelle édition en 1842. Mais son triomphe fut sans contredit son *Cours d'hippiatrique* qu'il publia en 1772.

Le Cours d'Hippiatrique ou Traité complet de la Médecine des chevaux, était rehaussé de planches fort instructives et gravées avec le plus grand soin.

L'auteur se dépeint lui-même dans sa préface; laissons-lui la parole :

« Quelque temps avant que mes études fussent finies, mon père me prit en particulier et, après m'avoir proposé différents états et montré l'honneur que je pouvois obtenir en exerçant le sien, j'embrassai sans hésiter celui de mes aïeux. J'avois alors treize ans. Pour me rendre habile dans toutes les parties de l'hippiatrique et de la maréchallerie, il me fit passer par tous les grades, et me mit d'abord à la forge où je procédai, comme je le marque à l'article de la ferrure. Quoiqu'il eut, chez lui garçons et domestiques, il voulut que je couchasse dans une écurie, afin que j'apprisse à connaître parfaitement les chevaux, en les suivant la nuit et le jour; il voulut encore que j'étrilasse ceux qui lui appartenoient, et même tous les éclopés qui étoient dans sa maison. Il étoit même défendu à qui que ce fût de m'aider bien que j'eusse souvent de sept à huit chevaux à soigner tous les matins. Je vaquai à cet emploi, qui paroit vil et abject, pendant plus d'un an, et je devins bon palfrenier. De l'écurie, je passai ensuite à la forge comme apprenti où, durant deux ans, je m'appliquai à manier le fer et à le dresser sous le marteau pour lui donner différentes formes. J'appris dans le même temps l'anatomie humaine sous M. Royer, prévôt du célèbre M. Ferrein. Mon père voulut aussi que je sçusse monter un cheval; je fus donc instruit dans cet art par M. Dugard. Quand mon père crût apercevoir que j'avois assez d'instructions préléminaires sur les causes et les signes des maladies des chevaux et pour le traitement des plaies, je l'accompagna par-tout, et bientôt je fis moi-même, sous ses yeux, toutes sortes de pansements et d'opérations. Mais je ne me bornai point là; je suivis les différents cours de M. Ferrein, et m'occupai sérieusement de l'anatomie comparée. Ainsi je fréquentai les voiries, où les écarisseurs furent mes premiers démonstrateurs pour celle du cheval. Déjà versé dans l'anatomie humaine, je tirai peu de secours de leurs leçons; mais je profitai sur les cadavres qu'ils laissoient sur les lieux, en disséquant tantôt une partie, tantôt une autre; en examinant l'effet des maladies qui avoient causé la mort des animaux. C'est là que je me suis instruit sur-tout des maladies des os et de celle du sabot; c'est là que j'ai pu amasser un nombre de pièces curieuses, qui démontrent d'une manière précise la nature et le siège de différentes affections, et les délabrements qu'elles avoient occasionnés. C'est par l'inspection de ces pièces, que j'ai découvert un nombre d'erreurs qui défiguroient l'hippiatrique. Toujours occupé de l'anatomie humaine, je me vis alors en état de préparer, pour les leçons de M. Ferrein, les sujets destinés à ses démonstrations particulières; fonction que j'ai remplie pendant cinq ans. Je fus également en état de répéter aux étudiants en chirurgie, pour M. Royer, l'anatomie, et de leur montrer la manière de faire les bandages et d'appliquer ces appareils. Je n'ai rien négligé, ni épargné, pour acquérir toutes les connoissances capables de me mettre à portée d'exercer la profession que j'avois embrassée, et pour mériter, en hippiatrique, la confiance du public. J'avois environ dix-huit ans, lorsque je fus chargé de démontrer l'anatomie du cheval aux chevau-légers; je me rendois, pour cet effet, tous les dimanches et fêtes à Versailles. Je faisois en même temps cette démonstration, chez mon père, à des maréchaux.

« Vers la fin de 1758, je reçus ordre du ministre de me rendre à l'armée, pour y visiter les régiments de cavalerie, dont les chevaux étoient attaqués de la morve. Appellé à Douai au commencement de la campagne par M. de Puiberneau, capitaine de Royal-cavalerie, je fis tuer les chevaux de sa compagnie chez lesquels la morve étoit invétérée. Depuis long-temps on étoit dans l'usage de brûler les selles, les brides, etc., qui avoient servi aux chevaux morveux; parce que l'on croyoit que la morve se transmettoit par cette voie à ceux qui étoient sains. Je démontrai l'abus de cette coutume et je diminuai beaucoup de dépense. Je visitai les chevaux qui se trouvoient dans ce même quartier. M. le marquis de Seran. alors colonel de Royal cavalerie, m'engagea à faire la campagne attaché à son régiment; je me rendis à ses désirs. Durant cette campagne, je fis tuer quelques chevaux du régiment de Sésel, qui étoit de la division de M. d'Armentières, lieutenant-général, et aujourd'hui maréchal de France; ils furent ouverts en sa présence et en présence de M. de Voyer d'Argenson, aussi lieutenant-général, lesquels étoient accompagnés de plusieurs officiers. Je leur montrai distinctement le siège du mal et le ravage qu'il avait occasionné. Ces messieurs me témoignèrent combien ils étoient contents de la démonstration que j'avois faite devant eux. Sur la fin de cette campagne, M. d'Armentières me donna la division des éclopés et m'envoya à Wesel, où M. de Castellane, gouverneur de cette ville, m'assigna, pour département, Calcar; j'y demeurai environ deux mois et demi, ayant sous ma conduite plus de trente maréchaux.

« En 1759, je fus mandé aux Carabiniers, pour le traitement des chevaux du corps; je fis cette campagne avec eux.

« Je fis, en la même qualité, celle de 1760, en la Légion royale.

« Depuis ce temps j'ai pris des inscriptions en médecine à Paris, et j'ai travaillé à me perfectionner dans la connaissance exacte du cheval. J'ouvris en 1767, un cours gratuit dans un amphithéâtre construit à mes frais;

malgré les traits lancés contre moi par quelques auteurs périodiques au sujet de ce cours, objet qui n'étoit guère de leur compétence, je continuai mes leçons, lesquelles furent néanmoins suivies par un bon nombre de personnes. Je démontrois l'anatomie pendant l'hiver; et j'enseignois la pathologie, ou l'histoire des maladies, pendant l'été. Ces leçons, faites dans la seule vue d'instruire ceux qui, se destinant à l'hippiatrique, manquoient des facultés nécessaires pour se procurer les éléments de l'art, n'auroient pas été interrompues en 1770, si je n'avois eu à cœur de mettre fin à l'ouvrage que je donne aujourd'hui, et qui étoit annoncé depuis plusieurs années. Obligé de préparer moi-même le sujet de mes démonstrations, je n'aurois pu trouver assez de temps pour les écrire; plusieurs personnes le désiroient et me pressoient fortement de tenir l'engagement que j'avois contracté avec le public, en l'annonçant avec mon *Guide du maréchal* qui parut en 1766. »

Ce maneul était la reprise de la « Pratique de ferrer » de Lafosse père. L'anatomie du pied y fut traitée avec des détails, qui, s'ils ne sont pas complets, ont le mérite de l'exactitude.

L'auteur de ce Manuel examine d'abord le sabot, ensuite les parties contenues, les dures et les molles : il attribue aux arcs-boutans non seulement la propriété de servir d'étais aux talons et de les empêcher de se rapprocher l'un de l'autre, mais encore d'être les soutiens de l'os coronaire, qui porte le quart de la pesanteur de la masse de l'animal; et quelquefois la masse totale. Selon lui, la muraille et la sole sont des expansions des nerfs et des vaisseaux lymphatiques, et il n'y a pas dans le cheval de partie aussi sensible que le pied, ou au moins dans laquelle il éprouve tant de douleur. Le même auteur décrit ces différentes chairs sous-ongulées, sans parler de leur texture et de leurs propriétés particulières. Enfin il distingue trois sortes de ligaments articulaires.

Peu de temps après, en 1775 La Fosse publia son *Dictionnaire d'Hippiatrique*. Le plus intéressant de tous ces ouvrages est certainement le *Traité d'Hippiatrique* qui se divise ainsi qu'il suit :

De l'Hippotomie ou anatomie du cheval. — De l'Ostéologie sèche. — De l'Ostéologie fraîche. — De la Myologie. — De la Splanchnologie. — De l'Angiologie. — De la Nevrologie. — De l'Adénologie. — De l'Hygiène. — De l'Hippopatologie. — De la Ferrure.

Nous relevons plus spécialement les titres de ses paragraphes sur la Ferrure :

Description du pied du cheval. — Des défauts de la ferrure actuelle. — Manière de forger et de ferrer. — Précautions à prendre pour ferrer les che-

vaux malins. — Ferrure à mettre en usage. — Ferrure pour aller solidement sur le pavé sec et plombé, tant pour les chevaux de trait, que les chevaux de bât, c'est-à-dire pour les chevaux de carosse, selle et autres. — Ferrure à demi-cercle pour les chevaux de carosse. — Ferrure à demi-cercle pour les chevaux de selle. — Ferrure pour un cheval qui use beaucoup de derrière à la branche de dehors. — Ferrure pour un cheval qui use en pince, tant de devant que de derrière. — Ferrure pour le cheval pinçart de derrière, lequel est sujet à se déferrer. — Ferrure pour un cheval qui forge. — Ferrure pour un cheval qui se coupe. — Ferrure pour un pied faible ou gras. — Ferrure pour les talons bas, faibles et sensibles. — Ferrure pour un quartier serré en dedans, renversé où il y a une rentrée en dedans, dont la sole est bombée, et qui, joint à cela, a un talon foible. — Ferrure pour un pied plat. — Ferrure pour les pieds combles et oignons. — Ferrure pour les seimes. — Ferrure pour les bleimes. — Ferrure pour une fourchette petite, abreuvée d'humidité putride. — Ferrure pour des chevaux qui ont été fourbus et qui marchent en nageant. — Ferrure pour un pied encastelé. — Ferrure pour un cheval que l'on va dessoler. — Ferrure pour un cheval encloué. — Ferrure à tous pieds. — Ferrure pour un mulet qui porte, soit bât, soit une selle. — Ferrure pour un mulet qui est exposé à marcher sur une glace unie. — Ferrure pour donner aux mulets une marche sûre et ferme sur toute espèce de terreins, sur le pavé sec et plombé. — Ferrure pour un mulet qui tire en voiture. — Ferrure pour les ânes. — Réponses aux objections faites contre la ferrure proposée.

Les principes de ferrure de Lafosse fils sont ceux de son père, aussi nous bornerons-nous à quelques citations seulement. Ces citations nous les prendrons d'ailleurs dans son ouvrage antérieur et plus spécial, le *Guide du Maréchal*.

« *Je dirai qu'il est douloureux de voir les maîtres maréchaux recevoir à la maîtrise des aspirants, dont les seuls examens consistent à forger quatre fers crenelés et à crampons, de ferrer un cheval de choix avec ces fers, que l'on lui ote un instant après, pour le ferrer à l'usage ordinaire, et ensuite terminer cet examen en faisant barrer la veine à l'aspirant......*

« *Il n'y a qu'une ferrure à mettre en usage pour les chevaux qui ont bon pied, et qui n'ont pas de défaut, c'est celle de ferrer court, de ne jamais parer le pied. Il faut bien distinguer et ne pas confondre les termes parer et abattre ; parer, c'est vuider le dedans du pied; abattre, c'est rogner la muraille.......*

« *Les fers ne doivent point être couverts. La contre-perçure doit être faite du même côté de l'étampure; l'ajusture doit être douce et à bien dire, un peu relevée en pince; les corps des branches à plat. Les clous, à leurs têtes, doivent être coniques, représentant la figure de l'étampure; il arrive par là, que quand ils sont bien brochés et usés à niveau d'étampure, ils paroissent ne faire qu'un seul et même corps aveç le fer. De pareils fers s'useront minces comme des lames de couteau, et tiendront aussi bien que s'ils étoient neufs; il n'en sera pas ainsi avec les clous à tête carrée......*

« *Les fers doivent garnir tant du devant que du derrière aux chevaux de trait, mais il faut qu'ils soient justes pour les chevaux de selle; les pieds de derrière seront de même serrés courts, et de la même façon : on évitera par ce moyen tous les accidens qu'occasionne la ferrure actuelle. C'est avec plaisir que je vois adopter cette méthode pour la pluspart des maîtres maréchaux, par ceux-mêmes qui la critiquent. Celle qui se pratique à l'école vétérinaire est la même, quoique, par une contradiction incompréhensible, on essaye de la blâmer, etc.* »

Un carrousel à la fin du XVIIIe siècle

La course des têtes et de la bague

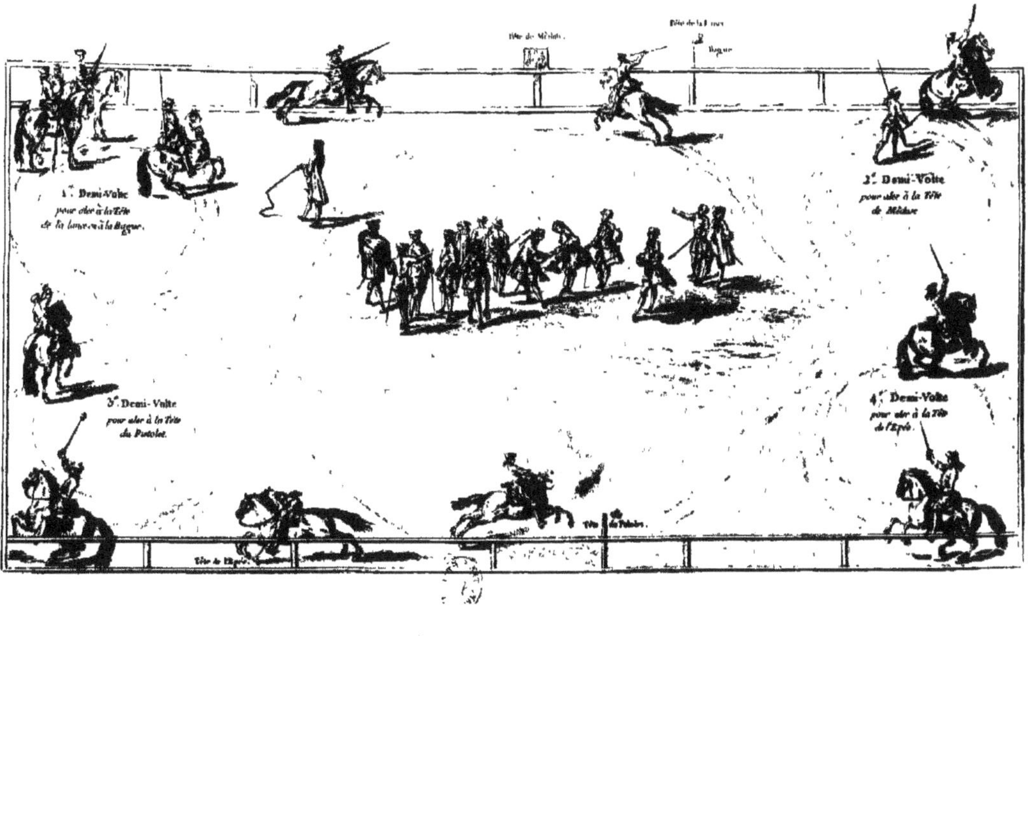

1re. Demi-Volte
pour aler à la Tête
de la lance ou à la Bague.
2e. Demi-Volte
pour aler à la Tête
de Méduse
3e. Demi-Volte
pour aler à la Tête
du Pistolet.
4e. Demi-Volte
pour aler à la Tête
de l'Epée.

XV

Les bâtiments de l'Ecole de Saumur ; les levées d'enceinte en 1772 ; le pont Fouchard, 1774. — Recrutement des Élèves vétérinaires en 1774. — Mottin de la Balme : Essais sur l'Equitation, 1773 : critiques des méthodes d'équitation de la cavalerie, principes généraux de la belle posture à cheval, raisons anatomiques, assouplissements, travail à la longe, leçons de dressage, galop, galop allongé, reculer, remarques sur les allures de la cavalerie, doit-on se servir des deux jambes à la fois ou d'une seule ? choix d'une selle. — Eléments de tactique pour la cavalerie, 1776. — Dupaty de Clam : La science et l'art de l'équitation démontrés d'après nature, 1776 ; principes équestres d'après l'anatomie, la mécanique, la géométrie et la physique ; lois du mouvement ; proportions du cheval ; position du cavalier détaillée et raisonnée, centres de gravité, mouvements des différentes parties du corps, leçons d'équitation, travail à la longe sur le droit, leçons de dressage, le pas d'école, le pli de l'épaule, l'épaule renversée, enlever de la main, arrêt, demi-arrêt, reculer, le départ au galop, les airs de manège ; emploi du cheval au point de vue militaire, trot allongé ; différentes parties de l'équitation, 1781. — M. de Melfort : Traité de la cavalerie, 1776 : officiers en avant, guide au centre, mouvements par quatre, formation sur deux rangs, obliques individuelles, réglage des allures, escadron de direction, etc. — Grandes réformes dans la cavalerie, par le comte de Saint-Germain, 1776 ; réduction de la maison du roi et de la cavalerie de ligne, création des chasseurs, suppression de la vénalité des grades, réglementation de l'avancement, colonels à la bavette, la voie hiérarchique s'établit, coups de plat de sabre, les régiments recrutent eux-mêmes leurs hommes et leurs chevaux, primes de rengagement, création d'un maître-sellier par régiment. — Rétablissement des cadets, 1776 ; écoles royales militaires ; cadets de cavalerie, conditions à remplir, réception, nomination, marque, distinction, solde, entretien, première mise, uniforme.

Pour ne pas perdre la filière de l'École de Saumur, nous devons en dire un mot en passant :

Les bâtiments de la nouvelle école d'équitation s'augmentaient tous les jours. Pour les protéger contre les inondations si fréquentes de la Loire et du Thouet, on avait commencé, en 1772, la construction des levées d'enceinte.

Saumur continuait à être le foyer de tous les regards. L'École d'équitation y était en pleine vogue, et les carabiniers avaient été comblés d'éloges par Louis XVI lorsqu'ils avaient été passés en revue par lui, en 1774.

La ville ne restait pas en retard sur ces progrès. C'était également en 1774 que l'on avait jeté les fondements du pont Fouchard, qui fut terminé en 1778.

Quant à l'École vétérinaire, le recrutement des élèves destinés à l'armée avait changé.

A partir de 1774, les *élèves vétérinaires* cessèrent d'être recrutés dans les corps, et l'officier qui les commandait les choisit parmi les apprentis maréchaux. Il fut arrêté qu'ils devaient contracter un engagement de quatre années pour l'École, et de huit années en sus pour servir dans les régiments. Alors ce fut exclusivement à l'École vétérinaire, que les corps de troupes à cheval durent puiser leurs maréchaux experts.

Nous avons déjà annoncé Mottin de la Balme comme réformateur de l'équitation militaire. c'est en 1773 que parurent à Amsterdam ses *Essais sur l'Équitation.*

Mottin de la Balme, élève de d'Auvergne, fut d'abord aide-major dans la gendarmerie de France (gendarmes rouges) dont il dirigea le manège à Lunéville. Il a fait plusieurs ouvrages dans lesquels on trouve les bases qui inspirèrent nos règlements.

Il écrivit plus comme officier de cavalerie que comme écuyer ; ses *Essais sur l'équitation* se rapportent cependant presque exclusivement à l'art équestre. Il insiste sur la nécessité d'avoir des officiers et des cavaliers montant bien à cheval.

Parcourons donc les : « Essais sur l'Équitation ou *Principes raisonnés sur l'art de monter et de dresser les chevaux. Par M. Mottin de la Balme, capitaine de cavalerie, et officier major de la Gendarmerie de France.* »

L'auteur nous résume ses idées dans sa préface : « *Si je suis assez heureux pour avoir apporté quelque clarté sur la manière de placer un cavalier ou dresser un cheval, et pour que cet essai eût quelque succès, je donnerai un autre volume, servant de suite à celui-ci sur les airs relevés, la leçon des piliers et les voltes, dont je ne dirai rien ici, avec un petit traité sur la manière de médicamenter les chevaux dans les maladies les plus ordinaires auxquels ils sont sujets, tiré des bons ouvrages sur l'hippiatrique. J'y joindrai la description d'une machine très simple, que j'ai imaginée, dont l'effet est semblable à celui qu'occasionne un sauteur dans les piliers, que l'on pourra placer dans un appartement, si l'on veut, pour la commodité des personnes qui voudraient en user dans la vue d'exercer et assouplir leurs corps. Je me bornerai, à la fin de ce premier volume, à donner les raisons qui peuvent prouver l'inutilité d'une quantité de selles et de mords de toute espèce, dont on se sert encore dans bien des endroits. J'expliquerai comment il faut choisir et dresser un cheval au feu et au montoir pour les convalescens, qui cherchent à recouvrer leurs forces, pour les personnes âgées et les femmes qui désirent aussi s'exercer, tant pour raison de santé que pour l'agrément; la manière générale de soigner les chevaux soit à l'écurie ou en voyage, pour la conservation d'un être si précieux.* »

Après ce préambule, Mottin de la Balme entre dans son sujet en visant plus spécialement la cavalerie dont il critique les méthodes d'équitation.

« *Tout partisan que je suis de l'équitation, tout partisan que je suis encore de l'avantage que l'on peut tirer de ses principes, appliqués à l'instruction de la cavalerie, je n'ai pas moins vu, avec beaucoup de peine, l'enthousiasme qui nous a portés, depuis la dernière paix, avec si peu de modération à estrapasser les chevaux, et à excéder les cavaliers par un travail continuel pendant la journée, et souvent même aux flambeaux dans les manèges qui ont été édifiés à cet effet.*

« *Premièrement, il n'y a point d'uniformité dans l'instruction; ici on faisait jetter l'assiette en dehors; là on exigeait que ce fut en dedans; ailleurs qu'on la laissât droite; loin de simplifier le travail, on a, au contraire, beaucoup cherché et innové, errant longtemps, comme on a toujours fait en équitation, sans se fixer à un objet.*

« *Des officiers choisis, ainsi que des maréchaux-des-logis et des cavaliers ayant passé environ deux ans aux écoles, sont partis avec des prétentions pour instruire leur régiment. Pleins de zèle et de confiance en leurs lumières, ils ont donné la même leçon aux vieux chevaux que l'on donnait aux jeunes; les cavaliers, chez qui les vieilles habitudes et l'âge ont rendu l'art inutile, ont été obligés de prendre la posture à cheval que l'on pouvait seulement faire prendre aux jeunes cavaliers qui en étaient susceptibles; avec les mêmes moyens, ils ont cru forcer la nature, et assouplir également les corps, sans distinction d'âge, d'aptitude et vaincre enfin les obstacles puissants qu'elle oppose par ses immuables lois.*

« *Avant d'exposer les excès où l'on s'est laissé conduire d'une erreur à l'autre, il faut convenir, pour la justification de ceux qui ont été employés à instruire la cavalerie, que rien n'est si facile que de s'abuser sur ses connaissances, lorsqu'on ignore les trois principes qui conviennent à ce corps, sur lesquels on doit s'étayer pour cette instruction.*

« *On croit tout voir et tout savoir quand on ne fait rien et ne voit rien, ou très peu de chose. A-t-on quelques légères notions sur un objet, on part de là pour se persuader qu'on ne doute de rien? Voilà pourquoi on est si flatté dans ce cas de faire passager, rassembler ou piaffer les chevaux, sans s'inquiéter s'ils sont droits et d'aplomb, s'ils sont assouplis, s'ils sont assis, ou, ce qui est bien différent, seulement pliés sur les jarrets.*

« *Aussi on n'a fait aucune difficulté d'exercer les chevaux la demi-épaule en dedans, ensuite les hanches en dehors sur les cercles, puis à fuir les talons, la tête et la croupe au mur, à changer de main ou à prendre des demi-voltes de deux pistes, à galoper en cercle et dans le droit, de tel ou tel pied ; rien ne paraissait impossible, on a entrepris toute espèce de difficulté avec la plus grande sécurité sur ce qui pouvait en résulter.*

« Cependant les cavaliers ne sentaient presque rien de tout ce qu'un homme de cheval doit sentir pour plier, placer, mettre droit et d'à-plomb, assouplir et rendre agréable l'animal qu'il éduque. Loin de concourir, par l'aplomb et les à-propos des aides, aux mouvements plus ou moins réglés des chevaux sur le droit ou circulairement, ils n'ont pu avoir recours pour cela qu'à la force, à la violence et aux châtiments les plus rigoureux. Afin d'accélérer l'instruction que l'on avait pour objet, on a eu recours, par un effort de l'imagination, à des moyens à mon avis bien extraordinaires. Ils consistaient à enfiler, si je puis me servir de cette expression, un certain nombre de chevaux à une grosse longe, arrêtée à un poteau autour duquel les malheureux chevaux faisaient des circonvolutions ; à mettre les cavaliers à la torture avec des courroies qui tiraient fortement les épaules en arrière, ainsi que le cou et la tête, pour leur faire ouvrir la poitrine en les martyrisant ainsi par des efforts douloureux, en leur faisant arrondir les poignets, en exigeant qu'ils allongeassent beaucoup les cuisses pour les faire paraître plus grands à cheval, en leur faisant jeter l'assiette à droite et à gauche pour les assouplir et leur donner plus promptement de l'aplomb, etc. Il n'est pas nécessaire de faire ici de longs raisonnements pour donner des certitudes sur l'invalidité de ces merveilleux principes inventés, sans doute, par un de ces cerveaux creux, dont les connaissances anatomiques n'étaient que le résultat de quelques notions vagues et incertaines. En mettant les têtières des cavessons qui étaient liés de distance en distance à la longe, à quinze ou vingt chevaux pour les faire exercer à la fois circulairement, pour leur donner de la précision et les assouplir, on a fait revivre les principes de M. de la Broue, qui faisait creuser des fossés dans les manèges pour exécuter des voltes avec justesse, et ceux du duc de Newcastle, qui, pour affranchir l'encolure, attachait la longe du cavesson à l'arçon de la selle, pour amener de force la tête et l'encolure dans la volte. Il faut qu'on ait été étrangement séduit et aveuglé par une invention de cette nature pour n'avoir pas senti que les chevaux, loin de s'assouplir, roidiraient leurs encolures pour faire porter une partie de leur corps par cette longe arrêtée à un point fixe, et s'en servir comme d'une cinquième jambe, ce qui ne pouvait que les rendre plus difficiles à conduire, lorsqu'ils ne seraient soutenus, à l'escadron, que par les mains vacillantes des cavaliers qui voudraient les diriger.

« Ce qui concerne les cavaliers est aussi ridicule. En faisant jeter l'assiette en dedans ou en dehors, on ôte l'aplomb qu'ils doivent prendre sur les

tubérosités des ischions, on les fait craindre de tomber, ce qui augmente la roideur. La cuisse de dehors fort allongée par son poids et celui de la jambe, les fait placer sur la fourchure : les muscles du côté droit, si c'est à droite que l'on travaille, se contractent; ceux opposés prennent un degré trop considérable de tension qui occasionne un tiraillement douloureux, lequel ôte l'élasticité des parties musculaires et des ligaments articulaires. Il en est de même en arrondissant les poignets, en ouvrant la poitrine avec effort; la moindre contrainte enfin s'oppose invinciblement à ce que les parties qui composent la mécanique du corps s'assouplissent. Ce que je viens d'avancer n'est point hasardé, ce sont des choses généralement reconnues en physiologie. Il n'y a pas un seul naturaliste dans l'univers qui ne soit de cet avis; mais voilà comme nous sommes, nous autres Français, nous courons promptement aux extrêmes. Aussi, loin d'accélérer les choses que notre impétuosité naturelle nous fait souhaiter ardemment de voir perfectionner tout de suite, nous y faisons obstacle, faute de réfléchir mûrement sur les moyens d'accélération que nous employons en conséquence. N'est-il pas incroyable qu'une nation, éclairée à tant d'égards, ait imaginé que des hommes âgés de quarante à soixante ans soient susceptibles de s'assouplir, qu'ils pourraient dresser des chevaux, les rendre légers, adroits, souples, dociles, célères; que l'on n'ait pas au moins soupçonné, que c'était donner un coup d'épée dans l'eau, que de faire exercer, à cheval, des vieux corps, dont les ressorts ont perdu pour toujours les trois quarts de leurs jeux, parce que, à un certain âge, les apophyses s'ossifient et même les muscles qui servent d'attache; que c'était fatiguer, estropier inutilement et ôter la confiance que des soldats expérimentés ont à leurs forces et à leur adresse; que c'était enfin le vrai moyen de faire envisager les chevaux, par les cavaliers (qui doivent les aimer et les soigner), comme l'instrument de leurs peines et de leur destruction.

« Qu'était-il besoin pour fourrager en campagne, passer des marais, et cheminer dans la boue souvent jusqu'au ventre des chevaux, dans les bois ou dans les bruyères, sur le sable et sur les cailloux, gravir ou descendre des montagnes, faire des conversions, marcher en colonne ou de front, etc.; qu'était-il besoin, dis-je, de faire rassembler, piaffer, passager des chevaux qui non seulement n'avaient pas besoin de ces leçons, mais qui n'en sont pas susceptibles, surtout étant exercés par des cavaliers qui les corrigent quand il faudrait les caresser, qui donnent des saccades lorsqu'il est instant de rendre, qui s'opposent sans cesse au mouvement de l'animal par le balancement de leur corps, qui n'est pas plus souple que d'à-plomb? Que l'on abandonne les leçons de passage pour donner de l'assiette aux jeunes cavaliers, en les faisant trotter

long-temps sur des chevaux destinés à cet usage, et que ce soient des personnes instruites, qui connaissent la méchanique du corps. Qu'on explique aux cavaliers comme, sans le secours de la bonne assiette, il est impossible d'arrêter, diriger et se rendre maître de leurs chevaux, pour qu'ils puissent bien les conduire à l'escadron et à l'ennemi. Que les jeunes chevaux soient exercés par des cavaliers les plus capables et les plus patients, long-temps en bridon, au pas, au trot, plutôt sur les chaussées que dans les manèges; qu'on ne les rende pas trop sensibles aux aides; qu'on ne les fasse galoper qu'en plaine et rarement, après qu'ils auront été préparés huit mois au trot; qu'on ne s'inquiète point sur quel pied l'on donne les différents dégrés aux allures; qu'on rénonce enfin à ce raffinement d'instruction, qui ne convient aucunement à la cavalerie, et on fera avec les petits moyens que j'indique ici et dans mes essais, de plus grandes choses, qu'en persévérant à suivre les principes que l'on a adoptés.

« *Je termine cette longue note par observer que généralement, dans les troupes, on s'occupe trop à manœuvrer, et pas assez à s'instruire à marcher avec la célérité et l'ensemble de mouvement qui produit cette unanimité d'effort si redoutable à la guerre, où l'on marche beaucoup et où l'on ne manœuvre pas.* »

L'auteur expose ensuite les principes généraux de la belle posture à cheval. — « *Ayant choisi un cheval de taille de hussard ou de dragon, très docile, auquel on mettra un cavesson, il faudra placer l'élève bien assis au milieu de la selle, les reins droits et un peu pliés en avant, de manière que la ceinture soit près du pommeau, pour s'unir au mouvement du cheval; la tête haute et libre, d'a-plomb sur les épaules; la poitrine élevée et bien ouverte; la pointe des épaules en arrière, abattues et d'aplomb sur les hanches; le haut du corps, appelé buste, aisé, libre et droit; le plat de la cuisse collé sur les quartiers de la selle, sans serrer les genoux, les jambes libres, assurées, tombant perpendiculairement entre le ventre et les épaules; les pieds sur la ligne des jambes parallèles au corps du cheval, la pointe plus basse que les talons avec les étriers; les bras sur la ligne du corps tombant naturellement à un pouce environ des hanches; les avant-bras et les poignets sur une ligne droite et horizontale, de manière que la main qui tient la bride soit à trois pouces du ventre; les rênes dans la main gauche séparées par le petit doigt lorsqu'on travaille à droite, et dans la main droite à poignée lorsqu'on travaille à gauche; le filet dans l'un et l'autre cas, dans la main opposée à celle qui tient la bride, les ongles un peu en dessous; la gaule dans la main droite, le bout en avant et incliné vers l'oreille gauche du cheval, on la fait siffler pour lui donner de l'action en élevant le poignet qui la tient au dessus de la tête, ce qui donne beaucoup de grâce au cavalier. On peut aussi s'en servir avantageusement pour donner de l'activité aux épaules en frappant doucement dessus, ainsi que sur la croupe, en la tenant la pointe en bas et en arrière sous le bras droit.* »

Mottin de la Balme reprend ensuite le détail de la position pour en expliquer les raisons anatomiques et démontrer les inconvénients des défauts contraires tant pour le cavalier que pour le cheval :

« *Des bons effets de l'assiette, démontrés par la comparaison entre un homme de cheval et une personne qui n'aurait que peu ou point de principes. — Effets de la souplesse du corps. — Avantages de l'équilibre. — Effets de la tenue. — Réaction du corps du cavalier sur le cheval.* L'auteur explique les effets par l'anatomie du cheval. — *Comparaison de la bonne assiette avec la mauvaise.* Il démontre encore par l'anatomie et par l'équilibre que le cavalier qui a une bonne assiette, résiste plus facilement aux défenses et aux réactions du cheval, tandis que celui qui en a une mauvaise gêne le cheval et lui fait perdre une partie de ses moyens. Mais Mottin de la Balme n'a pas su éviter l'écueil de la prolixité et des répétitions dans les commentaires, qu'il nomme *récapitulation*, dont il fait suivre ses principes généraux de position. Sans le suivre dans ses développements, nous extrayons de sa récapitulation ce qu'il faut considérer comme principe essentiel et comme progrès.

Bien assis dans le milieu de la selle. — « *C'est-à-dire faire appui sur les deux tubérosités des os ischions ; que ces deux points d'appui soient égaux, pas plus près des battes, ni plus à gauche qu'à droite l'un que l'autre, en sorte que le coccyx soit le troisième point formant la séparation exacte du milieu de la selle, qu'il faut regarder comme le centre de gravité des masses réunies.....* »

On pourrait croire, d'après la rédaction de ce paragraphe, que La Balme partage aussi l'opinion de Dupaty relativement à l'appui sur le coccyx, mais ce défaut de clarté est rectifié dans l'analyse qu'il fait de Dupaty : « *Il est physiquement impossible, dit-il, de faire appui sur le coccyx. Outre qu'il est plus ou moins recourbé et, par conséquent, trop court pour servir de troisième point d'appui, comme le veut l'auteur* (Dupaty), *c'est un cartilage incapable de supporter la moindre pression sans occasionner une vive douleur, à plus forte raison s'il servait de base à une masse telle que celle du corps d'un homme à cheval.....* »

L'auteur insiste sur la nécessité d'assouplir les cavaliers : *Moyens d'ins-*

truire et assouplir en peu de temps le cavalier. C'est par le travail à la longe :

« *On doit avoir le plus grand soin de lui recommander souvent de se grandir du haut du corps ou buste sans lever les épaules.....*

« *Danser, tirer les armes en se fendant bien, voltiger, jouer à la paume et généralement tous les exercices concourent unanimement à donner l'à-plomb et la souplesse nécessaires pour bien mener un cheval.....*

« *Il faudra trotter, suivant ces principes, au moins trois mois, une heure chaque jour, sur un grand cercle.* »

Viennent ensuite les leçons qu'il faut donner aux chevaux pour les assouplir et dresser.

Première leçon. — Cette leçon est très sagement et très finement raisonnée, aussi l'auteur est-il en droit d'ajouter : « *Chacun se mêle de faire trotter les chevaux à la longe, imaginant qu'il n'y a qu'à les faire courir sur un cercle pour les instruire et les assouplir. La plupart de ces donneurs de leçons sont si persuadés que cette manière d'exercer doit produire le bon effet de dénouer, assouplir, plier et placer le cheval, que le plus souvent ils ne le regardent pas même aller, s'inquiétant peu de la position qu'il prend, pourvu qu'il marche ou coure....*

« *On augmentera ainsi graduellement tous les jours, pour qu'il prenne, à cette leçon, le ressort, le jeu et la souplesse dont le cheval est susceptible. Quand il déploie bien ses membres pour embrasser le terrain, après l'avoir fait trotter pendant un mois, une heure par jour, dont demi-heure le matin et demi-heure le soir, ou d'un jour à l'autre, suivant sa force et sa vigueur, on pourra le monter avec les précautions expliquées dans les leçons suivantes.*

« *On sera surpris que je n'aie pas dit d'élargir la croupe, comme le répètent si souvent les auteurs qui donnent quelques règles pour exercer et assouplir un cheval. Pour justifier ce silence, je donnerai pour raison (et j'offre à le prouver) qu'il est physiquement impossible à un cheval quelconque d'étendre son trot sur un cercle, sans que l'arrière-main ou croupe ne soit plus éloignée du point central que les épaules qui la précèdent. Il serait donc aussi inutile que ridicule de recommander d'éloigner et élargir la croupe avec la chambrière.* »

Deuxième leçon. — Avec la longe le cheval monté.

« *Je suppose que le cheval est dressé au montoir ; on le promènera au très petit pas ; le cavalier qui le monte le conduisant sur un grand cercle autour d'une personne qui tiendra, avec soin, la longe d'un cavesson qui doit être à la tête du cheval pour le contenir et parer quelques défenses, en faisant onduler la longe avec plus ou moins de force, suivant le besoin. S'il s'arrête, il faut le déterminer en avant avec la chambrière et la gaule. On le promènera deux ou trois jours à une main et à l'autre, sans exiger autre chose de lui; puis on le fera trotter, commençant toujours par lui faire reconnaître le terrain, au pas, aux deux mains. Ce doit être la jambe du cavalier qui, d'accord avec la gaule, fasse partir le cheval au trot; voici comment: on approchera doucement la jambe, en baissant un peu les deux mains dans le moment où l'on voudra frapper de la gaule; elle s'approchera, dis-je, et pressera un peu sur le ventre, ce qui, répété trois ou quatre fois à propos, fera croire à l'animal que c'est la jambe qui le frappe, et dès qu'elle s'approchera à ce degré, il se portera en avant. On en usera de même aux deux mains, soit au pas ou au trot.*

« *Alors on doit chercher à plier l'encolure sans force et très doucement. Pour y parvenir, on tiendra le bridon des deux mains, les deux poignets assez loin l'un de l'autre pour que les rênes du bridon ne portent pas sur l'encolure, ce qui empêcherait l'effet.*

« *On tiendra le cheval à la leçon au pas et au trot sur les cercles, suivant ses dispositions, pendant un mois, en travaillant une heure par jour; après lequel temps on exercera suivant les mêmes principes sur des lignes droites, en cheminant de temps à autre sur des cercles pendant deux mois encore, cherchant simplement à placer, régler l'allure, tenir droit et d'à-plomb le corps du cheval sans entreprendre de le rassembler ou le contraindre. Dès qu'on sentira qu'il viendrait de lui-même se rassembler, on l'étendra sur des lignes droites d'un trot allongé sans néanmoins l'abandonner sur ses épaules, Cette leçon et la précédente ne devant servir qu'à ce qu'on appelle débourrer les chevaux, il serait nuisible d'admettre des temps de piaffer ou croisés; ils ne sont propres qu'à flatter les ignorants qui passent leur vie à ruiner et désespérer les malheureux chevaux que le sort amène dans leurs cruelles mains.* »

Troisième leçon. — « *Soit sur des cercles ou sur des lignes droites au pas écouté ou au trot, le cheval placé toujours avec le bridon, on aura soin de marquer de temps à autre des demi-arrêts en lui donnant un peu d'action, et en le renfermant, c'est-à-dire en retenant l'avant-main avec les rênes du bridon, et en chassant les hanches dessous avec la jambe de dedans. L'animal répondant, sans se traverser, à ces mouvements, prendra avec le cavalier qu'il porte un à-plomb plus parfait qu'en allant d'un pas ou trot lâche, et aura conséquemment plus d'ensemble dans ses mouvements; à l'instant même il faudra lui rendre le bridon, et s'unir de plus en plus à lui pour le mettre plus à son aise, ce sera lui donner la récompense due à son obéissance et qui doit la suivre. Toute l'équitation tient aux récompenses données à-propos.*

« *Il faut pratiquer deux mois cette leçon avant de passer à la suivante.* »

QUATRIÈME LEÇON. — « *On continuera pendant quelques jours de donner, au trot dans le droit, ainsi que je l'ai expliqué, de la légèreté, de l'union, et du brillant au cheval toujours en bridon, en finissant la leçon au pas sur un grand cercle. Après avoir travaillé aux deux mains sur le cercle, on arrêtera les épaules en les amenant en dedans, et en sentant un peu plus d'appui sur les lèvres avec les rênes de dehors, en même temps la jambe de dedans chassera doucement la croupe sans inquiéter le cheval. Dès que l'animal aura fait un seul pas croisé chevalant les jambes de dedans sur celles de dehors, on lui fera la récompense accoutumée, en diminuant la pression soit de la jambe, soit du bridon, d'une ligne seulement pour le reprendre l'instant d'après, et pendant qu'il est encore en mouvement, prenant les mêmes soins à chaque pas croisé qu'au premier, et ainsi de suite dix ou douze pas à la même main, et autant à l'autre par les moyens contraires, observant de changer de main en le tenant droit, comme je l'ai dit ci-devant, ensuite on l'enverra à l'écurie.*

« *Il est impossible de prescrire le temps où l'animal doit passer d'une leçon à une autre. C'est l'intelligence du cavalier et son habileté qui peuvent en faire décider plus ou moins bien.*

« *Le cheval ayant donc la souplesse nécessaire pour exécuter ce qui vient d'être dit, on le mènera l'épaule en dedans aux deux mains sur des lignes droites pendant dix ou douze jours encore, observant toujours de ne point l'excéder de fatigue, et de le trotter parfois dans le droit. En diversifiant ainsi son exercice, il sera moins tenu dans la crainte et on le mettra plus à son aise. Cette leçon bien donnée, on s'appercevra d'abord comme l'animal en peu de temps est devenu plus adroit, plus léger, plus sensible aux aides, conséquemment plus agréable. De là, le plaisir que l'on prend à dresser les chevaux, qui vient de voir fructifier ses soins et de l'espèce de conversation que l'on a avec eux en les exerçant, par le moyen des signes qui leur font connaître nos volontés.* »

CINQUIÈME LEÇON. — « *On se servira encore du bridon dans cette leçon, ainsi que dans les précédentes, en exerçant le cheval au pas et au trot, suivant les mêmes principes que ci-devant pour le disposer au galop. On divisera le travail en trois reprises, l'une au pas, l'autre au trot et la troisième mêlée du trot et du galop.*

« A la reprise au pas, on prendra les changements de main de deux pistes.

« Ayant exercé ainsi pendant huit ou dix jours, on pourra prendre les changements de main de deux pistes au trot raccourci et battu avec action, le cheval bien dans la main et dans les jambes. En même tems qu'on travaillera au trot, il faudra l'instruire au pas à bien exécuter les contre-changements de main de deux pistes, qui ne diffèrent des changements de main que par la figure. »

Sixième leçon. — « *Les pas croisés que l'animal aura faits dans les leçons précédentes, doivent l'avoir non seulement assoupli, placé, rendu libre d'épaules et de hanches, mais un peu assis et rendu très sensible aux aides. Il ne sera pas difficile actuellement de le faire cheminer aux deux mains, la tête et la coupe au mur.*

« Veut-on se porter ou cheminer de gauche à droite, on soutiendra les deux mains en fermant la jambe gauche pour chasser et faire cheminer les hanches en les contenant et réglant la cadence avec la jambe droite. Si le cheval avançait et sortait de la ligne, les mains doivent le contenir en marquant des demi-arrêts ; si, au contraire, il reculait ou s'entablait, la jambe droite doit y remédier en le portant en avant ou en le contenant toujours dans la ligne. On aura recours aux aides du corps, quelques jours après l'avoir fait exercer à cette leçon. On pourrait même commencer par là sur un cheval bien sensible, qui connaît bien les aides les plus fines.

« Il serait inutile et nuisible même de mener le cheval près d'un mur, suivant les principes de plusieurs auteurs, car tout homme de cheval doit supposer des lignes à sa volonté et les faire exactement suivre à son cheval, sans s'aider des murs et des barrières.

« A l'égard du galop, je ne puis me dispenser d'expliquer, avant de passer à la septième leçon, comment il faut s'y prendre pour parvenir à instruire promptement les chevaux à cette allure la plus élevée, la plus célère et la plus brillante.

« Il faut tenir l'animal plus renfermé qu'à l'ordinaire et donner l'activité à ses mouvements, en soutenant les mains, puis rendre doucement, pour qu'il ne se précipite pas sur les épaules. On sentira tant soit peu plus la rêne de dehors, sans déranger le beau et avantageux pli de l'encolure ; on chassera, soit des jambes, soit de l'assiette ou de toute autre aide, le cheval en avant, dans l'instant que l'appui du mords fait moins d'effet sur les lèvres, jusqu'à ce que l'animal soit parti. Alors on entretiendra sur la ligne droite dix ou douze pas, ensuite on le passera au trot pour recommencer la même

opération, un instant après, toujours dans le droit et cinq ou six fois de suite aux deux mains avec les mêmes moyens. Les chevaux qui ont la belle cadence, marquent au galop, à chaque pas ou saut en avant, quatre tems et ceux qui ont la cadence ordinaire, en marquent trois seulement, les tems de chasse doivent se faire différemment qu'au trot, c'est-à-dire précisément dans l'instant où le pied de derrière va faire sa foulée, parce que c'est ce pied qui commence le branle du galop à droite, chasse et élance la machine en avant. »

L'auteur ajoute qu'il en a dit assez pour apprendre à partir au galop sur le bon pied, cela ne nous semble pourtant pas suffisant.

Septième leçon. — « *L'animal habitué à partir facilement à l'une et l'autre main, du bon pied et sans se désunir, on lui fera faire un tour ou deux de manège, puis arrêter et changer de main au trot; ainsi de suite alternativement. Quand, enfin, il soutiendra bien le branle du galop, il n'ira pas plus vite dans un moment que dans un autre, on pourra lui faire soutenir la reprise à deux changements de main dans le droit, sans passer au trot, observant de lui en faire battre un temps ou deux, avant qu'il reprenne à l'autre main au galop. Quinze jours après, on ajoutera au premier deux autres changements de main, selon la vigueur et l'haleine du cheval. Dès qu'il répondra bien facilement, en changeant de pieds, après avoir battu un temps de trot, il faudra l'instruire à changer d'un temps de galop à un autre, c'est-à-dire dans l'instant où les quatre pieds sont en l'air, on fera passer les jambes de dehors devant, en arrivant sur la ligne de la muraille. Cela se fera aisément dès que le cavalier aura soin de renfermer son cheval, en appellant de la langue, aidant du corps, en l'inclinant sur le mur (ce qui est le côté de dedans avant que l'animal ait changé de pied, et qui devient celui de dehors l'instant d'après); on doit aussi retarder l'épaule de dedans, qu'il change pour que celle de dehors agisse, et que la jambe dépendante de cette épaule mène et entame à son tour. On aura grand soin, ainsi qu'il est dit au trot, de placer promptement le cheval, en même temps qu'il change, si cela se peut, dans les commencements, ce qui accélérera son instruction.*

« *Après qu'il sera bien confirmé dans le droit au galop, et qu'il changera de pieds à la volonté du cavalier, on pourra prendre des changements de main de deux pistes; peu de temps après, les changements de main, et contre-changements de main dans le droit, avec les gradations observées pour le trot. Je viens de dire qu'il était essentiel de plier le cheval en même temps qu'il change. Par suite, on l'amènera suivant ce principe, en le récompensant à propos, à changer de pied en le pliant seulement, et aidant un peu du corps, en changeant l'à-plomb selon le besoin. Dès lors, cette justesse et cette grande précision rendra l'animal agréable, le cavalier pourra lui faire exécuter toutes les figures connues dans les manéges sans que l'on apperçoive ses aides; ce qui caractérise la belle posture du cavalier, le brillant, la noblesse, et la grâce du cheval exercé, qui font tant de plaisir au spectateur instruit, et plus encore à l'écuyer qui l'éduque.*

HUITIÈME LEÇON. — « *Pour exercer le cheval bridé, il n'y aura de difficulté qu'à tourner à droite ou à gauche, pour la main seule de la bride, en ce que l'effet est différent dans cette action qu'en bridon.*

« *Je ne dirai rien des figures ni de ce qu'il faut mettre en pratique pour faire des voltes; on trouve ces figures gravées presque dans tous les livres qui traitent de l'équitation; quant aux moyens, ils sont les mêmes qu'aux changements, contre-changements de main de deux pistes. Il n'y a que des degrés plus ou moins considérables et l'à-propos relativement à l'allure qui peuvent faire une différence. Au surplus, comme il y a très peu de personnes en état de conduire les chevaux dans la justesse qu'exigent les voltes, qui d'ailleurs n'ont que très peu d'utilité, on fera bien de ne pas s'engager dans ces difficultés, qui peuvent occasionner la ruine des chevaux, parce qu'elles sont toujours aux dépens de ces victimes de l'enthousiasme d'un homme à prétention.* »

Il faut se rappeler qu'à cette époque les voltes étaient comprises à deux pistes.

Mottin de la Balme recommande d'exercer le cheval au galop allongé : « *Les chevaux de guerre, de chasse et de voyage doivent être vites. On observera de bien s'assurer de se tenir bien d'à-plomb, et de ne point arrêter accoup, d'un seul tems, le cheval élancé dans une échappée de main; il faudra ralentir, au contraire, par plusieurs temps d'arrêt légers, un peu plus soutenus qu'à l'ordinaire, ou par un seul continué graduellement, jusqu'à ce que l'animal ait paré.* »

« *Je terminerai mes huit leçons par l'action de reculer dont je n'ai point encore parlé, parce que je pense, malgré l'opinion qu'ont plusieurs écuyers,* « de commencer de bonne heure à instruire les chevaux à reculer pour les « dresser plus promptement, » *qu'il conviendrait beaucoup mieux de finir que de débuter par là.* »

Dans les *remarques sur les allures,* l'auteur explique le mécanisme du pas, du trot et du galop. Il établit trois sortes de pas : le *pas lent,* le *pas le plus diligent* et le *pas le plus étendu possible.*

« *Il serait d'une grande utilité pour la cavalerie, dit-il, que l'on donnât ces degrés aux chevaux. Rien ne contribuerait plus à rendre la marche célère et à épargner beaucoup de peines inutiles pour éviter l'allongement. On oblige les officiers majors à courir continuellement le long des colonnes qui s'allongent, criant :* Serrez, serrez à vos distances*! Il résulte de ce soin que chacun galope ou trotte, si l'on est au pas, pour rejoindre promptement la distance perdue. Il en advient non seulement du désordre mais des à-coups et une grande fatigue en pure perte.*

« On ferait très bien de préférer le trot au galop dans la cavalerie, quand il ne s'agira que de se porter promptement sur un terrain ou position avantageuse à la guerre. On ferait autant, même plus de chemin et avec moins de désordre qu'au galop, s'il faut courir un certain espace, outre que l'on pourrait charger avantageusement en arrivant, n'ayant que trotté ; et qu'au contraire, si l'on a galopé, les chevaux, étant hors d'haleine, ne feront qu'une mauvaise et infructueuse charge.

« Comment a-t-on pu mettre en comparaison le trot avec le galop, pour la charge de la cavalerie, en disant que le galop fait décrire au cheval une parabole qui rend son choc moindre qu'au trot ? Il faut avoir une idée bien fausse de l'impulsion de l'une ou de l'autre de ces allures et de leur progression.

« Que l'on fasse donc partir au galop un corps de cavalerie qui doit en charger un autre, quand on sera à cinquante pas, et ventre à terre lorsqu'on en sera à trente, l'on verra fondre et disparaître le corps chargé, quand même celui qui charge n'aurait point de sabre, pourvu que l'on tienne les chevaux bien droits sur la ligne que chacune des parties qui composent le tout doit suivre. »

Les chapitres suivants traitent :

Des défenses des chevaux occasionnées par les vices de conformation ou par mauvaises habitudes. — Causes des désordres. — Principes pour corriger les chevaux. — Moyens généraux pour les chevaux dangereux. — De la diversité des caractères et ce qui les occasionne. — Industries des hommes pour soumettre et rendre les chevaux agréables. — Impression des corps sur les organes des chevaux. — Effets de l'attachement qu'ont les chevaux pour leur espèce. — De quelques causes qui produisent en eux la frayeur. — Besoin qu'ils ont de veiller à leur conservation. — Soins que l'on doit prendre pour choisir et dresser un cheval propre à monter les personnes des deux sexes qui désirent exercer pour acquérir de la santé ou l'entretenir. — Des principes pour dresser les chevaux au montoir. — Des soins qu'il faut prendre pour dresser les chevaux au feu. — Des aides, des châtiments, de la position de la main et de ses effets.

A ce propos, l'auteur attaque une grande question, sujet de bien des discussions : doit-on se servir toujours des deux jambes à la fois ou d'une seule ? « *Ce serait ici le cas de résoudre la fameuse question, qui a fait depuis bien du temps plusieurs partis : savoir s'il convient mieux de se servir des deux jambes ou d'une seule. Je ne déciderai pas, mais je donnerai mon avis. Je pense (et la pratique me l'a fait sentir quand il n'y aurait pas d'autres raisons à donner), qu'il y a plus de justesse et de précision, plus d'art enfin à redresser, contenir et mener droit, enlever, tourner, à droite ou à gauche le cheval que l'on dresse avec la rêne de dehors et la jambe de dedans, qu'avec les deux jambes.* »

Nous trouvons encore un autre chapitre : *Du choix des selles, des brides et des principaux moyens de conserver les chevaux.* Mottin de la Balme préfère la selle à la royale ou de maître, comme on l'appelait encore. Il est vrai qu'il se place surtout au point de vue militaire :

« *On peut se servir de la selle rase ou à l'anglaise, qui sera plus légère; mais le cavalier ne sera pas aussi ferme ni aussi à son aise, à beaucoup près, que sur la selle de maître.*

« *Messieurs les Anglais, qui se tiennent à cheval avec les genoux, sur la pointe des pieds, en pressant sur les étriers, et qui enfin, avec le secours de la main, s'attachent aux doubles rênes qu'il y a à la bride appelée à l'anglaise (dont l'effet est très peu sensible aux chevaux), peuvent s'en servir avec avantage, parce qu'il est indifférent pour eux, qui ont, suivant l'expression du manège, le cul en l'air, qu'une selle enveloppe plus ou moins les fesses du cavalier ; mais il ne leur est point indifférent de se servir d'une autre bride que celle qu'ils ont imaginée, et que la nécessité leur a fait reconnaître propre à ménager leurs chevaux, sur lesquels ils courent rapidement et sautent très légèrement les haies et les fossés.* »

L'auteur a consacré également un chapitre à parler de *quelques ouvrages anciens et modernes sur l'équitation depuis M. de la Broue ;* mais c'est une critique plutôt qu'une analyse.

En 1776, Mottin de la Balme fit paraître un nouvel ouvrage : *Éléments de tactique pour la cavalerie,* dans lequel il prouva qu'il n'était pas moins habile sur ce sujet qu'en équitation. Les matières y sont bien divisées, les théories fort nettes, parfaitement lucides, et les principes bien déduits et bien démontrés.

La date de cet ouvrage nous montre qu'il parut en même temps que *La science et l'art de l'équitation, démontrés d'après nature,* de Dupaty de Clam, et en même temps que le grand *Traité de cavalerie de M. de Melfort.*

« La science et l'art de l'équitation, *démontrés d'après la nature, ou théorie et pratique de l'équitation, fondées sur l'anatomie, la méchanique, la géométrie et la physique, par M. Dupaty de Clam, ancien mousquetaire, de l'Académie des sciences, belles-lettres et arts de Bordeaux,* » parut en 1776. Cet ouvrage fut traduit en allemand.

« *Le premier pas que je fis,* dit l'auteur, *fut de distinguer les actions de l'homme d'avec celles du cheval. Je m'assurai que ce n'étoit qu'à l'aide de certains mouvements de son cavalier, que le cheval agissoit d'une manière déterminée.*

« *L'étude des loix du mouvement est, sans contredit, ce qui doit occuper d'abord tout homme qui projette d'approfondir l'équitation.*

« *L'anatomie nous découvre que les os n'ont par eux-mêmes aucun mouvement, mais qu'ils sont remués par le jeu admirable et multiplié des muscles.*

« *Instruit des principes de la méchanique, imbu de ces vérités incontestables : désormais je regarderai mon cheval comme une masse d'une pesanteur énorme que j'ai à mouvoir par des causes légères ; j'aime à ne plus voir ce cheval comme un animal auquel ses caprices donnent de la force, et je me plais à calculer ses résistances.*

« *L'écuyer devenu, par une étude continuelle, anatomiste, méchanicien, géometre et physicien, fera des découvertes et parviendra un jour à réunir une théorie savante à une exécution sûre, précise et brillante.*

« *Mais quels que soient les secours que voudront me fournir ceux que cet art intéresse et que les progrès flattent, il ne faut pas espérer que l'on puisse enseigner l'art de sentir et que l'on puisse donner ce tact et ce discernement délicat qui appartient à la pratique.* »

Dupaty, après avoir blâmé Bourgelat d'avoir donné des proportions fixes pour le cheval, en établit d'autres à sa façon.

Feuilletons maintenant l'ouvrage :

Première partie. — Théorie relativement à l'homme, ou position et motion de ses membres sur le cheval : — Principes de la bonne position de l'homme sur le cheval. — Des centres de gravité de l'homme et du cheval, et de leur position l'un sur l'autre.

« *Le cheval mis en équilibre, selon les principes que nous exposerons dans la suite, a un centre de gravité où toute sa pesanteur et toutes ses forces sont supposées réunies. Ce point, invariablement même, tend à décrire une verticale. C'est sur ce point que l'homme doit se placer, c'est à ce point que toutes les actions de l'homme doivent aboutir.*

« *Comme tous les corps ont un centre de gravité, l'homme aussi a le sien qui, de même que celui du cheval, décrit ou tend à décrire une ligne perpendiculaire.*

« *Ce sont ces deux lignes qu'il s'agit de poser l'une sur l'autre, mais de manière qu'on ne confonde pas la direction du centre de gravité de l'homme avec la puissance de son corps; car le corps humain n'agit pas seulement par son poids bien disposé, mais encore par le travail de ses muscles, qui excitent les sensations dans le cheval. D'un même point, on peut tirer plusieurs rayons; il n'y a que la seule perpendiculaire à l'horizon qui soit la direction du centre de gravité. Cette direction doit être invariable dans tous les mouvements de l'homme, tant qu'il est uni au cheval; mais la puissance du corps de l'homme peut varier.* »

On sent, d'après ce court passage de ce qu'on pourrait appeler les prolégomènes de la théorie de Dupaty sur la position à cheval, que la science équestre entre dans une phase nouvelle et que, d'un art purement corporel et instinctif, va sortir un art positif et *géométrique*, c'est-à-dire un art procédant de la géométrie sous le rapport des mesures, des lignes, des angles, des corps; enfin, un art susceptible de démonstrations exactes et rigoureuses.

— De la puissance du corps de l'homme sur le cheval et de sa direction. — Quantité de la puissance du corps de l'homme. — Du contre-poids. — Application des principes précédents à la position des parties solides de l'homme.

Après avoir exposé la puissance du corps de l'homme en général sur le cheval, et les effets de la direction de toutes ses parties, Dupaty décrit la position à cheval conformément aux prémices posées précédemment par lui. « *Les os, dit-il, sont sans doute la partie la plus essentielle à bien placer, puisque, s'ils le sont une fois, les parties molles qui les accompagnent ne sauraient manquer de l'être. Leurs mouvements naturels doivent certainement être employés dans l'équitation, mais avec choix, et relativement à l'exécution la plus conforme à la mécanique. Les muscles qui les font agir sont aussi astreints aux lois de la nature, ainsi qu'à celles de l'art, qui exige un mélange d'actions convenables à un effet fixe et connu.* » On devine ce que l'auteur veut faire comprendre, mais cela n'est pas très intelligible.

Position du tronc : « *Comme l'épine dorsale forme une double S, il est impossible que la ligne de gravité, cette verticale dont nous avons parlé, passe par les mêmes points que chaque vertèbre. Et même toutes ne seront pas touchées par cette ligne. Cependant on doit chercher à en approcher les vertèbres lombaires le plus qu'il est possible. L'extrémité de cette ligne doit aboutir au coccyx; son extrémité supérieure doit toucher au nez de l'homme. Si on applique une ligne oblique à l'occiput, et qu'on la mène jusqu'au coccyx, on aura la direction de la puissance. Le poids de la tête est contre-balancé par celui des intestins et du ventre.*

« *La base la plus large est celle qui rend le plus fixe et le plus stable le corps qui s'appuie dessus. Trois os dans le squelette, le coccyx et les deux tubérosités de l'ischion, sont les points d'appui du corps humain. La nécessité de diriger obliquement la puissance du corps nous détermine à peser un peu plus sur le coccyx, mais il se trouve un obstacle que l'art et l'habitude doivent surmonter. Ces trois points d'appui ne sont pas dans le même plan.* »

« *Le coccyx est plus haut, et pour certains sujets, il serait très difficile d'appuyer dessus. Cependant la nature nous offre un moyen sûr de remédier à cet inconvénient et à celui de poser sur une partie si délicate : les muscles fessiers doivent lui servir de coussin. La vraie place de ces muscles est dans l'intervalle vuide qui se trouve entre la selle et le coccyx.....* »

— Position du tronc. — Position de la tête et des épaules. — Position des cuisses. — Des genoux, des jambes et des pieds. — Position du bras et de la main.

Les détails des principes de la position à cheval de Dupaty de Clam ne forment pas moins de trente-une colonnes du *Dictionnaire de l'Encyclopédie méthodique*. Il y déploie un grand luxe de connaissances anatomiques, dont malheureusement il a fait plusieurs fausses applications très essentielles, sans compter une autre faute ou erreur de dynamique non moins grande, qu'il a faite ailleurs, en plaçant le *principe du mouvement*, chez le cheval, dans la construction et l'élasticité du jarret, qu'il suppose avoir la propriété d'agir à l'instar des ressorts comprimés.

Après avoir détaillé le placement de chacune des parties du corps en l'expliquant par les raisons anatomiques et par les nécessités de l'équitation, l'auteur conclut : « *Le principal but qu'on se propose est de mettre chaque membre dans l'attitude la moins pénible, et d'où il soit facile de le porter le plus promptement où le besoin l'exige. Les membres étant placés, il faut les faire agir.* »

— Des mouvements, en général. — Des os, relativement à leurs mouvements. — Des muscles, relativement à leur propriété de mouvoir les os. — Des mouvements en particulier, relativement à l'équitation. — Mouvements de la tête. — Mouvements du col. — Mouvements des vertèbres du dos et de celles des lombes. — Mouvements des cuisses. — Mouvements des jambes. — Mouvements du pied. — Mouvements de l'épaule. — Mouvements du bras. — Mouvements de l'avant-bras. — Mouvements du poignet.

— Observations sur les forces musculaires de l'homme et sur l'état où doivent être les muscles pour opérer convenablement.

En somme après une explication très savante du mouvement dans les différentes parties du corps de l'homme, l'auteur est obligé de conclure à cette négation :

« *Les muscles sont des cordes d'une force étonnante ; mais, malgré l'attention la plus grande pour connoître leur valeur réelle et effective, on ne peut y parvenir.* »

Seconde Partie : Pratique, relativement à l'homme ou de ses opérations sur le cheval : « L'homme subit une espèce de dislocation avant que de pouvoir être bien placé et opérer convenablement. »

— Méthode de donner les premiers principes : « *Un jeune homme bien fait, d'une bonne constitution, d'un âge où les épiphyses sont à peine devenues apophyses, bien élevé, ayant de la pénétration, et joignant à cela des idées sur les différentes sciences qui peuvent être avantageuses au cavalier, seroit assurément l'élève que je choisirois de préférence. Je travaillerois son intelligence au moins autant que son corps.* »

— Première leçon des élèves : « *On trouve dans la Guerinière la manière de s'y prendre pour monter à cheval : elle est bien décrite. Dans presque toutes les écoles on donne cette première leçon aux élèves. Puis on les fait trotter à la longe. C'est une bonne leçon assurément, mais il y a bien des observations à faire :*

« *L'accord entre les deux individus n'existe qu'avec peine, cependant c'est par là que l'on commence. Lorsque l'élève est roide, il se roidit davantage ; s'il est mou, il ne sauroit résister à la quantité de mouvements qu'il reçoit. On lui crie en vain :* Relâchez-vous ! soutenez-vous !

« *L'expérience ne doit-elle pas faire choisir de préférence la leçon de longe donnée sur un cheval très sage, très bien dressé, et à une allure des plus tranquilles. On ne cause aucune inquiétude à l'élève, on lui parle, on l'instruit ; il comprend. On lui donneroit ensuite un cheval un peu plus difficile, et par degré on le mettroit en état d'aller sans longe.*

« *On feroit bien encore de le mettre sur des piaffeurs entre les piliers ; là on chercheroit à accorder sa position, à le redresser, à lui faire sentir quand son cheval est droit.*

« *L'on doit tenir longtemps l'écolier à la leçon de la position avant que de l'instruire sur les autres parties de l'art.*

Leçon de la position : « *Je me garderois bien d'attaquer en même temps tous les défauts de mon élève.*

— Des opérations de l'homme dans l'équitation. — Opérations des bras et des mains.

« *Quels que soient les moyens employés pour réussir, n'oublions pas que la résultante des muscles mis en œuvre, est la ligne dans laquelle le cheval obéit; et que le degré de force que ces muscles acquièrent, est celui de l'obéissance de l'animal.* C'est bien obscur!

— Opération des cuisses et des jambes. — De l'aide formée par l'accord des cuisses, des jambes et des pieds.

En résumé toutes ces théories sont un peu trop savantes et surtout par trop spéculatives.

LIVRE SECOND. — Première Partie : Théorie relativement au cheval, ou de la connoissance du cheval, du méchanisme de ses mouvements, de sa conformation, de ses sensations, etc. — De la beauté et de la bonté du cheval. — Méchanisme général des mouvements du cheval dans sa démarche.

« *A quelqu'usage qu'on destine un cheval, on doit l'inspecter méchaniquement : car si l'on ignore les ressorts et toutes les machines que la nature emploie pour la progression de cet animal, on sera sans cesse trompé.*

« *Le bon choix est donc le résultat d'un grand nombre de connoissances, et le meilleur livre à étudier seroit une pratique réfléchie dans l'équitation.* »

— Du repos formé par l'équilibre. — Fonction des jambes du cheval dans sa démarche; répartition successive des poids sur chacune d'elles. — Ordre des motions des jambes. — Application de la théorie du ressort à la jambe de derrière du cheval.

Après une longue explication, l'auteur se résume ainsi : *Je crois avoir démontré que la jambe de derrière agit comme un ressort, et par là jouit de la faculté de pousser toute la masse en avant.* »

— Les jambes de devant destinées uniquement à soutenir la masse. — Direction de la ligne d'immixion des jambes du cheval en mouvement. — Des allures du cheval.

« *Dans le galop, le mouvement des jambes est le même qu'au pas.* » Ceci est absolument en contradiction avec toutes les théories généralement admises sur le mécanisme du galop.

— De la conformation du cheval, démontrée par l'usage de ses membres. — De la tête et de ses différentes parties. — Du choix des chevaux, relativement à l'usage auquel on les destine. — Du cheval de chasse. — Du cheval de manége. — Du cheval de guerre. — Des sens du cheval. — De la bouche du cheval, et de la sensibilité des barres. — De la position du mors. — Des effets du mors. — Des propriétés du mors et de sa proportion avec la sensibilité des barres. — De l'appui du mors. — Des flancs du cheval et de leur sensibilité. — De la bonne attitude des parties du cheval, démontrée par leur structure anatomique. — Précis anatomique du cheval, relativement à l'équitation. — Observations sur les extrémités inférieures du cheval.

Seconde partie. — De l'équitation : Pratique relativement au cheval, ou de son instruction dans le manège.

« *La souplesse du cheval est une suite de son obéissance.* »

— Leçons de la première classe, ou premiers éléments à donner au jeune cheval.

« *On est assez dans l'usage de commencer dans l'enceinte de quatre murs les poulains que l'on projette de former pour l'école. Cependant je crois qu'il seroit plus avantageux de leur donner dehors les premières instructions.*

« *Le premier instrument est le bridon, dont il est bon de se servir tèrs longtemps pour le jeune cheval.* »

Leçon du trot à la longe. — Première leçon sur le droit, sous l'homme :

« *Le cheval étant une fois assagé par la leçon de longe, je conseille de le monter et de le mener dehors sur le droit, sans lui demander autre chose que d'aller en avant et de trotter le mieux qu'il pourra, et sans prescrire à sa tête et à son col une attitude trop gênante.* »

— Première connoissance des rênes. — Première connoissance des jambes. — Leçons de la seconde classe, tendantes à donner de l'équilibre au cheval.

« *Lorsque le cheval commence à tourner librement aux deux mains, je crois très à propos de le mener alors au manège et de l'y travailler d'une manière plus suivie, surtout si c'est un cheval destiné pour l'école.* »

— Leçon du pas et du trot sur le droit. — Leçon du pas et du trot sur le cercle. — Temps de mettre le mors au cheval. — De la belle attitude du cheval. — Du pas d'école.

« *Ce n'est point à une allure prompte et étendue que l'on peut commencer à placer le cheval : plus il va vite, plus il est difficile de le maintenir dans son équilibre. Il falloit donc trouver une démarche dans laquelle le cheval, étant uni, bien d'accord, placé selon les indications de la belle nature, pût développer ses membres les uns après les autres, et fléchir chaque articulation selon les désirs du cavalier instruit et adroit. Le pas d'école est un pas plus soutenu, plus raccourci et plus cadencé que le pas naturel du cheval.* »

— Leçons de la troisième classe, tendantes à plier le cheval et à lui donner la première souplesse par la saillie et le jeu des parties de dedans sur celles du dehors. — Du cheval mené droit et du cheval mené plié. — Leçon du pli de l'épaule.

« *Après avoir placé le cheval devant lui, lui avoir enlevé la tête et avoir formé son équilibre, sentez la rêne de dedans, en l'enlevant, et en la détachant du col du cheval; mettez de la suite et de la douceur dans la pression du mors sur la barre: sûrement le cheval pliera le col. Le col étant plié, laissez tomber la jambe du dedans, près et le long des côtes, sans la porter en arrière, vous obligerez, par là, l'épaule de dedans de s'enlever et de marcher, et alors vous appercevrez l'arrondissement du pli Il ne faut pas lâcher la rêne du dehors, car le pli pourroit devenir trop considérable; alors il seroit faux, et les épaules ne seroient point enlevées. Votre jambe de dehors empêchera les hanches de sortir de leur alignement, et se réunira à celle de dedans pour porter l'animal en avant.* »

Des coins et des doublés :

« *Pour bien passer un coin, l'animal doit être dans le pli; sans cela on ne peut dire que le coin soit pris dans les règles.*

« *Dans le passage du coin, comme dans celui du doublé, la jambe de derrière de dehors fatigue beaucoup. C'est celle qui sert de point d'appui à toute la masse; aussi est-elle toujours prête à manquer son office, si la rène de dehors ne la fixe dans la position où son ressort est bien composé.* »

— Leçon de l'épaule en dedans, le long du mur. — Leçon de l'épaule en dedans dans le cercle.

« *Dans la leçon de l'epaule en dedans le long du mur, les épaules du cheval travaillent plus que les hanches; et le mouvement circulaire de la jambe de devant de dedans est plus grand que celui de la jambe de derrière du même côté. Par le moyen de la même leçon donnée dans le cercle, on procurera aux hanches tout le développement que l'on désire.* »

— Leçon de l'épaule renversée, sur la ligne oblique. — Leçon de l'épaule renversée, sur le cercle. — Réflexions sur les leçons des trois premières classes. — Leçons de la quatrième classe, tendantes à donner un pli plus régulier au cheval et à perfectionner sa souplesse, par la saillie et le jeu des parties de dehors. — Du changement de main d'une piste. — Des changements de main de deux pistes. — Changement de main de deux pistes pour la jambe de dehors. — Changement de main de deux pistes pour la jambe de dedans. — Du travail de côté d'un talon sur l'autre. — De la tête au mur. — De la croupe au mur. — Des voltes de deux pistes. — De la volte. — De la volte renversée. — De la pirouette à plusieurs temps. —

Obervations sur l'enlever de la main et sur l'assiette du cavalier dans les leçons de la 3e et de la 4e classe.

« *Dans toutes les opérations de l'enlever de la main, l'homme habile calcule sa force avec l'objet qu'il se propose : là où il ne s'agit que d'enlever le devant, il ne travaillera pas comme s'il se proposoit, après l'avoir enlevé, d'en charger les hanches, à l'effet de les arrêter et de les fixer. Il y a des différences de tacts et d'actions, que la pratique seule apprend : nous ne pouvons qu'avertir qu'elles existent, sans pouvoir les décrire.* »

— **Réflexions sur toutes les leçons précédentes et sur le temps et les ménagements nécessaires pour dresser le cheval. — Leçons de la cinquième classe, tendantes à finir le cheval. — De l'arrêt et du reculer.**

« *On pratique, en reculant, plusieurs leçons très bonnes, lorsqu'une fois on a amené le cheval à reculer droit et sagement. Celle de reculer en rond est très utile pour gagner les hanches. Après avoir reculé droit, on range les hanches d'un côté ou d'un autre en faisant dominer une des jambes de l'homme plus que l'autre.....*

« *Le demi-arrêt de la main, l'arrêt et le reculer sont*, dit Dupaty de Clam, *trois leçons destinées à maintenir le cheval dans la position où il peut être en même temps agréable et sûr à son cavalier. Ces trois opérations, quoiqu'elle paraissent différentes entre elles, ont le même but ; elles doivent être employées à déterminer le cheval à se soutenir sans cesse... L'objet principal de celui qui marque un demi-arrêt est de soutenir le devant de son cheval sens retarder sa marche, et de remettre les épaules d'accord avec les hanches : les premières sont toujours disposées à rompre cette cadence si essentielle à un cheval bien réglé. Le demi-arrêt se marque en se rasseyant et en assurant un peu la main, tandis que les jambes molles et tombantes empêchent le cheval de s'arrêter..... Il est difficile de décrire le tact d'un homme qui emploie bien cette aide : il est essentiel, pour qu'elle soit parfaite, que l'assiette soit bonne ; car il ne suffit pas de soutenir la main un demi-temps, on ralentit bieu le cheval, mais le demi-arrêt exige les jambes et l'assiette. Il faut bien du temps, des réflexions et de la patience pour connaître à quel degré toutes ces aides sont bien mélangées.*

« *Le demi-arrêt fatigue surtout les jeunes chevaux ; aussi doit-on le leur ménager dans les commencements. Les chevaux faibles, difficiles à maintenir, en ont souvant besoin ; et je crois que ceux-là ne pourroient résister à un travail sérieux et conforme aux règles de l'art ; il leur faut une manière d'être aidés un peu moins scrupuleuse pour en tirer parti et ne point ruiner leurs jarrets : il faut moins entamer avec eux et n'en exiger que de la sûreté sans brillant. Il est difficile de les asseoir et d'en attendre un travail semblable à celui des bons chevaux ; on sera content si on peut les amener à partager à leur quatre jambes tout le fardeau du corps.*

« *L'arrêt doit avoir les mêmes conditions que le demi-arrêt. Pour le former, l'homme fait passer dans sa main des degrés de force suffisants pour arrêter tout à fait le cheval ; le cavalier doit arriver insensiblement à ce degré, en sorte que l'allure du cheval diminue de même et parvienne enfin à l'inaction. Les jambes secourent les hanches du cheval, et lui donnent plus de disposition à avancer qu'à reculer, car le véritable arrêt ne l'ôte jamais au cheval; toutes les fois qu'un bon cheval le forme, il est en état de repartir bien placé, et en état d'en former un autre le moment d'après. Le bel arrêt est le fruit des bonnes leçons, du bel équilibre que l'on donne au cheval, et de sa disposition habituelle à se porter en avant.*

« *Le reculer, dit La Guérinière, est un châtiment pour le cheval qui n'obéit pas bien à l'arrêt, et encore un moyen pour le disposer à se mettre sur les hanches, pour lui ajuster les pieds de derrière, lui assurer la tête et le rendre léger à la main.*

« *Après avoir arrêté ou reculé un cheval, il faut lui tirer doucement la tête en dedans pour faire jouer le mors dans la bouche, ce qui fait plaisir au cheval et l'accoutume à se plier du côté qu'il va....* »

— Du départ au galop.

« *Tout cheval qui galope prend un point d'appui principal sur une jambe de derrière, et, s'il est uni, il enlève l'épaule opposée plus que sa voisine. Dans l'instant qu'il prend ce point d'appui, il marque une foulée plus forte qu'à l'ordinaire de cette jambe, qui tombe avec plus de vitesse, ainsi que celle de devant opposée. En sorte que le départ au galop est exécuté par les deux jambes qui se meuvent les dernières, lorsque le pas de galop est bien formé ; assertion très essentielle à savoir, si l'on veut saisir le temps juste du départ sur une jambe donnée.*

« *Pour y réussir, je dispose le cheval de façon qu'il ne puisse, quand il le voudroit, se tromper, ni résister à mes actions. Le cheval étant plié, et bien dans le droit, je marque un demi-arrêt de la main, par lequel il se grandit et se fixe sur les hanches ; je sens la rêne du dehors qui retarde l'épaule de dehors et contient les hanches : par là l'épaule de dedans marche mieux, et la jambe de cette épaule qui est prête à chevaler. Ensuite saisissant l'instant que la jambe gauche de derrière va tomber à terre, je laisse tomber mes deux jambes pour hâter la chute du pied gauche de derrière du cheval, et par conséquent celle du pied droit de devant, et le cheval part juste au galop.*

J'ai soin d'avoir la main légère, afin de diminuer la douleur du cheval et l'objet de sa résistance : mes deux jambes, moelleuses et assurées, l'accompagnent, et portent l'animal en avant. »

Dupaty de Clàm, après avoir déclaré que l'idéal du départ au galop, pour que les chevaux partent droits, serait de « *sentir l'instant où la jambe gauche de derrière tombe à terre et approchant les deux jambes en même temps, en soutenant le devant,* » constate qu'il faut « *bien peu de chose pour manquer; l'habitude et une grande attention peuvent seules venir au secours d'un homme qui connaît déjà ce temps-là.* »

Alors il ajoute : « *Les piqueurs, qui s'inquiètent peu de partir les chevaux droits, plient leur cheval en dehors et le pincent de ce côté; le cheval pressé à gauche part à droite. Cette méthode est sûre; mais elle n'est pas dans les bonnes règles.* »

— Du changement de pied du galop au galop.

« *Si l'on vouloit faire reprendre à gauche un cheval qui galoppe à droite, avant que d'avoir changé sa disposition totale, il seroit de travers. Le premier soin sera donc de le déplier du côté droit, pour le remettre à gauche, en changeant les opérations : il est même plus facile dans les premiers temps de le tenir un instant sans pli. Alors on marque un demi-arrêt assez sensible, par lequel on retarde un instant sa marche; puis on le part comme on a dit plus haut.* »

— Du Changement de main de deux pistes au galop. — De la demi-volte au galop. — De la volte au galop. — Leçons de la sixième classe tendant à donner du brillant au cheval. — Des airs près de terre. — Du passage :

« *Si l'on désire mettre le cheval au Passage, c'est en raccourcissant son trot, en l'obligeant de se soutenir et en excitant son ardeur, qu'on formera cet air.* « *Le cheval, dont l'allure aura été très raccourcie et rendue brillante, pourra alors piaffer.* »

— Du piaffer : « *Le piaffer est un passage en place.* »

Le terre à terre « *est un galop de deux pistes.* »

« *Ce que le terre à terre est de côté, le mézair l'est sur le droit : un galop à deux temps bien frappés.* »

— Des airs relevés en général. — Théorie du saut. — De la pesade. — De la croupade, de la balotade et de la cabriole. — De l'usage des piliers :

« *Ce n'est point en liberté que l'on commencera à exercer les chevaux aux airs du manège; les piliers diminuent les risques de l'homme et obligent le cheval d'écouter et d'obéir aux ordres qu'il reçoit.*

« *Je crois qu'en général on fait bien de ne mettre les chevaux entre les piliers qu'après les avoir assouplis et lorsque leurs jarrets sont bien formés.* »

Nous avons multiplié les extraits du livre de M. Dupaty de Clam pour laisser le lecteur se former une opinion personnelle sur cet écrivain qui, à son époque, a soulevé tant de critiques.

Nous dirons seulement que la chose essentielle et marquante dans cet ouvrage est le détail du premier livre sur la position et le mouvement.

Quant aux critiques et même au blâme qu'on a adressés à son auteur relativement à la surabondance de détails scientifiques, on n'a peut-être pas assez réfléchi qu'en prenant l'initiative dans cette voie, en créant pour ainsi dire une science nouvelle, ou du moins en changeant les bases de la science équestre, il était tenu de motiver et d'appuyer son innovation de démonstrations complètes. Il a erré, soit, mais s'il n'avait parlé que par aperçu, comme La Guérinière, ou en termes généraux, comme l'auteur du Nouveau-Newcastle, la science pouvait rester dans le vague et l'indéterminé pendant longtemps encore, au lieu que par ses consciencieuses études, dont la plupart sont exactes et judicieuses, par ses erreurs mêmes, qui, par opposition, ont engagé la polémique et fait chercher des solutions plus satisfaisantes, Dupaty de Clam a fait faire un grand pas à la science de l'équitation et, jusqu'à un certain point, à la science hippique, par l'introduction de la science anatomique dans les leçons du manége.

Il a d'ailleurs fort bien raisonné de *l'emploi du cheval au point de vue militaire*. Il disait, en 1769, aux mousquetaires de sa compagnie : « Les chevaux de manège ne sont bons que dans les promenades et dans les occasions où il faut briller : peu de curieux sont en état de destiner des chevaux uniquement à la parade ; d'ailleurs, il y en a peu qui soient capables de bien les finir. La plupart des airs de manège ne sont point propres pour les différents usages que l'on fait du cheval, puisque pour maintenir un cheval en état d'être mis à son air, il faut lui conserver cette gaieté que donne un long repos, sans cela il n'y est jamais bien. Ce n'est pas que ces chevaux ne soient estimables ; au contraire, tout homme de cheval doit se faire un devoir d'en monter souvent ; rien ne contribue plus à replacer un homme dérangé par les voyages, la guerre et les chasses, que de prendre quelques leçons sur des chevaux de manège. Mais le genre des coureurs semble le plus propre à tirer de véritables secours d'un cheval ; ce genre consiste plus à donner au cheval de l'aisance et de la souplesse, que du brillant. On demande à ces sortes de chevaux d'aller vite, sûrement et agréablement. Ceux de manège sont destinés à bien exécuter les airs auxquels ils sont propres, à observer une juste mesure de terrain, et une cadence bien égale. Les chevaux de guerre sont dressés à peu près de la même manière, mais ils sont moins finis et moins rassemblés ; il faut, de plus, qu'ils soient en état de soutenir de longues fatigues, et qu'ils n'aient aucune espèce de peur. »

Dupaty de Clam fait très bien ressortir la différence des principes de dressage suivant le genre de sciences à demander aux chevaux, et ce n'est certainement pas en cela qu'on peut l'accuser de routine.

« Trot allongé. — *On ne se sert ordinairement d'un cheval que pour aller vite : il faut donc le dresser à se porter en avant et ne point lui donner une allure lente, raccourcie et qui n'avance pas ; les chevaux de parade sont les seuls qui doivent avoir ce clinquant ; un cheval de chasse ou de guerre doit avoir un trot soutenu, allongé et bien ensemble. Dans une telle allure, les hanches travaillent beaucoup, et il faut sans cesse que le cheval soit déterminé en avant par les aides du cavalier.*

« Manière d'y mener les chevaux. — *Les chevaux doivent être moins contraints dehors que dans l'enceinte du manège, et les jambes de l'homme doivent se réunir bien plus souvent pour le porter en avant ; c'est pourquoi la main doit être légère : il faut la rendre souvent ; c'est une des aides les plus essentielles pour bien mener un coureur, il s'appuieroit bientôt sur le mors sans cette précaution.* »

Ce mot de coureur désignait alors les chevaux de service employés à la guerre, à la chasse, à la route, par opposition aux chevaux dits de manège.

« *L'enlever du devant en assurant la main, l'assiette de l'homme plus ressentie, et un temps de chasse dans les deux jambes, tout cela à la fois est la réunion des aides les plus savantes, surtout sur un cheval destiné à courir : rien ne prouve mieux la bonté du cheval et l'adresse de l'homme. Mais on ne doit pas abuser de cette aide, on ruineroit bientôt le cheval ; il est vrai que dans la suite, si le cheval est en état par sa force de résister à un tel travail, il en fournira bien des temps, acquerra même du ressort et se déterminera en avant avec bien plus de bonne volonté.* »

Plus tard, en 1781, Dupaty de Clam publia son ouvrage intitulé : *Différentes parties de l'Équitation.*

C'est donc également en 1776 que M. de *Melfort* fit paraître son Traité de cavalerie *propre à conduire l'homme de guerre depuis l'état de simple cavalier jusqu'à celui de général d'armée*, complément de son Essai de 1748, dont nous avons parlé.

Le Traité de cavalerie de M. de Melfort était accompagné d'un album de merveilleuses gravures représentant en dessins perspectifs toutes les principales choses énoncées dans le texte. C'est certainement, dans l'espèce, le plus beau monument didactique que nous ayons.

Nous avons déjà montré la prescience fort remarquable de M. de Melfort; en lisant ce second ouvrage on est frappé de la similitude des idées de l'auteur avec les idées qui ont cours aujourd'hui :

Les officiers sont *en avant* du premier rang et le *guide au centre*. Il préconise les *mouvements par quatre* et la formation sur *deux rangs* ainsi que les *obliques individuels*. Il veut que la cavalerie soit habituée à *se rallier rapidement;* qu'elle fasse des essais pour *régler ses allures;* et enfin que, dans les exercices de régiment, il y ait un *escadron de direction*.

Les grandes réformes de la cavalerie furent faites par le *comte de Saint-Germain*. Ce grand ministre réduisit la maison du roi qui, depuis sa formation, en 1667, comprenait : gardes du corps, gendarmes de la garde, chevau-légers, mousquetaires et grenadiers à cheval.

A la mort du maréchal du Muy, la cavalerie comptait : 10 régiments de gendarmerie, 30 de cavalerie proprement dite, 1 de carabiniers, 17 de dragons, 4 de hussards, 56 compagnies de dragons faisant partie des légions mixtes.

Le faible effectif des compagnies, multipliées comme à plaisir pour augmenter les emplois d'officiers, était aussi nuisible aux besoins du service qu'onéreux aux finances du roi. C'est ainsi que sur un régiment de 482 hommes on comptait 146 officiers ou bas officiers.

L'ordonnance du 25 mars 1776 ne conserva que 23 régiments de cavalerie proprement dite, 1 de carabiniers; les régiments de dragons furent portés à 24, les 4 de hussards furent maintenus et l'on commença à créer les chasseurs à cheval qui, en 1779, furent au nombre de 6 régiments.

Le comte de Saint-Germain opéra surtout un grand progrès en supprimant la vénalité des grades. Le difficile était le remboursement; on fit une réduction du quart à chaque mutation.

L'avancement et la nomination aux emplois vacants furent réglés sévèrement. Sous les règnes antérieurs, le grade de colonel avait été multiplié au point d'être avili. On se rappelle ce nom de *colonels à la bavette* donné ironiquement à des enfants qui étaient pourvus du brevet presque à leur naissance.

La nomination des capitaines, des lieutenants et sous-lieutenants devait être faite désormais sur la proposition des colonels qui devaient choisir les plus méritants et, à égalité de titre, les plus anciens. La voie hiérarchique s'établit.

La punition des coups de plat de sabre a trop fait parler d'elle, et a suscité une trop grande fermentation à cette époque dans l'armée pour que nous n'en disions pas un mot.

Saint-Germain, en introduisant cette punition dans l'ordonnance du 25 mars 1776, ne fit pas une innovation. En effet, les peines corporelles telles que les verges, le fouet, la marque au fer chaud étaient d'un usage journalier dans la vie civile, sur les places publiques, dans les collèges. On ne s'en privait pas non plus dans l'armée. Les coups de canne, les soufflets, la bastonnade étaient des châtiments courants que ne ménageaient pas les capitaines, maîtres absolus de leur compagnie, dont la sévérité n'avait souvent d'autres bornes que leurs intérêts, et qui ne mesuraient parfois les coups que par la crainte de la désertion.

Mais ce qui provoqua tant de clameurs dans l'armée, c'est que ces châtiments, jadis réservés aux fautes graves, furent, par le règlement du 25 mars, appliqués aux fautes légères jusqu'alors punies du piquet ou de la prison.

A l'avenir, au contraire, la peine de la prison, considérée comme destructive de la santé du soldat, ne devait être infligée qu'avec ménagement et dans les cas exceptionnels, et l'on devait user de coups de plat de sabre qui d'ailleurs n'étaient pas jugés alors incompatibles avec l'honneur.

Toujours fidèle à son système, Saint-Germain donna aux conseils d'administration des corps la charge de remonter leur régiment. Aucun prix n'est fixé par le roi. Les conseils sont directement intéressés à bien choisir les officiers acheteurs. Ces officiers sont responsables devant eux, et les conseils responsables à leur tour devant les officiers généraux chargés des revues. Tous les chevaux reconnus défectueux dans ces revues doivent être réformés et vendus. La moins-value résultant de cette vente est retenue sur les appointements des officiers faisant partie du conseil.

C'est aussi au conseil que revient le soin d'approvisionner le corps de fourrages.

Les régiments sont aussi chargés de recruter leurs soldats, sous la surveillance des conseils d'administration.

Chaque régiment fut pourvu, à cet effet, d'une compagnie auxiliaire, établie en dépôt, commandée par un officier, ayant sous ses ordres deux maréchaux des logis et six brigadiers. Plus d'engagements dans les cabarets, plus de ces traquenards où l'on faisait tomber tant de pauvres diables. Avant d'entreprendre leurs opérations, les recruteurs se présentent au commandant de la place et au commissaire des guerres. Puis ils font battre la caisse dans la ville et déclarent le nom du régiment pour lequel ils engagent, ainsi que les prix, arrêtés par le roi.

L'engagement est contracté pour huit ans, au prix de soixante-douze livres pour la cavalerie, soixante pour les dragons.

La recrue certifie, en signant son engagement, qu'elle a été enrôlée librement, sans aucune supercherie ni contrainte.

Il est enjoint de n'engager que des homme sains et robustes, ayant cinq pieds un pouce pour les chasseurs, cinq pieds trois pouces pour les dragons et la cavalerie. On les prend entre seize et quarante-trois ans en temps de paix, entre dix-huit et quarante-cinq en temps de guerre.

C'est très dificilement qu'on trouve des soldats ; aussi le prix fixé par les ordonnances est-il toujours dépassé. On crée des primes de rengagement pour les garder.

C'est aussi en 1776 qu'on établit dans chaque régiment un *maître sellier*. Il eut la même paye que le maréchal expert : il n'était tenu à aucun service militaire. Ses fonctions consistaient à visiter les chevaux que les selles pouvaient avoir blessés, et à y remédier sur-le-champ, ainsi qu'à veiller à l'entretien de l'équipement du cheval.

Le 1er mars 1776, le comte de Saint-Germain supprima l'École royale militaire et la remplaça par des collèges tenus par des religieux ; du nombre était Brienne, où entra Bonaparte. Ces collèges, appelés *Écoles royales militaires*, devaient avoir de cinquante à soixante élèves. A leur sortie des écoles, les élèves entraient comme cadets dans les régiments.

En rétablissant ainsi les cadets, Saint-Germain prescrivait qu'il y aurait un cadet gentilhomme dans chaque compagnie de cavalerie, et que, pour devenir officier, il faudrait avoir été cadet dans une compagnie et y avoir fait le service de soldat et de sous-officier.

Les pages du roi, de la reine, ou des fils de France étaient exempts de cette règle. Ils avaient le droit d'entrer d'emblée comme officiers dans les régiments.

Le 4 janvier 1777, une nouvelle ordonnance rétablit l'École militaire de Paris ; on y installait une compagnie de cadets dont on ne fixait pas le nombre. Ces cadets étaient pris parmi les jeunes gens sortant des collèges militaires.

Un cadet gentilhomme ne pouvait être reçu en cette qualité qu'avec des lettres de Sa Majesté, dans lesquelles il était dit que c'était le mestre-de-camp-commandant qui proposait le sujet, lequel ne pouvait être admis au-dessous de l'âge de quinze ans révolus, ni au-dessus de celui de vingt.

Il devait de plus prouver qu'il était noble, ou fils d'un officier supérieur, ou d'un capitaine chevalier de Saint-Louis. Ceux qui étaient nés nobles adressaient au ministre leur extrait de baptême, avec leur certificat de noblesse, visé et vérifié par le commandant et l'intendant de leur province. Ceux de la deuxième classe étaient obligés de joindre à leur extrait baptistaire l'attestation des services de leur père.

L'ordonnance laissait au mestre-de-camp-commandant la liberté de choisir parmi les cadets qui bon lui semblait, pour le faire passer à la sous-lieutenance vacante. Son choix tombait toujours sur le plus instruit.

Les cadets gentilshommes étaient reçus en cette qualité à la tête de leurs compagnies, mais ils n'y avaient d'autre rang que celui de cavaliers ou de bas-officiers. Lorsqu'ils étaient nommés à un emploi, le temps de service de cadet leur était compté pour la croix, comme celui de service d'officier. Le cadet gentilhomme avait pour marque distinctive une épaulette en or ou en argent, suivant la couleur du bouton.

Le roi accordait à chaque cadet gentilhomme pour solde, quinze sols par jour sur les fonds de l'École militaire. Cette solde était exempte de toute retenue, même de celle des quatre deniers pour livre. Ils étaient entretenus de chemises et de souliers, et on faisait sur leur solde une retenue de deux sols par jour pour raison de cet entretien. Ceux qui sortaient de l'École militaire étaient habillés et équipés à leurs frais ; ils s'entretenaient ensuite sur la pension que le roi leur accordait. Les autres s'habillaient à leurs dépens. Le cadet gentilhomme qui sortait de l'École militaire jouissait d'une pension de deux cents francs, et la conservait, quoiqu'il fût fait officier, jusqu'à ce qu'il fût parvenu à un emploi dont le traitement était de douze cents livres.

Toutes les parties de l'armement, ainsi que les chevaux avec les équipages, leur étaient fournis sur les fonds de la masse générale, et on faisait en conséquence à chaque cadet gentilhomme une retenue de quarante livres par an. Ils pouvaient faire panser leurs chevaux de gré à gré, et en payant.

L'uniforme des cadets gentilshommes était en tout semblable à celui des cavaliers, à l'exception du chapeau, des boutons, des chemises, des souliers, du fusil, de l'épée et du ceinturon, qui étaient « modelés » sur ceux des officiers.

Les exercices de la cavalerie en transformation

DE MELFORT : *Essai sur la cavalerie légère.*

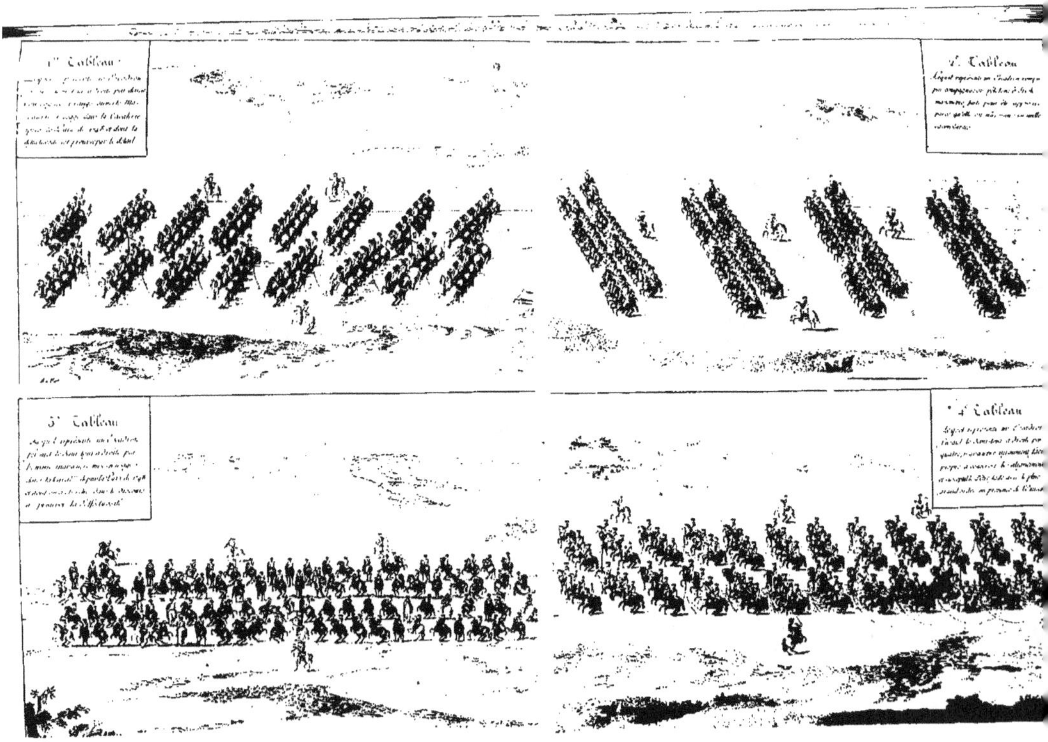
1er Tableau
2e Tableau
3e Tableau
4e Tableau

XVI

Visite de l'empereur d'Allemagne à Saumur en 1777, revue sur le Bray, reprises de manège sur le Chardonnet. — Visite de Paul Ier. — Règlement de cavalerie du 1er mai 1777 : le capitaine commandant est responsable de l'instruction de ses recrues; équitation réduite; suppression de la course des têtes; prépondérance de l'ordre mince. — L'ordre profond et l'ordre mince. — Ménil-Durand et Guibert; expérience du camp de Vaussieux. — Essai général de tactique de Guibert : critique de l'équitation militaire de l'époque. — Le sport des courses en France. — Courses de chevaux et d'ânes, en 1776 aux Sablons, en 1777 à Fontainebleau. — Règlement de service en campagne, 1778. — Nouvelle organisation de la cavalerie, 1779; remonte, uniforme et armement. — Uniforme de la milice saumuroise. — Prisonniers anglais à Saumur. — M. de Bohan : examen critique du militaire français en 1781; mouvements diagonaux, rester ployer le plus longtemps possible, capitaines commandants responsables de l'instruction; Principes pour monter à cheval et dresser les chevaux de guerre : point d'allures artificielles, point de rassemblés, position à cheval, critique de la construction des manèges; première leçon : pas uniforme sur des lignes droites, choix d'un cheval dressé en bridon, pas d'étriers, indication des effets de main et de jambes, opinion sur la longe; deuxième leçon : trot, changement de cheval, notions du galop; troisième leçon : étriers, éperons et bride, manière de se servir de la bride comme aide et comme châtiment. Dressage : première leçon, du jeune cheval à la longe; deuxième leçon, le cheval monté en liberté; troisième leçon, mouvement circulaire; données générales sur le dressage; choix du cheval selon la destination; dressage du cheval de manège, des piliers de l'embouchure, pas de côté, sauteurs; considérations générales sur les maîtres. Remontes et haras : remonte de la cavalerie en chevaux entiers, critique de la remonte telle qu'elle existe; les défauts des haras en 1781, chevaux anglais, allemands, normands. — Giovanni Brugnone, 1781 : ferrure des poulains. — Chabert : ferrure pour les chevaux qui forgent.

Le corps des carabiniers marquait toujours dans la cavalerie comme un des plus instruits et des mieux composés, aussi son école d'équitation attirait-elle des visiteurs de distinction.

En 1777, ce fut l'empereur d'Allemagne, Joseph II.

L'empereur avait avisé de son passage à Saumur le marquis de Poyanne, commandant de l'École, en lui recommandant de conserver un incognito qui convenait au but de sa visite, comme à la simplicité de son caractère.

Le marquis de Poyanne, selon les ordres du prince, fit retenir des logements à l'auberge de la *Corne*, sur la place de la Bilange; le secret le plus absolu fut recommandé au maître comme aux serviteurs.

Précaution inutile ! Les préparatifs extraordinaires, nécessités par la présence d'un voyageur inaccoutumé, éveillèrent l'attention des serviteurs et des voisins, peut-être aussi l'orgueil du maître.

Ce fut avec un véritable enthousiasme que la population apprit l'arrivée prochaine de l'empereur Joseph II. Il avait pris le nom de comte de Falkeinstein ; mais partout il était devancé par sa réputation de bonté et de grâce, d'esprit et de générosité : son nom était populaire plus que celui d'aucun prince français. Puis c'était le frère de cette gracieuse et aimable Marie-Antoinette, qu'on adorait en France.

Dans les premiers jours de juin, quinze jours avant l'arrivée du comte de Falkeinstein, toute la noblesse de l'Anjou et une foule d'étrangers des provinces voisines se rendirent à Saumur. Telle fut l'affluence des curieux, que, après avoir transformé toutes les maisons en auberges et en hôtels garnis, un grand nombre se trouvèrent sans gîte et passèrent les nuits dans les bals organisés au Jeu de Paume, pour se dédommager par le plaisir de la perte du sommeil. Jamais la ville n'avait présenté un aspect plus brillant et plus heureux, pas même aux époques où la cour l'avait visitée.

Les carabiniers, flattés de l'estime d'un si grand prince, préparaient tout pour lui faire la plus magnifique réception ; ils savaient que le désir seul de voir manœuvrer le corps royal de Monsieur, l'appelait à Saumur, et que le ministre de la guerre avait donné l'ordre d'y réunir les cinq brigades ; leur enthousiasme égalait celui des habitants.

Le 17 juin, à onze heures du matin, on vit arriver, par la route d'Angers, deux petites voitures en osier ouvertes de tous côtés et d'une forme inconnue dans ce pays. Dans la première était le comte de Falkeinstein avec le prince de Colloredo, dans l'autre, les officiers du comte. Une acclamation générale, qui retentit dans toute la ville, annonça l'arrivée de l'illustre voyageur ; en un instant, les rues par lesquelles il devait passer se trouvèrent remplies de curieux de toutes les classes. Le grand pont neuf, dont les deux trottoirs étaient occupés par des dames élégamment parées, présentait un coup d'œil magnifique. Chacun cherchait à découvrir lequel de ces étrangers était l'empereur. Ceux qui avaient vu la reine le reconnurent facilement, mais à cette différence que Marie-Antoinette avait toutes les grâces de son sexe, et Joseph l'air noble et mâle du sien. Son costume était extrêmement simple, un habit brun uni sans aucune décoration, une culotte de peau, des bottes, et un petit chapeau gris.

Il descendit au milieu d'une foule immense, à l'hôtel de la *Corne*. On le suivit jusque sur le palier de son appartement. Là, il fut obligé de demander grâce et la liberté de l'auberge. Le marquis de Poyanne, accompagné des principaux officiers des carabiniers, vint le saluer. On amena trois chevaux superbement harnachés, et peu de temps après l'empereur parut en uniforme vert, et monta à cheval avec deux personnes de sa suite. Il se rendit au quartier, visita avec beaucoup d'attention la caserne, le manège et les écuries, et examina, dans le plus grand détail, tout ce qui composait l'ameublement des officiers et des soldats. Il trouva en cet endroit une multitude de personnes, parmi lesquelles il remarqua le chevalier de Crochart du Lude, jeune militaire décoré de la croix de Saint-Louis et de la plus belle figure, mais ayant une jambe de bois.

— Quel dommage ! dit-il en le regardant avec intérêt.

Le corps des carabiniers, en grande tenue, était rangé en bataille dans les prairies du Bray. On y conduisit le comte de Falkeinstein, qui, en arrivant, ne put cacher sa surprise à la vue de ce superbe régiment. La beauté des hommes, celle des chevaux, la richesse et l'éclat de l'uniforme, renouvelé depuis peu, tout était fait pour étonner même les personnes accoutumées à voir ce que les cours des souverains offrent de plus brillant. Après avoir parcouru la ligne d'un coup d'œil rapide : « Point de salutations », dit-il au marquis de Poyanne, qui commandait les évolutions ; et aussitôt on vit le comte, après qu'il eut examiné les hommes, les chevaux et toutes les parties de l'équipement, se porter avec rapidité sur tous les points d'où il pouvait mieux juger de l'exactitude des manœuvres. Deux carabiniers, dont l'un fut blessé d'un coup de feu et l'autre tomba embourbé avec son cheval dans une mare où il manqua périr, reçurent des marques de sa générosité, et on le vit se montrer des plus empressés à les secourir. Toutes les manœuvres furent exécutées avec autant de célérité que de précision ; le comte en témoigna sa satisfaction au commandant, le marquis de Poyanne, avec les éloges les plus flatteurs.

Ensuite, il témoigna le désir de voir le régiment à pied ; on le fit aussitôt défiler devant lui, et tandis qu'il s'entretenait avec le commandant, les carabiniers se rendirent au grand trot à la caserne, changèrent d'uniforme, et lorsque le comte arriva, tout le régiment, en habit de manège, était rangé en bataille sur le Chardonnet. Après plusieurs évolutions, l'illustre voyageur prit congé du marquis de Poyanne, du comte de Rochambeau, lieutenant général, du chevalier de Montaigu et du comte de Béthune, colonel des carabiniers, et se rendit à son hôtel.

Quand il quitta Saumur, la même foule l'accompagna de ses acclamations flatteuses, auxquelles il répondit par un vivat.

Peu après cette illustre visite, ce fut le tour du comte du Nord, Paul Ier.

Le 1er mai 1777, parut un nouveau règlement de cavalerie, rédigé d'après les ordres du comte de Saint-Germain. C'était un petit volume de cent cinquante-deux pages, dont nous caractériserons les principaux titres par les remarques suivantes :

Instruction à pied. — Une grande précision n'est pas de rigueur dans les mouvements à pied.

Instruction à cheval. — Chaque capitaine commandant est responsable de l'instruction de ses recrues. Les officiers supérieurs veillent à l'uniformité des principes.

On se demande pourquoi les planches furent supprimées ; pour quel motif la course des têtes le fut aussi, et comment l'instruction relative à l'équitation fut plutôt réduite qu'étendue ? L'ordonnance de 1766 était un progrès sans doute, mais il restait beaucoup à faire, et sans déprécier les traditions des écoles de cavalerie, l'ordonnance aurait dû graduer et diviser les progressions de l'instruction équestre en leçons, ainsi qu'il fut fait plus tard.

Pour ce qui est des manœuvres, l'ordonnance de 1777 avait retenu de l'ordre profond ce qu'il avait de bon, mais elle attribuait à l'ordre mince la part prépondérante.

La discussion de ces deux ordres divisait alors le monde militaire. Les partisans de l'ordre profond, les routiniers, étaient représentés par le général Menil-Durand ; leurs adversaires, les novateurs, avaient à leur tête le comte de Guibert. Les fanatiques de l'ordre profond traitaient l'ordre mince d'ordre prussien, suprême injure au lendemain de Rosbach.

Il ne fallut rien moins qu'une expérience pour trancher la question. En 1778, soixante bataillons, quarante escadrons de dragons et quarante pièces de canon, furent réunis au camp de Vaussieux pour juger la valeur des deux systèmes. Le maréchal de Broglie, grand partisan de l'ordre profond, conduisait en personne les troupes qu'il avait dressées aux évolutions de Menil-Durand. M. de Rochambeau commandait la brigade de comparaison appelée à manœuvrer suivant les dernières ordonnances.

Les ordonnances triomphèrent.

La cavalerie doit certainement un progrès considérable à *de Guibert*, qui, par ses écrits, fouetta les esprits et suscita les améliorations. Ce fut lui surtout qui fit comprendre qu'on ne devait pas penser avoir tout fait parce que l'on avait perfectionné l'instruction équestre de la cavalerie ; mais qu'il fallait songer à la manœuvre, à la tactique. Nous avons dit qu'il s'était fait le promoteur de l'ordre mince, il ne négligea rien pour en démontrer les avantages dans son *Essai général de tactique*. Nous ne relèverons de ce livre que quelques passages ayant trait à notre sujet, l'équitation militaire, et qui résument bien le caractère de l'époque.

« *C'est, ce me semble, une chose étrange, et qui porte bien l'empreinte de notre caractère national, que le système d'après lequel nous travaillons à former notre cavalerie. Elle était dans l'ignorance et enchaînée par les vices de sa constitution ; elle ne pouvait faire un pas pour en sortir. La paix de 1763 se fait, le gouvernement change cette constitution et en substitue une, sinon parfaite, du moins propre à l'essai d'une instruction et à l'encouragement de l'émulation. On dit au gouvernement, et on lui dit avec raison, que le grand vice de la cavalerie française est le défaut d'instruction ; qu'elle ne sait pas manier ses chevaux ; qu'avant de dresser l'escadron, il faut dresser le cavalier. Le gouvernement, frappé de cette vérité, ordonne qu'on construise des manèges, appelle des écuyers, jette un coup d'œil favorable sur tous ceux qui apportent du zèle et de l'aptitude aux institutions nouvelles. A l'instant, toutes les têtes fermentent ; les villes de guerre, les quartiers se remplissent d'écoles d'équitation ; il n'y a plus de bons officiers que ceux qui manient un cheval avec adresse ; les vieux cavaliers n'ont ni la souplesse ni la grâce qu'on exige ; il faut les renvoyer ; il faut en user de même à l'égard des anciens officiers. On dirait que toute la science de la cavalerie s'apprend dans la poussière des manèges. Cependant, au milieu de cette effervescence, les principes d'équitation ne sont ni posés, ni reconnus ; on les discute, on les change. Deux systèmes différents partagent les opinions, sans compter nombre de petites éducations particulières, imaginées par les chefs des régiments. Les années passent, les chevaux se ruinent, les cavaliers sont excédés ; on forme dans chaque régiment quelques officiers écuyers, et dix ou douze cavaliers créats. Dans les régiments les plus avancés, on met cinquante ou soixante hommes par escadron en état de manœuvrer, on forme les autres successivement, mais, successivement aussi, l'engagement des hommes formés est à son terme ; des recrues leur succèdent, les chevaux neufs remplacent de même les chevaux dressés et ruinés (ce qui est devenu synonyme) par les travaux établis dans les manèges. Bref, dans cette fluctuation continuelle d'individus et de principes, dans ces écoles outrées de détails et de précision, tout se consume : les hommes, les chevaux, et ce qu'il y a de plus précieux encore, le temps de paix, ce temps fugitif et irrévocable...* »

Parlant sur le même sujet, l'auteur ajoute :

« *Eh ! dirait la raison à ces instituteurs modernes, si la raison était appelée à leur conseil, quel est votre but ? — Notre but est de sortir de l'igno-*

rance, puisque toute l'Europe s'éclaire ; notre but est de rendre la cavalerie manœuvrière, et, pour cela, d'établir des écoles. — D'accord ; mais avant d'établir des écoles, cherchons la vérité ; posons des principes. Vous avez, je pense, songé que vos cavaliers sont ou doivent être, en grande partie, des paysans bien épais, bien grossiers, et, par conséquent, bien sourds à toutes les recherches d'un art raffiné ; vous avez réfléchi, sans doute, que votre constitution (militaire) vous oblige à congédier tous les ans le huitième de ces cavaliers ; qu'il en meurt, qu'il en déserte, ou qu'on en réforme tous les ans quelques-uns ; que, en temps de guerre, ces branches de consommation s'accroissent considérablement. Vous avez fait le même calcul pour les chevaux ; vous saurez donc qu'il faut pour vos cavaliers et vos chevaux une instruction simple et qui les mette le plus tôt possible en état d'entrer dans l'escadron. Maintenant, messieurs les instituteurs, vous prétendez que l'équitation est la base indispensable de cette instruction ; mais de quelle équitation parlez-vous ? Si c'est de cet art qui, à force de vouloir rendre un cheval agréable, lui fait la bouche délicate, les aides fines et les jarrets tremblants ; si c'est cet art par le moyen duquel vos jeunes gens, placés de très bonne grâce, ne savent pas, au bout de deux ans, maîtriser un cheval, gardez ces leçons pour vos manèges ; elles ne conviennent ni à l'espèce de nos cavaliers, ni à celle de leurs chevaux, ni surtout au temps qu'on peut employer à leur éducation ; gardez-les, à plus forte raison, si vous n'êtes pas d'accord sur vos principes ; si chacun de vous veut asseoir le cavalier et mener le cheval à sa manière, en soutenant que ses principes sont les meilleurs.....

« *... Enfin, Messieurs, concluerait la raison, vous n'avez pas cherché l'éducation d'un régiment entier... Portez ailleurs votre méthode, votre bonne grâce, votre théorie raffinée ; elles peuvent être le fruit de beaucoup de méditations, mais je ne m'en servirai pas...* »

Guibert résume ensuite la question d'une manière tout à fait conforme à ce qui existe aujourd'hui dans l'instruction de la cavalerie :

« *Déterminer la méthode la plus prompte, la plus simple et la plus conforme au mécanisme du corps pour placer un paysan à cheval et lui apprendre à le conduire ; ne point hérisser cette instruction des difficultés et des mots de l'art ; déterminer de même la meilleure et la plus courte manière de dresser un cheval, de le mettre en état d'entrer dans l'escadron sans l'accoutumer à des aides trop recherchées, sans le ruiner pour vouloir trop l'assouplir ; voilà ce que la raison donnerait à résoudre aux officiers de cavalerie les plus habiles, donnant la préférence au système qui remplirait ces objets avec le plus de facilité et de promptitude.* »

Le sport des courses a fait son apparition en France. En 1776, il y a eu déjà des courses dans la plaine des Sablons ; en 1777, il y a à Fontainebleau une course de 40 chevaux suivie d'une course de 40 ânes.

Le meilleur coursier de ces derniers rapporta à son maître un chardon d'or et une somme de cent écus.

On est loin encore de ces brillantes réunions, qui de nos jours, rivalisent avec celles d'Epsom et de New-Market ; mais c'est un début, une innovation, l'aurore d'une révolution dans l'art équestre et dans les mœurs hippiques.

A ce moment, on est surtout préoccupé des choses militaires. En 1778, le service en campagne est pour la première fois l'objet d'un règlement.

L'organisation de la cavalerie de 1776 n'a été que transitoire, une ordonnance du 29 janvier 1779 remanie encore une fois toutes les troupes à cheval. Les escadrons de chevau-légers, retirés des régiments de cavalerie, forment 6 nouveaux régiments. Les escadrons de chasseurs à cheval, pareillement enlevés aux régiments de dragons, forment 6 nouveaux régiments.

En somme, l'ensemble des troupes à cheval comprend, en 1779 : la maison du roi et des princes, la grande et la petite gendarmerie et 35 régiments de cavalerie, dont 24 de cavalerie proprement dite, 6 de chevau-légers, 5 de hussards, et 34 régiments de dragons et 6 de chasseurs à cheval.

Par ordonnance du Roi le prix de chaque cheval a été fixé à cent écus. Les régiments sont cependant autorisés à y mettre 340 livres, pourvu que la remonte soit faite dans le royaume ; et dans le cas où elle aurait été faite en pays étranger, la cour n'allouerait que 300 livres. L'âge du cheval est fixé à quatre ans, et la taille à quatre pieds huit pouces sous potence.

On fait un grand progrès dans la voie de simplification de l'uniforme. Toute la cavalerie prend l'habit à la française, bleu pour la cavalerie proprement dite, vert pour les dragons et chasseurs, le gilet veste en peau de chamois, la culotte de peau.

La cavalerie conserve le chapeau, mais les dragons ont le casque et les hussards ont le shako sans visière ; les chasseurs ont un casque léger à visière et à chenille noire en crin.

Tous les régiments de cavalerie sont divisés en huit classes de trois régiments chacune, ayant des couleurs distinctives aux parements et aux revers. Ces couleurs sont : écarlate, jonquille, cramoisi, aurore, rose, gris argentin, bleu de ciel. Les hussards portent un uniforme spécial. Le régiment de cuirassiers du roi est toujours le seul régiment cuirassé.

L'armement se composait du sabre, de deux pistolets, du fusil pour les dragons, d'un fusil plus court pour la cavalerie et d'un mousqueton pour les chasseurs. La lame du sabre était droite, large, tranchante d'un côté seulement, excepté vers la pointe. Les chasseurs et les hussards portaient le sabre recourbé.

L'équipage du cheval était bleu ou vert.

Les changements d'uniforme de l'armée tentèrent la milice saumuroise. Les officiers firent obtenir par leur colonel, M. de Bagneux, un nouvel uniforme qui était le suivant : habit drap bleu de roi, petit collet de drap écarlate, parements et revers de même couleur ; sur les revers, un petit galon d'or de 4 lignes environ ; la doublure en ras ou voil bleu de roi ; veste et culotte de drap écarlate ; la veste ornée d'un galon de 9 à 10 lignes ; boutons en pincebec surdoré ; épaulettes en or au boisseau, franges à graines d'épinards ; chapeau bordé d'un galon tout uni de 17 à 18 lignes.

La compagnie à cheval suivait attentivement les exercices des carabiniers, qui étaient devenus les maîtres de toute la cavalerie.

L'école d'équitation des carabiniers continuait à faire parler de Saumur, non seulement en France, mais à l'étranger. La ville secondait de son mieux les désirs du corps d'élite qui lui servait de garnison, en agrandissant les casernes et les écuries.

A cette époque, les prisonniers anglais détenus à Saumur étaient tellement nombreux que le château ne pouvait plus les contenir. Ils étaient de 6 à 700. On organisa le couvent des Cordeliers pour les recevoir et pour servir en même temps d'hôpital. Ce ne fut pas d'ailleurs sans difficulté avec le supérieur.

*

En 1781 parut un ouvrage qui eut un grand retentissement et qui devait prendre une grande influence sur l'équitation militaire. C'est l'Examen critique du militaire français, de M. de Bohan.

Melfort avait déjà ouvert la marche. Boisdeffre et Mottin de la Balme l'avaient suivi dans la lice et s'y étaient montrés avec distinction ; le baron de Bohan, élève aussi de d'Auvergne, y descend pareillement, résumant, avec une concision et une clarté remarquables, les principes suivis au manège de l'École militaire.

Son *Traité sur l'équitation* aura l'honneur de se placer en première ligne, de devenir la règle des régiments, des ordonnances et des écoles qui se succéderont. C'est une équitation soigneuse et conservatrice du cheval, claire dans ses préceptes et facile dans son application.

M. de Bohan était apte à parler sur cette matière ; outre sa qualité d'élève de d'Auvergne, c'était un officier distingué, qui fut colonel de dragons, puis major-général de la gendarmerie et, à ce titre, directeur du manège de Lunéville, rival de Saumur.

Son livre, publié en trois volumes, visait particulièrement dans ses critiques l'ordonnance de 1777. L'auteur y réclame le déploiement des colonnes par les *mouvements diagonaux.* Il dit que, vu les difficultés de la marche en ordre déployé, il faut *rester ployé le plus longtemps possible.* Il veut que les *capitaines commandants* soient *responsables de l'instruction de leurs hommes, etc...*

En somme on y trouve la révélation d'une foule de principes qui sont aujourd'hui des vérités tellement fondamentales qu'on les croirait écrits hier.

En 1781, époque à laquelle Bohan fit paraître son ouvrage, les chevaux n'étaient exercés que huit fois par mois. A cette occasion, l'illustre écrivain dit :

« *La première nation qui bravera le préjugé qu'il faut laisser la cavalerie à l'écurie et avoir des chevaux gras, les premiers régiments qui oseront sortir tous les jours et doubler leur travail, auront bien l'avantage sur les autres, etc.* »

Il faut le dire, l'ouvrage de Bohan fut un trait de lumière ; jamais, avant lui, la question de l'instruction de la cavalerie, et particulièrement celle de l'équitation militaire, n'avait été posée avec autant de netteté, et discutée avec autant de clarté, de précision et de vérité ; mais le soleil lui-même a des taches : le traité de Bohan, qui porta le jour dans l'obscurité d'une foule de faux principes et d'abus, à aussi des défauts ; il porte encore les traces et les stigmates des vieilles erreurs équestres.

L'auteur ne perd cependant pas de vue les nécessités militaires dont il avait eu le loisir de se pénétrer, pendant plusieurs années consacrées à la pratique de l'instruction régimentaire, et il se plaint avec amertume que partout la nature soit forcée et contredite. Il s'écrie : « *Que de milliers de chevaux usés et estropiés avant d'en trouver un capable d'exécuter les singeries que nous ont fait dessiner MM. Newcastle, de la Guérinière, etc., etc., sous les noms baroques de passades, terre-à-terre, pesades, mezair, balotades, pas et le saut, falcades, repolon, etc., etc. C'est de ce jargon minutieux dont je prétends surtout me préserver dans mon école ; les chevaux ne connaîtront pas d'allures artificielles et j'appliquerai toutes les ressources de l'art à perfectionner celles que la nature leur a données.* »

Il ajoute plus bas : « *Quoique je recommande d'être un peu plus exigeant dans les derniers temps, on se gardera de chipotter les chevaux des mains et des jambes, défaut commun de presque tous les élèves qui n'ont passé que peu de temps dans les écoles de cavalerie, et qui, n'ayant ni assez raisonné sur la justesse des allures du cheval, ni assez de pratique de l'équitation, regardent ordinairement comme le chef-d'œuvre de l'art, de rejeter tout le poids du corps de l'animal sur ses jambes de derrière.*

« *On ne parlera jamais de rassembler des chevaux, mauvais précepte dont on a abusé dans la cavalerie.* »

C'est dans le troisième volume de l'ouvrage de Bohan que nous trouvons ses principes d'équitation sous le titre : *Principes pour monter à cheval et dresser les chevaux de guerre*. Ce volume fut ensuite imprimé à part.

« *L'art de monter à cheval est celui qui nous donne et démontre la position que nous devons prendre sur un cheval, pour y être avec plus de sûreté et d'aisance ; qui nous fournit en même temps les moyens de mener et conduire le cheval avec la plus grande facilité, et obtenir de lui, par les moyens les plus simples et en le fatiguant le moins possible, l'obéissance la plus exacte et la plus parfaite en tout ce que sa construction et ses forces peuvent lui permettre.* »

Sur cent soixante-quinze pages où il traite de l'art de monter à cheval, Bohan en consacre cinquante à la position du cavalier au point de vue de la tenue du corps et de l'emploi des aides ; ce dernier article, suivi d'une démonstration mécanique de la meilleure position de l'homme sur le cheval, due au colonel d'Auvergne, « *finit, dit l'auteur, l'instruction du cavalier par rapport à sa posture, et il doit avoir conçu et pratiqué tout ce que je viens de dire sur le cheval arrêté, avant de le faire cheminer ; on regagnera bien le temps qu'auront fait perdre ces premières leçons, si elles sont bien conçues, car la lenteur des progrès est presque toujours occasionnée par de fausses attitudes qu'il faut corriger et détruire.....*

« *La position de l'homme sur le cheval doit être puisée dans la nature,*
« *afin que chaque partie du corps soit dans une position aisée et qu'aucune*
« *ne fatigue. Le cavalier sera, par conséquent, en état d'être longtemps à*
« *cheval sans se lasser, point bien essentiel pour un homme de guerre.*
» *L'homme doit être aussi placé d'une manière solide et sa position la moins*
« *gênante pour lui, doit être aussi la moins gênante pour le cheval, afin de*
« *lui laisser le libre usage de ses forces.* »

La position à cheval qu'il préconisait était la suivante :

« *La tête droite, sans gêne ni affectation, les bras libres et aisés, les coudes détachés du corps, le pouce sur le plat des rênes, les ongles en dessous ; les poignets bas et les bras à demi tendus, le bas des reins un peu plus en avant, s fesses bien au milieu de la selle; les cuisses doivent se trouver égales en les bandonnant à leur pesanteur, les jambes tombant naturellement; les pieds arallèles entre eux et bien lâchés, la pointe un peu plus basse que le ilon.* »

Bohan remarque, avec raison, qu'un des principes de la position a été ıal énoncé jusqu'alors en disant de tourner la cuisse en dedans; car les uisses ne doivent être ni en dedans ni en dehors; mais, étant bien relâhées, on doit les abandonner à elles-mêmes, et elles poseront naturelleıent sur la partie latérale interne.

« *M. Bourgelat reconnaît une infinité d'aides, que je regarde non eulement comme inutiles, mais même comme fausses et contraires aux prinipes de la position et de la solidité de l'homme à cheval. Telles sont les aides es genoux, parce qu'on ne peut serrer les genoux sans déranger l'assiette et oidir les jambes; l'appui ferme sur les étriers, que l'on ne peut prendre ans ôter l'appui sur les fesses, et par conséquent changer une base, que l'on oit au contraire s'attacher à rendre invariable.* »

« On a élevé dans toute la France, dit Bohan, des manèges destinés à 'instruction de la cavalerie, et c'est surtout depuis la paix de 1762 que ces difices se sont multipliés à l'infini; mais la forme qu'on leur a donnée serira, tant qu'ils existeront, à prouver la fausseté de nos idées et de nos rincipes sur les moyens de former la cavalerie. Les planches des Newcastle t des La Guérinière ont servi de plan à nos architectes; au lieu de donner ces manèges la plus grande longueur possible, on ne leur a donné dans ette dimension que trois fois leur largeur; c'était la proportion de ceux de 'ersailles, et personne ne s'éleva contre cette imitation, absurde pour la avalerie, car ce n'est que dans les espaces longs qu'elle peut décider et nir ses allures, qualités qui deviennent le principe de l'ordre, de l'enemble et de la force de nos escadrons. D'autres raisons militent encore en aveur des espaces vastes pour faire travailler la cavalerie, puisqu'il faut ue ces manèges soient propres à contenir un grand nombre de chevaux à a fois; et pour que ces chevaux ne s'y ruinent pas promptement, il faut que es coins soient assez éloignés pour que les mouvements directs ne soient as réduits en mouvements circulaires.

« ...... Si l'on approuve mes principes, et qu'il y ait encore des manèges nilitaires à élever, je conseille de leur donner quatre-vingts pieds de largeur ur trois cents de longueur. Il y a deux manèges à Lunéville, dans lesquels oixante-douze hommes marchent ensemble avec aisance. Ce sont les seuls ue je connoisse où la cavalerie puisse travailler avantageusement sans se

ruiner. Tous ceux de nos garnisons sont propres à exercer une douzaine d[e]
cavaliers à la fois et en file.

« On dira peut-être que les manèges sont inutiles et que la cavaleri[e]
doit s'instruire en plaine ; je réponds que, tant que la saison permet à l[a]
cavalerie de sortir, il faut la mener dehors ; mais qu'en France, pendan[t]
cinq mois de l'année, les pluies, les neiges, les glaces, les frimas l'empêchent de sortir ; et que lorsqu'elle n'a point de manège, elle reste dans un[e]
inaction nuisible à l'homme et pernicieuse au cheval.

« Quant aux manèges découverts, fermés par de simples barrières, il[s]
doivent avoir à peu près les mêmes proportions ; je préfère ces dernier[s]
pour instruire les hommes, et les premiers pour instruire les chevaux. »

Premières leçons. — « *Le pas uniforme sur une ligne droite sera don[c] choisi pour les premières leçons, comme l'allure la plus douce et dans laquell[e] il est le plus aisé de conserver son équilibre...*

« *On donnera toujours au cavalier un cheval mis ou dressé, afin qu'i[l] puisse pratiquer les préceptes qu'il a reçus ; alors l'obéissance ou la désobéis-sance de l'animal servira même à l'avertir de ses fautes, et il recevra de so[n] cheval une leçon continuelle. Le cavalier sera exercé soit dans un manèg[e] couvert, soit dans un manège découvert, c'est-à-dire dans un espace simple-ment limité par des barrières...*

« *Revenons aux leçons du cavalier ; il sera sans les étriers. Le cheva[l] sera en bridon. Travail au pas sur des lignes droites avec indication des effet[s] de mains et de jambes ; changements de main, arrêts ; cette première leço[n] sera répétée alternativement aux deux mains, jusqu'à ce que le maître jug[e] le commençant assez solide pour n'être pas dérangé par une action plu[s] vite.* »

Quant au travail à la longe, voici ce qu'en pense Bohan : « *On se gar-dera bien de se servir de la méthode usitée dans presque toutes les écoles, d[e] commencer par faire trotter les cavaliers à la longe sur des cercles et souven[t] sur de jeunes chevaux dont l'allure irrégulière exige une longue pratique pou[r] n'en être pas déplacé ; mais, quand même on choisirait le cheval le plus doux le plus sage et qui trotte le plus régulièrement, le corps, dans le mouvemen[t] circulaire en proie aux forces centrifuges et centripètes, présente des diff[i]cultés pour conserver son aplomb, difficultés qu'un commençant ne saurai[t] vaincre s'il n'est, dans ces leçons, occupé qu'à se tenir par des moyens de force.*

L'adoption générale du travail à la longe s'explique d'une manièr[e] fort naturelle. Quand on songea à s'occuper sérieusement d'instruction dan[s] les régiments français, à défaut d'ordonnance, les traités d'équitation furen[t] nécessairement consultés ; on y trouva que, pour donner force et souplesse au jeune cheval, on le faisait travailler à la longe et l'on voyait, en effet, qu'après quelques leçons bien données, il y prenait un nerf et un liant qu'on ne lui connaissait pas avant ; « de là, on conclut sans plus de réflexion, que les mêmes moyens produiraient les mêmes effets sur le jeune cavalier ; mais ce fut ici qu'on commit une grave erreur, qui ne devait pas échapper à l'esprit d'examen et d'analyse particulier à Bohan ».

Loin de croire ses devanciers sur parole, il se livra à l'anatomie du travail sur les cercles, à l'étude profonde de ses effets sur le cavalier qui commence, et il démontra qu'un travail qui change la position de l'homme, qui le dérange incessamment dans son assiette et dans son équilibre, dont l'effet est de laisser en arrière la partie du dehors, et qui le met en proie aux forces contraires, centrifuges et centripètes, qui tendent à l'éloigner et à le rapprocher du centre, ne saurait convenir aucunement à un cavalier qui débute et à qui l'on doit donner, avant toute chose, un aplomb, qui ne peut s'acquérir que par la pratique du travail rectiligne.

Il est facile de démontrer de plus que les difficultés relatives à la manière de conduire le cheval sur les cercles, sont telles que le recrue ne saurait les résoudre ; qu'ainsi il ne fait en réalité que suivre machinalement et avec malaise ; car de quelle manière celui qui sait à peine se servir des deux rênes et des deux jambes également, dans le travail sur le droit, pourrait-il faire prendre à son cheval la position exigée sur les cercles, qui veut que chaque rêne et chaque jambe aient un effet distinct et séparé, lesquels doivent cependant s'accorder entre eux ? et néanmoins ces difficultés ne sont pas les seules, car il résulte du travail continuel des rênes pour placer le cheval sur le cercle et l'y maintenir un ralentissement d'allure, une gêne de position, et par suite une négligence que les jambes doivent prévenir, en le stimulant sans cesse, complications nouvelles qui doivent faire ajourner ce travail au moment où une certaine habitude du cheval l'aura rendu régulièrement praticable.

« *Le cavalier prêt à marcher sera placé, ainsi que nous l'avons déjà dit, sur un cheval dressé et sage ; il sera sans étriers parce que ses cuisses n'ont pas encore acquis le degré d'allongement dont elles sont susceptibles ; ses mains seront placées, ainsi que je l'ai indiqué plus haut, tenant chacune une rêne de bridon.* »

Deuxième leçon : « *La deuxième leçon commencera, comme la première, par quelques tours de manège à droite et à gauche, et des changements de main en lignes perpendiculaires et diagonales prises sur différents points des côtés du rectangle; mais le pas du cheval sera un peu plus déterminé et allongé par le moyen des aides du cavalier; pendant les premiers tours, on le fera plusieurs fois arrêter et repartir, afin de le familiariser avec ces mouvements, jusqu'à ce qu'il n'en soit plus ébranlé.*

« *L'instant où le commençant sera le plus juste et le plus aisé, sera celui que le maître choisira pour le faire passer à l'allure du trot; c'est principalement dans cette allure qu'il fera des progrès rapides, et ils le seront d'autant plus qu'on ne sera pas pressé de l'y faire passer. Il parcourra au trot les mêmes lignes qu'il a parcourues au pas; on l'y remettra plusieurs fois pendant la reprise, afin de lui faire connaître et sentir l'effet de ses opérations de jambes et de mains dans les changements subits d'allures. Même travail qu'au pas. On ne peut déterminer le temps qu'on laissera le cavalier à cette leçon; il sera relatif à ses progrès; c'est au maître à les juger.*

« *Il est temps alors de faire changer de cheval à l'écolier; mais, comme il a été dit, ce ne sera jamais que des chevaux faits qui seront destinés à cette école, et l'avantage de ces changements de chevaux n'est fondé que sur la variété des allures plus ou moins douces.*

« *On exigera alors que le trot soit franc et allongé, et si l'assiette conserve une certaine immobilité, on permettra quelques tours de galop (pris sur le trot). Mais il ne s'agit pas encore d'expliquer ici et de faire étudier à l'élève l'accord qu'il doit mettre entre ses mains et ses jambes pour faire partir son cheval uni, soit sur les pieds droits, soit sur les pieds gauches; ce sont des opérations qu'il ne pourra comprendre que quand il sera d'une certaine force, et assez uni et lié pour sentir ce qui se passe sous ses fesses et ses cuisses. Notre objet étant, dans ce moment, l'exacte union des deux machines.*

« *On prendra donc l'instant où le cavalier sera le plus lié à son cheval, et où ils seront l'un et l'autre le plus d'aplomb, pour commander au galop. Le cavalier fermera ses deux jambes également, en sentant un peu plus la rêne de dehors que celle de dedans, et, s'il est nécessaire, le maître aidera en montrant sa chambrière, et même en attaquant légèrement le cheval derrière la botte.*

« *Les premières fois que le cavalier galopera, on le mettra toujours au trot pour le faire changer de main et repartir sur la ligne droite, par les mêmes moyens que nous avons indiqués plus haut. Il ne faut demander au commençant que la régularité de sa posture, et l'on doit s'en tenir à cette leçon, jusqu'à ce que l'on juge que ses cuisses et ses jambes ont pris le degré de tension et de relâché qu'elles doivent avoir.* »

Troisième leçon : « *Dans la troisième leçon, il est temps de permettre au cavalier l'usage des étriers, des éperons et de la bride. Les étrivières trop longues ou trop courtes sont deux défauts essentiels qui contrarient la position et dérangent l'équilibre, la grâce et la tenue du cavalier ; il est plus commun de voir les étrivières plutôt trop longues que trop courtes ; cela est une suite des principes que donnent certains maîtres, qui, sans avoir jamais raisonné leur art, prétendent que le corps, les cuisses et les jambes, doivent être sur une seule et même ligne.*

« Les éperons doivent être placés bas, parce que le cavalier en sera plus sûrement maître, et qu'il est des occasions, par exemple dans l'escadron, où ses jambes étant pressées, si ses éperons étaient hauts, ils porteraient involontairement.

« Nous avons déjà parlé de la manière de se servir des éperons, en décrivant plus haut la position à garder dans l'emploi des aides et des châtiments, et nous avons dit qu'ils servent à châtier le cheval qui n'a pas répondu aux effets de jambes ; nous en parlerons encore, comme d'un moyen propre à donner aux jeunes chevaux la connaissance des aides.

« L'élève a dû comprendre jusqu'ici les différentes opérations de ses mains par rapport au cheval, et connaître les effets de ses rênes, qu'il tenait séparément ; la position de sa main gauche, tenant les rênes de la bride, lui a été expliquée sur le cheval immobile, ainsi que l'usage de sa main droite, tenant le petit bridon appelé filet. Il suffit ici de savoir que les opérations indiquées produisent les effets que l'on demande, et ce ne peut être que dans la seconde partie de notre ouvrage, en parlant des mouvements de l'animal, que nous en prouverons mécaniquement la sûreté.

« L'élève travaillera ainsi dans le manège découvert, aux deux mains sur toutes les lignes ; et, sur les trois allures, il pratiquera les opérations des mains et des jambes indiquées, pour tenir son cheval droit et dans un train égal. Deux choses principales doivent devenir l'objet de son attention particulière, savoir : la fixation et la justesse de sa main gauche, et la pesanteur de ses jambes conservées sur ses étriers dans l'instant où elles se ferment.

« Les étriers deviennent une espèce de balance, qui sert à avertir le cavalier du déplacement de son corps ou de la roideur de quelques-unes de ses parties, et, au bout de quelques jours, ils lui donnent le sentiment d'une justesse qu'il n'avait pas encore connue. »

Mais nous trouvons ici un article qui s'annonce d'une façon un peu discordante :

« Manière de se servir de la bride comme aide et châtiment. » Ce titre

est un peu surprenant. Toutefois, Bohan nous l'explique dans le paragraphe suivant :

« *Quand vous faites agir légèrement une rêne, la rêne droite, je suppose, pour redresser le cheval de ce côté, ce n'est qu'un avertissement d'aller à droite et ces avertissemens sont suffisans sur le cheval bien mis ; mais s'il s'y refuse, pour lors, augmentant la force de votre rêne droite vous lui faites sentir une douleur sur la barre du même côté, qui l'oblige à répondre à ce que vous lui demandez ; c'est ainsi que l'on fait de la bride une aide ou un châtiment suivant la force que l'on y emploie.* »

Bohan insiste ensuite sur la position :

« *Je termine ici tout ce que je pense dire sur la position et sur les fonctions de chaque partie du corps de l'homme à cheval ; c'est en conservant cette posture, et en faisant mouvoir ses parties mobiles, selon les lois indiquées, qu'il parviendra à maîtriser et subjuguer le cheval le plus ardent, et à en tirer des services incroyables, que n'en obtiennent jamais ceux qui en ignorent l'art.* »

Il passe ensuite au dressage des chevaux, qui, à son époque, était fait dans l'armée par des cavaliers d'élite, sous la direction d'officiers sortis de l'école royale.

Il décrit d'abord les trois allures du cheval, ayant soin de faire remarquer que, dans tous les mouvements, c'est au cavalier habile à compasser les mouvements de sa main qui doivent ralentir la masse, et la quantité des aides qui doivent accélérer l'action des jambes ; car il n'a pas le sentiment de cette exacte compensation que l'on appelle l'accord des mains et des jambes ; il lui est impossible de mettre un cheval d'aplomb et de le rassembler, c'est-à-dire de mettre le poids du corps du cheval sur le milieu proportionnel des jambes posant à terre.

Dans le dressage, la première leçon du cheval est consacrée au travail à la longe, l'animal non monté, et à la simple connaissance du montoir. « *On juge le terme qu'il faut mettre à cette leçon lorsque les chevaux manient avec aisance sans forger ni s'appuyer sur la longe, et qu'en montrant la chambrière, ils s'échappent au galop uniment et avec facilité ; alors on lui ôtera le caveçon, et le cavalier montera dessus avec les précautions ordinaires.* »

Premières leçons données au cheval. — « *Le cheval doit être amené à l'école avec une selle, ayant dans la bouche un filet ordinaire et de plus un grand bridon, dit vulgairement bridon d'écurie.*

« *Pour prévenir et remédier aux désordres auxquels il pourrait s'aban-*

donner, il faut préalablement lui donner connaissance de la chambrière; ce sera en le faisant trotter pendant quelques jours, un caveçon sur le nez, au bout d'une longe. L'usage du caveçon, connu depuis longtemps, est regardé avec raison comme fort utile, parce que, obligeant le cheval à se plier sur les cercles, il met tous les muscles en action et les assouplit promptement.

« *Que l'on se garde bien de se servir d'un pilier au lieu d'un homme, pour y attacher la longe, comme le conseille M. Eidoux, dans le Dictionnaire de l'Encyclopédie, à l'article* « commencer un cheval »; *ce moyen est dangereux et ne peut être donné que par l'ignorance; je conseille, au contraire, lorsqu'on est obligé de se servir d'un homme qui n'est pas instruit, de le diriger continuellement sur ce qu'il doit faire. — Mais, dans les régiments, la classe des chevaux neufs doit toujours être conduite par ce qu'il y a de plus instruit; c'est le moyen de hâter les progrès et d'abréger l'instruction. On juge le terme qu'il faut mettre à ces leçons lorsque les chevaux manient avec aisance, sans forger ni s'appuyer sur la longe, et qu'en montrant la chambrière ils s'échappent au galop avec facilité.* »

Deuxième leçon. — Cheval monté en liberté. — « *La première chose que l'on doit apprendre au cheval, c'est de se porter en avant aux aides des jambes, parce que, sitôt que le cheval y obéit, le cavalier peut prévenir les fautes et les défenses, et l'on verra par la suite que c'est le seul remède qui puisse corriger les chevaux qui ont des vices.*

« *Sur un cheval parfaitement dressé, les opérations des mains et des jambes doivent être imperceptibles, parce que l'animal répond aux premières aides; mais, sur un cheval neuf auquel il s'agit de les faire connaître, il faut que les mouvements soient grands, larges, et qu'ils se fassent franchement.*

Troisième leçon. — Du mouvement circulaire. — « *C'est avec raison que tous les hommes de cheval et tous les écuyers ont fait grand cas de la leçon du cercle; elle est très propre à assouplir le cheval, lorsqu'elle est donnée par un habile maître; mais toutes les écoles en ont abusé en faisant commencer leurs écoliers et leurs chevaux neufs par les cercles. Cette méthode est un obstacle aux progrès des premiers, et la ruine des seconds.*

« *Si l'on s'est plaint avec tant de raison de l'équitation dans la cavalerie, c'est que les maîtres s'occupaient à faire passager, rassembler et piaffer leurs chevaux sans s'inquiéter s'ils étaient droits, d'aplomb et assouplis. Les Écoliers de Saumur et de Cambrai, qui avaient pris des voltes sur deux pistes, voulaient en faire prendre aux cavaliers.* »

Suivent des données générales pour diriger le dressage :

« *Les défenses des chevaux bien conformés, forts et nerveux, sont les plus aisées à corriger. Communément, les sauts sont les seuls dérèglements auxquels ils s'abandonnent, et c'est en les déployant franchement par les jambes et la gaule, ou en fermant l'éperon, qu'ils commencent à le connaître, qu'on les pousse vigoureusement en avant, prévenant ainsi le saut pour lequel ils allaient rassembler leurs forces. Il y a là un instant à saisir avec un grand tact.*

« Mais c'est presque toujours la mauvaise construction des chevaux qui, les rendant faibles, les excite à se défendre sous l'homme ; néanmoins (il n'est point de règles sans exception), j'ai vu des chevaux, dont les belles proportions attiraient les regards des plus grands connaisseurs, être mous et incapables d'aucun service.

« Deux causes premières s'opposent à la bonté du cheval, la disproportion dans sa charpente et la disproportion dans ses muscles ; on ne peut alors en exiger le même genre de travail que de l'animal parfaitement proportionné et pourvu de muscles prononcés et séparés par de fortes intersections tendineuses. Ces chevaux-là s'arrêtent court, ou se cabrent, ou ruent, ou bien encore se jettent de côté ; c'est surtout en prévenant leurs arrêts subits par l'action des jambes, de la gaule et de l'éperon, qu'on les corrigera, et, règle générale, moins on aura recours aux mains, mieux on opèrera.

« Quand le cheval se décidera franchement sur les lignes droites et obéira aux mains et aux jambes du cavalier, c'est une preuve qu'il aura déjà acquis une certaine souplesse, et l'on passera à la troisième leçon.

« Dans cette troisième leçon, les mouvements circulaires complètent l'assouplissement du cheval au pas et au trot ; ses progrès deviennent sensibles et, après une pratique de quelques jours, il travaillera avec beaucoup plus de souplesse et de grâce sur les lignes droites. C'est alors qu'il cherchera de lui-même à partir au galop et qu'en le tenant droit on peut lui en permettre quelques temps, sans chercher à le raccourcir par l'opération de la main, mais seulement à l'apaiser en se relâchant, et en ayant les jambes très moelleuses.

« Si le cheval, en se présentant au galop, part faux, il faut que le cavalier le remette sur le champ au trot et le fasse recommencer, en observant de se servir de ses deux jambes et de la rêne de dehors pour contenir les épaules parfaitement redressées, sans quoi il ferait toujours la même faute.

« Il faut éviter tous les moyens auxquels l'ignorance a recours et que l'on pratique dans certaines écoles pour faire partir les chevaux, tels que de les mettre de travers, et surtout de les enlever d'un temps d'arrêt, ce qui est contraire à toute espèce de raison : je permettrai tout au plus de profiter

d'un coin, ou d'un tournant quelconque, et même on n'en doit faire usage que pour des chevaux très difficiles au partir, et s'éloigner le moins possible des moyens simples et naturels. »

Voici d'ailleurs comment Bohan explique le départ au galop. Il s'agit du galop à gauche :

« *Le cavalier marque un temps d'arrêt en sentant un peu plus la rêne droite que la gauche ; par ce moyen, il contiendra la partie droite du cheval, et fermera en même temps ses jambes, et la droite plus que la gauche, parce qu'il s'agit de jeter la masse sur le pied gauche ; le cheval s'y trouvera forcé et partira immanquablement. Le cheval, par sa construction, est obligé de partir sur le pied droit si la masse est brusquement jetée à droite; et de partir sur le pied gauche si la masse est brusquement jetée à gauche.*

« *Le cheval ayant fait un tour ou deux de manège au galop à une main, on l'en fera changer, afin de lui en laisser faire autant à l'autre. On peut voir par ce terme laisser faire, que je veux qu'on entende, en général, que les jeunes chevaux se présentent au galop avant de les exercer à cette allure, à moins qu'étant assuré de leurs forces, on leur reconnaisse un caractère paresseux.*

« *La succession des leçons que je viens de tracer est la seule méthode qui soit conforme à l'art, et dont on puisse attendre de véritables succès. C'est elle que l'on doit généralement suivre pour toute sorte de chevaux de monture, à quelqu'usage qu'ils soient destinés, et de ces premières leçons dépendent la sagesse et quelquefois la force de l'animal pour sa vie ; mais, parvenu au point où je viens de le laisser dans la dernière leçon, le cheval n'est encore que ce que nous appelons vulgairement débourré. C'est en ce moment que l'écuyer peut porter un jugement certain sur ses dispositions, ses forces et ses qualités, et qu'il peut décider le genre de service auquel il est propre, pour lui continuer une éducation relative (appropriée).*

« *Le cheval destiné à la parade ou au manège doit avoir les airs relevés, c'est-à-dire une action dans les mouvements de ses jambes, qui rende ses allures brèves, cadencées et brillantes ; il doit avoir du feu : sans ces qualités, il est commun et sans distinction.*

« *Le cheval destiné à l'escadron, le cheval de guerre, doit être plus froid et avoir des allures moins relevées, mais franches et étendues, et être d'une taille et d'une force qui lui permettent de résister aux longues fatigues ; trop de légèreté et de finesse sont des défauts pour lui.*

« *Mais quelles règles, quels principes donner sur la connaissance de la bonté et des différentes qualités* (aptitudes) *des chevaux ! La théorie serait bien fautive, si elle n'était secondée d'une pratique d'équitation qui donne, par le sentiment, le tact le plus sûr, puisque les yeux ne peuvent juger que l'extérieur, tandis que l'assiette de l'homme de cheval juge de la force et de l'élasticité des ressorts ; que l'on fasse bien attention à ceci, l'expérience le prouve tous les jours ; nous avons beaucoup de gens, sans doute, qui connaissent véritablement les proportions du beau cheval et les tares auxquelles il est sujet, encore plus qui y prétendent, mais très peu qui jugent sainement de la bonté d'un cheval; qui est-ce qui n'a pas vu d'excellents chevaux avec des jarrets gras et étroits et des rosses avec des jarrets larges et secs? Ici la théorie est en défaut, et malheureusement ce n'est pas dans cette seule occasion où ces anatomistes de jarrets se trompent : j'engage mes lecteurs à conclure avec moi que la théorie et la pratique de l'équitation sont deux connaissances indispensables pour procéder à un bon choix, et surtout pour porter un jugement sain sur les qualités et la bonté d'un cheval.* »

Bohan continue son livre en parlant du dressage du cheval de manège, qui doit, dit-il, avoir l'éducation la plus perfectionnée.

« Des piliers.—*Je ne conseille pas à la cavalerie de faire usage des piliers dans l'éducation des chevaux ; il y a peu d'avantages à en retirer, et la perte d'un temps qu'on emploierait beaucoup mieux à allonger les chevaux sur de grands cercles, et plus encore sur des lignes droites ; mais cette leçon donnée par un habile maître, à un jeune cheval destiné au manège, devient très utile, en donnant une grande justesse et un grand liant aux ressorts de l'animal, en lui faisant plier les articulations avec grâce et agilité et lui apprenant à répartir proportionnellement le poids de son corps sur les jambes posant à terre, ce que j'appelle : se rassembler* ». A-t-on trouvé mieux, pour définir le rassembler ?

« *Cette leçon est excellente pour les chevaux qui ont quelques dispositions à s'appuyer sur la main, et qui se servent peu de leurs hanches, ou qui ont l'habitude de laisser tomber leur masse à droite ou à gauche.*

« *Après avoir mis le cheval dans le caveçon (qui ne doit le serrer de nulle part), on le carressera, et, le prenant par le bridon, on l'attirera en avant, pour le faire donner dans les deux cordes, et voir si elles sont parfaitement égales ; le tout ainsi préparé, celui qui tient la chambrière la montrera, en se tenant un peu sur la droite, et, en l'élevant moëlleusement, il appellera un petit temps de la langue, afin d'exciter le cheval à avancer et à donner dans les cordes. Si le cheval y répond bien, une personne, qui se tiendra au pilier gauche, et par conséquent à l'épaule du cheval, le flattera. Nombre de chevaux reculent avec colère ou épouvantés ; il ne faut point les battre, mais beaucoup les flatter et réitérer la montre de la chambrière. Quand le cheval ne reculera plus, celui qui tient la chambrière passera de l'autre côté du cheval, en le faisant ranger. Il lui fera exécuter la même chose, alternativement aux deux mains. Ces premières leçons doivent être répétées plusieurs fois, sans exiger autre chose du cheval que de le faire donner dans les deux cordes, et de le faire ranger aux deux mains. Lorsqu'il pratiquera bien ces premières leçons, on commencera à lui demander quelque temps de piaffer. Pour cela, le cheval étant dans les cordes à main droite, je suppose, c'est-à-dire étant rangé à gauche et légèrement plié à droite, celui qui tient la chambrière étant placé un pas en arrière, et sur la droite de la jambe droite du derrière du cheval, réitérera ses mouvements de chambrière de bas en haut, son bras étendu, de sorte que, dans ce mouvement, la courroie touche le cheval entre l'épaule et le ventre, avec plus ou moins de force selon la lenteur et la sensibilité de l'animal; sitôt qu'il a obéi, la chambrière doit cesser, et on doit le flatter pour lui faire connaître qu'il a bien fait...*

« *Cette leçon est toujours très bonne ou très mauvaise; elle ne saurait être donnée avec trop de circonspection; elle doit toujours être très courte, et donnée au cheval lorsqu'il sort de l'écurie, avant de le monter, parce que un cheval qui serait fatigué y répondrait mal. On la continue jusqu'à ce qu'on en ait retiré le fruit qu'on en attendait. La théorie ne suffit pas pour mettre quelqu'un en état de donner cette leçon avec avantage; il faut de la pratique, et avoir longtemps manié la chambrière...* »

Écoutons Bohan parler de l'Embouchure et de ses effets.

« *Si je ne considérais l'embouchure des chevaux que relativement à l'équitation, à peine ce chapitre trouverait-il place ici, puisque la plus légère attention suffit pour donner au cheval un mors qui lui convienne. C'est ainsi, du moins, que l'homme de cheval envisage cette partie : il ne regarde la bride que comme un moyen secondaire; il rapproche les différences que l'on a multipliées à l'infini, sur les formes et proportions de mors. C'est l'ignorance des écuyers qui a fait de l'éperonnerie un art de charlatanisme; tout le monde veut monter, maîtriser et dresser des chevaux, et peu de gens ont fait un suffisant apprentissage de ce métier difficile... On s'adresse à un éperonnier pour trouver les moyens de mener un cheval qu'une mauvaise assiette et une mauvaise main ont mis de travers et ont fait défendre; on encourage l'artiste mercenaire, on lui persuade aisément que son art est un art essentiel et profond : il faut bien que celui-ci, à son tour, prenne un air scientifique; il passe les doigts dans la bouche du cheval, palpe les lèvres, les barres, la langue; le voilà magicien, il parle beaucoup, vous dit des mots qu'il ne comprend certai-*

nement pas lui-même ; n'importe, il ajuste un mors ; il vous répond de son effet, et vous vous retirez content. Le cheval, étonné et intimidé de la nouvelle machine qu'on lui a mise dans la bouche, paraît en effet plus obéissant ; mais cette victoire n'est pas longue ; comme le cavalier n'a rien acquis, les fautes du cheval reviennent bientôt par les mêmes causes que ci-devant. On a recours à un autre éperonnier qui vous trompe encore, et vit à vos dépens ; et comment cela n'arriverait-il pas lorsque tous nos livres, tous nos traités de cavalerie font des raisonnements à perte de vue sur la configuration et les proportions des différentes parties de la bouche et du mors ? A Dieu ne plaise que, séduit par ce rabâchage, je copie les auteurs contemporains comme ils ont copié leurs devanciers...

« Si ce n'est pas relativement à l'équitation, à l'écuyer, ni au manège que j'ai à parler des embouchures, je dois ici donner mes soins pour préserver la cavalerie, de ne se servir que de simples canons à branches droites ; je vais en donner la raison : ce n'est jamais par la force qu'il faut prétendre maîtriser les chevaux, ses effets sont insuffisants ; s'ils semblent réussir quelquefois, c'est toujours en produisant d'extrêmes désordres et d'extrêmes dangers. Il suffit que l'animal reçoive par la sensibilité de sa bouche l'avertissement du cavalier, et que cet avertissement devienne légèrement douloureux si le cheval ne l'écoutait pas ; toute embouchure produisant cet effet est suffisamment forte. La nature n'a point différencié les bouches des chevaux autant qu'on a cru le remarquer, et qu'on a voulu le faire croire : tous les poulains quelconques sont obéissants au bridon. C'est avec cet ajustement que l'homme de cheval les accoutume au joug, et, avec un peu plus fort et qui causerait une pression plus douloureuse, il désespérerait l'animal. Si le bridon est obligé de travailler davantage sur l'un que l'autre, ce n'est pas qu'un tel cheval y soit moins sensible, qu'il sente moins l'effet de la main de son cavalier, mais c'est que, plus ardent, moins souple, plus faible dans son derrière, l'attitude gênée qu'on lui donne le contrarie trop, et il cherche à la fuir ; ce n'est donc pas la pression sur les lèvres, ni sur les barres qu'il faut augmenter, mais il faut apaiser le cheval, l'assouplir, et, dans le dernier cas surtout, réduire presque à rien l'effet des mains. Ceci sera assez clair pour ceux qui ont vu beaucoup de chevaux, parce qu'ils ont rencontré souvent des hommes très vigoureux, employant toute la force dont ils étaient capables, emportés par des chevaux qu'un homme plus habile qu'eux menait avec la plus grande facilité, en ne se servant que d'un seul bridon. Dans ce métier-ci, la théorie ne suffit pas, je l'ai déjà dit, et, il est nécessaire de le répéter, il faut pratiquer et beaucoup voir. J'engage donc mon lecteur à se transporter souvent sur ces terrains où l'on pousse les

chevaux à des courses rapides, où des escadrons font des simulacres de charges, qui ressemblent si souvent à des simulacres de fuite, par le désordre qui y règne : c'est là où il verra les hommes les plus forts emportés par les plus petits chevaux, dont ils mettent pourtant la bouche en sang. Assurément, on ne peut pas douter que le mors ne fasse assez d'effet, et pourtant il ne suffit pas. Est-ce à l'éperonnier à remédier à cet inconvénient ? Non, sans doute : tant que votre cavalerie ne sera pas plus instruite, des cabestans ne suffiraient pas pour rendre les cavaliers maîtres de leurs chevaux, et donner de l'ensemble aux escadrons.

« Que l'on s'occupe donc moins de toutes ces inspections de bouches, et de toutes ces divisions entre bouches trop sensibles, bouches ardentes, bouches fortes, bouches qui évitent la sujétion du mors, barre sourde, barre tranchante, barre ronde, barbe grasse, barbe maigre, etc., etc. ; que l'on se borne à donner à toutes ces bouches, à toutes ces barres et à toutes ces barbes, l'embouchure la plus douce, un simple canon entier, ajusté à la proportien de la bouche, c'est-à-dire qui ne soit ni trop large ni trop étroit et dont l'angle formé par les deux canons donne assez de liberté à la langue ; que le canon porte sur les barres à un pouce au-dessus des crochets. Si les lèvres sont rentrantes et couvrent les barres, que les fonceaux soient plus droits, avec liberté de langue, afin de ne pas faire rentrer la lèvre. Ces deux points de contact du mors étant bien pris, la manière dont le cheval porte la tête et l'encolure doit décider de l'espèce des branches. C'est en les allongeant ou en les raccourcissant que l'on peut augmenter ou diminuer la force du mors et son effet. La branche suit absolument en cela la propriété des bras de leviers...

« 1° On augmentera la force du mors et on ramènera la tête du cheval en allongeant les branches ; celles-là conviennent donc davantage au cheval qui porte au vent.

« 2° On relèvera la tête et l'encolure du cheval qui aurait de la disposition à s'encapuchonner, en ayant des branches plus courtes, et en faisant opérer la main dans une direction moins perpendiculaire au bras de levier...

« Pour donner au cheval la connaissance des rênes de la bride, on pourra les employer séparément, faisant attention, dans les commencements, de joindre l'avertissement de la rêne droite du bridon de la bride, car c'est un principe général dans l'instruction des chevaux de se servir toujours d'un aide ou d'un moyen déjà connu, pour donner la connaissance de celui qui est ignoré...

« Le cavalier qui aura une position juste, le bras gauche moelleux et la main sensible, formera une bouche sensible à son cheval, parce qu'il n'abusera

pas de la pression continuelle du mors sur la barre, pression qui la rendrait sourde et calleuse.

« *L'expérience la plus suivie fait voir que l'homme de cheval donne et entretient la finesse des aides dans l'animal le plus grossier, tandis que l'ignorant détruit la sensibilité du cheval le plus distingué.*

« *Je ne parlerai ni des bridons à l'italienne, ni des mors à la turque, et de toutes les machines inventées pour soumettre les chevaux à l'obéissance, bien convaincu que ces ressources sont absolument inutiles lorsqu'on a réuni la théorie et la pratique de notre art.* »

Des pas de côté. — Bohan admet leur nécessité au point de vue militaire. « *Pour pouvoir redresser le cheval, changer la direction de sa marche, le gouverner avec facilité, et le mettre à même de suivre tous les mouvements de l'escadron, il faut qu'il puisse faire des pas de côté, c'est-à-dire faire chevaucher ses jambes l'une sur l'autre. En effet, soit dans l'alignement des rangs, soit dans l'observation des chefs de file, soit dans les conversions, les chevaux sont souvent obligés d'appuyer soit à droite, soit à gauche ; nos escadrons mêmes opèrent les mouvements en masse, et l'ordonnance nous les indique par les commandements de main à droite ou de main à gauche : c'est donc mal à propos que des préjugés contre l'instruction du manège ont révoqué cette leçon de l'instruction de la cavalerie ; je la juge nécessaire et indispensable...* »

Bohan rejette entièrement de l'équitation militaire l'usage des sauteurs, disant : « *Il n'est pas rare de voir que des écoliers, quoique très fermes sur cette espèce de chevaux, sont désarçonnés par un cheval dont les mouvements sont irréguliers. L'homme de cheval n'acquiert de la tenue que par l'habitude de monter des jeunes chevaux qui s'abandonnent à toutes sortes d'écarts et de contre-temps.* »

Il termine ce qui concerne l'équitation proprement dite dans son ouvrage par des considérations générales sur les maîtres et la pratique. Nous y lisons : « *La lenteur des progrès, dans tous les arts, doit être plus souvent imputée à la médiocrité des maîtres qu'au manque de disposition des écoliers ; rien n'est si difficile que de bien monter ; nul n'est trop savant pour cet emploi ; voilà mon avis, d'après lequel on peut juger combien je blâme l'usage général où est la cavalerie d'abandonner le soin de l'instruction à des sous-officiers qui n'ont ordinairement qu'une grossière routine, sont sans aptitude pour juger les défauts de leurs élèves, et sans talent pour s'énoncer d'une manière juste et précise, communiquer leurs pensées sur un art dont on n'est jamais en état d'exposer les principes, si on ne les possède à fond* ».

Nous ne quitterons pas le général de Rohan sans enregistrer, au courant d'une analyse rapide, quelques-unes de ses opinions sur les chevaux d'armes et leur production.

Il avait insisté beaucoup, en 1781, pour que la cavalerie française fut remontée en *chevaux entiers*, en appuyant ce grand projet des exemples déjà suivis chez plusieurs peuples. Il avait démontré aussi qu'alors la cavalerie, montée sur des chevaux pourvus de toute leur vigueur, pourrait durer davantage et entreprendre des marches plus rapides. Déjà la Gendarmerie prenait tous les chevaux entiers qu'elle pouvait rencontrer dans ses remontes du Limousin et de l'Auvergne, déjà l'officier qu'elle tenait en Danemark pour y acheter des chevaux avait l'ordre de préférer les entiers, autant qu'il pourrait s'en procurer; déjà enfin, elle avait fait passer de *son école* dans ses escadrons un nombre de chevaux entiers qui s'y distinguaient à la vue par un port, une vigueur, une légèreté qui contrastait avec la mollesse des hongres.

« *Jetons un coup d'œil sur l'espèce et la qualité des chevaux que l'on vient offrir aux écoles et destiner au service ; ce n'est plus ces poulains fiers, gais et vigoureux, élèves de la nature, ce sont des animaux lâches, tristes, mous et défigurés, portant déjà toutes les marques de la domesticité, et le plus souvent même mutilés par la cruelle ignorance de leurs maîtres.*

« ..... *L'homme aura beau raisonner, tant qu'il cherchera à corriger la nature, au lieu de l'écouter, de la suivre et de l'aider, il sera dans le chemin de l'erreur,*

« *Non seulement nous sommes en faute envers la nature dès la copulation du mâle et de la femelle, mais même avant, par le choix que nous faisons des pères et des mères dont on veut tirer de la race. La figure et la taille de l'étalon sont les deux seuls objets qui nous occupent : l'âge est compté pour rien ; il suffit qu'il puisse servir pour qu'on n'y fasse aucune attention ; ses qualités, sa vigueur, son épuisement, toutes ces choses ne sont point remarquées ; elles sont pourtant plus essentielles que la figure, car nous rencontrons à chaque pas de beaux et mauvais chevaux ; mais je veux que l'étalon soit bien choisi, qu'il ait toute la vigueur et les qualités requises, le service du haras en fera indubitablement en deux ans un fort mauvais cheval, qui ne produira plus qu'une quantité de rosses. Pour entretenir cette vigueur, qui doit être transmise à sa race, il faut que le cheval mène une vie qui la lui conserve: le travail lui est particulièrement nécessaire ; cependant, dans tous nos haras, il n'en fait point, car on ne peut donner ce nom à quelques heures qu'on lui fait faire, une ou deux fois par semaine, au bout d'une longe, et sans être monté ; le cheval ainsi gouverné peut à juste titre perdre le nom de cheval, car il n'en a plus les qualités, pour prendre celui d'étalon ; aussi le degré de leur valeur est-il toujours mesuré par la quantité de juments qu'ils sont en état de saillir chaque saison, et par la promptitude avec laquelle ils servent les juments qu'on leur présente. Échauffés par les aliments, provoqués par les juments qu'on met auprès d'eux, ils semblent acquérir tous les jours plus de qualités pour la génération, mais l'art est ici en défaut ; la nature est toujours la même, elle perd indubitablement en qualité ce qu'elle paraît gagner en quantité.*

« Les Anglais, plus amateurs et plus vrais connaisseurs que nous en chevaux, nous donnent à cet égard un exemple qui devrait pourtant nous frapper ; ils recherchent avec grand soin les étalons qui se sont distingués dans les courses, ils achètent à des prix extraordinaires la permission de faire saillir de bonnes juments par ces chevaux ; aussi rarement l'effet trompe-t-il leur attente ; si le poulain arrive à cinq ans sans accident, il leur regagne ordinairement bien au delà de ce qu'il coûte. Il est indubitable que les qualités se perpétuent : elles devraient donc déterminer le choix des pères.....

« L'on est encore moins délicat sur les mères ; pourvu qu'elles aient un bon coffre, c'est à peu près la seule qualité qu'on recherche : sont-elles vicieuses, tarées, lâches, molles, estropiées même ? c'est au haras qu'on les relègue ; il est rare d'y voir des juments qui n'y aient pas été envoyées pour quelques-unes de ces causes : on les fait servir par un étalon frais ou fatigué, et pourvu qu'elles retiennent, c'est tout ce qu'on leur demande. »

Bohan, très hostile à la castration des chevaux de troupe, donne contre cette coutume des raisons qui valent au moins la peine d'être étudiées.

« A dix-huit mois, dit-il, on coupe le poulain : c'est le détruire avant qu'il soit né ; aussi, dès cet instant, porte-t-il tous les signes de la faiblesse qu'il conserve pendant sa vie ; l'encolure cesse de grossir, les muscles ne prennent point ces formes carrées et dessinées qui annoncent la vigueur du mâle ; les poils sont longs, il en reste beaucoup aux jambes ; les crins, au lieu de devenir lisses, brillants et ondulés, ressemblent à des étoupes ; enfin, l'âge de se vendre arrive, et l'on amène ces bringues défigurées pour nous remonter. Ne reviendrons-nous jamais de cette ancienne et bizarre méthode européenne, de hongrer les chevaux et de détruire ainsi la moitié de leur force et de leur courage ? L'expérience a beau nous démontrer tous les jours qu'il n'y a que les chevaux entiers capables de faire ces travaux excessifs du roulage, des postes, des rivières, etc. ; pour le métier de la guerre, nous ne nous servons que de chevaux hongres, parce que d'anciens préjugés nous font suivre une

ancienne routine ; que d'accidents, dit-on, il arriverait ! Mais en Perse, mais en Arabie, où ce barbare usage est inconnu, et plus près de nous encore, la cavalerie espagnole, comment fait-elle ? Ses chevaux sont-ils d'un autre acabit que les nôtres ? Sont-ils moins propres à la génération ? Cependant on les contient, on les maîtrise, et il n'y a pas plus d'accidents, pas plus de jambes cassées en Espagne qu'en France. Mais pour prouver qu'il y a sur cet objet plus de préjugés que de raison, il y a vingt ans que l'on n'aurait pas osé, dans Paris, atteler son carrosse de chevaux entiers ; on disait aussi : que de risques à courir si l'on rencontre des juments ! Aujourd'hui, il n'y a point de femme qui ne monte avec sécurité dans un carrosse attelé de chevaux entiers, et point de cocher qui ne se range dans une cour d'hôtel et de spectacle avec confiance, à son tour, et sans s'embarrasser si la voiture qui l'avoisine est attelée de juments.

« *Ne voit-on pas chez le roi, dans toutes les académies, ces chevaux les uns à côté des autres, tranquilles dans les rangs ou files des reprises de manége, quoiqu'ils soient les trois quarts du temps montés par des enfants ou des jeunes gens qui n'ont nulle habitude des chevaux ? Quelle objection restera-t-il donc à faire ? Les troupes voyagent et rencontrent des juments ? Je réponds : en vous servant de chevaux entiers, vous multiplierez bientôt l'espèce, et la consommation deviendrait moindre, parce qu'ils résisteroient davantage à la fatigue. Les juments seroient presque toutes reléguées chez le cultivateur ou dans les haras...* »

Bohan conclut avec la hardiesse d'un homme qui se sent de force à triompher des préjugés. « *Je paraîtrai peut-être extravagant, mais j'opinerai pour que la cavalerie soit montée sur des chevaux entiers, qu'elle soit exercée tous les jours, qu'elle entreprenne des marches que l'on appelle aujourd'hui forcées, et qu'on l'habitue à passer les plus mauvais pas, et même à sauter et franchir les obstacles qui l'arrêtent actuellement.* »

Ses réflexions sur les haras ne sont pas moins judicieuses. Elle ont de plus, pour nous, le mérite de nous montrer l'état de choses de son temps. « *Les avantages de la cavalerie consistant principalement dans sa vitesse, dans sa force et dans son élévation, c'est du choix des chevaux que ces qualités dépendent primitivement, et on ne doit rien négliger pour se les procurer de la meilleure espèce ; mais on sera privé de ce choix : 1° si la consommation faite dans le royaume excède la production ; 2° si, le prix, haussant tous les jours par la rareté de l'espèce, ne permet plus à nos moyens militaires que le rebut des autres consommateurs. C'est à peu près la position où nous nous trouvons en France dans le moment (1781) où j'écris.*

« *Que doit-il arriver de là? Que nous faisons avec l'étranger le commerce le plus désavantageux, en lui portant notre argent pour ses chevaux. L'Angleterre, et particulièrement l'Allemagne, fait un grand profit sur cet échange. Quelque énorme que soit la consommation des chevaux, comparée à la quantité que le royaume en produit, cette disproportion n'est pas frappante en ce moment, par la facilité que nous avons à en trouver chez nos voisins; mais que la guerre se déclare en Allemagne, que nous la fassions nous-mêmes, cette ressource nous sera enlevée, et, les besoins augmentant, nous manquerons absolument de ressource, cela est aisé à prévoir.*

« ...... *Une seule province, la Normandie, semble jusqu'à présent avoir attiré l'attention du gouvernement. C'est sans doute par l'immensité de ses herbages et la qualité reproductive de son sol, qu'on l'a regardée comme la plus propre à élever les chevaux. Mais n'a-t-on pas pris la quantité pour la qualité? C'est ce dont on sera persuadé quand, au lieu de répéter sans connoissance de cause que le cheval normand est le meilleur cheval français, on voudra examiner avec soin les haras et les productions de cette province. Un sol gras et fécond donne abondamment des fourrages; mais la qualité se ressent du terroir qui les produit; l'herbe, très abondante en sucs, fournit une nourriture propre à engraisser en peu de temps tous les herbivores. Les chevaux nourris dans les fonds se reconnoissent aux formes arrondies de leurs muscles; le tissu en est plus lâche que tendineux, plus mou que compacte. Tous les chevaux normands sont chargés de chair et d'épaule; ces chevaux ne sont ni vites ni courageux. Ils sont beaucoup plus propres au trait qu'à la monture. Malgré les soins des préposés, les extraits ressemblent rarement à ces superbes animaux tirés de tous les pays du monde, rassemblés à grands frais au haras du Roi.*

« *La qualité trop nourrissante des pâturages de Normandie n'est pas la seule cause de la médiocrité des chevaux de cette province. Quelques amateurs, qui ont mis cette science à profit, parent même à cet inconvénient en faisant choix d'herbages sur des terrains élevés et secs, pour y placer les poulains de trois ans, ce qui s'appelle les affiner; et ceux-là, en effet, réussissent mieux que les autres. Mais un soin généralement négligé dans cette province, c'est le choix des mères.*

« *Non seulement elles manquent de figure, mais encore de taille; j'affirme cette vérité parce que, ayant longtemps habité cette province, je me suis trouvé deux années de suite au haras dans le temps de la monte, et j'ai été frappé, comme tout le monde, d'un abus contre lequel on ne prend aucun moyen: on dirait qu'il est sans remède. Ce n'est point ici le lieu d'en proposer ni de parler d'une nouvelle administration des fonds destinés aux haras. On sait que ceux qui sont assignés à la province de Normandie sont énormes; il me suffit de démontrer que le découragement du fermier et la diminution de l'espèce sont une suite inévitable de l'administration du jour, et que, passé certain terme, c'est un argent mal dépensé que celui que l'on emploie à vouloir inutilement augmenter une production, au delà de la mesure prescrite pour l'intérêt de la province.*

« *En effet, tant que le propriétaire aura un profit plus sûr et plus démontré à faire le commerce des bœufs que celui des chevaux, il serait absurde de se flatter de lui faire préférer la spéculation la plus dangereuse à une plus certaine et plus lucrative. La Normandie élèvera toujours une certaine quantité de chevaux; ce n'est point à multiplier ce nombre qu'il faut donner ses soins. Je le répète, ces efforts seroient inutiles, l'intérêt y tiendra toujours la balance, et on ne peut la faire pencher que par un intérêt plus grand.*

« ...... *Que de préjugés s'opposent encore au succès! Si l'on reproche aux inspecteurs des haras de conserver des étalons communs et mal faits, ils vous répondront qu'il faut des chevaux de toute espèce, pour les proportionner aux juments et fournir aux consommateurs; comme si le bon, l'excellent, n'était pas toujours préférable lorsqu'on peut se le procurer. Ce sont des chevaux manqués, me disoit un jour un de ces préposés, qui servent à remonter vos dragons, il en faut comme cela. Eh! messieurs, où seroit donc l'inconvénient que nous fussions tous montés sur des chevaux semblables au* HINGPEPIN (fameux étalon anglais) *et à sa progéniture! En coûte-t-il plus pour élever un bon cheval que pour en élever un mauvais, et le bon n'est-il pas bon pour la guerre comme pour la chasse? D'après ce principe, l'expérience a eu beau démontrer que plusieurs étalons ne faisoient que de mauvais chevaux, ils ont été conservés aussi longtemps que les meilleurs. Si l'on commet des fautes si essentielles dans l'administration des haras de Normandie, c'est bien pis dans les autres provinces du royaume, où cette partie est absolument négligée...* ».

Nous ne devons pas oublier qu'à cette même date, le célèbre hippiatre français, dont nous avons déjà cité la collaboration avec Bourgelat, *Chabert*, luttait aussi contre la routine. On lui doit principalement *la ferrure pour les chevaux qui forgent, le fer à long bec, le fer à pince dégagée, le fer à pinçon, le fer couvert, le fer à soie, le fer pour le cheval rampin* et *le fer à caractères.*

THIROUX An VII	DE CHABANNES 1815	DUPATY DE CLAM 1776

Position à cheval 1781	M. de NESTIER	Position à cheval 1800.

AUBRY : *Histoire pittoresque de l'équitation.*

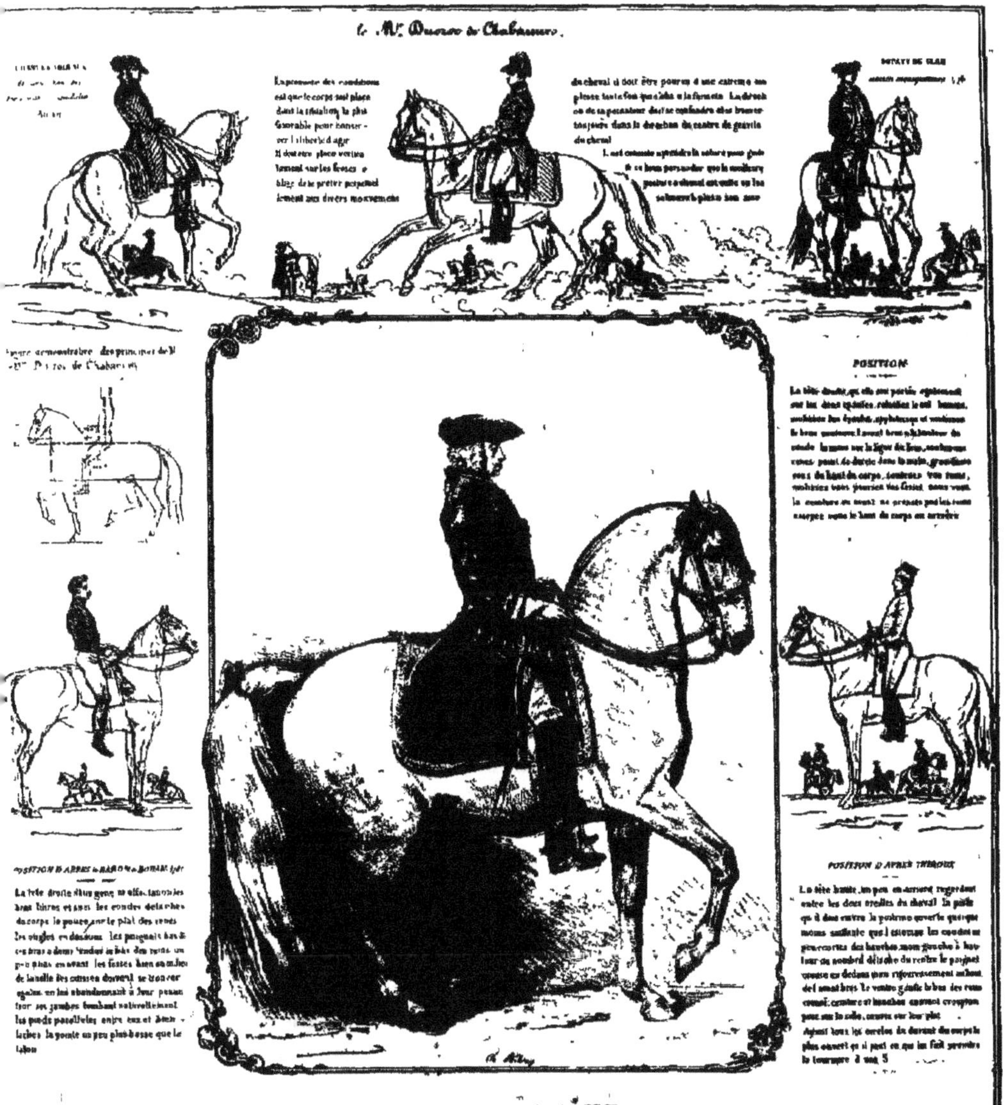

Mr de NESTIER

XVII

Comte de Chabrillant, commandant de l'École de Saumur, 1781. — Cours d'hippiatrique. — Cours de mathématiques. — Inondation de 1783. — Courses de Vincennes en 1783. — La maréchalerie anglaise : Osmer, 1760 : enlever au couteau les parcelles qui se détachent de la fourchette ; garniture en talons ; première idée du fer à siège. James Clark, 1782 : élasticité du pied. — Le chevalier de Malseigne, commandant l'École de Saumur en 1784. — Visite du Prince Henri de Prusse à Lunéville. — Traité d'Équitation militaire, traduit de l'anglais par Bergeret de Frouville, 1784 : méthode de dressage, filet releveur, dresser un cheval à la main. — La remonte en 1785. — Le manège de Versailles en 1785. — Le Personnel de la Grande et Petite Écurie : Prince de Lambesc, Marquis de Briges, Marquis de Lançon, Marquis de la Bigne, Chevalier d'Abzac, Chevalier Dumas de Gaursac, Le Vaillant de Saint-Denis, Baron de Saint-Étienne, Chevalier de la Bigne, Marquis de Boisfoucault, Duc de Coigny, Comte de Larbourt, Chevalier de Villoutreys, Marquis de Vernon, Marquis de Bosseulh, Marquis de Saint-Paul, Comte de Bosseulh, Chevalier de Cubières, de Renon ; écuyers par quartier, pages, valets de pied, maîtres palefreniers, cochers du corps du roi, maréchaux par quartier, maréchal vétérinaire. Jambes de la Bigne et main de d'Abzac. — Le pari du Marquis de la Bigne. — Le temps d'étriers et les bottes du prince de Lambesc. — L'origine du mors à olives tournantes. — Règles de la course de têtes : lances, dard, épée, pistolet. — Règles de la course de bagues. — Règles de la foule. — Monter à la Genette. — Règlement du 30 octobre 1786. — Fête donnée par les Carabiniers, 1787. — Leur départ de Saumur en 1788. — Réformes dans la cavalerie. — Suppression des Écoles de Saumur et de Lunéville. — Ordonnance du 20 mai 1788 : bases d'instruction : capitaine instructeur ; quatre leçons à pied, neuf leçons à cheval, premières leçons en couverte, travail à la longe, travail par trois, progression de dressage, marche oblique individuelle et par troupe, marche en colonnes de peloton, déploiement en bataille, exercice individuel de la charge, réserve de l'escadron, mouvement de flanc par quatre.

Malgré l'importance de Bohan, la position considérée comme académique, comme les autres principes équestres, d'ailleurs, n'en restait pas moins celle professée à Saumur.

Les carabiniers étaient plus que jamais les enfants gâtés de la cavalerie. A la distribution des nouveaux étendards, en 1782, chaque officier des carabiniers reçut, de la main de Monsieur, une cocarde brodée par Madame, et qu'elle devait elle-même leur donner, si sa santé le lui avait permis.

L'École de Saumur était maintenant commandée par le *comte de Chabrillant*, mestre de camp ; le marquis de Poyanne étant mort à Vendôme, en 1781.

Mais, à Saumur, on ne s'occupait encore que de l'équitation pratique ; cette École n'était donc autre chose qu'une académie où l'on familiarisait les élèves aux exercices du cheval. L'équitation, hâtons-nous de le proclamer, est la branche la plus importante de l'instruction d'un officier de cavalerie, mais elle n'est qu'une branche de cette instruction ; on le sentit tellement qu'en 1783 on établit, à l'École d'équitation de Saumur, la seule qui existât alors en France avec le manège de Lunéville, un *professeur d'hippiatrique*. Cette création était loin, sans doute, de répondre aux besoins de l'officier de cavalerie, mais elle fut le premier élément d'une amélioration notable, qui s'est introduite plus tard dans les écoles, amélioration dont l'heureuse influence devait se faire si favorablement sentir dans les corps de troupes à cheval.

Le cours d'hippiatrique était théorique et pratique, il avait lieu six fois par semaine. Les officiers assistaient à trois leçons, les sous-officiers et maréchaux ferrants aux trois autres.

Les sous-officiers n'apprenaient que l'anatomie du pied et les règles de la ferrure.

Le cours des officiers était public ; le professeur s'attachait principalement aux formes extérieures, aux proportions, aux aplombs et aux tares ; il donnait quelques notions de thérapeutique et parlait des mouvements ; il initiait ses auditeurs aux règles des remontes et des réformes. En somme, il enseignait ce qu'on savait alors de l'hippologie, en trois mots : à connaître, à employer et à soigner le cheval. C'est le premier cours d'hippiatrique professé dans l'armée ; ce sont donc les carabiniers qui ont eu la pensée d'une école hippique.

Toutefois, une funeste démarcation s'établit entre l'hippiatre et l'écuyer. Vainement le célèbre Bohan réclame la fusion de ces deux spécialités ; il ne devait avoir raison que quarante ans plus tard.

Un *professeur de mathématiques*, choisi parmi les ingénieurs géographes, donnait par semaine six leçons gratuites ; les jeunes officiers, divisés en deux classes, étaient obligés de se trouver à trois de ces leçons.

En 1783, une inondation de la Loire vint faire diversion aux cours de Saumur ; il fallut évacuer l'École, la levée d'enceinte avait été rompue par une crue subite et tous les rez-de-chaussée étaient envahis par l'eau.

Cet événement fit faire de nouveaux travaux ; bien d'autres ont été faits depuis, ce qui n'empêche que dans la mauvaise saison, avec les crues si rapides de la Loire, l'École est toujours sous la menace d'un malheur semblable.

A partir de 1784, l'École de Saumur est commandée par le *chevalier de Malseigne*, maréchal de camp.

L'anglomanie faisait des progrès rapides et soulevait de vives récriminations de la part des écuyers aux méthodes classiques, qui voyaient leurs principes sévères de tenue et de correction battus en brèche par le laisser-aller des anglomanes.

En 1783, il y eut des courses à Vincennes entre des chevaux français et étrangers, mais le tout suivant la mode anglaise dans toute sa rigueur. Le comte d'Artois, le duc de Chartres, le prince de Nassau, le prince de Guéménée, le marquis de Conflans, le duc de Fitz-James étaient les plus illustres sportsmen français d'alors. Des chevaux anglais, arabes et français couraient les uns contre les autres ou par catégories.

Si les Anglais ont eu une influence néfaste sur l'équitation académique française, il faut rendre hommage à leurs hippiatres, qui ont su faire progresser la maréchalerie, dont les théories de Bourgelat et sa lutte avec Lafosse avaient malheureusement arrêté l'élan en France.

Ainsi, il faut citer *Osmer*, 1760, contemporain de Lafosse, qui, en faisant de nombreux emprunts au célèbre hippiatre français, aida au triomphe de ses idées. Comme ce dernier, il préconise le fer à lunette, recommande de ne pas ouvrir les talons et de ménager la sole et la fourchette. « *Quand la fourchette se sépare par parcelles, on enlève ces dernières au couteau...* » C'était un conseil bien dangereux, car en laissant ce soin au maréchal, il y avait bien des chances qu'il en enlevât en une fois plus qu'il ne pouvait en pousser en plusieurs semaines.

Il veut aussi *de la garniture en talons pour le fer ordinaire*, et conseille de *rogner la pince* le plus possible.

C'est à lui que revient la *première idée du fer à siège* (ajusture anglaise) de Moorcroft. L'ajusture anglaise est prise aux dépens de l'épaisseur du fer.

James Clark, 1782, fut le premier à signaler *l'élasticité du pied* pressentie par Lafosse ; il protesta contre la manière, destructive et cruelle, de parer les pieds des chevaux et d'appliquer des ferrures vicieuses. Il conseilla le fer également épais de partout et à siège d'Osmer.

En 1784, le *Prince Henri de Prusse*, la seconde réputation militaire de l'époque, vint visiter, dans son voyage, la *gendarmerie de France*, dite de Lunéville, si renommée par son instruction individuelle, son manège rival de celui des carabiniers de Saumur, et son aplomb dans les évolutions. Il fut si satisfait de sa supériorité à manœuvrer et de sa précision dans les mouvements les plus difficiles, qu'il ne put s'empêcher de dire : « *C'est trop.* »

Ce beau corps, noble descendance des compagnies d'ordonnance, avait alors, pour commandant général, le maréchal marquis de Castries, et pour commandant en second, le marquis d'Autichamp, réputé pour l'un des plus habiles officiers de cavalerie de l'époque ; Mottin de la Balme y avait compté comme officier-major, Bohan venait d'y entrer comme aide-major et y acquit bientôt l'influence qui appartenait à son mérite.

Nous avons montré que l'équitation anglaise, toute de vitesse, avait déjà révolutionné les traditions équestres du manège ; on comprendra que l'équitation militaire devait, elle aussi, se préoccuper de ces nouveaux principes. C'est ainsi que parut, en 1784, une traduction d'une méthode d'équitation militaire anglaise, par M. de Frouville. Mais avant de jeter un coup d'œil sur cette copie, il est nécessaire d'observer qu'à toute époque l'équitation militaire en Angleterre, tout en cédant à la tendance nationale, a cependant réagi contre le laisser-aller de la tenue et des principes :

« ÉQUITATION MILITAIRE *ou manière de dresser les chevaux et d'apprendre aux cavaliers à les monter, à l'usage de la Cavalerie et des amateurs; traduit de l'Anglois par M. Bergeret de Frouville, Officier au Régiment Royal-Lorraine Cavalerie.* »

Dans son avertissement l'auteur nous explique ses idées :

« *Mon but, en donnant un nouveau traité d'équitation militaire, n'a pas été de regarder comme mauvais auteurs ceux qui ont travaillé comme moi à cette partie. Au contraire, je puis dire avec justice que le peu que j'ai appris, c'est d'après les ouvrages des célèbres Newcastle, la Guérinière, Baron de Sind, etc., et j'ai joint à cela, un peu de travail. Mais, sans critiquer ces Messieurs, j'ai trouvé que la plupart des Écuyers des Régimens étaient fort peu en état de mettre en usage les bonnes leçons de ces Auteurs, qui, pour la Cavalerie, ont poussé l'art du manège trop loin; car il est, pour ainsi dire, impossible dans un corps de Cavalerie de pouvoir à peine apprendre les choses les plus nécessaires à des Cavaliers, vu le peu de tems que l'on a à les dresser. Ainsi, je me suis borné exactement à ce qui est nécessaire pour former les Cavaliers en état de mener leurs montures, et de prévenir tous les accidens qui peuvent arriver, qui sont ordinairement occasionnés par l'ignorance des Chevaux, ou des Cavaliers et tous les deux, laquelle vient presque toujours de l'ignorance de ceux qui enseignent, et de la dureté avec laquelle ils donnent la leçon, tant aux chevaux qu'aux Cavaliers. Pour moi, j'ai éprouvé qu'avec de la douceur et de la patience, j'ai toujours appris aux chevaux ce que j'ai voulu et qu'ils sont infiniment plus agréables quand ils sont dressés de cette manière.* »

La Table des chapitres contenus dans ce traité complétera ce résumé du but de l'auteur.

« Méthode pour mettre les chevaux en état d'être montés, et les circonstances qui y ont rapport. — Méthode pour placer et affermir les hommes sur leurs chevaux, avec quelques instructions passagères, tant pour eux que pour leur monture. — Des Mors. — Méthode pour assouplir les chevaux que l'on monte par le moyen de l'épaule en dedans avec une longe et sans longe sur des lignes circulaires et droites, et de travailler un cheval à la main. — De la tête et de la croupe à la muraille. — Le Trot. — Manière de faire reculer et avancer un cheval. — Ce que c'est que piaffer. — Des pilliers, tant fixes que mobiles. — Méthode pour accoutumer les chevaux à ne point s'effrayer du bruit de l'artillerie, des cris des soldats, des combats ; pour les empêcher de se coucher dans l'eau ; leur apprendre à ne point craindre les blessures ; à franchir les terrains rudes et scabreux, les haies, les palissades, les fossés, etc. ; à rester en place ; à fuir ; à voir sans émotion les chevaux qui ont été tués ; à nager, etc. — Des chevaux rétifs, qui se défendent, qui ruent, qui bronchent ; et moyens pour les corriger de ces vices. — Remarques et avis sur la Ferrure, la Nourriture et le Pansement des chevaux. »

Relevons au courant de la lecture les principes marquants de cet ouvrage.

Le clou de cette méthode de dressage est certainement l'emploi d'un filet releveur, pour ainsi dire gradué. Nous nous contenterons d'en transcrire le mode d'emploi indiqué par l'auteur ; les avantages et les inconvénients de ce système sont trop clairs pour qu'il soit besoin de commentaires.

Chapitre premier. — « *Un excellent moyen de travailler avec la longe les chevaux qui portent la tête trop bas, comme cela arrive à plusieurs, est de se servir d'une longe qui tient à une boucle attachée au haut de la têtière, que l'on passe à travers l'œil du filet, et que celui qui a la longe tient avec la main.*

Chapitre troisième. — « *Un filet coulant est excellent pour les chevaux qui ont l'avant-main longue et haute.*

« *Comme son principal point d'appui est sur le pommeau de la selle, plus bas que la main du cavalier, on verra aisément qu'il est bon pour les chevaux qui ont les jambes de devant longues et minces, et qu'il ne vaut rien pour ceux qui les ont courtes et grosses.*

« *Le filet coulant est quelquefois très utile pour les chevaux qui ont de la peine à lever la tête et les jambes de devant ; mais on ne doit point le fixer comme on a coutume de le faire. Les rênes doivent passer dans un anneau, qui est de chaque côté de la tête, au haut de la têtière, à côté des oreilles, avant d'arriver aux mains du Cavalier. Ils sont souvent très utiles lorsqu'on les fixe aux anneaux de la têtière, qu'ils passent à travers les yeux du filet dans les mains du Cavalier, sans les attacher à la selle.* »

Dresser un cheval à la main. — « *Commencez par faire trotter et galopper votre cheval, en le tenant avec une longe attachée à l'anneau qui est à côté du caveçon, et à celui du surfaix.*

« *Si le cheval s'appuie sur la courroie dont on se sert pour le tenir, ôtez-lui le caveçon, et servez-vous à sa place d'un autre à longs cordons. Il est attaché à l'anneau du coussinet, d'où il passe dans l'œil du filet; et dans le cas où le cheval porte la tête basse, à travers l'anneau de la têtière et celui du coussinet dans la main de la personne à pied qui le dresse, le lâchant et le tirant selon l'occasion; ce qui empêche le cheval de s'appuyer dessus, et le rend léger. Les yeux du filet doivent être grands. Il doit avoir sur la têtière, environ à la hauteur des yeux du cheval, un anneau fixe de chaque côté. Celui qui a la chambrière, tient un cordon d'environ dix-huit pieds de longueur, pour se garantir des ruades. Ce cordon doit être uni, d'une grosseur convenable et lâche. Ce cordon, dans l'épaule en dedans, à droite, tient à un petit anneau du coussinet, où sont attachées les rênes du filet. Il passe de là à travers l'œil droit du filet, dans le petit anneau de la têtière qui est à droite et par le grand anneau du coussinet, dans la main de celui qui tient la chambrière, et qui, par le moyen de ce cordon, conduit le cheval à droite par l'épaule; le suivant, tendant ou lâchant le cordon, selon qu'il juge à propos de le faire.*

« *Pour dresser un cheval à la main, la tête et la croupe à la muraille, on doit employer deux cordons atttachés, comme je l'ai dit ci-dessus, à l'exception qu'ils ne doivent point passer par le gros anneau du coussinet, mais par les petits de la têtière, dans la main de celui qui tient la chambrière.*

« *Les chevaux qu'on a bien dressés à la main ont très bonne grâce, lorsqu'ils viennent au milieu du manège, et qu'on les fait reculer en piaffant, aussi bien que dans le piaffé, dans la même place, soit qu'ils soient pliés ou droits, lorsqu'on sçait les animer à propos, les tenir dans une bonne position, et bien ménager les bouches.*

« *Le travail à la main a cela d'avantageux dans l'équitation militaire, qu'il épargne au cheval la fatigue que lui cause la pesanteur d'un Cavalier. Presque tous les soldats Européens se plaignent qu'on ne donne pas assez d'avoine à leurs chevaux ce qui est cause qu'ils manquent de force.* »

En somme, cette méthode se résume dans ce dressage à la main, dressage à pied avec une sorte d'enrênement, méthode un peu empirique.

Quant à la remonte, en 1785, le ministre de la guerre était intervenu dans la question, en passant un marché avec un fournisseur pour des chevaux tirés d'Allemagne. Ce mode d'achat dura jusqu'en 1790, où les régiments revinrent à l'achat direct.

Le manège de Versailles continuait d'être le modèle de l'équitation française, équitation classique s'il en fut, mais par trop académique pour en faire bénéficier l'armée.

On comprenait sous la dénomination générique d'Écurie du roi, la *Grande Écurie* et la *Petite Écurie*, à la tête desquelles était, en 1785, *le prince de Lambesc*, grand écuyer de France.

Quant au service d'honneur, il était celui-ci :

Grande Écurie : *Marquis de Briges*, premier écuyer ; *Marquis de Lançon*, écuyer commandant ; *Marquis de la Bigne, Chevalier d'Abzac, Chevalier Dumas de Gaursac*, écuyers ordinaires ; *Dumas de Gaursac, Le Vaillant de Saint-Denis, Baron de Saint-Étienne*, écuyers cavalcadours ; *Chevalier de la Bigne, Marquis de Boisfoucauld*, écuyers élèves.

Le service proprement dit était assuré par : 48 pages, 48 valets de pied, 8 maîtres-palefreniers, 4 cochers du corps du roi, 4 maréchaux par quartier, 1 maréchal vétérinaire.

Au service de la *Grande Écurie* était joint celui des *Haras du Roi*, dont le capitaine était le *Marquis de Briges*, et les gardes *MM. de Mallevaux* et *Carpentier de Bellefontaine*.

Quant aux *Haras de Province*, ils étaient administrés par le prince de Lambesc, excepté ceux de Normandie, placés sous la direction du marquis de Briges, et ceux du Limousin et de l'Auvergne, dont M. le marquis de Tourdonnat était directeur.

Petite Écurie : Le service d'honneur de la Petite Écurie comptait : *Duc de Coigny*, premier écuyer ; *Comte de Larbourt*, écuyer commandant ; *Chevalier de Villoutreys, Marquis de Vernon, Marquis de Bosseulh, Marquis de Saint-Pol, Comte de Bosseulh, Chevalier de Cubières*, écuyers cavalcadours ; *De Renon*, écuyer ordinaire.

De plus, ce service comprenait 40 pages et 20 écuyers du Roi pour accompagner, et nommés « *écuyers par quartier* ».

Les noms de M. le marquis de la Bigne et de M. le chevalier d'Abzac sont restés légendaires comme les plus parfaites expressions de cette Académie qui semble avoir voulu s'incarner tout entière en eux, avant de s'écrouler sous le souffle destructeur de l'ouragan révolutionnaire.

En effet, la supériorité de ces deux hommes de cheval était si éclatante aux yeux de tous leurs contemporains, qu'ils n'ont pas osé se prononcer sur la priorité de l'un ou de l'autre. Cependant, pour formuler une appréciation quelconque, ils ont dû recourir à un subterfuge, du reste assez ingénieux. Pour faire un écuyer qui n'a jamais existé — disait-on à cette époque — il faudrait les *jambes de la Bigne* et la *main de d'Abzac.*

Quant à M. le marquis de la Bigne, son nom restera attaché au souvenir d'un exploit que nous allons rapporter :

Il fit et gagna le pari de mettre une heure, sans quitter le galop un instant, à se rendre de la porte de la Grande Écurie à la grille du château de Versailles, c'est-à-dire à traverser la place d'Armes, son cheval ayant pour toute embouchure un fil de soie passé dans la bouche ! Ah ! oui, il lui a fallu des jambes, mais il n'a pas dû manquer de main non plus ! M. le marquis de la Bigne montait un cheval espagnol nommé « Cid » ou le « Campeador ».

Dans notre pays, à toutes les époques, il y a toujours eu de grands personnages que l'on a pris pour modèles de ton, de manières et de mise. Dans le beau temps de l'équitation, personne n'était plus recherché que le prince de Lambesc, dans sa tenue de manège ; il passait pour le cavalier de France le mieux botté à l'écuyère, genre de bottes le plus convenable et le plus commode pour monter à cheval. Tout le monde équestre voulait être botté et éperonné comme M. le Grand Écuyer, qui était un des plus beaux officiers de la Cour, et qui savait relever le costume très simple qu'il avait adopté.

Le prince de Lambesc excellait dans l'art de l'équitation, il était Grand Écuyer de France, très proche parent de la reine, très bel homme et conséquemment en position de donner le genre dans le monde élégant ; on n'était pas encore dans l'usage de copier la mise, la tournure des jockeys de l'Angleterre.

Quelques écuyers faisaient un mouvement qui était assez gracieux quand il n'était pas trop grand ; c'était d'ouvrir un peu le bas de la jambe à chaque temps de galop où le cheval retombe sur le sol ; le cavalier saisissait ce moment pour baisser les talons, se grandissant du haut du corps en se liant au mouvement du cheval ; quand ce temps était pris juste, les jambes du cavalier faisaient en petit le mouvement de celles du nageur ; mais il ne fallait pas l'outrer, car il serait devenu ridicule. On appelait cela *le temps d'étriers du prince de Lambesc.*

Ce fut aussi des écuries de Versailles que vint le mode du *mors à olives tournantes,* qu'on crut un talisman.

Il y avait, aux grandes écuries du roi, un cheval qui mettait tout le savoir des écuyers et des éperonniers en défaut ; il trouvait moyen de serrer le canon entre la barre et l'espace intermédiaire, au point de neutraliser en partie l'effet de la gourmette. Voyant que tous les mors ne pouvaient remédier à ce vice, M. Lherminier, le maître éperonnier du roi, imagina de revêtir les deux canons par deux grosses olives roulantes; le cheval, en les serrant, se trouvait ne rien tenir, puisque le canon, en tournant dans l'olive, rendait à la gourmette toute son action. Voilà la véritable origine des olives tournantes, que l'on a employées par la suite à tort et à travers, sans penser qu'elles eussent un emploi spécial.

L'*Encyclopédie*, qui parut en 1786, nous donne les règles des courses de têtes, de bagues, et des carrousels usités à la fin du XVIIIe siècle. Nous en relevons les principes :

Course des têtes : « Les Allemands ont pratiqué cet exercice avant les Français; les guerres qu'ils avaient avec les Turcs y ont donné occasion; ils s'exerçaient à courir des figures de têtes de Turcs et de Mores, contre lesquelles ils jetaient le dard et tiraient le pistolet, et en enlevaient d'autres avec la pointe de l'épée, pour s'accoutumer à recourir après les têtes de leurs camarades, que les soldats turcs enlevaient, et pour lesquelles ils avaient une récompense de leurs officiers.

« On se sert dans la course des têtes, de la lance, du dard, de l'épée et du pistolet.

« La lance est composée de la flèche, des ailes, de la poignée et du tronçon. Sa longueur est d'environ six pieds.

« Le dard est une sorte de trait de bois dur, long d'environ trois pieds, pointu et ferré par le bout, il y a des petits boutons de fer pour marquer l'endroit où on doit le tenir, afin qu'il soit en équilibre.

« Dans une course bien réglée, il y a ordinairement quatre têtes, qui sont toutes de carton. La première, est celle de la lance, qui est posée sur une espèce de chandelier de fer attaché au mur ou à un pilier du manège; ce chandelier est mobile et tourne sur deux pitons; il doit être long de deux pieds, et élevé à huit pieds de terre. — La seconde, est une tête de Méduse, plate et large d'un pied, plus ou moins, appliquée sur une forte planche un peu plus grande, et on attache cette planche au haut d'un chandelier de bois, qui doit être élevé de terre de cinq pieds, ou bien on la place au-dessus de la barrière. — La troisième tête est celle du More; on la place de même que celle de Méduse, au haut d'un chandelier de bois de même hauteur, ou au-dessus de la barrière. — La quatrième tête est celle de l'épée, qui doit être posée à terre sur une petite éminence à deux pieds et demi du mur ou de la barrière.

« Il faut placer les têtes suivant la longueur du manège, qui doit être un carré long d'environ cent-vingt pieds, et large de trente-six. Cela supposé, la tête de la lance doit être placée aux deux tiers de la course, c'est-à-dire à quatre-vingts pieds du coin du manège, où on prend la première demi-volte.

« La tête de Méduse doit être placée à cinq pieds du mur, du même côté que celle de la lance, et à la moitié du manège, si le lieu de la course est fermé de mur; mais lorsqu'il ne l'est que par une barrière, on la pose sur cette barrière, de même que la tête du More, qui se place vis-à-vis de celle de Méduse de l'autre côté du manège.

« La tête de l'épée se met à terre du côté de celle du More, à deux pieds et demi du mur, et à quarante pieds du coin où on finit la course.

« Quand on se sert du pistolet, on attache un carton à la muraille à hauteur de la tête d'un homme à cheval, mais quelques-uns tirent sur la tête du More, au lieu de se servir du dard; le pistolet étant plus utile que cet instrument.

« Une chose très difficile dans la course de têtes, c'est de faire de bonne grâce la levée de la lance, il faut pour cela se placer à trois longueurs de cheval au-dessus du coin où on doit commencer la première demi-volte, tenir quelque temps le cheval droit dans une place, la lance dans la main droite, et posée sur le milieu de la cuisse, ce qu'on appelle *la tenir en arrêt*, la pointe de la lance haute, un peu penchée en avant, au-dessus de l'oreille droite du cheval.

« Avant de partir au petit galop, qui doit être uni et rassemblé, il faut commencer par lever le bras de la lance, tenir le doigt indice étendu le long de la poignée, placer le coude à la hauteur de l'épaule, et depuis le coude jusqu'au poignet le bras placé droit en avant, en sorte que de l'épaule au coude, et du coude au poignet, cela forme un angle droit; car si la main de la lance était vis-à-vis de la tête, la lance briderait le visage, et si la main et le bras étaient placés trop haut ou trop bas, cela serait de mauvaise grâce.

« La lance étant ainsi placée dans la demi-volte, il faut ensuite observer les mouvements nécessaires pour bien faire la levée de la lance en allant à la tête. Il y en a quatre principaux. Le premier temps se fait en baissant le doigt indice et un peu le poignet, et levant aussi un peu le coude, sans que la pointe de la lance varie ni s'écarte; il faut ensuite baisser insensiblement le bras à côté du corps, jusqu'auprès de la hanche, ce qui fait le deuxième temps; et là, en ouvrant le poignet un peu en dehors, il faut relever le bras à côté du corps, sans le porter ni en avant, ni en arrière, et le tenir étendu jusqu'à ce que la main soit arrivée au-dessus et à côté de la tête, ce qui fait le troisième temps; le quatrième temps est de tourner les ongles du côté de la tête, et de descendre insensiblement la lance dans la posture où elle était avant de commencer la levée, c'est-à-dire le coude à la hauteur de l'épaule.

« La course de la tête de la lance se divise en trois parties. Dans la première, on mène le cheval au petit galop depuis le coin jusqu'au tiers de la ligne, on échappe ensuite le cheval en baissant insensiblement la pointe de la lance jusqu'à la tête qu'il faut enlever d'un coup d'estocade, c'est-à-dire allongeant un peu les bras pour la détacher de dessus le chandelier.

« Depuis la tête jusqu'au coin, on remet son cheval au petit galop, en levant le bras pour faire voir la tête au bout de la lance.

« On quitte ensuite la lance, et on prend à l'endroit où l'équilibre est marqué, un des deux dards qui doivent être placés sous les cuisses et retenus par les genoux du cavalier, les pointes du côté de la croupe, de façon qu'ils se croisent. Il faut ensuite porter le dard en avant le bras libre, étendu et élevé un peu plus haut que la tête, en observant que la pointe du dard soit du côté du coude, et que le bout qui est à l'opposé de cette pointe soit un peu plus haut et au-dessus de l'oreille gauche du cheval, le tenant dans l'équilibre et le bras ouvert; dans cette posture, on tourne par le milieu du manège pour venir à la tête de Méduse, on tourne le dard par-dessus la tête, pour présenter la pointe et le lancer; et il faut un peu retirer le bras en arrière, afin de le darder avec plus de force.

« Après avoir jeté le dard, il faut tourner le cheval pour aller à l'autre muraille, et en prenant la troisième demi-volte dans le coin du côté de la tête de l'épée, faire avec le dard le même mouvement, et venir le lancer de la même manière qu'on vient de dire pour la Méduse. Cette tête se court aussi au pistolet.

« Il faut ensuite tourner son cheval, et en arrivant à l'autre muraille, on commence la quatrième demi-volte, en tirant l'épée de bonne grâce par-dessus le bras gauche, et non par-dessous le poignet, parce qu'on peut s'estropier en la tirant de cette manière. On doit la tenir haute et droite, le bras libre, étendu et élevé au-dessus de la tête, et la faire briller en la remuant; et au tiers de la course, il faut partir à toute jambes jusqu'à la tête, en se baissant le corps sur l'épaule droite du cheval, faire entrer l'épée de tierce, la relever de quarte, et la placer haut pour faire voir la tête au bout de la course.

« Il y a des choses essentielles à observer dans la course des têtes, qui sont de ne jamais galoper faux ni désuni, de ne point laisser tomber son chapeau, et de ne point perdre son étrier; si l'un de ces cas arrive, on perd la course quand même on aurait pris les têtes; c'est pourquoi, avant de commencer la course, il faut s'asseoir juste dans la selle, ferme dans les étriers et enfoncer son chapeau. Il faut aussi tenir les rênes un peu plus longues dans les courses que dans les manèges renfermés, afin que le cheval ait la liberté de s'étendre, sans pourtant trop abandonner l'appui, afin que le cavalier et le cheval soient plus assurés dans la course. »

Course de la bague : « Cet exercice n'était point en usage chez les anciens; il fut introduit lorsqu'on fit, par galanterie et par complaisance, les dames juges de ces exercices; et les prix, qui étaient auparavant militaires, furent changés en bagues, qu'il fallait enlever à la pointe de la lance pour remporter le prix, ce qui donna occasion à la course de bague.

« La bague doit être placée aux deux tiers de la course, comme la tête de la lance; elle doit être à la hauteur du front du cavalier, au-dessus de l'oreille droite du cheval.

« La potence est un bâton rond et long d'environ deux pieds, au bout duquel pend le canon où est attachée la bague. Cette potence doit être plus élevée que la bague de sept à huit pouces, de crainte que dans la course on ne bride la potence, cela veut dire, en terme de course, la toucher avec la tête ou avec la lance, ce qui estropierait un cavalier comme il est quelquefois arrivé.

« A l'égard de la levée de la lance, on la fait de la même manière que que nous l'avons expliqué en parlant des têtes : la seule différence est, que dans la course de bague, on ne donne point de coups d'estocade comme à la tête.

« Il faut encore bien observer, comme nous l'avons déjà dit, de ne commencer à baisser la pointe de la lance qu'au tiers de la course, en échappant son cheval au grand galop, sans remuer la tête et les épaules, tenant le coude haut, afin que le tronçon de la lance ne touche ni au bras ni au corps, mais que la main seule soutienne la lance; il ne faut pas non plus que la lance soit trop croisée en dehors, du côté de l'oreille gauche du cheval, elle doit être au contraire au-dessus de l'oreille droite, parce que autrement, le vent de la course l'ébranlerait, et lui ferait perdre la ligne de direction. Le but, ou le point de la course, doit être au bord d'en-haut de la bague sur la ligne du canon, ce qui dépend de ne pas baisser trop vite la pointe de la lance.

« Après avoir passé la bague, il faut reprendre au petit galop et lever peu à peu la pointe de la lance, et au bout de la carrière, faire la levée de la même manière qu'on a commencé, sans regarder derrière soi, pour voir si on a emporté la bague, comme font quelques cavaliers, quand même on aurait fait un dedans. Il ne faut pas non plus, en parant son cheval au bout de la course, mettre le corps en arrière. Cette action n'est point belle la lance à la main.

« On appelle, en terme de bague, *faire une atteinte,* lorsqu'on touche avec la pointe de la lance le bord de dehors de la bague sans l'enfiler; et on appelle *faire un dedans,* lorsqu'on la prend.

« Il arrive quelquefois qu'on la prend au nombril, qui est un trou dans la chape où elle est attachée, mais la course ne vaut rien, à moins qu'on n'ait averti qu'on voulait la prendre à cet endroit.

« A l'égard des prix, tant pour la bague que pour les têtes, chacun fait trois courses pour les remporter.

« Celui qui a le plus de dedans ou le plus d'atteintes, a l'avantage pour la bague ; s'ils sont égaux en l'un et en l'autre, ou qu'aucun n'ait ni atteintes, ni dedans, on recommence les trois courses.

« Pour les têtes, celui qui en enlève le plus remporte le prix ; et en cas qu'elles soient toutes prises par ceux qui courent, ce sera celui qui les prendra entre les deux yeux ou qui approchera le plus près de cet endroit.

« Il y aura dans un carrousel des juges pour cela, qu'on choisit parmi d'anciens cavaliers, qui se sont rendus célèbres dans ces exercices.

« Il y avait autrefois plusieurs prix ; savoir le grand prix, qu'on donnait à celui qui avait fait le plus de dedans, qui avait emporté le plus de têtes, ou qui avait fait les meilleurs coups à la quintaine ; il y avait ensuite le prix de la course des dames, celui de la meilleure devise, et le prix de celui qui courait de meilleure grâce. »

De la foule : « On appelle en terme de carrousel faire la foule, du mot italien *far la fola,* lorsque plusieurs cavaliers font manier à la fois un certain nombre de chevaux sur différentes figures.

« Ce manège est une espèce de ballet de chevaux, qui se fait au son de plusieurs instruments : il a été imaginé par les Italiens, qui ornent leur carrousel d'une infinité d'inventions galantes, dont le spectacle est aussi surprenant qu'agréable.

« Il faut des chevaux bien dressés, bien ajustés, et des cavaliers bien habiles et bien adroits, pour exécuter ce manège, à cause de la difficulté qu'il y a d'observer la juste proportion du terrain et d'entretenir le cheval dans l'égalité de son air et de sa cadence.

« Pour donner une idée de toutes les foules qu'on voudra inventer, il suffit d'en donner un exemple.

« Il faut placer le long des deux murailles ou des deux barrières du manège, sur la même ligne, quatre cavaliers de chaque côté, éloignés l'un de l'autre d'environ dix à douze pas, plus ou moins, suivant la longueur du terrain, en sorte que les uns soient placés à droite et les autres à gauche, vis-à-vis les uns des autres. Il en faut encore placer trois autres sur la ligne du milieu du manège, dont l'un occupera le centre et les autres sur la même ligne, et éloignés de celui du milieu à égale distance. Ces onze cavaliers doivent être rangés sur trois lignes, et ils doivent avoir la tête de leurs chevaux placée en face d'un des bouts du manège.

« Les huit qui sont rangés le long de la muraille, c'est-à-dire les quatre de chaque côté, font des demi-voltes, changeant et rechangeant toujours de main, chacun sur son terrain ; et des trois qui occupent la ligne du milieu, celui qui est au centre tourne à pirouettes, et les deux autres manient sur les voltes, l'un à droite et l'autre à gauche.

« Ils doivent tous partir ensemble au signal que leur donne celui qui conduit le carrousel, et arrêter de même, en finissant la reprise, ou à courbettes, ou à l'air auquel leurs chevaux ont été dressés, etc. »

Nous signalons pour mémoire une manière de se tenir à cheval, qu'on appelait *monter à la genette*. On disait porter les jambes à la genette, c'est-à-dire tellement raccourcies, que l'éperon portait vis-à-vis les flancs du cheval. Cet usage était rejeté en France, mais il était en vogue chez les Espagnols et autres nations.

Le règlement du 30 octobre 1786 acheva d'imprimer aux troupes l'exacte uniformité militaire. Toute la cavalerie a l'habit bleu de roi, avec poches en travers, la veste en drap blanc, la culotte en peau blanche, le manteau gris blanc piqué de bleu. Les couleurs distinctives sont toujours aux parements et revers. Le sabre a le fourreau en cuivre. Les gibernes sont noires et les banderoles blanches. Le ceinturon est en buffle blanc à une seule bélière.

En 1787, les carabiniers, qui contribuèrent avec tant de zèle à tous les embellissements de Saumur, voulurent encore donner à ses habitants un autre témoignage de leur reconnaissance pour l'accueil amical qu'ils en recevaient depuis longtemps. Il fut décidé que le 1er février le corps donnerait, dans sa caserne, une fête à laquelle serait invitée la noblesse et la haute bourgeoisie de la ville et des environs. Les grands appartements de l'état-major furent bientôt changés en salle de bal, de festin, de jeu, et décorés d'une manière aussi noble qu'élégante. Chaque officier s'empressa de faire venir de son pays ce qu'il y avait de plus estimé en gibier, poisson, fruits, vins et liqueurs ; de manière que les tables offrirent en abondance aux convives étonnés tout ce que la France produit de plus délicat et de plus exquis.

Un écrivain du cru a dit à ce propos : « Plusieurs dames se firent remarquer par leur beauté ; presque toutes se distinguèrent par leur fraîcheur, leurs grâces ou l'éclat de leur parure. Tous les officiers faisaient les honneurs ; leur politesse prévenante envers les hommes, leurs attentions respectueuses et délicates auprès des femmes, reste de cette galanterie chevaleresque qui distingue encore nos militaires de ceux des autres nations ; la gaieté et le bon ordre qui régnaient dans cette nombreuse assemblée, enfin tout, jusqu'à la belle musique du régiment, se réunit pour la perfection de cette charmante fête dont les Saumurois conservent toujours le plus agréable souvenir. »

Le 1er avril de l'année suivante, le corps des carabiniers partit pour se rendre en garnison à Lunéville.

Le 17 mars 1788, l'armée avait reçu une nouvelle organisation, les deux brigades de carabiniers avaient pris le nom de 1er et 2e régiments ; chacun des deux régiments était composé de quatre escadrons, et l'escadron de deux compagnies. Le titre de colonel avait été substitué à celui de mestre de camp, qui déjà n'était plus en usage que dans les ordonnances.

Le départ des carabiniers fut un deuil pour Saumur ; les adieux furent touchants, les fêtes données à cette occasion eurent un caractère de tristesse qui était l'expression des regrets de tous. C'est que ces hôtes des Saumurois leur avaient rendu au quadruple toutes leurs amabilités. Aucune souscription à laquelle ils n'aient pas pris part ; ils avaient même été les promoteurs de celle qui avait pour objet la construction d'une nouvelle salle de comédie. Ils avaient apporté une nouvelle ère de prospérité à Saumur ; la population, qui était de 7,500 âmes en 1763, atteignait 10,000 âmes en 1788.

Nous avons parlé de l'influence du décret du 17 mars 1788 sur les carabiniers ; il avait opéré une refonte général des troupes à cheval. Tout ce qui restait encore de l'ancienne gendarmerie, gendarmes et chevau-légers de la garde, grande et petite gendarmerie, disparut. Il ne resta de la splendide maison du roi que quatre compagnies des gardes du corps qui devaient, elles aussi, bientôt disparaître.

De par ce fait, les Écoles de Saumur et de Lunéville étaient supprimées ; cette suppression se fit sentir.

La cavalerie marchait alors à la perfection; les principes de ses écoles étaient fixés et déterminés, les expériences et les succès avançaient l'art. Des inspecteurs, des colonels de cavalerie demandaient à envoyer des détachements de leur inspection, de leur régiment à ces écoles : il y avait déjà un détachement du Mestre de camp, et un du régiment de la Marche à Lunéville. Le plan de l'instruction, qui s'était développée lentement, n'en était que plus sûr ; « il touchait au moment d'être généralement reconnu et adopté, lorsque le ministre-prêtre, armé de ce grand crédit, qui tenait si souvent lieu de toute connaissance, jugea lui seul et détruisit d'un coup de plume le résultat du travail successif de nos meilleurs officiers de cavalerie ».

Nous terminons sur ce sujet en faisant remarquer qu'au tact particulier qui était propre à ces chefs distingués, venaient en aide une composition d'élite, des établissements militaires superbes, toute espèce de moyens d'instruction à Lunéville, et huit escadrons réunis avec lesquels on peut faire quelque chose en cavalerie.

Si Saumur était resté une école d'équitation, Lunéville s'était déjà déclaré comme une école d'application. Par la suppression des deux écoles, tout était à refaire.

C'est le 20 mai 1788 que le comte de Brienne fit paraître l'ordonnance sur les manœuvres qui remplaça celle de 1777. On peut considérer cette instruction comme le résumé des méthodes des meilleurs officiers de cavalerie de l'époque. Elle comprenait trois parties : l'école du cavalier, l'école de l'escadron, les évolutions de plusieurs régiments.

Les rédacteurs de 1788 adoptèrent une division générale plus régulière; ils posèrent les bases de l'instruction à pied et à cheval, et divisèrent les écoles du cavalier en leçons, celles à pied en quatre, celles à cheval en neuf. Pendant les deux premières, les hommes montaient en couverte ; la longe était très employée dans les débuts. Il faut noter à la sixième leçon à cheval le travail par trois. La neuvième fixait une progression à suivre pour dresser les jeunes chevaux, progression insuffisante, sans doute, mais qui mettait sur la voie d'obtenir mieux un jour.

Les allures sont réglées à des chiffres qui se rapprochent beaucoup des nôtres. Il était désigné un capitaine pour être chargé en chef de l'instruction à cheval ; il avait sous ses ordres, par escadron, un lieutenant ou sous-lieutenant et un maréchal des logis. Il y avait aussi un officier choisi sur la totalité du régiment, pour être chargé en chef de l'instruction des recrues à pied, et un maréchal des logis pour le remplacer, indépendamment d'un maréchal des logis par escadron et d'un brigadier par division, qui étaient employés sous leurs ordres. L'instructeur en chef présidait toujours lui-même au travail des officiers, à celui de la première classe des jeunes chevaux et des instructeurs.

Parcourons l'*Instruction à cheval* :

« La première leçon se donnera homme par homme, en attachant un instructeur à chaque cavalier, afin qu'elle soit donnée avec plus de soin. Dans cette leçon, le cheval sera en bridon et en couverte.

Monter à cheval : Préparez-vous pour monter à cheval : « Un temps et six mouvements. » — A cheval : « Un temps et deux mouvements. »

De la position de l'homme : « La tête haute, aisée, d'aplomb et dégagée des épaules. Les épaules tombantes et bien effacées, la poitrine saillante. Les bras libres, les coudes tombant naturellement. Les deux fesses portant également sur le dos du cheval, la ceinture en avant, les reins droits, fermes et bien soutenus ; le haut du corps aisé, libre et droit, de manière que l'homme soit maintenu dans son assiette par son propre poids et par son équilibre.

« Une rêne du bridon dans chaque main, le pouce allongé sur chaque rêne, les poignets à la hauteur de l'avant-bras, soutenus et séparés à six pouces l'un de l'autre, les doigts se faisant face.

« Les cuisses embrassant également le cheval, doivent être tournées sur leur plat depuis la hanche jusqu'au genou, et ne s'allonger que par leur propre poids et par celui des jambes. Le pli des genoux liant. Les jambes libres et tombant naturellement. Les pointes des pieds tombant de même naturellement.

« Le cavalier ainsi placé, son corps se trouvera en quelque sorte divisé en trois parties, deux mobiles qui sont le haut du corps et les jambes, et une immobile qui prend depuis le bas des reins et des hanches jusqu'au pli des genoux, etc. »

Allonger les rênes du bridon. — Raccourcir les rênes du bridon. — Croiser les rênes dans la main gauche. — Prendre les rênes dans les deux mains.

Marcher. — On commandera : Garde à vous. — En avant. — Marche. — « Au premier commandement, se grandir du haut du corps, prendre sa position et prêter toute son attention. Au second commandement, assurer les poignets et retenir les jambes près sans les fermer, ce qui s'appelle rassembler son cheval. Au troisième commandement, fermer les jambes plus ou moins proportionnément à la sensibilité du cheval, baisser un peu les poignets, ce qui s'appelle avoir la main légère. Le cheval ayant obéi, relâcher les jambes par degrés et replacer les poignets.

Arrêter. — On commandera : Garde à vous. — Halte. — « Au premier commandement, soutenir un peu les poignets pour préparer son cheval à l'arrêt. Au second commandement, élever les poignets en les rapprochant du corps sans les arrondir, tenir les jambes près pour empêcher le cheval de reculer. Le cheval ayant obéi, diminuer l'effet des mains et des jambes. Si le cheval n'obéissait pas, le cavalier lui ferait sentir successivement l'effet de chaque rêne suivant la sensibilité du cheval, ce qui s'appelle scier du bridon. »

Reculer. — On commandera : En arrière. — Marche. — « Au premier commandement, rassembler son cheval. Au second commandement, assurer le corps, élever les poignets et tenir les jambes près; dès que le cheval obéit, baisser les poignets, ce qui s'appelle arrêter et rendre. Si le cheval jette ses hanches à droite, fermer la jambe droite. S'il les jette à gauche, fermer la jambe gauche. Si ce moyen ne suffit pas pour remettre le cheval droit, porter les poignets du côté où le cheval jette les hanches, ce qui s'appelle opposer les épaules aux hanches. »

Tourner à droite. — Tourner à gauche. — Demi-tour à droite. — Demi-tour à gauche. — De l'usage des rênes. — « Les bras doivent agir, sans communiquer de force au corps qui restera constamment d'aplomb. Le mouvement des bras doit s'étendre depuis le poignet jusqu'à l'emboîtement du bras dans l'épaule. Les rênes servent de moyen pour faire sentir au cheval les volontés du cavalier et leur action doit toujours être d'accord avec celle des jambes. »

De l'effet des rênes. — « En élevant un peu les poignets, on rassemblera son cheval; en les élevant davantage et avec un peu plus de force, on l'arrêtera. En ouvrant la rêne droite, l'on déterminera son cheval à tourner à droite. En ouvrant la rêne gauche, on déterminera son cheval à tourner à gauche. En baissant un peu les poignets, on donnera à son cheval la liberté de se porter en avant. »

De l'effet des jambes. — « Les jambes doivent se fermer par degrés. On doit toujours proportionner leur effet à la sensibilité du cheval; elles doivent agir pour le chasser en avant, pour le soutenir et l'aider à tourner à droite ou à gauche. Toutes les fois qu'on veut déterminer un cheval en avant, il faut, quand le cheval est sellé, fermer les jambes derrière les sangles, et avoir attention, en exécutant ce mouvement, de ne point ouvrir ni remonter les genoux; le pli doit en être très liant. Le cavalier replacera ses jambes comme il a dû les fermer. »

De l'éperon. — « Si le cheval n'obéit point aux jambes, il faudra employer l'éperon, qui doit être regardé, non comme une aide, mais comme un châtiment; il ne faudra s'en servir par conséquent que rarement; mais toujours vigoureusement.

« Pour apprendre au cavalier à faire usage de ses éperons, on commandera : *Pincez des deux.* — Un temps et deux mouvements. »

Descendre de cheval en couverte en sautant à gauche et à droite. — Défiler par la droite et ramener les chevaux à l'écurie. — Défiler par la gauche.

Seconde leçon. — *Travail des cavaliers à la longe, les chevaux en couverte et en bridon.* — « Les cavaliers de recrue s'étant un peu habitués au mouvement du cheval, on en réunira trois pour les faire travailler à la longe sur de très grands cercles, d'abord au pas.

« On leur fera exécuter les mouvements de tête au commandement : *tête à droite, tête à gauche, tête directe.* Ils exécuteront ce mouvement comme à l'exercice à pied.

« On fera ensuite marcher les cavaliers au petit trot. Les instructeurs veilleront à ce que le haut du corps et la tête ne soient pas dérangés par le mouvement du cheval. Ils s'occuperont aussi de faire porter la ceinture le plus en avant possible.

« On passera successivement du pas au trot et du trot au pas, pour accoutumer les cavaliers à changer d'allure. »

Changement de main à la longe : « Ce travail à la longe exigeant une grande surveillance, pour que toutes les fautes des commençants y soient corrigées et qu'elles ne dégénèrent pas en mauvaise habitude, on y emploiera toujours deux instructeurs pour trois hommes. »

Troisième leçon. — *Travail des cavaliers à la longe, les chevaux sellés.* — « On pourra rassembler pour cette troisième leçon jusqu'à neuf cavaliers, mais pas au delà.

« Les cavaliers placés devant leurs chevaux, ainsi qu'il a été expliqué dans les premières leçons, se compteront par trois en commençant par la droite. — On commandera : *Préparez-vous pour monter à cheval.* — Un temps et six mouvements. — *A cheval:* — Un temps et deux mouvements. — *Et reprenez vos rangs.* »

Marcher à droite en étant sur un rang. — « Dans cette leçon, les cavaliers doivent encore travailler sans étriers, on les leur fera relever et croiser sur l'encolure du cheval. Les instructeurs s'occuperont de nouveau de la position des cavaliers.

« Les changements de main se feront au pas, d'après les principes de la première leçon.

« Dans les mouvements à main droite, les cavaliers se serviront de la jambe droite, en soutenant de la jambe gauche les hanches du cheval. Dans les changements de main à gauche, les cavaliers se serviront des moyens contraires.

« Il faudra, dans le courant de cette reprise, passer souvent du pas au trot et du trot au pas. »

Passer du pas au trot. — Passer du trot au grand trot. — Passer du grand trot au trot. — Passer du trot au pas.

« Les recrues ont pour la plupart, en trottant, l'habitude de s'attacher à la main et de serrer les cuisses. Pour y remédier, il faut les faire trotter, en leur faisant abandonner les rênes totalement et abattre les mains sur les côtés. On choisira, pour donner cette instruction, le moment où le cheval sera d'aplomb, et où il trottera sagement. Après plusieurs tours de longe, on fera reprendre les rênes au cavalier. Il sera bon de répéter quelquefois cette leçon.

« Il faudra ordonner aussi, de temps en temps, au cavalier de changer son assiette, pour la porter du côté qui lui sera indiqué, et la reprendre ensuite.

« Quand la position des cavaliers sera bien assurée, quand les mouvements des bras et des jambes seront libres, les cavaliers marchant à gauche, on commandera : *Par trois, — Marche.* — Au premier commandement, les nombres deux et trois se prépareront à doubler leur allure. Au second commandement, les nombres un continueront de marcher, les nombres deux et trois doubleront leur allure; ils ouvriront la rêne gauche en fermant les jambes pour se porter en obliquant à gauche à la hauteur et à la gauche des nombres un. Lorsqu'ils y seront parvenus, les trois hommes qui se trouveront à la tête de la reprise, marcheront à la même allure qu'avait la reprise avant de doubler. Les deux autres rangs de trois serreront à leur distance et reprendront ensuite l'allure du premier rang.

« On ne fera jamais ces mouvements qu'en marchant au pas; on pourra même dans les commencements en faire concevoir l'exécution aux cavaliers par des mouvements préparatoires. »

Former le rang. — Dédoubler par trois et par un. — « En marchant ainsi par trois et par rang, à la longe, les cavaliers s'habitueront machinalement aux mouvements de conversion; mais on ne leur détaillera point encore les principes. La longe passant devant le nez des chevaux, elle suffira pour régler le degré de vitesse de l'allure de chaque cavalier, et son alignement. »

Mettre pied à terre. — Préparez-vous pour mettre pied à terre. — Un temps et deux mouvements. — *Pied à terre.* — Un temps et trois mouvements.

QUATRIÈME LEÇON. — *Travail des cavaliers au large et avec les étriers.* — « Pour que les étriers soient au point convenable il faut que le cavalier, lorsqu'il s'élève sur ses étriers, ait six pouces de distance entre l'enfourchement et la selle.

« L'étrier ne doit porter que le poids de la jambe, le pied doit être chaussé jusqu'au milieu, le talon plus bas que la pointe du pied.

Monter à cheval. — Former le peloton. — Par la gauche, par un. — Par la droite, par un.

« Les deux instructeurs qui auront la tête des reprises, règleront leur allure de manière à pouvoir arriver en même temps aux angles opposés du manège.

« Il ne faut point exiger que les chevaux entrent parfaitement dans les coins. Il faut expliquer aux cavaliers que, passer un coin à droite, c'est exécuter un à-droite, et passer un coin à gauche, c'est exécuter un à-gauche. Les cavaliers doivent agir comme s'il n'y avait point de murs; leurs mains et leurs jambes doivent seules décider leurs chevaux à tourner à gauche ou à droite.

« Il faut avoir aussi la plus grande attention à contenir les chevaux droits. Un cheval est droit quand ses épaules et ses hanches sont sur la même ligne. »

Changement de direction dans la longueur du manège. — Changement de direction oblique à droite : « Les cavaliers ayant tourné dans le milieu du manège, se trouveront en file, comme il a été expliqué ; alors on commandera : *oblique à droite, marche.* Au commandement, marche, chaque cavalier ouvrira la rêne droite et fermera la jambe droite, pour faire exécuter à son cheval un quart d'à-droite ; le mouvement achevé, il aura les deux jambes également près, afin de porter son cheval droit devant lui. L'officier ou bas-officier qui marche à la tête de la reprise, dirigera son cheval un peu en avant du coin du manège. Tous les autres cavaliers décriront des lignes parallèles à la sienne et arriveront au mur en même temps.

« Au commandement, en avant, les cavaliers redresseront leurs chevaux par un quart d'à-gauche, en ouvrant la rêne gauche et en fermant la jambe gauche. Le mouvement fini, ils auront la main légère.

Changement de direction dans la largeur du manège. — Des à-droite en marchant. — Demi-tour à droite en marchant. — « Pour habituer les cavaliers à mener leurs chevaux et les accoutumer à quitter leur file, on leur fera souvent abandonner le rang qu'ils occupent pour venir se placer les derniers de la reprise. »

Appuyer à droite. On commandera : *Appuyer à droite, marche* : « Au premier commandement, les cavaliers détermineront les épaules de leurs chevaux à droite, en ouvrant la rêne droite et fermant un peu la jambe droite. Ce mouvement n'est que préparatoire, il indique au cavalier que les épaules de son cheval doivent toujours ouvrir la marche et précéder les hanches. Au second commandement, les cavaliers ouvriront la rêne droite en formant la jambe gauche pour faire suivre les hanches ; la jambe droite près pour soutenir le cheval.

« On fera appuyer ainsi les cavaliers jusqu'au mur, puis on commandera, halte. A ce commandement, les cavaliers redresseront leurs chevaux.

Quart d'à-droite et d'à-gauche de pied ferme pour désigner le degré d'obliquité. — Resserrer le rang à droite et à gauche. — Principes d'alignement. — Principes de conversion.

CINQUIÈME LEÇON. — *Travail des cavaliers au large, les chevaux bridés :* « Les rênes dans la main, le petit doigt entre les deux rênes et le pouce fermé sur la seconde jointure du premier doigt pour les contenir égales, le poignet à la hauteur de l'avant-bras, les doigts en face du corps ; le petit doigt plus près du corps que le haut du poignet ; la main élevée à quatre pouces au-dessus du pommeau de la selle et à six pouces du corps, la main droite tombant sur le côté.

Ajuster les rênes. — Rassembler son cheval. — Marcher.

Former un demi-arrêt : Élever la main par degré, les ongles en dessus, jusqu'à ce que le cheval ralentisse son allure, et régler l'effet des jambes sur celui de la main en les tenant toujours près du cheval.

Faire halte. — Reculer. — Cesser de reculer. — Tourner à droite. — Tourner à gauche. — Appuyer à droite. — Appuyer à gauche. — Prendre le bridon dans la main gauche. — Lâcher le bridon — Prendre le bridon dans la main droite. — Reprendre les rênes dans la main gauche. — Marcher par trois. — Se former sur deux rangs. — De l'alignement sur deux rangs. — Des conversions sur deux rangs. — Saut de la barrière. — Saut de la haie. — Saut du fossé.

SIXIÈME LEÇON. — *Travail des cavaliers par trois. — Oblique à droite. — Des à-droite et demi-tour à droite par trois. — Des à-droite et à-gauche par trois de chaque rang. — Saut de la barrière, de la haie ou du fossé par trois.*

Septième leçon. — *Travail des cavaliers sur deux rangs et avec leurs armes.*

Huitième leçon. — *Travail au galop et course des têtes* : « Les instructeurs à cheval devant être choisis parmi les hommes qui annoncent le plus de dispositions pour l'équitation, et leur instruction ne pouvant être trop perfectionnée, cette huitième leçon ne sera donnée qu'aux bas officiers instructeurs, et aux cavaliers destinés à les remplacer. »

Travail au galop : « Pour faire partir un cheval sur le pied droit, il faut le contenir parfaitement droit, sentir un peu la rêne gauche, afin d'empêcher les épaules du cheval de tomber à droite, et fermer les deux jambes également derrière les sangles, pour le chasser en avant.

« Quand un cheval galope sur le pied droit, l'assiette du cavalier éprouve un mouvement sensible de droite à gauche.

« Quand un cheval est désuni, l'assiette du cavalier éprouve des mouvements irréguliers. Dans cette position, le cheval est hors de son à-plomb et perd de la force. »

De la course des têtes : « On ne doit commencer la course des têtes que quand les instructeurs exécuteront bien, au galop, la reprise de la quatrième leçon, et celle de la sixième.

« La troupe destinée à courir les têtes, sera partagée en deux, une moitié se formera en bataille à l'une des extrémités du manège, et l'autre moitié à l'autre extrémité. Ces deux troupes feront face l'une à l'autre.

« Les têtes qui devront servir à la course seront au nombre de huit, disposées le long des grands côtés du manège, en dedans de la piste ; on en placera quatre de chaque côté, à la hauteur d'un homme monté : elles seront également espacées entre elles, observant cependant que les plus près de la troupe en soient éloignées au moins de douze à quinze pieds.

« Le cavalier de l'aile gauche de chaque troupe se détachera du rang, il mettra le pistolet à la main, l'armera, l'élèvera le bout en haut, le poignet à la hauteur et à un demi-pied de distance de l'épaule droite, la sous-garde en avant, et se tiendra prêt à marcher. Au commandement, marche, les deux cavaliers partiront, se dirigeront l'un sur l'autre et changeront de direction en même temps, dans la largeur du manège. Arrivés à la hauteur de la tête la plus rapprochée de la troupe, ils ajusteront et feront feu ; ils remettront après le pistolet dans la fonte et mettront le sabre à la main.

« Quand ils auront passé derrière les rangs, et qu'ils se retrouveront à l'endroit où ils ont commencé à changer de direction, ils quitteront la piste comme s'ils voulaient changer de direction, diagonalement, en se dirigeant l'un contre l'autre, ils croiseront le sabre, en tournant l'un autour de l'autre, et regagneront la piste qu'ils ont quittée. Arrivés à la hauteur de la première tête, ils lui donneront un coup de sabre verticalement, de toute la force et de toute l'étendue du bras ; ils marcheront à la seconde tête, et chercheront à l'abattre d'un coup de revers, en étendant le bras horizontalement ; ils pointeront la troisième en tournant le poignet en tierce ; après avoir pris ou manqué la tête, ils élèveront le sabre très haut, et ne le replaceront à l'épaule, qu'au moment où ils s'arrêteront ; ils se rangeront ensuite à la droite du rang. »

Neuvième leçon. — *Progression qu'on doit suivre pour dresser les jeunes chevaux :* « Il faut user, avec les jeunes chevaux, des plus grands ménagements, ne rien leur demander au delà de leurs forces, et n'employer le châtiment qu'à la dernière extrémité ; car la plupart ne se défendent que de faiblesse.

« Il faut mettre au cheval que l'on veut dresser, un bridon d'abreuvoir et un caveçon, et placer le caveçon assez haut pour ne point gêner la respiration.

« Deux instructeurs sont nécessaires pour donner cette première leçon ; l'un tiendra la longe très près du cheval, et marchera avec lui, l'autre le suivra avec la chambrière, dont il ne fera usage que pour le porter en avant, et très modérément.

« L'instructeur qui tiendra la chambrière, observera de la montrer au cheval, ou de la lui faire sentir entre l'épaule et le ventre ; à mesure que le cheval marchera avec confiance, on lui donnera de la liberté ; l'instructeur qui tiendra la longe, finira par se placer au milieu du cercle ; on fera trotter le cheval quelques tours, d'après les moyens indiqués. Si le cheval, au lieu de trotter, galope, il faut secouer légèrement le caveçon, ce qui s'exécute par un mouvement très doux de celui qui tient la longe. Cette espèce de saccade doit se donner horizontalement, et non perpendiculairement.

« On tâchera d'arrêter souvent le cheval à la voix, en le faisant venir à soi, et après qu'il aura obéi, on le caressera ; l'on saisira ce moment de calme pour lui faire faire quelques pas en arrière. Pour y parvenir, on secouera légèrement le caveçon ; si le cheval n'obéit pas, il faut le toucher avec une gaule, sur les jambes de devant, et l'arrêter après quelques pas ; il ne faut pas s'embarrasser si le cheval recule droit ou de travers. Si le cheval se refusait à ces deux aides, il faudrait prendre les rênes du bridon et les soutenir jusqu'à ce qu'il recule, en redoublant les coups de gaule. »

Leçon de l'éperon : « Si le cheval se refuse absolument aux premières aides, il faudra faire usage des éperons ; on ne doit cependant prendre ce parti qu'à l'extrémité ; quand on les appuie on doit le faire vigoureusement. Ce sont les éperons qui rendent le cheval fin et sensible aux aides. »

Leçon du saut : « Il faudra commencer par faire sauter les chevaux en main. Le cavalier mènera son cheval en main, tenant la longe du bridon dans toute sa longueur ; il le conduira près de la haie ou du fossé, qu'il passera le premier ; un autre cavalier sera placé derrière avec une chambrière pour déterminer le cheval ; le cavalier qui le tient lui donnera de l'avoine après qu'il aura sauté. »

Le dressage se termine par la *Manière d'habituer les chevaux aux armes, au feu, et aux bruits de guerre.*

En somme, les rédacteurs de l'ordonnance de 1788 ont adopté une division plus régulière qu'auparavant, bien que l'école du cavalier et l'école du peloton soient confondues.

Les points saillants à citer comme progrès dans l'école d'escadron, sont : la marche oblique, individuelle et par troupe, la marche en colonne de pelotons, son déploiement en bataille, l'exercice individuel de la charge, la charge à toute allure, sans abandonner le rang ni se désunir.

L'escadron formé sur deux rangs doit compter de quarante à quarante-huit files ; les hommes en plus sont placés à vingt pas en arrière et constituent la réserve de l'escadron. Lorsque l'escadron est en colonne, cette réserve doit se placer sur le flanc ; elle est chargée de former les tirailleurs.

Les mouvements de flanc se font par quatre.

Dans les évolutions, tous les ploiements en colonne se font par des mouvements de flanc. Pour les charges, qui se font toujours en ordre déployé, les réserves des escadrons sont réunies en une seule masse ou en deux groupes, mais aux ailes. Il leur est prescrit de déboîter en avant au moment de la charge et de tomber sur les flancs de l'ennemi par une conversion à droite ou à gauche.

Quelques changements furent apportés à l'ordonnance de 1788, sous les ministères de MM. de Puységur et de Grave. Un livret de commandements fut créé pour les évolutions, dans lesquelles on admit l'ordre en échelons.

Le Manège de l'École royale militaire
sous la direction de M. d'Auvergne
1788

AUBERT. *Traité d'équitation.*

XVIII

M. de Boisdeffre; Principes de cavalerie, 1788 : nécessité de l'instruction individuelle méthode de dressage, plan d'études pour une école de cavalerie, principes généraux; École du cavalier : trois classes, position, opérations des mains et des jambes, travail en reprise, départ au galop, pas de changements de pied, course des têtes, régler les allures, direction; dressage du jeune cheval militaire : aplomb, rectification de l'attitude et de l'avant-main, le cheval non dressé est plus fin que le cheval dressé, chevaux rétifs; dressage du cheval de manège : principes généraux, centre de gravité, justesse, patience, douceur, choix d'un cheval fin et ayant de grandes qualités, promenades au pas, travail en cercle, pas de galop, leçons des hanches en dehors, la bride à la fin de la seconde année seulement, troisième année, fermer, premières leçons de galop, leçon des piliers. L'École d'officiers de cavalerie : réflexions sur la position à cheval, accord des aides, progression des leçons, Créats. — Préseau de Dompierre : l'éducation du cheval en Europe, 1788. — Les Haras. — Le prince de Lambesc. — Le Vaillant : recueil d'opuscules sur les différentes parties de l'Équitation : moyens de conserver longtemps les chevaux; réflexions sur l'état d'Écuyer; de l'utilité du manège pour les chevaux de chasse et de guerre; projet pour faire fleurir l'équitation et lui rendre son premier lustre; assouplissements du cheval; cheval peureux; cheval ardent; effet de la pluie et de la chaleur sur les chevaux; critique de la mode anglaise; causes de dépérissement dans l'équitation; critique de l'équitation militaire; idée du capitaine-instructeur. — Composition du manège de Versailles, fin Louis XVI. — Résumé des principes de l'École de Versailles. — Les trois ans de manège des Pages. — L'usage de payer les gaules au manège. — L'industrie chevaline en France en 1789; remontes. — Les dragons de Penthièvre à Saumur. — M. de Florian. — Le Royal-Roussillon à Saumur. — La milice bourgeoise, compagnie de grenadiers volontaires. — Les troupes de Saumur prêtent serment, 1789. — Libelles contre le gouvernement. — Émeutes. — Disparition complète de l'École de cavalerie. — Le 14 juillet à Saumur en 1790. — Dissolution de la compagnie des Chevaliers de l'Arquebuse. — Une pierre de la Bastille à Saumur.

La nécessité de l'instruction individuelle et du travail continuel se fait vivement sentir à cette époque ; *de Boisdeffre* le montre admirablement dans son ouvrage de 1788 : *Principes de cavalerie*.

M. de Boisdeffre était élève de d'Auvergne, pour lequel il avait la plus grande vénération. Il a surtout prôné les idées de son maître ; mais il a eu quelques théories à lui qui ont attiré l'attention des écuyers sur l'équilibre du cheval. Il disait que les résistances du cheval viennent de l'*inflexion* et de l'*inclinaison*, l'une provenant des résistances musculaires et l'autre de la mauvaise répartition du poids.

Il écrivit plutôt comme écuyer que comme officier de cavalerie, bien que son ouvrage fût intitulé : *Principes de cavalerie*. Cependant on y trouve des choses essentiellement militaires et vraies, telles que celles-ci :

« *La première cause du peu de progrès que fait la cavalerie depuis vingt ans qu'on l'instruit, vient sans doute du vice de l'instruction première et individuelle du cavalier... Le premier des moyens pour exécuter une bonne charge serait d'avoir des hommes dont l'assurance leur laissât les moyens de déterminer leurs chevaux sans cesser d'en être maîtres, et ceci demande une instruction de détail qui, quoiqu'on en dise, sera toujours le principe de la bonne exécution des manœuvres.*

« *La chose la plus avantageuse serait d'appliquer au terrain de manœuvre les événements du champ de bataille et d'y exécuter tout ce qui peut arriver un jour d'action... Un régiment instruit doit manœuvrer indistinctement partout où le terrain permet les allures du trot et du galop.*

« *Allures, distances, direction, ligne de bataille, sont les objets avec lesquels il faut se familiariser.*

« *Il est impossible d'avoir une cavalerie manœuvrière si on ne l'assujettit pas à une mesure uniforme de vitesse, etc.* »

Dans son ouvrage, de Boisdeffre donne en outre un traité de dressage et le plan d'études pour une école de cavalerie.

« PRINCIPES DE CAVALERIE, *par M. le chevalier* de Boisdeffre, *ancien lieutenant de carabiniers, avec commission de capitaine, élève de l'École royale militaire. Dédié à M. d'Auvergne, lieutenant-colonel de cavalerie, commandant l'École royale militaire.* » Tel est le titre de l'ouvrage dont nous allons relever les idées principales sur l'équitation, le dressage et sur l'École de cavalerie.

« *Une théorie superficielle, incomplète et fautive, a formé jusqu'ici la base de l'instruction du cavalier. Dans presque toute la cavalerie, cet objet est abandonné à un bas officier, qui, uniquement guidé par une routine de mots, n'apprend à l'homme qu'il instruit, qu'à être un automate placé de telle ou telle manière.*

« *Mais rien ne serait plus avantageux aux progrès de la cavalerie, si les établissements préposés pour les jeunes officiers qui se destinent à son service, étaient dirigés par une instruction relative à l'utilité de l'objet qu'on se propose.*

« *Cependant l'opinion générale est qu'il ne faut faire un écuyer du cavalier, et l'on a raison, soit qu'on attache à cette qualité d'écuyer un talent supérieur, impossible à acquérir dans la cavalerie ; soit qu'on ne considère dans les avantages de cet exercice que l'art d'exécuter de brillantes inutilités. Ce qui fonde davantage la répugnance que la plupart des officiers ont pour le mérite de ce genre, vient du calqué ridicule qui s'en est fait, en adoptant comme instruction militaire les différents airs de manège, en cherchant à donner au cavalier une position par trop académique, en sacrifiant le possible à l'impossible. Mais il n'en faut pas moins une instruction adaptée à l'objet qu'on se propose, relative à l'espèce d'hommes et de chevaux qui composent la cavalerie, et au service qu'on veut en tirer. Alors on supprimera des écoles tous ces petits spectacles, qui n'ont pas même le mérite de la difficulté vaincue...* »

L'auteur ajoute en note : « *Je crois que dans trois ans on peut former un officier de cavalerie capable de se rendre très utile.* » (Au point de vue équestre, bien entendu.)

L'ouvrage est divisé en deux parties ; la première est l'école du cavalier divisée en trois classes ; la troisième classe, celle des commençants, est consacrée à la position du cavalier ; la deuxième, aux opérations simples et composées des mains et des jambes ; le tout indiqué sommairement et suivi d'un résumé bref constituant la théorie du cavalier. La première classe est dite classe militaire, c'est l'école d'ensemble (peloton et escadron).

« *L'ordre, l'ensemble, la célérité, sont les objets auxquels doivent tendre les premiers pas de l'instruction; et c'est sur cette base que doivent être établis des principes de cavalerie.*

« *La méthode de commencer l'école du cavalier en lui faisant parcourir des lignes circulaires est vicieuse, en ce que l'accord de l'homme et du cheval ne peut jamais être plus facile, que lorsqu'ils parcourent des lignes droites, cette direction étant naturellement ce que suit tout corps mis en mouvement.*

« *Il ne faut pas qu'un cavalier soit placé avec trop de recherche : sa grâce doit être dans la solidité de sa position.*

« *L'assiette est la partie la plus essentielle de la position du cavalier, celle dont l'instructeur doit s'occuper avec le plus de soin.*

« *Les premières leçons seront précédées de l'explication de la position; et l'on fera marcher au pas jusqu'à ce que le cavalier la conçoive.*

« *Quand il commencera à en sentir l'ensemble, il sera mis au trot d'abord très doucement. Il est absurde de prétendre que rien n'affermit mieux qu'une allure très dure, telle que le trot fort allongé; le cavalier se raidit, serre ses cuisses, cherche sa sûreté comme il peut; sa raideur augmente en raison de sa désunion.*

« *Le premier mois seulement, les recrues seront sans étriers.*

« *Chaque leçon sera commencée et terminée par apprendre à monter et à descendre de cheval, selon la manière prescrite par l'ordonnance.* »

Position. — « *Les fesses doivent être placées au milieu de la selle, la ceinture rapprochée du pommeau. Les cuisses, allongées par leur poids, posent sur leur plat sans effort. Les jambes tombant sous le genou, les étriers doivent en porter en totalité le poids. Le corps sera placé d'aplomb sur sa base, grandi de toute sa hauteur perpendiculaire, les bras libres, la tête haute, sans être renversée.* »

Opérations des mains et des jambes. — « *La jambe droite porte le cheval à gauche, elle le contient et le soutient à droite. La jambe gauche produit les effets contraires. Les deux jambes, fermées également, déterminent l'animal en avant, soutiennent son action et l'accélèrent.*

« *La tension égale des deux rênes retient le cheval, l'arrête et le fait reculer. La rêne gauche, à gauche, redresse les épaules et les dirige vers ce côté. Lorsque la tension de cette rêne est de gauche à droite, elle fait tourner le cheval.*

« *Un temps d'arrêt relève l'avant-main, lorsque les jambes donnent en même temps du soutien au corps du cheval.*

« *La main soutenue à gauche, et la jambe droite fermée, portent le cheval à gauche. Cette même opération sert à le redresser lorsqu'il est de travers à droite. La rêne droite et la jambe gauche produisent les mêmes effets en sens contraire.* »

Pour préciser sa manière de comprendre l'effet des jambes dans le tournant, l'auteur ajoute : « *C'est une erreur de penser que les jambes servent à faire tourner un cheval ; il n'y a à cet égard que l'opération de la main qui le détermine ; et les jambes ne doivent être employées que pour soutenir son action.*

« *Pour porter le cheval à gauche, on soutiendra la main de ce côté ; cette opération y déterminera l'avant-main, mais n'agissant directement que sur cette partie, il faut, pour porter la totalité de la masse à gauche, fermer la jambe droite.* »

Et, à propos du placer, il dit : « *On ne doit jamais chercher à redresser les hanches seulement, parce qu'elles ne peuvent tomber d'un côté, sans que le centre de gravité ne se porte du même côté ; c'est donc sur ce point qu'il faut agir.* » Mais comment ?

Travail en reprise. — « *Le cavalier ayant acquis assez de liberté dans ses opérations, et de sûreté dans son travail au trot, on le fera galoper.*

« *Si le cheval marche à droite, on le fera entamer des jambes de ce côté. Au moment de partir, le cavalier, sentant bien ses deux rênes, soutiendra un tant soit peu la main à droite, qui déterminant le poids de l'avant-main sur le côté où l'animal doit entamer, y dirigera l'élan de la masse portée en avant par les jambes.* » C'est bien vague pour apprendre le départ au galop.

Et Boisdeffre ajoute ; « *Il est difficile de faire partir un cheval fin à cette allure, parce qu'au moment du départ il y a un petit mouvement de saut qui peut très facilement déranger l'assiette, et ce dérangement doit occasionner des irrégularités.*

« *Le galop à faux n'existe que lorsque le cheval parcourt des cercles, ou un terrain limité : partout ailleurs il est indifférent qu'il entame de la jambe gauche ou de la droite, et l'allure est toujours vraie quand les jambes suivent l'ordre naturel à ce mouvement. Mais je crois qu'il y a de l'inconvénient d'habituer le cavalier à faire reprendre son cheval* (changer de pied), *cette recherche ne devant plus exister dès qu'on manœuvre.*

« *Après la seconde reprise de trot ou la première de galop, on fera changer de chevaux, ayant attention de varier ce changement le plus qu'on pourra.* »

Boisdeffre conseille la course des têtes comme complément de l'instruction du cavalier : « *Je dirai encore qu'il serait très utile d'exercer les recrues à une espèce de course de têtes, où il y aurait un coup de pistolet, un coup de tranchant de sabre et un coup de pointe. Cela apprendrait aux cavaliers à se servir de leurs armes, et à avoir plus de confiance dans leur adresse.* »

C'est fort judicieusement que l'auteur insiste sur la nécessité de régler les allures : « *J'ajouterai à ce que j'ai dit concernant les allures, qu'il est impossible d'avoir de la cavalerie manœuvrière, si on ne l'assujettit pas à une mesure uniforme de vitesse.*

« *Par exemple, je suppose une colonne de trois mille chevaux, devant se porter au trot à la distance d'une lieue : si les distances ne sont pas exactement conservées, si l'on ne s'en est pas fait une habitude inaltérable, on verra bientôt le désordre partout.*

« *Les distances sont un point de détail bien plus important que de petites évolutions, qui peuvent être très facilement le résultat de la médiocrité.*

« *La direction est la ligne la plus courte du point de départ au point d'arrivée : elle a pour objet, non seulement qu'une ligne ou colonne parcoure, par le moins de chemin possible, un espace quelconque, mais encore d'empêcher le flottement et le dérivé d'une ligne.* »

A la première classe, le cavalier ne reçoit plus seulement des leçons d'équitation, mais des leçons de manœuvre. « *L'instruction va prendre une forme vraiment militaire. Ce n'est plus une classe qu'on enseigne, mais une troupe qu'il faut dresser en l'habituant à l'ensemble, et en l'exerçant à se rompre, à se former en bataille, à exécuter tous les mouvements nécessaires à l'exécution de la manœuvre.* » C'est l'école de peloton, suivie de l'école d'escadron ; puis viennent les manœuvres de régiment. Il y a là une suite de généralités qui n'offre aucun intérêt pour l'objet qui nous occupe, et que nous passons sous silence. La fin de cette première partie du livre traite de la préparation nécessaire du jeune cheval de troupe : nous y glanerons quelques réflexions intéressantes et toujours vraies.

« *Ce qui indique davantage la préparation nécessaire aux jeunes chevaux de la cavalerie française est le vice de leur construction. Cette espèce manque communément de légèreté et de souplesse. Mais l'art peut venir au secours d'une nature défectueuse, et remédier à un certain point à ces inconvénients. Le seul défaut essentiel à corriger pour le cheval du cavalier est dans l'inégalité d'obéissance aux rênes. Ce défaut fait souvent toute la difficulté que le cavalier trouve à le maîtriser. Mais, avant d'indiquer les moyens d'y remédier, je dois démontrer cette vérité tout à fait inconnue dans la cavalerie* : « *Que l'inégalité dans les barres du cheval provient toujours d'un* « *manque d'aplomb dans l'attitude de l'animal.* »

En entamant ses leçons de dressage, l'auteur pose son principe fondamental : « *La première chose à observer, et la seule importante, sera de juger de quel côté porte davantage le poids de la masse de l'animal. Cependant le talent nécessaire pour bien sentir ce manque d'a-plomb, est un point où l'on ne peut espérer de faire atteindre le cavalier. Mais cette justesse de tact n'est pas essentielle ; et l'on peut y suppléer par un moyen très facile ; c'est que le côté où il trouvera plus de résistance dans l'effet des rênes, sera le même, où le poids de la masse est plus considérable ; ce qui nécessite une plus grande résistance, l'obéissance demandée à l'animal étant alors contraire à l'habitude de son corps.*

« *Je suppose que ce défaut soit à droite. Le cavalier bien assis, empoignant une rêne de chaque main, les ongles en dessous, et en marche le long de la muraille du manège, doit ouvrir sa rêne gauche à gauche, afin d'attirer de ce côté le poids de l'encolure qui pèse trop sur l'épaule droite.*

« *La nature ne produit rien de parfait, elle laisse toujours à son ouvrage la marque de l'indifférence qu'elle a pour les individus. Par cette raison, les forces de l'animal ne se trouvent jamais proportionnellement réparties ; toujours un des côtés est plus libre, et offre plus de facilités que l'autre.*

« *L'inégalité d'obéissance aux rênes provient toujours d'un défaut dans l'attitude de l'animal ; car si un cheval est d'aplomb, il ne peut y avoir de raison pour qu'il n'obéisse pas également de chaque côté.* »

Plus loin nous trouvons la note suivante, que beaucoup de gens croient d'une origine récente : « *C'est toujours la mauvaise attitude de l'avant-main qui rend l'animal roide.* »

Mais Boisdeffre ne veut pas admettre le placer du bout du nez : « *Il est reçu dans presque toutes les Écoles : Qu'en même temps que l'on cherche à redresser les épaules à gauche, on doit travailler à amener le bout du nez à droite par le secours de la rêne de ce côté. Le principe est faux. Le mors n'agit immédiatement que sur la tête de l'animal, et c'est par l'effet de la bride ou du bridon sur cette partie, que le reste du corps est gouverné.* »

L'auteur est quelquefois paradoxal. Ainsi il dit : « *Le jeune cheval à monter est toujours plus fin que lorsqu'il est dressé.* »

Il est vrai qu'il l'explique ainsi : « *Il est incontestable qu'un jeune cheval, chargé d'un poids dont il n'a pas l'habitude, en doit être plus incommodé que lorsqu'il y est familiarisé, que par conséquent le jeune animal sera plus sensible aux irrégularités des mouvements du corps de l'homme, à l'incertitude et à la mauvaise position de l'assiette. Ces raisons prescrivent plus de justesse et annoncent certainement plus de finesse.* »

Mais il ajoute : « *L'équitation n'est point l'art de faire exécuter à l'animal des mouvements extraordinaires, mais celui de disposer de ses forces par un juste emploi; et, envisagé de cette manière, il n'appartient qu'à un très petit nombre d'hommes consacrés à cette profession.* »

Pour le cheval rétif, Boisdeffre, loin de tomber dans les méthodes empiriques de ses prédécesseurs, se borne à conseiller l'emploi de la longe : « *Quant au cheval rétif, je ne connais, pour la cavalerie, que le secours de la longe, et un homme assez instruit pour diriger le cavalier. Une grande patience, beaucoup de douceur, et habituer le cheval à obéir aux jambes, sont les moyens les plus efficaces.* »

L'auteur examine ensuite un dressage plus complet, il s'agit d'un cheval de manège. A ce propos, il expose une théorie très simple et très judicieuse, mais malheureusement pas assez développée pour celui qui voudrait en faire l'application.

« *Partout, le paysan qui fait des élèves monte, conduit l'animal que ses mains ont su nourrir ; partout ces premières leçons se donnent sans prétention : ce sont les opérations du bon sens. Mais qu'à cette simplicité succède un homme téméraire, l'animal, surpris d'une gêne prématurée, se livrera à des défenses.*

« *Lorsqu'il s'agit de contrarier les habitudes premières d'un jeune cheval, lorsqu'il faut assujettir la liberté de ses mouvements à l'obéissance, on doit imiter la manière naïve de ce paysan. Le jeune animal se confie à la patience, à la douceur; et même, pour en tirer un usage ordinaire de service, ces qualités pourroient suffire.....* »

« *Au lieu de lutter avec l'animal, que ce soit par l'intelligence qu'on le domine : voilà la manière de se montrer supérieur. Il y a cependant des chevaux qui demandent une grande hardiesse, une grande tenue ; le joug ne convient pas également : tel cheval sait combattre la main qui veut le soumettre ; l'habitude d'être libre fait que sa fierté s'irrite contre le mors, instrument de son esclavage. Quand on ne se sent pas de force, il faut employer le secours de la longe.* »

« *Il y a une différence entre dresser un cheval de manège, ou former un cheval de chasse ou de guerre. Celui-ci ne demande qu'à être préparé aux mouvements en avant ; toutes ses allures ne doivent être que franches, et le progrès de ses forces fait la moitié de la besogne ; en tout, il exige beaucoup moins de justesse. Mais quand il s'agit d'assujettir le cheval à une exécution savante, qu'il faut qu'il acquière cette justesse d'aplomb, cette précision de mouvement, qui rend le travail de l'animal si supérieur en beauté à celui de l'usage vulgaire, ce ne peut être que par des moyens très supérieurs. Le cheval de manège bien mis est celui dont toutes les facultés sont saisies par l'art, et employées à l'avantage de son action. Cette définition marque la différence qu'il y a entre former un cheval ae chasse ou dresser celui de manège. Celui-là n'a besoin que de la facilité nécessaire à son transport ; celui-ci demande d'être mis au point que sa masse soit non seulement d'aplomb, mais encore que la liaison du cavalier soit dans un juste accord avec elle. Il faut que cette justesse se maintienne dans les divers mouvements de l'animal, et que les opérations qui la dirigent en conservent la précision.*

« *L'art de l'écuyer habile, lorsqu'il lui tombe entre les mains un cheval très fin, est de lui conserver cette qualité par une justesse habituelle. Mais la sensibilité des barres, l'obéissance facile aux jambes, ne peuvent jamais être une difficulté de premier ordre.*

« *Ce qui fait croire qu'un cheval de l'espèce de celui dont je parle est devenu plus fin par le talent du maître, c'est qu'il a acquis une régularité qui se manifeste aux yeux de tout le monde lorsqu'il est bien mené ; tandis que le même animal se livrera à des écarts de tous les genres si le cavalier manque de justesse. Mais la difficulté eût été encore plus grande avant qu'il fût mis à ce point.*

« *Un jeune cheval que l'on veut dresser doit être mené de manière que le progrès de son exécution suive le progrès de ses forces. Je ne prescris aucune époque pour le commencer ; mais je crois que le cheval normand peut être monté à quatre ans, et le cheval d'Espagne à six. L'essentiel est de ne rien demander à l'animal au-dessus de ses moyens présents. Avec cette précaution, il n'y a aucun inconvénient à commencer un jeune cheval, deux ans avant qu'il ait atteint sa vigueur entière. Mais je dirai qu'il ne sera parfaitement dressé que lorsqu'on sera parvenu à lui donner ce degré d'aplomb qui rend tous ses mouvements faciles. Ce ne sont pas les tours de volte, ni les différents airs de manége, qui annoncent un cheval bien mis ; toutes ces choses peuvent s'exécuter avec des défauts qui ne garantiront que l'ignorance du maître. L'équitation n'est point l'art de faire exécuter à l'animal des mouvements extraordinaires, mais celui de disposer de ses forces par un juste emploi ; et envisagé de cette manière, il n'appartient qu'à un très petit nombre d'hommes consacrés à cette profession.*

« *On prétend communément que l'ardeur tient au caractère du cheval, que c'est une impétuosité de tempérament qui fomente son action. Je pense au contraire que la cause de l'ardeur dépend de la finesse de l'animal et de son manque d'aplomb. Il est peut-être difficile, dans une question de cette nature, d'aller jusqu'à l'évidence ; c'est un de ces secrets où l'expérience ne peut pénétrer que par le secours des probabilités. Cependant si l'on voyait un cheval ardent se calmer sous la main habile d'un excellent maître, la question serait résolue pour les témoins. Je connais de ces exemples : mais quand on écrit pour convaincre, des faits isolés sont une faible logique, si l'on n'y joint des raisonnements qui expliquent la cause. Je ne parlerai point de l'ardeur que le cheval prend à la chasse ou dans l'action d'une bataille ; celle-ci est commune à presque tous les chevaux et n'est que l'effet de la circonstance. Mais je veux parler de celle qui est particulière à un individu, qui se manifeste dans toutes les occasions où le cheval est monté. Si ce défaut provenait d'un sang allumé, d'une disposition irritable, enfin d'une cause permanente, l'effet s'en manifesteroit davantage lorsque le cheval seroit plus libre. L'expérience prouve le contraire ; on voit le même animal, plein d'ardeur sous le cavalier, se montrer très paisible lorsqu'il est mené en main. Qu'on le fasse trotter à la longe, il n'aura rien de remarquable dans l'action de son mouvement que ce qui est ordinaire à presque tous les chevaux : grande probabilité à croire que la cause de l'ardeur est dans un mal-être actuel ; c'est un état de souffrance occasionné par le manque de justesse de l'homme ; c'est une situation pénible dans l'attitude de la masse de l'animal ; et son ardeur, se manifestant toujours par une action précipitée, annonce sans doute un travail dont l'objet continuel est d'échapper à une gêne constante. Si ce raisonnement n'est pas aussi démonstratif que je le désirerois, il fait néanmoins présumer beaucoup que l'ardeur de l'animal n'est que l'effet de sa finesse.*

« *Avant de parler du cheval de manège que je proposerai de dresser, j'appliquerai à l'équitation la certitude de quelques principes que la mécanique nous enseigne, et qui prouvent combien cet art peut être soumis à des règles démontrées.*

« *Le centre de gravité d'un corps est le point où se réunit l'effet de la pesanteur de toutes ses parties. Par conséquent une masse quelconque reçoit sa plus grande force de mouvement par son centre de gravité; ce qui prouve que tout corps ne peut être mu avec plus d'avantages que par ce point...*

« *Plus les parties d'un tout sont rapprochées du centre de gravité, plus il sera facile à mouvoir.*

« *L'expérience avoit fait trouver cette vérité, avant d'en connaître le principe; c'est ce qu'on appelle vulgairement rassembler un cheval: ainsi le cheval est d'autant mieux rassemblé, que ses parties seront plus rapprochées du centre de gravité. Ce principe détermine avec la plus grande justesse l'objet de cette leçon, et la manière de la donner.*

« *Plus une partie d'un tout est éloignée du centre de gravité, plus elle est difficile à mouvoir, etc.....*

« *Voici les seules questions à résoudre :*

« *Quelle est la position de l'homme la plus avantageuse à sa liaison?*

« *Quels sont les mouvements de l'animal et par quels principes se meut-il?*

« *Quel est l'effet des agents qui déterminent son action et son obéissance? Et comment doivent-ils opérer?*

« *Il n'y a ensuite que trois mots à ajouter, Justesse, Patience et Douceur. Cela prouve combien les gros livres qui traitent de cet art doivent être suspects.* »

Suivons ce dressage : « *Le cheval que je propose de dresser n'est point un cheval parfait; mais il est fin et a de grandes qualités; par conséquent, il ne doit être monté que par un homme habile.*

« *On promènera ce cheval beaucoup au pas. L'usage de débourrer un cheval neuf en le faisant trotter franchement est contraire à l'objet qu'on se propose.*

« *Lorsque ce cheval commencera à s'assouplir, on le mettra en cercle.*

« *Pendant le cours de cette première année, le cheval gagnera en forces, par leur progrès naturel et par une attitude plus avantageuse à ses mouvements. Cependant la seconde année se passera entièrement sans galop : seulement les reprises au passage seront plus fréquentes.* » L'auteur ne s'explique pas sur ce qu'il appelle le passage. Il est peu probable qu'en pareil cas ce soit notre manière d'interpréter ce mot. C'est plutôt, ainsi qu'on l'entendait auparavant, un trot soutenu et cadencé nécessitant une vigilance constante de toutes les aides.

« *Lorsque le cheval aura acquis un assouplissement assez considérable, on lui donnera la leçon des hanches en dehors.*

« *Vers la fin de la seconde année, il sera embouché. En général, on met en bride beaucoup trop tôt, et c'est augmenter la difficulté sans nécessité.*

« *Au commencement de la troisième année, le cheval aura vraisemblablement acquis les forces suffisantes pour prendre avec facilité toutes les leçons de manège : alors on le fera fermer.* » L'auteur appelle ainsi le changement de main diagonal sur deux pistes.

« *Un mois après que l'animal aura été embouché, les premières leçons du galop lui seront données.*

« *Le cheval sera exercé trois mois au galop, avant de prendre des tours de volte à cette allure ; on l'y préparera cependant en lui faisant pratiquer cette leçon au pas et au trot.*

« *Il est d'usage en général dans les manèges, de faire partir le cheval au galop par l'opération d'une seule jambe du cavalier, et de préférence par celle du côté où l'animal doit entamer. Par exemple, je suppose qu'on veuille l'embarquer sur le pied droit, ce sera par l'effet de la jambe droite. Ce principe n'est pas juste. La jambe droite fermée seule doit naturellement porter la masse à gauche, tandis qu'il faut au contraire qu'elle s'élance un peu sur la partie droite, pour déterminer la jambe du cheval de ce côté à venir promptement donner du soutien à cette masse. Presque toutes les personnes qui ont l'habitude du cheval sentent, au moment où l'animal se désunit, en changeant du pied droit au pied gauche, le mouvement de la masse se porter sur la partie gauche : preuve sans réplique que l'élan du corps de l'animal détermine la jambe qui entame au galop. La jambe droite du cavalier doit donc produire un effet contraire à celui qu'on en attend. Si on m'allègue l'expérience, je répondrai que l'expérience ne prouve rien, quand il est question de principes ; c'est au raisonnement à démontrer ce qui est juste. Je sais que l'animal s'accoutume aisément à partir sur un pied, lorsqu'on lui en fait contracter l'habitude ; et s'il répète trois fois la semaine la même chose, son travail se fait alors aisément de mémoire.* »

Enfin l'auteur conseille les piliers : « *La leçon des piliers a pour objet de réunir les forces de l'animal, de le rassembler, de le redresser.* »

La méthode de Boisdeffre peut se résumer en un mot : « *l'aplomb* », qu'il conseille de rechercher dès le début et toujours, posant cet axiome :

« *Un cheval d'aplomb est un cheval dressé.* »

La seconde partie de l'ouvrage du chevalier de Boisdeffre est intitulée : *École d'officiers de cavalerie;* la première avait pour titre : *École du cavalier.*

Elle est également divisée en trois classes, avec une progression analogue ; l'instruction est ensuite achevée dans la classe militaire, comprenant l'enseignement de la théorie et du commandement, les principes des manœuvres, leur exécution, etc.....

Nous n'analyserons point méthodiquement cette seconde partie, nous contentant d'enregistrer au courant de la lecture quelques opinions qui nous ont paru remarquables ou originales ; ainsi, à propos de la position de l'homme sur le cheval : « *Il faut prendre garde de se faire un modèle agréable de position qui ne convientroit qu'à des conformations heureuses. L'art doit appliquer la vérité des principes à toutes les constructions. Ce seroit défigurer la nature que de la forcer à prendre une attitude contraire à ses moyens, et ajouter à un extérieur déjà peu favorisé la difformité que donne toujours la roideur. Les cuisses ne doivent pas être gênées par un allongement forcé ; la contrainte ne leur donneroit pas une ligne de plus ; elles s'allongent d'elles-mêmes par la justesse de la position des fesses...*

« *Plus les jambes prendront de pesanteur, mieux elles seront. La roideur des cuisses, la mauvaise position de l'assiette, l'incertitude du corps, tous ces défauts ont leur effet sur les jambes. C'est par cette raison qu'il est rare d'en voir de bien placées, même parmi les personnes qui font un travail journalier de l'équitation.* »

A propos de l'accord de la main et des jambes, l'auteur ayant décomposé le mouvement du changement de main de deux pistes, et celui des hanches en dehors, nous dit : « *Par ces deux exemples, on peut juger de l'explication qui doit être donnée de l'effet du concours de la main et des jambes, dans tous les cas qui demandent l'éclaircissement du principe.*

« *Beaucoup de personnes parlent de l'accord de la main et des jambes ; mais la plupart n'en entendent pas la signification ; elles prétendent que c'est le fini, le nec plus ultra, le grand secret de l'art. Nous sommes dans un temps où des moyens secrets, qui ne peuvent pas s'expliquer, passent pour du charlatanisme. Quant à moi, je comprends par l'accord de la main et des jambes la proportion d'effet que chacune de ces aides doit avoir, relativement à la justesse de l'exécution de la chose à obtenir.* »

Boisdeffre nous explique ensuite comment il entendrait la progression des leçons :

« ..... *La perfection dans les exercices du corps est un point où il est très rare de parvenir. Mais chaque exercice a son objet d'utilité ou d'agrément, marqué à un degré où il est possible de faire atteindre le grand nombre. La rareté des grandes dispositions n'empêchent pas de tirer parti de celles qui ne sont que médiocres.*

« ..... *Dans la première classe, il faut perfectionner l'ouvrage commencé, en exigeant plus de précision, en enseignant tout ce qui peut rendre l'action de l'animal plus juste, plus égale.*

« *Tous les chevaux de cette classe seroient entiers, choisis dans les provinces de France, et dans les pays étrangers qui fournissent les plus belles espèces.*

« *Je voudrois que ces chevaux fussent assez bien dressés pour être des démonstrations animées des principes qui doivent les faire agir : les fautes se manifesteroient alors par les écarts de l'animal, ou par la foible manière dont le cavalier en tireroit parti.*

« *Mais quel encouragement aussi pour le jeune élève, que de sentir l'évidence de ses progrès marqués par le succès qui lui donneroient le secret précis de ses forces, et d'éprouver en même temps l'espérance d'augmenter son talent, en se corrigeant des fautes qu'il sauroit juger lui-même. On est bien peu avancé en équitation, quand on se croit infaillible Les plus habiles sont ceux pour qui les fautes deviennent des leçons, et c'est avoir du talent que de les sentir.*

« *A cette classe, les allures seront plus trides, l'action plus animée, le travail plus parant* (c'est-à-dire avec le cheval plus léger à la main, plus sur les hanches, comme on disait alors) *mais manifesté autant qu'il sera possible par la liberté des mouvements du cheval. Il y a un brillant qui n'annonce que les efforts de l'animal tourmenté; ce mérite est celui du Créat, qui se croit d'autant plus digne de remarque, qu'il prouve d'absurdité.* » On appelait Créats, dans les écoles d'équitation, les sous-écuyers. Aujourd'hui leur équivalent est le sous-officier, dit sous-maître. « *L'art développant toutes les ressources de la finesse d'une exécution précise, embellit l'animal de tout ce qui peut mettre ses forces en jeu sans contrainte..... Je ne dirai rien ni des courbettes, ni des pesades, etc , parce que je regarde toutes ces choses comme du phébus.* »

Citons enfin cette réflexion qui termine le chapitre de la classe militaire; Boisdeffre dit (en 1788) : « *On nous vante avec enthousiasme le grand ensemble de la cavalerie prussienne; le secret de sa supériorité est dans la permanence et l'intelligence de la discipline, dans une instruction mili-*

taire qui a toujours l'expérience présente dans une suite de moyens uniformes, et surtout dans l'esprit qui constitue chaque grade. »

L'ouvrage de Boisdeffre fut repris en 1803 sous le titre : « PRINCIPES D'ÉQUITATION ET DE CAVALERIE *par J.-B. Boisdeffre, ancien élève de l'École militaire.* » Il y fut ajouté plusieurs paragraphes traitant : *des sauteurs; de la préparation nécessaire aux chevaux de chasse, de promenade ou destinés à la guerre; des chevaux ombrageux ou rétifs; des principes de manœuvres.*

L'auteur voulait, lui aussi, réagir contre l'anglomanie : « *La mode, cette reine fantasque qui gouverne avec d'autant plus d'empire qu'elle se montre plus bizarre, a fait adopter sans discernement la manière de la méthode anglaise, par laquelle l'animal est mis dans une attitude défavorable à sa beauté, et à la sûreté de sa marche, et où la position de l'homme est aussi ridicule que défectueuse.* »

Mais pour avoir voulu combattre les exagérations des Anglais, il dépassa un peu les bornes : « *La manière anglaise de trotter a pour objet d'éviter à cette allure le choc répété qui résulte de la rencontre du cheval et de l'assiette du cavalier. Elle consiste à enlever l'assiette au moyen d'un léger mouvement de corps en avant, à l'instant qui précède celui de cette rencontre. Mais cette manière ne peut être admise ni dans un manège, ni dans la cavalerie; et si elle est quelquefois tolérable, ce n'est que lorsqu'on ne peut soutenir une allure trop dure. encore faut-il l'exécuter sans affectation, et avec le moins de mouvement possible.* »

Nul doute que si Boisdeffre, avec l'autorité qu'il avait, eût conseillé le trot enlevé, il l'eût fait adopter dans la cavalerie. Au contraire, ce fut à cause de lui que l'on rejeta ce trot qui soulage tant les cavaliers et dont les avantages devaient encore se faire attendre dans l'armée un siècle presque entier.

Bourgelat, en 1770, Bohan, en 1781, et Préseau de Dompierre, en 1788, se plaignaient amèrement du dépérissement de nos races chevalines, et notamment de la pénurie des chevaux de guerre : « *Les haras, disait ce dernier écrivain dans son traité remarquable sur l'éducation du cheval en Europe, ne sont composés que de parties isolées et décousues. Leurs vices intérieurs et leur insouciance sont la cause de l'espèce d'apathie de la nation pour le plus précieux des animaux, pour le cheval.* » Selon lui une réorganisation complète des haras pouvait seule mettre un terme à cet état de choses, qui imposait à la France l'obligation d'acheter annuellement 13,000 chevaux à l'étranger. Il demandait, comme une garantie indispensable de succès, que les divers emplois fussent confiés à des officiers de troupes à cheval; cette réforme était bien désirable.

Le prince de Lambesc, auquel on donna la haute main sur les haras, changea bientôt la face des choses ; il avait visité l'Angleterre et reconnu dans les chevaux de ce pays une supériorité de force, d'énergie et de vitesse dont il voulut doter la race normande, que son affinité avec les producteurs anglais rendait éminemment propre à recevoir cet étalon.

Déjà beaucoup de grands seigneurs préféraient, à cause du développement de ses allures, le cheval anglais à nos espèces indigènes. Ce changement dans la mode devait amener une modification dans l'équitation.

En 1789, il parut un ouvrage d'équitation écrit par un écuyer du manège de Versailles, M. Levaillant de Saint-Denis. Cet ouvrage portait pour titre :

« Recueil d'opuscules sur les différentes parties de l'équitation, *auxquels on a joint le meilleur régime que l'on doit faire suivre aux différentes espèces de chevaux, pour en tirer le parti le plus avantageux et les conserver le plus longtemps qu'il est possible.* »

L'auteur débute par donner : « *Les moyens certains et fondés sur l'expérience de conserver long-temps les différentes espèces de chevaux, et d'en retirer les plus grands services sans les user, ou l'hygiène des chevaux.* »

Viennent ensuite des : « *Réflexions sur l'état d'écuyer et sur les qualités qu'il exige pour qu'il soit réellement honorable pour celui qui l'embrasse, et très utile pour la société.* » Jusque-là peu de choses personnelles de l'auteur.

— « *De l'utilité du manège pour les chevaux de chasse et de guerre. Réflexions sur la manière de monter à cheval à l'angloise et sur ses inconvéniens.* »

— « *Projet pour faire fleurir l'équitation et lui rendre son premier lustre, non seulement dans tous les régiments de cavalerie, de dragons, de hussards, mais encore dans tout le royaume.* »

— « *Projet pour exciter de plus en plus l'émulation de MM. les Pages du Roi, de la Reine, et de tous les Princes du sang, pour la partie de l'Équitation.* »

— « *Projet pour exciter l'émulation des Piqueurs.* »

— « *Sur l'abus et l'utilité du manège pour les chevaux de guerre et de chasse.* » Il n'y a aucun doute que le manège, considéré comme instruction pour les élèves, ne soit d'une utilité indispensable, mais l'auteur est d'avis que dans bien des cas on dresse mieux le cheval dehors. Et il conseille d'aller à l'extérieur.

— « *Pour le cheval que l'on veut assouplir, rassembler et mettre en force et d'aplomb. — Pour le cheval peureux. — Pour le cheval ardent.* »

Après avoir relevé certains préjugés sur l'effet de la pluie et de la chaleur sur les chevaux, l'auteur ajoute : « *Un cheval comme un homme qui ne peut marcher par la pluie dans la crainte de s'enrhumer, n'est pas propre à grand chose. Il y a encore d'autres Écuyers qui, par un excès de précaution, ne sortent pas les chevaux dans les grandes chaleurs. Un cheval qui ne peut sortir de son écurie quand il fait chaud n'est propre à rien ; il faut l'habituer à la chaleur par degrés.* »

Il recommande l'instruction du manège pour les chevaux de cavalerie : « *Considéré comme une préparation à l'instruction que l'on se propose de donner aux chevaux, le manège est fort utile, quoique je parle contre l'abus du manège pour les chevaux de guerre et de chasse ; je ne conçois pas comment chaque écurie considérable et chaque régiment de cavalerie n'a pas son manège.* »

Tous les écuyers réagissent contre la mode anglaise. « *Il seroit peut-être sage d'abandonner à ses défauts la manière de monter à cheval à l'angloise, puisque cet usage, ridiculement accrédité par la mode, nuit depuis quelque temps à l'art important de monter à cheval d'après les principes puisés dans la nature et confirmés par l'expérience des meilleurs écuyers. D'ailleurs on a vu jusqu'ici les Anglois jaloux de monter à cheval selon la manière la meilleure, venir en France pour y prendre des leçons d'équitation. — On sait que leurs deux meilleurs Écuyers (Milord Pembrock, M. Sidney Meadows) montent encore aujourd'hui à la françoise. Mais comment conservera-t-on aux manèges françois la prééminence qu'ils ont eu jusqu'à présent, si les hommes les plus propres à devenir Écuyers par ce qu'ils sont plus en état que d'autres d'avoir des chevaux, et de s'en servir soit pour la guerre, soit pour la chasse ou pour la promenade, adoptent, sans savoir pourquoi, la manière si dangereuse et si disgracieuse de monter à l'angloise. Ne nous étions-nous pas déjà assez rendus ridicules, en suivant indistinctement les modes et les costumes anglois, sans vouloir encore pousser la folie jusqu'à brider, seller nos chevaux et les monter comme cela se pratique dans la Grande-Bretagne ; en un mot devenir les singes des Joquets..... Les Anglois, dont on vante les longues courses, montent des chevaux d'excellente race ; il n'épargnent rien pour avoir des montures de qualité supérieure ; encore durent-elles bien peu sous eux, soit par la manière dont elles sont menées, soit faute d'avoir sû les dresser et de leur avoir donné le temps de se fortifier ; aussi voit-on souvent en Angleterre beaucoup de chevaux de quatre ans totalement usés que l'on met dans les prés et dont on nous revend la plupart de ceux qui ont pû se remettre.*

« *Le cheval bien dressé à la françoise portera toute sa vie un poids suffisant et ira très longtemps et très franchement sans s'user et sans s'excéder, tandis, au contraire, que le cheval dressé à l'angloise sera bientôt ruiné. En effet, l'homme qui monte le cheval à l'angloise, n'ayant point cette posture assurée et moelleuse qui permet aux mains et aux jambes des gradations douces et nécessaires, appesantit les épaules de son cheval et affoiblit les resssorts de ses jarrets par la sujettion continuelle de sa bride et du bridon et par des arrêts d'autant plus forcés que l'animal abandonné sur les épaules n'est jamais préparé quand on l'arrête à répartir sa masse sur les reins et sur les hanches et que même on lui en ôte tous les moyens. Enfin l'expérience a démontré que les chevaux dressés à la françoise à qui on a donné la confiance nécessaire pour les assurer dans leurs allures et les rendre attentifs à la volonté du cavalier, sont toujours solides et nerveux; au contraire, les chevaux montés à l'angloise que l'on n'a pas su dresser faute de science sont durs de bouche, désagréables, fatigans, douloureux des jarrets, n'ayant aucun accord dans les volontés, de là vient que le moindre travail a bientôt perdu leur liberté et leur solidité.* »

L'auteur reconnaît cependant l'avantage de trotter à l'anglaise; toutefois avec certaines restrictions. « *Je conviens cependant qu'au moyen de la posture angloise on évite le mouvement de répercussion, mouvement fatiguant sur plusieurs chevaux, si l'on veut les trotter très longtemps. Mais peut-on faire entrer en comparaison les prétendus avantages de cette méthode avec les dangers que courent le cheval et l'homme quand la posture n'est pas assurée sans le secours des étriers et de la bouche du cheval.* »

L'auteur nous énumère ensuite les causes du dépérissement de l'équitation : « *1°. Le manque d'unanimité dans les principes; 2° trop peu de théorie et une pratique trop courte; 3° nulle récompense pour ceux qui s'appliquent à l'équitation et qui s'y distinguent, ce qui donne lieu au défaut d'émulation; 4° nul établissement qui puisse propager l'équitation réduite à ses véritables principes soit dans les troupes à cheval, soit dans l'intérieur du royaume. — Pourquoi*, ajoute l'auteur, *sort-il si peu d'hommes vraiment instruits du manège de la cour, et pourquoi n'en voit-on peut-être aucun qui soit en état d'enseigner l'art difficile de l'équitation? c'est parce que les maîtres ne sont pas exactement d'accord entr'eux sur l'enseignement et parce qu'on n'est pas encore arrivé à cette unanimité nécessaire sans laquelle on ne réussira jamais complétement.* »

M. Le Vaillant critique les écoles d'équitation telles qu'elles existaient tout en regrettant leur suppression et les abus opposés : « *M. de Choiseul établit des manèges pour les troupes à cheval, on choisit des Écuyers pour les instruire, mais on voulut dans la suite que chaque cavalier fut un Écuyer, et que chaque cheval fût un cheval de manège; on fatigua les hommes et on ruina les chevaux. A peine quelques années s'étoient écoulées que la France ne pouvoit déjà plus compter sur aucun des chevaux de sa cavalerie ; l'abus extrême qu'on avoit fait de la nécessité d'instruire les hommes et les chevaux, fit tomber dans une autre extrémité, les manèges et l'instruction furent supprimés, la cavalerie qu'on ne pouvoit pas remonter toute à la fois, conserva une partie de ses chevaux ruinés et l'on remplaça l'autre par des chevaux infiniment trop jeunes; plusieurs jeunes Colonels ne réfléchirent point assez sur ce double inconvénient. Tous les militaires avoient été en Prusse, on entendoit parler de ce royaume, on voulut instruire la cavalerie à charger en muraille et autrement, les vieux chevaux n'y résistèrent pas et les jeunes s'énervèrent au point de ne pouvoir plus faire une route un peu longue.*

« *Un des moyens les plus efficaces pour parvenir, seroit d'établir dans chaque régiment de cavalerie, un Écuyer et un sous-Écuyer.* » On voit que l'auteur prédit la création du capitaine-instructeur qui devait, mais bien plus tard, répondre à son desideratum. Il propose de fonder une école de ces écuyers avec les Pages sous la direction du Grand-écuyer.

« *Tous les chevaux qui arriveront dans un régiment ayant passé par les mains de l'Écuyer ou du sous-Écuyer de même que les recrues, on reconnoîtroit la capacité, le caractère, la nature et les forces des uns et des autres.* »

L'École de Versailles tenait toujours ses cours, bien que les auteurs contemporains se plaignent de sa décadence à cette époque. Que devait donc être cette école au moment de son apogée si nous en jugeons par ce qu'elle était à ce moment de décadence :

« Outre les deux cent deux chevaux entiers espagnols, napolitains, navarrins, etc., qui étaient le fonds permanent du manège de Versailles sous le règne de Louis XVI, il y en avait encore environ cinq cents hongres, tant anglais que normands, limousins, etc., que l'on dressait tous les ans au manège pour les autres services de la maison du roi ; une grande quantité de sauteurs de piliers et en liberté, et enfin, des chevaux de haute école, au rang particulier des écuyers. Les piqueurs du manège qui étaient généralement des hommes de mérite, dressaient les jeunes chevaux et rectifiaient les chevaux de manège qui avaient été dérangés par les élèves. »

Les bases fondamentales de l'ancienne équitation française — dont l'école de Versailles fut à la fois la complète et dernière incarnation — résidaient principalement dans une excessive finesse d'aides, un tact et un sentiment particuliers. Les effets de force et de violence étaient sévèrement proscrits. L'écuyer et le cheval semblaient se mouvoir en vertu d'un accord si parfait, qu'aucun signe extérieur ne venait en trahir le secret aux yeux de l'observateur.

La position du cavalier était aisée, élégante, correcte, à la fois exempte de raideur et de désinvolture.

Le cheval — sans être assujetti et automatisé comme dans la manière allemande — était équilibré naturellement, assoupli, léger, « *goûtant son mors* », pour nous servir d'une expression technique. Il en résultait un travail fin, délicat, gracieux et très agréable à regarder. Une légère pesée de l'assiette, une imperceptible pression du genou, un insaisissable doigté de la main suffisaient au cavalier pour communiquer sa volonté à sa monture. L'animal semblait obéir à sa propre impulsion, bien plus qu'à une indication quelconque, et se plaisait sous cette domination dissimulée. Il acceptait sans révolte cette « *main de fer enveloppée d'un gant de velours* », et travaillait gaiement, avec tout l'entrain de sa nature, « *puissant dans ses hanches et galant dans sa bouche* », suivant une expression de l'époque.

Il y avait encore, dans le même temps, l'Académie des Tuileries ou manège des Pages et celui de l'École militaire.

Les pages du roi faisaient trois années de manège et ne portaient des étriers et des éperons qu'à la troisième. Quelquefois ils recommençaient trois autres années pour devenir Élèves-Écuyers, et par la suite Écuyers du manège du roi.

Il existait peu de manèges particuliers à Paris et il fallait toujours pour tenir ces établissements une autorisation du grand Écuyer.

Ces manèges conservaient une vieille coutume qu'il est curieux de rapporter.

Il y avait toujours des paquets de gaules à la disposition des élèves : ces derniers payaient une légère rétribution pour cet objet, qui regardait uniquement les palefreniers chargés de préparer et fournir ces gaules. Il était d'usage, quand une personne de distinction visitait un manège et les écuries qui en dépendaient, que l'Écuyer lui présentât une gaule, bien que cette personne ne dût point y monter à cheval ; et, comme dans ce temps, le rois, les princes et les princesses avaient généralement le goût de l'équitation, ils ne passaient jamais dans une ville française ou étrangère sans en visiter le manège. On conçoit que c'était peu, pour de tels visiteurs, de laisser vingt-cinq louis aux palefreniers pour les gaules.

Cet usage « qui mettait les citoyens à contribution » disparut à la Révolution. Mais il faut ajouter que par un raffinement de délicatesse, les maîtres de manège s'établirent peu à peu marchands de cravaches ou en donnèrent le commerce à leurs écuyers.

A la veille du bouleversement de toutes nos institutions, nous ne devons pas négliger de montrer ce qu'était l'industrie chevaline en France à cette époque.

Avant 1789, les grandes et les petites écuries du roi et de la reine, les écuries des princes du sang et des princes apanagés, celles des ministres et des grands seigneurs qui entouraient le trône, étaient remplies de chevaux de selle et de voiture, tous plus ou moins beaux et conséquemment plus ou moins chers; les remontes des gardes du corps du roi et des princes, celles de la gendarmerie de Lunéville et de la cavalerie, payées généralement plus cher qu'actuellement, et dont les prix touchés directement par les propriétaires mettaient les profits dans leurs poches et non dans celles des maquignons et des marchands, jetaient une grande masse de numéraire et, par conséquent, d'encouragements dans les provinces de la Normandie, du Poitou, de l'Anjou, de la Bretagne, de la Navarre, de l'Auvergne, du Morvan, dont les ressources étaient plus généralement mises à contribution. A cette époque, seize milles chevaux sortaient annuellement des herbages de la Bretagne et de l'Anjou.

Avant 1790, le gouvernement payait 450 livres par cheval de grosse cavalerie et dragons, et 350 par cheval de troupes légères. Les régiments étaient chargés de faire eux-mêmes leurs remontes; mais déjà à cette époque, ces prix étaient insuffisants; ils étaient tellement au-dessous de la valeur d'un bon cheval, qu'il n'était pas de régiment qui n'eût des masses noires, au moyen desquelles il ajoutait de 80 à 150 livres par tête de cheval, ce qui portait le prix d'un cheval de grosse cavalerie à 600 livres, celui des dragons à 550, enfin celui des troupes légères de 420 à 450 livres.

Voici déjà longtemps que nous avons quitté Saumur. Les dragons de Penthièvre, commandés par le duc de la Rochefoucault-Liancourt, y avaient remplacé les carabiniers, mais ce fut une simple garnison.

Cependant les dragons de Penthièvre ne devaient pas passer inaperçus à Saumur ; un des leurs, officier des plus distingués, devait y laisser un souvenir littéraire. C'est le capitaine *de Florian* qui y écrivit ses deux jolies pastorales d'*Estelle* et de *Galathée*.

Les dragons de Penthièvre quittèrent Saumur après deux années de séjour environ ; le Royal-Roussillon les y remplaça.

Dans ces époques de troubles, l'armée représentait la protection ; aussi tous les amis de l'ordre témoignaient-ils toute leur sympathie aux militaires.

Le Royal-Roussillon était devenu le chéri des Saumurois. On regrettait bien encore les carabiniers, mais on sentait l'utilité de la nouvelle garnison, et l'intérêt dominait le sentiment — c'est la loi humaine. — La milice bourgeoise existait toujours, plus flambante que jamais depuis le départ de ses rivaux et surtout depuis que les gardes montantes recevaient des consignes qui n'étaient plus pour rire. Et cette garde nationale traitait de pair à égal le régiment de cavalerie ; ne faisait-on pas de concert le service de place, et le gouverneur du château, M. Dupetit-Thouars, n'avait-il pas dit qu'il comptait sur la garde civique.

C'était une véritable fièvre militaire. Les Saumurois voulaient tous être armés, et le rôle de milice ne suffisait plus à leurs appétits guerriers. On forma une compagnie de grenadiers volontaires qui fut armée avec les fusils laissés à l'hôtel de ville par les carabiniers.

Au mois d'août 1789, on fit prêter serment aux troupes de Saumur ; ce fut une grande cérémonie.

C'est d'abord, le 21, la garnison et l'état-major du château, composé alors de MM. Dupetit-Thouars, lieutenant du roi ; de Moudomaine, major ; frère François Agrafel, aumônier ; de la Borde, capitaine des invalides ; d'Estrées, premier lieutenant ; Pierre-Charles Maupassant, capitaine des gardes. Plusieurs discours furent prononcés à cette occasion dans la chapelle royale du château, jurant par des principes qui allaient bientôt devenir des crimes passibles de l'échafaud.

Le 24, ce fut au tour des milices nationales, des chevaliers de l'Arquebuse et des volontaires saumurois, puis des officiers et chevaliers du Royal-Roussillon.

A trois heures du soir, le corps municipal, précédé des gardes et tambours et accompagné des huit compagnies de milice bourgeoise, de la compagnie de l'arquebuse et de celle des volontaires, se rendit de l'hôtel de ville sur le Chardonnet. Les troupes se rangèrent en demi-cercle, face à la levée. Le Royal-Roussillon, à cheval, en grande tenue, se plaça vis-à-vis d'elles.

Les uniformes multicolores de tous ces soldats réunis formaient un fort joli effet. Chacun avait son cachet spécial, depuis les gardes nationaux dans leur habit bleu de roi, doublé de blanc, à manches à la batelière, avec ses revers, son collet et ses parements écarlates passepoilés de blanc, les boutons jaunes aux armes de la ville, la veste et culotte de drap blanc, les bas d'une blancheur éclatante, la cocarde tricolore au chapeau, les épaulettes rehaussant le tout; jusqu'aux chevaliers de l'Arquebuse, qui n'étaient que cinquante, avec leur habit écarlate aux parements, revers et collet de drap bleu ciel passepoilés de blanc, la veste, la culotte, les guêtres et le baudrier blancs, un panache noir et une cocarde tricolore au chapeau.

Le corps municipal pénétra au milieu de ce cercle imposant où il fut reçu par le marquis de Roy, lieutenant général, commandant la division, et le comte de Briqueville, colonel attaché au Royal-Roussillon.

Le lieutenant-colonel du régiment de cavalerie, M. de Garsault, s'avança ensuite suivi de son état-major. Il lut à haute voix la lettre du roy et le décret de l'assemblée, après quoi les officiers de cavalerie prêtèrent le serment à tour de rôle. Puis chaque capitaine retourna à sa compagnie et fit répéter le serment à ses hommes. Ce fut alors des cris cent fois répétés de: Vive le Roi ! Vive la Nation ! Vive le Royal-Roussillon.

On procéda de même pour les troupes civiques, et les cris recommencèrent.

Le Royal-Roussillon vivait d'ailleurs en bonne intelligence avec ses frères d'armes. Mais un incident faillit amener une scission. Dans la nuit du 8 au 9 septembre 1789, quatre cavaliers, qui revenaient un peu gris des vendanges, où on les avait invités, avaient fait beaucoup de tapage dans le faubourg de la Croix-Verte; la garde bourgeoise avait voulu intervenir et les mener au poste, et ils avaient rossé la garde bourgeoise. Grand scandale ; on ne demandait ni plus ni moins que leur mort. Et il en était question, quand ils furent grâciés par le ministre de la guerre, M. de la Tour du Pin.

Le Royal-Roussillon devait bientôt effacer cette mauvaise note en prouvant son dévouement à l'ordre.

La fièvre de militarisme des habitants de Saumur progressait de plus belle. Toutes les occasions de sortir en uniforme étaient saisies avec enthousiasme.

Le 15 septembre, ce fut à propos de la prestation de serment de la compagnie de la Croix-Verte et de l'Ile-Neuve, nouvellement formée. La réunion eut lieu à dix heures du matin sur la place de la Bilange.

Le 27 octobre, ce fut pour reconnaître deux compagnies de grenadiers et de chasseurs qui venaient d'être constituées. Cette fois les troupes étaient en tenue d'hiver, les culottes blanches et les bas blancs étaient remplacés par des culottes et des bas noirs ; les chevaliers de l'Arquebuse, au lieu de leurs guêtres blanches, avaient des bottes.

Le 20 novembre, il y eut encore réception et prestation de serment de la compagnie d'artillerie récemment organisée; la réunion eut aussi pour but de rendre les honneurs à la compagnie de Longué, qui était venue fraterniser.

Il est bien certain que lorsque le soir de ces cérémonies chevaleresques les brillants uniformes rentraient chez eux en titubant, ce n'était pas grisés uniquement de gloire.

Mais, au commencement d'avril 1790, il parut un nuage au milieu de ces réjouissances militaires. Des libelles contre le gouvernement avaient été répandus dans le quartier du Royal-Roussillon. C'était un imprimé sans signature et sans nom d'imprimeur, tendant à soulever l'armée, avec ce titre : *Avis important à la véritable armée française.* La municipalité de Saumur se hâta de protester auprès de l'Assemblée, en l'assurant de son dévouement et de celui des troupes.

La disette était alors en son plein; aussi le 28 avril y eut-il une émeute résultant de grains arrêtés par le peuple à l'Arche du Mouton.

Le 1er mai 1790, il y eut des troubles plus sérieux, le Royal-Roussillon prêta aide et protection à la municipalité qui, en reconnaissance, accorda une gratification de 90 livres aux cavaliers de ce régiment; ceux-ci abandonnèrent la somme aux pauvres.

Ce beau trait de désintéressement acheva de les réhabiliter. Le corps municipal se sentit même redevable; aussi pour ne pas demeurer en reste, accorda-t-il au Royal-Roussillon la qualité de citoyens, récompense plus digne du dévouement de ces braves cavaliers que le salaire qui leur avait été offert tout d'abord.

L'École de cavalerie, toujours commandée par le chevalier de Malseigne, maréchal de camp, n'existait plus que de nom. Elle disparut tout à fait en 1790 par le refus des fonds qui lui étaient alloués sur le trésor royal.

Le 14 juillet 1790, Saumur voulut concourir au pacte fédéral. La cérémonie eut lieu sur le Chardonnet, où l'on avait élevé un autel. A dix heures du matin, toutes les troupes s'y réunirent, ainsi que les citoyens non armés pour assister à la messe. Le Royal-Roussillon à cheval, la maréchaussée, les gardes nationales, les invalides composant la garnison du château, formèrent trois côtés du carré qui entourait l'autel, les officiers devant leurs troupes; le quatrième côté était occupé par les citoyens ayant devant eux le corps municipal. Le curé Martin, de Saint-Nicolas, prononça un discours, et plusieurs autres notabilités prirent ensuite la parole.

Trois coups de canon annoncèrent l'heure de midi et la fin de l'office.

Alors le corps municipal monta sur les marches de l'autel et annonça l'objet de l'assemblée. Une quantité d'exemplaires du serment fédératif furent aussitôt distribués et la foule éclata en cris de : Vive la Nation! Vive la Loi! Vive le Roy!

La cérémonie se termina par un *Te Deum.*

On en était pourtant à l'époque où toute rupture avec le passé était à l'ordre du jour; les traditions tombaient une à une. La vieille compagnie saumuroise des chevaliers de l'Arquebuse, si jalouse de son prestige, avait son arrêt de mort signé. Elle fut dissoute le 9 août 1790, et sa dernière réunion fut pour aller déposer son étendard dans l'église Saint-Pierre.

Ce ne furent pas là les seuls événements à Saumur pendant cette année si agitée de 1790. Le 5 décembre, M. Cicongne, député de Saumur, présenta aux Saumurois et à leur municipalité assemblés devant l'hôtel de ville, le sergent Aubin Bonnemer, enfant de Saumur, un des héros de la Bastille, chargé de faire hommage à sa patrie d'une pierre des cachots de la Bastille.

On peut voir cette pierre enchâssée, aujourd'hui, dans le mur extérieur de l'hôtel de ville.

La commune de Paris, en reconnaissance des actes de dévouement de ce sergent, avait fait graver sur cette pierre le plan de la forteresse, surmonté d'une couronne civique et d'un sabre d'honneur avec cette inscription : *La commune de Paris à Aubin Bonnemer pour avoir sauvé deux fois la vie à Mlle de Monsigny lors du siège de la Bastille.*

On sait que les vainqueurs de la Bastille, prenant Mlle de Monsigny pour la fille de Delaunay, le gouverneur, avaient voulu la brûler vive.

La municipalité de Saumur avait arrêté qu'on ajouterait au-dessous de la pierre les vers qui suivent :

Dans l'horreur des cachots, sous des monceaux de fer,
J'ai vu le despotisme immoler ses victimes,
Aujourd'hui dans Saumur j'annonce à l'univers,
Avec la liberté, ce fléau des pervers,
Le règne des vertus et le tombeau des crimes.

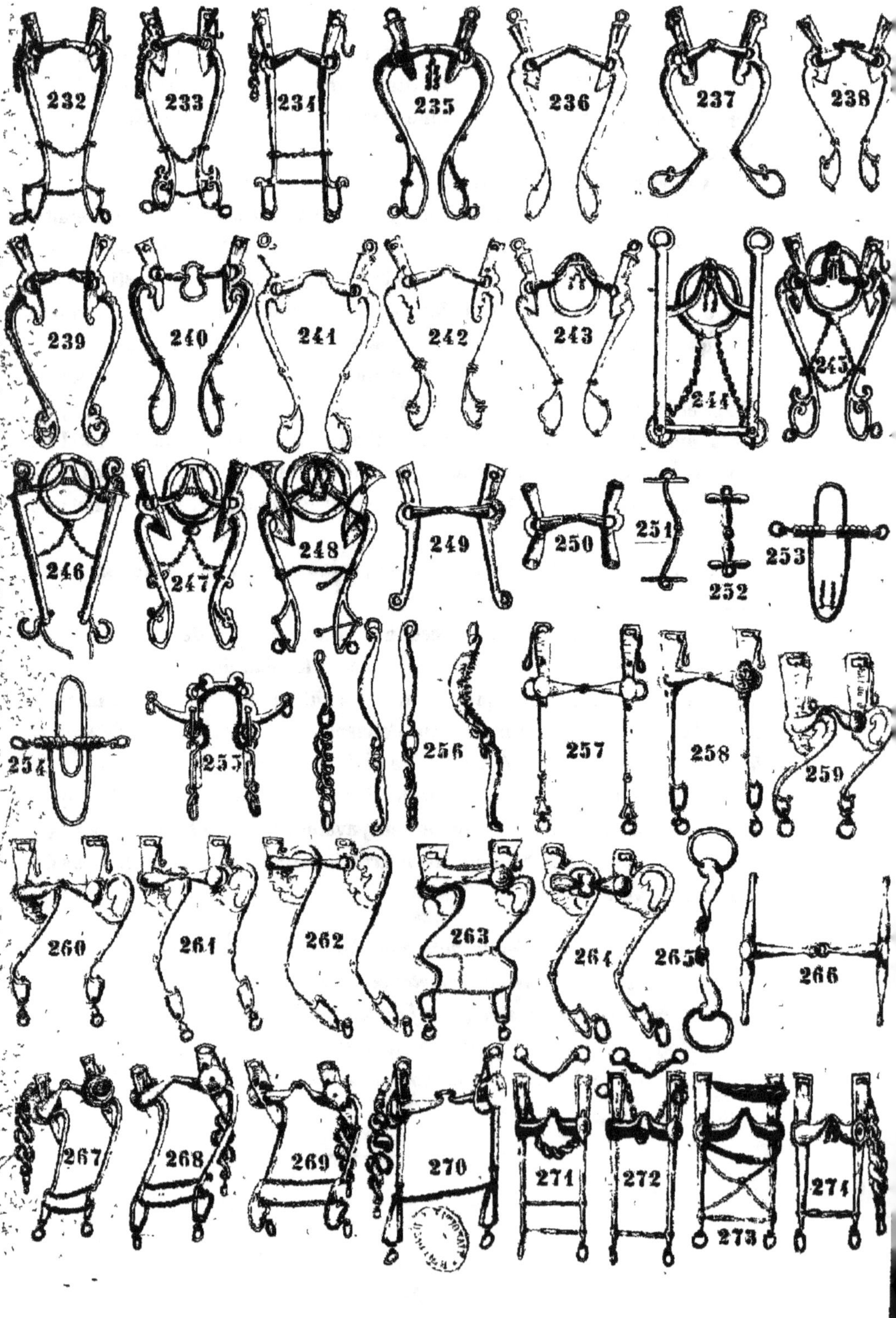
232
233
234
235
236
237
238
239
240
241
242
243
244
245
246
247
248
249
250
251
252
253
254
255
256
257
258
259
260
261
262
263
264
265
266
267
268
269
270
271
272
273
274

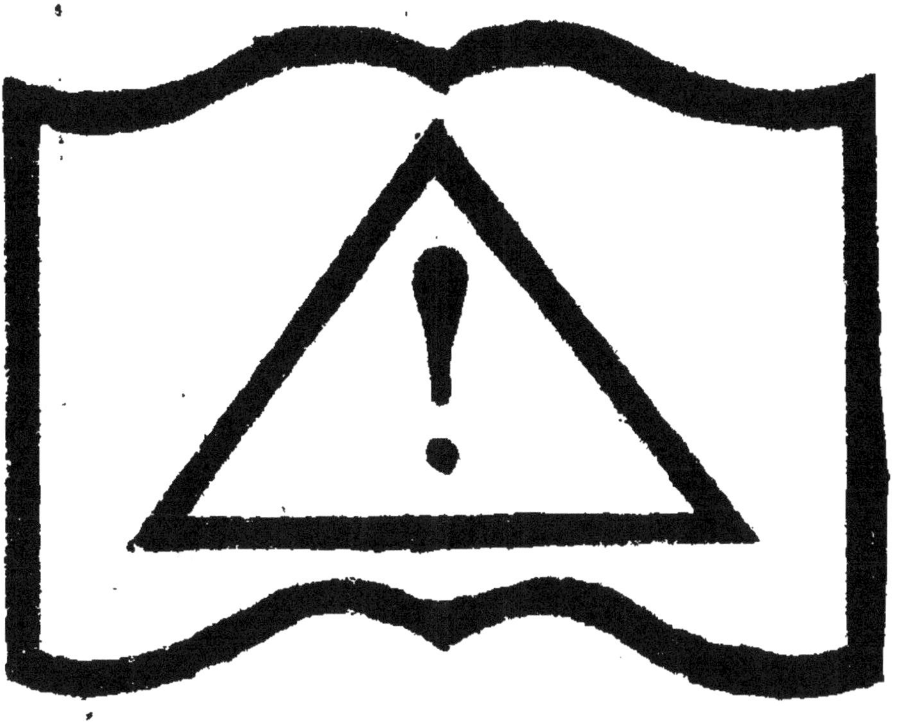

Planche en 2 P de V

Eisenberg 1760

275
Mords très bon pour commencer un jeune cheval.

276
Mords plus doux, très bon pour commencer un jeune cheval.

277
Mords fort doux principalement avec une gourmette comme celle qui est ici marquée.

278
Mords fort doux principalement avec une gourmette comme celle qui est ici marquée.

279
Mords plus hardi.

280
Mords inventé pour empêcher le cheval de passer la langue pardessus l'embouchure, & cette façon d'olives désarment les barres, quand le cheval a les lèvres trop grosses.

281
Mords hardi fort utile contre un cheval qui s'arme & qui porte bas : la gourmette est à la françoise,

282
Mords pour les chevaux de service, & qui ont ordinairement la bouche usée; on s'en peut aussi servir pour la chasse, parce qu'il ne ramène pas trop.

1770

283
Simple canon brisé, la plus douce de toutes les embouchures qu'on puisse donner à un cheval : pour jeunes chevaux qui ont bonne bouche
Branche droite ou à pistolet qu'on appelle aussi buades ou branches à la calabraise, sert à ramener & même à relever la tête d'un jeune cheval, excellente pour commencer à donner de l'appui.

284
Simple canon brisé avec branche à la françoise droite.

285
Embouchure à gorge de pigeon brisée, pour cheval qui a une langue un peu trop épaisse
Branche propre aux chevaux de troupe.

286
Embouchure à gorge de pigeon brisé — Branche à S pour un cheval qui porte ordinairement beau, mais qui s'oubliant quelquefois laisse baisser sa tête.

287
Gorge de pigeon toute d'une pièce et pour cela plus rude, pour chevaux qui ont les barres un peu basses, les lèvres trop épaisses, de bon usage pour les chevaux qui ont la langue serpentine
Branche pour cheval de carosse.

288
Embouchure à gorge de pigeon toute d'une pièce ; branche à demi S, avec un faux jarret ; le tout ensemble excellent pour un cheval qui aura une bonne bouche, la langue un peu grossette, l'appui à pleine main et qui portera naturellement beau.

289
Canon à trompe ou embouchure à canne ; plus douce que la gorge de pigeon d'une pièce, elle ne cherche pas tant les barres, très bonne pour un cheval qui aura déjà la bouche un peu faite, un appui médiocre et la langue pas trop épaisse.
Branche à la Connétable : son touret la rend un peu flasque, donc plus douce.

290.
Canon à trompe — Branche à la françoise, avec un demi-coude, sous barbe et bas jarret. Cette branche relève bien la tête d'un cheval qui portera bas, sans cependant s'armer.

291
Canon à trompe. Branche à genoux, la meilleure qu'on ait pu imaginer jusqu'à présent pour relever un cheval qui s'encapuchonne.

292
Embouchure à canne ronde ; on ne s'en sert guère que pour les chevaux de carosse.
Branche également pour chevaux de carosse.

293
Embouchure à canne ronde. Branche droite, excellente pour commencer à donner de l'appui, et à accoutumer un jeune cheval à goûter son mors.

294
Embouchure à canne ronde. Branche à S, avec coude et sous barbe, bonne pour ramener la tête d'un cheval qui porte au vent.

295
Embouchure à canne ronde
Branche propre aux chevaux de troupe.

Baron de Sind 1776

296
Mors à canon simple.

297
Canon à demi-liberté de langue.

298
Mors à canon montant.

299
Mors à demi-col de cygne.

300
Mors à gorge de pigeon.

École de Versailles 1800

301
Mors à simple canon brisé, gourmette plate, branche droite à buade et fleuron, pour un cheval qui a les barres élevées, maigres et tranchantes, la langue mince et le canal assez creux pour la loger commodement. On le donnera aussi aux jeunes chevaux après les avoir travaillés en bridon.

302
Mors à billots, un peu cintré branches flasques, courtes, à tire-bouchon, gourmette plate pour les jeunes chevaux et pour les chevaux qui ont les barres trop sensibles afin de porter plus sur la langue ; sert aussi pour les chevaux qui ont l'encolure de cerf, les reins et les jarrets faibles.

303
Mors gorge de pigeon simple, branches sur la ligne, gourmette plate, pour un cheval qui a les barres sensibles, la langue épaisse, le canal pas assez creux pour la loger et la barbe bonne.

304
Mors gorge de pigeon, liberté montante, branches à tire-bouchon : pour un cheval qui a les barres arrondies et charnues.

305
Mors bec de canne, ou pas d'âne, branches sur la ligne, gourmette ronde ; pour les chevaux qui ont la bouche peu fendue, les barres fines et sensibles et la barbe charnue, sert aussi pour ramener lorsque le cheval porte la tête basse.

306
Mors gorge de pigeon talonnée, branches courtes, à tire-bouchon, gourmette plate, en usage pour les chevaux qui ont les barres dures et la barbe sensible et qui portent la tête basse.

307
Mors pied de chat, embouchure rivée dans les branches, branches courtes, l'extrémité inférieure des branches dirigée en avant, gourmette ronde : pour les chevaux qui pèsent à la main, qui s'encapuchonnent et qui ont la bouche dure.

308
Mors col d'oye talonné, embouchure rivée dans les branches, branches longues et hardies, gourmette ronde : destinée pour un cheval qui a la bouche dure, qui porte la tête an ent.

309
Autre mors à col d'oye talonné, à branches droites.

310
Mors col d'oye à olives, gorge de pigeon talonnée, banquet carré embouchure rivée dans les branches, branches longues et hardies gourmette ronde : applicable à un cheval qui a les barres usées, la bouche très dure, qui s'arme de la bride, qui porte au vent, qui a la barbe charnue.

311
Mors à berge foncée, col d'oye talonné, branche sur la ligne gourmette ronde : pour un cheval qui s'arme de la lèvre et pour celui qui a des carnosités entre les barres et les lèvres.

312
Mors gorge de pigeon renversée branches hardies, gourmette ronde : nécessaire pour un cheval qui passe la langue pardessus l'embouchure, et qui a la bouche dure.

313
Autre mors à gorge de pigeon renversée, avec branches en tire-bouchon.

314
Mors à la turque : pour le cheval qui a la bouche extraordinairement dure.

315
Mors à crochet, branches brisées, gorge de pigeon talonnée : utile pour les chevaux qui ont la bouche extrêmement dure, et surtout la barbe.

de Beaumont 1680

232
Mors à canon simple propre pour des chevaux que l'on commence à travailler : il est fort doux ; le canon aussi, & ne sçauroit gaster la bouche du cheval.

233
Mors à canon simple et branche à la connestable pour chevaux qui ont toutes les parties de la bouche bonnes & bien faites.

234
Mors à canon simple, branche à pistolet, propre pour des chevaux que l'on commence à travailler.

235
Mors à canon à trompe, branche demy françoise, pour cheval qui a la bouche trop sensible qui n'a point d'appuy, ou qui a le palais chatouilleux & la langue menuë.

236
Embouchëure à trompe propre pour un cheval qui a la bouche excellente, bonne pour donner de l'appuy à un cheval qui n'en a pas.
Branche demy françoise bonne pour un cheval qui tend le nez.

237
Mors à canon montant & branche à l'Italienne : propre pour un cheval qui s'arme, & qui a l'encolure trop souple ou trop molle.

238
Canon à Pignatelle, branche demy françoise : propre pour un cheval qui a la bouche fort fenduë, la langue grosse et les barres un peu charnuës. La branche est bonne pour ramener un cheval qui aura l'encolure courte.

239
Mors à olives, avec la tranchefile d'une pièce qui tient l'embouchëure plus ferme, passant par le milieu où passe la Pignatelle, pour cheval qui a la langue un peu grosse & qui s'arme de la lèvre. Branche à la connétable, qui ramène beaucoup ; elle est pour un cheval qui porte le nez en avant.

240
Mors à double Pas d'Asne à olives, propre pour un cheval qui tire la langue, & l'oblige à se remettre en place. Branche françoise, ramène jusqu'au jarret & du jaret au tourret ; propre pour un cheval qui a l'encolure extrêmement longue, & qui a bien de la peine à se ramener.

241
Mors à Pas d'Asne à l'antique, rude parcequ'il choque le palais quand on tire les rennes. Branche gailiarde, fait peu d'effet, bonne pour celuy qui porte en beau lieu.

242
Canon à gorge de pigeon pour les chevaux qui ont la bouche bonne, assez fenduë, les lèvres petites & basses, les barres sensibles & la langue un peu grosse. Branche à bas tond.

243
Genette bâtarde, très rude, pour chevaux de campagne qui s'abandonnent sur l'appuy de la main & rompent le bras. Branche demy-françoise, elle ramène extrêmement.

244
Genette bastarde pour chevaux qui sont fort en bouche, fort rude, propre pour des hacquenées.

245
Poires à genettes, propre pour des chevaux qui se mettent extrêmement sur la main ; communément pour des mulets ou des hacquenées. Branche à la connestable.

246
Genette pour cheval qui s'abandonne trop sur la main.
Branche hardie, ramène fort.

247
Genette pour cheval qui a la bouche forte, & qui s'abandonne sur l'appuy de la main.
Branche propre pour relever la teste du cheval.

248
Genette avec deux petites ballottes propre pour ramener la teste du cheval qui s'abandonne sur l'appuy de la bride ; bonne pour les hacquenées & chevaux de pas. Deux différentes branches propres pour relever le cheval.

249
Filet avec escache de deux pièces, ou a couplet pour tenir les chevaux tournez dans l'écurie ; et quand on les veut mener à la rivière ou les faire promener, on y peut mettre une gourmette comme à la bride.

250
Filet avec escache de deux pièces, branche oreille platte. — Il faut que les chevaux ayent la bouche excellentissime ou bien peu de vigueur.

251
Filet anglais qui remplit moins la bouche du cheval ; mais aussi peut plus facilement lui blesser la langue, les barres et les lèvres à cause de sa petitesse il n'y a guères que les Anglais qui s'en servent pour leurs haquenées, qui en courant ont plus d'aleine ; la branche se nomme oreille de bridon.

252
Filet à olives propre pour les chevaux s'ils ont la bouche excellente. ne remplit pas tant la bouche que les escaches et donne un peu de liberté à la lèvre et à la langue.

253
Mastigadou propre pour les chevaux qui ont la teste grosse, chargée de chair, ou la bouche sèche pour leur faire distiller des eaux, quand ils sont tournez en l'écurie.

254
Mastigadou pour mettre dans la bouche des chevaux dégoûtez, échauffez dans le corps, qui ont le cerveau chargé. Le grand pas d'asne se met en haut et le laissant trois ou quatre heures par jour dans la bouche du cheval, il jettera quantité d'eaux, & se déchargera le cervau ; car il mâche toujours dessus.

255
Cavesson à pointes de diamans qui fait un merveilleux effet.

256
Gourmettes.

Gaspard Saunier 1743

257
Mors à canons simples avec branches à budes, ou bride à poulain.

258
Mors à canons simples avec branches à pistolet pour cheval neuf qui porte trop haut le nés au vent.

259
Mors à branches hardies et canons à col d'oie.

260
Mors à branches légèrement flasques, à canon montants.

261
Mors à branches flasques, canons simples.

262
Mors à branches très-flasques, et canons simples.

263
Autre genre de bride.

264
Mors à branches flasques et canons pour chevaux qui tirent la langue.

265
Bridon à l'angloise, pour les courses forcées. Délicatement fort, il est excellent pour un cheval de guerre et de chasse.

266
Bridon dont les valets se servent pour promener les chevaux.

de la Guérinière 1730

267
Mors à simple canon vec branche françoise.

268
Mors à canon à trompe ou à canne, branche hardie avec œil de perdrix.

269
Mors à gorge de pigeon avec branche à la Connétable.

270
Mors à pas d'asne, branches droites ou à pistolet.

de la Porterie 1754

271
Buade ; embouchure à simples canons brisés avec bridon attaché à la bride.

272
Bride de cheval de dragon, embouchure à gorge de pigeon d'une pièce avec anneaux attachés aux branches du mors servant, celui de gauche à passer le bout de la plate-longe et à l'y boucler, le droit à passer le travers du farret du cheval voisin quand on est à pied.

273
Mors à simple canon brisé avec feutre à la gourmette pour qu'elle ne blesse pas le cheval, avec fausse gourmette et chaînettes en croix pour empêcher le cheval de prendre les branches du mors avec les dents.

274
Embouchure à gorge de pigeon d'une pièce avec jouet pour corriger le cheval de tirer la langue, branches en touret.

Tableau chronologique

des

Brides les plus usitées

de 1680 à 1800

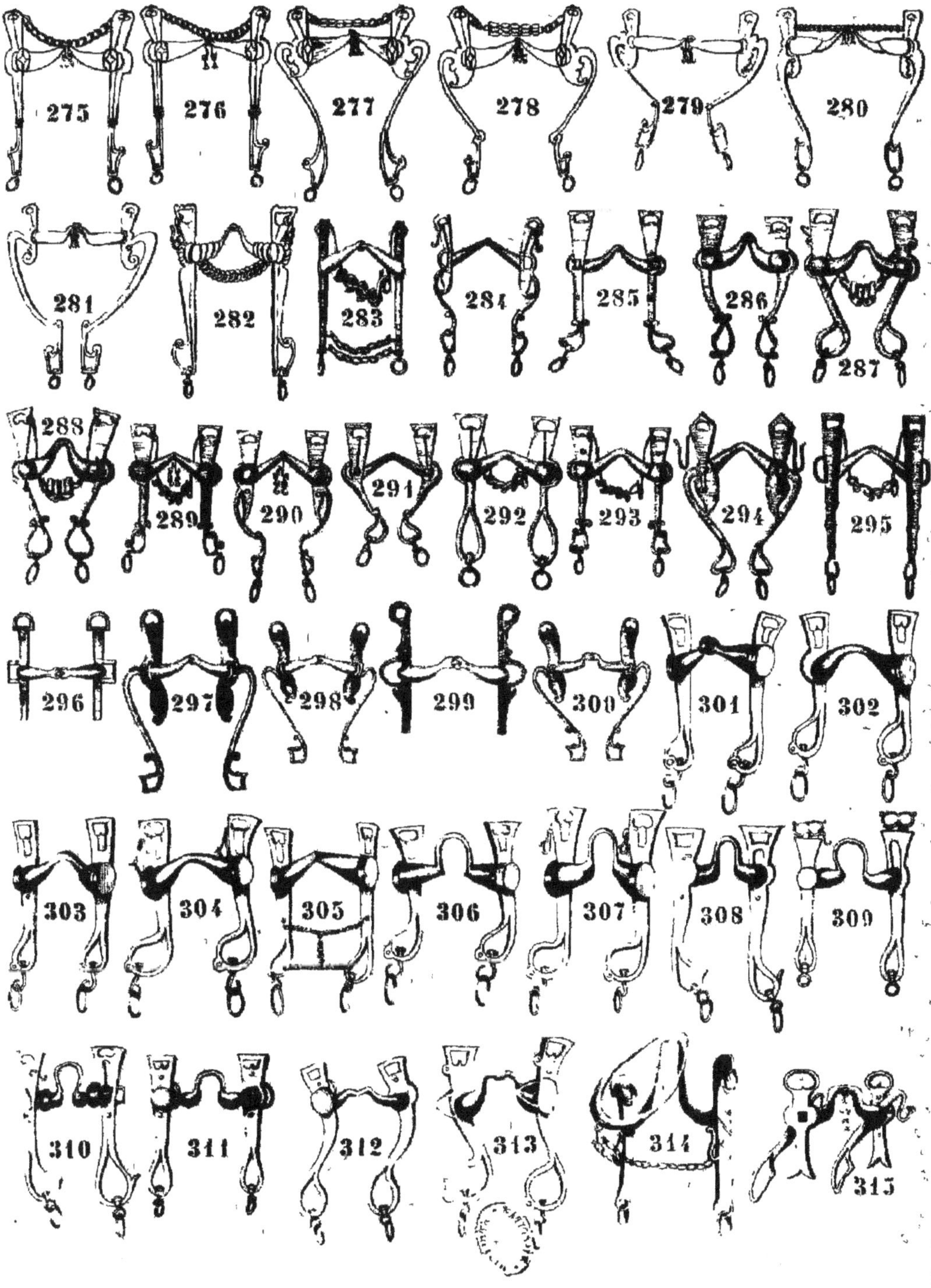
275
276
277
278
279
280
281
282
283
284
285
286
287
288
289
290
291
292
293
294
295
296
297
298
299
300
301
302
303
304
305
306
307
308
309
310
311
312
313
314
315

XIX

Suppression des haras en 1790. — La remonte de la cavalerie en 1790. — Les sabres de cavalerie en 1790. — Hünersdorf : Équitation allemande, 1791. — Inondation à Saumur en 1790. — Expédition de la garde nationale de Saumur en 1791. — Inondation de 1791. — Départ du Royal-Roussillon. — La cavalerie en 1792. — Ses tenues. — Son harnachement. — Bataille de Saumur en 1793; attaque par Bournan et Varrains, charge des cuirassiers au pont Fouchard, la cavalerie vendéenne, charge dans le chemin de Munet. — Un corps de l'armée de l'Ouest occupe Saumur; sa composition. — La remonte de la cavalerie en 1793. — L'École d'équitation de Versailles 1793. — Écoles d'économie rurale vétérinaire : Versailles et Lyon. — Artistes vétérinaires 1794. — M. Pellier : Manège de la rue de Provence; le cheval Géant; finesse de mains. — M. de Brissy : ascensions à cheval. — M. Lavard. — Saumur pendant la République. — École nationale d'équitation, 1796 : Coupé, Jardins, Gervais, Cordier, Rousselet. — École d'instruction des troupes à cheval, 1798. — Maréchalerie anglaise : Vial de Sainbel. Six lectures sur les éléments de la ferrure, 1797. Coleman : Observations sur la structure normale du sabot, principe et pratique de ferrure, 1798. — Écoles de Lunéville et d'Angers, 1799. — Prisonniers Anglais à Saumur. — Inondation de 1799. — Le 1er hussards à Saumur. — Thiroux, an VII : manège des Madelonnettes : position; rassembler; comment on rassemble un cheval; comment on met un cheval au pas; comment on marque un demi-arrêt; comment on tourne un cheval de gauche à droite; explication de la chambrière; comment on reçoit la leçon au manège; comment on salue; prendre un coin qui se présente à gauche; le saut entre les piliers; mécanisme des allures; l'embouchure; erres terre à terre; erres relevées; grandes erres; cheval dans la main et dehors la main; pas d'école et pas rassemblé; dressage; position de la tête du cheval; travail à la longe; étriers. — Instruction de l'An VIII : ruptures et dédoublement par deux et par quatre; quarante-huit évolutions, mouvements par pelôton; bases d'instruction; suppression de l'école du cavalier à pied, etc. Travail à la longe par quatre; les deux jambes dans le tourner. — Uniformes et harnachement de la cavalerie en l'an VIII. — Roy : Élément d'équitation militaire, an VIII. — Maréchalerie anglaise : Moorcroft. Examen rapide des différentes méthodes de ferrure, 1800; fer avec siège et talus; conditions d'une bonne ferrure; fer étroit. — Manège des Tuileries : Jardin. — Ordonnance Maginel : bases de 1788; école d'escadron à pied; détails particuliers aux différentes espèces de cavalerie; instructions pour le harnachement; mouvements par quatre. — L'École nationale des troupes à cheval de 1800 à 1804 : instruction militaire; manège académique; cours d'hippiatrique. Les nouveaux modèles de sabre de la cavalerie. — Une singulière mode équestre en 1802. — Coleman : observations sur la structure et les maladies du pied du cheval, 1802. — Huzard père : Instruction sur l'amélioration des chevaux en France, 1802. — M. de Malcden : Réflexions sur la réorganisation des Haras, 1803; haras sauvages.

Les haras furent supprimés en 1790. L'incapacité de leur personnel à cette époque a été mise dans tout son jour par un de nos plus célèbres hippiatres; elle est, selon lui, une des principales causes auxquelles il faut attribuer, en 1790, la réaction qui entraîna la suppression totale des haras. « *Que pouvait-on attendre*, s'écrie Huzard père, *d'une administration composée de grands seigneurs et de protégés incapables et dilapidateurs, menée et dirigée par des subalternes intéressés et non moins ignorants! Cette administration dévorante et vexatoire gênait partout l'industrie et le commerce,*

« *en soumettant le cultivateur aux caprices et à la cupidité d'une foule de*
« *sous-ordres, toujours protégés, et contre lesquels, dès lors, toute réclamation*
« *devenait inutile... Des personnes très versées dans cette partie, convaincues*
« *des abus sans nombre du système dominant, en invoquaient depuis long-*
« *temps la réforme, mais inutilement... Les meilleures vues en ce genre pou-*
« *vaient-elles se réaliser, lorsque ceux qui profitaient des abus avaient en*
« *même temps le pouvoir de les perpétuer, et opposaient toujours une résis-*
« *tance insurmontable à une amélioration si désirée et si nécessaire.* »

On vient de voir comment fut détruite cette institution, qui comptait plus d'un siècle d'existence, et dont cependant les racines n'avaient pu pénétrer dans le sol.

En 1790, les prévisions de la guerre obligèrent à augmenter l'effectif des troupes à cheval, et l'on autorisa les corps à passer des marchés particuliers pour leurs remontes. Les achats du gouvernement, les réquisitions forcées, les grands dépôts, les masses de remplacement devaient être tour à tour employés jusqu'au premier Empire.

En 1790, l'armement de la cavalerie fut modifié ; on établit cinq modèles de sabres ; les sabres de cavalerie, de dragon et de carabinier ayant tous la lame droite de $0^m,975$ de longueur, une garde à trois branches et un fourreau de cuir ; le sabre de chasseur, à lame courbe, de $0^m,920$ avec $24^{mm},80$ de flèche, garde à trois branches et fourreau en cuir ; le sabre de hussard, de $0^m,812$ avec $58^{mm},7$ de flèche et garde à une branche, avec deux oreillons et fourreau en bois.

Nous ne devons pas laisser passer sous silence un livre d'équitation qui parut en 1791, et qui acquit une juste renommée : « ÉQUITATION ALLEMANDE, *méthode la plus facile et la plus naturelle pour dresser le cheval d'officier et d'amateur, suivie d'un supplément pour l'instruction du cheval de troupe et de son cavalier par Louis Hünersdorf, maître écuyer de S. A. R. le prince de Hesse.* »

Cet ouvrage fut traduit en français, en 1840, sur sa sixième édition par un officier belge.

Saumur eut encore une inondation au mois de novembre 1790. Ce fut une véritable panique. A Nantilly et dans la rue de la Chouetterie, il y eut quatre pieds et demi d'eau; il y en avait dix-huit pouces dans la rue de la Petite-Bilange. Dans les rues des ponts, c'était encore pis, il y en avait jusqu'à huit pieds.

Ce n'étaient pas les seules craintes, les troubles devenaient de plus en plus fréquents. Le 18 mai 1791, un détachement de la garde nationale de

Saumur, avec une pièce de canon, partit pour Vihiers, dans le but de calmer les séditieux. C'était le début de ces soulèvements qui devaient amener ces sanglantes guerres de Vendée dont Saumur a été un des premiers foyers. Aussi s'y préparait-on à la défense; les officiers municipaux demandèrent de la poudre à canon pour exercer les jeunes citoyens.

Le 18 juin 1791, il y eut une nouvelle inondation qui dura dix jours. Ces débordements de la Loire sont le fléau de Saumur.

En 1792, le Royal-Roussillon quitta Saumur pour aller à la frontière, et toute la population lui fit cortège bien loin sur la route, puis les mouchoirs tout humides s'agitèrent en signe d'adieu, et l'on se sépara. Beaucoup d'entre les citoyens, ne voulant pas quitter leurs amis, jurèrent de les suivre à la guerre et s'enrôlèrent comme volontaires aux armées; mais ce bel enthousiasme était dû sans doute aux libations du départ, au coup de l'étrier, et les fumées de l'exaltation une fois dissipées, adieu le serment. Ils étaient partis d'un commun accord, tous ensemble, ils revinrent les uns après les autres.

A dater de cette époque jusqu'en 1799, le quartier de cavalerie ne servit plus qu'aux troupes de passage.

Pendant la campagne de 1792, la force de la cavalerie peut être évaluée ainsi : 29 régiments de grosse cavalerie, y compris 2 de carabiniers, 1 de cuirassiers et 3 de cavalerie nationale, 18 régiments de dragons, 12 de chasseurs, 8 de hussards; plus 8,000 hommes de cavalerie légionnaire et 7,000 hommes de gendarmerie à cheval, en tout 42,500 hommes. Les différents corps de volontaires prenaient des noms conformes au langage et à l'esprit du temps : il y eut des hussards francs, de la Mort et de l'Égalité, des légions des Allobroges, de Rosenthal, de Germanie, etc... L'équitation militaire n'avait pas le temps d'être bien soignée, il fallait former les régiments au plus vite, et les recrues apprenaient à se tenir à cheval dans les étapes qui les conduisaient à la frontière. Quant aux règlements d'exercices, on vivait vaguement sur les données admises du règlement de 1788, que les anciens cavaliers seuls connaissaient et que les nouveaux officiers, pour la plupart improvisés, ignoraient absolument.

Il sera peut-être intéressant pour quelques-uns de donner à grands traits la physionomie de notre cavalerie à cette époque. Nous ne saurions même faire que d'en emprunter les données au service intérieur de 1792 :

« Les cheveux des officiers seront attachés près de la tête et liés en queue, couverte d'un ruban de soie noire, qui sera simplement arrêté par une épingle et sans toilette : les cheveux des faces ne formeront qu'une seule boucle, qui descendra à hauteur du milieu de l'oreille ; la queue ne pourra excéder la longueur de huit pouces et le bout des cheveux ne pourra dépasser le ruban de plus d'un pouce.

« La coiffure habituelle des officiers sera le chapeau. Les officiers de carabiniers, de dragons et de chasseurs porteront les bonnets ou casques lorsqu'ils seront de service : ceux de hussards porteront le bonnet ou schako.

« Les officiers porteront habituellement le col noir de soie, conforme au modèle qui sera prescrit pour la troupe, le col de la chemise ne pourra jamais être rabattu sur le col. Les officiers de hussards et chasseurs porteront, au lieu du col, la cravate noire sans nœud apparent.

« Les officiers porteront, en tout temps, l'habit, la veste et la culotte uniformes affectés à leur régiment. Les officiers de hussards ne seront tenus de porter la pelisse et le dolman, et ceux de chasseurs, l'habit dolman, que les jours d'inspection et lorsque le commandant du régiment l'ordonnera : habituellement, ils pourront porter le surtout.

« Les deux premiers crochets sur la poitrine seront toujours agraffés, ainsi que les retroussis.

« Pendant l'été, les officiers pourront porter la veste et la culotte de basin uni ou de toile de coton blanche ; mais elles devront être façonnées dans les mêmes proportions que celles réglées pour la veste et la culotte de drap. Les officiers de hussards et chasseurs porteront, en tout temps, la culotte et les bottes à la hongroise.

« Lorsque les officiers seront en bas, ils porteront les boucles uniformes qui sont maintenant en usage.

« De service à cheval et pour les manœuvres, les officiers porteront le sabre à la ceinture ; pour le service à pied, ils le porteront en bandoulière ; en parade, ils porteront la dragonne en or affectée à leur grade ; hors le cas de service, elle sera en fil blanc, et ils porteront l'épée à la ceinture sous la veste. Les officiers de hussards et chasseurs porteront, en tout temps, le sabre.

« Les officiers de service, soit à pied, soit à cheval, seront en bottes et éperons. La manchette de botte sera fixée, par une boutonnière, au troisième bouton de la culotte.

« L'équipement et harnachement des chevaux des officiers sera conforme à ce qui est arrêté, pour l'uniforme particulier de leur régiment, par le règlement d'habillement. Les selles seront toujours garnies de leurs fontes.

« En petite tenue, les officiers de carabiniers, de cavalerie, de dragons et chasseurs porteront la schabraque sans galon.

« Les carabiniers, cavaliers, hussards et chasseurs seuls porteront des moustaches. Il est défendu de les cirer et d'y mettre aucune drogue ou matière graisseuse, l'usage en étant malpropre et malsain.

« Les cheveux des sous-officiers et cavaliers seront attachés près de la tête et liés en queue, couverte d'un ruban de laine noire, qui sera simplement arrêté par une épingle, sans toilette ; ils seront coupés courts sur la tête : ceux des faces le seront à la manière dite *avant-garde*, et ne devront pas dépasser le milieu de l'oreille ; la queue ne pourra excéder la longueur de huit pouces et le bout des cheveux ne pourra dépasser le ruban de plus d'un pouce. Dans les hussards et chasseurs, les bouts du ruban de la queue seront noués. Les cheveux des faces des hussards seront noués *à la hongroise*.

« Les sous-officiers et cavaliers auront pour coiffure le chapeau, bonnet ou casque, ainsi qu'il est affecté à leur uniforme particulier.

« Le chapeau sera enfoncé sur le sourcil droit, la corne de devant placée au-dessus du sourcil gauche, qui sera découvert de l'épaisseur d'un demi pouce : il sera tenu, dans la retapure, conforme au modèle envoyé, et il ne pourra y être fait aucun changement.

« Le bonnet de peau d'ours et le casque seront placés droit sur la tête, de manière que le nez partage également le milieu de la visière. La plaque du bonnet et la garniture du casque seront bien éclaircies ; la peau d'ours sera bien époussetée.

« Le bonnet ou schako des hussards sera placé droit sur la tête.

« Les sous-officiers et cavaliers porteront le col noir, conforme au modèle qui sera prescrit; le col de la chemise sera toujours couvert, de manière à ne pas être aperçu. Les cravates que porteront les hussards et chasseurs, au lieu de cols, seront sans nœud apparent.

« Les jours d'inspection générale et, lorsque le commandant du régiment l'ordonnera, les sous-officiers et cavaliers porteront l'habit et la veste uniforme affectés à leur régiment. Habituellement ils porteront le surtout et le gilet d'écurie.

« Les deux premiers crochets sur la poitrine seront toujours agraffés, ainsi que les retroussis. Les manches seront tirées assez bas pour qu'on ne voie pas les poignets de la chemise. La veste sera boutonnée dans toute sa longueur, et bien tirée en bas pour qu'elle emboîte les hanches.

« Les sous-officiers et cavaliers porteront, les jours d'inspection générale et de service, à pied ou à cheval, la culotte de peau; ils pourront, dans les autres moments, porter des culottes de drap, et l'été, des vestes et des culottes de toile blanche; mais elles devront toujours être façonnées uniformément.

« On remontera le plus possible la culotte dont la ceinture sera assujettie au-dessus des hanches, au moyen d'une boucle; elle sera soutenue au-dessous du genou par des boucles de jarretière. Les hussards et chasseurs porteront, en même temps, la culotte à *la hongroise*; elle sera soutenue au-dessus des hanches par la courroie.

« Les sous-officiers et cavaliers seront habituellement en bas et souliers et porteront les boucles uniformes qui sont en usage, à moins d'ordres contraires; c'est dans cette tenue qu'ils paraîtront aux inspections générales.

« Les sous-officiers et cavaliers de service à pied seront en guêtres; la guêtre sera boutonnée droite et tirée de partout, pour qu'elle soit bien tendue.

« Les hussards et chasseurs porteront en tout temps la *botte à la hongroise*.

« Les sous-officiers et cavaliers de service à cheval porteront des bottes; elles seront bien cirées. La manchette de botte sera fixée par une boutonnière au troisième bouton de la culotte.

« Les sous-officiers et cavaliers porteront toujours le sabre hors du service. Pour le service à pied, ils le porteront en bandoulière; à cheval, il sera à la ceinture.

« Les chevaux des sous-officiers et cavaliers seront équipés, pour les inspections et pour les manœuvres, suivant l'ordre qui en sera donné par le commandant du régiment.

« Si cet ordre est pour être chargé, l'on prendra le porte-manteau et le manteau. Le manteau sera toujours plié de la manière dite *en portefeuille*.

« Les selles des sous-officiers et cavaliers ne seront point couvertes de la schabraque, ni garnies de leur housse pour les exercices journaliers; elles seront toujours garnies de leurs fontes; les hussards et chasseurs feront en tout temps usage de la schabraque. »

L'insurrection de la Vendée éclata en 1793.

Les Vendéens, après s'être emparés de Thouars, marchèrent sur Saumur, formés en trois colonnes sous les ordres de Stofflet, La Rochejacquelin et Lescure.

La prise de Thouars par les insurgés avait donné l'idée de fortifier Saumur; on avait commencé à élever des retranchements qui, partant de la Loire, devaient couronner les hauteurs de la rive gauche du Thouet et se joindre à cette rivière. Un camp retranché avait été établi à Varrains.

L'armée républicaine, forte de 11,000 hommes, était commandée par le général Menou, secondé par les généraux Berthier, Coustard et Santerre.

C'est ce même Santerre, ancien brasseur du faubourg Saint-Antoine, instigateur d'émeutes à Paris, qui commandait la prison du Temple pendant la captivité de Louis XVI, et qui avait fait preuve d'une animosité si cruelle.

Les défenseurs de Saumur étaient établis, en avant de la ville, sur une longue ligne s'étendant du village de Saint-Florent à celui de Varrains. Cette ligne de défense était beaucoup trop étendue et par conséquent faible sur chacun des points d'attaque; de plus, le pont de Saint-Just, sur la Dive, n'était ni coupé, ni gardé; la position pouvait donc être tournée, ce qui eut lieu. Le centre s'appuyait à des redoutes élevées à la hâte sur les hauteurs de Bournan. Elles pouvaient contenir chacune 500 hommes. Les retranchements à l'entrée du faubourg, au point de jonction des routes de Doué et de Montreuil, faisaient donc toute la défense de la place.

Les deux premières colonnes ennemies, traversant les rivières du Thouet et de la Dive à Saint-Just, se dirigèrent vers le sud-est de la place pour attaquer le château et le camp de Varrains, tandis que la troisième s'avançait vers Bournan.

Les chefs vendéens décidèrent que l'attaque se ferait par leur droite, après avoir effectué le passage du Thouet à deux lieues de Saumur, en marchant sur Varrains et sur les hauteurs du château. Stofflet devait en simuler l'attaque, pour en détourner le feu des divisions qui suivaient le Thouet. Donc La Rochejaquelin, marchant vers les prairies de Varrains, devait attaquer le camp retranché, pendant que Lescure tournerait les redoutes de Bournan.

Ces trois points furent menacés à la fois, le 9 juin, à deux heures de l'après-midi.

Les divisions républicaines, en présence des corps d'observation placés devant leur centre et leur droite, restèrent dans la plus vive anxiété, car elles ne pouvaient démêler encore le plan des royalistes, ni quel serait le point d'attaque décisif.

On crut à la trahison, non sans quelque raison, car on vit des officiers pousser à la mutinerie et à la violence même la plus furieuse contre leurs chefs, les soldats démoralisés. Du reste, est-il hors de doute que des intelligences très actives aient été entretenues par un grand nombre d'habitants, avec les chefs vendéens, avant l'attaque de Saumur. Une fatale sécurité ou plutôt la trahison avait endormi tous les esprits; le fougueux Santerre lui-même dînait en grand seigneur, lorque les colonnes ennemies débouchèrent sur la route de Doué, et il fallut lui donner plusieurs fois avis de l'arrivée des rebelles pour l'arracher aux délices de la table.

La défense du plateau de Bournan fut opiniâtre. Trois fois repoussés, les Vendéens revinrent trois fois au combat avec la plus grande ardeur. Un régiment de cuirassiers, le seul qui existait alors dans l'armée française, le nº 8 des régiments de grosse cavalerie, se distingua particulièrement en chargeant à plusieurs reprises et avec vigueur.

Les Vendéens, qui n'avaient jamais vu de cuirassiers, s'étonnèrent de ce que leurs balles ne produisaient aucun effet; ils s'imaginèrent qu'on leur avait jeté un sort et reculèrent épouvantés. Un de leurs chefs leur ayant montré qu'en tirant au visage, on pourrait au moins les blesser, ils reprirent confiance. Lescure, le saint du Poitou, atteint d'un coup de feu, est renversé dans une de ces charges, sur le pont Fouchard; les siens le croient mort et vont prendre la fuite; il se dégage, reparaît à leur tête et les ramène au combat, au cri de : Vive le roi !

Survient la cavalerie vendéenne, environ 1,200 chevaux, commandés par le brave Domagné !

Domagné eut l'audace d'attaquer avec sa cavalerie de paysans, mal armés, mal montés, les cuirassiers de la légion germanique commandés par le lieutenant-colonel Chaillou de la Guérinière ; ce combat eut lieu sur le chemin de Munet. Les deux commandants se rencontrèrent et luttèrent corps à corps. Chaillou atteint son adversaire d'un coup de sabre et le renverse sur la croupe de son cheval. Domagné se relève, décharge son pistolet sur l'officier républicain, le blesse grièvement et tombe mort à ses pieds.

Deux caissons ayant sauté dans les rangs des cuirassiers, ces braves soldats, décimés par cette explosion et par les feux croisés de l'infanterie de Lescure, furent obligés de battre en retraite.

Cependant la victoire semblait indécise, quand les tirailleurs vendéens, tournant la position à la faveur des haies et des murs, se montrèrent tout à coup sur les derrières des républicains, qui se crurent tournés. Le cri de : Sauve qui peut! fut poussé et ces jeunes soldats se débandèrent en un instant et se sauvèrent à travers la ville.

Menou fut entraîné par les fuyards. Le conventionnel Bourbotte se trouvait dans le plus grand péril, lorsqu'il fut sauvé par Marceau, alors simple officier dans la légion germanique. La fortune de ce brave général data de cette journée ; la reconnaissance du représentant donna à la France un héros de plus.

Sur ces entrefaites, le camp retranché de Varrains était tombé au pouvoir de La Rochejacquelin.

Ce camp avait opposé une longue résistance ; mais M. de Baugé et Cathelineau ayant amené de nouvelles troupes, les défenseurs battirent en retraite ; quelques-uns se précipitèrent dans la Loire pour échapper à la poursuite de l'armée vendéenne.

Il était alors huit heures du soir ; le général Coustard, qui commandait le camp retranché de Bournan, s'apercevant que les Vendéens, après avoir enlevé les batteries de la gauche, se repliaient vers la droite sur les derrière de sa position pour enlever la chaussée du pont Fouchard et forcer ainsi la ligne du centre, alors dégarnie et presque sans défense, donne l'ordre à deux bataillons d'aller couvrir cette importante position qui décidait du sort de la ville. Quelques hommes, égarés par la peur, travaillés peut-être par la trahison, s'écrièrent en se débandant : « Le général est un traître ! » Ces mots jettent un désordre affreux dans les deux bataillons mutinés : ils entourent Coustard ; les uns le mettent en joue, d'autres lui appuient leurs baïonnettes sur la poitrine. L'intrépide général ne pâlit pas ; calme et fier dans le danger qui le menace, il fait un appel aux braves, les électrise, les entraîne et court à leur tête à la chaussée du pont Fouchard. Mais les mutins, revenus de leur premier étonnement, s'élancent en désordre à la poursuite de leur général, et se jettent aveuglément, pour assouvir leur vengeance, au-devant du péril qu'ils n'osaient pas affronter. Un officier, oubliant les devoirs sacrés de la discipline, se met à la tête des révoltés, saisit par la bride le cheval de son général et, lui mettant l'épée sur la poitrine, l'oblige à descendre au milieu des républicains furieux qui demandent à grands cris sa mort. « Seriez-vous assez lâches, s'écrie Coustard en les foudroyant d'un regard terrible, seriez-vous assez lâches pour égorger votre général ?... S'il vous faut une victime, conduisez-moi à la bouche d'un canon, et vous verrez comment sait mourir un soldat sans reproche. » Ces nobles paroles ne calment point la fureur des révoltés ; ils entraînent Coustard vers une batterie servie par des canonniers de Paris ; mais ces braves canonniers le sauvent des mains de ces furieux et jurent d'exécuter ses ordres. Ces braves gens étaient cependant convaincus de la trahison, car les magasins de Saumur regorgeaient de munitions, et on les laissait manquer de boulets : un témoin oculaire affirme qu'ils chargeaient leurs pièces avec des cailloux. Le général, qui n'a pas un seul instant perdu son sang-froid, propose aux troupes qui l'entourent d'enlever à la baïonnette le pont maintenant au pouvoir de l'ennemi. Ce projet d'attaque est adopté aux cris de : Vive la République ! Coustard fait appuyer son infanterie de deux escadrons de cuirassiers de la légion germanique.

— Où nous envoies-tu ? lui demande le commandant, le brave Weisen.

— A la mort ! répond Coustard ; le salut de la République l'exige.

— Vive la République ! crie Weisen à ses cuirassiers, et il charge intrépidemment les Vendéens et leur artillerie ; les canonniers sont sabrés. L'infanterie républicaine suivait le mouvement lorsqu'une vive fusillade, partie d'une colonne vendéenne, débouchant par le vieux chemin de Doué (chemin du Petit-Dolmen), jeta le désordre parmi les soldats de Coustard. Le dévouement des cuirassiers fut inutile ; ils périrent presque tous. Weisen revint presque seul, couvert de blessures.

L'audacieux La Rochejacquelin était arrivé à la porte du bourg en poursuivant la gauche de l'armée républicaine, qui était refoulée sur la place. Se laissant emporter par son ardeur chevaleresque, il parcourt toute la Grande rue, suivi seulement de quatre officiers vendéens ; il arrive au pied de la montée du château, où il rencontre un bataillon en retraite. Son audace, son air fier et héroïque frappe de stupeur tous les républicains ; il passe au galop devant la ligne, traverse la place Saint-Pierre, la place de l'Hôtel-de-Ville, et arrive en même temps que l'avant-garde de l'armée vendéenne sur la place de la Bilange.

Les vainqueurs, au lieu de poursuivre les républicains, détruisirent une partie des ponts de la Loire pour éviter leur retour inopiné.

Une heure avant l'entrée des Vendéens à Saumur, 150 hommes de la garde nationale, quelques volontaires de Loches et 250 hommes des différents corps s'étaient jetés dans le château pour en former la garnison ; l'artillerie comprenait cinq pièces de 4, deux de 18 et deux de 36. Ce petit noyau de troupes, commandé par le colonel Joly, opposa une vive résistance aux attaques de Stofflet.

Entre onze heures et minuit, des Vendéens, montés dans le clocher de Saint-Pierre, tiraillèrent contre le château ; on riposta des remparts et la fusillade dura environ une demi-heure. C'est à tort qu'on a prétendu que la garnison avait fait feu sur les parlementaires. Mais sur la menace de voir mettre le feu à la ville, si on ne remettait pas sur-le-champ les clefs de la forteresse, le commandant signa la capitulation. Un deuxième motif le décida aussi à se rendre, c'était le dénûment absolu de la garnison.

Les Vendéens s'emparèrent de cinquante pièces de canons, de cinq mille fusils, de soixante milliers de poudre et d'un matériel considérable.

La prise de Saumur coûta à la République environ 3,000 hommes, des munitions de bouche et des fourrages en abondance, un magasin complet d'effets de campement, des cartouches, des gargousses et des boulets en grande quantité.

Les soldats républicains se retirèrent en désordre sur Baugé, Angers, la Flèche et le Mans; le gros de l'armée fut rallié à Tours par les généraux. Les défenseurs des redoutes de Bournan n'avaient abandonnée leur position qu'après l'avoir vaillamment défendue pendant une partie de la nuit.

Il faut rendre justice à la modération des Vendéens qui, maîtres d'une ville forcée, respectèrent les prisonniers et les vaincus et ne commirent aucun de ces actes de violence qui jettent le deuil dans une cité. Hélas! cette horrible guerre civile ne devait pas rester pure de détestables vengeances!

Ils se contentèrent de brûler l'arbre de la Liberté sur la place de l'Hôtel-de-Ville, quelques tableaux qui leur parurent séditieux et une partie des registres de l'état civil. Puis, suivant leur coutume, ils coururent aux églises, allumèrent des cierges devant les autels, et célébrèrent leur victoire au son de toutes les cloches.

De longues files de paysans, le fusil en bandoulière, le chapelet au cou ou à la main, défilèrent le long des quais, au pied de la colline, pour aller rendre hommage de leur triomphe à Notre-Dame-des-Ardilliers : simple et noble peuple dont l'héroïsme fera oublier dans l'histoire le fatal égarement!

La prise de Saumur est l'exploit le plus brillant des Vendéens. Cette victoire inespérée augmenta l'importance de l'insurrection et attira sur elle l'attention de toute l'Europe. La plupart de ses chefs pourtant furent très étonnés de leur succès, en pensant surtout à la faiblesse des moyens dont ils disposaient. Cette bataille jeta la consternation dans les comités de la Convention. Mais, quinze jours après, les Vendéens furent obligés d'évacuer Saumur, et, à partir de ce moment, ils n'éprouvèrent plus que des revers.

L'armée républicaine de l'Ouest eut alors un corps à Saumur, qui devint pour quelque temps un centre d'opérations. Ce corps comptait 4,540 hommes, non compris la garnison du château. C'était 3,880 fantassins, 460 artilleurs et 205 cavaliers.

Ces troupes étaient une réunion de contingents bigarrés, dont l'énumération est assez curieuse.

Pour l'infanterie : Un détachement du 23e régiment de chasseurs — 1er bataillon de sapeurs — 10e bataillon de Paris — bataillon des cinq sections réunies — bataillon des pionniers de Saint-Florent — compagnie des grenadiers du 10e bataillon de la République — compagnie du 10e bataillon de la Meurthe — compagnie du 1er bataillon des Amis de la République — dépôt du bataillon de l'Unité — 6e bataillon des chasseurs du Nord — 1er bataillon du 8e régiment d'infanterie — 6e bataillon de Paris — 22e régiment d'infanterie légère — dépôt du 25e bataillon de la réserve — contingents d'Ancenis — 6e bataillon de la Vienne — bataillon de Senlis.

Pour l'artillerie : 2e compagnie des Mineurs — compagnie de canonniers du 6e de la Réunion — compagnie de canonniers de la Vendée — compagnie de canonniers du Panthéon — détachement de canonniers de la Côte-d'Or — compagnie de canonniers de l'Observatoire — canonniers du Calvados — canonniers du 6e bataillon de Marat — artillerie légère de la 2e compagnie du Parc — canonniers de la 35e division de gendarmerie — 8e compagnie de canonniers de la Sorbonne — 4e compagnie du 1er régiment d'artillerie légère.

Pour la cavalerie : détachements de gendarmerie nationale de Niort — de gendarmerie nationale de l'Indre — du 15e régiment de chasseurs à cheval — cavalerie du district de Saumur — détachement de gendarmerie de la Creuse — détachement de hussards volontaires de Cholet — 3e escadron de cavalerie révolutionnaire.

Les guerres de 1792 et de 1793 nous avaient obligés de passer des marchés considérables pour l'achat de chevaux allemands. Bientôt cette ressource même nous fut interdite, et on eut recours aux réquisitions, qui vinrent encore affaiblir la population chevaline. Elles jetèrent l'inquiétude et le découragement chez les cultivateurs ; on enlevait les étalons, les poulinières et jusqu'aux poulains, et les choses arrivèrent à ce point que, pour échapper au fléau des réquisitions, les propriétaires et cultivateurs étaient entraînés à n'avoir dans leurs écuries que des chevaux défectueux, incapables de faire le service des armées. D'un autre côté, la division des propriétés rendait plus difficile l'élève du cheval : toutes les ressources de la reproduction semblaient taries.

Cependant nos conquêtes allaient nous en fournir de nouvelles. Ainsi, le haras de Rozières, fondé en 1760, reçut, en 1793, les chevaux qui composaient les haras du duché des Deux-Ponts, conquis par nos armes.

Mais ce ne fut qu'en l'an III de la République, après l'entière destruction des haras, que la Convention nationale, commençant à s'apercevoir du vide effrayant qui en était résulté, essaya, par une loi du 2 germinal, de stimuler l'intérêt particulier en faisant vendre un certain nombre d'étalons et de juments à des propriétaires ou à des fermiers auxquels on accordait une indemnité annuelle de 1,200 francs pour la nourriture des étalons, et 20 francs de gratification pour chaque jument pleine. Peu d'effets résultèrent de ces mesures qui, néanmoins, firent parvenir à former les dépôts de Rosières, du Pin, de Tilly, réuni plus tard au précédent, et celui de Pompadour, qui avait été érigé en haras sous Louis XV, et d'où sortait cette belle race de chevaux limousins, réputés les meilleurs pour la selle. Outre ces dépôts, il en fut formé un à Versailles aux frais du ministère de la guerre et placé dans le département des remontes.

Les écoles, dispersées lors de la Révolution, furent peu à peu rétablies. Les besoins impérieux de la guerre, le développement de nos forces militaires donnèrent enfin gain de cause aux partisans des établissements utiles. Il fallait surtout préparer des ressources que l'émigration des officiers de cavalerie et que la désorganisation des corps avaient taries. Une *nouvelle école d'équitation* fut créée à *Versailles* en 1793; mais elle ne fut définitivement organisée que le 16 fructidor de l'an IV.

Le 29 germinal an III, la Convention nationale décréta que *deux écoles d'économie rurale vétérinaire* seraient établies pour le service de la République, la première à Versailles, la deuxième à Lyon : les corps de cavalerie devaient entretenir de nombreux élèves dans ces établissements. Mais l'intrigue, la cabale et les intérêts personnels s'opposèrent à l'exécution complète du décret.

L'urgence des besoins des armées, la négligence des administrations à remplacer les élèves sortis, la suppression des fonds des écoles, d'absurdes dénonciations, le bombardement de la ville de Lyon, et d'autres causes encore, détruisirent en peu d'années l'espoir que la patrie fondait sur les écoles vétérinaires.

A dater du 10 janvier 1794, les vétérinaires des corps ne s'appellent plus maréchaux-experts ou maîtres maréchaux, mais *artistes vétérinaires*, nom qu'ils ont conservé jusqu'en 1813.

Pendant cette période de trouble, l'équitation était bien délaissée en dehors de l'armée ; nous devons cependant citer trois écuyers marquants qui ont puissamment contribué par leur enseignement à maintenir les traditions académiques de l'art équestre. Nous avons nommé MM. Pellier, de Brissy et Lavard.

M. *Pellier* a dirigé longtemps *le manège de la rue de Provence*, conjointement avec M. *de Brissy*. Ce manège faisait alors partie des anciennes écuries d'Orléans. Il y avait dans cet établissement un très beau manège découvert, ou carrière à double rangée d'arbres liés entre eux par de hautes charmilles, et dans lequel on pouvait manœuvrer pendant les plus grandes chaleurs sans être incommodé par le soleil. Le manège, dit de Provence, possédait beaucup de chevaux précieux, tous andaloux, navarrins, napolitains, etc., de la plus belle espèce : le nombre s'en était encore accru par une partie de ceux appartenant au manège des Tuileries, tenu par M. le chevalier de Villemotte, lorsque ce beau local fut pris pour les séances de la fameuse Assemblée nationale. Le moment n'était guère favorable pour les Académies d'équitation, quand les seules personnes qui les fréquentaient alors étaient presque toutes décimées par la hache révolutionnaire, ou forcées de s'expatrier; mais alors on n'était pas porté à l'anglomanie, et il faut bien en convenir, sous la hideuse Terreur, le manège Provence fut excepté des réquisitions qui frappaient alors sur les chevaux de luxe, et il reçut même quelques encouragements des ministres Pille et Cochon.

Nous ne devons pas oublier de dire que ce fut au manège Provence que M. *Lavard* débuta comme professeur, lorsque la Révolution dispersa tous ceux qui étaient employés aux écuries de Louis XVI. Ce professeur, qui s'est acquis par la suite une réputation méritée pendant plus de vingt ans qu'il tint manège à Paris, a formé plusieurs élèves remarquables. MM. Kutzmann, Lefèvre-Chabert, Lemaitre et autres professeurs et amateurs, sont les disciples de M. Lavard, auquel on a reproché une sévérité envers ses élèves, qui passait parfois les bornes de la modération.

Ce fut peu d'années après la Terreur que M. Pellier prit la direction du manège Provence, appartenant à M. de Brissy, le seul grand établissement de ce genre qui fût alors à Paris, et qui conserva, après le manège des Tuileries, le nom d'Académie d'équitation, moins l'adjectif royale. Cet établissement devint le rendez-vous de la bonne compagnie, qui commençait à reparaître dans les lieux publics avec ce luxe qui naguère était un arrêt de mort. Il y avait manège de haute école et reprises d'écuyers une fois par décade. Le goût de l'équitation était tel, que quand M. Pellier montait *Géant*, cheval remarquable, il y avait jusqu'à soixante personnes assises et rangées régulièrement dans le manège comme dans une salle de théâtre.

Depuis l'Académie royale des Tuileries, il n'y eût jamais de manège à Paris qui put être comparé au manège de la rue de Provence. Ni l'établissement fondé par M. *Amelot* au faubourg Saint-Honoré, ni celui du même genre dirigé par M. le *marquis de Pereuse*, rue Cadet, quoique tous deux très grandement montés, n'approchèrent jamais du manège Provence. Quant à l'École impériale et par suite royale d'équitation de Paris, elle ne fut que la pâle copie de ces deux derniers manèges.

M. Pellier a formé ses deux neveux.

M. Pellier Auguste, est le seul écuyer qui ait attaché une grande importance à conserver l'ancien usage des reprises de haute école, toutes les fois que les établissements qu'il a dirigés, tant à Paris que dans d'autres villes, ont comporté les éléments indispensables à ce manège d'apparat, c'est-à-dire beaucoup de chevaux bien dressés et des élèves assez avancés et assez zélés pour s'assujettir aux obligations qu'il impose. C'est là que se sont conservées les bonnes traditions de notre école, autant que les révolutions, les guerres, et enfin l'anglomanie l'ont permis pendant tant d'années que l'équitation française sembla être bannie de France aussi bien que nos chevaux indigènes, et comme pour mieux servir des intérêts uniquement anglais.

M. Pellier, dans la vue de perfectionner la main des élèves composant la haute école, voulait que la reprise s'exécutât par la seule main de la bride, sans le secours de dedans du bridon, si nécessaire pour tenir le cheval dans le pli ; ce qui exigeait une très grande justesse pour obtenir constamment ce pli. Ce savant professeur se fondait avec raison sur ce principe : « *Tant que le cheval n'est pas parfaitement dressé, la main du bridon est la main principale, l'action de la bride n'est qu'accessoire; mais le cheval une fois dressé, c'est la main de la bride qui devient la main principale, et celle du bridon n'est plus qu'accessoire.* »

M. de Brissy fut bien au-dessous de M. Pellier, il fut surtout connu par ses extravagances. Il fit plusieurs ascensions à cheval à ballon perdu.

C'est lui qui, pour définir l'adhérence parfaite de l'assiette, inventa le verbe centauriser, pour indiquer que le corps de l'homme et celui du cheval ne doivent faire qu'un.

L'École de cavalerie avait disparu de Saumur, elle ne devait y revenir qu'à la fin de l'Empire.

Pendant cette période d'absence de l'objet principal de notre étude, nous n'avons à signaler que la part prise par la ville aux différents événements qui secouaient si violemment la France.

Saumur paye sa contribution aux levées d'hommes et de chevaux.

Le 10 germinal de l'an IV, c'est l'appel et l'armement des jeunes gens qui ont atteint seize ans depuis une année.

Le 14 floréal de la même année, on installe un atelier de réparation pour les équipages militaires.

Puis on organise un hôpital pour recevoir les militaires blessés.

Le 10 fructidor, on dresse l'état nominatif de la colonne mobile de la garde nationale. C'est qu'on est toujours sur le qui-vive avec la proximité des armées vendéennes, les Brigands, comme on les appelait.

Nantes est encombré de prisonniers anglais, on décide que le château de Saumur sera aménagé pour en recevoir le trop plein.

C'est le 2 septembre 1796 que l'École d'équitation de Versailles fut définitivement organisée sous le nom d'*École nationale d'équitation*. On lui affecta le manège de Versailles, avec les cent quatorze chevaux qui s'y trouvaient encore et le bâtiment des grandes écuries. Elle fut dirigée par un officier supérieur, secondé, pour le travail du manège, par deux instructeurs en chef et six sous-instructeurs.

Chaque régiment pouvait y envoyer un officier, lieutenant ou sous-lieutenant, et un sous-officier, maréchal des logis ou brigadier; mais à leur arrivée on n'admettait que ceux dont les conditions physiques promettaient quelque aptitude et quelque habileté; le temps d'étude était fixé à 18 mois.

Il pouvait y être admis trente jeunes citoyens et même un plus grand nombre, pour les leçons d'équitation. Enfin cette école civile et militaire avait son administration réglée par le ministre de l'intérieur, et sa police par le ministre de la guerre,

Il est juste de regarder cette école comme le tronc de toutes celles qui se sont succédé depuis; c'est à Versailles que figurèrent avec distinction les *Coupé*, les *Jardin*, les *Gervais*, les *Cordier*, les *Rousselet*, et quelques autres débris du manège de Versailles, la plupart anciens piqueurs des écuries du roi, élèves de d'Abzac.

Le *vicomte d'Abzac*, appartient par son âge au XVIIIe siècle, il avait débuté à l'École de Versailles où il avait eu pour maître M. de Neuilly. Après la Révolution il fut, en quelque sorte, le trait d'union entre l'ancienne équitation et la nouvelle.

On comprit qu'en présence des circonstances il fallait simplifier l'équitation et former au plus vite des cavaliers.

Deux générations, en effet, étaient en présence : l'une n'ayant pas appris, l'autre n'ayant pas le temps d'apprendre; il devenait difficile de pousser très loin l'éducation des hommes et des chevaux. En maintes circonstances, avec de tels cavaliers, un cheval bien ajusté eût été un inconvénient, un danger au lieu d'être un avantage.

L'enseignement équestre de cette époque peut s'appeler l'équitation de circonstance.

Elle consistait ordinairement à laisser marcher les chevaux librement. Le cavalier, assuré sur la selle, apprenait, autant par instinct que par précepte, la manière de conduire son cheval ; il fermait les jambes pour le faire marcher, tirait la bride pour l'arrêter ou diminuer sa vitesse ; il laissait flotter les rênes quand le cheval marchait à peu près selon son désir.

Le fond de la plupart des leçons était ce commandement : *arrêtez et rendez*, et c'est avec une équitation aussi médiocre que les armées françaises firent le tour de l'Europe.

L'expression, *ce cheval est dressé au bouton*, nous vient précisément de l'école de circonstance. Nous venons de voir que le cavalier laissait flotter les rênes quand le cheval marchait à peu près selon son désir, et, le plus souvent, tenait à pleine main le bouton du bout. C'est donc par erreur que, de nos jours, l'on applique cette expression à un cheval bien mis.

En résumé, l'équitation fut plus libre, moins restreinte aux choses du manège ; on préféra développer les allures plutôt que de rechercher les airs brillants de la haute école, que l'on ne pratique qu'avec des reprises spéciales.

Un nouvel arrêté du 12 mai 1798 réunit l'École d'équitation aux attributions de guerre. Le Directoire avoua dans ses considérants que si jusque-là on y avait fait quelques bons écuyers, on y avait acquis peu de connaissances des exercices et des manœuvres de cavalerie.

Dès lors, l'établissement prit le titre d'*École d'instruction des troupes à cheval*, et on n'y reçut désormais que des élèves des corps en activité. Pour y être admis, il fallait être de l'âge de dix-huit à trente ans au plus ; savoir lire et écrire ; avoir une bonne conformation ; posséder des dispositions et du goût pour l'équitation autant que pour l'état militaire, et contracter, en partant, l'engagement de revenir au corps pour y exercer, pendant trois ans, l'emploi d'instructeur. Le temps d'école était fixé encore à dix-huit mois, en subissant trois mois d'épreuves avant l'admission.

Le nombre des élèves par corps était le même pour les officiers ou sous-officiers.

Un général dirigeait l'instruction ; il avait sous ses ordres des chefs de brigade et d'escadron, des capitaines, des agents de détail pour toutes les parties d'équitation, de manœuvre, de police et de discipline. Les officiers amenaient leurs chevaux, on donnait aux sous-officiers les meilleurs du corps.

Dans cette nouvelle organisation, on sentit au moins que la leçon d'équitation pure et simple ne suffisait pas et qu'il fallait y joindre la leçon militaire. Deux capitaines-instructeurs étaient attachés à l'École, l'un pour la grosse cavalerie, l'autre pour la cavalerie légère.

La position de la France était telle à cette époque, qu'il est probable qu'elle eût été dans l'impossibilité de pourvoir aux remontes de ses armées, si la victoire n'eût étendu, avec son territoire, le cercle de ses ressources.

« Depuis 1795 jusqu'en 1812, dit La Roche-Aymon, toute l'Allemagne, envahie plusieurs fois, l'Italie constamment occupée, assurèrent aux armées françaises tout ce qui était nécessaire à leur consommation. Si l'on calcule que dans ce laps de temps la cavalerie autrichienne fut démontée trois fois; que la cavalerie prussienne le fut une fois; que les cavaleries espagnole, hessoise, saxonne et hanovrienne, livrèrent également leurs chevaux; si l'on y ajoute tous ceux que les pays occupés durent livrer à titre de contributions, on sera effrayé de la masse de chevaux consommés jusqu'en 1812. »

Pour continuer de relater, dans notre esquisse historique de la maréchalerie, l'influence qu'y prirent les méthodes anglaises, nous devons parler à cette date de deux vétérinaires anglais qui épousèrent, eux aussi, les idées de Lafosse et, par conséquent, contribuèrent au triomphe du maître français.

Le premier de ces deux vétérinaires, d'ailleurs français d'origine, est M. *Vial de Sainbel*, qui publia, en 1797, un mémoire sur la ferrure intitulé : *Six lectures ou the elements of farriery art of horse shœing*. M. Vial était élève de l'École de Lyon; après avoir passé en Angleterre, il fut le fondateur et le premier professeur de l'École vétérinaire de Londres.

En 1798 parut à son tour l'ouvrage de *Coleman : Observations sur la structure normale du sabot du cheval, principe et pratique de ferrure.*

Coleman, directeur du collège vétérinaire de Londres et chirurgien en chef de l'armée anglaise, chercha à propager dans son pays un système de ferrure semblable à celui de Lafosse. Mais il resta inférieur à son modèle, quoique ses connaissances sur l'anatomie et le mécanisme du pied fussent plus étendues.

Coleman a traité assez longuement l'élasticité du sabot. Pour lui, la muraille s'écarte, lors du poser, par suite de l'action simultanée de la sole, qui descend vers les talons, des barres qui s'ouvrent, et de la fourchette qui s'épanouit et entraîne l'expansion des cartillages, et par suite celle de la paroi.

Pour lui, l'application de la ferrure consiste en deux règles principales : *respecter les barres et la fourchette et amincir la sole*, qui ne doit jamais être en contact avec le fer.

Coleman conseille un fer semblable à celui de Lafosse, ayant en outre une *ajusture anglaise renversée*. Il a aussi inventé un *fer à fourchette artificielle*, un *fer avec prolongement* partant de la voûte et s'étendant jusqu'aux éponges, et un *fer à éponges épaisses munies de petits pinçons* étirés obliquement sur leur rive interne.

Les besoins de la guerre ayant fait reconnaître l'insuffisance de l'École de Versailles, un arrêté du 9 septembre 1799 lui donna deux succursales, l'une à *Lunéville*, l'autre à *Angers*.

On juge qu'à Saumur on fut fort jaloux de voir rétablir une école de cavalerie à Angers, lorsque le quartier des carabiniers et ses antécédents offraient tant d'avantages pour son installation. On se consolait en réorganisant la garde nationale ; mais une nouvelle déception attendait ces beaux élans militaires : le 24 thermidor an VI, le général Vimeux invitait la municipalité de Saumur à remettre à l'arsenal les armes délivrées aux citoyens, en répondant de leur sécurité.

Bientôt arrivèrent au château trois cents prisonniers anglais venant de Nantes ; parmi eux, plusieurs officiers distingués auxquels on laissa, sur parole, une certaine liberté. Plusieurs familles accueillirent généreusement ces jeunes gens ; mais des ordres plus sévères vinrent rompre ces intimités naissantes, on craignait que les prisonniers eussent des intelligences avec les Vendéens.

Leur nombre, d'ailleurs, grossit tellement qu'il fallut aviser à trouver un nouveau local pour les contenir. Le couvent de la Visitation fut choisi. On en mit jusqu'à huit cents. A la première alerte, ils devaient être conduits au château.

La garde nationale avait maintenant un service inespéré. Outre la garde des prisonniers, on avait prescrit des mesures très sévères contre les chouans. Puis on avait organisé une nouvelle colonne mobile. Mais, d'autre part, il fallait dissoudre la compagnie de cavalerie, qui n'avait déjà plus de chevaux.

Le 7 vendémiaire an VIII, on recommanda à la municipalité de Saumur de redoubler les mesures de surveillance, deux chefs de chouans s'étant échappés du château.

Le 6 brumaire, on commença à évacuer des prisonniers anglais sur le département du Nord, par convoi, de deux en deux jours, ayant trois voitures à quatre colliers pour les bagages, la première étape était la Chapelle, l'escorte était de cinquante gardes nationaux.

Le 5 février 1799, on avait subi une nouvelle inondation; la Loire avait marqué 6m,20 à l'échelle du pont Cessart, c'est-à-dire 9 pouces au-dessus des plus grandes eaux dont on avait conservé le souvenir.

En 1800, le 1er hussards vint prendre ses quartiers à Saumur; il devait y rester jusqu'en 1805.

Pendant ces époques si mouvementées, l'équitation est un peu délaissée en tant qu'art, l'on vit sur les traditions; les hommes de cheval eux-mêmes n'ont pas le loisir d'étudier, et eussent-ils trouvé le temps de professer qu'ils auraient recruté peu d'élèves.

Il faut cependant citer *Thiroux*, dont on parla beaucoup en l'an VII, date à laquelle parut son ouvrage.

Charles Thiroux, élève d'Arnose, que l'on ne connaît du reste que par les ouvrages de son disciple, possédait, à ce qu'il paraît, avant la Révolution, un manège aux Madelonnettes. Il avait obtenu son privilège du prince de Lambesc, grand écuyer de Louis XVI, à la condition de ne pas faire sortir ses élèves; et il enseignait l'équitation principalement aux familles de robe. Une magnifique cavalcade, malheureusement illicite, fit fermer l'établissement et rendit le directeur très partisan des doctrines révolutionnaires; aussi devons-nous à cette circonstance un ouvrage d'équitation fort divertissant. L'auteur annonce partout l'intention bien formelle d'instruire avec plus de soin le domestique que le maître : *J'écris pour tous de peur d'être confondu avec l'infâme Pluvinel, qui osait se glorifier d'avoir mis un jeune tyran à cheval;* il compte sur l'austérité des mœurs républicaines pour faire retaper tous les chapeaux à la française, il jouit de la capilotade républicaine qu'il a vu faire des statues de nos rois, mais comme il est honnête homme avant tout, il ne peut s'empêcher de regretter le cheval de Louis XIII, victime, comme ceux de Séjan, de la fureur populaire. Ses opinions hippiques sont aussi curieuses que ses principes politiques.

Il veut métamorphoser chaque écurie en un petit haras, composant chaque attelage d'un cheval et d'une jument qui travailleront et se multiplieront dans un état de mariage aussi heureux que moral.

Au milieu de tout cela, comme chez Lafontaine, mais avec moins d'esprit, on voit percer le bon homme; il nous apprend qu'il fut toujours l'amant de sa femme et l'ami de ses enfants, cela devait être vrai; et, ce qui était vrai aussi, c'est que Thiroux était réellement bon écuyer, malgré sa petite taille (1m,60), il montait sûrement et élégamment les plus grands chevaux;

aucun cheval ne paraissait dans son manège qu'il ne l'essayât lui-même le premier. La partie de son livre, qui traite du manège, est savante quoiqu'un peu obscure et mal écrite.

« ÉQUITATION. ŒUVRES COMPLÈTES DE CHARLES THIROUX, *citoyen français.* »

Cet écrit se sent bien de son époque. En se louant, dans sa préface, qu'on puisse enfin dire la vérité, l'auteur semble annoncer toutes sortes de révélations :

« *Républicains! enfin, les temps sont arrivés où la pensée, ce patrimoine inné de l'homme, va pouvoir se communiquer, sans rencontrer d'autre obstacle qu'une loi, librement consentie par nos représentants et volontairement acceptée par nous représentés..... Ses méditations n'iront plus ramper sous la plume inquisitoriale d'un censeur à gages... Au lieu qu'avant 1789 (nos neveux auront peine à le croire), un traité sur l'équitation n'a pu passer à l'impression qu'après avoir subi les radiations d'un censeur royal qui, je n'en fais aucun doute, savait beaucoup d'autres choses, mais qui s'avouait pour le plus parfait ignare en cette partie..... Animé du désir de perpétuer les principes que je tiens d'Arnose, mais retenu par la crainte que sa méthode, resserrée dans un cadre absolument à moi, ne parût défigurée, j'ai pris le parti, convenable à ma faiblesse, de raconter tout simplement de quelle façon ce professeur donnait ses leçons.* »

Suivons-le donc.

D'abord, la position qu'il recommande : « *La tête haute, un peu en arrière, regardant entre les deux oreilles du cheval la piste qu'il doit suivre, la poitrine ouverte quoique moins saillante que l'estomac, les coudes un peu écartés des hanches; la main gauche à hauteur du nombril, détachée du ventre; le poignet creusé en dedans, mais rigoureusement au bout de l'avant-bras. Le ventre gonflé, le bas des reins creusé, ceintures et hanches en avant, croupion posé sur la selle, cuisses sur leur plat.....* »

« Ayant tous les cercles du devant du corps le plus ouverts qu'il peut, ce qui lui fait prendre la tournure d'un S... »

On ne prendra pas cela pour un progrès.

Ce que c'est qu'un cheval rassemblé. — « *On juge le cheval rassemblé, lorsque les deux colonnes vertébrales, également repliées sur le centre, amènent les quatre jambes absolument dessous le corps, en sorte que ce point de réunion, autant resserré qu'il peut l'être, s'élève de lui-même, comme pour contenir l'abondance des forces qui y refluent de toutes parts.* »

Les principes de l'auteur sont en général très difficiles à extraire de sa phraséologie surabondante, visant plus à l'effet littéraire qu'à l'enseignement équestre. Nous allons essayer de dégager de cette faconde les formules les plus claires.

Comment on rassemble un cheval. — « *Ainsi, pour rassembler un cheval, il faut que la main, rapprochée du corps, ajoute à la tension, égale, des rênes, et que la pression des jambes, égales, du cavalier, amène et soutienne l'arrière-main du cheval au centre ; dès cet instant, le choc qu'éprouve, mutuellement, chaque colonne rebroussée vers le point central, produit l'effet d'un ressort, tendu, qui n'attend qu'un très petit moyen pour opérer sa plus grande force.* »

Comment on met un cheval au pas. — « *Tant que les jambes, égales, du cavalier, amènent au centre l'ondulation rétrogradée de la colonne de derrière, et tant que la main de la bride permet l'ondulation avancée de la colonne de devant, le cheval, chassé en avant, est obligé de marcher. Ainsi, non seulement les jambes de l'homme ont la propriété d'affermir, par l'enveloppe, les trois points d'appui triangulaires, que leur nouveauté rend susceptible d'être dérangés, mais elles lui servent encore à donner au cheval, par pression, le degré d'action nécessaire pour former un pas et pour le réitérer. Il est donc évident que l'opération avec laquelle on détermine un cheval à se porter en avant à l'allure du pas, dépend de trois conditions essentielles; la première exige l'assiette la plus scrupuleuse, afin que le centre de l'homme, qui, de la poitrine du piéton, descend au ventre du cavalier, en raison de la position qui remonte, chez ce dernier, de la plante des pieds au haut des cuisses; afin, dis-je, que le centre de l'homme reste strictement sur celui du cheval. Alors, le croupion rend l'office d'une jambe de force qui soutient tout le lever du haut du corps, et qui s'oppose au balancement, très vicieux, de cette division du cavalier; si, au contraire, le cheval arrête brusquement, ou qu'il recule, les deux appuis du haut des cuisses fournissent aussitôt le même support, en-sorte que le centre du cavalier, immobile malgré les variations du cercle sur lequel il est assis, reste constamment au-dessus du centre du cheval en mouvement, etc.* »

Comment on marque un demi-arrêt. — « *On parvient donc, au demi-arrêt, en modifiant tous les procédés qui donnent le rassembler; c'est-à-dire, en portant modérément le haut du corps en arrière; en relevant légèrement l'avant-bras; mais en bombant toujours le dessus du poignet, afin que la main, conservée au niveau du coude, communique une tension réciproque aux deux rênes.* »

Comment on tourne un cheval de gauche à droite. — « *Pour se conformer, de point en point, aux lois dictées par la nature, lorsqu'on veut tourner un cheval de gauche à droite, il faut, partant du principe ci-devant posé : « Les deux rênes sont deux barrières mobiles, au travers desquelles la pression « des jambes, égales, du cavalier, fait passer continuellement le cheval » ; il faut, dis-je, s'occuper du soin de rétrécir la barrière droite, et d'augmenter l'espace que peut donner la barrière gauche ; on n'a donc rien de mieux à faire, en pareille circonstance (le demi-arrêt préalablement marqué), que d'arrondir la main, en faisant bomber le dehors du poignet, jusqu'à ce que les jointures, qui partagent les doigts, aient pris la place de celles d'où sortent les ongles; les rênes, qu'on entretenait dans une scrupuleuse égalité, reçoivent, à la minute, une valeur différente, vu que l'arrondissement de la main raccourcit la rêne droite et allonge la rêne gauche. — « Portez la main, soit arrondie, soit cambrée, ainsi que l'assiette du milieu du corps, du côté où vous désirez tourner votre cheval. »*

En nous faisant la description d'un manège, Thiroux a l'amabilité de nous expliquer l'origine du mot chambrière. — « *Que de donneurs de leçons d'équitation, qui ne savent pas pourquoi l'on appelle, une chambrière, le fouet avec lequel ils se pavanent au milieu de leurs élèves! Sauvons-leur l'embarras de la réponse. Si l'on se rappelle que les fonctions d'une fille, rangeant les meubles autour d'une chambre, lui ont fait donner le nom de chambrière; on sentira la justesse de l'application du même nom à l'instrument qui sert, au manège, à ranger, bon gré mal gré, dans la piste qui règne le long des murs, des chevaux toujours mal conduits, et qui ne pensent qu'à profiter de la faiblesse de leur cavalier, novice, pour accourcir leur chemin, en s'éloignant, malicieusement, du mur qui borde la carrière.* »

Comment on reçoit la leçon au manège. — « *C'est l'écuyer-professeur qui nomme le cheval qu'on doit monter, car, au manège, les chevaux ont chacun leur nom; alors, un palefrenier va chercher le cheval désigné, qu'il amène jusqu'à la porte, en le tenant avec une main, et ayant dans l'autre une courroie d'étrier, autrement dit une étrivière armée de son étrier. Si les selles à piquer, qui servent au manège, sont dépourvues d'étrier, en revanche, elles ont un pommeau où le palefrenier accroche l'étrier postiche, qu'il apporte, et qu'il ne remporte qu'après qu'on est totalement arrangé sur le cheval ; ensuite, on vient prendre place dans la levée.*

« *Un écolier monte, successivement, trois chevaux, sur chacun desquels il fait deux temps de travail, appelés reprises, parce qu'ils sont séparés par un moment d'intervalle, qu'ainsi, la totalité d'une leçon d'équitation comporte six reprises exécutées sur trois chevaux différents; il sait ensuite, que chaque reprise est coupée par deux changements de main, en sorte, qu'entamée de gauche à droite, après la première division, elle se continue de droite à gauche, jusqu'à ce que le second changement de main oblige à finir la leçon telle qu'elle a été commencée. »*

Comment on salue. — « *Chaque fois que l'on commence une reprise, on a pour habitude de saluer l'écuyer-professeur ; outre la déférence qui lui est due, cette coutume honnête apprend à saluer avec grâce, et suivant les règles de l'équitation.*

« A pied, c'est avec la main gauche qu'on ôte le chapeau ; mais le cavalier, pour ôter le sien, se sert de la main droite, attendu que sa main gauche, remplie par les rênes de bride, se trouve chargée du soin de diriger le cheval ; ainsi, lorsqu'on passe devant ceux qui tiennent la chambrière, on abandonne le bridon placé dans la main droite, et l'on élève le bras droit, que l'on arrondit en pliant successivement les jointures du coude et du poignet, jusqu'à ce que la main soit parvenue à la hauteur du chapeau ; tant que cette préparation subsiste, il faut laisser la tête immobile, dans l'appréhension qu'on ne la soupçonne de venir au devant de la main. Après avoir enlevé le chapeau, on déplie moelleusement le bras, en observant cette fois de faire jouer la jointure du poignet avant celle du coude, et l'on descend la main qui apporte le bouton du chapeau directement sur la cuisse, afin que le fond en soit tourné du côté des épaules du cheval et que la forme regarde les hanches. La mode est un tyran qui nous a toujours coëffés, nous autres Français, suivant son caprice ; mais, comptant aujourd'hui sur la fermeté républicaine, qui sait repousser toute espèce de despotisme, je laisse mon principe de solution établi sur le retapage des chapeaux à trois cornes, dits à la Française. »

Prendre un coin qui se présente à gauche. — « *Pour qu'un cheval entre régulièrement dans un coin, il faut que sa jambe de devant, du dedans, s'avance la première dans l'angle sur la pointe duquel se pose ensuite sa jambe de derrière du dehors et, pour qu'il en sorte, il faut que ce soit par le chevaler de la jambe du dedant, du dehors, suivi par le port transversal de la jambe de derrière, du dedans.* » Et ceci s'adresse au débutant, quelle complication !

Le saut entre les piliers. — « *J'avoue que je contente encore plus mon amour-propre en décrivant cette leçon, que je ne satisfais à l'intérêt public ; car, je le dis avec la franchise républicaine, le saut entre les piliers est d'une moindre importance en équitation, que les traits de plume ne sont essentiels en écriture ; au moins l'exercice de ces derniers sert à délier la main de l'écrivain, tandis que la pratique des sauts entre les piliers procure unique-*

ment la preuve d'une tenue acquise et consolidée par l'habitude méthodique du trot. »

Ce que nous avons transcrit de l'allure du pas, montre suffisamment dans quelles considérations méthodiques se lance l'auteur pour expliquer le mécanisme des allures. Pour le galop, c'est encore pire. Il invoque de nouveaux chiffres, et cela devient tout un calcul. Mais, pour raisonner de l'embouchure, il est quelque peu plus simple, et partant plus clair : « *Lorsque le cavalier a l'inconsidération de laisser subsister toujours le même degré de pression pendant un trop long espace de temps, la barre s'engourdit dessous le fer de l'embouchure, et le cheval, après avoir perdu toutes espèce de sensibilité, tire, à son tour, contre la main du cavalier, et nécessairement il finit par l'emporter, par la raison du plus fort ; au lieu qu'en ayant la sage précaution de rendre la main, même dans ces instants de fougue, où le cheval semble exiger qu'on emploie le plus de contrainte, la circulation des esprits vitaux suit son cours ordinaire, et elle entretient cette ductibilité des barres, qui assure l'empire du cavalier.* » A propos du choix d'une allure convenable à la difficulté du terrain et propre aux embarras multipliés des villes, l'auteur nous surprend un peu en conseillant à l'élève qui sort pour la première fois, l'allure du trot, considérant celle du pas comme glissante, et celle du galop comme dangereuse. Pour la dernière, cela se comprend ; mais pour le pas ?...

Pour ce qui regarde la haute école, l'auteur en indique la classification suivante : « *A l'instar de la danse, on a formé trois classes, qui sont les erres terre à terre, les erres relevées et les grandes erres.*

« *La première classe, où sont les erres terre à terre, comporte l'exécution de cinq leçons, savoir : le pas d'école, que l'on termine ordinairement par le manier-en-place ; l'épaule en dedans ; la hanche en dedans, plus connue sous la dénomination des deux bouts en dedans, dans laquelle les changements de main ont presque toujours lieu sur deux pistes, et que l'on peut rendre très intéressante au moyen des contre-changements de main, des renversements d'épaules, des voltes, des demi-voltes, des quart de voltes ; quatrièmement, la tête au mur ; finalement, la croupe au mur.*

« *Dans la seconde classe, où sont les erres relevées, on compte le passage dont on se sert pour exécuter, de la façon la plus séduisante, les cinq leçons ci-dessus décrites, le piaffer que, pour lors, on substitue au manier-en-place ; enfin, la galopade qui permet, quoique très difficilement, de rendre quelques-unes des mêmes leçons, et à laquelle on adapte la volte ou, pour parler plus juste, les demi-voltes à pirouette.*

« *La troisième classe, où sont les grandes erres, comprend la pesade, la courbette, la mès-erre, la croupade, la balotade, la cabriole, le pas-et-le-saut, autrement dit le galop-gaillard.* »

A l'appui de sa théorie du cheval dans la main et dehors la main, l'auteur, qui aime trop les mathématiques, donne deux dessins de chevaux, enveloppés d'une multitude de figures géométriques, auxquelles on nous permettra de ne pas nous arrêter.

Nous voulions saisir avec empressement une définition que nous croyions courte, sous le titre : du pas d'école et du pas rassemblé; mais nous sommes dupés en lisant : « *Le cheval marche au pas d'école, toutes les fois que son éducation achevée sert à faire connaître aux élèves ce que c'est que le travail du manège, et le cheval est au pas rassemblé, lorsque c'est l'écuyer qui lui donne cette première leçon du travail; ainsi le pas d'école a lieu quand le cheval en sait plus que le cavalier, et la même erre devient le pas rassemblé si c'est le cheval qui apprend à travailler, dessous un cavalier qui en sait plus que lui.* »

Le second volume de Thiroux traite plus particulièrement du dressage, du choix et de l'élevage des chevaux.

Déjà l'ancienne équitation française avait préconisé la verticalité de la tête dans le ramener, l'auteur dit : « *Le cheval dans la main est celui qui non seulement place sa tête au haut de son encolure arquée, de manière que le nez soit perpendiculaire au chemin qu'il fraie, mais encore qui conserve, tant qu'il travaille, cette position, la seule favorable à l'exécution du cheval.* »

Thiroux est bien partisan du travail à la longe pour dresser les jeunes chevaux comme les jeunes cavaliers, toutefois il ne veut pas que ce travail soit pratiqué sur un cercle, mais bien sur un rectangle. Il n'est pas besoin de donner ses raisons qui se devinent, ce sont celles d'ailleurs de ses devanciers, qui avaient combattu eux aussi le travail en cercle; mais il va plus loin encore en concluant : « *On estropie les hommes en voulant les commencer au cercle; on ruine les chevaux en voulant les trotter au cercle; en définitif, on fait preuve d'impéritie, chaque fois qu'on veut donner une leçon du cercle, et aux hommes, et aux chevaux, par cela seul, qu'on se fonde sur un concours absolu de deux ou trois volontés, pour obtenir un seul et même effet.* »

M. Thiroux est un peu paradoxal et souvent de parti pris; quand il ne trouve pas un genre à innover, il en cherche un à détruire : « *Remontons à l'origine des étriers, et nous verrons que c'est une faute bien gratuite, de notre part, si nous traînons un traquenard aussi dangereux, et toujours ouvert, à la suite de nos équipages pour la selle. Les anciens ne connaissaient pas les étriers ; ils voltigeaient sur leurs chevaux. Quant aux hommes trop petits, trop puissants, trop âgés, ou infirmes, on plantait pour eux des montoirs en pierre, et de distance en distance. Je loue l'imagination de l'étrier, en tant que montoir portatif, et à volonté; mais je le blâme comme appartenance obligée, pendant l'exercice à cheval. Je ne voudrais qu'un seul étrier, qu'on abattît, pour s'élever à la hauteur de la selle, et qu'on relevât aussitôt qu'on y serait assis. Mais, dit-on, la tactique commande aux cavaliers militaires, l'appui des deux étriers. Quoiqu'il soit bien connu que les anciens se battaient à cheval, et qu'ils s'y battaient vaillamment sans le secours des étriers, je dirai : laissons les cavaliers militaires retenir tout ce qui peut favoriser un état, dont les périls font la gloire ; mais vous, cavaliers-chasseurs-voyageurs-promeneurs, si vous tenez par usages aux étriers, au moins changez-en la forme, pour votre sûreté.* »

En résumé, Thiroux, malgré son gros livre, ses grandes phrases et ses belles promesses, n'a fait faire aucun progrès à l'équitation ; son style prétentieux a certainement contribué à en embrouiller les plus simples principes.

On n'avait pas le temps non plus de s'occuper beaucoup des règlements. Les hommes, une fois mis à cheval, étaient envoyés aux armées, où ils achevaient leur instruction sur le théâtre même de guerre comme terrain de manœuvre. Pourtant un règlement provisoire parut : l'*Instruction de l'an VII*, avec des planches que les rédacteurs de 1788 n'avaient pas eu le temps de faire graver.

Cette instruction, peu différente de la précédente, ne s'en éloigna que dans quelques détails. On ne rompit plus par trois, mais par deux et par quatre. Les doublements par deux et par quatre succédèrent aux doublements par trois. L'ordre de colonne par quatre succéda également à l'ordre de colonne par trois. On conserva le titre évolutions ; un numéro fut donné à chacune d'elles, et on en compta quarante-huit ; mais au lieu de leur conserver ce nom, on les appela manœuvres. On rétablit les principes généraux pour les manœuvres ; les colonnes serrées furent formées et déployées par les mouvements par pelotons. On introduisit la dénomination des parties de la selle, avec une instruction pour l'âge et les signalements du cheval. On supprima tout à fait l'école du cavalier à pied, ainsi que les détails particuliers concernant les hussards et les dragons. Enfin, la formation de l'escadron fut placée en tête de l'école de l'escadron, et celle du régiment en tête des manœuvres, dans lesquelles on conserva les échelons qu'avait rétablis le livret de 1793.

Nous relèverons seulement les innovations de cette ordonnance particulières à l'école du cavalier à cheval :

A la deuxième leçon, au lieu de réunir trois cavaliers, on en réunit quatre pour les faire travailler à la longe sur de très grands cercles. Il s'ensuit que la nouvelle ordonnance ajoute : « On pourra rassembler pour la huitième leçon jusqu'à huit cavaliers, mais pas au delà, au lieu de neuf.

« Dans les changements de main à droite, les cavaliers se serviront de la main droite et de la jambe droite, en soutenant de la jambe gauche les hanches du cheval. » L'ordonnance de 1788 ne parlait que de la jambe gauche.

Le règlement fait marcher par deux et par quatre à la longe au lieu de par un et par trois. De même dédoubler par deux ou par quatre. Marcher par deux ou par quatre. Se reformer sur un rang.

Sixième leçon, travail des cavaliers par quatre. Des à-droite, demi-tour à-droite par quatre. Des à-droite et à-gauche par quatre de chaque rang.

Les uniformes de la cavalerie étaient les suivants en l'an VIII :

Deux régiments de Carabiniers : Habit bleu national ; doublure, parements et revers écarlate ; collet bleu ; bonnet d'oursin ; selle à la française avec housse bleue bordée d'un galon blanc.

Vingt-cinq régiments de Grosse cavalerie : Habit bleu ; parements, revers et collet écarlate, jonquille, cramoisi, rose foncé, bleu ou orange. Le 8e de cavalerie était le seul qui fût cuirassé.

Vingt régiments de Dragons : Casque, habit vert ; collet, revers, parements, pattes écarlate, cramoisi, rose foncé ou jonquille.

Vingt-cinq régiments de Chasseurs : Schako, dolman, surtout, pantalons et manteaux verts ; gilet blanc ; parements et collet écarlate, jonquille, rose, cramoisi, orange, bleu céleste, aurore ou capucine.

Douze régiments de Hussards : Schako, pelisse, dolman, surtout, gilet, pantalon, bleu céleste, brun, gris argentin, bleu, vert, écarlate, marron ; parements et retroussis rouge, bleu céleste, écarlate, vert.

La selle de la grosse cavalerie est toujours la selle à la française ; quant à la selle de cavalerie légère, elle mérite une description particulière que nous relevons dans le règlement de l'an VIII.

« Un morceau de cuir étiré jaune qu'on nomme loup porte de long, il se trouve lacé par une lanière en cuir de Hongrie ; c'est ce qu'on appelle le siège de la selle. Les dessus de fonte, qui ont 35 centimètres, sont en cuir lissé noir ou en vache étirée noire ou jaune ; ces fontes s'adaptent à la cuiller à pot avec un collier de fonte en cuir de Hongrie. Il y a au bout desdites fontes, posées sur le rond, deux lanières, en cuir de Hongrie, qui portent de long environ 162 centimètres de large : elles servent à lier le manteau ; il y a une lanière comme celles précédentes, qui se trouve au haut de la palette ou cuiller à pot de devant, qui sert à attacher le manteau par le milieu. Trois courroies de charge, en cuir de Hongrie, portent de long 97 centimètres sur 22 millimètres, deux attachées sur le bout des lames, et la troisième sur le bout de la cuiller à pot. Les panneaux sont en cuir lissé noir ou de vache noire ou jaune bordés en basane jaune. Étrivières en cuir de Hongrie. Elles ont chacune un renfort en cuir lissé noir ou jaune, ou bien en vache jaune. La sangle est en cuir de Hongrie. Le surfaix est en cuir lissé noir. La courroie de ceinture porte de long 194 centimètres. Le boucletot de cette courroie a 65 centimètres ; la croupière 81 centimètres ; la schabraque 129 centimètres. La bordure a 54 millimètres de large. Il faut ajouter à cela le poitrail et la martingale.

« La têtière de bride comprend : le dessus de tête, le montant, la sous-gorge, le frontal, la muserolle, la croiselle, le porte-mors, la paire de rênes, le bout des rênes. »

« Le filet a un dessus de tête, un montant, un frontal et des rênes. »

En l'an VIII, le citoyen *Roy*, ancien adjudant au régiment de cuirassiers, devenu huitième de cavalerie, publia dès « *Éléments d'équitation militaire* » que l'inspecteur général de cavalerie, Kellerman, recommanda aux ministres.

Il y avait certainement de bonnes choses dans ce livre ; mais les principes de position et de tenue étaient certainement basés sur le *Nouveau Newcastle* de Bourgelat.

L'équitation militaire était alors dirigée par l'enseignement donné à l'École nationale des troupes à cheval de Versailles ; mais elle ne devait pas y rester confinée.

Quand Napoléon fut premier consul, son piqueur, *M. Jardin*, profita du moment où le roi d'Espagne venait d'envoyer en présent quarante beaux chevaux au futur empereur pour demander et obtenir que le *manège des Tuileries* fût rendu à sa première destination.

Ce n'est pas durant les guerres de la République, quand les administrations se succédaient rapidement, quand les généraux eux-mêmes étaient fréquemment déplacés, menacés et frappés dans leur existence ; ce n'était pas quand le sol de la France était incessamment bouleversé, qu'on pouvait espérer rien d'uniforme et de soutenu dans le mode des remontes, comme dans toute autre chose. Aussi changea-t-on souvent de système. Des marchés généraux qui étaient en usage et des dépôts qui furent créés pour la réception des chevaux présentés par les fournisseurs, on passa, en 1800, aux masses des remontes, à l'aide desquelles les Conseils d'administration des corps devaient se procurer des chevaux par achats directs ou par marchés.

La maréchalerie fit un nouveau pas en avant à cette époque, grâce encore à un hippiâtre anglais.

C'est en 1800 que *Moorcroft* publia un excellent petit ouvrage intitulé : « *Examen rapide des différentes méthodes de ferrures mises en usage jusqu'aujourd'hui, avec quelques observations à leur sujet.* »

Il décrit un *fer avec siège et talus*, perfectionnement de celui d'Osmer.

Ayant remarqué que les boiteries proviennent moins souvent du mode d'utilisation du cheval que des circonstances qui se rattachent aux procédés de ferrure, il a exposé les conditions que le fer doit réunir pour résister à l'usure et pour ne pas gêner les fonctions du pied.

« *Afin de permettre l'élargissement naturel, quoique peu considérable, que l'on remarque lorsque le pied frappe le sol, le fer doit réunir les conditions suivantes :* 1° *Épaisseur suffisante pour durer un temps raisonnable.* 2° *Siège de largeur suffisante pour donner appui à toute la muraille.* 3° *Ne pas altérer la forme naturelle du sabot.* 4° *Ne pas presser sur la sole et ne mettre en rien obstacle aux fonctions naturelles du pied.* »

Il défend de parer ni la fourchette ni la la sole, et met les barres à la hauteur de cette dernière.

Il veut que les étampures soient distantes de un pouce à un pouce et demi des talons.

Moorcroft avait inventé une machine avec laquelle on fabriquait des fers à siège de toutes les grandeurs et de formes voulues.

Il inventa également un *fer étroit* de la largeur exacte de la muraille et d'une épaisseur modérée pour les courses et chasses sur une terre molle. C'est ce fer étroit que nous voyons reparaître plus tard.

En l'an X (1801), parut à son tour l'*Ordonnance Magimel* (du nom de l'éditeur). Son auteur était un lieutenant d'artillerie à cheval nommé M. Breu. Cette ordonnance, basée sur celle de 1788, était augmentée d'une école d'escadron à pied. Elle ne fut jamais réglementée, mais son usage fut très répandu. Elle rétablissait le travail à pied, supprimé par celle de l'an VIII, et remplaçait les mouvements de formation et de déploiement des colonnes par pelotons par des mouvements par quatre. Elle donnait tous les détails particuliers aux diverses espèces de cavalerie, dans des colonnes à côté les unes des autres, soit pour le maniement des armes, soit pour monter à cheval et mettre pied à terre. L'instruction sur le harnachement fut plus détaillée, elle en introduisit une pour le mors de bride, pour l'embouchure, pour seller et desseller, pour brider et débrider. Aux mouvements par pelotons pour la formation et le déploiement des colonnes serrées, furent substitués les mouvements par quatre, et il intercala le livret des commandements pour les évolutions.

L'École nationale des troupes à cheval de Versailles continuait son existence. En 1800, elle était commandée par le *général Noirot ;* en 1801, par le *général Desnoyers;* en 1802, par le *général Beaumont; Jardin* y était écuyer civil ; en 1803, par le *colonel Berger; Coupé* y était écuyer civil ; en 1804, par le *colonel Curto ; Gervais* y était écuyer civil.

Un progrès positif s'était déjà manifesté ; l'instruction militaire faisait partie des cours théoriques et pratiques ; l'ordonnance de cavalerie était, pour l'usage de l'École, rédigée par demandes et par réponses ; les leçons du manège académique étaient suivies avec exactitude et données avec soin, mais, à l'exception d'un cours facultatif d'hippiatrique établi en 1803, les autres branches si essentielles de l'instruction des officiers de cavalerie y étaient complètement négligées. On crut pouvoir remédier à cette lacune, en envoyant un lieutenant de chaque régiment suivre les cours de l'École vétérinaire d'Alfort; les résultats furent loin de répondre aux espérances.

Quoique l'École de Versailles fût entrée dans une véritable voie de progrès en familiarisant ses élèves à l'étude de l'ordonnance, l'exercice et les manœuvres de la cavalerie, était-il possible qu'elle arrivât à des résultats bien satisfaisants, en changeant aussi fréquemment les officiers généraux et colonels chargés de la diriger ?

« Les emplois des écoles conviennent à beaucoup de personnes, mais il en est très peu qui conviennent à ces emplois ; beaucoup de ceux qui les recherchent et les ambitionnent ignorent que c'est une vie de labeur incessant et d'une complète abnégation, et que, pour y être véritablement utile, il faut avoir longtemps étudié les rouages de cette machine compliquée, au succès de laquelle on attache son amour-propre et sa réputation. »

Les modèles de sabre de la cavalerie furent modifiés en 1801 et 1803, le fourreau de tôle fut substitué au fourreau de cuir ; presque toute la cavalerie légère reçut un sabre de 88 centimètres avec flèche de 51 millimètres 9, mais ce sabre étant trouvé trop courbe, on donna à quelques régiments le sabre dit à la Montmorency, dont la lame avait 975 millimètres de longueur avec 18 millimètres de flèche, dont le fourreau était en cuivre et la poignée en fer poli.

Nous en sommes à un temps où les Anglais ne s'avisaient pas de venir en France pour y importer le genre, et il n'était pas facile non plus de l'aller chercher chez eux, C'était au moment où Napoléon formait le camp de Boulogne. Il n'y avait pas moins beaucoup d'anglomanes à Paris, qui n'avaient jamais mis le pied en Angleterre, mais qui donnaient le genre anglais. La mode était alors de placer la selle presque sur la croupe, de manière qu'on menait son cheval comme à grandes guides. Le cavalier de grande taille ne pouvait faire arriver ses jambes que sur la perpendiculaire de la queue ; le petit piquait le grasset quand il voulait se servir des éperons. Les sangles, extrêmement serrées, comprimaient les flancs, gênaient la respiration, et en glissant près du fourreau elles faisaient naître des hernies ; quelquefois elles irritaient les chevaux au point de les désespérer, et de nombreux accidents furent la suite de cette mode ridicule, que l'on suivait à la lettre, sous peine de passer pour un cavalier de mauvais goût. On laissait les chevaux sanglés jour et nuit pour creuser la place des sangles. Cette mode dut passer lorsque Napoléon, devenu empereur, voulut que tous ses équipages fussent à la française, de même que ceux de ses ministres, et des officiers supérieurs de son état-major. On pourrait citer plusieurs anecdotes pour prouver toute l'antipathie de l'empereur pour les chevaux et les équipages à l'anglaise. D'ailleurs les saines traditions de l'École française étaient maintenus par MM. Coupé, Jardin, Pellier, Le Roux frères, Chapelle, Aubert et autres cavaliers fameux formés à l'École de Versailles avant 1792.

C'est cependant grâce aux Anglais que la maréchalerie avait à enregistrer un ouvrage important d'un hippiatre que nous avons déjà nommé, Coleman, qui, s'il ne fut que copiste, stimula du moins l'étude dans l'espèce.

M. Edward Coleman, directeur et professeur au Collège vétérinaire de Londres, fit paraître, en 1802, un ouvrage sur la ferrure, rédigé sur le même plan que ceux de Lafosse et de Bourgelat : « *Observations sur la structure et les maladies du pied du cheval.* » L'anatomie du pied, qui forme la première partie du livre anglais, n'est qu'une copie ou un extrait des écrits antérieurs publiés par Lafosse fils sur le même sujet. Les planches nombreuses qui accompagnent cet ouvrage, et qui représentent diverses coupes, sont doubles, les unes gravées au simple trait, et les autres enluminées avec un grand soin.

Dans le développement de son système de ferrure, M. Coleman pose en thèse générale que l'on doit constamment conserver au pied la forme circulaire qu'il présente dans l'état de belle nature; il recommande de parer beaucoup en pince et fort peu en talons; et pour contrebalancer la perte de corne en pince, laisser les talons libres, et permettre à la fourchette de participer à l'appui, il conseille l'application d'un fer raccourci aux deux branches, très épais en pince et diminuant insensiblement jusqu'à l'extrémité des branches. Cet auteur considère la fourchette comme étant destinée à maintenir les talons écartés, à donner du ressort aux mouvements de l'animal et à modérer efficacement la violence des percussions. En résumé, la méthode du professeur anglais se rapproche des principes de Lafosse; elle n'en diffère qu'en ce que le fer a trois fois plus d'épaisseur en pince qu'en éponges; vice capital, qui met l'animal sur un plan incliné, rejette tout l'appui sur la fourchette, fatigue nécessairement les tendons et les ligaments.

Quant aux productions chevalines, il était tout aussi nécessaire de s'en inquiéter.

Huzard père publia, par ordre du gouvernement, en 1802, son *Instruction sur l'amélioration des chevaux en France*. C'était certainement le meilleur travail qui eût paru jusqu'alors sur la question, qu'il avait étudiée et qu'il comprenait parfaitement. Il développait les causes passées de la dégradation des chevaux; il savait que la plus grave avait été le défaut de connaissances spéciales. Mais la France n'était pas plus avancée sous ce rapport au moment où il écrivait. Il ne l'ignorait pas; et on le voit embarrassé sur les moyens qu'on emploiera pour répondre dignement aux besoins de l'époque.

En 1803, un ancien lieutenant-colonel de cavalerie, *M. de Maleden*, publia un ouvrage intéressant ayant pour titre : Réflexions sur la réorganisation des haras, *l'amélioration des chevaux et le rétablissement des manèges, suivies d'un plan organique*.

M. de Maleden nous dit que de son temps il existait encore beaucoup de haras sauvages, plus particulièrement en Autriche et en Pologne. « Les chevaux y vivent en liberté et se multiplient à volonté. Dans les haras sauvages, il y a des hommes nommés vulgairement dans le pays hommes des bois, parce qu'ils y habitent réellement toujours, pour avoir soin des chevaux, leur donner à manger pendant les hivers, observer les étalons pendant la monte et les juments à l'époque de la mise bas, et prendre ensuite plus facilement ces chevaux, lorsqu'il est nécessaire. Voici comment ils y parviennent : les surveillants de ces sortes de haras se familiarisent insensiblement avec les chevaux, de ce côté ils ressemblent aux Arabes, qui vivent aussi dans les déserts avec les leurs ; ces surveillants et les chevaux s'approchent réciproquement, et lorsque ces derniers se montrent sans méfiance, les hommes leur passent un filet au col, les jettent par terre ou les retiennent par la force ; dès que le cheval est pris, ils le montent et le courent jusqu'à ce qu'ils s'aperçoivent que les forces lui manquent. »

Détail curieux : « Nous avons remarqué que ces sortes d'hommes sont robustes, qu'ils gardent leur chemise toute l'année, et se préservent de la vermine en la graissant avec du lard. »

L'Équitation militaire

Ordonnance de l'an VIII

Position du Cavalier à Cheval en [illegible].

Position du Cavalier avant de monter à Cheval.

Position du Cavalier tenant les rênes de la bride

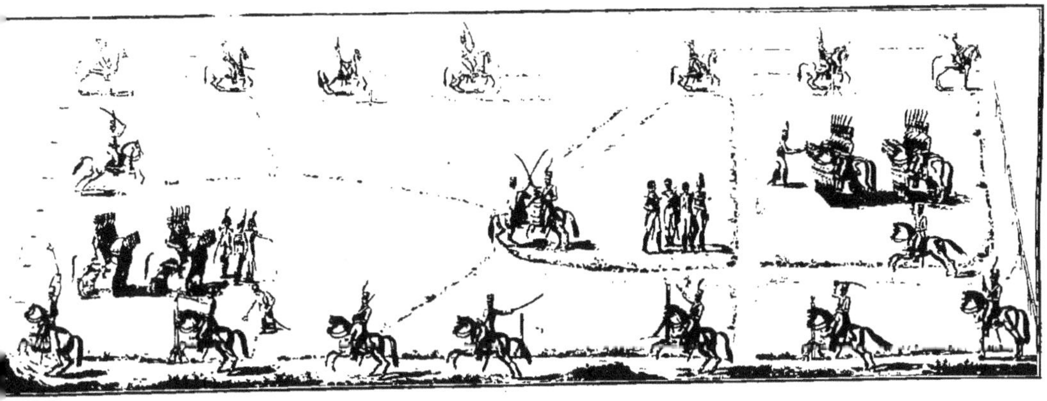

XX

École du cavalier à pied par demandes et par réponses, pour l'École de Versailles : Embouchure, son mécanisme, différentes espèces de mors. — Cordier ; École d'escadron par demandes et par réponses. — Ordonnance de l'an XIII : bases d'instruction ; maniement de la baïonnette des hussards et chasseurs ; instruction à pied des dragons ; école du cavalier en six leçons, leurs progressions ; répartition des classes d'instruction, leur travail ; progressions de l'instruction des recrues, des sous-officiers et des officiers ; progression du dressage des jeunes chevaux. Analyse. — Nouveau harnachement de la cavalerie. — Gohier : Tableaux synoptiques de la ferrure, 1804. — La cavalerie française sous le premier Empire. — L'École de Versailles. — Le manège de Saint-Cloud : M. Jardin. — Chevaux arabes amenés d'Égypte en 1805. — Grognier : Notice sur Bourgelat ; critique de la ferrure. — Les chevaux de Napoléon Ier. — Origine de la tête busquée et du cornage chez les chevaux normands. — Réorganisation des haras en 1806 : six haras, trente dépôts d'étalons, deux écoles d'expériences. — Remonte de la cavalerie sous l'Empire. — Les vétérinaires en 1807. — Le 1er hussards à Saumur, le 25e dragons, le 26e chasseurs. — Napoléon Ier à Saumur. — La Grande Armée passe par Saumur. — École impériale d'équitation de Paris, 1808. — Noyès. Mémoire sur les diverses conformations des chevaux destinés aux armées, 1808 : le service militaire du cheval de selle ; les défauts de race en France ; ferrure.

En 1803, nous avons à signaler l'apparition d'un ouvrage classique à l'École d'équitation de Versailles : « ÉCOLE DU CAVALIER A PIED, *par demandes et par réponses, pour servir d'introduction à l'instruction détaillée concernant les manœuvres de la Cavalerie, mise en pratique à l'École d'Équitation de Versailles.* »

Nous ne relèverons dans cet ouvrage que l'Instruction sur le mors de bride et sur l'embouchure du cheval, qui, après avoir donné la description du mors pour Cavalerie, Dragons et Cavalerie légère, détaille le mécanisme de l'embouchure.

« D. — A quoi se réduisent toutes les parties du mors.

« R. — Elles se réduisent à trois principales, qui sont : 1° l'embouchure destinée à appuyer sur les barres de la bouche du cheval, à un « travers de doigt au-dessus des crochets d'en bas ; 2° les branches ou leviers « qui font faire l'effet à l'embouchure et à la gourmette ; 3° la gourmette qui « fait effet sur la barbe, et forme le point d'appui des leviers.

« D. — Comment se divise le mors de filet?

« R. — Le mors de filet se divise en deux parties, qui sont unies entre « elles par le moyen du pli et de l'anneau qui se trouvent au centre du mors « de filet ; les canons doivent jouer les uns dans les autres ; ils doivent former « ensemble une espèce de demi-cercle allongé, l'extrémité des canons for-

« mant une olive, en travers de laquelle passent les anneaux qui réunissent « les rênes et les montants du filet. »

Suit une instruction sur la manière d'emboucher toutes sortes de chevaux, selon leurs bouches et suivant quelques autres parties qui les constituent, avec la connaissance des différents mors qui leur sont applicables.

« D. — Quelle est la manière de bien emboucher un cheval?

« R. — Pour bien emboucher un cheval, il faut lui donner une embouchure selon la conformation des barres, et suivant l'épaisseur de la langue; « il faut lui donner une gourmette selon la sensibilité de la barbe, et des « branches selon comme il porte la tête.

« D. — Que faut-il examiner avant d'emboucher le cheval?

« R. — Il faut examiner les parties intérieures et extérieures de la « bouche du cheval : il faut aussi considérer la construction de quelqu'autre « partie du cheval, telles que les jarrets, les reins, l'encolure, et si le cheval « est bas du devant ou du derrière.

« D. — Comment le mors doit-il être placé dans la bouche du cheval, « et qu'est-ce qui démontre qu'il y est bien placé?

« R. — Le mors doit porter sur les barres à un travers de doigt au-« dessus du crochet d'en bas, et ne point toucher sur ceux d'en haut; si le « mors était trop haut, il ferait froncer les lèvres et offenserait l'os des barres. « Il faut que l'embouchure ne contraigne pas plus une partie que l'autre, « que le mors ne soit ni trop large, ni trop étroit, et que la gourmette soit « bien placée sans être trop longue ni trop courte.

« D. — Qu'est-ce qui désigne que le cheval est bien gourmé?

« R. — L'effet du mors est celui de deux leviers, dont la partie infé-« rieure des branches forme la puissance, et la supérieure forme le centre du « mouvement, au point d'appui, dont la résistance est précisément à l'en-« droit où les canons portent sur les barres, on fait agir les puissances par « l'effet des rênes, et la gourmette augmente l'effet de la résistance, parce « que l'action de la puissance est dépendante de sa tension et de son appui.

« D. — Quel effet résulte-t-il chaque fois que le cavalier attire, par « l'effet des rênes, les bras de la puissance en arrière, et lorsqu'il ne fait agir « qu'un seul levier?

« R. — Il résulte que la partie supérieure des branches est portée en « avant jusqu'à ce que la gourmette soit à son plus grand degré de tension, « et que, passé ce point, la puissance occasionne une compression sur les « parties de la bouche qui se trouvent resserrées entre les canons et la

« gourmette, plus ou moins sensibles, selon le sentiment plus ou moins vif « des barres et de la barbe; et si on ne faisait agir qu'un levier, la com- « pression n'aurait lieu que pour les parties de la bouche qui se trouvent de « ce côté.

« D. — Quelles sont les parties les plus ou moins sensibles sur les- « quelles le mors fait effet?

« R. — Les parties les plus sensibles sont les barres et la barbe; les « moins sensibles sont la langue et les lèvres : les barres élevées, tranchantes « et décharnées, la barbe maigre et aiguë dénotent une sensibilité extrême : « la langue et les lèvres sont indolentes relativement aux autres parties. »

Mais à propos du choix des mors selon les différentes bouches des chevaux, l'auteur énumère une quantité d'espèces de mors avec leur emploi : *Mors à simple canon brisé, gourmette plate, branche à buade. — Mors à billot un peu ceintré, branches flasques, à tire-bouchon, gourmette plate. — Mors gorge de pigeon simple, branches sur la ligne, gourmette plate. — Mors gorge de pigeon, liberté montante, branches à tire-bouchon, gourmette plate. — Mors bec de cane, ou pas d'âne, branches sur la ligne, gourmette ronde. — Mors gorge de pigeon talonnée, branches courtes, à tire-bouchon, gourmette plate. — Mors pied de chat, embouchure rivée dans les branches, branches courtes, l'extrémité inférieure des branches dirigée un peu en avant; gourmette ronde. — Mors col d'oie talonné, embouchure rivée dans les branches, branches longues et hardies, gourmette ronde. — Mors col d'oie à olive, gorge de pigeon talonnée, banquet carré, embouchure rivée dans les branches, branches longues et hardies, gourmette ronde. — Mors à berge foncée, col d'oie talonné, gourmette ronde, branches hardies. — Mors gorge de pigeon renversée, branches sur la ligne, gourmette plate. — Écumoir à hotte pour le cheval qui laisse pendre sa langue perpendiculairement. — Écumoir à plis pour le cheval qui laisse pendre sa langue de côté. — Mors à la turque. — Mors à crochet, branches brisées, gorge de pigeon talonnée.*

Après de longues pages écrites sur ce sujet, l'auteur ajoute fort heureusement en nota : « Si dans cette instruction, on a porté des mors avec des embouchures dures, ce n'est pas pour en faire ordinairement usage; mais bien pour s'en servir dans les cas extraordinaires, tels qu'ils ont été indiqués; il faut toujours commencer à emboucher les chevaux avec des mors très doux. Quelquefois même une bouche gâtée peut se refaire par la légèreté de la main du cavalier, et en mettant un peu de patience; les branches qui sont à chaque mors peuvent être allongées, raccourcies, dirigées en avant et en arrière, selon la finesse ou la dureté plus ou moins forte de la bouche des chevaux, selon comme ils portent la tête, et suivant la construction des reins et des jarrets : c'est aux instructeurs à avoir cette attention. »

Était-il donc besoin de revenir à l'empirisme de l'embouchure lorsque cette question avait été déjà si justement écartée des principes rationnels de l'équitation.

La même année parut une ÉCOLE D'ESCADRON PAR DEMANDES ET PAR RÉPONSES, *basée sur l'ordonnance de 1788, et pour faire suite aux neuf leçons de l'École du cavalier, mises en pratique à l'École d'instruction des troupes à cheval établie à Versailles. Par le citoyen Cordier, officier au 19e régiment de chasseurs à cheval, élève de l'École d'instruction.*

M. Cordier préludait ainsi à ses études qui devaient le mettre en relief et l'amener à la direction du manège de l'École de cavalerie.

Nous avons dit que la dernière ordonnance parue était l'ordonnance Magimel ; elle était plus complète que les précédentes, mais elle n'avait point force de loi, aussi comptait-on nombre de dissidents. Ce fut dans l'intention de régulariser ce travail que fut formée la commission qui rédigea *l'ordonnance provisoire du 1er Vendémiaire, an XIII (1804)*, et qui rendit son travail et son rapport au ministre de la guerre le 6 prairial, an XII.

En jetant un coup d'œil sur la composition de cette commission, on y retrouve des noms dont la cavalerie s'honore, et devenus justement célèbres par d'éclatants services de guerre ; les signataires sont MM. les généraux de division Louis Bonaparte, Canclaux, Nansouty, les colonels Curto et Maurice, qui commandèrent successivement l'École de Versailles. Ce fut le colonel Maurice qui dessina les planches.

Les officiers généraux Bourcier, d'Hautpoul, Klein, Kellermann, Ordener et le colonel Marx, membres de la commission, se trouvant absents, ne purent présenter ce travail au ministre, ce qui ajourna sa publication.

L'ordonnance de l'an XIII établit six leçons à cheval ; l'instruction de la baïonnette pour les chasseurs et hussards ; l'instruction à pied pour les dragons. Les dragons ont une formation analogue à celle de l'infanterie. A l'école d'escadron sont ajoutés les doublements et les dédoublements. Dans les évolutions, on trouve la retraite en échiquier ; le passage des lignes (la formation est une sorte de lignes de colonnes) ; le changement de direction en marchant ; le changement de front sur le centre ; la marche en échelons.

Il y a dix-huit manœuvres « *pour fournir aux officiers les exemples des moyens par lesquels on peut faire mouvoir la cavalerie* ».

Les notions générales sur l'instruction régimentaire furent appelées *bases de l'instruction* et mises en tête de l'ordonnance; dans ces bases furent comprises les diverses formations de l'escadron et du régiment, ainsi que les principes généraux des manœuvres. L'école du cavalier à cheval contenant toujours les mêmes matières fut divisée en six leçons au lieu de neuf; quelques-unes de ces leçons furent transposées.

En somme, dans l'école du cavalier, l'ordre établi pour l'instruction graduelle des hommes, est conforme à ce qui est prescrit dans l'ordonnance de 1788 à l'exception de quelques légers changements tels que les mouvements nécessaires pour le maniement de la baïonnette des hussards et chasseurs et l'instruction à pied des dragons.

Nous lisons dans les bases d'instruction : « *L'école du cavalier sera divisée en six leçons : La première* comprendra la position de l'homme avant de monter à cheval; la manière de sauter à cheval; la position de l'homme étant à cheval; la manière d'allonger les rênes du bridon, de les raccourcir, de les croiser dans la main droite ou dans la main gauche, de les séparer dans les deux mains; l'usage et l'effet des jambes; celui de l'éperon; le mouvement de marcher, arrêter, reculer, tourner à droite, à gauche; le demi-tour à droite ou à gauche; la manière de sauter à droite ou à gauche, de défiler par la droite ou par la gauche, et le travail des cavaliers à la longe, les chevaux étant en couverte et en bridon.

« *La seconde* comprendra le travail des cavaliers à la longe, les chevaux étant sellés, c'est-à-dire la manière de mônter à cheval, marcher à main droite ou à main gauche, les cavaliers étant sur un seul rang, croiser alternativement les rênes dans les deux mains, passer du pas au trot, et du trot au pas, doubler par deux et par quatre, former le rang, dédoubler par quatre, par deux et par un, et mettre pied à terre.

« *La troisième* comprendra le travail des cavaliers au large étant sur deux rangs et avec les étriers, la manière de monter alors à cheval, marcher par deux ou par quatre, former le peloton, appuyer à droite ou à gauche, les changements de direction, les à droite ou les à gauche, les demi-tours à droite ou à gauche en marchant, serrer le rang à droite ou à gauche, les principes de l'alignement et de conversions, et mettre pied à terre.

« *La quatrième* comprendra le travail des cavaliers au large, les chevaux étant en bride, c'est-à-dire la manière d'ajuster les rênes, rassembler son cheval, marcher, former des demi-temps d'arrêt, arrêter, reculer, cesser de reculer, tourner à droite où à gauche, appuyer à droite ou à gauche, lâcher le filet, marcher par deux ou par quatre, dédoubler, former sur deux rangs et sur un, les alignements et les conversions sur deux rangs.

« *La cinquième* comprendra le travail des cavaliers par quatre avec leurs armes, c'est-à-dire les principes de la marche directe et oblique, ceux de conversion, les à gauche et les demi-tours à gauche, les à droite et les demi-tours à droite par quatre en marchant en colonne et en bataille, le maniement des armes, resserrer les rangs, et le pied à terre des dragons pour combattre.

« *La sixième* leçon comprendra le travail au galop, la course des têtes, le saut de la barrière, de la haie et du fossé, et l'école pour la charge individuelle. »

Ordre et progression du travail. — « Le travail de l'été finira chaque année le 1er novembre ; à cette époque, on laissera reposer les hommes pendant quinze jours, et l'on fera sortir seulement les chevaux trois fois par semaine, pour les promener en couverte et en bridon.

« L'instructeur en chef réunira pendant ces quinze jours les officiers, sous-officiers et cavaliers employés à l'instruction à cheval, pour les examiner plus particulièrement sur la théorie de l'instruction, de même que sur les notions générales relatives à la connaissance de l'âge du cheval, de ses tares extérieures et de sa ferrure. Le travail des recrues, ne devant éprouver aucune interruption, sera continué pendant ces quinze jours.

« Travail à cheval. — On commencera le travail à cheval le 15 novembre ; le régiment sera divisé en trois classes :

« La première classe sera composée des sous-officiers et cavaliers les plus instruits ; la seconde, de ceux qui le sont moins ; et la troisième des recrues.

« Les cavaliers de la première classe ne travailleront point au manège pendant les mois de novembre, décembre, janvier et février ; ils promèneront seulement les chevaux qui n'auront point travaillé aux différentes classes.

« Pendant le temps que la première classe ne travaillera point au manège, on exercera, par compagnie, les cavaliers au maniement des armes à cheval, et à monter et à démonter toutes les parties de leur armement et de leur équipement, à seller, paqueter et à brider leurs chevaux avec la plus grande célérité : on les instruira souvent des devoirs des vedettes, et de la manière dont ils doivent se conduire étant en patrouille et en tirailleurs ; on fera assister à cette théorie, autant qu'il sera possible, les cavaliers de la seconde classe et les recrues.

« Les cavaliers de la seconde classe travailleront au manège trois fois par semaine, à dater du 15 novembre ; depuis cette époque jusqu'au 1er mai, qu'ils doivent être admis, autant que possible, à l'école d'escadron, ils passeront successivement par les différentes leçons, suivant leurs progrès.

« La troisième classe travaillera cinq fois par semaine.

« Tous les officiers indistinctement monteront ensemble au manège deux fois par semaine sur leurs chevaux, depuis le 15 novembre jusqu'au 1er février.

« Le colonel et le major donneront l'exemple de l'exactitude à cette réunion autant que leurs occupations le leur permettront ; en cas d'absence, l'officier le plus élevé en grade ou le plus ancien présidera à ce travail, et en rendra compte au major. Les officiers qui auront besoin de se fortifier dans l'instruction à cheval, seront attachés aux différentes classes de cavaliers ; ils n'en seront pas moins astreints à travailler avec les officiers les jours où ceux-ci se réuniront.

« On rassemblera le samedi les instructeurs pour leur donner la leçon de galop, et celle de la course des têtes.

« On fera en sorte que chaque cheval ne travaille que deux ou trois fois par semaine. Les vieux chevaux destinés à la réforme seront donnés aux recrues et par conséquent sortiront cinq fois par semaine. On permettra aussi aux officiers qui travailleront plus de deux fois par semaine, et à ceux dont les chevaux pourraient être malades, de monter des chevaux de troupe qui leur seront désignés par le commandant de leur compagnie.

« Les chevaux qui n'auront pas quatre ans faits seront promenés en couverte et en bridon. Ceux qui auront cinq ans travailleront deux fois par semaine et seront montés par des instructeurs ou par des sous-officiers ou cavaliers choisis à cet effet.

« Au 1er février, la première classe commencera à travailler au manège deux fois par semaine ; elle sera remise à la seconde leçon, et successivement aux autres, suivant les progrès des cavaliers, de manière à ce que ces cavaliers puissent passer à l'école d'escadron le 1er mai.

« Aussitôt que le travail de la première classe recommencera, les officiers qui seront instruits monteront à cheval avec leurs compagnies, et cesseront d'aller au manège.

« Le 1er avril on réunira les sous-officiers, brigadiers et cavaliers semestriers ; on les exercera à la seconde classe, et en suivant progressivement, de manière qu'au 25 du mois ils puissent être mis à la sixième leçon.

« Les cavaliers seront exercés aux quatre premières leçons dans le manège couvert, lorsqu'il fera mauvais temps ; toutes les fois que le temps le permettra, on les conduira dans la carrière au manège découvert. Quant à la cinquième leçon, on évitera, autant que faire se pourra, de la donner dans le manège couvert; la sixième ne pourra être donnée que dans la carrière.

« La durée des leçons sera d'une heure de travail, afin de ne pas fatiguer les hommes ni essouffler les chevaux.

« Dans les temps froids on ne mettra point d'intervalle entre les reprises, et on ne fera venir au manège que le nombre de cavaliers qui pourront y travailler à la fois.

« Le commandant du régiment assistera aux leçons du manège aussi souvent que ses autres devoirs le lui permettront.

« Les chevaux qui ne sont pas dans les rangs, tels que ceux des trompettes, des adjudans, des maréchaux-des-logis-chefs et fourriers, pourront être désignés pour le travail du galop et de la course des têtes : cette leçon asseyant beaucoup les chevaux, il serait dangereux de les y employer tous indistinctement.

« *Travail de l'été.* — Travail à cheval. — Au 1er mai on réunira les cavaliers les plus instruits, et on formera les escadrons, dans lesquels on fera entrer les jeunes chevaux qui auront été dressés pendant l'hiver.

« Dans les premiers jours de mai on exercera les escadrons successivement par peloton au maniement des armes, tel qu'il est détaillé dans la cinquième leçon de l'École du cavalier; on commencera ensuite le travail prescrit par les IIe et IIIe articles de l'École de l'escadron; on le continuera autant qu'il sera nécessaire pour le bien faire comprendre et exécuter aux cavaliers, ce qui pourra durer jusqu'au 15 mai.

« Depuis le 1er mai jusqu'au 15 du même mois, on réunira les officiers et sous-officiers deux fois par semaine pour leur faire exécuter tout ce qui est relatif à l'instruction à pied, etc.

« Les chevaux qui n'auront pas cinq ans seront promenés tout l'été en bridon et en couverte, trois fois par semaine, pendant deux heures; ceux qui seront en état d'être montés seront exercés séparément, deux fois par semaine, par les instructeurs et les cavaliers instruits destinés à les remplacer.

« Ces mêmes sous-officiers et cavaliers seront exercés depuis le 1er mai jusqu'au 1er août, deux fois par mois, à la leçon du galop et de la course des têtes.

« L'instructeur en chef à cheval se bornera à l'instruction de l'école du cavalier, et à celle du peloton d'instruction. »

Gradation de l'instruction de l'homme de recrue. — « Les hommes de recrue, à leur arrivée au corps, seront instruits à tous les détails de la discipline, de police et de service intérieur, conformément à ce qui est prescrit par le règlement relatif à ces différentes parties. On commencera en même temps leur instruction à pied.

« L'instruction des recrues à cheval commencera en même temps que celle à pied, et on la suivra de manière à ce que l'homme de recrue ne reste, autant que possible, que vingt jours à la première leçon, vingt jours à la seconde, vingt jours à la troisième, vingt jours à la quatrième, un mois à la cinquième, dix jours à la sixième; en suivant cette progression, il devra être en état, au bout de quatre mois, de passer à l'école de l'escadron.

« Les époques qui viennent d'être fixées pour passer d'une leçon à une autre, peuvent être plus ou moins rapprochées, suivant l'intelligence, les dispositions et les progrès des hommes de recrue. On aura aussi égard aux circonstances et au temps que l'on pourra employer à leur instruction, qu'il est important de pousser le plus vivement possible, afin que l'école, pendant la paix, se rapproche de ce qu'elle doit être pendant la guerre.

« Ces dispositions seront communes aux recrues des régiments de dragons, avec les modifications suivantes :

« 1° Les recrues seront, à leur arrivée au corps, instruits à soigner et panser un cheval.

« 2° Leur instruction à pied sera continuée exclusivement à l'instruction à cheval, jusqu'à ce qu'ils soient en état d'exercer complètement l'école du peloton, sans toutefois que ces éléments d'instruction à pied puissent durer plus d'un mois.

« 3° L'instruction à cheval ne commencera qu'après que celle à pied sera suffisamment perfectionnée, sans que, dans aucun cas, ce temps puisse excéder un mois, comme il est dit ci-dessus; mais, dans son cours, on entretiendra les recrues dans l'habitude de l'exercice à pied, en les y faisant travailler une fois par semaine. »

Gradation de l'instruction des sous-officiers. — « Les sous-officiers devront être instruits des principes de l'équitation et savoir exécuter, à pied et à cheval, tout ce qui a rapport à l'exercice prescrit par la présente ordonnance, afin d'être en état, dans toutes les occasions, de conduire leur troupe.

« Les sous-officiers seront perfectionnés et entretenus dans leur instruction au moyen des écoles de théorie. Les cavaliers de remplacement employés à l'instruction, seront admis à ces écoles. »

Gradation de l'instruction des officiers. — « Tous les officiers, depuis le colonel jusqu'au sous-lieutenant, seront instruits de ce qui est relatif à la présente ordonnance, chacun en ce qui concerne son grade.

« L'instruction élémentaire des officiers influant pendant toute leur carrière militaire sur la manière dont ils remplissent leurs devoirs, les chefs des régiments apporteront aux examens qui y ont rapport la plus grande exactitude.

« *Tout sujet désigné pour être officier, qui joindra un régiment pour la première fois, sera astreint à passer par différents grades, ainsi que par l'école affectée à chacun d'eux.*

« *Il ne pourra être reçu au grade de brigadier que quand il aura été admis à l'école de l'escadron à pied et à cheval, qu'il aura fait le service de cavalier, à l'exception des corvées et du pansage des chevaux, et qu'il sera en état de remplir les fonctions de brigadier; ce qui sera constaté par l'examen prescrit.*

« *Parvenu au grade de brigadier, il en remplira toutes les fonctions, et sera employé dans ce grade à l'instruction des recrues à pied et à cheval.*

« *Avant de pouvoir prétendre au grade de maréchal-des-logis, il faudra qu'il soit assez instruit pour être mis au rang des instructeurs, et qu'il ait subi l'examen de la théorie qui leur est relative.*

« *Lorsqu'il sera devenu maréchal-des-logis, il en fera le service et les fonctions; il s'instruira des détails de la place de maréchal-des-logis en chef, et il sera employé à dresser des recrues à pied et à cheval.*

« *Lorsqu'enfin le major le jugera en état d'être reçu officier, il en rendra compte au colonel, qui l'examinera lui-même, ou le fera examiner devant lui par le major, sur tous les objets qui viennent d'être détaillés, et en outre sur les titres des manœuvres, sur les devoirs des sous-lieutenants et sur la partie de l'instruction relative à la guerre en ce qui concerne les officiers.*

« Tout officier ou sous-officier arrivant d'un autre corps ne sera point soumis à passer par les écoles des grades qui précèdent le sien, mais toutefois soumis à l'examen tel que les officiers revenant de semestre.

« Quand un officier ne sera pas en état de remplir parfaitement les devoirs de son grade à la manœuvre, celui qui commandera les fera remplir par un autre, et assignera à cet officier la place et les fonctions du grade inférieur au sien.

« Enfin aucun officier ne devant remplir les fonctions de son grade que lorsqu'il a les connaissances et l'instruction que ce grade exige, le commandant du régiment veillera, sur sa responsabilité, à ce que les chefs d'escadron ne commandent ni à la manœuvre, ni aux exercices et instructions de détail, s'ils ne savent eux-mêmes parfaitement exécuter ce qu'ils exigent des autres ; et dans ce cas ils les suspendra de leurs fonctions à la manœuvre jusqu'à ce qu'ils se soient mis en état d'exercer.

« Aucun officier revenant de semestre ne pourra reprendre ses fonctions à la manœuvre que quand le commandant du régiment aura reconnu qu'il est en état de les remplir.

« Le commandant du régiment ne pourra, sous aucun prétexte, apporter de changement aux dispositions contenues dans le présent article, et demeure personnellement responsable de sa stricte exécution. »

Progression que l'on doit suivre pour dresser les jeunes chevaux. — « Le trot doit être égal, c'est-à-dire qu'en temps égaux le cheval doit parcourir des espaces égaux ; il doit être alongé, sans cependant mettre le cheval sur les épaules. Quand les chevaux seront assez dociles, on les sellera avec précaution ; on les fera marcher au pas et au trot, en suivant les principes indiqués ; et lorsqu'ils seront habitués à la selle, on les montera à droite et à gauche.

« Tant qu'on jugera nécessaire de tenir les chevaux à la longe, on leur fera exécuter la reprise telle qu'elle est indiquée dans la première leçon.

« Lorsque les chevaux troteront avec aisance, on les fera travailler au large, et exécuter tout ce qui est prescrit dans la troisième leçon.

« Si quelque cheval montre des fantaisies, il faudra sur-le-champ le remettre à la longe, et l'y tenir jusqu'à ce qu'il soit complètement corrigé.

« Si le cheval se cabre, le cavalier devra, sans déranger son assiette, porter le haut du corps en avant, ne pas s'attacher aux rênes, ce qui peut faire renverser le cheval, mais, au contraire, rendre la main.

« Si le cheval rue, le cavalier devra chercher à garder sa position, en mettant le corps un peu en arrière sans se roidir ; il devra en même temps fermer les deux jambes pour porter le cheval en avant, et soutenir la main pour l'empêcher de mettre la tête entre les jambes.

« Les chevaux ruent rarement droit ; ils jettent presque toujours la croupe à droite ou à gauche ; le cavalier ayant soin de se conformer à ce qui est dit ci-dessus, devra en même temps sentir la rêne du côté ou le cheval rue le plus fortement, afin d'opposer les épaules aux hanches, et les redresser.

« Lorsqu'un cheval voudra ruer en marchant, on s'en apercevra aisément au ralentissement du mouvement de ses jambes de devant ; on pourrra de même, par le ralentissement du mouvement de ses jambes de derrière, prévoir que le cheval veut faire une pointe.

« Quand un cheval ne se décidera pas à sauter franchement la haie ou la barrière, il faudra le toucher avec une gaule sur les genoux ; lorsqu'il pliera, on l'appellera de la langue, et on le touchera avec une chambrière pour le déterminer.

« Afin de ne pas exiger d'un cheval faible plus que ses forces lui permettent de fournir, il faudra commander aux cavaliers de rendre beaucoup à un cheval qui se retient et de le chasser en avant avec les jambes ; ils modéreront, au contraire, l'ardeur d'un cheval vif en accordant les aides.

« Si un cheval porte au vent, il faut, pour le ramener, avoir la main basse, et se servir des jambes, former de fréquents demi-arrêts, afin d'habituer le cheval à se soutenir, etc. »

L'article 9 des bases d'instruction traitait de la connaissance de l'âge et des différents poils des chevaux.

Nous avons applaudi à l'instruction de 1788, lors de son apparition ; l'amélioration avait été capitale, en effet, et le pas que fit alors la cavalerie fut immense ; toutefois, elle renfermait des lacunes et de nombreuses imperfections dans ses détails et dans ses bases. L'ordonnance provisoire de l'an XIII participa de ses défauts et les travaux journaliers de l'École de cavalerie d'une part, et de l'autre la paix permettant de se livrer aux détails de l'instruction dans les corps avec plus de suite, ils devinrent saillants aux yeux les moins clairvoyants. Nous n'entreprendrons pas d'énumérer tous les reproches qui lui furent adressés, nous nous bornerons aux plus marquants : ainsi l'article VI des bases de l'instruction, renfermant la progression pour dresser les jeunes chevaux, était imparfait et insuffisant. Les notions sur l'âge du cheval et ses différents poils, avaient été remplacées par une théorie plus récente, plus claire et plus positive. Celles sur l'embouchure laissaient beaucoup à désirer.

C'est surtout dans l'instruction à cheval qu'on trouve des fautes majeures : la manière de se préparer pour monter à cheval, d'y monter et d'en descendre, se compose de détails fort compliqués. Elle diffère pour chaque arme. L'une n'est applicable qu'à la grosse cavalerie, l'autre aux dragons, une troisième aux chasseurs et aux hussards, une quatrième aux lanciers. L'inconvénient s'en fait remarquer non-seulement dans la réunion de plusieurs régiments de diverses armes ; mais encore entre les escadrons de lanciers, et les autres escadrons d'un même régiment de chasseurs.

L'on ne voit pas non plus la nécessité d'une première leçon en couverte, à côté d'une deuxième leçon en selle, qui changeait la base du cavalier. Il était contre les principes d'une progression bien entendue, de débuter par le travail en cercle, plus difficile que celui en ligne droite, qui occupait une place imperceptible. On s'étonnait de voir des doublements et dédoublements exécutés sur un rang, quand l'ordonnance de la cavalerie est sur deux rangs ; et de faire faire ces mouvements en cercle, par des cavaliers qui marchaient ainsi plusieurs de front, ne sachant pas encore marcher seuls. On trouve étrange de faire tournoyer des cavaliers par rang, alors qu'il ne devait être question que de leur instruction individuelle et qu'ils n'avaient pas même marché droit par rang, chose infiniment plus facile.

Ce mélange de mouvements individuels et de travail d'ensemble, nuisait à chacun d'eux en particulier, mais surtout à l'école individuelle qui était réduite à rien, et quoiqu'il fut évident que cette instruction était la base, cependant elle était toujours sacrifiée pour arriver en toute hâte à l'escadron.

Il était impossible dans la pratique de l'instruction d'exécuter un maniement d'armes dont on n'avait indiqué que quelques commandements ; nulle part il n'était prescrit de l'exécuter en marchant, même pour les troupes légères ; l'escrime du sabre se réduisait à quelques mouvements indispensables ; enfin point de tir à la cible.

La sixième leçon, ou travail au galop, ne devait être donnée qu'aux sous-officiers instructeurs et aux cavaliers destinés à les remplacer ; il est vrai que, par une sorte de réminiscence, l'article 318 y admettait les chasseurs et les hussards, comme plus susceptibles d'être employés en tirailleurs. Cependant, malgré le correctif, les autres armes n'étaient point exercées à l'allure des situations délicates et difficiles, à l'allure qui est le principe de la charge, où le cheval est le plus difficile à conduire, et qui livre le cavalier pieds et poings liés aux mains de l'ennemi, s'il ne gouverne pas bien sa monture. Du reste, la place de cette leçon individuelle, dans la majeure partie, était encore mauvaise, isolée qu'elle était entre le travail d'ensemble de la cinquième leçon et celui de l'école de l'escadron, qu'elle scindait contre toutes les règles. Il serait trop long enfin d'examiner tout ce que la pratique raisonnée de l'instruction fit découvrir d'incomplet et d'irrégulier dans les bases seulement ; l'École de cavalerie et les régiments signalèrent ces fautes capitales ; ils éprouvaient de l'embarras dans leur marche et les méthodes particulières s'introduisaient pour les tourner.

C'est ainsi que le besoin de suppléer aux lacunes de l'ordonnance provisoire donna le jour au maniement d'armes de l'instruction de Versailles, et plus tard à ceux de Lunéville et de Saumur ; c'est encore le silence de l'ordonnance qui mit l'École dans la nécessité d'adopter pour son propre compte des rectifications qu'elle envoya dans les corps ; mais toutes ces instructions particulières, quelque bonnes qu'elles fussent, n'ayant pas force de loi, suivies par les uns et méconnues par les autres, occasionnèrent une grande fluctuation dans l'instruction de la cavalerie, et les inspecteurs signalèrent bientôt cet inconvénient qui demandait un prompt remède.

La cavalerie n'a pas vu seulement varier son règlement d'exercices, son harnachement a été également modifié.

La selle de cavalerie et de dragons a un arçon composé de douze pièces en bois de hêtre. Les parties de devant sont deux pointes et deux lièges ; celles de derrière sont deux pointes, deux pontets et deux pointes de trousse-sequin. Ces parties sont réunies par deux bandes.

Les deux pointes de devant se terminent en arcade et forment la liberté de garrot ou collet. Les deux lièges, collés sur les pointes de devant, servent à empêcher les cuisses du cavalier à aller en avant.

Les deux pointes de derrière réunies par un pontet ont la forme d'un demi-cercle. Les deux pointes du troussequin, réunies par un autre pontet, sont collées sur les pointes de derrière et forment le troussequin qui empêche les cuisses du cavalier d'aller trop en arrière.

Des bandes de fer servent à renforcer les pointes de devant et de derrière.

Le faux siège est formé de sangles croisées et clouées sur l'arçon. Les quartiers servent à couvrir les boucles des sangles. Le jonc du siège en couvre la couture. Les galbes sont deux petites bandes de cuir qui servent à réunir les quartiers. Les battes sont formées des lièges rembourrés et couverts. Un porte-fers sert à fixer un fer à cheval ajusté, il a une petite poche pour les clous. Les panneaux servent à empêcher le cheval d'être blessé par l'arçon, une ouverture permet de les rembourrer. Les blanchets servent à renforcer les quartiers. Les trousse-étriers sont deux morceaux de cuirs destinés à relever les étriers. Les fontes pour les pistolets sont fixées à la selle par un chapelet et aux montants du poitrail par des ronds de fonte. Le poitrail, la croupière, le coussinet, la housse et les sangles complètent la selle.

Pour la cavalerie légère, les pièces de l'arçon sont au nombre de huit, toujours en bois de hêtre. Ces pièces sont l'arcade de devant, surmontée du pommeau, les bandes, l'arcade de derrière surmontée de la palette et les quatre chevilles. Les pièces en fer qui garnissent l'arçon : les demi-cercles, pour affermir les arcades aux bandes; les croissants, pour soutenir les arcades; et les rivets, pour resserrer les arcades aux bandes.

Le poitrail a une fausse martingale. De plus, un surfaix sert à fixer la schabraque.

Deux ans après la publication de l'ouvrage de Coleman, en 1804, un hippiatre français, le professeur Gohier, homme plein de zèle et enlevé beaucoup trop tôt à la chirurgie vétérinaire, livra au public ses TABLEAUX SYNOPTIQUES *des fers les plus usités pour les animaux monodactyles.* Il donnait le dessin, assez mal fait d'ailleurs, de trente-deux fers et de trente pieds dont dix étaient figurés garnis de leurs fers pour des cas pathologiques.

Au lieu de proposer un système intermédiaire entre Bourgelat et Lafosse, le professeur Gohier exagéra les dimensions des fers; il augmentait leur longueur de toute l'épaisseur du fer et leur largeur de la moitié de la pince.

Il modifia surtout la ferrure de Bourgelat en changeant la distribution des étampures qu'il écarta davantage des éponges et en professant des principes tout opposés sur la manière de parer les pieds.

« C'est être dans l'erreur, dit Gohier, que de croire qu'il ne faut jamais parer la sole et la fourchette; mais c'est agir sans principes que d'en retrancher beaucoup, ainsi que de la paroi, parce qu'on expose par là le pied à être plus facilement blessé par les clous de rue, les chicots, etc., et à se déchirer si le fer dont il est armé vient à se détacher peu de temps après y avoir été fixé. Il faut éviter aussi de vider les talons, pour me servir d'une expression consacrée, c'est-à-dire d'enlever la partie de corne qui est entre eux et la fourchette et que l'on désigne sous le nom d'arc-boutant. »

Gohier recommandait de rabattre les deux angles des crampons par les fers de devant, afin d'éviter les blessures qui peuvent en résulter pour l'animal qui fait un faux pas et qui porte un de ses pieds sur la couronne de l'autre extrémité.

D'après lui, l'ajusture devait être telle, que le fer fut relevé, dès les secondes étampures en pince, d'une fois son épaisseur, et en éponges, de la moitié de cette mesure.

La cavalerie française a beaucoup varié sous l'empire, mais elle eut un effectif moyen de 94 régiments, 2 de carabiniers, 14 de cuirassiers, 24 de dragons, 31 de chasseurs, 14 de hussards, 9 de chevau-légers lanciers. En plus, des corps de partisans organisés pour les expéditions particulières et des contingents de cavaleries étrangères au service de la France qui ont également beaucoup varié.

Napoléon avait su faire des prodiges avec une cavalerie où les hommes de cheval étaient en petit nombre ; mais il reconnut la nécessité de réorganiser l'équitation. Il fonda et subventionna de nouvelles académies : le Manège des Pages, le Manège de St-Cloud, le Manège subventionné de Paris furent autant d'établissements où les jeunes gens de l'empire purent étudier les principes de l'équitation.

Pourtant, songeant plus à la guerre qu'à l'équitation, les élèves de ces manèges n'aspiraient qu'au moment de quitter les écoles ; et à l'armée, le laisser aller venait remplacer l'application des bonnes leçons qu'ils avaient reçues.

La révolution avait naturellement supprimé les pages. L'empereur en recréa l'école, placée également dans le service du grand écuyer : trente-quatre jeunes gens appartenant aux meilleures familles de la France et des pays conquis y étaient élevés sous la direction d'un gouverneur, de deux sous-gouverneurs, — l'un officier général, l'autre ecclésiastique, — et de dix professeurs, secondés par quatre répétiteurs : les deux plus anciens étaient dits premiers pages. Les pages remplissaient les mêmes fonctions que sous Louis XIV : un certain nombre d'entre eux accompagnaient le souverain à l'armée, c'est un page qui était chargé de porter la lunette de Napoléon et de la lui présenter. Les pages devenaient officiers.

En 1804, on reconstitua sur de nouvelles bases l'établissement de Versailles, destiné à former des officiers et des sous-officiers instructeurs pour la cavalerie. Quoique les éléments de cette école ne fussent pas parfaits, elle n'en produisit pas moins un grand nombre de bons officiers et sous-officiers instructeurs.

En 1805, l'École de Versailles fut commandée par le *colonel Maurice* ; *M. Gervais* était encore écuyer civil.

Le manège de Versailles fut réorganisée en partie sous l'empire pour les pages de Napoléon.

Le manège de Saint-Cloud fut construit d'après celui des Tuileries ; il était moins grand et arrondi aux deux bouts. Ce manège était dirigé par *M. Jardin*, qui y forma plusieurs élèves remarquables ; il servit particulièrement aussi à l'instruction des pages de Napoléon. Comme les reprises commençaient, l'hiver, longtemps avant le jour, il était éclairé avec des lanternes. Un jour que l'empereur assistait à l'une des leçons de M. Jardin, il dit à cet écuyer de porter de sa part un billet à M. Estève, trésorier de sa maison; ce billet n'était autre qu'un ordre de payer trente mille francs de gratification à M. Jardin. On voit que l'empereur faisait quelque cas de l'équitation.

Voici une anecdote qui se rapporte à M. Jardin père, chef du manège des Pages. Cet écuyer émérite avait soutenu à M. F..., qui avait la prétention d'être très habile cavalier, qu'il ne ferait pas dix tours de manège sur un cheval bien dressé, qui travaillait très juste sous les cavaliers qui avaient de l'accord dans les aides, mais qui jetait tout de suite à terre ceux qui n'en avaient pas. M. F... voulut tenter l'épreuve, mais il ne put conduire ce cheval ni au pas, ni au trot, ni au galop, et il fut jeté plusieurs fois à terre avant d'avoir achevé les dix tours. Ce fait eut lieu au manège de Saint-Cloud en présence de beaucoup d'élèves. Notez que M. F... était un Hercule pour la taille et pour la force. Après son désappointement, M. Jardin fit monter le même cheval par un jeune page qui le mena parfaitement et sans la moindre difficulté aux trois allures. Ceci vient à l'appui de ce principe : c'est qu'avec des chevaux fins on obtient tout par la justesse, et rien par la force.

L'expédition d'Égypte nous procura, en 1805, une colonie de chevaux arabes qui enrichirent nos haras de leurs nombreux rejetons. Ces chevaux, taillés sur un autre patron que les chevaux barbes qui avaient créés l'ancienne race limousine, effacèrent les faibles vestiges du type de leurs prédécesseurs, et une nouvelle race, remarquable par la solidité et l'élégance de ses formes, s'est multipliée jusqu'au moment où l'anglomanie est venue détruire les caractères que les chevaux de l'Orient avaient imprimés à nos races méridionales. « Nos chevaux ont acquis en taille et en volume ce qu'ils ont perdu en nerf et en qualité, et on cherche à présent en vain, dans le Limousin, un poulain qui ait conservé les formes arabes. »

Il ne faut pas oublier de relater, en 1805, l'apparition d'un ouvrage d'hippiatrique : « *Notice historique et raisonnée sur Bourgelat*, » de *M. Grognier*, professeur à l'École vétérinaire de Lyon, qui fit certainement plus de mal que de bien à la maréchalerie.

Il fut de ceux qui, par genre plutôt que par conviction, nièrent les avantages de la ferrure, ses opinions sur ce point ont été fort exagérées. Parlant de l'origine de la ferrure, il s'exprime en ces termes : « *Nous ne saurions assigner d'une manière précise l'époque où a été inventée la ferrure à clous. Tout porte à croire qu'elle fut celle où s'éteignirent en Europe les sciences, les lettres et les arts. L'inventeur est digne de l'époque.* »

Dans un autre ouvrage, le même auteur, parlant de l'histoire de la ferrure, émet les réflexions suivantes : « *C'est donc la mode, le luxe plutôt que la nécessité, qui a introduit l'usage de ferrer les chevaux. Si la ferrure était nécessaire à ces quadrupèdes, la nature les aurait fait naître ferrés ; la fai-*

blesse de leur ongle, les difformités et la maladie qui le défigurent et l'altèrent, voilà le résultat d'une pratique qui semble n'avoir été instituée que pour la conservation d'un organe délicat. L'effet le plus pernicieux de la ferrure est d'avoir rendu les fers nécessaires aux pieds des chevaux. »

On pourrait répondre à M. Grognier que la nature a également omis de fait naître les chevaux tout sellés.

Napoléon, en montant sur le trône, admit dans ses écuries ce qui restait de piqueurs des écuries de Louis XVI. S'appuyant sur les anciennes traditions, il régla les remontes de sa maison d'après le système des anciennes maisons royales. La Normandie et le Limousin fournirent le fond de ses écuries; il n'eut, en chevaux étrangers, que ceux dont les souverains lui firent hommage ou ceux qu'il ramena de ses conquêtes.

Les effets déplorables produits par la désorganisation des haras frappèrent de bonne heure son attention. Il décréta, en 1806, leur réorganisation; mais les moyens de reproduction lui manquèrent : la guerre avait altéré les ressources de la Normandie. L'Angleterre nous étant fermée, on ne put continuer la pensée du Prince de Lambesc, qu'en adjoignant à ce qui restait de ses étalons les quelques étalons orientaux dont nous avons parlé.

L'insuffisance de ces ressources et le mauvais goût du temps nous conduisirent à prendre dans le nord, comme reproducteurs, cette affreuse race de chevaux danois à tête busquée, qui fit fureur à Paris, mais à laquelle nous devons d'avoir presque effacé le type de notre espèce et d'avoir aussi — a-t-on prétendu — infecté la Normandie du cornage, maladie héréditaire que vingt-cinq ans de croisements différents n'ont point encore extirpée. Il est vrai que cette dernière opinion est aujourd'hui traitée de préjugé.

Napoléon réorganisa donc les haras en 1806. Ce fut surtout la nécessité d'assurer les remontes de sa cavalerie qui lui inspira cette pensée; car déjà la multiplicité des routes et des moyens de communication avait augmenté le nombre des chevaux de trait et des chevaux propres à l'agriculture et aux services publics. Par suite du décret du 4 juillet 1806, les fonctionnaires de l'administration des haras devaient être de préférence choisis parmi les militaires retirés qui, ayant servi dans les troupes à cheval, se trouveraient avoir les connaissances requises ; c'est infailliblement parmi les officiers en activité de service que le choix en eût été fait, si des guerres continuelles n'avaient retenu sous les drapeaux tout ce qui était en état de porter les armes.

Napoléon savait qu'une branche d'industrie ne pouvait prospérer qu'à la condition d'être étudiée. Il n'oublia pas de créer des écoles d'expérience, en réorganisant l'administration des haras. C'était le seul moyen d'en finir avec les erreurs du passé. Le décret du 4 juillet 1806 commençait ainsi : Art. 1er. Il y aura six haras, trente dépôts d'étalons, deux écoles d'expérience.

Ainsi au premier coup d'œil Napoléon vit par où avaient manqué tous ceux qui avaient administré le haras avant son époque. La création de deux écoles spéciales marchait en tête, à l'article premier de son décret. C'était ainsi qu'il opérait. Il mettait le savoir en première ligne, toujours et partout; par ce moyen il était assuré du succès; il ne lui avait jamais failli.

Le Pin, Rosières, Pompadour, Pau, Tarbes, Langonnet ont été les lieux choisis pour établir des haras composés d'étalons, de poulinières et de poulains, ou dépôt d'étalons et de poulains.

Les haras et les dépôts furent formés au moyen des débris des races françaises et de quelques étalons dont nos victoires nous avaient rendus possesseurs.

Les écoles d'expérience, placées à Alfort et à Lyon, durent avoir pour objet spécial de chercher à éclaircir et à décider les questions douteuses, relatives à l'amélioration, au croisement, à l'hérédité des qualités naturelles ou des défauts accidentels, etc. Depuis leur réorganisation, les haras sont restés dans les attributions du ministère de l'intérieur. Un directeur général était à la tête de leur administration.

La marche de l'administration des haras fut, dès l'origine, incertaine; les méthodes n'étaient point fixées : le savoir et l'expérience manquaient à la plupart des fonctionnaires et employés. Le temps fit défaut à Napoléon pour asseoir sur des bases solides une institution dont il ne put guère que déposer le germe. Aussi, pendant la durée de l'Empire, les haras ne vinrent-ils que faiblement en aide au pays; ils furent presque stériles pour l'armée. En tout cas, pour compléter son œuvre, Napoléon institua de grands dépôts qui furent créés en 1809.

D'ailleurs, Napoléon ne se fit pas faute d'user de ses victoires pour remonter sa cavalerie. Ainsi les dragons de la garde impériale furent remontés en entier à Postdam, pendant l'hiver de 1806 à 1807.

Les cavaleries autrichienne, prussienne, hanovrienne, hessoise, sarde et espagnole, cédèrent leurs chevaux et abandonnèrent aux vainqueurs toutes les ressources de leurs provinces conquises ou envahies.

Sous l'Empire, le service vétérinaire commença à s'organiser.

Jusqu'en 1807, il n'y eut qu'un vétérinaire par régiment; mais, le 22 avril de cette même année, un décret créa deux classes d'artistes vétérinaires :

1° *artistes vétérinaires en premier*, prenant rang entre les maréchaux de logis et les adjudants dont ils portaient les galons; 2° *artistes vétérinaires en second* ayant rang de maréchal des logis.

La ville de Saumur était toujours veuve de son École; mais les garnisons se succédaient. Après le 1er hussards, ce fut le 28e dragons, qui resta de 1805 à 1807.

Néanmoins on regrettait toujours l'École; était-ce que les carabiniers étaient inoubliables ou bien était-ce pour l'institution elle-même. Il est probable que l'on regrettait surtout la source de richesses disparue et, après cela, l'animation que donnait au pays cette brillante jeunesse, amie du plaisir et des fêtes. Et beaucoup de ceux qui, comme aujourd'hui, avaient crié contre le tapage se prenaient à désirer de le voir revenir.

La garnison fut changée, c'était déjà une satisfaction donnée aux amis du nouveau. Le 26e chasseurs arriva en 1808 et resta jusqu'en 1813.

Au mois d'août 1808, ce fut une bien autre émotion dans le public quand on apprit que l'empereur Napoléon, le grand empereur, dans l'apogée de sa puissance, allait passer par Saumur.

On sait qu'après avoir visité la Vendée, Napoléon et Joséphine firent quelque séjour dans le chef-lieu du département de la Loire-Inférieure.

Les illustres voyageurs étaient en route pour Nantes, lorsqu'un des écuyers de l'empereur y arriva d'Espagne, apportant la nouvelle de la déplorable capitulation de Baylen. Cette nouvelle, qui ne transpira pas d'abord dans le public, changea tous les projets de Napoléon; ce fut à grand'peine qu'il dissimula toute la mauvaise humeur qu'elle lui causa. En tous cas, il précipita son retour en dépêchant en avant de lui plusieurs de ses officiers auxquels il recommanda de marcher à franc étrier. Il avait hâte de réparer cette première atteinte portée à sa gloire.

Napoléon et Joséphine prirent la route de Saumur, où ils arrivèrent le 12 août à cinq heures du soir.

A la Croix-Verte, sur la levée, l'empereur trouva le conseil municipal et le maire, M. Sailland-Vachon, qui lui présenta les clefs de la ville, en le priant de vouloir bien l'honorer de sa présence. « Je ne puis m'arrêter », répondit sèchement Napoléon. Mais, s'apercevant aussitôt que sa réponse avait mortifié tous ceux qui l'avaient entendue, il ajouta, d'un ton moins dur : « Combien la ville contient-elle d'habitants? — Douze mille, répondit M. Sailland. — Et maintenant cinquante mille accourus des environs avec leurs maires, ajouta M. Cailleau, membre du conseil municipal. — J'entrerai, » répliqua l'empereur.

Il descendit dans la maison Blancler, bâtie sur l'emplacement de l'hôtel de la Corne qui avait reçu Joseph II. Il parut aussitôt sur le balcon, d'où le maréchal Berthier lui indiqua, de la main, de quel côté les Vendéens étaient entrés dans la ville lorsqu'ils la prirent en 1793. A cette époque, Berthier était un des généraux républicains qui défendaient Saumur. L'impératrice parut aussi sur le balcon de son appartement, et salua les spectateurs trois fois, avec autant de grâce que de dignité. Enfin, après avoir passé environ une heure à Saumur, Napoléon et Joséphine en sortirent, à six heures du soir, pour se rendre à Tours.

Ce brusque départ fut un grand désappointement pour les Saumurois; et l'air soucieux de l'empereur, qu'ils s'attendaient à voir rayonnant dans son auréole de gloire, leur laissa une impression de tristesse, empreinte de noirs pressentiments.

Pourtant, Napoléon ne quittait pas Saumur sans y laisser une marque de son passage. La grande silhouette imposante du vieux château, qui domine la ville, comme le front altier d'un souverain au milieu de ses sujets, avait attiré les regards du héros, grisé de domination, et il s'était ému quand on lui avait dit que le vieux donjon menaçant ruines, il était question d'en démanteler une partie pour sauver les maisons voisines, menacées d'être écrasées par sa chute. Il était en son pouvoir de sauver la vie à ce géant du passé, il décida que les murailles seraient réparées et qu'on ferait une prison d'État et un arsenal de cette forteresse.

Les ans ont passé et le vieillard, rajeuni par le jeune empereur, menace ruine de nouveau; ses murailles lézardées montrent sa décrépitude par des rides grimaçantes; ses planchers vermoulus craquent sous les pas; ne se trouvera-t-il pas un généreux sauveur?

Un autre événement pour Saumur fut le passage de la Grande Armée se rendant en Espagne, à la fin de septembre de la même année. On multiplia les fêtes et les ovations à ces « *enfants chéris de la victoire* ».

C'était une imposante armée que ces vétérans, à l'air fier et farouche, marchant calmes et silencieux derrière leurs officiers, comme ils marchaient toujours, même sous la mitraille, serrant convulsivement dans leurs mains, par habitude, ces armes qui avaient tant tué pour vaincre.

La foule, tout d'abord exaltée à leur approche, fut saisie de respect et d'admiration en les voyant défiler. Les cœurs se sentaient pris d'une touchante émotion en voyant, au milieu des vieilles moustaches, ces jeunes visages qui comblaient les vides des camarades disparus et qui allaient apprendre à leur tour à gagner des batailles dans cette guerre d'Espagne, pleine d'embuscades et de guet-à-pens. Les Saumurois accompagnèrent, bien loin sur leur chemin, ces braves qui avaient été leurs hôtes, et plus d'un mouchoir, après s'être agité en signe d'adieu, sécha une larme péniblement retenue.

En 1808, Napoléon créa une *École impériale d'équitation* à Paris, et il en donna le commandement à M. le marquis de Sourdis.

En 1808, parut un ouvrage d'hippiatrique : MÉMOIRES SUR LES DIVERSES CONFORMATIONS DES CHEVAUX DESTINÉS AU SERVICE DES ARMÉES, *suivi de quelques notions sur les haras, couronné par l'Académie royale des Sciences de Prague dans sa séance de janvier 1808; par Pierre Noyès de Mirepoix, ex-médecin-vétérinaire en chef de l'armée des Pyrénées-Orientales.*

Cet ouvrage était dédié à M. le chevalier de Högelmüller, ci-devant premier lieutenant au département des haras militaires du royaume de Hongrie, membre honoraire de plusieurs sociétés savantes, qui au dire de l'auteur a été en Allemagne ce qu'a été Bourgelat en France à l'égard des haras.

Ce mémoire, qui nous fournit les idées d'alors, répondait à une question proposée en concours par l'Académie de Prague.

Dans la première partie, l'auteur définit le service militaire du cheval : « *Le cheval de cavalier doit être de la taille de quatre pieds neuf pouces à quatre pieds onze pouces; celui de dragon aura deux pouces de moins : ils doivent être bien membrés. Les chevaux de chasseurs seront de la taille de quatre pieds cinq pouces à quatre pieds sept pouces; ceux de hussard seront de deux pouces de moins. Ils doivent être aussi bien membrés, et plus ou moins bien proportionnés, ainsi que je le démontrerai plus bas. Quant aux chevaux de chasseurs et de hussards, on s'attachera à la vivacité et au nerf, plutôt qu'à la beauté.* »

Il décrit ensuite ce qu'il appelle le cheval parfait. Suit le tableau du beau cheval, puis la description des tempéraments.

En examinant les conformations diverses, l'auteur décrit le cheval de selle : « *Le cheval de selle sera de l'âge de six à huit ans, même un peu plus. S'il était trop jeune, c'est-à-dire de trois ou quatre ans, il est impossible qu'il puisse exécuter les différentes manœuvres auxquelles le cheval de guerre est assujetti. Il sera de la taille de quatre pieds sept pouces à quatre pieds dix à onze pouces ou cinq pieds tout au plus; du reste, c'est selon le cavalier; il sera bien proportionné. Entr'autres qualités, on cherchera une tête qui ne soit pas trop chargée, surtout de ganache et de machoires; car alors cette partie est mal attachée, c'est-à-dire qu'elle ne garde pas une direction plus ou moins verticale; au contraire, elle se porte en avant, et ces sortes de chevaux ont ordinairement la bouche dure. Les têtes bien attachées, au contraire, tombent presque perpendiculairement, et l'angle qui résulte de l'encolure et de la machoire est un angle plutôt aigu qu'obtus. Ces têtes semblent encore n'être purement que suspendues, tandis que les autres paraissent être clouées et chevillées, en quelque façon, à l'encolure.*

« Quand je dis que le cheval de selle sera bien proportionné, j'entends que toutes ses parties seront dans un juste rapport les unes avec les autres. Il ne sera pas surtout bas du devant; car alors ses extrémités antérieures, qui sont le point d'appui du levier que le cheval représente, seraient plus ou moins fatiguées, non seulement par la puissance qui, dans ce cas, se trouve accidentellement plus grande, mais aussi par le rejet sur elles (les extrémités) d'une partie du poids de la résistance, qui est l'arrière-main et qui, pour ne pas se laisser surmonter par la puissance, en fait à son tour l'office. Ce vice de conformation sera plus grave encore s'il est compliqué du trop grand volume de la tête et de l'encolure, puisqu'il nécessitera des efforts multipliés et très souvent répétés de la part de la résistance, pour s'opposer aux efforts de cette même puissance; et ces jambes auront alors à supporter, de plus que dans un cheval chez qui ce défaut n'existerait pas, l'excès du poids pris dans l'arrière main. Ces mêmes jambes donc, qui se trouvent comme entre deux puissances alternatives ou opposées, représentent, si l'on veut, des mâts de vaisseau, perpétuellement pressés par les haubans aussi opposés; ce qui ne doit pas manquer d'en hâter plus ou moins promptement la destruction et la ruine. L'encolure ne sera non plus ni trop mince, ni trop longue, ni trop courte, ni trop épaisse; elle sera rouée, c'est-à-dire qu'elle fera l'arc; elle sera plus ou moins tranchante et peu fournie de crins. Il sera beau du devant, bien ouvert, mais non chargé d'épaules; car alors il serait plus ou moins lourd, et plus ou moins pesant à la main. La bouche sera bonne, mais plutôt un peu dure que trop sensible; ce dernier défaut étant pire que le premier pour le cheval de guerre, les bouches extrêmement fines ne convenant que dans les chevaux de maîtres, de manège ou de véritables écuyers. Autrement les barres sont de suite abîmées. Les jambes seront minces, le tendon détaché, les genoux plats en devant, on les appelle alors genoux effacés; les jarrets larges, creux, exempts de capelets et de vessigons; les pieds bons et proportionnés; car il y a des chevaux qui les ont trop volumineux et d'autres trop petits, ce qui établit des vices plus grands qu'on ne l'imagine. Il sera nerveux, souple, léger, obéissant, point ombrageux; un véritable aplomb régnera dans ses jambes; il reculera librement; il ira également de côté, etc.

Après avoir soigneusement analysé l'aplomb, l'auteur passe aux vices de confirmation.

Dans la seconde partie, il examine d'abord les défauts de race en France :

« *Tous ceux qui ont écrit sur les haras, se sont appesantis, avec juste raison à la vérité, sur le peu de soins et d'attention que l'on a apportés dans le choix des étalons et des jumens ; mais ils se sont tus ou presque tus sur l'éducation de l'élève, sans faire attention que la négligence ou le mépris de cette éducation, était la source d'une infinité de vices qu'on ne peut plus ensuite corriger. Ce qu'ils ont dit des jumens n'approche pas non plus du but. Ils ont laissé de côté des qualités assez essentielles, pour ne s'occuper que de qualités pour la plupart superficielles et de nulle importance.*

« *Un grand vice qui a régné encore dans les haras, a été de ce qu'on n'a pas éloigné pour les générations futures, les premiers-nés, soit mâles, soit femelles, parce que sans doute ces individus avaient annoncé quelque chose.*

« *Les premiers-nés doivent être bannis des haras, sans aucun égard et sans distinction de sexe, quelque belle ou plutôt quelque séduisante que soit leur structure. Qu'on examine tous les animaux, en commençant par l'homme, on verra que les cadets l'emportent infiniment en belle conformation sur les aînés.*

« *On a également permis trop légèrement, et sans se livrer à aucune réflexion, les accouplemens incestueux, soit entre frères, soit de père à fille et de fils à mère.*

« *On a quelquefois aussi trop compté sur les mâles seuls, en négligeant les femelles...*

« *La ruine de nos haras, et l'avilissement de nos belles races, doivent être plutôt attribuées surtout, depuis 1780, à l'importation des chevaux anglais.* »

M. Noyès examine ensuite les vices dans l'éducation des poulains; puis il ajoute à propos de la ferrure des chevaux de selle : « *Les chevaux de selle seront ferrés plus ou moins juste, en observant cependant que si quelqu'un avait les pieds trop petits, il faudrait laissser déborder le fer en dehors, sur-tout afin de donner à ce pied la base nécessaire pour que l'animal fût plus ferme et plus stable.*

« *Si au coutraire il se trouvait des pieds trop évasés, il faudrait les ferrer extrêmement juste en observant d'étamper les fers très-maigres, c'est-à-dire très-près de la rive externe, afin de pouvoir rogner la corne tout à l'entour; on donnera encore à ces fers un peu plus d'ajusture qu'à l'ordinaire, en la prolongeant même jusqu'auprès des talons. On comprend aisément que cette augmentation d'ajusture exerce une pression plus forte que si le fer n'avait pas cette ajusture, et que par conséquent cette compression s'oppose à l'abord des sucs nourriciers, en diminuant ou affaiblissant les effets de la force du piston. Dans un pied trop petit, au contraire, on ne doit donner presque point d'ajusture ; comme aussi on devrait diminuer les trous de deux ou au moins d'un.* »

Nous avons transcrit les idées de l'ouvrage de M. Noyès parce que la consécration qui leur fut donnée les posa comme les idées dirigeantes de l'époque.

Les marchés généraux pour les remontes de la cavalerie redevinrent un besoin en 1809. Pourtant avec les officiers envoyés aux écoles vétérinaires, on arrivait à un résultat, d'une manière très onéreuse, il est vrai, pour l'État et pour l'éleveur ; mais enfin l'on arrivait.

Dans les marchés généraux, l'État est à la discrétion des marchands avec lesquels il a traité ; les agents parcourent les pays d'élèves, et les éleveurs aussi subissent la loi qui leur est imposée : leurs chevaux leur sont achetés au plus bas prix possible, et on leur préfère le cheval étranger s'il y a plus d'avantage. Avec ce système, plus de remonte indigène ; les chevaux de toute provenance sont admis forcément ; on présente des chevaux inférieurs, tant que l'on peut, afin de réaliser de plus grands bénéfices. Il y a une inégalité très grande dans les sujets ; au cheval qui remplit à peu près les conditions, on a bien soin d'en faire succéder un autre qui ne les réunit pas, pour que l'un fasse passer l'autre.

On fait suivre à ces animaux un régime excitant, qui trompe dans leur réception les personnes les plus habiles. Les chevaux, au lieu d'être achetés un par un et vus dans leur état de nature, comme dans les achats des officiers de nos dépôts, sont présentés que l'un n'attend pas l'autre, et avec toutes les finesses du maquignonnage.

1. Solea.
2. Solea.
3. Solea.
4. Solea.
5. Solea percée de deux trous.
6. Hipposandale.
7. Hipposandale.
8. Hipposandale.
9. Hipposandale fixée sous le pied.
10. Fer gaulois.
11. Fer celtique.
12. Fer gallo-romain.
13. Fer gallo-romain.
14. Fer pathologique gallo-romain.
15. Fer burgonde.
16. Fer burgonde.
17. Fer de la période de transition entre les Romains et les Saxons (éponges redoublées).
18. Fer saxon.
19. Fer saxon.
20. Fer germain.
21. Fer germain.
22. Fer germain.
23. Fer datant de la conquête de l'Angleterre par les Normands.
24. Fer du moyen âge.
25. Fer du moyen âge.
26. Fer du moyen âge.
27. Fer chef-d'œuvre du règne de Philippe le Bel (1300)
28. Fer du moyen âge trouvé sur le champ de bataille de Crécy (1346)
29. Fer chef-d'œuvre du règne de Charles VII (1430)
30. Fer à tous pieds.
31. Fer à tous pieds.
32. Fer du règne de François Ier (1520)

Fiaschi 1540 {
33. Fer ordinaire sans crampons.
}

34. Fer à oreilles de chat ou à l'aragonaise.
35. Fer de derrière à une oreille de chat à la branche interne.
36. Fer avec crampon à l'aragonaise.
37. Fer retourné aux éponges.
38. Fer à crampons repliés pour maintenir des anneaux.
39. Fer couvert et ajusté avec un crampon en dehors et une branche interne plus épaisse.
40. Fer couvert en pince et plus mince d'éponges.
41. Fer plus épais au quartier du dedans (à la turque).
42. Fer à barbette en pince.
43. Fer avec pinçons en pince par côté et barbettes.
44. Fer prolongé et renversé à la pince.
45. Fer dentelé renforcé en éponges.
46. Fer sans pinçon plus épais en cet endroit.
47. Fer plus épais et plus étroit au quartier du dedans.
48. Fer à bosse sur la branche interne renforcée à l'extrémité du même côté.
49. Fer bordé avec éponges rapprochées. (planche)
50. Fer avec quart en moins.
51. Fer avec quart en moins.
52. Fer à lunette.
53. Fer à tous pieds.
54. Fer à tous pieds et crampons à l'aragonaise.
55. Fer sans clous.

1580 {
56. Fer chef-d'œuvre du règne de Charles IX qui servit de modèle à l'examen des maréchaux jusqu'en 1769.
}

de la Broue 1600 {
57. Fer à pantoufle.
}

de Belleville 1610 {
58. Fer à demi-pantoufle.
}

de Solleysel 1670 {
59. Fer pour pied plat (plus étroit que le pied).
}

60. Fer à pince épaisse.
61. Fer à la turque branche épaisse et courte.

Le M[al] de Saxe 1720 {
62. Soulier inventé par le maréchal de Saxe.
}

Garsault 1730 {
63. Fer du bon pied pour chevaux de carosse.
}

64. Fer voûté.
65. Fer à crampons ou oreilles et crampon carré et à pinçon.
66. Fer à la turque.
67. Fer à bec de corbin.
68. Fer à tous pieds à double rangée d'étampures.
69. Fer à patin enroulé.
70. Fer anglais.

Gaspard Saunier 1740 {
71. Fer à crémaillère ou étrésillon.
}

de la Guérinière 1750 {
72. Fer ordinaire d'un pied de devant.
}

73. Fer ordinaire d'un pied de derrière avec crampon vu de côté.
74. Fer d'un pied de devant avec pinçon pour cheval de carrosse.
75. Fer d'un pied de derrière avec pinçon et crampon pour un cheval de carrosse.

Lafosse père 1756 {
76. Fer français
}

77. Fer couvert.
78. Fer couvert pour la chasse pour éviter les chicots.
79. Fer à croissant.
80. Fer à éponge interne mince pour quartier faible.
81. Fer à la demi-turque.
82. Fer à cercle encastré au pourtour de la paroi.
83. Fer à cercle encastré en dedans de la paroi.
84. Fer à demi-cercle pour cheval de trait ou de brancard.
85. Fer pour cheval qui se coupe.
86. Fer pour cheval encloué en pince.
87. Fer pour cheval encloué en quartier.
88. Fer échancré pour cheval encloué.
89. Fer pour seime ou bleime.
90. Fer à dessolure.
91. Fer de mulet.
92. Fer anglais.
93. Fer allemand à crampons et à grappe.
94. Fer espagnol bordé.
95. Fer turc.
96. Fer entaillé à forte éponge pour les pieds combles et pour soulager les talons ba[s]

Tableau chronologique des fers les plus usités jusqu'en 1770

Tableau chronologique des fers les plus usités de 1770 à 1820

Bourgelat 1770
- 97 Fer antérieur proportionné.
- 98 Fer ordinaire postérieur ou bien proportionné à crampons et pinçon.
- 99 Fer couvert.
- 100 Fer mi-couvert.
- 101 Fer prolongé.
- 102 Fer à pince tronquée.
- 103 Fer à bosse.
- 104 Fer à dessolure et plaque.
- 105 Fer à coulisse.
- 106 Fer à planche.
- 107 Fer à planche avec prolongement postérieur.
- 108 Fer à plaque.
- 109 Fer à patin à anneaux.
- 110 Fer à patin vissé.
- 111 Fer à tous pieds sans étampures, brisé en pince.
- 112 Fer simple à tous pieds, percé de deux rangs d'étampures.
- 113 Fer à double brisure et à crémaillère.
- 114 Fer de mulet.
- 115 Fer à la florentine.
- 116 Fer à planche et florentine.

Lafosse fils 1772
- 117 Fer de derrière ordinaire.
- 118 Fer pour un cheval qui se coupe du devant.
- 119 Fer à crampon pour un cheval qui se coupe.
- 120 Fer pour une bleime ou seime.
- 121 Fer à fortes éponges pour les talons bas.
- 122 Fer à fortes éponges pour les bleimes et seimes quartes.
- 123 Fer à bosse pour un cheval qui se coupe.
- 124 Fer à demi-branche pour un cheval qui se coupe de derrière.
- 125 Fer à demi-cercle pour un cheval de carrosse.
- 126 Fer couvert pour un cheval qui a été nouvellement dessolé et que l'on veut faire travailler.
- 127 Fer à mettre lorsqu'on dessole un cheval.
- 128 Fer à aller sur la glace inventé par M. le comte de Charolois.
- 129 Fer à patin pour allonger la jambe boiteuse d'un cheval et pour l'obliger à porter son pied à terre.
- 130 Fer échancré au quartier pour une enclouure.
- 131 Fer à tous pieds à mettre en route quand le cheval se déferre.
- 132 Fer à vis pour les chevaux qui se déferrent en route.
- 133 Fer à vis pour les chevaux qui se déferrent en route.
- 134 Fer à tous pieds.
- 135 Fer de mulet tant devant que derrière.
- 136 Fer de devant de mulet nommé florentine.
- 137 Fer de derrière de mulet.

Chabert 1776
- 138 Fer à pinçon.
- 139 Fer à pince dégagée.
- 140 Fer couvert.
- 141 Fer à sole.
- 142 Fer pour cheval rampin.
- 143 Fer à caractères.
- 144 Fer à long bec.
- 145 Fer à patin.

Girard 1813
- 146 Fer à demi-lunette avec crochet propre à maintenir la bande et à favoriser les pansements.
- 147 Fer à dessolure.
- 148 Fer à demi-lunette avec un pinçon postiche pour fixer une plaque de cuir propre à couvrir l'appareil.
- 149 Fer à pinçon postiche ou continué propre à fixer l'appareil dans le traitement de la seime.
- 150 Fer à ognon de chaque côté.
- 151 Fer à planche oblique.
- 152 Fer à bord extrême renversé.

Jauze 1818
- 153 Fer modèle pour les proportions.
- 154 Fer proportionné antérieur.
- 155 Fer proportionné postérieur.
- 156 Fer proportionné à deux pinçons en talon.
- 157 Fer à bleime.
- 158 Fer à talon tronqué et à ognon.
- 159 Fer à talon tronqué et large pinçon postiche au quartier.
- 160 Fer entaillé au bord interne de la branche et du talon, avec un large pinçon postiche sur tout le quartier.
- 161 Fer entaillé au bord externe de la branche (fer à seime).
- 162 Fer à fourchette postiche.
- 163 Fer à talons réunis en pyramide portant deux pinçons aux bords externes des talons.
- 164 Fer à planche ovale.
- 165 Fer à talons réunis et prolongés, ou à deux javarts.
- 166 Fer à talon coudé et réuni.
- 167 Fer à branche coudée et à talons réunis ou à javart cartilagineux.
- 168 Fer à la turque ou à mamelle rétrécie.
- 169 Fer espagnol proprement dit.
- 170 Fer des côtes d'Espagne.
- 171 Fer bordé espagnol.
- 172 Fer italien pour cheval de selle.
- 173 Fer italien pour cheval de carrosse.
- 174 Fer couvert italien
- 175 Fer suisse.
- 176 Fer à la turque ou à bosse sur mamelle.
- 177 Fer à dessolure à coulisse en pince.
- 178 Fer de rivière.
- 179 Fer à caractères.
- 180 Fer à patin ou fer à glace (crampons à vis).
- 181 Fer anglais ordinaire.
- 182 Fer anglo-allemand.
- 183 Fer allemand.

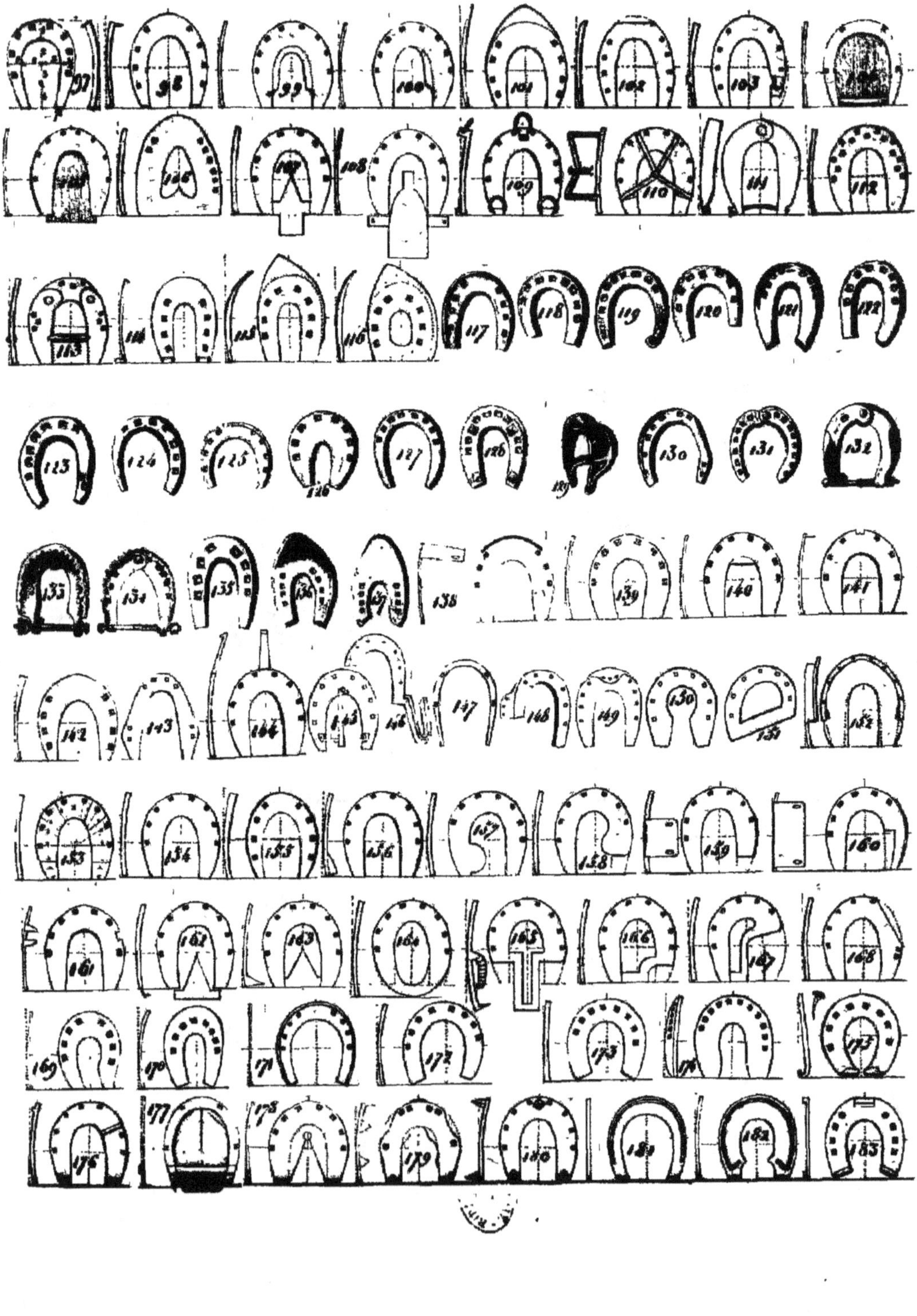
97
98
99
100
101
102
103
104
105
107
108
109
110
111
112
113
114
115
116
117
118
119
120
121
122
123
124
125
126
127
128
129
130
131
132
133
134
135
136
137
138
139
140
141
142
143
144
145
146
147
148
149
150
151
152
153
154
155
156
157
158
159
160
161
162
163
164
165
166
167
168
169
170
171
172
173
174
175
176
177
178
179
180
181
182
183

XXI

Les Écoles de Versailles, de Fontainebleau et de Saint-Cyr. — Suppression des Écoles de Lunéville, d'Angers et de Versailles, 1809. — Création de l'École spéciale de cavalerie de Saint-Germain 1809; organisation de l'Ecole; commandement du général Clément de la Roncière; les cours; le recrutement des élèves; le cadre; les escadrons; les aménagements de l'Ecole; uniforme; régime. — L'équitation militaire sous l'empire; courses. — Bracy-Clarck : Structure du sabot du cheval, 1810; élasticité du pied. — L'École de Saint-Germain en 1812; visite de l'Empereur; réformes; commandement du général Bellavène; commandement du général Maupoint. — L'uniforme de la cavalerie en 1812. — Les vétérinaires en 1813; cinq écoles vétérinaires : Alfort, Lyon, Turin, Aix-la-Chapelle, Zutphen. — Girard. Traité du pied 1813 : trois sortes de cornes, principes de ferrure, rénette double et boutoir renversé; traité de l'âge du cheval; traité d'anatomie vétérinaire. — Gohier : Avantages et inconvénients des crampons, 1813. — Remonte de la cavalerie. — Une réunion de courses en 1813. — L'École de Saint-Germain en 1813 et 1814; révolte; suppression de l'École; récapitulation des diverses promotions. — Le nouveau mors de la cavalerie : mors à la Dessault ou à branches gigotées. — Deux brigades de chasseurs à cheval de la garde à Saumur. — Le 17e dragons à Saumur. — Rétablissement de l'École d'instruction des troupes à cheval, le 23 décembre 1814 à Saumur. — Commandement du général de la Ferrière. — La solde en retard. — Les Prussiens à Saumur. — Interruption des cours de l'École de cavalerie. — La cavalerie et l'équitation militaire en 1815. — Organisation de l'École de Saumur; le cadre; les cours. — Le général de la Ferrière.

L'École d'instruction de Versailles existait toujours, elle fut conservée constamment à l'usage des troupes de cavalerie; elle prit même, jusqu'en 1809, des développements nouveaux, à mesure que l'arme se multiplia et devint plus imposante; mais c'était une institution de troupes, un manège de cavaliers enlevés au corps, et un rendez-vous d'hommes à la charge de l'État. Il fallait, sous l'Empire, employer un autre moyen pour exciter le goût du service, développer la vocation du cheval chez une jeunesse riche et docile, sans prendre sur le complet des régiments, sans toucher aux fonds du Trésor.

L'Empereur avait organisé, sur des bases libérales, une école militaire à Fontainebleau, il la transféra à Saint-Cyr, où elle se constitua définitivement. Jusqu'en 1809, cette pépinière d'officiers fournit également des sous-lieutenants à la cavalerie.

L'École militaire de Saint-Cyr et l'École d'équitation de Versailles, malgré les résultats satisfaisants qu'elles pouvaient présenter, ne répondaient point aux vues de l'Empereur sur la cavalerie. Élève lui-même des écoles militaires, ce puissant organisateur jugeait qu'entre les gens qui aspiraient à l'épaulette dans l'infanterie et dans la cavalerie, une séparation était indispensable, non seulement au point de vue des ressources plus considérables que cette division procurait à l'armée, mais encore en raison de la différences des études particulières à chaque arme.

Mais en créant une école spéciale à la cavalerie, il la voulait peuplée d'une jeunesse héritière des familles les plus élevées par l'éclat du nom et de la fortune dans les cent quinze départements de l'Empire.

Dans une lettre écrite le 31 décembre 1808, au ministre de la police, duc d'Otrante, il se plaignait en termes assez vifs de ce que les émigrés enlevaient leurs enfants à la conscription en les retenant dans une coupable et fâcheuse oisiveté. Il lui demandait la liste des familles qui persistaient dans une abstention qu'il regardait comme peu patriotique, et il ajoutait que chacun se devait, dans l'apaisement des passions, aux efforts de la génération présente pour assurer le bien-être de la génération future.

Dans sa pensée, la nouvelle fondation devenait une sorte d'académie aristocratique à laquelle il convierait les fils de grande maison. Il espérait les y attirer, quel que fut le milieu politique dans lequel ils grandissaient, par d'autres mobiles encore que par le goût des armes, qui se transmet comme un héritage d'honneur au sein des familles patriciennes. Ces mobiles étaient le sentiment commun du devoir et l'amour du pays aux prises avec les armées étrangères.

En apprenant ces projets, la municipalité de Saumur fit encore de nombreuses démarches pour rentrer en possession de *son école*. Mais, nous l'avons dit déjà, ces démarches ne devaient avoir leur réalisation que beaucoup plus tard.

En 1809, les Écoles de Lunéville et d'Angers avaient disparu, il n'existait plus déjà que l'école de Versailles, qui fut licenciée le 8 mars de cette année. Le même décret créa l'*École spéciale de cavalerie de Saint-Germain*, d'où furent exclus les officiers et sous-officiers des corps, pour n'admettre que des élèves pensionnaires de l'âge de seize ans. La pension était de 2,400 francs.

L'école des trompettes, dont la création remonte à 1731, et qui fut successivement placée à Paris, Strasbourg et Versailles, fut réunie à l'École spéciale de Saint-Germain.

Ainsi, ce fut au milieu des préparatifs de la campagne de Wagram que fut créée l'École de Saint-Germain.

Le nombre des bataillons et des escadrons s'augmentait à l'aide de nouvelles levées; la garde impériale prenait un plus grand développement et trois cents sous-lieutenants étaient tirés de l'École de Saint-Cyr pour concourir à cette formation. Ces jeunes gens, dont un onzième seulement était accordé à la cavalerie, ne suffisaient point à l'extension progressive des troupes à cheval. Le moment devenait donc favorable à la fondation d'une école spéciale dans les conditions où l'empereur la concevait. Un autre motif plaidait aussi en faveur de l'institution. La cavalerie du premier Empire était, sur le sol ennemi, d'une incomparable qualité ; ses dernières campagnes suffiraient pour immortaliser sa gloire ; mais l'éducation des officiers, si ardents à la conduire au feu, ne se montrait pas à la hauteur de leur bravoure.

Les officiers d'alors n'avaient pas autant de théorie qu'il y en a eu depuis dans nos rangs ; mais ils avaient l'habitude de la guerre, ils avaient la pratique des opérations militaires. Ils avaient surtout l'habitude de l'obéissance, une confiance et une foi illimitées dans l'Empereur, qui imprimait le mouvement à ce vaste ensemble. Que leur importait alors de savoir, de chercher l'art dans les livres ? Aussi vit-on souvent à cette époque l'instruction tournée en ridicule et les avantages de l'éducation mis au-dessous de la connaissance des devoirs militaires les plus communs.

Heureusement, le génie qui planait sur l'armée pourvoyait à l'insuffisance de son éducation morale et de son instruction.

— La fondation d'une école de cavalerie arrêtée en principe, le ministre de la guerre, Clarke, comte d'Hunebourg, fut chargé de passer aux moyens d'exécution.

Depuis un siècle, le château de Saint-Germain, cette ancienne résidence de nos rois, restait désert. Un aussi vaste édifice, d'aspect monumental, situé dans une position salubre, à quelques kilomètres de Paris, de l'École de Saint-Cyr et de l'École d'équitation de Versailles, offrait une perspective avantageuse à l'installation projetée.

Les murailles, abandonnées depuis la mort de Jacques II, étaient, il est vrai, dans un grand état de délabrement, et la cour bien peu spacieuse pour les mouvements d'un nombreux personnel. L'édifice ne renfermait ni écuries ni manège, ni aucune de ces constructions accessoires indispensables à une agglomération de chevaux ; mais les abords affectés au domaine de l'État offraient d'utiles ressources.

Le jeu de paume, bâti sous Louis XIV, pouvait servir provisoirement de manège couvert, malgré ses dimensions restreintes.

Près du jeu de paume, le long de la rue de la Verrerie, s'élevait l'ancien hôtel du Maine, dont il était facile de disposer pour y loger des chevaux, des palefreniers, des fourrages. Au midi de cet hôtel, divers bâtiments inoccupés recevaient le même emploi. Le sol qui séparait l'hôtel du Maine de la rue de Paris et de l'avenue du Boulingrin, sol sur lequel a été édifié le quartier de cavalerie actuel, s'étendait avec d'assez vastes proportions pour permettre d'y établir une carrière et diverses constructions. Au delà, enfin, de l'hôtel du Maine et de l'avenue de Paris, il y avait un fort beau monument, appelé les Grandes-Écuries, succursales des établissements militaires de Versailles, et que l'on détournerait de son usage avec d'autant moins de difficulté que la nouvelle institution allait diminuer l'importance de l'École d'équitation des troupes à cheval.

Le château de Saint-Germain, sans être exempt de reproches, avait un grand mérite en de telles conditions. Il pouvait, en fort peu de temps, être approprié à la destination que lui assignait l'Empereur.

Le colonel du génie de Montfort eut l'ordre de procéder à l'appropriation. Il demandait 160,000 fr. pour les premières dépenses, l'Empereur en accorda 300,000. En outre, ce dernier mit à la disposition du ministre de la guerre le parterre, limité par la façade du nord, le mur de la terrasse et la forêt pour en faire un champ d'exercice. Il lui concéda encore le terrain non aliéné, en avant de la façade de l'est, et l'autorisa à acquérir celui qui y faisait suite, afin d'y placer un jour le manège.

Rien ne s'opposait alors à la promulgation du décret constitutif. En voici la teneur :

« Art. 1er. — *Il sera formé une École militaire, qui sera établie dans le château de Saint-Germain.*

« Art. 2. — *Cette École portera le nom d'École militaire spéciale de cavalerie ; il n'y sera admis que des jeunes gens pensionnaires qui se destinent au service de la cavalerie. Ils doivent être âgés de plus de seize ans. La durée de leurs exercices à l'École sera de trois ou quatre ans.*

« *Cette École sera organisée pour recevoir 600 élèves. Des écuries seront préparées pour recevoir 500 chevaux.*

« Art. 3. — *Les élèves panseront eux-mêmes leurs chevaux ; ils iront au manège, à des écoles d'instruction analogues à celles d'Alfort et de Charenton, à une école de ferrage, et en général seront instruits de tout ce qui concerne le détail de la cavalerie.*

« Art. 4. — *Il y aura deux espèces de chevaux, des chevaux de manège et des chevaux d'escadron : 100 seront destinés au manège et 400 à l'escadron.*

« *Aussitôt qu'un élève aura fait son cours de manège et reçu la première instruction, il lui sera donné un cheval, qu'il pansera lui-même, et pendant le temps qu'il sera à l'escadron il apprendra les exercices et les manœuvres d'infanterie.*

« *Notre intention est de tirer tous les ans de l'École de Saint-Germain 150 élèves pour remplir les emplois de sous-lieutenants vacants dans nos régiments de cavalerie.*

« Art. 5. — *Chaque élève de l'École militaire paiera 2,400 fr. de pension.*

« Art. 6. — *Le château de Saint-Germain sera mis à la disposition de notre Ministre de la Guerre, qui y fera faire les réparations et arrangements nécessaires sur les fonds du casernement, de manière qu'au 1er juin prochain les élèves puissent entrer à l'École.* »

Un mois après avoir apposé sa signature au bas de ce décret, le 10 avril, l'Empereur quittait les Tuileries pour se rendre sur le Danube. Ce ne fut qu'après être entré une seconde fois en triomphateur dans la capitale de la monarchie autrichienne, qu'il eut le loisir de reporter ses regards vers l'École de cavalerie.

Il fallait en organiser les éléments. L'Empereur signa sur le sol étranger le décret qui régla cette organisation. Ce document est daté du camp impérial de Schœnbrünn, le 17 mai 1809, quatre jours après l'occupation de Vienne.

Il établissait ainsi qu'il suit la composition de l'état-major et du personnel en sous-ordre de l'École :

« *Un général de brigade commandant; un colonel commandant en second, directeur des études; un administrateur comptable; deux chefs d'escadrons; deux adjudants; un lieutenant de cavalerie; deux capitaines d'infanterie; un lieutenant d'artillerie; un quartier-maître, trésorier; quatre professeurs de mathématiques; quatre d'histoire et de géographie; trois de dessin de figures, de paysages, de cartes; un de fortification; deux de belles-lettres; deux d'administration militaire; deux écuyers; deux sous-écuyers; deux professeurs d'art vétérinaire; deux maîtres d'escrime; un médecin; un chirurgien; un aumônier bibliothécaire.* »

Etaient détachés à la maison : « *Deux artistes vétérinaires; un maître tailleur; un maître sellier; un maître culottier; un maître bottier; un armurier-éperonnier; des piqueurs; des palefreniers; des maréchaux-ferrants; six trompettes et un brigadier-trompette.* »

Les élèves étaient partagés en deux escadrons : chaque escadron en trois compagnies de cent élèves chacune, en y comprenant les cadres de sous-officiers et de brigadiers, dont les galons devenaient une récompense pour les plus méritants.

L'enseignement était le même qu'à Saint-Cyr, en ce qui concernait les mathématiques, les belles-lettres, l'histoire, la géographie, le dessin et l'administration militaire, la fortification, l'escrime, la natation, etc.

L'état-major devait insister sur les connaissances nécessaires à un officier de troupes à cheval, sur l'hippiatrique, les exercices et les mouvements de cavalerie, d'infanterie et d'artillerie légère.

Dans le but de rendre complète l'étude de cette dernière arme, l'Empereur affectait à l'établissement deux pièces de canon et deux obusiers attelés.

L'administration était réglée provisoirement sur celle de l'École de Saint-Cyr.

Outre le prix de la pension, celui du trousseau était fixé à 500 fr. Un certain nombre de bourses devaient être accordées à des élèves du Prytanée de La Flèche et des lycées, fils de militaires.

La limite d'âge assignée aux candidats se renfermait entre seize et dix-huit ans. Leur examen d'admission se passait, au chef-lieu de chaque département, devant un jury nommé par le préfet, et les matières sur lesquelles on les interrogeait avaient beaucoup d'analogie avec celles du programme d'admission de l'École de Saint-Cyr. Elles comprenaient la langue française, la connaissance de la langue latine basée sur le cours de classe de troisième, l'arithmétique et la géométrie jusqu'aux solides.

Le soin que l'Empereur prit lui-même de régler tous ces détails, malgré la préoccupation de la gigantesque campagne qui devait aboutir au coup de foudre de Wagram, indique toute l'importance qu'il attachait à cette institution, l'espoir qu'il fondait sur elle, et la mesure des services qu'il attendait de sa cavalerie pendant la guerre, puisqu'il voulait tirer tous les ans de Saint-Germain 150 sous-lieutenants, le double environ de ce que fournit aujourd'hui à cette arme l'École spéciale militaire.

Un séjour de trois ou quatre années dans une telle école, attestait en outre la volonté d'inculquer à ces jeunes officiers l'instruction la plus solide, et le chiffre élevé de la pension, celle de ne les puiser qu'au sein des familles opulentes de l'Empire, et par ce moyen assurer autant que possible leur bonne composition. Une lettre du 11 décembre 1809, adressée par le ministre de la guerre au général commandant l'École, lettre relative au choix des élèves, insiste sur ce point que la fortune est nécessaire pour servir dans les troupes à cheval.

L'état-major de l'École ne put être nommé que le 8 août, à la fin de la campagne de 1809, à laquelle avait pris part le ministre de la guerre lui-même, et d'où il revint avec le titre de duc de Feltre. Le commandement de l'École fut confié au général de brigade *Clément de la Roncière*, et le commandement en second au colonel *Brunet*, ex-colonel du 24e chasseurs. Le colonel et le général étaient amputés chacun d'un bras, ce qui faisait dire qu'ils n'avaient qu'une paire de bras pour deux.

L'administrateur comptable était M. Ménard ; l'aumonier bibliothécaire, l'abbé Langlet, et le quartier-maître trésorier, M. Petit ; M. Simon, capitaine d'infanterie, y représentait son arme, et MM. Desoffy et Dutertre y furent successivement écuyers civils. Un certain nombre de professeurs avaient été aussi empruntés à Saint-Cyr, à Metz et au Prytanée de La Flèche, afin que le personnel enseignant apportât immédiatement dans sa mission l'expérience nécessaire à l'éducation des élèves.

Le traitement du général s'élevait, en y comprenant les frais de représentation, à 27,000 fr., et celui du colonel à 9,500 fr., dont 4,000 comme directeur des études. Ceux des officiers et des professeurs variaient de 2,400 à 4,000 fr.

Le premier décret d'admission des élèves porte la date du 17 septembre 1809. Il comprend quarante-cinq candidats, dont dix venus de l'Ecole de Saint-Cyr. Le deuxième décret est du 30 septembre suivant. De grandes familles de France, de Hollande, de Belgique et d'Italie répondaient aux vues de l'Empereur, et les contrôles de l'Ecole ont enregistré leurs noms, dont un grand nombre appartenaient à l'histoire.

Le 11 octobre, trente-six chevaux de manège, estimés à 19,000 fr., dix-huit palefreniers, un surveillant et un maréchal-ferrant, quittaient l'École d'équitation de Versailles pour prendre place dans les bâtiments de celle de Saint-Germain ; c'est donc aux premiers jours d'octobre qu'il faut rapporter l'ouverture de l'établissement et le début des études. Le 1er janvier 1810, l'École ne possédait encore que 68 élèves pensionnaires et 32 chevaux de manège ; mais le 19 novembre de la même année, le nombre des élèves est déjà porté à 130 et celui des chevaux à 125, dont 95 de manège et 30 d'escadrons.

Les cinq ailes du château et leurs pavillons avaient été jugés suffisants pour recevoir l'état-major et 600 élèves ; voici quelle fut la disposition des appartements. Dans l'aile ou courtine du midi, on établit les logements d'officiers, la salle du conseil, la bibliothèque et les bureaux. Les façades et les pavillons qui avaient vue sur le parterre furent consacrés aux dortoirs ou chambres des élèves. Le pavillon du nord contenait à lui seul cinq grandes chambres au rez-de-chaussée prenant jour sur le parterre par quatorze croisées, et les classes au premier étage.

Un petit appartement, garni de cheminées de marbre à panneaux dorés, dans le pavillon de l'ouest, et que la tradition locale désigne comme celui de Mlle de la Vallière, fut attribué aux sœurs infirmières.

La cour intérieure, trop restreinte, ne pouvait convenir aux promenades des élèves. On en créa une à l'extérieur, sur le parterre; elle était close de murs avec une tourelle à chaque angle, et pour y arriver, on jeta un léger pont en charpente sur le fossé qui la séparait de la façade du nord.

La grande galerie des fêtes, ou salle de Mars, demeurait sans emploi. Elle tombait en ruines et la pluie y pénétrait par toutes les fenêtres. On l'utilisa comme salle d'exercices ou de récréation quand il faisait mauvais temps.

L'hôtel du Maine, destiné d'abord aux maîtres-ouvriers et aux trompettes, n'était pas habitable. On en fit des magasins et on logea au château ouvriers et trompettes.

Dans les bâtiments qui l'avoisinaient et qui prirent le nom d'écuries du manège, on plaça les palefreniers, les chevaux, la forge et les magasins. Ces écuries pouvaient contenir 178 chevaux et durent suffire au service pendant toute la durée de l'établissement, car il résulte du relevé des contrôles que de 1809 à 1814, il ne disposa que de 110 chevaux de manège, dont 102 provenant de l'École de Versailles et 8 de Saint-Cyr, et de 58 chevaux d'escadrons; en tout 168 chevaux.

Le 6 septembre, le général de Clarke règle l'uniforme des élèves : la grande tenue consiste en un schako à tresses blanches, orné d'un plumet; un habit bleu à revers blancs, avec collet, parements pattes écarlates et doublures en serge de même nuance; veste ou gilet de drap blanc, culotte de peau blanche, bottes à l'écuyère, avec éperons bronzés. Le bouton de métal blanc, estampillé d'un aigle, porte cette légende : *École militaire de cavalerie*. Le manteau est en drap blanc.

La petite tenue comprend un surtout bleu, sans revers, et une culotte de même couleur. L'armement et l'équipement se composent d'un fusil et d'un sabre de dragons avec ceinturon et dragonne, d'une paire de pistolets, d'une giberne-banderole et de gants à la crispin.

D'après une note d'un ancien élève de l'École, la première tenue, quoique ordonnancée, ne fut jamais mise en usage.

D'ailleurs, quelques mois plus tard, le 18 février 1810, le ministre modifie presque complètement cet uniforme, qui ne participait pas assez de celui de la cavalerie. Au lieu du schako, les élèves coiffent le casque de dragon. L'habit bleu fait place à un habit vert, avec collet, revers, parements de la même couleur, mais bordé d'un liseré blanc, doublures rouges, poches en long, bordées d'un liseré rouge. Le reste de la tenue est conservé. Le changement de couleur du fond de l'habit entraîne celui de la petite tenue, qui fut confectionné en drap vert.

A cheval, cet uniforme martial et plein d'élégance devait parer à ravir ces fiers jeunes gens que les triomphes de l'Empire rendaient de bonne heure amoureux de la gloire et des armes.

La simplicité de leurs repas se rapprochait peut-être trop de celle des camps; car ils étaient subordonnés au pain de munition et réduits à la soupe, à un plat de bœuf et à un plat de légumes avec une demi-bouteille de vin matin et soir. Ils mangeaient dans des gamelles d'étain, non pas réunis, mais dans leurs chambres, et les seuls objets qui pussent leur rappeler le luxe et l'aisance dans laquelle ils avaient grandi, étaient une timbale et un couvert d'argent compris dans leur trousseau.

L'instruction militaire et l'équitation étaient l'objet des plus grands soins à l'École, et les élèves s'y dévouaient avec goût.

Parmi les écuyers ou officiers instructeurs de l'École de cavalerie de Saint-Germain, il y a lieu de rappeler ici les noms de MM. *Sourbier*, capitaine, faisant fonctions d'officier supérieur, et devenu maréchal-des-logis aux gardes du corps, puis major, à la formation du 1er cuirassiers de la garde royale; *Desoffy*, écuyer commandant, dont le fils, colonel de cavalerie, fut amputé en Russie; *Cordier*, capitaine, qui devint plus tard écuyer commandant du manège de Saumur.

Le manège dans lequel les élèves prenaient la leçon d'équitation ne pouvait contenir que 15 à 18 cavaliers à la fois; mais leurs exercices et leurs manœuvres trouvaient, dans la promenade du parterre, mise à leur disposition, tout le terrain nécessaire à la pratique extérieure du travail.

Cependant ils se laissaient trop étourdir par l'écho du canon qui traversait la frontière, ils étaient trop peu maîtres de l'ardeur juvénile qui entraînait leurs imaginations sur nos champs de bataille pour se livrer complaisamment à d'autres études que les études militaires. Les annales de l'École ont conservé la mémoire de cette indifférence dont s'émut l'Empereur, et que peut seule excuser la fougue de la jeunesse exaltée de guerre en permanence. L'artillerie était un des exercices qui leur présentait le plus d'attraits; ils possédaient des bouches à feu, mais pas de polygone.

Pourtant l'École de Saint-Germain a fourni d'excellents officiers à la cavalerie. Napoléon y puisait tous les ans, même avant l'achèvement des cours; c'est qu'il y avait de nombreux vides à combler.

Ces besoins pressants avaient leur influence sur toutes les armes, mais particulièrement sur la cavalerie, qu'il fallait improviser.

On conçoit qu'on était pressé de mettre des cavaliers à cheval pour les envoyer renforcer l'armée qui, comme le Minotaure, dévorait toute la jeunesse française. Bien des fois même les recrues partaient au combat sans savoir se tenir en selle. Le colonel de Gonneville raconte le désarroi de son détachement quand, se trouvant en face de l'ennemi, il voulut faire mettre le sabre à la main à des hommes qui n'avaient pas assez de leurs deux bras pour garder l'équilibre.

On continuait les classes entre deux batailles, et les officiers, quoique vigoureux cavaliers, n'en savaient pas plus long, en fait de préceptes, que les hommes qu'ils dressaient. Toute cette superbe cavalerie de l'Empire avait, pour premier principe, l'habitude, habitude prise dans les longues marches et dans les charges même où l'appréhension, cet écueil de l'instructeur, est vaincue par l'exaltation.

Il ne faudrait pas en conclure que les principes d'équitation soient du superflu pour le cavalier militaire. C'est même une condition de supériorité tellement incontestable, que la première préoccupation des chefs de cavalerie a toujours été et sera toujours de perfectionner leurs hommes à ce point de vue. Après cela, la manœuvre, qui semble la chose essentielle, n'est plus rien. L'habileté équestre et la discipline pourraient être les deux seules qualités à demander à la cavalerie, parce que l'une donne la force individuelle et l'autre la cohésion. Le reste ne regarde plus que les chefs qui ont des qualités personnelles à développer — implicitement compris que certaines données sont absolument indispensables aux chefs de cavalerie de tous les grades, pour être à hauteur des missions multiples qu'ils ont à remplir — mais ces données, dans une époque comme celle de la Révolution et de l'Empire, sont fournies par l'expérience même de la guerre. Quand cette expérience, le meilleur des professorats, fait défaut, on est obligé d'y suppléer par l'étude.

Quant à l'équitation militaire, les officiers du premier Empire ne négligeaient point l'occasion de s'y perfectionner. Et le goût du sport aidant, car, au milieu même des agitations, les courses trouvaient encore des occasions de se produire, l'amour du cheval et son prestige brochant sur le tout, les officiers se livraient à tous les exercices équestres, fort encouragés, d'ailleurs, par l'Empereur, qui tenait la cavalerie en grande estime. Témoins les courses militaires intallées au camp de Boulogne, dans l'attente de la campagne de 1805, courses auxquelles Napoléon assistait parfois, apportant avec lui, pour les vainqueurs, un prix plus élevé par sa présence et aussi quelquefois par la récompense d'un grade supérieur.

La maréchalerie était toujours en progrès ; l'élan donné par les hippiatres anglais avait produit son effet. Il faut nous hâter de dire cependant que cette influence ne fut pas toujours heureuse.

L'influence de Coleman et de Bracy-Clark particulièrement a été des plus pernicieuses pour la maréchalerie, qui, d'un seul coup, a fait un brusque mouvement en arrière.

Loin d'être utiles à la pratique par leur théorie exagérée de la descente de la sole, l'un et l'autre lui ont porté de graves atteintes, le premier, en encourageant les manœuvres nuisibles de l'ouvrier sur le sabot; le second, en cherchant à éloigner la fourchette du sol par un fer à éponges épaisses, et en proclamant l'inutilité de chercher à corriger les défectuosités du pied, qu'il considérait comme conséquence toute naturelle de la ferrure.

Bracy-Clark est l'auteur de plusieurs ouvrages sur le pied du cheval : le premier, qui parut en 1810, est intitulé : « *Structure du sabot du cheval* » ; le second, « *Hippodomie* », et le troisième, « *Stereoplea.* »

Le premier de ces ouvrages fut traduit en français. Cette traduction libre, et accompagnée de huit planches, fut généralement bien accueillie. Elle parut en 1817.

L'ouvrage est entièrement dirigé contre la ferrure ; l'on y retrace, avec autant d'art que de soin, les différents préjudices de cette pratique, que l'on représente comme étant la principale source des détériorations du pied.

Pour arriver plus sûrement à son but, celui de démontrer les grands inconvénients de la ferrure, M. Bracy-Clark commence par développer l'élasticité du sabot, dont il s'approprie la découverte.

Si M. B.-Clark n'a pas aperçu le premier l'élasticité du pied, il a le mérite de l'avoir expliquée avec un rare talent et d'une manière qui ne laisse rien à désirer : ses considérations sur ce sujet sont lumineuses, savantes; ses démonstrations, positives et sans réplique.

M. B.-Clark dit avoir, le premier, fait connaître la composition du sabot, dans lequel il a distingué trois sortes de corne, celle de la muraille, celle de la sole et celle de la fourchette; il prétend aussi avoir prouvé que ces trois parties constituantes, si différentes entre elles par leur texture et par leurs propriétés, sont simplement unies les unes aux autres.

Il dit qu'on n'a pas connu avant lui un corps particulier partant de chaque côté de la fourchette et qui va ceindre tout le pied à l'endroit où la peau s'unit avec la corne. Ce corps avait été cependant décrit par Bourgelat sous le nom de bourrelet graisseux, et il était très bien connu de tous les vétérinaires comme un modificateur des réactions du sol.

En résumé, M. Bracy-Clark a fait preuve de beaucoup de savoir et d'une grande érudition, surtout dans la dissertation historique qui termine son ouvrage; il a parfaitement bien développé la construction et les fonctions du sabot du cheval, il a expliqué d'une manière curieuse tous les accidents de ferrure; mais son travail eût été bien plus avantageux s'il eût indiqué les moyens de les prévenir ou de les guérir. Sous ce rapport, l'auteur laisse tout à désirer.

Peu à peu la vogue de l'École de Saint-Germain avait décliné, et le nombre des candidats qui se présentaient aux examens d'admission était loin de répondre aux espérances de l'Empereur. En 1811, la moyenne des élèves n'était que de 155, et au 1er janvier 1812 leur chiffre s'élevait seulement à 182.

Au commencement de cette année, quelques désordres se manifestèrent dans l'intérieur de l'établissement. Un certain mécontentement régnait parmi les élèves, l'éducation morale souffrait, la discipline se relâchait, et les familles alarmées firent entendre des plaintes qui trouvèrent accès jusqu'au souverain.

Voici la lettre qu'il écrivit à ce sujet, le 3 avril 1812, au ministre de la guerre :

« *Monsieur le duc de Feltre, il me revient toutes sortes de plaintes sur* « *l'École de Saint-Germain. Ces plaintes ont le très mauvais côté de dis-* « *suader les familles riches d'y envoyer leurs enfants. On m'assure que le* « *pain est très mauvais, la nourriture insuffisante, l'éducation très dure,* « *l'instruction nulle, hormis pour le militaire. Faites-moi un rapport sur le* « *régime de cette école. Le pain doit y être très bon, la nourriture abondante,* « *l'éducation supérieure à celle de l'École de La Flèche et paternelle, l'ins-* « *truction variée; on doit y enseigner le dessin, la musique, l'histoire, la* « *géographie, la littérature. Cette École ne remplit pas mon attente. Elle* « *est destinée à recevoir les enfants des familles les plus riches de France, et* « *on les en éloigne. Cette École jouit du plus mauvais renom dans le public.*

« *Sur ce, etc.* « NAPOLÉON. »

Cette lettre, à travers laquelle perce un vif mécontentement, était l'éclair précurseur de l'orage. Le 14 avril, dans l'après-midi, l'Empereur arriva à l'improviste à l'École.

Une visite de cette nature, quoique sans apparat, causa une grande surprise et un grand émoi dans l'établissement. Le général et son état-major se portèrent en hâte au-devant de Sa Majesté, qui annonça l'intention d'inspecter en détail une maison contre laquelle s'élevaient au dehors des préventions hostiles à ses vues, et où il montrait la volonté de faire l'éducation de jeunes hommes suivant les besoins nouveaux.

Les élèves étaient dans leurs salles, en petite tenue, occupés à leurs travaux journaliers. En pénétrant dans les classes, l'Empereur manifesta son étonnement de ce que les professeurs étaient vêtus d'habits de différentes couleurs et ne portaient pas d'uniforme, comme à l'ancienne École militaire. La petite tenue des élèves, fort simple, fut loin de lui déplaire. Il leur fit donner l'ordre de monter à cheval.

A la salle de visite, son mécontentement commença. Cette pièce, située sous la voûte sombre du rez-de-chaussée de la façade de l'ouest, lui parut inconvenante et mesquine. Il remarqua qu'elle devait causer aux familles une impression défavorable, et il prescrivit de transformer en salle de visite la salle d'escrime, plus spacieuse et plus éclairée.

Aux cuisines, on préparait le dîner. Il goûta le pain de munition, et le déclara mauvais. — En 1812, le pain de munition était loin d'égaler en qualité celui que mangent aujourd'hui nos soldats. Il était fabriqué en méteil de trois quarts froment et un quart seigle, avec extraction de son à 15 pour 100 de la farine brute, ce qui lui donnait une couleur noirâtre.

Les aliments de l'ordinaire ne lui parurent satisfaisants ni comme préparation, ni comme composition. Il entendait que le pain ne différât en rien de celui qu'on mangeait sur les meilleures tables, et que les élèves en eussent à discrétion. Les gamelles de fer battu ou d'étain, prêtes à recevoir les repas, le choquèrent; il observa que leur aspect, malgré toute la propreté possible, déplairait à l'œil des mères; qu'il était indigne que des enfants de grande maison mangeassent à la gamelle, dans des ustensiles dédaignés des artisans, et qu'il fallait immédiatement substituer à cette indigente ferblanterie une vaisselle de faïence simple, mais décente. (La note de l'élève déjà citée plus haut témoigne qu'avant la visite de l'Empereur, la nourriture était moins détestable que le liquide qui l'accompagnait. Les élèves prenaient leurs repas debout, dans la chambrée, autour d'une table circulaire, et mangeaient à la gamelle en y plongeant alternativement leurs cuillers, comme cela se pratiquait alors dans l'armée.)

La surprise redoubla quand il apprit que les élèves n'avaient pas de réfectoire et mangeaient dans leurs chambres. Il ordonna d'établir un réfectoire soit au rez-de-chaussée de leur quartier, soit dans la salle de

Mars, dont on usait pour faire l'exercice pendant le mauvais temps, et d'y garnir les tables de nappes et de serviettes.

Le souverain se reportait sans doute à l'époque de ses jeunes années, où, sorti de Brienne, il faisait partie de la compagnie des cadets gentilshommes détachés à l'École militaire de Paris. Il se souvenait qu'alors ses camarades et lui y étaient bien nourris, bien servis et traités comme des officiers.

L'impression éprouvée par l'Empereur à la révélation inattendue de ces imperfections accrut sa mauvaise humeur lorsqu'en sortant par la porte du midi, il s'aperçut que les élèves, pour se rendre au manège, demeuraient en communication avec la rue. Il interdit cette correspondance, qui pouvait dégénérer en abus, nuire aux études, et voulut que le manège fût limité par un mur d'enceinte décrivant une ligne de l'angle sud-est de la contrescarpe du fossé, à l'entrée du fossé de la rue de la Verrerie.

Il remarqua que le manège avait à peu près les dimensions de celui de Saint-Cloud, attribué aux pages et aux écuyers de sa maison, et qu'il pouvait provisoirement suffire à l'instruction hippique.

La vue des écuries ne lui inspira pas le même sentiment. Ces écuries, en effet, au nombre de six, étaient fort divisées, étroites, mal aérées, les unes dans les dépendances de l'hôtel du Maine, les autres sur le terrain circonscrit entre la rue de Paris, l'avenue du Boulingrin, la rue de la Verrerie et la rue Henri IV, terrain actuellement occupé par le quartier de cavalerie. Un de ces locaux donnait place à 80 chevaux, les cinq autres ne pouvaient en contenir que de 4 à 16. L'Empereur exprima le désir de les remplacer par une vaste et belle construction pour 300 chevaux, d'une surveillance commode, d'un service facile et d'une architecture en harmonie avec l'importance de l'École, l'espérance qu'il fondait en elle et le relief qu'il jugeait indispensable de lui imprimer.

Les élèves montèrent ensuite à cheval. Ils témoignaient un goût prononcé pour les exercices équestres; leurs maîtres, héritiers des bonnes méthodes dont heureusement l'école de Versailles avait entretenu le culte pendant la Révolution, leur en avaient inculqué les solides principes; ils étaient bien placés à cheval, ils possédaient dans le maniement des armes la dextérité de la jeunesse intelligente. Ils manœuvrèrent avec cet amour-propre qui se développe d'un façon incroyable dans notre milieu militaire, sous le regard d'un personnage illustre, électrise les cœurs et conduit à la perfection par l'accord des volontés.

L'Empereur fut content de cette instruction. Pour manifester sa satisfaction aux élèves, il accorda la sous-lieutenance à ceux de l'âge de vingt ans qui avaient deux années de présence à l'École, ainsi qu'à ceux qui y comptaient quinze mois, à condition qu'ils y demeureraient encore trois mois. Cette mesure, accueillie avec enthousiasme et gratitude, enlevait cinquante-trois jeunes gens à l'établissement et en ajournait quarante ; mais leur degré d'instruction ne permit d'accorder l'épaulette à ces derniers qu'au mois de janvier 1815.

Cette courte inspection suffit au rapide jugement de l'Empereur. En quelques instants il avait apprécié l'institution naissante. Lorsqu'il quitta le général et son état-major, il résuma son sentiment en quelques mots : « L'École, leur dit-il, ne répondait nullement à son attente; il fallait qu'elle devînt le plus bel établissement du monde. »

Le peu de développement des travaux exécutés dans le château, le manque d'espace à ses abords, l'insuffisance des terrains d'exercice, l'avaient frappé non moins que les défectuosités du régime intérieur. Afin de rester à l'aise dans l'accomplissement des desseins qu'il méditait en faveur de l'École, il décréta ce jour même la réunion du palais de Saint-Germain au domaine de la Couronne.

Jusque-là les plans adoptés pour l'acquisition d'un champ de Mars étaient restés à l'état de projet d'une réalisation problématique ; l'Empereur leva toutes les difficultés en accordant à son École, pour faire une carrière, la totalité du parterre et du quinconce du château, dont il disposait dès lors comme propriété de la Couronne, et il ordonna à l'intendant du domaine de clore cette carrière d'une palissade de bois.

Le procès-verbal de cession du château par le département de la guerre atteste le délabrement des grands appartements laissés sans emploi dans les façades de l'ouest et du nord, quoique depuis trois ans il eût été dépensé 575,440 francs pour les réparations de l'édifice. Ce document a conservé aussi les noms exclusivement militaires attribués à quelques-uns des locaux. Le grand escalier en face du parterre s'appelait alors l'escalier du Mont-Saint-Bernard, et celui qui conduisait à celui des sœurs infirmières, l'escalier de Fontenoy.

L'état-major de l'École, composé d'officiers d'un mérite reconnu, ne pouvait demeurer entièrement responsable des imperfections signalées par l'Empereur, car il avait été prescrit que l'administration de la maison serait provisoirement empruntée à celle de Saint-Cyr, et aucune décision n'avait annulé cet ordre. Il s'ensuivait que l'alimentation des élèves, les règles de police et de discipline, et la plupart des cours d'études ne différaient en rien de ce qui se pratiquait à Saint-Cyr. Le tableau du service journalier, très exigeant pour le travail, très sommaire sur ce qui concernait les récréations, avait été calqué sur celui de l'École qui servait de base et de modèle. Quant au moral des élèves, il subissait l'influence d'un temps où les préoccupations belliqueuses et les aspirations vers une liberté prématurée tenaient trop de place dans des esprits rigoureusement voués à l'étude.

Quelques mois néanmoins après la journée passée par l'Empereur à Saint-Germain, le général de la Roncière était relevé de ses fonctions par le général *Maupoint de Vandeuil*. Mais comme ce dernier servait à l'armée d'Espagne sous les ordres du maréchal Suchet, le duc de Feltre confia le commandement par intérim de l'École de cavalerie au général *Bellavène*, qui avait montré une aptitude dans le même emploi à l'École de Saint-Cyr.

Le premier soin du général Bellavène fut d'exécuter, autant que le permettaient les circonstances, les ordres les plus urgents émanés de la volonté impériale.

L'architecte du château, M. Lepère, demandait 104,000 francs pour les transformations à opérer à l'intérieur et pour la clôture de la carrière. Mais la campagne de 1812 était décidée, et les ressources de la Couronne s'épuisaient. On commença la construction des réfectoires, au rez-de-chaussée de la façade du nord, à droite et à gauche de l'escalier du Mont-Saint-Bernard; comme elle ne pouvait être terminée avant l'hiver, on installa une salle à manger provisoire dans le salon de Mars, ouvert à tous les vents et dont la voûte s'effondrait. Les élèves y prirent leur premier repas le 15 août 1812, sur des tables couvertes d'un service de cretonne et de faïence de Rouen. Ils acclamèrent l'Empereur avec le feu qui embrasait leurs jeunes âmes; c'était l'avant-veille de l'entrée des Français à Smolensk.

Le régime alimentaire était amélioré. Le repas du matin se composait de soupe, de bœuf bouilli et d'un plat de légumes; celui du soir, d'un rôti ou ragoût à raison d'un quart de kilogramme de viande par élève, d'un plat de légumes ou d'œufs, et d'une salade. Chacun avait une demi-bouteille de vin de Bourgogne au repas et du pain blanc de qualité supérieure à discrétion.

Quelques élèves, les plus anciens probablement, eurent des chambres séparées avec des rideaux à leurs lits.

Une autre tolérance vint apporter un grand adoucissement à la sévérité des règlements de la maison et une grande joie aux familles. Celles-ci, qui ne pouvaient communiquer avec leurs enfants que le dimanche, purent les demander chaque jour de la semaine à la salle des visites.

Malgré toutes les améliorations en projet, le général Bellavène ne considérait pas le château de Saint-Germain comme bien approprié à sa destination. Sa correspondance avec le ministre de la guerre témoigne sans détour de ce sentiment. Il demandait qu'on cherchât, pour y transférer l'institution, un vaste collège ou une abbaye disponible, et en homme pratique, il exprimait le vœu qu'on ajournât les grandes dépenses prescrites ou consenties par l'Empereur tant qu'on n'aurait pas résolu l'indispensable problème de réunir directement le manège et les écuries aux bâtiments du château.

Le parterre où se faisait l'exercice à cheval, terrain défectueux, impraticable en temps de pluie, ne convenait pas, selon lui, à une école de cavalerie, par le retard qu'une telle insuffisance apportait au travail. Le général proposait de dépaver la grande cour des écuries du manège, de la sabler et d'y établir la carrière, dont le sol eût été solide en tout temps.

Parmi les considérations d'un autre ordre qui lui semblaient nuire aux études, il plaçait en première ligne les admissions successives des élèves, qui avaient lieu non pas à des époques fixes, mais dans le cours de l'année et qui contrariaient la marche régulière des cours. Il observait qu'un séjour de trois ou quatre années à l'École était trop long pour l'élève. Les circonstances de guerre l'abrégeaient, il est vrai, mais il n'en était pas moins rendu obligatoire par le décret constitutif, et une telle perspective décourageait des jeunes gens ambitieux de se rendre aux armées.

Le commandement du général Bellavène porta ses fruits. Les familles se montrèrent plus rassurées et l'École entra dans une voix prospère.

Le *général Maupoint*, précédé d'une excellente réputation, arriva d'Espagne, et fut reconnu dans son emploi le 2 décembre 1812.

Sous la direction du général Bellavène, le chiffre des élèves était monté à 200; il fut, au 1er janvier 1813, de 213, nombre le plus élevé que présentent les situations journalières. A cette même époque, l'établissement possédait 154 chevaux, dont 97 de manège et 54 d'escadrons.

En 1812, d'après les ordres de l'Empereur, l'intendant des bâtiments de la Couronne avait commencé sur le parterre la clôture de la carrière, qui devait être de bois et non de pierre, dans la crainte de nuire à l'ensemble de l'édifice. On dépensait pour cet objet 25,000 francs. Déjà le quart de la clôture était debout, le bois nécessaire aux trois autres côtés débité et prêt à être dressé, lorsque les habitants de Saint-Germain s'émurent de ce travail menaçant leur promenade favorite, et adressèrent une pétition au ministre de la guerre.

La pétition eut un plein succès. On suspendit les travaux de clôture, et on dressa les devis des terrains à acquérir pour établir une carrière sur un autre emplacement. Ce devis montait à 600,000 francs, et resta sur le papier.

L'uniforme de la cavalerie fut modifié en 1812; le décret du 7 février instituait l'habit court à revers droit et la sur-culotte en coutil; les bottes, autrefois distinguées en bottes à la hussarde et bottes à l'écuyère, n'eurent plus qu'un seul modèle.

Cette année se termina par le grand désastre de Russie, dont se sauvèrent environ 5,000 chevaux, appartenant presqu'en entier aux remontes de la Bretagne, des Ardennes et de la Creuse, comme pour attester la supériorité de leur race, au milieu de ce grand assemblement de chevaux de presque toutes les parties de l'Europe.

Après la campagne de Russie, Napoléon Ier, frappé des pertes considérables qu'avait subies sa cavalerie, pensa qu'en améliorant la situation des vétérinaires militaires, leur recrutement serait meilleur et que la présence dans l'armée d'hommes éclairés aurait comme conséquence une diminution notable des mortalités. Aussi, de retour à Paris, il signa le *Décret impérial du 15 janvier 1813 sur l'enseignement vétérinaire.*

Dans ce décret, l'empereur reconnaissait cinq Écoles vétérinaires divisées en deux classes : 1re classe, Alfort; 2e classe, Lyon, Turin, Aix-la-Chapelle, Zutphen.

L'enseignement qui avait pour objet de former des *maréchaux vétérinaires* et des *médecins vétérinaires* comprenait deux cours institués de la façon suivante :

1er cours : grammaire, anatomie, extérieur, botanique, forge, maréchalerie, et l'étude des animaux malades.

Le 2e cours, qui aurait lieu à Alfort seulement, comprenait en plus la physique et la chimie.

Les élèves qui devaient être maréchaux vétérinaires passaient trois années dans les Écoles, tandis que ceux qui voulaient être médecins vétérinaires y restaient deux années de plus.

Dans chaque école, il était réservé vingt places pour les élèves militaires recrutés parmi les fils de vétérinaires, les enfants de troupe et les fils de cavaliers maréchaux.

Entretenus aux frais de l'État, ils pouvaient, quand ils se montraient capables, faire leur second cours.

Le décret impérial créait *quatre inspecteurs vétérinaires,* des *maréchaux vétérinaires en premier,* des *maréchaux vétérinaires en second* et des *maréchaux vétérinaires surnuméraires.*

Nulle part il n'est dit quel était le rang des inspecteurs vétérinaires ; ce qu'il y a de certain, c'est qu'ils étaient sous-officiers.

En sortant des écoles, les élèves entraient dans les régiments comme maréchaux vétérinaires en second, et quand les cadres étaient remplis, ceux qui venaient ensuite prenaient le titre de *maréchaux vétérinaires surnuméraires.*

Avant dix ans de service, les maréchaux vétérinaires qui ne montraient pas assez de capacité pour leur emploi rentraient dans le rang comme sous-officiers.

N'oublions pas de citer à cette place un livre qui eut sa part active dans le progrès de la maréchalerie.

En 1813, M. *Girard,* directeur d'Alfort, fit paraître un Traité du Pied considéré dans les animaux domestiques.

Nous ne relèverons que quelques points saillants de ce livre : « *Le sabot est réellement composé de trois sortes de corne, simplement accolées ensemble, qui se séparent l'une de l'autre par la macération longtemps continuée, et qui ont des propriétés différentes.....*

« *Avant d'appliquer un fer, il faut disposer le pied qui doit le recevoir : on diminue d'abord la longueur de l'ongle, on abat un peu la pince, puis on pare le pied à plat, également partout ; on a le soin de ne pas creuser la sole, d'abattre un peu les talons, et de respecter les arcs-boutants, ainsi que la fourchette.....*

« *L'ajusture doit être légèrement relevée en pince et se perdre insensiblement dans les branches, qui ne doivent jamais plonger en talons; cette ajusture doit être donnée de telle sorte que le fer présente une surface plane inférieurement.....*

« *Lorsque le fer est fixé au pied, il faut que les éponges dépassent de deux ou trois lignes la fourchette, afin que, dans le moment où le cheval pose son pied à terre, les talons s'abaissent et concourrent en même temps que la fourchette à faire l'appui.*

« *Nous terminerons cet article par rappeler, en peu de mots, certaines règles générales de maréchalerie, desquelles on ne doit jamais s'écarter. La plus importante, sur laquelle repose tout l'art du maréchal, est de confectionner toujours le fer pour le pied et jamais le pied pour le fer. Il importe aussi de ne pas appliquer le fer chaud sur le sabot : cette habitude vicieuse fait souvent naître des phlegmasies latentes, que l'on combat d'autant plus difficilement qu'on les ignore. Enfin, il ne faut jamais se servir de la râpe qu'avec la plus grande circonspection : cet instrument est fatal entre les mains des maréchaux; son emploi, le plus souvent inconsidéré, détériore l'ongle et occasionne, à lui seul, une foule de maladies. A ces préceptes de maréchalerie, nous ajouterons que les pinçons trop forts et inconsidérément retroussés peuvent occasionner des accidents graves. Étant trop serrés, ils produisent des compressions fâcheuses, donnent lieu à des excroissances cornées, etc. L'habitude vicieuse qu'ont certains ouvriers de frapper à grands coups de brochoir pour les abattre et les incruster, détermine parfois un étonnement de sabot, etc.* » Suivent les principes de ferrure propre à chaque espèce de pied.

Girard a proposé l'emploi de vingt-six fers différents. Il a parlé de la rénette double et du boutoir renversé, dont Jauze devait plus tard revendiquer l'invention.

Parmi plusieurs autres ouvrages, on doit à M. Girard un TRAITÉ DE L'AGE DU CHEVAL et un TRAITÉ D'ANATOMIE VÉTÉRINAIRE.

Il faut signaler également le nouveau livre de *Gohier*, qui parut en 1813 : AVANTAGES ET INCONVÉNIENTS DES CRAMPONS.

« Quant à la remonte de la cavalerie, on en revint aux réquisitions en 1813, puis bientôt aux achats par régiment.

En équitation, l'anglomanie créait déjà ses ridicules et, pour le montrer, il suffit de retracer le tableau d'une réunion de courses, en 1813, écrit par l'ermite de la Chaussée-d'Antin.

« M. de Mairieux, vieil anglomane de ma connaissance, ne tarissait pas sur l'habileté de leurs grooms, sur la propreté, la commodité, même sur l'élégance de leurs écuries, sur tous les détails des soins industrieux dont l'éducation des chevaux est l'objet en Angleterre.

« Il me fallut, à ce sujet, entendre le récit d'un voyage de trois mois.

« Il a assisté aux courses de New-Market, où il a parié dix guinées avec le sommelier du lord-maire; il a visité les haras de M. Brindley, monté un cheval du prince de Galles, et fait connaissance avec un écuyer du duc d'York. On conçoit qu'avec de telles connaissances et de pareilles préventions, M. de Mairieux eut bien de la peine à se décider à m'accompagner dimanche dernier aux courses du Champ-de-Mars.

« Je ne crois pas qu'on puisse se faire l'idée d'un tableau plus magnifique, plus animé que celui de cette superbe esplanade de l'École militaire, au moment où un peuple immense y afflue de tous côtés et vient prendre place sur la terrasse circulaire qui en termine l'enceinte.

« Tandis que la foule se distribuait sur le pourtour, les calèches, les carrioles, les bogueys, les voitures de toute espèce, se rangeaient avec ordre le long des avenues, dont le Champ-de-Mars est bordé extérieurement; l'espace spécialement réservé pour la course était marqué, de distance en distance, par des poteaux liés entre eux par des cordes en forme de barrière, le centre était occupé par les spectateurs à cheval; deux pavillons étaient ouverts aux personnes invitées par billets; un troisième, plus élégamment décoré, était destiné à Son Excellence le Ministre de l'intérieur, aux juges des courses, aux inspecteurs des haras et aux jurys d'admission.

« L'ami Mairieux, tout ébahi de la beauté de ce premier coup d'œil, m'avoua, en hochant la tête, que New-Market était loin d'offrir un spectacle aussi imposant; mais, forcé d'admirer l'ensemble, il se dédommagea sur les détails et ne fit grâce, tout au plus, qu'à cinq ou six cavaliers, dans le nombre de ceux qui parcouraient l'enceinte et qui devinrent tour à tour l'objet de ses critiques.

« L'un montait un cheval courte queue, équipé à la hussarde; l'autre trottait à l'anglaise, sur une selle rase, avec un chasse-mouches, une chabraque en velours cramoisi et une rosette sur la queue de son cheval; celui-ci se pavanait sur une selle anglaise, ornée de têtière, de croupière et de martingale; cet autre galopait à contre-pied avec une imperturbable assurance. Tous ces contre-sens de costume égayaient beaucoup mon compagnon, qui se moquait également et des maîtres et des chevaux.

« Ceux-ci manquaient de forme, ceux-là manquaient d'allure, tous manquaient de race. Il était aisé de s'apercevoir, au trot de quelques-uns que ces modestes animaux venaient de quitter le timon d'une voiture ou le brancard d'une demi-fortune, pour venir figurer à la course en qualité de chevaux de main; et l'on voyait que d'autres, en prenant le galop, cherchaient à se rappeler un souvenir de jeunesse.

« Il était quatre heures; le moment de la course approchait; les chevaux avaient été présentés aux inspecteurs et reconnus pour indigènes; les jockeys, la selle sous le bras, en toque et en veste de satin, après avoir été pesés, selon l'usage, achevaient de seller leurs chevaux et de visiter chaque partie du harnais; enfin l'ordre du départ fut donné, et nous nous hâtâmes d'aller prendre place sur un tertre, à cent toises environ du point de départ, au milieu d'une famille de bonnes gens qui s'y était établie depuis le matin, et dont le chef s'empressa de m'apprendre qu'il avait été, pendant trente ans, limonadier sur le boulevard Beaumarchais.

« La manie de ce brave homme, qui n'avait probablement vu de près, dans le cours de sa vie, que les chevaux du brasseur qui lui apportaient toutes les semaines son quartaut de bière, sa manie, dis-je, était de parler de courses, d'équitation, en termes techniques dont il ne soupçonnait pas la valeur, avec une assurance extrêmement comique pour tout autre que Mairieux, qui n'était occupé qu'à lui fournir le mot propre. Il est probable que le limonadier aurait fini, comme *Larrisole*, par envoyer promener son instituteur ; heureusement, un cri général donna le signal du départ.

« Deux beaux chevaux entiers, montés par des jockeys vêtus, l'un en bleu, l'autre en jaune, parcoururent le premier tour avec une rapidité dont mon compagnon lui-même fut surpris ; le second tour s'acheva beaucoup moins vite, ce qui lui donna l'occasion de dire que nos jockeys ne savaient pas leur métier, et que ceux de là-bas avaient grand soin de ménager les forces de leurs chevaux pour le moment où ils arrivaient au but.

« Quoi qu'il en soit, le jockey jaune fournit la carrière en quatre minutes quarante-huit secondes ; il devança son concurrent de douze secondes et fut proclamé vainqueur de la première course.

« Dans la seconde, entre deux juments, celle que montait le jockey bleu parvint également au but douze secondes avant l'autre.

« La troisième course, entre plusieurs chevaux, fixa plus particulièrement mon attention, etc... »

A partir de 1813, l'École de Saint-Germain souffrit des revers de nos armes et des sacrifices imposés au Trésor public. Les améliorations, les achats d'immeubles, tout fut suspendu. Préoccupé de réorganiser ses légions et de sauver la monarchie, l'Empereur ne pouvait songer à son École de cavalerie que pour y puiser de nouveaux officiers.

Le 1er octobre 1813, l'institution ne possédait plus que 146 élèves.

Le 1er janvier 1814, elle en comptait 156 et 153 chevaux.

Enfin, le 1er juillet suivant, elle était réduite à 76 élèves, dont 25 boursiers. Il n'y avait plus dans les écuries que 79 chevaux de manège et 12 d'escadron.

En cette année néfaste, l'École, restreinte à la pension des élèves, manquait des ressources nécessaires à son entretien. Sa détresse devint extrême, les fournisseurs refusaient à la maison la continuation de leur crédit, et la caisse vide de l'École était sur le point de laisser les officiers et les fonctionnaires sans appointements. Le ministre de la guerre fut contraint de répondre par un secours d'urgence aux sollicitations pressantes du conseil d'administration.

Enthousiastes de l'Empire, les élèves ne purent voir avec indifférence les événements du mois de mars 1814. La chute de l'Empereur les jeta dans la consternation.

Le 30 mars, au moment où le canon de Montmartre leur apprit que Paris tentait généreusement de faire face à toutes les forces de l'invasion, ils invoquèrent avec énergie le devoir sacré de prendre part à la lutte et de verser leur sang pour la défense commune.

Les chefs résistèrent à leur patriotique injonction, parce qu'une armée ennemie s'interposait entre Saint-Germain et Paris, et qu'ils ne se reconnaissaient pas le droit de sacrifier cette précieuse jeunesse, dont ils répondaient devant le souverain et devant les familles.

Peu s'en fallut que, sourds à tous les arguments, les élèves ne méconnussent les ordres du général, et que l'ardeur virile qui échauffait ces jeunes têtes ne les poussât à la sédition. Renfermés dans l'enceinte du château dont on avait verrouillé les portes, ils s'irritèrent contre les rigueurs d'une inflexible, mais prudente décision, et dans leur colère ils brisèrent les vitres, dont les éclats volèrent dans les fossés.

Il est des devoirs douloureux à remplir. Les officiers de l'École de cavalerie le connurent dans cette pénible circonstance en maintenant leur ferme attitude jusqu'à la fin de cette funeste journée.

Le 1er août de la même année, une ordonnance royale supprima l'École de cavalerie de Saint-Germain-en-Laye. Cette ordonnance décidait que les élèves seraient versés à celle de Saint-Cyr, pour y jouir des avantages attachés à leur position. Les chevaux du manège passèrent aux écuries du Roi et ceux d'escadron au dépôt central de cavalerie.

L'École de Saint-Germain avait eu cinq années d'existence, non sans distinction ; elle fût parvenue à de hautes destinées, sans les événements.

Pendant ces cinq années, 558 numéros matricules prirent rang sur les contrôles de l'établissement. De ces numéros, il faut en retrancher 60 environ affectés à des jeunes gens qui ne rejoignirent pas l'institution ou optèrent pour d'autres écoles. Quelques-uns, enregistrés comme élèves pensionnaires, devinrent ensuite entretenus ou boursiers sous un autre numéro, en sorte qu'en réalité le chiffre des élèves n'atteignit pas 500. Le numéro matricule 1 appartient à l'élève Foubert, provenant de Saint-Cyr, qui ne rejoignit pas, et le numéro 558 à l'élève Sciamanna.

316 élèves sortirent de l'École de Saint-Germain revêtus de l'épaulette de sous-lieutenant ; les autres rentrèrent dans leurs familles ou furent dirigés sur Saint-Cyr à l'époque du licenciement.

Voici la date des diverses promotions avec le nombre des élèves promus :

Du 22 janvier 1810 à la fin de l'année, *6 sous-lieutenants*; — du 20 juillet 1811, *12*; — du 31 juillet 1811, *1*; — du 11 mars 1812, *4*; — du 15 mars 1812, *2*; — du 24 avril 1812, *47*; — du 21 septembre 1812, *6*; — du 28 janvier 1813, *7*; — du 30 janvier 1813, *105*; — du 16 mars 1813, *20*; — du 8 décembre 1813, *2*; — du 19 février 1814, *30*; — de février à mars 1814, *2*; — du 30 mars 1814, *67*; — promotions isolées d'avril en juillet 1814, *4*; — du 14 juillet 1814, *1*.

Les 53 élèves nommés sous-lieutenants les 24 avril et 21 septembre 1812, furent ceux qui durent leur promotion anticipée à la visite de l'Empereur.

La date des sorties était aussi peu régulière que celle des admissions, comme l'indique ce relevé. Le premier élève promu officier fut M. de Clermont-Tonnerre, nommé au 13e régiment de cuirassiers le 20 juin 1810, et le dernier M. Saint-Firmin, nommé le 14 juillet 1814, à la veille du licenciement.

Parmi ces jeunes gens, un grand nombre étaient issus de familles auxquelles s'attachait une célébrité d'origine déjà ancienne; d'autres ne durent qu'à la distinction de leurs travaux dans les hautes sphères de l'armée ou de l'administration les splendeurs de leur propre lustre; ils en ont fait rejaillir l'honneur sur l'institution qui leur ouvrait l'accès d'une si belle carrière.

Une école militaire qui a formé de tels hommes au métier des armes, peut fièrement revendiquer sa place dans l'histoire de nos institutions, quelle qu'ait été la courte durée de son existence.

Un nouveau mors avait été adopté pour la cavalerie, c'était le mors dit à la Dessault ou à branches gigotées. Voici à son sujet l'opinion de deux hommes autorisés en la matière :

« Depuis qu'on a adopté pour tous les régiments de cavalerie des branches de mors gigotées, très longues et conséquemment très dures, sans adoucir les embouchures qu'on a laissées à gorge de pigeon, on a pu remarquer que les chevaux de troupe se ruinaient bien plus promptement du derrière qu'avec des branches courtes. »

« Je me souviens, dit un écuyer, qu'en 1814, on crut faire une trouvaille en adoptant les longues branches gigotées des troupes du Nord. Mais on ne fit pas attention que ces mors, dits à la Dessault, étaient doublement brisés à l'embouchure, ce qui diminue infiniment la force du levier. La commission, séduite par de jolis dessins, adopta les branches longues et contournées, sans adopter les brisures de l'embouchure, et fit, comme tant d'autres commissions, la bévue la plus pommée. Quand, avec de tels mors, les cavaliers tombent dans les erreurs que je viens de signaler (ils y tombent tous puisque l'ordonnance donne la règle sans exception), on juge ce que doivent souffrir les jeunes chevaux de trois ans et demi nouvellement coupés, tourmentés de la gourme et de la dentition, et qui ont le derrière extrêmement faible, comme tous les poulains de leur âge. De la faiblesse extrême de ces parties à leur ruine totale, il n'y a qu'un pas. »

Le 24 avril 1814, il arriva à Saumur deux brigades de chasseurs à cheval de la garde impériale, qui restèrent jusqu'en 1815. Hommes et chevaux durent être hébergés et nourris par les habitants, mais personne ne se plaignit, ces débris glorieux de notre grande armée méritaient bien d'autres égards.

Après les chasseurs de la garde, ce fut le 17e dragons qui tint garnison à Saumur.

Pourtant, on n'avait pas oublié la période florissante de l'École de Saumur, et la suppression de l'École de Saint-Germain faisait espérer de nouveau voir rouvrir les manèges et les carrières.

L'École de Saint-Germain n'avait été qu'une école spéciale de cavalerie, comme l'École militaire de Saint-Cyr une école spéciale d'infanterie ; il y avait mieux à faire, c'est-à-dire une école d'application de cavalerie où les officiers et sous-officiers des corps fussent admis pour y puiser une instruction qu'ils seraient chargés de reporter dans leurs régiments. En attendant, l'École de la Flèche et l'ancienne École militaire furent rétablies.

Mais déjà le maréchal Soult s'aperçut, à son entrée au ministère, de l'immense lacune que laissait dans nos institutions militaires la suppression de l'École de cavalerie. Il rétablit bientôt à Saumur, le 23 décembre 1814, l'*École d'instruction des troupes à cheval*, qui fonctionna à partir du 1er mars 1815. Le commandement de cette nouvelle École fut donné au lieutenant général de la Ferrière, débri glorieux et mutilé de nos grandes guerres.

Les temps n'étaient pas heureux alors, tout était encore en désarroi, et il se produisit un incident assez curieux dans la vie de la nouvelle École. Le général dut demander à la ville de vouloir bien payer et loger ses officiers, qui, n'ayant pas touché de traitement depuis trois mois, se voyaient refuser la porte de leurs pensions habituelles.

On délibéra à ce sujet après avoir sérieusement examiné la question posée, et, en définitive, il ne fut pas donné suite à cette demande pour les raisons que le travail des officiers les empêchaient de se trouver à l'heure des repas des particuliers qui les logeraient, et que la caisse de l'École, possédant une assez forte somme, elle pourrait mieux que l'administration municipale faire les avances nécessaires en présence des retards de la solde.

Un nouveau deuil devait atteindre Saumur. Cette ville, essentiellement militaire, devait voir l'occupation étrangère s'installer jusqu'à ses portes, avec les exigences blessantes du droit des vainqueurs. Les troupes prussiennes séjournèrent à la Croix-Verte du 6 août au 20 septembre 1815. La Loire était la ligne de démarcation tracée à cette lèpre qui rongeait la France; mais Saumur ne voulut pas laisser ses compatriotes supporter à eux seuls les lourdes contributions de guerre.

Les événements politiques interrompirent les travaux de la nouvelle École de Saumur; les cours ne purent être ni régulièrement suivis ni complétés, et les officiers et sous-officiers élèves qui y avaient été envoyés des anciens régiments, avant le licenciement, furent, au bout d'un an d'études interrompues et incomplètes, répartis dans les régiments de nouvelle formation, en 1816, et remplacés par de nouveaux officiers et sous-officiers de ces corps. Ce n'est qu'à partir de cette dernière époque que l'École de Saumur acquit l'importance et l'extension qu'on lui a vu prendre depuis.

Lorsqu'à la suite de nos désastres de Russie et de ceux plus récents de 1815, il fallut s'occuper de recréer une armée française, il fut facile de reconnaître que, de toutes les armes, notre cavalerie était celle qui avait subi le plus fatalement les conséquences d'une guerre désastreuse et d'une paix qui ne l'avait pas été moins. L'instruction de cette arme essentielle, sans laquelle il n'est pas de victoire complète et profitable, était tombée, perdue, et avec elle les principes de l'équitation militaire. C'était à peine si, dans les régiments de nouvelle formation, il se trouvait quelques officiers, sous-officiers ou cavaliers qui en eussent conservé quelques notions élémentaires, et encore quelles étaient ces notions! Les connaissances hippiques, comme le talent équestre, avaient aussi disparu de l'armée : les champs de bataille les avaient vus s'éteindre chez les uns, le licenciement les avait écartés chez les autres; tout était donc à refaire et à créer de nouveau sous ce rapport.

L'École royale de cavalerie devait être pour la paix ce que sont pour la guerre les champs de bataille et les campagnes savantes.

L'École d'instruction des troupes à cheval de Saumur avait pour objet de former des instructeurs pour tous les corps de cavalerie; chaque régiment y détacha, pour en suivre les cours, deux officiers du grade de lieutenant ou sous-lieutenant et deux sous-officiers ou brigadiers.

Les cours théoriques et pratiques, restreints à ce qui concerne spécialement l'arme de la cavalerie, furent à peu près les mêmes que ceux suivis à l'École spéciale de Saint-Germain ; néanmoins, le cours d'hippiatrique, un peu mieux compris dans son application à la cavalerie, abandonna au vétérinaire ce qui est de son domaine, pour ne laisser à l'officier de cavalerie que ce qui lui importe de connaître pour l'achat, l'emploi et la conservation du cheval.

Les leçons du manège académique furent aussi mises plus en rapport avec l'équitation militaire.

Un général anglais disait que ce qu'il avait vu de plus beau en France, c'était l'École de Saumur. Il faut voir, en effet, dans la création de cet établissement, vraiment national, la renaissance de notre cavalerie. C'est dans les amphithéâtres de Saumur, et là seulement, qu'ont été professées de saines doctrines. Pour la première fois, l'homme de cheval, l'écuyer, s'est assis dans la chaire du professeur; l'anatomie et la physiologie ont été interrogées, et l'emploi en est devenu rationnel.

L'École de Saumur fut donc organisée sur les bases suivantes :

Un lieutenant-général fut nommé commandant supérieur ; un colonel, commandant en second ; un lieutenant-colonel, commandant en troisième ; on leur adjoignit deux chefs d'escadrons et six capitaines.

L'équitation fut confiée à deux écuyers et deux sous-écuyers.

Dans cette organisation, les cours étaient divisés en partie théorique et en partie pratique, et comprenaient ce qui est relatif au service et ordonnance de la cavalerie et à l'équitation proprement dite.

Il y avait deux manèges, l'un militaire, l'autre civil. Le premier était sous la direction des capitaines ; le second, sous celle des écuyers et sous-écuyers. Ce fut là une grande faute.

Des deux écuyers, M. le *marquis Ducroc de Chabannes* avait sous son commandement les officiers et sous-officiers de grosse cavalerie ; M. *Cordier*, les officiers et sous-officiers de cavalerie légère.

Le grade de capitaine instructeur fut la conséquence des principes nouveaux.

Il fallait, en effet, un missionnaire militaire pour prêcher la religion nouvelle ; malheureusement, l'homme appelé à la difficile tâche de déraciner les préjugés de caserne et les vicieuses coutumes du manège, eut, tout d'abord, un grade trop faible ; et le mieux que devait produire l'École de Saumur, fut contrebalancé et presque annulé par des autorités supérieures aveugles ou jalouses.

Il aurait fallu, à la création de l'École de Saumur, attaquer franchement les abus, les aborder de front, et, pour ce faire, créer dans chaque régiment un instructeur en chef du grade de chef d'escadrons, en lui donnant pour auxiliaires un capitaine instructeur, chargé des écoles, et un vétérinaire ayant rang d'officier, pour diriger les soins hygiéniques, l'infirmerie, la forge, la sellerie, l'embouchement et autres parties du service, qui tiennent autant à la conservation qu'à l'emploi de la cavalerie. Du jour où l'École proclamait hautement que l'officier n'était plus hippiatre, il fallait créer un hippiatre officier, et c'était un non-sens que cette immense responsabilité du vétérinaire, sans l'autorité indispensable pour se faire écouter.

L'école de Saumur était donc commandée par le *général La Ferrière*, dit la Jambe-de-Bois.

Le général Levesque de La Ferrière était né le 9 avril 1776, à Redon, d'une ancienne et honorable famille de Bretagne. Il avait fait ses études avec succès au collège de Rennes, et était entré comme sous-lieutenant au 99e régiment d'infanterie, au commencement de 1793, n'ayant encore que seize ans. Il fit avec ce corps les campagnes de 1793 et 1794 aux armées du Nord, du Rhin-et-Moselle et de Sambre-et-Meuse. Ayant été nommé aide-de-camp du général Monet, en 1795, il le suivit à l'armée de l'Ouest, où il devint commandant des guides du général en chef Bernadotte. Après la suppression de ce corps, il est nommé chef d'escadrons au 1er de hussards, en 1802, passe ensuite en cette qualité au 2e de même arme, et se signale dans la campagne d'Austerlitz, durant laquelle il est détaché plusieurs fois et chargé de missions périlleuses, dont il se tire avec autant d'intelligence que d'intrépidité. Nommé major en 1806, au 3e régiment de hussards, qu'il commande à la bataille d'Iéna, il est grièvement blessé par un coup de biscaïen au genou gauche, et reçoit plusieurs coups de sabre. Promu, en 1807, au grade de colonel de ce régiment, qui acquit sous ses ordres une grande réputation, il signale sa bravoure à Tudela, ainsi que dans divers combats qui précédèrent l'évacuation du Portugal. A Alba de Tormès, en 1809, et au combat d'Alcointre, en 1810, il défait, par un mouvement de retour des plus brillants, une cavalerie supérieure à la sienne, pendant qu'elle s'abandonnait à une poursuite imprudente. Il y est blessé encore, ainsi qu'au passage du col de Baños, et au combat de Miranda de Corvo, où il reçoit deux coups de feu, qui l'obligent de quitter momentanément l'armée. De tels services avaient été récompensés par le titre de baron de l'Empire, le brevet de commandant de la Légion d'honneur et par une dotation en Westphalie. Il fut fait, en 1811, général de brigade, et commanda la cavalerie de l'armée du nord de l'Espagne. Deux ans après, il est nommé général major des grenadiers à cheval de la garde impériale, et fait à la tête de cette belle troupe la campagne de Saxe, où il se distingue encore par sa bravoure à Dresde et à Leipzig, où il est blessé de nouveau, ainsi qu'à Hanau où, de concert avec le général Nansouty, il ouvre par une brillante charge à fond, à la tête de la cavalerie de la garde impériale, le passage qu'un feu d'artillerie bien nourri, et habilement dirigé par le brave général Drouet, avait préparé. C'est à cette affaire que les gardes d'honneur firent si bonne contenance; le général de La Ferrière notamment se plaisait à rendre à ces jeunes militaires une justice qu'ils trouvèrent alors dans tous les rangs de l'armée. Ce service signalé, qui rouvrait à notre armée en retraite la route de France, lui valut le grade de général de division dans la garde, le titre de comte et la place de chambellan. Dans la campagne de France, en 1814, il soutint sa réputation aux combats de Chaumont, Bar-sur-Aube, à la bataille de Montmirail, à Château-Thierry, à Reims, où il enleva le corps ennemi en totalité, enfin à la prise de Craonne, où il fut atteint d'une balle à l'épaule droite, qui lui fit une forte contusion. Il eut la jambe gauche emportée par un boulet dans la bataille qui suivit, lorsque sous les ordres et sous les yeux de l'empereur, il chargeait à la tête de ses grenadiers une batterie formidable. Passant non loin de Napoléon, porté sur un brancard, il se mit sur son séant, mettant son chapeau à la main, et faisant entendre avec une exaltation digne de remarque dans ce cruel moment, le cri de « Vive l'Empereur ! » après quoi il subit l'amputation avec le plus grand courage. Il laissa dans l'armée un vide généralement senti, car il avait un noble caractère, la conception forte et énergique et le bras aussi vigoureux que son coup d'œil était prompt et sûr. Non moins remarquable sous le rapport de la science que comme général de bataille, le général de La Ferrière fournit au général Paul Thiébault les principaux détails relatifs à l'emploi de la cavalerie à la guerre; ils servirent de base à ce dernier pour son excellent chapitre du commandant de la cavalerie dans le *Manuel général du service des États-Majors*.

C'est à ce brave général, c'est aux officiers distingués dont il sut s'entourer, c'est à MM. les écuyers *de Chabannes*, *Cordier*, c'est aussi aux premiers élèves de cette école, que la cavalerie française dut son instruction après le licenciement douloureux de 1815.

En effet, comme nous l'avons dit déjà, lorsque cessèrent les guerres de l'Empire, la cavalerie française était à refaire; nos races chevalines, en décadence complète, nous rendaient tributaires de l'étranger. Les croyances les plus naïves dominaient dans les régiments, et l'instruction des troupes à cheval était généralement abandonnée au caporalisme routinier ou au zèle aventureux. On comprit alors que l'arme de la cavalerie était à jamais perdue en France, si la science ne venait mettre un terme à cet éclectisme de méthodes surannées et d'essais juvéniles.

Quelques hommes instruits dirigeaient néanmoins certains corps, mais il fallait une impulsion unique, forte et durable.

L'École de Saumur fut créée.

Manège de Saint-Cloud

Manège des Tuileries

Vue du manège de St Cloud.

XXII

Difficulté de reconstitution de la cavalerie française. — Ducroc de Chabannes et Cordier, écuyers ; divergence d'enseignement. — Ducroc de Chabannes : ses idées en équitation ; cours élémentaire d'équitation à l'usage de MM. les élèves de l'École royale militaire de Saumur : importance de l'équitation au point de vue militaire, mécanique, position, rôle des différentes parties du corps, manière dont on doit considérer la bride, caveçon, piliers, jambes, condamnation de la selle anglaise et de l'anglomanie en général, leçon pratique, idées relatives à l'équitation des jeunes chevaux. — Le manuel du manège d'académie de Saumur : principes de Montfaucon. — Divergence de l'équitation militaire et de l'équitation académique. — M. Cordier, écuyer en chef : organisation du manège ; position enseignée ; la tenue de manège. — M. Flandrin : cours d'hippygie. — Le manège de Versailles sous la Restauration : MM. d'Abzac, de Vernon, de Goursac, Charette, de Boisfoucaud, d'Aure, O'Hégerty, de Vendière, de Millange, de Vaugirs, de Crux, Charette, André, Vater, Deschapelles, de Cubières ; les piqueurs : l'enseignement équestre ; les chevaux anglais ; le cheval de Napoléon Ier. — La question des vétérinaires en 1816. — L'équitation dans les régiments de cavalerie. — Le chevalier Chatelain : Mémoire sur les chevaux arabes, 1816 ; Guide des officiers de cavalerie, 1817 ; ses idées en équitation. — Pons d'Hostun : l'Ecuyer des dames, 1817. — Uniformes, harnachements, remonte de la cavalerie sous la Restauration. — Concurrence des chevaux étrangers. — Création des dépôts de remonte. — M. Sanfourche : Moyens de conserver l'aplomb du cheval par la ferrure, 1817 : suc corné.

Dans les temps difficiles que nous étudions, l'armée et la cavalerie surtout se reconstituaient péniblement ; les traditions militaires avaient été interrompues, et avant que l'opinion se reformât telle qu'elle devait être, c'est-à-dire rationnelle et basée sur les nécessités de la guerre, il s'écoula bien du temps et d'étranges systèmes furent soutenus, surtout dans les corps privés d'anciens officiers. Il y eut alors dans les opinions militaires un mouvement rétrograde assez prononcé quant à l'instruction. Sous prétexte qu'il fallait des cavaliers et non des écuyers, on sapait toute espèce de principe, quant à la position du cavalier à cheval et quant à la manière de conduire. Ces propositions restèrent heureusement inédites, grâce aux officiers expérimentés, à l'École de cavalerie qui ne dévia jamais, et à ses versements successifs d'officiers d'instruction dans les régiments, ce qui n'empêcha pas l'équitation de se militariser et de prendre la physionomie du champ de mars et du champ de bataille.

On a pu voir par le simple exposé que nous avons fait qu'un esprit d'ordre et de sagesse avait présidé à l'organisation de l'École de Saumur, et que si les intentions des fondateurs étaient suivies, un avenir brillant était réservé à l'École. Chaque partie du service, en effet, avait à sa tête un chef habile. Les jeunes officiers, lorsqu'ils sortaient des mains des capitaines, excellents instructeurs, pour passer dans un régiment, étaient des cavaliers remarquables, en état de former de bons soldats. Mais l'école de Saumur ne devait pas rester longtemps sous la direction des deux écuyers que nous avons nommés.

Un désaccord complet ne tarda pas à éclater entre les deux chefs du manège, écuyers civils au même titre, bien que M. de Chabannes eût pour ainsi dire le titre d'écuyer en chef. Ils étaient tous les deux anciens officiers de cavalerie, mais leur façon de comprendre l'équitation avait des tendances absolument opposées. Cela tenait essentiellement à l'origine de leur éducation équestre.

M. Cordier, élève de l'École de Versailles, voulait rétablir au manège de Saumur l'équitation essentiellement académique. M. de Chabannes, élève de l'École militaire, et partant de d'Auvergne, condisciple de Bohan et nourri des mêmes principes en équitation, voulait au contraire restreindre l'enseignement à l'équitation purement militaire.

La lutte (lutte toute courtoise d'ailleurs) était commencée entre les doctrines équestres de Bohan et celles de Montfaucon de Rogles, quand parut un *Manuel* pour le manège de l'École, précédé d'un préambule, équivalant à un ordre positif qui tranchait la question en faveur des principes de Montfaucon.

Une nouvelle édition de l'ouvrage de Montfaucon de Rogles avait été publiée, en 1810, par Mme Huzard, d'après l'édition du Louvre. Peut-être doit-on attribuer en partie à cette réimpression, à une époque où les publications sur les arts qui se rapportent à celui de la guerre étaient rares, l'influence et même la prépondérance que les principes de Montfaucon acquirent sur des ouvrages bien supérieurs et sur des principes plus avancés que les siens. Tout hypothétique que soit cette conjecture, il peut être permis de penser que cette édition nouvelle d'un ouvrage, d'ailleurs remarquable, annoncée et répandue dans un temps où les ouvrages des Mottin de la Balme, des Bohan, etc., étaient presque inconnus ou oubliés à cause de la rareté des exemplaires qui en restaient, et qui étaient entre les mains d'hommes devenus la plupart étrangers à l'armée ; il est permis de croire, disons-nous, que cette reproduction n'a pas été sans action sur la préférence qu'en général on a accordée, dans un temps très près de nous encore, à l'équitation académique sur l'équitation militaire.

Mais M. de Chabannes, qui enseignait au manège, ne voulut pas renier les principes de son maître, qu'il avait portés à un haut degré de perfection ; il présenta des notes ou plutôt des observations contradictoires au manuel, qui ne furent point admises; des explications eurent lieu. L'écuyer, en homme de cœur et de conscience, ne voulut pas sacrifier ses convictions, fruit d'une longue expérience et d'études profondes. Le général de l'École demanda et obtint son renvoi.

M. de Chabannes se retira près de Saumur, au château de Bagneux, avant d'avoir pu établir cette brillante réputation qu'il devait se gagner plus tard, et qui devait lui mériter le nom de *Nestor des écuyers français*.

Le marquis Ducroc de Chabannes, né en 1754, était entré comme élève à l'École royale militaire en 1766. Sous-lieutenant au régiment de cavalerie du Roi, le 1er juin 1772, il fut employé à l'instruction à cheval de son régiment. Bien que lieutenant le 30 avril 1775, il fut remis sous-lieutenant à la nouvelle organisation du 16 juin 1776. En 1777, il est aide-de-camp du comte de Vaux au camp de Rennes. Il est nommé lieutenant en second le 9 septembre 1778, premier lieutenant le 20 septembre 1780; il prend rang de capitaine le 2 juin 1784. En 1785, il est chargé de l'instruction à cheval à l'École d'équitation de Béthune. Le 28 avril 1788, il est capitaine de remplacement. Pourvu d'une compagnie au 6e régiment de cavalerie, le 15 septembre 1792, il fait la campagne de 1792 en Savoie, celle de 1793 au siège de Lyon, celle de 1794 sur les Alpes. Le 18 avril 1795, il est nommé commandant temporaire d'Alais par le représentant du peuple Girot Pouzolle. Le 1er septembre 1795, il est reformé. Le 17 janvier 1804, il est rappelé à l'activité et nommé adjoint à l'état-major des troupes du cantonnement de Saintes. En 1805, il prend part à l'expédition des Antilles et à la campagne de l'armée du Nord, où il est adjoint à l'état-major de l'armée, le 21 novembre. En 1806 et en 1807, il est employé en Dalmatie, et retraité le 19 mars 1808. Nous le retrouvons régisseur des haras à Langonnet, le 10 juillet 1811, puis chef de dépôt à Tervueren, le 6 octobre 1813; il cessa ses fonctions en 1814. Le 19 janvier 1815, il était nommé écuyer à l'École de cavalerie de Saumur.

Il écrivit plusieurs ouvrages, entre autres : *Traité élémentaire d'équitation ; Haras ;* et *Traité analytique d'équitation*, résumé des principes de d'Auvergne.

M. de Chabannes débuta par écrire :

TRAITÉ ÉLÉMENTAIRE D'ÉQUITATION, A L'USAGE DES LYCÉES DE L'EMPIRE, *précédé de quelques idées préliminaires relatives à cet exercice, par M. Ducroc de Chabannes, ancien capitaine de cavalerie.*

Cet ouvrage fut réédité, avec quelques petites modifications dans la forme, en 1817, sous le titre : COURS ÉLÉMENTAIRE D'ÉQUITATION, A L'USAGE DE

MM. les élèves de l'École royale militaire de Saumur, *précédé de quelques idées préliminaires relatives à cet exercice, par M. le marquis Ducroc de Chabannes, ancien capitaine de cavalerie, écuyer de l'École.*

Nous allons parcourir ce livre pour montrer les idées de son auteur, idées qui furent cause de sa défaveur.

M. de Chabannes débute par cet aphorisme : « *Pas un seul praticien qui ne donne sa méthode de monter à cheval comme exclusive.* »

Puis il adresse sa préface aux élèves. Elle n'est pas inutile à transcrire ; c'est une démonstration de l'importance de l'équitation au point de vue militaire. Qu'on se souvienne que le livre était adressé tout d'abord aux lycées de l'Empire, c'est l'original que nous transcrivons ; comme on le pense les termes en furent modifiés dans la réédition.

« *Vous qui, par une prédilection toute particulière du Gouvernement, vous trouvez admis à jouir des bienfaits d'une éducation distinguée, dont l'heureuse jeunesse voit fixés sur elle les regards et les sollicitudes paternelles du plus grand des héros et du plus auguste des souverains, vrais enfants de la Patrie, qu'un noble et généreux enthousiasme, d'accord avec la voix impérieuse du devoir, appelle incessamment sous les bannières de la gloire, et destinés peut-être à tenir rang un jour, parmi les noms illustres dont l'histoire se dispose à décorer ses annales, ne négligez aucuns des moyens qui peuvent ajouter à vos avantages. Le talent que je viens présenter à votre émulation est au nombre de ceux qui peuvent concourir à signaler avec éclat votre entrée dans la carrière des armes, et si votre zèle avait besoin d'être stimulé à cet égard, pour en apprécier mieux l'importance, sachez que la destinée d'un militaire en est tellement dépendante que souvent sa liberté, sa vie et son honneur y sont attachés. Il n'y a rien d'hyperbolique dans cette assertion ; mille témoignages la confirment, et attestent en même temps les avantages qu'une troupe collectivement, comme l'individu en particulier, peut retirer de savoir habilement manier son cheval, et dans un cas périlleux le pouvoir maîtriser, en conservant assez de liberté pour pouvoir agir offensivement ou défensivement suivant l'occurrence. Mais quelqu'importante que puisse paraître cette considération, il est encore un autre point de vue sous lequel il acquiert un degré de plus : pour un officier de cavalerie, son cheval étant journellement associé à ses travaux, et en quelque sorte co-opérateur de ses fonctions ; il y va pour lui du plus haut intérêt, j'ose dire même de sa gloire, de faire une étude particulière de tout ce qui est relatif à sa santé, à son éducation et à son bien-être ; et comme en outre il entre dans sa tâche de transmettre une partie de ses connaissances à ses subordonnés, il doit s'atta-*

cher à se bien pénétrer des élémens, car ce n'est que par eux, et à l'aide d'une théorie raisonnée, qu'en toute espèce d'enseignement l'on peut se promettre quelques succès heureux. Dans ce petit traité, destiné particulièrement à votre usage, vous trouverez certains documens qui, puisés dans une science qui vous est déjà familière, pourront par cela même présenter quelqu'attrait de plus à votre intérêt et aux moyens desquels vous vous trouverez à même un jour de pouvoir utiliser votre zèle. »

Nous entrons maintenant en plein dans le sujet :

« *Bien que le cheval, ainsi que beaucoup d'autres animaux, soit susceptible d'une espèce d'éducation intellectuelle, c'est principalement sur ses facultés physiques que l'équitation exerce son plus grand ascendant, et c'est par conséquent dans la mécanique que le cavalier doit puiser des moyens de domination.*

« *Les élémens de cette science nous démontrent que la puissance destinée à imprimer le mouvement à un corps quelconque, pour agir efficacement, doit être dirigée vers son centre de gravité.*

« *Les parties qui constituent l'assiette du cavalier, celles sur lesquelles reposent essentiellement la sécurité de son équilibre, les fesses et les cuisses, doivent être fixes et disposées sur le cheval de manière à avoir avec lui le plus possible de points de contact.*

« *Les jambes ayant la double destination de servir de contrepoids à l'équilibre du cavalier et de stimuler l'action du cheval, doivent être douées tout à la fois et de toute leur pesanteur spécifique, et d'une grande flexibilité dans le pli du genoux. Elles opèrent sur l'à-plomb du cheval l'effet que feraient deux poids égaux dans les bassins d'une balance, et lui transmettent par la voie de pression la volonté du cavalier ; suivant le degré de sensibilité de l'animal, elles doivent graduer leur effet mais opérer toujours avec un tel discernement et une telle discrétion, que jamais elles ne le surprennent ni ne puissent le laisser dans l'incertitude sur ce qu'on exige de lui ; et par une autre condition qui dérive des lois mécaniques précitées, leur action doit toujours être dirigée et s'effectuer sur les points les plus rapprochés possible du centre de gravité.*

« *Le corps, dont les fonctions sont purement passives, doit être disposé de la manière la plus convenable à ses divers emplois ; destiné à consolider l'assiette par la compression de son poids, il doit être placé verticalement sur les fesses ; obligé de se prêter aux divers mouvemens du cheval, il doit être pourvu d'une extrême souplesse ; faisant partie d'un système de corps mécanique, la direction de sa pesanteur doit se confondre dans la ligne verticale où se trouve placé le centre de gravité du cheval : enfin ses mouvements toujours subordonnés, doivent suivre et jamais prévenir l'impulsion de la masse.* »

Suit *l'explication des diverses allures du cheval.*

Voici maintenant *la manière dont on doit considérer la bride.* — « *La bride étant de tous les agens employés en équitation celui qui généralement a le plus d'influence sur le cheval (quoiqu'en réalité il ne doit être que secondaire) demande à être connue avec détail.*

« *L'art de l'éproneric, dirigé par des combinaisons bien certainement étrangères aux élémens d'équitation, semble de tout temps s'être exercé à donner à cette espèce de machine son plus haut degré d'intensité ; je pense au contraire que l'homme de cheval ne saurait trouver un mors trop doux.*

« *On ne saurait donc assez recommander à l'élève de se tenir en garde contre l'usage immodéré de la bride, et d'en user avec circonspection lorsque la nécessité le contraint à y avoir recours.* . . . . »

A propos du *caveçon* : « *Le caveçon tient rang parmi les machines ou expédiens imaginés pour maîtriser un cheval ; je l'ai vu même employer avec succès en remplacement de la bride, mais dans ce cas, il aurait l'inconvénient d'exiger le concours des deux mains ; et sous ce rapport il ne pourrait être que d'un usage très circonscrit. Il a la plus puissante influence pour dominer et régulariser les mouvemens du cheval, secondé de la chambrière, lorsqu'elle est maniée avec méthode et intelligence, ils peuvent opérer à-peu-près les mêmes effets qui résultent du concours réuni des rênes et des jambes du cavalier ; mais l'on sent que pour cela il est indispensable qu'ils agissent de concert, conséquemment que leur action émane de la même volonté, ce qui ne peut exister dans les cas très ordinaires où l'on voit un aide diriger la longe, tandis que soi-même on fait agir la chambrière, ou vice versâ. Ce qui pourrait s'assimiler à la circonstance où deux cavaliers se trouvant sur le même cheval, l'un serait chargé des opérations de la main, et l'autre de celles des jambes, et dont on peut préjuger les résultats.* »

Il est maintenant question des *piliers*. « *Je pourrais aussi mettre les piliers au nombre des moyens qui sont employés en équitation pour travailler ou former le cheval ; mais il est si dangereux et en même tems si aisé d'en faire abus, que malgré le grand parti qu'en peut tirer l'art, je crois beaucoup plus prudent au très-grand nombre de s'abstenir de leur usage.* »

L'auteur raisonne maintenant l'emploi des jambes : « *Les jambes ne doivent jamais agir inconsidérément, mais toujours dans une proportion graduée sur le besoin. Ainsi, lorsque le cheval se montre insensible ou rebelle aux premiers degrés de pression, ce doit être en quelque sorte comme correction que l'on doit recourir à un degré plus sensible, et arriver successivement jusqu'à l'éperon, qui doit être employé toujours comme châtiment et jamais comme aide.* »

M. de Chabannes n'est pas partisan de la selle anglaise : « *Au risque de heurter encore ici un préjugé, et de se trouver en opposition de sentiment avec les zélateurs de la mode, j'observerai que de toutes les selles en usage, celle connue sous la dénomination de selle à l'anglaise, me paraît la plus défectueuse et la moins appropriée à l'exercice de l'équitation. Sa forme et la matière dure et lisse dont elle est recouverte, en plaçant l'assiette du cavalier sur une surface sans élasticité et par sa nature très-glissante, rena nécessairement la tenue très difficile. D'ailleurs un autre de ses désavantages est que par le moyen de ses quartiers également très-durs et prolongés, elle s'oppose incontestablement à ce que le cheval puissse sentir la pression graduée des aides.* »

Ce n'est pas d'ailleurs le seul motif pour M. de Chabannes de déplorer l'anglomanie : « *Dans nos joûtes modernes, il n'est question que d'adjuger le prix au meilleur coureur ! tout ce qui est étranger à ce genre de triomphe peut-il présenter quelque degré d'intérêt ! Des rênes solides, de bons étriers, et sur-tout des éperons bien tranchans, voilà les vrais éléments de succès, et ceux au moyen desquels on se rend susceptible de disputer de gloire avec le jockey le plus renommé.*

« *Ombre de d'Auvergne ! et vous d'Abezac, dont les noms et la réputation, en dépit de la dégradation de l'art, seront en recommandation aussi longtems que l'on se rappellera qu'il a existé des manéges ! est-ce ainsi que devaient fructifier et se propager vos précieuses instructions ! et deviez-vous pressentir qu'elles pussent être sitôt mises en oubli, pour voir ceux mêmes qui se faisaient gloire d'être comptés parmi vos disciples, substituer à l'élégance et au raffinement de vos procédés, une pratique dont tout le mérite se borne à pouvoir mettre à l'épreuve l'haleine d'un cheval, et dont le plus haut degré de perfection consiste à atteindre le dernier terme de la mauvaise grâce.* »

Nous trouvons ensuite : Les noms des divers objets qui constituent le harnachement et l'équipement du cheval. — Explication de certains termes conventionnels usités dans les manèges et écoles de cavalerie. — Idées générales sur les haras et sur les moyens d'utiliser les étalons.

Mais voici le plus intéressant : *Leçon pratique :* — « *Sans doute on m'observera qu'au préalable, il faudrait au moins indiquer à l'élève la manière académique de tenir ses rênes, chose dont il n'a point encore été question.*

J'avoue que contre l'ordinaire usage, je mets une faible importance à cet objet ; je lui laisserai même à cet égard une grande latitude, d'abord parce que je suis loin d'admettre d'une manière absolue et exclusive, ensuite parce que je suis persuadé que dans le cours de la leçon il adoptera de préférence, et par calcul, la plus convenable suivant les circonstances. A peine connaît-il encore la manière la plus favorable de tenir ses rênes, qu'il pressent déjà les divers effets qu'elles doivent produire. Il observera que celle du dedans étant destinée plus particulièrement à transmettre son intention, doit agir d'une manière franche et prononcée ; que l'autre au contraire, dont l'emploi est en quelque sorte de surveiller l'action pour en arrêter à point les progrès, doit agir d'une manière molle et indéterminée ; enfin que toutes deux doivent modifier leur effet respectif de façon à se seconder sans se contrarier ni se nuire.

« Si la fonction des rênes est de restreindre les allures du cheval, celle des jambes est de leur donner plus de développement ; c'est du concert qui s'établit entre leurs opérations respectives que résulte cette uniformité d'action dans laquelle le cheval est entretenu, indépendamment de toutes causes étrangères qui pourraient l'inciter à en changer.

« Rassembler son cheval, c'est le placer, le maintenir dans une situation telle que l'on se trouve toujours à même de maîtriser ses mouvemens, et que le centre de gravité ne se trouve jamais hors de la ligne de l'à-plomb. Le cavalier pourra juger de la rectitude de cet à-plomb : 1° lorsque le cheval dans ses allures exécutera des pas égaux en tems égaux ; 2° lorsque dans sa marche, il ne cherchera aucun appui sur la main ; 3° lorsque ses mouvemens, soutenus, libres et aisés, s'exécuteront sans secousse et dans une exacte harmonie ; 4° enfin lorsque ses diverses allures seront aussi légères que sa structure le comporte. »

Voyons maintenant les *idées relatives à l'éducation des jeunes chevaux.* — *« A bien dire, c'est dès le plus bas âge, et à l'époque où le sujet est encore poulain qu'il serait à-propos de commencer à le dresser, c'est-à-dire à le rendre doux et accessible à l'homme, à le familiariser avec tout ce qui semble devoir l'effaroucher, et aussi avec tous les objets qui doivent être un jour employés à l'assujétir.*

« Je suis loin, au reste, d'admettre comme autorité ce vieux préjugé accrédité depuis long-tems sur le plus ou moins de précocité des races, et qui veut que les chevaux de telle contrée soient susceptibles d'être employés à un âge déterminé, tandis que ceux de telle autre ne puissent l'être que beaucoup plus tard. Je crois cette distinction applicable bien plus particulièrement à

l'individu qu'à l'espèce ; quoi qu'il en soit, le point essentiel est de savoir démêler dans chaque sujet la limite et l'étendue de ses ressources pour pouvoir sans danger les mettre à profit et en user avec discrétion suivant l'occurrence. C'est dans les premières leçons, surtout, qu'il importe d'éloigner le plus possible les occasions qui pourraient donner lieu de recourir au châtiment, et de s'interdire scupuleusement ceux qui, rigoureux en eux-mêmes, infligés avec brusquerie et brutalité, les rendraient infailliblement et en très-peu de tems timides et farouches, ou ce qui serait pis encore, ennemis de l'homme et du travail.

« *Que l'on adopte tel procédé que l'on voudra; que l'on débute par monter à poil ou avec la selle, en bride ou en bridon, dans un manège ou en rase campagne, qu'on le fasse trotter, galoper ou aller au pas, avec ou sans caveçon, sur une ligne droite ou circulaire, tout cela me paraît assez indifférent en soi, et les résultats aboutiront tous au même but lorsque dans les divers exercices les moyens auront été combinés sur les facultés de l'animal et employés d'une manière convenable et conséquente.*

« *Les jambes qui ont une si puissante influence sur les actions d'un cheval déjà familiarisé à leur opération, deviennent pour celui qui ne les connaît pas encore, un agent utile à employer, et seraient même d'un dangereux usage, si pour les seconder on recourait inconsidérément à l'éperon. La gaule elle-même qui est la première, ou du moins celle des aides dont on peut faire usage avec le plus de succès et le moins d'inconvénient, et qui peut servir le mieux à donner la connaissance des autres, doit être employée avec beaucoup de circonspection.* »

Nous transcrivons particulièrement le passage suivant comme type de l'opinion de M. de Chabannes dans la polémique dont nous avons parlé :

« *Une des circonstances qui concourent le plus à rendre lente et difficile l'éducation d'un jeune cheval, et de vouloir dès le début, modifier ses allures naturelles pour en substituer d'artificielles ; ce qui met nécessairement sa docilité à de pénibles épreuves, et ne s'obtient d'ordinaire qu'au préjudice de ses facultés innées, à moins toutefois que le véritable talent ne préside à cette éducation. Ce n'est pas ici le lieu d'examiner jusqu'à quel point ces pratiques soi-disant académiques peuvent influer en bien ou en mal sur les sujets qui y sont soumis. Je dis seulement ici de nouveau qu'elles seraient extrêmement abusives dans une instruction militaire, où tout doit tendre à ce qui est utile, et non à ce qui est brillant ou fantastique. Et s'il est de l'essence de l'équitation de soumettre le cheval à une obéissance passive, il est aussi dans les attributions du bon cavalier, de ne l'astreindre qu'à des opérations qui se concilient avec ses dispositions naturelles. Or c'est dans son état d'indépendance et avant qu'il ait été soumis à aucun travail, qu'on peut le mieux juger de ses véritables inclinations. Si on l'observe dans cet état primitif, on se convaincra qu'abstraction faite de la nuance que la nature a mise entre les divers sujets, par la manière inégale dont elle leur a réparti les qualités, elle a fixé à chacun la juste mesure qui lui convient de conserver dans l'étendue de ses allures, pour pouvoir mieux, et plus long-tems, donner le plus libre essor à ses facultés. Or, ces dimensions combinées d'après le mécanisme de sa structure et le jeu libre et facile des articulations soumis à l'analyse, présenteraient pour résultat : savoir, l'étendue du pas, c'est-à-dire l'action successive des quatre jambes, égale à la taille de l'animal ou à sa longueur ; l'étendue du trot, moitié plus grand que le pas ; et le saut ou temps de galop, moitié plus étendu que le trot ; ce qui représente dans le rapport de ces trois allures la progression de 4, 6, 9.* »

De 1815 à 1825, les principes de Montfaucon, dans toute leur rigueur, ont été le code de l'enseignement équestre au manège *académique ou civil de l'École d'instruction des troupes à cheval* de Saumur et de Versailles, et n'ont subi quelques modifications dans le sens des progrès anatomiques, que dans le *Cours d'équitation militaire de l'École de cavalerie* qui parut plus tard.

Cependant on tolérait, pour l'instruction militaire, les principes de Bohan, qui étaient ceux que défendaient M. de Chabannes, et dont il avait, en quelque sorte, tiré la quintessence, et on les bannissait du manège civil. Ainsi les élèves recevaient un jour des leçons de position, d'assiette, de tenue à cheval, qui étaient démenties ou qu'ils ne reconnaissaient plus le lendemain avec d'autres maîtres (le travail militaire et le travail d'académie alternaient d'un jour à l'autre). Certes ! s'il y a eu une époque de schisme à l'École de Saumur, c'est celle-là. Cet état de chose ne pouvait se maintenir longtemps. L'instruction dans les corps se ressentait de cette incohérence d'idées ; les élèves de Saumur en sortaient avec une intelligence fatiguée de ces contradictions, et des connaissances aussi incomplètes qu'indécises.

La position du cavalier de Montfaucon de Rogles et le commentaire sur chaque partie du corps en particulier qui en suit le détail, avaient été reproduits mot à mot et identiquement, quant aux principes, par le *Manuel du manège d'Académie* de l'École de Saumur, à sa réorganisation sous le commandement du général de La Ferrière, à cela près de quelques substitutions de mots, tels que celui de *cavalier* à celui d'*élève*, etc., et de la suppression d'un ou deux paragraphes relatifs à l'aplomb du corps, d'après la donnée de Dupaty de Clam, sur le rôle que joue le coccyx dans l'assiette du cavalier.

L'adoption des principes absolus de Montfaucon était motivée dans le préambule du *Manuel* ainsi qu'il suit :

« *Il a paru nécessaire de rassembler dans un manuel les documents pro-*
« *pres de l'ordonnance, et ceux plus étendus des divers traités sur l'équita-*
« *tion, et, à cet effet, le lieutenant général commandant cette École a pensé*
« *que la préférence était incontestablement acquise à celui de M. de Mont-*
« *faucon, tant pour sa parfaite analogie avec l'ordonnance de cavalerie (de*
« *l'an XIII) que par la clarté des démonstrations...* »

Quand parurent ce manuel (manuscrit) et l'ordre du jour qui contenait le paragraphe ci-dessus, la lutte entre les principes de Montfaucon, continuateur trop exclusif de La Guérinière, et ceux de d'Auvergne et Bohan, dont M. Ducroc de Chabannes était le représentant, avait déjà commencé. Ce manuel n'avait pas tant pour but de déterminer la progression et le mode d'enseignement que de trancher une question dans laquelle tous les écuyers du manège civil, avec le général à leur tête, étaient d'un côté, et M. de Chabannes, seul, de l'autre côté.

Il est bon de constater ici une erreur, en contradiction flagrante, dans le paragraphe cité ci-dessus : c'est que l'assertion qu'il contient, et qui attribue à l'ordonnance de cavalerie, alors en vigueur, *une parfaite analogie* avec le traité et les principes de Montfaucon, est beaucoup trop absolue ; on peut même dire qu'au fond elle est fausse ; car il est constant, au contraire, que cette ordonnance *provisoire* avait recueilli et consacré les principes les plus essentiels des ouvrages de Mottin de la Balme, de Melfort et de Bohan, tant sous le rapport de l'équitation proprement dite, que sous celui de la tactique élémentaire ; et que, dès l'instant où les préceptes de Montfaucon triomphèrent exclusivement au *Manège de l'Académie*, il y eut désaccord complet entre le travail de celui-ci et le travail militaire, tant dans les principes de *position* et de *tenue* que dans l'emploi et l'action des *aides* pour conduire le cheval, surtout dans les moyens à employer pour faire partir le cheval au galop sur tel ou tel pied.

Les capitaines instructeurs et le professeur d'hippiatrique, M. Flandrin, préludant déjà aux améliorations qu'ils contribuèrent depuis à faire adopter, ceux-là, appuyés sur l'ordonnance même, et celui-ci sur les lois de l'anatomie et du mécanisme animal, ne subirent pas le joug de la vieille école. L'un des capitaines instructeurs, et le plus remarquable de tous, sans faire tort aux autres, M. *Véron*, fut, à l'École de Saumur, le plus constant et le plus puissant antagoniste de l'école de La Guérinière et de Montfaucon ; il fut le premier qui ait osé professer ouvertement, dans le travail pratique comme dans ses théories raisonnées, les principes de Bohan et de Mottin de la Balme, et qui ait démontré par antithèse *leur parfaite analogie* avec l'ordonnance de cavalerie. Les autres capitaines, imbus des mêmes principes, ne tardèrent pas, au reste, à marcher dans les mêmes voies, et, de cette manière, l'instruction militaire reçut une seule et même impulsion. Mais depuis le départ de M. de Chabannes, l'équitation académique, dirigée exclusivement par M. Cordier, écuyer en chef, n'était pas d'accord avec celle-ci ; de là des contradictions dans les leçons, des difficultés et des incertitudes pour les élèves.

Ces divergences, dans un temps de régénération où rien n'était fixé définitivement, et où la théorie et la pratique ne s'étaient pas encore prêté leur mutuel appui, n'ont point été étrangères à la pensée, méditée depuis longtemps, d'une réorganisation de l'École de cavalerie sur des bases plus larges et mieux définies, et surtout d'une fusion complète de l'*ordonnance provisoire*, en retard avec le progrès, et souvent en contradiction avec elle-même.

L'écuyer en chef était donc maintenant *M. Cordier*, écuyer civil.

M. Cordier est l'auteur d'une *École de l'escadron à pied*, d'un *Traité de l'embouchure* et d'un *Cours d'équitation raisonné*.

Il installa le service du manège de Saumur à peu de choses près comme il est aujourd'hui, avec quelques différences que nous signalerons comme transformations au fur et à mesure de leur apparition.

Il y a déjà des reprises de carrière et de manège, la voltige et le sauteur dans les piliers ; seulement tous ces services sont bien distincts, et une croyance a cours, c'est qu'il faut pour chacun d'eux des chevaux d'aptitudes spéciales.

Certains chevaux ne sortent jamais du manège, — il fallut d'ailleurs bien longtemps pour détruire ce préjugé.

La position du cavalier enseignée est la suivante :

« *Les fesses portant également sur la selle et le plus en avant possible — les cuisses tournées sans effort sur leur face interne, embrassant également le cheval — le pli des genoux liant — les jambes libres et tombant naturellement — les reins soutenus sans raideur.* »

Les principaux mouvements des leçons d'équitation se rapprochent aussi des progressions actuelles.

Les écuyers seuls faisaient de la haute école. Une gravure représente M. Cordier montant un cheval de manège, le Cerf, au passage.

La tenue de manège pour les élèves est l'habit-veste, la culotte et les bottes; la coiffure est le petit chapeau lampion, qui devint le chapeau de manège traditionnel.

L'École de Saumur commençait à rendre de très grands services dans la cavalerie, à laquelle elle fournissait des officiers d'un grand mérite. Tout l'honneur en revenait à son intelligent chef, le général La Ferrière, qui sut également se faire aimer des Saumurois et des Saumuriens. Aussi, quand il fut remplacé dans son commandement, le Conseil municipal lui décerna-t-il, en témoignage de reconnaissance, une épée d'honneur qui lui fut portée à sa terre de Bretagne par une députation.

Parmi les promoteurs de cet hommage, il faut citer le maréchal de camp l'Érivint, un des anciens écuyers des carabiniers.

Nous avons dit que M. *Flandrin* était professeur d'hippiatrique à l'École : En 1816, ses fonctions, toutes civiles, se bornaient à faire un cours d'hippiatrique aux élèves, officiers et sous-officiers, tous confondus sur les mêmes bancs. Aucun ouvrage spécial classique n'existait sur cette matière et n'était approprié aux besoins ni à la méthode d'instruction qu'on devait recevoir à l'École. Aussi, le professeur était-il obligé d'écrire d'abord ses leçons, de les faire copier ensuite chaque jour aux élèves, sous sa dictée, et, après avoir terminé cette besogne ingrate et fatigante, souvent suspendue par des observations, des digressions et des commentaires judicieux et instructifs sous tous les rapports, le professeur, reprenant son texte, paragraphe par paragraphe, le développait dans une leçon orale savante, claire, intéressante, qu'il savait mettre à la portée de toutes les classes de son auditoire émerveillé; classes fort diverses sous le rapport de l'instruction et de l'éducation première.

C'est dans ces leçons, pleines d'intérêt scientifique, d'aperçus lumineux, habilement amenés et déduits logiquement, que M. Flandrin jeta dans l'esprit et l'intelligence des élèves les premières notions justes et rationnelles de l'application des connaissances anatomiques aux moyens de monter, conduire et maîtriser les chevaux, par les opérations les plus simples et les plus naturelles, les plus en rapport avec la charpente osseuse et la contexture musculaire de l'homme et de l'animal. C'est dans ces mêmes leçons orales que furent proposées à l'esprit et élucidées par le professeur, les premières idées de réunir dans un cours d'instruction spécial à la cavalerie, et qu'il nommait *cours d'hippygie*, toutes les connaissances se rapportant à l'étude intérieure et extérieure du cheval, à son emploi à tous les services militaires, à sa conservation, à sa propagation, à son amélioration et à son remplacement ; cours dans lequel entrait, comme corollaire indispensable, une étude de l'anatomie humaine comparée à celle du cheval, et considérée sous le point de vue de la position et de l'action équestre ; idées justes qui devaient conduire, un peu plus tard, comme nous le verrons, à des modifications essentielles dans les principes de la position à cheval.

A la rentrée des Bourbons, le manège de Versailles fut rétabli ; sa direction en fut confiée à un homme de premier mérite, à M. *d'Abzac*. Personne mieux que lui n'était plus à même de nous rendre les anciennes traditions, puisqu'il avait dirigé ce manège avant la Révolution, et qu'il avait été l'élève et le contemporain de Nestier et de La Guérinière ; mais l'on ne sentit pas l'importance d'une semblable réorganisation : l'on reforma le manège de Versailles, parce que autrefois il y en avait un, et l'on ne songea point aux avantages qu'on devait en retirer. Dès ce moment, il fut considéré comme une partie du service des écuries du Roi, ne devant servir qu'à l'instruction des gens du Roi ; l'on n'en fit pas ce qu'il aurait dû être, une école normale d'équitation, c'est-à-dire une pépinière d'hommes de cheval, un foyer chargé de répandre ses lumières sur toute la France, le point de départ enfin de la régénération de l'équitation et de l'espèce chevaline.

Le prince de Lambesc, resté à l'étranger, où il mourut en 1824, conserva jusqu'à ce moment le titre de grand-écuyer. Le commandement des écuries demeura confié à M. *le marquis de Vernon*, ancien écuyer de Louis XVI. A M. d'Abzac on adjoignit des hommes remarquables, MM. *de Goursac* et *Charrette de Boisfoucaud* ; ce dernier surtout, qui succéda à M. d'Abzac, était doué d'un esprit éclairé et d'un tact particulier.

Ces Messieurs, déjà distingués dans la science lorsque la Révolution de 89 les frappa dans leur carrière, avaient mis à profit le temps de leur exil pour étudier l'équitation étrangère, et leur enseignement était d'autant plus précieux qu'ils ajoutaient aux principes de M. de La Guérinière ceux de l'école allemande, qui leur semblaient supérieurs. On vit alors se former sous leur direction une école, modèle de position, de grâce et de tact, en un mot, la plus brillante et la plus solide équitation du siècle.

Fidèles aux recommandations de l'ancienne école française, ils appliquèrent ses principes, évitant toujours de donner à l'élève une position roide et gênée, reproche qui peut être fait à l'école allemande.

Les écuyers qui secondaient MM. d'Abzac, de Goursac et Charrette de

Boisfoucaud, étaient MM. le *vicomte d'Aure*, le *vicomte O'Hégerty*, *de Vendière*, *de Millange* et *de Vaugiro* ; les élèves écuyers étaient MM. *de Crux*, *Charrette*, *André*, *Vater*, *Deschapelles*, *de Cubières*.

Parmi les piqueurs de Versailles, on distinguait *Boutard*, *Lançon*, *Bergeret*, *Bellangé*, *Touroute*, *Leroux*, *Ernest*, *Buchette*, remarquables de justesse et de tenue.

En bonne justice, le nom de M. le marquis de la Bigne eût dû rester intimement lié aux dernières années de l'existence de l'École de Versailles. Avant la première Révolution, il avait remplacé M. de Lancera dans le commandement de la Grande-Écurie. Lors de la Restauration, il était déjà très âgé et de plus malade : aussi ne pût-il faire valoir ses droits d'ancienneté, et M. le chevalier d'Abzac lui fut préféré.

Cependant, la réputation de M. le marquis de la Bigne égalait celle de M. le chevalier d'Abzac. En 1808, le roi Maximilien de Bavière qui, lorsqu'il commandait le régiment des Deux-Ponts, à Paris, avait connu M. de la Bigne, lui fit offrir, par l'entremise de M. Mongelat, son premier ministre en France, cinquante mille livres de traitement, s'il voulait venir à Munich établir des écuries et un manège sur le modèle de ceux de Versailles. Le marquis refusa pour ne pas quitter sa patrie. Il avait été écuyer cavalcadour du roi Louis XV, et avait servi pendant trente-six années dans la maison du Roi. Le fier et vieux gentilhomme mourut à un âge très avancé — quatre-vingt-dix ans — ayant encore monté deux chevaux le matin du jour où il rendit le dernier soupir.

M. d'Abzac a commandé le manège de Versailles de 1814 à 1827. Il était né en 1739, avait été successivement page du Roi, et écuyer du Roi en 1763. En 1791, il avait émigré, et fait la campagne de 1792 à l'armée des Princes, dans la 2e compagnie noble d'ordonnance. La Restauration le ramena.

La méthode d'équitation suivie à Versailles était celle de Montfaucon, corrigée par la savante application de M. d'Abzac.

« La position à cheval de M. d'Abzac, est bien différente de celle de Montfaucon pour l'assiette sur la selle ; elle est bien au milieu du siège et point forcée en avant ; l'extension des cuisses, qui sont dans un bon degré d'obliquité, permet d'être bien d'aplomb. Les jambes tombent bien perpendiculairement à l'horizon ; mais, comme type de principe, les étriers sont ajustés trop longs, et le pied non seulement n'est pas horizontal, mais la pointe baisse un peu et le talon a une tendance à s'élever. »

C'est cette époque qui est l'apogée de l'École de Versailles, surtout à l'introduction des chevaux anglais. On cherche à avoir le cheval droit aux trois allures.

Il y avait, au manège de Versailles, un cheval que les élèves étaient particulièrement fiers de monter. C'était un cheval de race limousine, nommé Embelle, qui avait été la monture de Napoléon Ier depuis 1806 jusqu'en 1814. Il ne fut réformé qu'en 1827.

M. d'Abzac a dirigé avec une grande fermeté le manège de Versailles; il a toujours tenu à ce que chaque écuyer sous sa direction, montât à cheval tous les jours de manège, et fût responsable des chevaux mis à son rang pour faire la reprise d'écuyer. M. d'Abzac donna lui-même l'exemple en montant régulièrement les siens jusqu'à l'âge de 88 ans, ou pour mieux dire, jusqu'au moment où il descendit de cheval pour entrer dans la tombe.

MM. de *Boisseul, Coupé, Chapelle* et autres écuyers de l'École de Versailles, ont été remarquables par leur belle position.

La situation des vétérinaires était toujours une question à débattre. Voici ce qu'en dit le règlement sur le service intérieur de 1816 :

« Le service des vétérinaires et les dépenses y relatives sont réglés et surveillés sous la direction du major par l'instructeur ou le sous-instructeur qui possède le plus de connaissances en hippiatrique.

« En temps de paix, le service du régiment est partagé entre les deux maréchaux vétérinaires, et l'on traite avec chacun d'eux. Le vétérinaire en premier les dirige. Le premier vétérinaire est ordinairement chargé des chevaux de l'état-major.

« Le maréchal vétérinaire en premier porte les galons de maréchal-des-logis-chef et prend rang après les adjudants. Le second porte les galons de maréchal-des-logis ordinaire et prend rang après les maréchaux-des-logis-chefs. Le surnuméraire porte aussi les galons du maréchal-des-logis ordinaire et prend rang parmi les sous-officiers de ce grade selon son ancienneté.

« Quelques personnes avaient pensé qu'il aurait été avantageux de donner la distinction et le rang d'officier aux vétérinaires. Sans doute ces personnes n'avaient pas remarqué que ce service entrant dans les détails de celui du régiment devait s'exercer sous l'inspection des officiers, et surtout des adjudants : que c'est un état pénible qui ne peut être bien fait qu'après une première pratique de maréchal-ferrant, qu'avec le concours continuel des hommes de cette profession, et qu'il a toujours exigé que dans les corps on affranchit de la tenue ceux qui l'exerçaient ; qu'en l'élevant davantage dans les troupes et dans la société, ainsi qu'on en avait eu un instant le projet, les honoraires et les frais de traitement dépasseraient bientôt, dans toute maladie un peu grave, la valeur des meilleurs chevaux, à plus forte raison de ceux dont l'âge ou les infirmités ont considérablement diminué le prix, et qu'ils seraient constamment hors de toute proportion avec les chevaux descendus graduellement aux usages les plus communs et avec ceux des espèces inférieures; qu'enfin donner aux vétérinaires l'état d'officier serait tout à la fois les priver d'exercer, lorsqu'ils se retirent, un art qu'on ne peut pratiquer fructueusement, même dans Paris, qu'à l'aide d'un atelier de maréchalerie et enlever au public d'utiles services.

« Au reste, le vétérinaire qui ajoute à la pratique la théorie de la science, ne manque jamais de trouver auprès des officiers les égards et la considération qu'il mérite ; les galons qu'on lui donne pour lui assurer l'obéissance des cavaliers, n'y sont certainement pas un obstacle. »

Ce même règlement définit comme il suit le fonctionnement de l'instruction équestre dans les corps de troupe :

« Le lieutenant-colonel surveille l'instruction dans ses détails et dans son ensemble : c'est à lui que le colonel fait connaître toutes ses intentions à cet égard. Il a sous ses ordres un instructeur pour l'instruction à cheval et un autre pour l'instuction à pied. Tous deux peuvent être indifféremment choisis parmi les chefs d'escadrons, les capitaines commandants et les capitaines en second.

« L'instructeur pour la partie à cheval a à sa disposition exclusive deux capitaines en second, lieutenants ou sous-lieutenants, pour le seconder constamment en qualité de sous-instructeurs. L'instructeur à pied peut en avoir un, si cela est jugé nécessaire.

« Chaque année à l'époque où, d'après l'ordonnance des manœuvres, le travail doit recommencer, le lieutenant-colonel, asssité de l'instructeur en chef et du capitaine commandant, examine successivement les sous-officiers et les cavaliers de chaque escadron pour déterminer à quelles classes ils doivent être placés.

« Pendant un mois environ, les officiers, sous-officiers et cavaliers déjà instruits, doivent être mis aux quatrième et cinquième leçons et à l'école d'escadron ; on en excepte ensuite le plus grand nombre pour les remplacer par les sujets sortant des classes inférieures. Toutefois la sixième leçon peut être formée en même temps que les autres, s'il y a assez de sujets qui y soient propres. Elle reçoit la dénomination d'école d'équitation. On y peut admettre jusqu'à dix officiers, sous-officiers ou cavaliers par escadron, reconnus pour être les plus propres à bien monter à cheval. Elle est dirigée par l'instructeur en chef secondé, s'il en est besoin, par un ou deux officiers ou sous-officiers choisis parmi ceux qui se sont adonnés le plus à l'équitation.

« Cette école a à sa disposition trois ou quatre chevaux par escadron, les plus susceptibles d'apprendre et d'exécuter tous les airs du manège. Ces chevaux ne comptent que pour mémoire dans les escadrons, sont placés dans une écurie particulière et sont uniquement sous la surveillance de l'instructeur. Elle est destinée à former le plus grand nombre d'hommes de cheval, et à mettre les chevaux neufs en état d'entrer dans les rangs ; elle exécute la sixième leçon de l'ordonnance. »

Le règlement ajoute : « On doit sentir qu'en ne maintenant à cette école que les élèves qui auraient des dispositions pour l'équitation, et en employant l'indication d'homme de cheval à la place de celle d'écuyer, le but n'est pas de former des piqueurs, mais de faire donner seulement tous les principes nécessaires pour ce qu'on appelle bien mener un cheval. C'est à quoi, même dans toutes les écoles militaires, doit se borner l'enseignement sous ce rapport. Vouloir donner plus à la totalité des élèves, c'est leur faire perdre un temps que réclament des choses bien plus utiles que ne l'est ce degré supérieur d'instruction, auquel d'ailleurs le plus grand nombre n'atteindrait jamais.

« Pour devenir ce qu'on appelle écuyer, il faut les dispositions naturelles et une vocation qui ne se démente jamais ; car c'est une étude de toute la vie, dans laquelle la connaissance des races, de la conformation et du caractère des chevaux entre pour beaucoup. Lors donc que les élèves ont reçu de bons principes, qu'ils ont acquis de la solidité et de la hardiesse, ils ont tout ce qu'il faut pour être hommes de guerre, militaires de cavalerie, ce qui suffit à l'État, et tout ce qui est nécessaire pour devenir écuyers, si leur goût particulier les y porte, ce qui ne peut être utile qu'à eux-mêmes. »

En 1816, un officier supérieur de cavalerie, le *chevalier Châtelain* publia un *Mémoire sur les chevaux arabes. Projet tendant à augmenter et à améliorer les chevaux en France. Notes sur les différentes races qui doivent être préférées à ce sujet. Réflexions sur l'administration des haras, leur utilité. Instructions pour les propriétaires qui font des élèves. Connaissances nécessaires pour faire un bon choix d'étalons et de chevaux de guerre. Beautés et défectuosités. Tableaux, recettes, dépenses et réformes.*

Nous ne citons cet ouvrage qu'en passant, car ce qui signala surtout M. Châtelain au public, ce fut son *Guide des officiers de cavalerie*, qui parut en 1817

Le guide des officiers de cavalerie, *divisé en cinq parties qui sont : 1° L'administration et la comptabilité ; 2° L'habillement, l'équipement, l'armement et le harnachement ; 3° L'hippiatrique régimentaire ; 4° L'équitation ; 5° L'escrime à pied et à cheval.*

Pourtant ce livre n'est qu'une compilation et un plagiat, où l'ouvrage de Bohan est reproduit textuellement. Nous ne nous y arrêterons que pour relever l'adaptation que l'auteur prête à la haute école pour conseiller d'y revenir :

« *Le passage, par exemple, rend noble et relève l'action d'un cheval qui est à la tête d'une troupe. — En dressant un cheval à aller de côté, on lui apprend à se ranger sur l'un ou sur l'autre talon, soit à la tête ou dans le milieu d'un escadron quand il faut serrer les rangs, et dans quelque occasion que ce soit. — Par le moyen des voltes on gagne la croupe de son ennemi et on l'entoure diligemment. — Les passades (demi-voltes) servent à aller à sa rencontre ou à revenir promptement sur lui. — Les pirouettes et demi-pirouettes donnent la facilité de se retourner avec plus de vitesse dans un combat. — Si les airs relevés n'ont pas un avantage de cette nature, ils ont du moins celui de donner à un cheval la légèreté dont il a besoin pour franchir les haies et les fossés, ce qui contribue à la sûreté et à la conservation de celui qui le monte.* »

Tout ceci est un peu spécieux. Nous aimons mieux les conclusions de l'auteur qui, pour être plus générales, sont plus vraies :

« *Enfin, il est constant que le succès de la plupart des actions militaires est dû à l'uniformité des mouvements d'une troupe, laquelle uniformité ne vient que d'une bonne instruction ; et qu'au contraire le désordre qui se met souvent dans un escadron est causé ordinairement par des chevaux mal dressés et mal conduits.* »

Nous citerons pour mémoire un ouvrage d'équitation paru également à cette époque et qui s'intitulait : « *L'écuyer des dames, ou lettres sur l'équitation, contenant des principes et des exemples sur l'art de monter à cheval ; ouvrage utile à l'un et à l'autre sexe, et orné de figures gravées d'après les dessins d'H. Vernet, par L.-H. de Pons d'Hostun, ancien écuyer du manège royal des Tuileries, et de S. M. l'empereur d'Allemagne, à Bruxelles.* »

Sous la Restauration, la physionomie de la cavalerie a changé ; nous devons esquisser à grands traits la description de ses uniformes et harnachement, pour fixer les idées :

Les carabiniers ont l'habit blanc à collet et parements cramoisis, les épaulettes rouges à franges, les retroussis cramoisis, gilet blanc, pantalon blanc, pantalon de cheval gris, manteau blanc piqué de bleu, porte-manteau bleu céleste, gants à la crispin; le casque à chenille rouge avec bombe en fer, cimier en cuivre et turban de peau noire; cuirasse en cuivre doublé de fer; le sabre de grosse cavalerie ou forte épée à fourreau de fer, et un pistolet.

Les cuirassiers, l'habit bleu de roi à collet, parements et retroussis écarlate, cramoisi, aurore, rose foncé, jonquille ou chamois, épaulettes rouges à franges, gilet et pantalon blancs, pantalon de cheval gris, manteau blanc piqué de bleu, porte-manteau bleu céleste; un casque, une paire de cuirasses, un sabre et un pistolet; le casque à chenille noire avec bombe en fer, cimier en cuivre et turban de peau noire, les cuirasses en fer poli, le sabre de grosse cavalerie.

Les dragons, l'habit vert à collet, revers, parements et retroussis écarlate, jonquille, aurore, rose foncé ou cramoisi; épaulettes vertes, gilet et pantalon blancs, pantalon de cheval gris, manteau blanc piqué de bleu, porte-manteau vert; un casque, un sabre, un pistolet et une carabine; le casque à chenille noire avec bombe et cimier en cuivre, le turban en veau marin couleur naturelle, le sabre de grosse cavalerie.

Les chasseurs à cheval, habit vert, collet, revers, parements, retroussis écarlate, vert, jonquille, aurore, rose foncé, cramoisi, bleu céleste, lie de vin, noir, velours ou panne; épaulettes vertes, gilet blanc, pantalon vert à tresses blanches, pantalon de cheval gris, manteau gris piqué de bleu, porte-manteau vert; un schako, un sabre de cavalerie légère, un pistolet et une carabine.

Les hussards, pelisse bleu céleste, marron, gris argentin, vert clair, bleu de roi ou vert foncé, garnie de peau d'agneau noire et doublée de flanelle blanche; dolman pareil avec parements; ceinture, gilet et pantalon écarlate, bleu céleste ou cramoisi; pantalon de cheval gris; manteau blanc piqué de bleu; porte-manteau de la couleur du dolman; schako; sabre de cavalerie légère, pistolet et carabine.

En 1817, le harnachement de la cavalerie est en transformation, deux modèles sont en usage, l'ancien et le nouveau.

Le harnachement des carabiniers, cuirassiers et dragons est le même, il ne diffère que par la couleur de la housse. Les chasseurs, hussards et artillerie légère ont le même équipage.

Le harnachement de la grosse cavalerie se compose d'une selle à la française, d'une housse et chabraque. Les parties en bois ou carcasse de l'arçon se composent de quatorze pièces: les pointes de devant, formant arcade ou liberté de garrot, la clef à queue d'aronde, la clef carrée, les deux lièges, les deux bandes, les deux pointes de derrière, un pontet des pointes, les deux côtés du troussequin, un pontet de troussequin.

Les parties de fer servant à consolider l'arçon sont : la bande de garrot, la bande de rognon, la bande de collet, la contre-bande, le croissant, les deux porte-étrivières avec leurs lacets et rouleaux ; la boucle de croupière avec son rouleau et son enchapure ; les quatre boucles de contre-sanglon, avec leur enchapure ; les six pattes pour le troussequin et les lièges ; soixante-quatre rivets, pour assujettir ces différentes pièces ; deux boucles de poitrail avec leur enchapure.

On comprend dans les parties en cuir les quartiers, le siège, les battes, le troussequin, les courroies, les panneaux, le faux-siège, la matelassure, les fontes, le poitrail, la croupière, les sangles et les étrivières.

La housse ou croupelin se compose : drap de la housse, galon de la housse, boucle de la housse, enchapures des boucles de housse, œillets, lanières de la housse, agrafes et porte-agrafes.

Les parties qui composent la chabraque sont : le dessus de chabraque en peau de mouton, doublure de chabraque, garniture de chabraque, ouverture pour le passage des courroies de charge, ouverture du milieu, ouverture des côtés, ouverture du capuchon, surfaix de chabraque, corps de sangle, boucles de corps de sangles du surfaix de chabraque, fente de contre-sanglon, passant, courroie de guindage, courroie de droite de guindage, courroie de gauche de guindage.

La selle de grosse cavalerie nouveau modèle, se décompose ainsi : le bois, l'arçon, les panneaux, courroies, sangles, siège, troussequin et battes, qui ont les mêmes formes et dimensions que l'ancien modèle.

Les quartiers sont longs et ronds à leurs extrémités, pour être appropriés à l'usage des bottes courtes ; les porte-fers sont placés sur une pièce de derrière.

Le chapelet, ou pièce de devant, porte les fontes ; les quartiers étant longs, les étrivières portent sur les quartiers.

Les fontes s'adaptent sur le chapelet à volonté. Comme la cavalerie n'a plus qu'un pistolet, on a placé un étui de hache à droite. Les étrivières sortant sur les quartiers, le trousse-étrier a été placé à la partie supérieure, et sur le bord antérieur du chapelet. A la housse, on a ajouté une pièce de sabre, morceau de cuir pour garantir la housse du frottement du sabre.

Le nouveau mors, ou plutôt les *trois mors* qui ont été adoptés, ont les mêmes branches, mais chacune une embouchure différente, plus ou moins dure, suivant les bouches. Ces embouchures sont : *l'embouchure à trompe, l'embouchure à langue douce, ou petite embouchure à gorge de pigeon, l'embouchure à gorge de pigeon talonnée.*

Le harnachement de la cavalerie légère consiste dans une selle de bois dite à la hussarde. Elle se divise en : arçon, carcasse d'arçon, ferrure, parties en cuir, chabraque, couverture.

La carcasse en blanc se compose de fourches ; palettes ; branches de fourches ; arcades de fourches ; fourches de devant ; palette de fourches de devant ; trou à crampon ; branche de la fourche de devant ; fourche de derrière, entaille pour le loup ; palette de derrière ; mortaise de courroies de charge ; ouverture antérieure de la double mortaise ; ouverture postérieure de la double mortaise ; branche de la fourche de derrière de la carcasse ; arcade de la fourche de derrière ; bandes ou James ; trou à chevilles de fourche antérieure ; trou de chevilles de branche de droite ; trou à cheville supérieure de branche ; trou à cheville inférieure de branche ; chevilles ; passage à étrivières ; trou à lanières ; couple de devant ; accouplement de trous à lanières de devant de la lame de droite ; accouplement de trous à lanières de devant de la lame gauche ; accouplement du milieu ; accouplement de derrière ; ferrure de l'arçon ; croissant ; trous du croissant ; vis de croissant.

Les parties de cuir ou parties fixes sont : le siège, le loup, les clous du loup ; trou du loup ; lacets, crampon de palette ; crampon de lame ; passants de branches ; clous de passants de lanières d'étui de hache ; passants supérieurs, passants inférieurs.

Les parties de cuir mobiles sont : sangles, corps de sangles ; enchapure ; trous à lanières ; boucle de sangle ; branche de la boucle ; broche, rouleau, ardillon, lanières, contre-sanglon ; blanchet, doublure du blanchet ; trou du contre-sanglon, trou à lanières, trou à ardillons ; lanières de contre-sanglon ; fonte, étui de hache ; poitrail ; porte-canon, croupière ; poche porte-fer ; chabraque.

La bride de cavalerie légère ne diffère de celle de grosse cavalerie que par le fouet qui est au bout des rênes. La croisette du frontal et la sougorge à croissant ont été supprimées. La bride, le licol-bridon, le mors de bride, le filet et le licol-bridon, sont les mêmes pour toutes les armes.

La selle de lancier se divise en parties en bois, en parties en fer et en parties en cuir.

Les parties de l'arçon en bois sont : les deux pointes de devant ; la de devant ; les deux bandes; le pontet de troussequin, les deux pointes de troussequin, les deux côtés de troussequin ; la palette de derrière. En tout, onze pièces.

Les parties en fer sont : deux bandes de garrot, l'une supérieure et l'autre inférieure ; une contre-bande de garrot ; deux boucles porte-étrivières avec rouleaux ; deux anneaux porte-sangle, avec leur enchapure ; une bande de rognon ; deux boucles de courroie de croupière ; deux bandes de palette de derrière, une antérieure et l'autre postérieure.

Les parties en cuir sont : le faux siège ; les sangles croisées, demi-sangles, sangles courtes ; toile de matelassure ; bourre et panneaux, comme la selle de grosse cavalerie ; les courroies de charge de manteau, le poitrail, sangle, contre-sanglon, étrivières. Tous ces objets comme à la selle de troupe légère dite à la hussarde.

Les autres parties en cuir sont : le siège, les quartiers, les fontes, le chapelet. La chabraque est la même que celle de la cavalerie légère.

Pour la selle de grosse cavalerie et de lanciers, on place sur le dos du cheval, dessous la selle, une demi-couverture de laine pliée en quatre. Pour la selle de cavalerie légère, une couverture entière pliée en neuf.

Le cheval porte environ trois cent quatre livres.

La remonte de la cavalerie était aussi difficile que la réorganisation de cette arme ; cependant la Restauration était dans des conditions excellentes pour travailler à la régénération de nos races indigènes. La cour et les princes longtemps exilés en Angleterre, avaient pu apprécier la supériorité des moyens de production et d'éducation en usage dans ce pays ; rien n'était plus simple que d'importer ces moyens et de les appliquer à nos provinces chevalines. Il eût été d'une bonne politique d'en agir ainsi; mais on aima mieux importer des chevaux tout prêts. Les princes donnèrent l'exemple, et la mode des chevaux anglais se répandit avec plus de force que jamais, au détriment de nos espèces de luxe du Limousin et de la Normandie. Le discrédit dont ce nouvel accès d'anglomanie frappa les chevaux français servit de prétextes aux agioteurs pour établir de larges spéculations sur les remontes de l'armée, au moyen des chevaux allemands. Non seulement nos provinces françaises furent déshéritées des remontes royales, mais aussi de toutes les remontes des corps d'élite. L'Allemagne eut le privilège de fournir nos chevaux de guerre, et l'Angleterre nos chevaux de luxe. Ces deux pays nous inondèrent de leurs produits ; on ne vendit plus en France de chevaux français ; si des marchands achetaient, par hasard, sur nos marchés, quelques chevaux de distinction, ils avaient soin de les faire passer pour chevaux étrangers, afin d'en trouver un débit plus facile.

On motivait ce fâcheux abandon de nos espèces sur le prétexte que la France épuisée n'avait plus de chevaux, sans songer que l'Allemagne, où on allait se fournir, en avait moins encore, ce pays ayant été pendant plus de quatorze ans le théâtre de la guerre.

Il eût suffi, pour se convaincre de cette vérité, de lever le voile jeté par des intéressés sur les opérations des éleveurs de Normandie. Leur industrie se soutenait précisément à cette époque, en vendant outre Rhin, à des prix élevés, de belles poulinières et des étalons au moyen desquels, grâce aux débouchés nombreux que notre commerce et nos remontes lui présentèrent, l'Allemagne sortit promptement de l'état d'épuisement où l'avait laissée la paix de 1804.

Notre cavalerie éprouvait de grands embarras à se remonter, et on en peut juger par le résultat minime du marché passé par le département de la guerre, avec une compagnie de marchands, qui ne purent fournir plus de 3,903 chevaux de 1816 à 1818 inclus.

D'une part l'insuffisance de ce chiffre, de l'autre les plaintes des éleveurs contre les agents de cette compagnie, qui, disaient-ils, les abreuvaient de dégoût, décidèrent le maréchal Saint-Cyr, ministre de la guerre, à faire le premier essai du régime qui nous régit aujourd'hui, c'est-à-dire l'achat direct non plus par les corps, mais par des dépôts de remonte permanents, afin que les éleveurs pussent livrer leurs chevaux, sans intermédiaire, à des officiers de cavalerie préposés à cet effet.

Le premier dépôt commença ses opérations en 1819, à Caen, et un second fut créé bientôt après à Clermont-Ferrand ; l'on put alors comparer les avantages et les inconvénients des trois systèmes mis en présence.

En 1817, il parut un livre d'hippiatrique que nous devons mentionner surtout à cause du bruit qu'il fit. Son auteur était M. *Sanfourche*, vétérinaire. Ce livre avait pour titre : MOYENS DE CONSERVER L'APLOMB DU CHEVAL PAR LA FERRURE.

L'auteur commence par déplorer l'état où se trouve la ferrure, et voici comment il s'exprime : « *Si depuis des siècles la maréchalerie a fait peu de progrès, si les chevaux sont hors de leur aplomb, on peut attribuer cet état de choses à deux causes principales : la première, c'est qu'il y a peu de maréchaux capables d'observer ; la seconde, au manque de pratique de la plupart de ceux qui ont écrit sur cette matière.* »

Nous ne saurions faire mieux que de céder notre plume pour cette analyse à un contemporain très autorisé en la matière, Jauze, dont le nom a marqué dans la maréchalerie, et qui travaillait à ce moment-là même à son cours de maréchalerie dont nous aurons à parler. Il y a bien un peu de jalousie d'auteur, mais nous essaierons de dégager le caractère d'analyse de l'esprit de critique :

« Je ne m'amuserai pas à suivre M. Sanfourche dans la curieuse description qu'il donne du pied du cheval. « *C'est ainsi*, s'écrie-t-il, *que je découvre les moyens aussi simples qu'admirables qu'emploie la nature pour secréter et faire circuler le suc de l'ongle que j'appellerai suc corné.*

« *Cette découverte m'indique le but et les effets de la ferrure, et me trace visiblement la manière d'opérer pour garantir la sensibilité des pieds, conserver leur élasticité et donner enfin le vrai aplomb du cheval.* »

« Nous laissons l'auteur se complaire dans une découverte que nous sommes loin de regarder comme sérieuse. En effet, pouvons-nous adopter l'opinion de M. Sanfourche, lorsqu'il nous dit *que la corne peut être considérée dans son ensemble comme une presse qui comprime, absorbe et refoule le suc corné qui se trouve élaboré dans le coussinet plantaire, lequel subit une nouvelle préparation dans le bourrelet ?* Ainsi la corne se nourrit par son propre travail simultanément, et avec une juste égalité dans toutes ses parties.

« Qui aurait pu soupçonner que le coussinet plantaire eût une pareille destination ? que Bourgelat, Lafosse et Girard étaient loin de pouvoir faire une semblable découverte ? » etc...

Le Manège de Versailles

Sous la direction de M. d'Abzac

XXIII

Inondations de 1817 et 1818 à Saumur. — Le général Latour-Foissac, commandant l'École de cavalerie. — Les vétérinaires en 1818. — Baron d'Harambure; instruction à cheval, 1818 : cheval de bois; manière de juger de l'instruction équestre; leçon du galop; passage du coin; doublé, travail sur le cercle; gagner l'épaule du cheval. — M. Jauze : Cours théorique et pratique de maréchalerie, 1818 : proportions du fer antérieur et du fer postérieur; fer à talons réunis en pyramide et deux pinçons en talon, fer à bleime, fer à talon tronqué et à oignon, fer à talon tronqué et à large pinçon postiche au quartier, fer entaillé au bord interne de la branche et du talon avec un large pinçon postiche sur tout le quartier, fer échancré au bord interne de la branche, fer à fourchette postiche, fer à talons réunis et prolongés, fer à talon coudé et réuni, fer à branche coudée ou à javart, fer à la turque à mamelle rétrécie, fer à dessolure à coulisse en pince, fer de rivière, fer à patin ou fer à glace. — Goodwin, 1820 : ajusture renversée. — École des Pages, 1821 ; organisation ; O'Hégerty, chef du manège; selles anglaises, sauts d'obstacles; conditions pour être page. — Rivalité de l'École des pages et de l'École de Saumur. — Le général Gentil Saint-Alphonse, commandant l'École de Saumur. — Un manège civil à Saumur. — Licenciement de l'École en 1822. — Conspiration Berton, à Saumur. — Les carabiniers à Saumur, 1822. — École d'application de cavalerie de Versailles, 5 novembre 1823 : organisation ; colonels Brossard, Blin ; Cordier, écuyer en chef. — Harnachement de la cavalerie en 1823 : selle demi-royale ou selle française; selle hongroise. — Roland, fer articulé à ressort, 1824. — D'Outrepont ; observations critiques et raisonnées sur l'ordonnance provisoire 1824 : allure des dédoublements, formations, critique du choc tel qu'on le suppose, place des officiers, position à cheval, longueur des étriers, rapidité des déploiements. — Remontes et Haras en 1824. — Huzard, 1755-1838. — D'Arboval, 1717-1839. — De Gasparin, 1783-1862.

L'École de cavalerie de Saumur continuait à progresser; nous n'avons rien à y signaler en dehors de la perte de son illustre chef, le général de la Ferrière. Quant à la ville, elle avait encore souffert, comme toujours, des inondations; en 1817, l'eau avait atteint 6^{m},02 et en 1818, 5^{m},95.

A partir du mois de mars 1818, l'École fut commandée par le *maréchal de camp Latour-Foissac*. M. Cordier, écuyer civil, était toujours le commandant du manège.

Le général de Latour-Foissac, entré au service le 16 novembre 1795, au 21e régiment de chasseurs à cheval, avait été nommé sous-lieutenant le 9 février 1796, au 9e hussards, puis aide-de-camp du général Latour-Foissac, le 22 février suivant. Un an après, il était lieutenant. Promu capitaine, le 20 août 1798, il fait les campagnes de 1798 et 1800 en Italie, où il est fait prisonnier. Le 13 novembre 1801, il est aide-de-camp du général Meyer. Le 10 mars 1803, il est admis au traitement de réforme. Nous le retrouvons, le 21 janvier 1805, adjoint à l'état-major de l'armée de Havovre, puis aide-de-camp du général Léopold Berthier, le 25 octobre de cette même année.

Capitaine au 7e chasseurs, le 5 mai 1806, il fait, avec la Grande-Armée, les campagnes de 1806 et 1807 ; le 1er octobre de cette dernière année, il est fait chevalier de la Légion d'honneur. Il est nommé chef d'escadron au 14e chasseurs, le 28 octobre 1808, et c'est en cette qualité qu'il fait la campagne de 1809, en Allemagne, où il est deux fois blessé : à Eckmühl, d'un coup de sabre, à Wagram, d'un coup de feu à l'épaule gauche. Il passe major au même régiment, le 10 novembre 1810, et fait les campagnes d'Espagne, en 1811, et de Portugal, en 1812. Il est colonel surnuméraire le 28 janvier 1813, colonel du 16e chasseurs le 26 février de la même année, et officier de la Légion d'honneur le 4 décembre suivant. Il fait la campagne de France en 1814. Il est général de brigade le 15 mai de cette même année, chevalier de Saint-Louis le 1er juillet, commandeur de la Légion d'honneur le 10 août. Le 21 juillet 1815, il commande le département de la Gironde, et, le 8 septembre, il était chef d'état-major de la 2e division de la Garde Royale. Le 25 février 1818 le fit commandant de l'École de cavalerie de Saumur.

Le 13 mai 1818 parut l'ordonnance sur le service intérieur, la police et la discipline des troupes à cheval, qui fut aussitôt mise en pratique à l'École.

Cette ordonnance définissait aussi le service des vétérinaires.

Le recrutement des vétérinaires militaires se faisait toujours séparément. L'ordonnance royale du 30 août 1815 avait supprimé les inspecteurs, mais avait maintenu le maréchal-vétérinaire en premier et le maréchal-vétérinaire en deuxième, avec le rang qu'ils tenaient du décret de 1813.

L'ordonnance sur le service intérieur, du 13 mai 1818, fixait, avons-nous dit, leurs attributions. Il s'y trouvait cependant deux articles assez contradictoires. L'article 54 portait que le service vétérinaire était surveillé par l'officier possédant le plus de connaissance en hippiatrique, et l'article 372 disait que le maréchal-vétérinaire en premier était chargé de faire aux officiers un cours d'hippiatrique.

En 1818 parut un ouvrage militaire qui, sans être officiel, devait avoir une influence très grande sur l'instruction à cheval de la cavalerie, étant donnée l'importance de son auteur.

« OPINION DE M. LE BARON D'HARAMBURE, *lieutenant-général des armées du roi, commandeur de l'ordre royal et militaire de Saint-Louis, sur l'instruction à donner aux troupes à cheval de la France par les officiers de tout grade attachés en activité à chaque corps, en n'empruntant d'autre secours que ceux de l'ordonnance, suivie de principes élémentaires sur l'équitation et l'exécution des principales manœuvres de l'ordonnance.* »

L'auteur propose que les premières leçons soient données sur un *cheval de bois* : « *Les principes d'équitation que l'on retrouve dans les manœuvres de l'escadron, de l'ordonnance des troupes à cheval, suffisent s'ils sont bien démontrés, individuellement d'abord, sur des chevaux de bois qui n'aient qu'un simple ressort à la jointure de l'encolure, près des épaules, ce qui s'opère par une croix de deux petites barres de fer; de manière que, quand on veut montrer à un cavalier le moyen de tourner son cheval à droite, selon les vrais principes de l'équitation, il aperçoive et sente bien qu'il ne doit fermer la jambe droite, et soutenir de la jambe gauche, qu'au moment où, après avoir porté l'épaule à droite, il voit l'épaule de son cheval déterminée à droite, puisque l'encolure s'est portée à droite : car, s'il faisait ces deux opérations de la main et de la jambe droites, dans le même moment, tout cheval fin se défendrait, et même un cheval de cavalier; et ce cavalier n'obtiendrait pas de son cheval l'obéissance qu'il en désire.* »

On ne voit pas bien comment la finesse et la régularité des effets des aides peuvent être démontrées par le moyen de ce cheval de bois, et cependant l'auteur le prétend.

« *Il sera nécessaire qu'on ait fait exécuter à chaque officier, sous-officier et cavalier, dix à douze fois le pincer des deux, sur le cheval de bois, avec la précision requise dans l'école de l'escadron, où ce principe d'équitation est très clairement expliqué.*

« *On peut apprendre, sur des chevaux de bois, aux élèves à monter à cheval et à mettre pied à terre, avec la régularité et la précision indiquées à l'école d'équitation. Quoiqu'un cheval de bois ne recule pas, on peut démontrer sur le cheval de bois l'opération de la main et des jambes, que doit faire le cavalier pour le faire reculer, telle qu'elle est indiquée à cet article.*

« *Les principes purement d'équitation que l'on trouve dans l'ordonnance des troupes à cheval, pour les manœuvres de l'escadron, sont bons et très clairement expliqués. Messieurs les officiers peuvent les lire au cavalier ou à l'officier qui prend la leçon sur le cheval de bois, et lui en faire exécuter l'opération de la main et des jambes avec régularité. Ces chevaux doivent être sellés, bridés et équipés comme le sont les chevaux de cavalier; avoir de bons étriers, et être placés dans une salle, à l'abri des intempéries de la saison, afin que, dans tous les temps de l'année, messieurs les officiers puissent l'ordonnance à la main, se donner mutuellement leçon, et instruire individuellement les cavaliers et officiers de leur compagnie, des vrais principes d'équitation.*

« *On peut leur démontrer, sur les chevaux de bois, l'exécution de l'oblique à droite ou à gauche ; leur montrer l'opération qu'ils doivent faire pour appuyer à droite ou à gauche, ou la tête au mur, qui est la même chose, en leur lisant l'article, et les faisant opérer de la main et des jambes, avec la régularité requise.* »

Laissons cette bizarre invention du cheval de bois et passons à des idées plus judicieuses :

« *Un inspecteur de cavalerie ne jugera les officiers, sous-officiers et cavaliers assez instruits de principes de l'équitation, que quand il verra six ou huit cavaliers ou officiers dans le manège faire une reprise au pas coulé ou ralenti, et au trot, et qu'il reconnaîtra que chaque cavalier maintient son cheval à une allure égale ; qu'il observe un pas de distance ; qu'il fait au pas entrer son cheval dans les coins du manège, en se servant des aides de la main et des jambes avec la précision et l'accord indiqués ; qu'il verra que, quand on ordonne de doubler, chaque cavalier de la reprise vient tourner à la même place où le cavalier qui a la tête de la reprise a tourné ; si, en travaillant leurs chevaux à main droite, ils maintiennent leurs chevaux placés à droite, autant qu'on peut l'obtenir des chevaux qu'ils montent ; si leurs chevaux sont d'aplomb et conservent la même gradation d'allure.*

« *On est d'avis que ce ne soit qu'en plaine qu'on apprenne aux cavaliers à embarquer leurs chevaux au galop, et à les entretenir à un galop réglé, le trop court espace d'un manège étant nuisible aux jarrets des chevaux.* »

— « *Manière de faire prendre le coin au pas avec la précision requise : La reprise travaillant à main droite, le cavalier, à une longueur de cheval du mur qui forme le coin du manège, fait un demi-arrêt, a les deux jambes près, la jambe droite faisant plus d'effet que la gauche, pour maintenir son cheval placé à droite, et pour faire entrer son cheval dans le coin, et quand la tête de son cheval est prête de joindre au mur, il porte finement l'épaule à droite, et ferme la jambe droite au moment où il voit l'épaule déterminée, en soutenant son cheval de la jambe gauche pour faire remplacer les épaules par les hanches. En sortant du coin, il forme encore un demi-arrêt, pour mettre son cheval d'aplomb, et le suit dans ses deux jambes pour lui faire prendre le coin qui se présente par les mêmes procédés.*

« *Les coins du manège, pris avec précision, apprennent au cavalier à sentir son cheval, et à se servir de ses aides avec précision.*

« *Et le doublé dans le manège, fait avec régularité, représente le devoir des guides des droites et gauches des pelotons, quand la colonne change de direction. Puisque tous les guides de la colonne doivent venir tourner à la même place où le guide du premier peloton a tourné, et conserver les distances, il est bon de faire sentir aux cavaliers cette comparaison.*

« *D'ailleurs, cette exactitude dans le doublé prouve que le cavalier mène son cheval et ne tourne pas machinalement.* »

L'auteur poursuit son développement de l'ordonnance en examinant successivement : « Manière d'exécuter, avec tout l'ensemble et la précision nécessaires, la marche directe en bataille, la ligne composée de huit à douze escadrons, si le terrain le permet. — De la charge en ligne faite par un certain nombre d'escadrons. »

Nous relevons en passant la note suivante : « *Que l'on ne croie pas que c'est uniquement pour la bonne grâce, qu'on exige des cavaliers qui travaillent à main droite au manège, d'avancer le côté gauche depuis l'épaule jusqu'à la hanche : c'est plus particulièrement pour leur donner plus de facilité à conserver la main de bride devant le milieu du corps, etc.* »

Pour le tracé des lignes, l'auteur recommande ses *Éléments de cavalerie*, imprimés en 1790.

Il ajoute : « *Il serait singulièrement utile à l'instruction de messieurs les officiers, des sous-officiers et cavaliers, que, quand on les fait trotter en cercle dans le manège, on exigeât qu'ils divisâssent la circonférence du cercle qu'ils font parcourir, en quatre lignes droites, de manière que le cavalier fut obligé, en la parcourant, de former quatre demi-arrêts pour rassembler son cheval, de porter l'épaule finement et par degré à droite ; s'il travaille son cheval à droite, de suivre quatre fois son cheval de la jambe droite, en le soutenant de la gauche. Cet exercice arrondit bien les chevaux, leur assouplit les épaules et les prépare à galoper uniment. Quand il est fait avec méthode et précision, on remarque que le cheval ne fait pas un pas, que ce ne soit le cavalier qui le lui fasse faire avec le secours de l'aide de sa main et de ses jambes.* »

Il y a un supplément pour démontrer l'utilité et la nécessité d'une sage équitation.

Viennent ensuite les principes élémentaires pour faire exécuter avec toute la célérité et la précision requises, les principales manœuvres de l'ordonnance du roi, à une brigade composant huit escadrons complets, formant une ligne de douze cents chevaux.

Enfin ce sont des observations pour messieurs les commandants de pelotons. Il termine par ce nota : « *Quand messieurs les officiers, sous-officiers et les cavaliers seront instruits individuellement à maintenir leurs chevaux d'aplomb et à les arrondir en leur portant l'épaule avec finesse, et à se servir à propos de l'aide des jambes, on fera les à droite et les demi-tour à droite par quatre, aussi facilement et plus vite que l'infanterie ne fait les manœuvres de flanc par files, et on pourra voir des colonnes de cavalerie en masse, se porter à droite, à gauche, en arrière, avec la même aisance que le fait l'infanterie. On ne peut trop répéter qu'il est de principe, que quand on a gagné l'épaule d'un cheval, on en est le maître.* »

C'est aussi en 1818 que parut un traité de maréchalerie ayant pour titre : Cours théorique et pratique de Maréchalerie Vétérinaire, *à l'usage des Écoles vétérinaires, des maréchaux, des corps de cavalerie, des écuyers, des maîtres de poste, des cultivateurs, et de toutes les personnes qui ont des animaux susceptibles d'être ferrés, par Fr. Jauze, vétérinaire, ex-professeur de chirurgie et de ferrure à l'École d'économie rurale vétérinaire de Milan, de Jurisprudence et de Maréchalerie à celle d'Alfort, etc.* »

C'était un ouvrage très complet, répondant parfaitement à son programme « Cours théorique et pratique », car ses descriptions, très précises et très claires, étaient accompagnées de figures très correctement dessinées, présentant un spécimen de chaque espèce de fer, en coupe et plan, ce qui permettait à tout maréchal de l'exécuter sur les propres données du maître. On pourrait même reprocher à M. Jauze d'avoir été par trop méthodique, car il divise et subdivise les espèces en classes numérotées qui, prises à la lettre, seraient une complication plutôt qu'une démonstration.

Dans un de ses articles : *Recherches sur la mesure fondamentale qui doit servir de base à la fabrication des fers,* Jauze établit une échelle de proportions : « *Nous avons cherché sur la nature même une partie qui puisse nous servir de base et de mesure fondamentale non susceptible de varier dans aucune circonstance, et qui serve à nous guider avec sûreté dans le Manuel de cette opération, dans toutes les époques de la vie et dans tous les cas particuliers, sans être obligés de recourir, comme l'a fait le savant Bourgelat, aux proportions du corps de l'animal.*

« *La longueur totale du pied antérieur des animaux solipèdes ou monodactyles (le cheval, le mulet et l'âne) est déterminée par l'espace qui résulte entre la ligne transversale qui touche le bord antérieur et inférieur de la pince et la ligne qui touche l'extrémité postérieure des talons du pied ; cet espace doit être divisé en cinq parties égales et chacune de ces cinq parties forme ce que nous appelons la mesure. Cette mesure est ensuite subdivisée en seize parties égales que nous appelons points. La mesure n'est donc autre chose que la cinquième partie du pied antérieur, laquelle nous n'avons divisée en seize points que pour faciliter la mesure de toutes les parties du fer.*

« *Quoique cette mesure ne varie jamais dans les pieds bien conformés, il peut néanmoins arriver quelques fois que le pied ne soit pas dans les mêmes proportions, c'est-à-dire qu'il soit trop long ou trop court relativement à toutes les autres parties de l'ongle, il ne peut y avoir d'autres variations que ces deux là.*

« *Les proportions du pied postérieur des solipèdes diffèrent essentiellement de celles du pied antérieur. Le premier est beaucoup plus long que le second, en proportion de sa largeur ; aussi, pour établir la mesure des fers destinés à être appliqués sous les pieds postérieurs, nous avons divisé la longueur totale du pied en six parties, et chaque partie en seize points, donc la mesure pour les pieds postérieurs est la sixième partie de leur longueur totale.* »

Des proportions du fer à cheval destiné pour les pieds antérieurs. — « *1° La longueur totale du fer porte quatre mesures ; 2° La largeur totale mesurée de bord externe à bord externe de chaque branche sur la ligne d'aplomb équivaut à douze points ; 3° La couverture de la pince mesurée du bord antérieur au bord postérieur porte une mesure et un point ; 4° La couverture de l'extrémité des talons porte huit points ; 5° La couverture des branches à la première étampure en talons égale une mesure ; 6° L'épaisseur totale et uniforme du fer égale trois points ; 7° L'éloignement de la première étampure à l'extrémité du talon égale une mesure onze points ; 8° La distance qu'il y a du centre d'une étampure au centre de l'autre égale quatorze points ; 9° La carrure des étampures vers la face inférieure porte quatre points.* »

Des proportions du fer à cheval destiné pour les pieds postérieurs. — « *1° La longueur totale du fer porte cinq mesures dix points ; 2° La largeur totale du fer mesurée de bord externe à bord externe de chaque branche à la seconde étampure vers le talon porte cinq mesures et un point ; 3° La couverture de la pince mesurée du bord antérieur au bord postérieur porte une mesure six points ; 4° La couverture des branches à la première étampure vers le talon est d'une mesure ; 5° La couverture de l'extrémité des talons est de trois points ; 6° L'épaisseur de la pince est de six points ; 7° L'épaisseur de l'extrémité des talons est de neuf points ; 8° L'éloignement du centre de la première étampure à l'extrémité des talons égale une mesure quatre points ; 9° La distance d'une étampure à l'autre porte une mesure quatre points ; 10° La distance entre les deux étampures en pince, de centre à centre, égale deux mesures dix points.* »

Jauze, après avoir établi les proportions du fer pour les pieds bien faits, traite :

« De l'ajusture. — Des différentes ajustures européennes. — Du fer à cheval destiné pour les pieds antérieurs. — Du fer proportionné pour les pieds antérieurs. — Pour les pieds postérieurs. — Pour les pieds antérieurs à crampon. — Du pinçon. — Du fer proportionné à deux pinçons en talon pour les pieds antérieurs. — Du fer à la turque de 1re, 2e, 3e et 4e classe ou à mamelle retréeie. — De 5e classe ou à bosse sous-mamelle. — De 6e classe ou a bosse sous quartier. — Du fer à talons tronqués. — A talon tronqué. — A talon tronqué et large pinçon postiche au quartier. — Du fer à pince tronquée. — Du fer à patin de 1e, 2e, 3e, 4e classe. — De 5e classe ou fer à glace. — Du fer à tous pieds de 1re classe articulé en pince, de 2e classe articulé en pince. — De 3e, 4e, 5e, 6e et 7e classe. — Du fer à talons réunis de 1re, 2e, 3e, 4e, 5e, 6e, 7e, 8e, 9e, 10e classe. — Du fer à fourchette postiche, — A talon couvert. — A talon tronqué et ognon. — Du fer à bleime. — A dessolure de 1re classe. — A dessolure à coulisse en pince 2e classe. — A coulisse. — A plaque sur les faces supérieures et inférieures. — Du fer couvert. — A branche couverte. — A bord externe renversé. — De rivière, — Entaillé au bord interne de la branche et du talon. — Du fer échancré au bord interne de la branche et du talon. — Du fer entaillé au bord interne de la branche et du talon avec large pinçon postiche sur tout le quartier. — Du fer à pince entaillée. — A large pinçon postiche en pince. — Entaillé au bord externe de la branche. — A large pinçon postiche au quartier. — A pince couverte. — Du fer à branches et talons couverts et pince dégagée. — A étampures irrégulières. — A pantoufle. — A pince prolongée. — A pince épaisse. — Echancré au bord interne de la branche.

Du fer proportionné pour les mulets (antérieur et postérieur). — Du fer cassé des mulets. — A la florentine, destiné pour les pieds antérieurs. — Du fer à la florentine à talons réunis. — A la florentine, destiné pour les pieds postérieurs.

Du fer anglais. — Anglo-allemand. — Allemand. — Espagnol. — Des côtes d'Espagne. — Bordé espagnol. — Italien pour les chevaux de selle. — Italien pour les chevaux de carrosse. — Couvert italien. — Italien à la florentine à talons réunis. — Suisse.

Des différents clous mis en usage pour la ferrure des animaux. — De l'affilure. — Des défauts de la ferrure. — Des animaux difficiles à ferrer. — Des indications qui se présentent immédiatement, avant et pendant l'action de ferrer. — Des accidents qui peuvent arriver dans l'action de parer le pied et de brocher les clous. — De l'enclouure et des moyens d'y remédier. — De l'aplomb. — De la ferrure des poulains. — De la ferrure propre à être appliquée sous les pieds défectueux exempts de maladies. — De la ferrure des pieds trop volumineux. — Des pieds trop petits. — Trop longs en pince. — Trop courts en pince. — Trop étroits et trop allongés. — Mous, pied gras. — Plats. — Combles. — Dérobés.

Dont les quartiers sont inégalement hauts. — Dont un quartier se renverse en dehors. — Dont les talons sont trop bas. — Trop hauts. — Dont les talons trop hauts tendent à l'encastelure. — De la ferrure des pieds encastelés. — Des ferrures pathologiques. — De la ferrure des pieds affectés de bleime. — De la ferrure des pieds dont la fourchette est pourrie. — Affectés des fourmillières. — Atteints d'une division verticale en pince. — Atteints d'une division verticale aux parties latérales de l'ongle. — De la ferrure des pieds dont les talons sont flexibles. — Qui sont atteints d'ognon. — Des ferrures appliquées aux pieds des chevaux dont les membres pèchent par défaut d'aplomb. — De la ferrure des chevaux qui forgent. — Qui se coupent. — Qui usent plus d'un quartier que de l'autre — De la ferrure des chevaux trop longs du thorax. — Trop longs de corps par l'excès de longueur des os du bassin. — De la ferrure des chevaux dont le corps est trop court. — Trop bas de devant. — Dits sous eux. — Dont les extrémités antérieures sont dirigées trop en avant. — De la ferrure des chevaux arqués et brassicourts. — Qui ont les jarrets trop pliés. — Qui ont les jarrets trop droits. — Droits sur leurs membres. — Rampins et court jointés. — Panards et cagneux. — Dont les articulations inférieures déversent en dedans ou en dehors sans nuire évidemment à la position du pied. — De la ferrure des chevaux qui troussent et qui relèvent beaucoup. — Qui billardent. — Qui se bercent des épaules. — Pris des épaules.

Jauze a reproduit tous les fers inventés par ses devanciers, Lafosse, Bourgelat, Chabert, et dont on se servait encore à son époque; mais le plus souvent il leur a donné une autre appellation et en a modifié un peu la forme, de même qu'il en conseillait un usage quelque peu différent.

Nous allons essayer de dégager de ce volumineux ouvrage, les plus marquants d'entre les spécimens dont le principe appartient en propre à l'auteur.

Fers à talons réunis en pyramide et deux pinçons en talon. Usage : *On emploie ce fer à la suite d'une maladie de la fourchette, lorsqu'il s'agit de faire travailler l'animal, afin de préserver la partie malade des atteintes des corps étrangers.*

Fer à bleime. — *Il est couvert au bord interne de la branche et du talon externe. La couverture affecte une forme demi-circulaire. La première étam-*

pure de cette branche est supprimée. **Usage :** *Dans le cas de bleimes, c'est-à-dire de ces contusions formées sur la sole demi-vive qui paraissent à l'extérieur avec une couleur rouge indiquant toujours l'épanchement du sang dans les tissus de la corne.*

Fer à talon tronqué et à ognon. Et mieux nommé fer à talon tronqué et à branche couverte. — **Usage :** *Ce fer est très utile et est mis en usage dans le cas de cette exostose si commune qui vient à la face inférieure de l'os du pied et que l'on désigne sous le nom d'ognon.*

Fer à talon tronqué et large pinçon postiche au quartier. — **Usage :** *On emploie ce fer dans le cas où l'on a extirpé le quartier en entier, comme cela arrive ordinairement dans le cas de javart cartilagineux.*

Fer entaillé au bord interne de la branche et du talon, avec un large pinçon postiche sur tout le quartier. — **Usage :** *On fait usage de ce fer dans le cas où une maladie a nécessité l'extirpation de la portion supérieure du quartier comme il arrive à la suite d'une maladie de la sole où la matière suppurée a soufflé au poil, ou que la première maladie est compliquée d'une atteinte en cornée. Alors ce large pinçon couvre toute la partie malade, et la garantit des atteintes des corps extérieurs. On l'enlève et on le remet à volonté pour les pansements subséquents.*

Fer échancré au bord interne de la branche. — **Usage :** *On fait usage de ce fer, lorsqu'il existe une plaie sur les parties latérales de la sole, mais seulement lorsque la plaie est portée un peu plus avant vers la branche et que le talon du pied n'est point affecté, ainsi qu'il arrive ordinairement dans le clou de rue, la piqure, l'enclouure, etc., etc.*

Il est aussi très utile et très usité et surtout très facile à forger et à appliquer.

Fer à fourchette postiche. — **Usage :** *On emploie ce fer dans la circonstance d'une maladie de la fourchette ou du coussinet plantaire, lorsque l'on est obligé de panser tous les jours la plaie. Il est de même employé dans les cas de clou de rue dans la fourchette.*

Fer à talons réunis et prolongés. — **Usage :** *On emploie ce fer dans tous les cas de double opération de javart cartilagineux, c'est-à-dire lorsqu'on a été dans la nécessité d'enlever les deux quartiers du pied à la fois. Il ne s'emploie alors que lorsque la nouvelle corne a déjà recouvert la plaie et qu'il est utile d'exercer l'animal pour obtenir une guérison plus prompte.*

Fer à talon coudé et réuni. — **Usage :** *On emploie ce fer dans tous les cas où l'on est contraint d'extirper un talon, soit à la suite d'une atteinte* *chronique fistuleuse, d'une bleime suppurée, d'un clou de rue, ou de tout autre accident qui nécessite l'enlèvement du talon du pied.*

Fer à branche coudée ou à javart. — **Usage :** *Ce fer est mis en œuvre dans les mêmes circonstances que le précédent. Celui-ci sollicite plus particulièrement l'accroissement de la fourchette vers les talons du pied parce qu'il y fait un appui assez considérable.*

Fer à la turque de 4e classe à mamelle retrécie. — *Ce fer ne diffère point de celui destiné à être appliqué sous le pied bien conformé, sinon par sa branche interne, laquelle est retrécie au dépens du bord externe, suivant une ligne oblique de devant en arrière et de dedans en dehors, ainsi que la distribution des étampures de cette même branche qui n'en porte que trois.* — **Usage :** *Ce fer est employé dans tous les cas où l'animal se coupe avec la mamelle interne du fer.*

Fer à dessolure à coulisse en pince. — *Ce fer ne diffère du fer à plaque, que parce qu'il est divisé au bord interne de la pince en deux portions, suivant son épaisseur, afin de recevoir une plaque de tôle aussi divisée en deux parties et que les branches sont percées de part en part suivant l'épaisseur du fer à la séparation des talons d'avec les quartiers. Il est applicable aux pieds postérieurs comme aux pieds antérieurs et aux pieds gauches comme aux pieds droits.* — **Usage :** *Ce fer est employé dans le même cas que le fer à plaque, à la différence qu'il est préférable en ce que dans celui-ci il n'y a aucun risque à courir de former des contusions sous la face inférieure du pied, attendu que ni l'extrémité antérieure de la plaque ne porte sous la sole, ni la traverse de fer ne porte sous les talons du pied, puisque l'une et l'autre passent dans l'épaisseur du fer.*

Fer de rivière. — *C'est un fer tout à fait couvert, qui ne laisse à découvert, de la face inférieure du pied, que la fourchette et un peu de la sole vers la pointe de cette dernière, en forme circulaire; cette ouverture facilite l'entrée et la sortie de l'eau qui pénètre entre le fer et la sole du pied de l'animal.* — **Usage :** *On l'emploie pour les chevaux destinés à marcher dans l'eau, pour ceux qui traînent des bateaux et qui ont les pieds bien conformés : il est ainsi couvert afin que les cailloux et tous les autres corps étrangers qui se trouvent au fond de la rivière, ne puissent endommager la sole de leurs pieds.*

Fer à patin de cinquième classe ou fer à glace. — *Il présente un trou en forme d'écrou au milieu et sur le plat de chaque talon, et un semblable en pince entre les deux étampures ; ces trous reçoivent la tige d'un clou qui a la forme d'une vis, et dont la tête est coniforme à quatre faces;*

de manière que l'on met et on ôte ces trois clous à volonté, sans être obligé de déferrer l'animal; ils peuvent être appliqués aux quatre fers à la fois si le cas l'exige. — Usage : *On emploie ce fer dans le cas où l'on fait voyager les animaux dans des pays dont les chemins et les routes sont couverts de glace. C'est donc un fer de précaution? sans doute, et il est moins nuisible que l'usage que l'on a de mettre des clous à glace ordinaires, qui maltraitent horriblement la muraille du pied, ces clous de précaution sont d'autant plus commodes, que non-seulement ils peuvent faire office des clous à glace ordinaires, mais encore par leur longueur et leur diamètre, faire l'office de véritables crampons et, lorsqu'ils ne sont plus utiles, on les ôte, sans craindre de maltraiter le pied de l'animal en aucune manière.*

M. Jauze publia plus tard : *La pratique de l'art vétérinaire, ou tout ce qu'il est utile de connaître pour combattre les maladies des animaux domestiques.*

Vers la même époque, en 1820, un auteur anglais. M. Goodwin avait fait paraître aussi un ouvrage sur la maréchalerie.

Mais Goodwin critique toutes les ferrures de son temps : ferrure à siège, ferrure à éponges minces et courtes, ferrures à charnière et ferrure française. Et il a le tort de recommander un fer plus défectueux que ceux qu'il critique : fer dans lequel l'ajusture française est renversée, c'est-à-dire dont la face supérieure est convexe et la face inférieure concave. Il ne conserve du fer français que la pince relevée ; ses étampures sont rectangulaires.

Le gouvernement de la Restauration reconstitua à nouveau l'*École des Pages* en 1821, en la plaçant toujours sous la dépendance de Versailles et sous la haute direction du grand écuyer; les élèves furent au nombre de quarante-huit, tous nobles. Ce nombre fut porté à cinquante-quatre, le 10 août 1825. Les deux premiers portaient le titre de premiers pages ou pages du trône, le troisième de page dauphin. L'école était dirigée par un gouverneur, deux sous-gouverneurs, un aumônier-précepteur, deux adjudants-majors, douze professeurs et quatre répétiteurs : elle était installée à Paris.

Le vicomte Joseph O'Hégerty était chef du manège des pages de Paris. Ses élèves acquéraient sous lui une décision et une solidité que Versailles ne pouvait donner avec ses selles à piquet et ses selles rases, qui préparaient néanmoins à une belle position pour les exercices de Paris. Le travail du trot en selle anglaise, le saut des barrières, des fossés et haies du bois de Boulogne, rien de ce qui pouvait donner la confiance et la solidité que tout officier doit avoir, n'était omis et négligé par M. le vicomte O'Hégerty; aussi les pages ont-ils toujours été désignés, dans les régiments, comme d'excellents cavaliers. Parmi les meilleurs élèves de l'École des Pages, nous devons citer M. de Lancosme Brèves, dont nous aurons à parler très avantageusement plus tard.

Le ministre de la maison du Roi proposait à la sanction du Roi le premier page ; le grand-écuyer proposait le second et le page-dauphin ; tous les autres étaient nommés par le Roi, sur la présentation de ce haut dignitaire. Pour être page, il fallait avoir quinze ans au moins, dix-sept au plus, et avoir fait ses études jusqu'en quatrième ; la faveur seule décidait entre les nombreux candidats. Les pages sortaient avec une sous-lieutenance de cavalerie. Les professeurs étaient des savants distingués ; mais leurs élèves, empressés a apprendre l'escrime, l'équitation et la voltige, négligeaient tellement le côté sérieux des études, qu'en 1824, le ministre de la guerre eut à s'en expliquer vivement avec le premier écuyer, qui défendit naturellement ses pages et eut gain de cause auprès du Roi.

A cette époque, les pages escortaient le Roi dans ses promenades, servaient aux grands couverts, l'accompagnaient à la chasse.

L'École des Pages, comme on le pense, était en rivalité ouverte avec l'École de Saumur, et il y eut lutte entre les deux à qui devait échoir la priorité. Chacune revendiquait pour elle des mérites qu'elle contestait à l'autre. L'une se disait la tradition, l'autre le progrès. Nous n'admettons bien entendu le parallèle qu'au point de vue de l'enseignement équestre, car au point de vue militaire, Saumur était, sans conteste, l'unique école vraiment de cavalerie. Et si nous avions à examiner les défauts des deux écoles, après avoir énuméré ceux de Saumur, nous pourrions reprocher à l'École des Pages d'avoir été par trop exclusive. Mais laissons à un des contemporains la responsabilité de cette accusation. Toutefois, il est bon de prévenir que c'est un capitaine-instructeur de Saumur qui parle :

« A part le talent pratique personnel de MM. d'Abzac et d'Aure, qui n'influèrent cependant aucunement sur l'équitation de l'armée, et ne participèrent point au travail de régénération qui s'y faisait, les principes de cette petite école, qui depuis a voulu se donner pour grande, furent essentiellement stationnaires et inféodés aux errements de Montfaucon de Rogles. Tout à l'usage d'une cour fort peu cavalière et d'une espèce de jeunes gens dont l'âge n'avait pas encore développé les facultés physiques, renfermée dans l'enceinte des écuries royales de Versailles, hors de la vue, et, par conséquent, de la connaissance du public, sa réputation n'a guère dépassé les limites d'une petite église aristocratique et *gentilhommière*, qui se remua fort en prenant pour point de mire de ses observations et critiques peu bienveillantes l'École de Saumur et l'équitation militaire, tout en visant à accaparer l'une et à supplanter l'autre. L'École dite des Pages était à peu près ignorée de l'armée, et n'étaient quelques sous-lieutenants venus de temps en temps dans quelques-uns des régiments, la cavalerie ne l'aurait pas connue davantage. Il a pu y avoir parmi eux quelques hommes de cheval distingués, c'est possible; mais un fait certain encore, c'est que la plupart fort ignorants de ce qui concernait l'instruction de la cavalerie, durent *nécessairement* être envoyés à l'École de Saumur, tant dénigrée par quelques-uns d'entre eux qui n'eurent pas cet avantage, pour apprendre leur métier. »

En 1820, le commandement de l'École de Saumur passa aux mains du *maréchal de camp Gentil Saint-Alphonse*, qui fut l'un des rédacteurs de l'ordonnance de 1829.

Le général Gentil-Saint-Alphonse avait débuté comme cavalier au 3e régiment de hussards, le 3 juillet 1799; c'est avec ce régiment qu'il fit partie de l'armée du Rhin pendant l'an VII et l'an VIII. Le 4 décembre 1802, il fut attaché provisoirement à l'État-Major de l'expédition de la Louisiane; il y conquit son grade de sous-lieutenant, le 8 janvier 1803. Le 4 mars de cette même année, il était employé à l'État-Major de la colonie de Tabago et nommé lieutenant provisoire le 1er juillet. Le 13 octobre suivant il passa au 12e régiment de cavalerie. Nous le retrouvons sous-lieutenant au 4e hussards, le 23 juin 1804; il fait partie de l'armée du Hanovre. Il prend part ensuite à la campagne de 1805. Nommé lieutenant au 10e hussards, le 10 février 1806, puis chevalier de la Légion d'honneur le 14 mars, enfin aide-de-camp du général Bernadotte, le 20 mars, il fait les campagnes de 1806, 1807 et 1808 à la Grande-Armée. Il a été nommé capitaine le 14 février 1807 et blessé d'un coup de feu à l'affaire de Mohringen, en Pologne. Il fait encore la campagne d'Allemagne en 1809; le 17 septembre 1810 il est nommé chef d'escadron aide-de-camp. En 1811 il est à l'armée d'Italie; le 21 février il a été nommé à l'État-Major du roi de Naples; le 20 août le met chef d'escadrons à la suite du 6e hussards. En 1812, il fait partie du corps d'observation de l'Elbe et ensuite de la Grande-Armée, où il est successivement adjudant-commandant et chef d'État-Major de la 2e division de cavalerie légère du 2e corps de cavalerie. Le 14 avril 1813, il est chef d'État-Major de cavalerie, et le 28 septembre suivant, en même temps que la croix d'officier de la Légion d'honneur, il reçoit le grade de chef d'État-Major du 11e corps de la Grande-Armée. Le 25 décembre il est fait général de brigade et envoyé à l'armée d'Italie.

Chef d'Etat-Major de la 1re division militaire, le 2 juin 1814, il est fait commandeur de la Légion d'honneur le 29 juillet, puis chevalier de Saint-Louis le 20 août. Le 20 mars 1815 il est mis en non activité; il reprend ses fonctions le 8 juillet. Il est de nouveau en non activité le 10 novembre 1815 et reçoit le titre d'Inspecteur de cavalerie le 25 juillet 1816. Enfin, il est Chef de la 1re direction du Ministère de la Guerre, le 20 septembre 1817, et c'est de ce poste qu'il passe au commandement de l'Ecole de Cavalerie.

Les goûts équestres des Saumurois étaient excités par le spectacle journalier des exercices de l'École; le vieux manège civil, l'Académie d'équitation, avait disparu depuis longtemps. Il fallait glaner quelques préceptes de ci de là du haut des tribunes des manèges de l'École, et aller s'exercer au dehors sur les chevaux réformés qu'on se disputait énergiquement. Aussi fit-on maintes tentatives d'établir un manège civil. En 1821, il y en avait un dans l'enclos de l'église des Cordeliers; il occupait la cour qui précède aujourd'hui le tribunal et une partie de ses bâtiments actuels.

Au-dessus de la porte cintrée en maçonnerie, qui fermait cet enclos, on lisait l'inscription suivante : *Manège civil.*

Là, professaient des sous-écuyers civils attachés à l'École de cavalerie : MM. Tassinary, Thomassin et Brifault. Ce dernier devint depuis écuyer en chef de l'École de l'État-Major de Paris.

En 1822, l'École de Saumur fut licenciée à la suite de la conspiration du général Berton.

En somme, de 1814 à 1822, l'École d'instruction des troupes à cheval, instituée à Saumur, mettant à profit toutes les améliorations apportées par l'École de Saint-Germain, avait agrandi le cercle de ses connaissances; elle eut sur celle de Saint-Germain l'avantage de recevoir des officiers, des sous-officiers et des brigadiers dont elle formait des instructeurs pour la cavalerie; mais une faute grave avait été commise en lui enlevant tout à fait son rôle d'École spéciale de cavalerie et, par conséquent, les officiers élèves de cavalerie. Si l'on avait reconnu la nécessité de donner à l'École spéciale de Saint-Cyr des officiers élèves de cavalerie dans l'intérêt des cours scientifiques, il eut fallu les obliger à suivre les cours de l'École d'instruction des troupes à cheval de Saumur, en sortant de Saint-Cyr, comme on le fit de 1825 à 1833, commme on le fait aujourd'hui encore.

Nous ne pouvons point passer sous silence la conspiration Berton, qui eut une influence si funeste sur l'École de cavalerie, et dont le drame se déroula à Saumur.

On sait que, dans les derniers jours de décembre 1821, l'ordre d'agir avait été transmis de Paris aux *Chevaliers de la Liberté de l'Anjou* et de la Bretagne, en même temps qu'aux Carbonari d'Alsace. Saumur n'était pas le centre unique des complots préparés dans l'Ouest. Le soulèvement devait avoir lieu le dimanche 25 décembre, jour de Noël. La veille, 24, lorsque chacun s'apprêtait pour les événements du lendemain, un violent incendie éclate dans la maison d'un négociant de Saumur et appelle sur les lieux du sinistre les habitants, ainsi que les élèves sous-officiers; ceux-ci se placent aux endroits les plus périlleux, et vingt-cinq à trente des plus intrépides, presque tous Chevaliers de la Liberté, s'installent avec la pompe de l'École au pied d'un grand mur qu'ils espèrent préserver, mais qui s'écroule bientôt sur eux; neuf ou dix sont tués sur le coup; cinq ou six grièvement blessés; on emporte les morts et l'on découvre dans les vêtements de l'un d'eux des notes et des listes qui, remises aux chefs de l'École, viennent confirmer des révélations faites sept jours auparavant, le 18, par les deux sous-officiers Duzas et Alix, sur la complicité d'un grand nombre d'élèves dans une conjuration organisée par les Chevaliers de la Liberté. Ces révélations avaient d'abord trouvé peu de crédit auprès du commandant de l'École, le général Gentil Saint-Alphonse, qui s'était borné à les transmettre à son supérieur immédiat, le général Jamin. Ce dernier, après s'être transporté à Saumur et avoir entendu les deux sous-officiers, n'avait lui-même ordonné, le 23, que la visite des papiers et l'arrestation d'un officier signalé comme un des agents les plus actifs du complot, le lieutenant d'artillerie *Delon*, qui, prévenu à temps, avait pu se soustraire à toutes les recherches; mais le 24, peu d'heures après la découverte des listes sur une des victimes de l'incendie, trente-cinq à quarante sous-officiers étaient arrêtés.

Ces arrestations et la catastrophe qui les avait amenées, en privant la conjuration d'environ cinquante de ses membres les plus dévoués et les plus énergiques, arrêtèrent court les dispositions convenues pour le lendemain. On résolut d'attendre une occasion meilleure.

Le chef de cette conjuration était Berton. Le général Berton appartenait à cette catégorie si nombreuse d'officiers de tout grade dont la Restauration, dans son emportement aveugle, avait brisé violemment la carrière, et que l'irritation ou la misère jetaient fatalement dans les complots. Il avait commandé une brigade à Waterloo, et s'était fait connaître du public par une relation de cette journée, que tous les journaux libéraux avaient citée avec éloge. Victime de persécutions sans mesure, comme un grand nombre de ses camarades de l'ancienne armée, il était devenu un des adversaires les plus décidés des Bourbons.

La petite ville de Thouars fut choisie comme premier point d'action. Le général Berton s'y rendit et souleva la population, qu'il arma tant bien que mal, puis se mit en marche sur Saumur par Montreuil. Le 24 février, à six heures du soir, Berton paraît en vue de Saumur. Quelques gendarmes et un peloton de sous officiers de l'École, détachés en reconnaissance ou envoyés à sa rencontre par le sous-préfet, se replient à pas lents devant le général, et ne s'arrêtèrent qu'en arrière du pont Fouchard. Berton s'avance sur le pont; sa troupe, composée d'environ cent cinquante hommes mal armés, harassés de fatigue, dépourvus d'organisation et de discipline, aurait été facilement enfoncée par quelques cavaliers résolus; mais l'attitude des élèves n'a rien d'hostile, et l'officier commandant, craignant, s'il les met en mouvement, de donner de nouveaux soldats à l'insurrection, borne ses efforts à les empêcher de céder aux exhortations de Berton et du lieutenant Delon, qui, marchant derrière eux, les suivant pas à pas, les engagent à venir se ranger sous leur drapeau. Delon pénètre même dans les rangs, échange des serrements de mains avec ses anciens camarades et leur parle avec chaleur; les élèves semblent indécis; mais en ce moment l'officier supérieur qui commande momentanément l'École, arrive à la tête d'un nombreux peloton. Le général Gentil Saint-Alphonse et le commandant en second étaient alors à Tours pour déposer comme témoins devant le conseil de guerre chargé de juger les élèves arrêtés le 24 décembre précédent. Berton et Delon se retirent alors au delà du pont, qu'ils font immédiatement barrer avec quelques charrettes.

Le général avait tenu sa promesse : il se trouvait devant Saumur, la bannière tricolore déployée, à la tête d'insurgés amenés d'une distance de sept lieues. C'était maintenant aux conjurés de la ville à accomplir leur tâche dans l'œuvre commune. Mais les membres du comité d'exécution ne se montrent nulle part.

Quant aux autorités de la ville, deux hommes, M. de Maupassant, maire de la ville, et un garde national, M. Hautreux, négociant, se rencontrent seuls sur la place de la Bilange, et, à sept heures du soir, malgré leur isolement, se décident à descendre vers le Thouet. Arrivé auprès des élèves, le chef de la municipalité saumuroise annonce à voix haute qu'il va sommer les insurgés de se retirer; il s'avance sur le pont et franchit la barricade.

Dans ce moment, le sous-préfet, M. de Carrère, se rendait à son tour sur le pont. M. de Maupassant lui annonce que les insurgés, vaincus par ses exhortations, lui ont promis de ne pas attaquer la ville avant le jour, et qu'il leur a donné sa parole d'honneur qu'à leur tour ils ne seraient pas attaqués sans être avertis. « — Vous n'avez pu vous engager qu'en qualité de maire, répond le sous-préfet; votre parole ne lie pas les autres autorités. Commandant, ajoute-t-il en s'adressant au chef des élèves, que comptez-vous faire? — Je suis prêt à ordonner la charge si vous l'exigez, dit l'officier. — La charge n'est pas possible, répliquent aussitôt plusieurs voix parmi les sous-officiers; il faut de l'infanterie pour enlever d'abord la barricade. — N'a-t-on pas les gardes nationaux? dit un des assistants ». Mais le sous-préfet fait observer que la plupart sont des pères de famille à qui on ne saurait imposer une attaque où ils peuvent courir le risque de la vie. Ce fonctionnaire prend alors le parti d'envoyer au commandant du château un officier chargé de lui demander un détachement de sa petite garnison et une pièce d'artillerie qui brisera les charrettes. Le commandant consent à donner vingt-cinq soldats, mais il refuse la bouche à feu.

Vers minuit, six heures après l'arrivée de Berton, M. de Carrère monte au château et obtient du commandant la promesse de livrer la pièce d'artillerie nécessaire au renversement de la barricade. Peu d'instants auparavant, le maire avait annoncé au sous-préfet qu'il venait de tenter un dernier effort, et que les insurgés, effrayés par ses menaces, allaient probablement s'éloigner. « Retirez-vous au plus vite, avait-il dit, en effet, à Berton; vous n'avez que le temps de fuir : on va vous attaquer avec de l'artillerie. » Vainement Delon repousse ce conseil, et, frappant violemment la terre avec son épée, demande qu'on prévienne, par un vigoureux effort, l'attaque de M. de Carrère. Le général donne l'ordre de la retraite. « Je ne prendrai pas sur moi de faire verser le sang français, disait-il. Je ne sacrifierai pas à des promesses qu'on ne peut pas tenir un seul des braves gens qui m'ont suivi. » En effet, lorsqu'à quelque temps de là, un peloton de cinquante cavaliers s'était enfin avancé sur la barricade, il l'avait trouvée déserte. Le commandant avait reçu du sous-préfet l'ordre de poursuivre les fugitifs à outrance et d'arrêter ceux que ses cavaliers pourraient atteindre. « Quelle direction ont-ils prise? demande l'officier au maire de Saumur. — La route de Doué, répond M. de Maupassant. » Berton et sa colonne se retiraient par la route de Montreuil, et purent gagner ainsi ce bourg et Thouars, et se disperser dans toutes les directions sans crainte d'être inquiétés. Ce fut seulement le lendemain et les jours suivants que des recherches actives faites à Saumur, à Thouars et dans les localités environnantes, amenèrent l'arrestation de cent cinquante à cent soixante personnes.

Cette nouvelle défaite sans combat, où pas une arme ne sortit du fourreau, avait eu lieu pendant qu'à Tours on jugeait les élèves sous-officiers arrêtés deux mois auparavant. Les accusés étaient au nombre de onze : un contumace, le lieutenant Delon et dix accusés présents : les maréchaux des logis Sirejean, Coudert, Matthieu, de Fabert, Clément, Dethieux, le brigadier Bourru, tous élèves de l'École de Saumur, et les maréchaux des logis Lemaître, Daumery et Lebrun, des chasseurs de l'Ariège, en garnison à Tours; ils étaient poursuivis comme auteurs, complices ou non-révélateurs d'un complot tramé à l'École de Saumur, ayant pour but de renverser le gouvernement du Roi, de changer l'ordre de succession au trône, et d'exciter les citoyens à la guerre civile.

Le procès, commencé le 20 février, quatre jours avant la tentative de Saumur, fut terminé le 28 par un jugement qui condamnait Delon, Sirejean et Coudert à la peine de mort. Le 20 avril suivant les accusés comparurent devant un second conseil de guerre. Le lendemain, 21, Sirejean était condamné une seconde fois à la peine de mort; Coudert, reconnu coupable seulement de non-révélation, n'avait plus à subir que cinq années d'emprisonnement. Onze jours plus tard mourait, à l'âge de vingt-deux ans, Sirejean, que « son intelligence, son instruction et sa bonne conduite, avaient fait mettre à l'ordre du jour de l'École. » — « Ce matin à cinq heures, disait le *Journal d'Indre-et-Loire* du 2 mai, le maréchal des logis Sirejean a subi son jugement. Ce jeune sous-officier est mort avec beaucoup de courage; lui-même a commandé le feu d'une voix forte. Toute la garnison assistait à l'exécution. »

Le gouvernement venait de rappeler de Saumur et des environs les forces nombreuses qu'il y avait dirigées après la tentative du 24 février. L'École de cavalerie était dissoute et remplacée par un régiment de carabiniers, corps d'élite qui passait pour fort dévoué aux Bourbons; mais des lettres, adressées de Paris aux membres du comité central de Saumur demeurés libres ne tardèrent pas à leur apprendre que ce régiment renfermait une Vente de carbonari. A ce moment, les nombreux conjurés de la ville et des campagnes avaient recouvré le courage; ils résolurent de reprendre l'œuvre insurrectionnelle. Le nouveau mouvement projeté par les Saumurois fut approuvé : on convint d'en confier l'exécution au général Berton; le régiment des carabiniers y remplirait la tâche auparavant dévolue aux élèves de l'École de cavalerie, tâche qui serait énergiquement accomplie, disait M. de la Fayette, car le sous-officier, chef de la Vente du régiment, Wœlfeld, était, assurait-on, un homme doué d'une énergie et d'un courage personnel remarquables. M. Grandménil fut chargé de se rendre, dans ce but, à Paris, avec M. Baudrillet, négociant en vins à Gennes, chef-lieu de canton situé sur la Loire, à quatre lieues au-dessous de Saumur. Tous les deux furent accueillis avec empressement par M. de la Fayette, qui personnifiait, comme on sait, la direction de la Charbonnerie. La Fayette remit à Grandménil et à M. Baudrillet une lettre et des cartes découpées destinées à Wœlfeld, qui, après avoir reçu des deux envoyés saumurois ces moyens de reconnaissance, convint de se rencontrer avec eux, une fois par semaine, au village de Chêne-hutte ou des Tuffeaux, situé sur la rive gauche de la Loire, à mi-chemin de Saumur à Gennes. Les entrevues eurent lieu. Wœlfeld répondait de son régiment.

Il était difficile de régler les dernières dispositions sans le général Berton; Grandménil et Baudrillet, connaissant sa retraite, vont l'y trouver et lui rendent compte des faits. Le 14 juin, il assiste, dans les bois des Tuffeaux, à une entrevue avec Woëlfeld, qu'il voulait voir et entendre avant de tout terminer. Woëlfeld fut prodigue de protestations : il se faisait fort, disait-il, de conduire deux escadrons de son régiment au milieu des insurgés; sans doute on ne pouvait compter sur les officiers, dont la généralité était « peu patriote », mais il répondait des sous-officiers. Berton témoigne le désir de se rencontrer avec quelques-uns de ceux-ci; Woëlfeld s'engage à lui présenter quatre d'entre eux à la prochaine entrevue, qui fut fixée au 17. Pour éviter de donner l'éveil à l'autorité, on devait se réunir à quatre heures du soir, dans une maison de campagne isolée appelée l'Alleu, située à mi-côte sur les collines de la rive gauche de la Loire, à trois quarts de lieues au-dessous de Saumur, et qui appartenait à M. Delalande, notaire à Gennes.

Le 17 au matin, Berton, Delalande et Baudrillet vont déjeuner à l'Alleu. A deux heures, Berton et ses deux compagnons étaient à table. A ce moment, un bruit de pas se fait entendre; la porte s'ouvre et Woëlfeld paraît inopinément sur le seuil. Il va droit au général et l'embrasse. Berton, étonné de le voir seul, s'informe des camarades qu'il devait lui présenter. Woëlfeld répond qu'ils l'attendent dans un petit bois, proche de la maison, qu'il va les chercher. Il sort et reparaît, en effet, au bout de quelques minutes, avec quatre sous-officiers qu'il présente au général, en protestant de la joie que leur fait éprouver cette rencontre inattendue. Des verres sont apportés, des protestations échangées; chaque parole témoigne de la cordialité la plus parfaite.

Woëlfeld, en partant de Saumur, ne savait pas rencontrer aussitôt Berton ; il avait devancé l'heure du rendez-vous, dans le double but de se livrer à une minutieuse reconnaissance des lieux et de prendre ses mesures pour se trouver prêt à tout événement. Ce sous-officier et ses compagnons étaient tous armés de fusils doubles et avaient, en outre, des pistolets chargés; ils étaient donc cinq armés, en face de trois hommes sans armes et sans défiance. Voëlfed est préoccupé, il hésite encore ; mais le vin venant à manquer, Delalande quitte la salle pour en aller chercher. Woëlfeld saute sur son fusil, couche en joue le général en lui criant : « Vous êtes mon prisonnier; si vous bougez, je vous tue! » Baudrillet est ajusté à son tour par un sous-officier qui lui ordonne de prendre place à côté de Berton. Les autres sous-officiers épient le retour de Delalande, se jettent sur lui lorsqu'il reparaît et le contraignent de se ranger auprès de ses deux amis. « Comment! vous un traître! disait le général à Woëlfeld. — Taisez-vous, scélérat! répondait ce dernier; si j'ai paru tremper dans votre complot, ce n'était que pour vous arrêter. » Les quatre-sous-officiers se tenaient en face des prisonniers prêts à faire feu au moindre mouvement. Woëlfeld allait et venait. Plusieurs fois Berton essaya de faire appel aux sentiments d'honneur qu'il supposait pouvoir encore exister chez ce sous-officier : « Vous vous déshonorez, vous vous préparez des remords éternels! lui disait-il. — Tuez-moi tout de suite! s'écriait le général dans d'autres instants, ayez le courage d'en finir! » Woëlfeld ne répondait que par des injures. Une circonstance excitait son inquiétude : les sous-officiers qu'il avait amenés étaient au nombre de cinq; l'un d'eux, lorsqu'il avait été les rejoindre dans le bois, était immédiatement parti pour prévenir les chefs et demander une force suffisante au transport des prisonniers ; les heures s'écoulaient et cette force n'arrivait pas. Or, les dix ou douze conjurés qui devaient se réunir à l'Alleu à quatre heures pouvaient paraître, engager une lutte et délivrer Berton. C'était la secrète espérance du général. Le bruit lointain du galop d'un cheval qui s'engageait dans l'avenue de mûriers conduisant à la maison lui fit croire un instant que l'événement allait se réaliser. Woëlfeld s'élance, son fusil à la main, examine le cavalier, l'ajuste et le fait tomber percé de deux balles. « En voilà un qui dort, dit-il en entrant et en affectant de rire : si Grandménil vient, je lui en réserve autant; je lui casse la tête. » Ses traits, cependant, respirent une vive anxiété; il sort de nouveau. Berton profite de son absence pour renouveler une observation qu'il avait déjà adresssée aux sous-officiers qui veillaient sur ses compagnons et sur lui. « Vous faites un vilain métier pour des soldats! leur dit-il. — Que voulez-vous, mon général, répond l'un d'eux, c'est malheureux, mais nous devons obéir. »

L'heure fixée pour la réunion allait sonner, et MM. Chaillou-Saint-Aubin, Tessié de Lamotte et Grandménil (des Rosiers); Binet et Terrier, députés d'Angers; Rousseau (de Bessé), Choyet (de Saint-Clément) et Landry (de Chinon) arrivaient en face de l'Alleu; tous s'engagent dans un sentier qui y conduit. Un enfant accourt : « Méfiez-vous, leur dit-il, on vient de tuer un monsieur. » Cette nouvelle, loin de les arrêter, leur fait hâter le pas. Parvenus à l'allée des mûriers, ils voient le corps d'un de leurs amis. M. Meignan, riche propriétaire des environs, étendu mort en travers de l'avenue. La vue de ce cadavre et la présence de Woëlfeld à la porte de l'Alleu, un fusil à la main, leur révèlent une partie de la vérité; MM. Tessié de Lamotte et Grandménil, bien que sans armes, s'élancent vers la maison, en s'avançant d'un arbre à l'autre, de manière à déjouer les visées de leur adversaire; les prisonniers, ivres d'espérance, pouvaient les apercevoir, ainsi que leurs compagnons, lorsque les cris : « Retirez-vous! revenez! voilà les carabiniers! » poussés derrière eux, viennent les arrêter. Ils retournent précipitamment sur leurs pas, rejoignent leurs amis et regagnent ainsi les bords de la Loire, où ils trouvent une barque qui les passe sur l'autre rive.

Pendant ce temps, Berton, Baudrillet et Delalande, amenés à Saumur par les carabiniers aux cris de : « Vive le Roi! A bas les bonapartistes! » poussés par les officiers et les soldats, étaient renfermés au château.

Les retards, qui avaient si vivement inquiété Woëlfeld tenaient à plusieurs causes; l'événement était inattendu; le sous-officier dépêché à Saumur, obligé de faire la route à pied, n'avait pas, en outre, rencontré immédiatement les chefs; d'un autre côté, la caserne, à ce moment de la journée, se trouvait déserte, et ce n'était qu'à grand'peine, soldat par soldat, qu'on avait pu réunir les quarante-cinq à cinquante carabiniers chargés de ramener les prisonniers. On s'était borné à garrotter étroitement le général, ainsi que ses compagnons; à peine entrés au château, on les mit presque nus, et leurs vêtements furent emportés sous prétexte de mieux les fouiller; Berton, pour se couvrir, obtint, par grâce, une capote de soldat. Tous les trois ne tardèrent pas à être interrogés.

On lit dans un écrit contemporain : « Les royalistes de l'Ouest célébrèrent la capture de Berton comme une victoire; les prêtres, surtout, montrèrent une grande joie et firent, aux environs de Saumur, une quête dont le produit ne s'éleva pas à moins de 10,000 francs, qu'ils remirent à Woëlfeld. »

Les carabiniers, revenus de Saumur, ne ressemblaient plus à leurs prédécesseurs; le régiment qui tint garnison dans les bâtiments de l'École, de

1822 à 1824, était transformé dans son organisation et dans sa tenue. Il portait le casque en cuivre doré surmonté d'une chenille rouge, la cuirasse dorée avec un soleil d'argent, un habit et un pantalon de laine blanche rehaussée de filets de couleur rouge amarante, puis la grande botte. Ce grand uniforme, rappelé de celui de l'Autriche, avait été donné à ce régiment par Napoléon Ier, lorsqu'il épousa Marie-Louise; la Restauration le lui conserva. On pouvait voir sous ce costume, dans les salons de l'École, le portrait du comte d'Artois, depuis Charles X, qui fut colonel général des deux régiments de carabiniers.

Cependant, les services rendus à la cavalerie par les officiers et sous-officiers instructeurs sortis de l'École de Saumur, si fatalement supprimée, ne tardèrent pas à faire comprendre la nécessité de reconstituer ce qui avait été détruit. Une ordonnance du 5 novembre 1823 établit à *Versailles* une *École d'application de cavalerie.*

Cette École recevait, après deux années de stage, les élèves de Saint-Cyr destinés à la cavalerie.

Les cours comprenaient l'instruction théorique et pratique de l'ordonnance sur l'exercice et les manœuvres de la cavalerie, l'équitation du manège académique, le tir des armes à feu, la natation et un cours d'hippiatrique, en ce qui concernait la maréchalerie.

Les cours d'administration, d'art militaire, d'allemand et de dessin, étaient continués aux élèves par les professeurs de l'École militaire de Saint-Cyr.

Après un stage de deux années à l'École d'application de cavalerie, les officiers devaient entrer dans les régiments comme instructeurs.

Cette École laissait peu de choses à désirer comme École d'application pour les élèves sortant de Saint-Cyr, mais, d'un autre côté, était-elle en rapport avec les besoins de la cavalerie? Il était impossible de ne pas reconnaître son insuffisance. Quels services pouvait attendre l'instruction des corps de jeunes officiers manquant d'expérience et mis pour la première fois de leur vie en contact avec la troupe ?

Cette École fut successivement placée sous les ordres de MM. les colonels *de Brossard* et *Blin*, sous la direction supérieure de M. le général comte de Durfort, commandant l'École de Saint-Cyr. *M. Cordier* était l'*écuyer en chef.*

L'École de Versailles fut transférée à Saumur le 11 novembre 1824. Son existence éphémère fut une conséquence de son organisation.

Examinons un peu les harnachements en usage dans la cavalerie en 1823 :

La selle demi-royale, ou *selle française*. — Cette selle a pour base un arçon dit à quatre pointes, surmonté à l'arrière d'un troussequin cintré, en forme de croissant, et à l'avant par des battes sèches qui marquent la limite du siège de la selle et servent à fixer le chapelet des fontes.

Le siège de cette selle est composé de tissu sanglé qui en forme la base, puis d'une matelassure recouverte d'un cuir lisse, assemblé à des quartiers ayant une forme à peu près carrée.

Une paire de panneaux est fixée à l'arçon, à la partie inférieure au moyen de chaussures, et à la partie supérieure par des clous chaperonnés qui, depuis 1823, ont remplacé des pitons à goupille.

Un appareil mobile, ayant deux coussins jumeaux, se fixant à l'arrière de la selle, sert à soutenir le porte-manteau. Dans le principe, la cavalerie s'en servait comme la gendarmerie, avec la housse et les chaperons, puis un porte-manteau carré sur lequel le manteau était plié. Les avantages résultent de la disposition de son troussequin qui encastre le bassin du cavalier, ainsi que du faux siège sanglé, qui permet d'établir un siège solide et régulier.

Les inconvénients sont : Une lourdeur excessive; le défaut de tenue pour le cavalier, par suite des quartiers épais, glissants et éloignés du cheval ; les battes qui s'opposent au placement judicieux du paquetage; le crin des panneaux et coussinets qui, imbibé de la sueur du cheval et imprégné de crasse, devient dur et se pelotonne.

La selle hongroise est la plus répandue dans la cavalerie européenne. Elle est affectée de préférence à la cavalerie légère. Il convient de faire remarquer que l'arçon de cette selle était bien mieux entendu à son adoption que ceux qui ont été confectionnés depuis à titre d'amélioration.

En effet, l'arçon hongrois primitif est composé de deux arcades en fourche naturelle, la palette n'a point l'élévation qu'il a fallu lui donner par suite de la forme vicieuse de nos porte-manteau.

Un loup étroit, peu élevé, forme la base du siège, que le cavalier complète au moyen de certains effets d'habillements, siège sinon commode, du moins supportable et d'ailleurs recouvert par une schabraque.

Cet arçon n'a pas de ferrure; le fer n'aurait fait que diminuer la résistance d'un bois ronceux.

L'arçon hongrois ne fut pas modifié pendant les guerres de l'Empire. En 1823, on se trouva forcé de se servir de bois ronceux pour la confection des arcades; c'est alors que vint l'idée singulière de placer à ces arcades un croissant en fer destiné à les soutenir, les quatre pièces de bois furent assemblées par des chevilles, et le loup sensiblement élargi au moyen d'une division à la partie postérieure.

En 1824, nous avons à signaler, comme progrès en maréchalerie, un fer désencastelleur dû à un vétérinaire militaire, *M. Roland*. C'était un fer articulé en branches avec un ressort fixé en voûte agissant sur les éponges. Son action était donc progressive.

Cette même année parut un livre militaire qui entama la série de ces discussions qui devaient bientôt amener une modification du règlement d'exercice de la cavalerie.

Ce livre avait pour titre : OBSERVATIONS CRITIQUES ET RAISONNÉES SUR L'ORDONNANCE PROVISOIRE *des exercices et des manœuvres de la cavalerie, du 1er vendémiaire an XIII. Par d'Outrepont, membre de la Légion d'honneur, et capitaine de cavalerie à la demi-solde.*

Ces observations portaient sur la formation en ordre inverse. — Sur la profondeur. — Sur l'intervalle d'un régiment à un autre. — Sur la distance à rangs ouverts. — Sur les allures.

A propos des dédoublements, l'auteur dit : « *Il ne peut y avoir qu'une manière de se dédoubler, qui est celle où la queue de la colonne ne ralentit pas ; ainsi mon avis est que les dédoublements devraient se faire en doublant l'allure sans aucun commandement, c'est-à-dire en sens contraire au doublement.*

M. d'Outrepont critique les formations d'une façon très judicieuse : « *Cela a été une exagération chimérique de nos tacticiens d'avoir voulu soutenir que plus il y avait de rangs les uns derrière les autres, plus la ligne acquérait de force, et de comparer la propriété d'un corps de cavalerie qui marche vivement à l'ennemi pour le combattre, et qui le joint, à celle de deux corps physiques qui se choquent. Presque toujours lorsque deux lignes se chargent, l'une des deux fait ordinairement demi-tour, et quelquefois même toutes les deux à la fois, comme je l'ai vu arriver sur le Neker, en l'an IX de la République.*

« *D'où l'on peut conclure que le prétendu choc physique applicable à un corps de cavalerie, que nos tacticiens qui n'ont jamais fait la guerre font sonner si haut, c'est-à-dire poitrail contre poitrail, comme dit le prince de Ligne, n'a jamais existé et n'existera jamais tant que les chevaux auront des têtes; ni même tête contre tête; car le succès dépendrait de la tête plus ou moins dure du cheval, ce qui pourrait être aussi fatal à celui qui attaque qu'à celui qui serait attaqué. Quant à la supposition de faire entrer une ligne dans l'autre, c'est-à-dire entre les deux épaules du cheval du cavalier ennemi, elle n'est pas admissible. Ainsi l'avantage de la vitesse dans les mouvements de charge de cavalerie n'est pas de ce qu'il procure un choc plus violent, bien que ce soit pour cette raison qu'on ait établi en principe* « qu'un corps de « cavalerie, quelque pesant et stable qu'il soit, ne doit jamais attendre la « charge d'une cavalerie, même légère. » Mais, comme dit un savant auteur : « Parce que la vitesse anime le soldat, augmente sa confiance, l'étourdit « sur le danger et, par un effet tout contraire, étonne l'ennemi, de manière « que voyant marcher à lui une troupe avec beaucoup d'audace et de célérité, « il commence à s'ébranler avant d'être réellement attaqué. »

« *Et à propos du choix des cavaliers pour former le premier rang, l'ordonnance dit :* « Qu'on choisira les cavaliers les plus grands, les plus « intelligents, et qui se tiennent le mieux à cheval, pour composer le premier « rang, et les cavaliers seront montés sur les chevaux les plus élevés et les « plus sages, autant que faire se peut. » *Mais il n'en est pas ainsi dans les régiments, malgré ce que prescrit l'ordonnance, parce qu'il est d'usage de tirer les chevaux par rang d'ancienneté, toutes les fois qu'on reçoit des remontes. Il serait donc injuste de donner les plus grands chevaux aux hommes les plus grands, dans la supposition qu'ils soient les meilleurs, comme de même, de leur donner les plus grands chevaux, s'ils étaient les plus mauvais, parce qu'ils sont les plus grands. Et comme, dans la cavalerie, c'est le bon cheval qui fait ordinairement le bon soldat, il faut au moins lui laisser, d'après le hasard de l'ancienneté, le droit de choisir le cheval qui lui convient ; tel cavalier qui passe souvent pour un mauvais soldat parce qu'il a un mauvais cheval, serait peut-être le meilleur de son régiment, s'il était bien monté. Au surplus, que gagnerait-on à tout cela, si ce n'est d'indisposer le soldat ; or, ce n'est pas peu de chose dans la cavalerie, où tout ce qu'on ordonne au cavalier peut être regardé comme fait de sa propre volonté, pouvant toujours se sauver de sa désobéissance ou de sa maladresse, en rejetant le tout sur son cheval; car on ne peut se dissimuler que, malgré toute l'attention possible des chefs, le cavalier ne soit toujours le maître de surmener son cheval, de le blesser, de l'estropier. Toutes ces raisons, dis-je, sont bien d'une autre conséquence pour l'honneur d'un régiment, que ce prétendu coup d'œil qui n'est bon que pour les jours d'exercices : ainsi, sans avoir égard, ni aux hommes les plus grands, parce que si l'on suit la loi, la différence doit être peu sensible ; ni aux plus intelligents, parce que ce défaut provient plutôt de la mauvaise instruction que du manque de capacité du soldat ; ni à ceux qui se tiennent le mieux à cheval, parce que tous les cavaliers doivent, à peu de chose près, s'y bien tenir ; enfin, sans avoir même égard aux longues moustaches qui, aux yeux de certains officiers sont une très grande qualité, parce qu'eux-mêmes n'ont d'autre mérite que leurs moustaches; tout cela, dis-je, ne doit point empêcher de placer les cavaliers sur deux rangs, et par rang d'ancienneté, en commençant par la droite.* »

Du placement des officiers dans l'ordre de bataille. — « *On n'est pas d'accord sur le placement des officiers; les uns veulent les avoir en avant du front, et les autres dans le rang. Mais les faits d'armes de toutes les puissances dont les officiers sont placés en avant du front, sont plus à l'avantage de cette formation que ceux des puissances qui les ont placés dans le rang. Et comme il est bien prouvé qu'il n'existe aucun choc entre deux lignes qui se chargent, car s'il en était autrement, la grosse cavalerie aurait toujours l'avantage sur la cavalerie légère, il s'en suit que la formation qui fait marcher une ligne de cavalerie avec ordre et vitesse, et qui fait en même temps éprouver à celle qui lui est opposée un mouvement de crainte par la seule vue de cette supériorité avec laquelle elle vient à elle pour la combattre, doit être infailliblement la meilleure; et c'est justement ce que nous rencontrons dans celle usitée jusqu'à présent, où l'officier, à la vue du soldat, se trouve plus à même de se distinguer, où enfin il doit mettre tout en action pour lui enflammer le courage et lui en donner l'exemple.*

« *L'officier à la tête de ses troupes les entraine avec lui par la subordination, et surtout par l'exemple de son courage; tandis que s'il était confondu dans le rang, rien de tout cela n'existerait, tout serait froid et sans enthousiasme, présage ordinaire de la défaite.*

Arrivons de suite au paragraphe où l'auteur parle de la position de l'homme à cheval : « *D'après l'Ordonnance, la position de l'homme à cheval est souvent défectueuse; par exemple, elle prescrit la poitrine saillante, position qui est contraire à l'aisance du corps et à la liberté des bras.*

« *De même, elle ne détermine aucunement la manière dont doivent être placés les bras. Car, prescrire les bras libres et tombant naturellement, veut plutôt dire qu'ils doivent tomber perpendiculairement le long du corps, que d'être à demi-tendus, les coudes un peu détachés du corps. Enfin, le placement des cuisses, tournées sur leur plat, sans aucune autre explication, m'a décidé à proposer la position suivante : la tête droite et haute, sans être renversée, aisée, d'aplomb et dégagée des épaules; les épaules également tombantes et effacées, sans effort; les bras libres et à demi-tendus, les coudes un peu détachés du corps, et tombant naturellement.*

« *Une rêne de bridon d'égale longueur, dans chaque main, leurs bouts sortant du côté du premier doigt, les doigts fermés, les rênes couvrant la seconde jointure du premier doigt, les poignets à hauteur de l'avant-bras, et séparés à cent soixante-deux millimètres (six pouces) l'un de l'autre, les doigts se faisant face.*

« *Les deux fesses posant et partageant également le milieu du dos du cheval, la ceinture en avant, les reins droits, fermes et bien soutenus, le corps libre et droit sur sa base de manière que l'assiette du cavalier ne forme, avec le cheval, qu'un seul et même tout; les cuisses et les jarrets embrassant également le ventre du cheval, se poseront naturellement sur les parties latérales internes, sans effort et sans roideur. Elles formeront, à peu près, un angle de cent cinquante-cinq degrés, avec la verticale du corps, et ne s'allongeront que par leur propre poids et par celui des jambes.*

« *Les jambes, droites du genou en bas, près du cheval, sans le presser, libres et hautes aux plis des genoux, mais assurées quoique libres; la pointe des pieds tombant de même naturellement.* »

Il donne les raisons de cette position ; elles se devinent.

Les observations de M. d'Outrepont portent ensuite sur la manière de tenir les rênes du bridon dans les deux mains et de croiser les rênes dans la main gauche. — Sur la position du bras droit, lorsqu'on croise les rênes dans la main gauche. — Sur le commandement qui prépare à sauter à cheval. — Sur l'irrégularité des mouvements de l'Ordonnance pour sauter, monter, sauter à terre et descendre de cheval. — Sur le commandement qui prépare à sauter à terre. — Sur la manière de faire front après s'être disposé à défiler par la droite, etc., etc.

A propos de la longueur des étriers, c'est l'interminable question qui revient : L'Ordonnance dit, n° 177 : « Pour que les étriers soient au point con-
« venable, il faut que, lorsque le cavalier s'élève sur les étriers, il y ait cent
« soixante-deux millimètres (six pouces) de distance, entre l'enfourchure
« et la selle. » Ensuite elle ajoute : « Qu'on les tiendra un peu allongés,
« afin que la position et l'assiette du cavalier ne soit pas dérangée par l'usage
« des étriers, dont il doit contracter l'habitude progressivement. » *Je ne suis point du tout de cet avis, parce que, quelle que soit la progression, cela donne au cavalier une position trop en arrière et lui place les jambes trop en avant; ce qui le force à être toute sa vie mal placé à cheval. Il est donc de toute évidence que l'avantage d'avoir les étriers aussi courts, pour donner au cavalier de l'élévation sur son cheval au moment qu'il porte le coup de sabre, n'existe que dans l'idée des théoriciens, puisque le désavantage est réel, comme on vient de le voir, et que le prétendu avantage est une question qui serait bientôt décidée, si l'on consultait le soldat qui s'est trouvé à même de la résoudre plutôt qu'aucun des auteurs de l'Ordonnance, qui n'ont vu, sans doute, ce*

mouvement que dans leur imagination, ou dans les écoles, où semblable farce se pratique, lorsqu'on s'escrime contre des poupées; mais à la guerre c'est autre chose. En effet, quel est le moment où le cavalier ait le plus besoin d'être bien assis à cheval en se tenant lié des cuisses, des jarrets et des gras de jambes, si ce n'est à l'instant qu'il pointe ou qu'il sabre; mais non, pour lui ôter toute la solidité que lui donne sa conformation, on le veut faire élever sur ses étriers, de manière que, ne pouvant se tenir à cheval que par la pression des genoux, la moindre poussée qu'il reçoit, ou le moindre contre temps de son cheval, s'il n'est point désarçonné tout à fait, lui fait au moins abandonner l'attaque, pour songer à se placer en selle, chose qui n'existe pas lorsque les étriers sont d'une longueur convenable, c'est-à-dire de cinquante-quatre millimètres (deux pouces) au plus, entre l'enfourchure et la selle. Le cavalier pouvant, de cette manière, avoir une position régulière en soutenant son cheval de la main et des jambes, sans l'assommer de son poids par sa position en avant. »

Nous relevons une observation très sensée de l'auteur au sujet d'une formation en bataille. Il s'agit de mettre à gauche en bataille l'escadron, en colonne la droite en tête : « *L'Ordonnance prescrit, pour l'exécution de ce mouvement, de faire arrêter la colonne; mais je ne suis point de cet avis. La force de la cavalerie n'étant que dans son ordre de bataille, et disparaissant dans l'ordre en colonne, il faut abandonner cet ordre le plus tôt possible pour passer à celui de force, et ne jamais arrêter la colonne pour la remettre en bataille.* »

Le bon sens de M. d'Outrepont est empoignant. Ses pointes satiriques même ont un enseignement des plus pénétrants.

« *La rédaction de l'Ordonnance fait croire qu'il a été convenu que l'ennemi ne se présenterait jamais que sur notre droite, lorsque la droite serait en tête, ou sur notre gauche, lorsque la gauche serait en tête. Mais, comme cela n'est pas possible, il faudrait, puisque l'Ordonnance n'en parle pas, si le cas se présentait, une décision du ministre de la guerre pour nous mettre sur la gauche ou sur la droite, ordre inverse en bataille, ce qui retarderait considérablement le mouvement devant l'ennemi.* »

Et plus loin : « *Messieurs les auteurs de l'Ordonnance douteraient-ils que celui qui exécute une manœuvre en moins de temps, et par le chemin le plus court, est celui qui manœuvre le mieux.* »

Nous avons relevé les critiques de ce petit livre pour montrer que des esprits éclairés avaient senti depuis longtemps les côtés faibles de nos règlements, sur lesquels nous devions vivre jusqu'aux leçons plus douloureuses de nos désastres.

Quant aux remontes et haras, on reconnut seulement en 1824, après dix ans d'une funeste expérience, que le système suivi pour nos remontes était pour quelque chose dans le malaise de l'industrie chevaline. Ce système, attaqué avec violence, succomba enfin ; une ordonnance du roi décida qu'à l'avenir les chevaux achetés par le gouvernement seraient achetés en France. Les compagnies des gardes du corps se remontèrent en Normandie ; les remontes des maisons royales se firent moitié en France, moitié à l'étranger, ce qui fut à moitié national. Toutefois cette mesure réveilla le zèle des éleveurs.

Éclairée sur les dangers de la marche qu'elle avait suivie, la Restauration se disposait à faire revivre, au moyen de la création d'un conseil spécial des haras, présidé par le duc d'Escars, une partie des attributions dévolues autrefois au grand écuyer de la Couronne.

Tous les motifs que nous avons énumérés ne furent pas sans influence sur la décision ministérielle, qui créa, en 1824, une commission d'officiers généraux de cavalerie près le ministre de la guerre, où les haras furent représentés, ainsi que la propriété, et dont M. le lieutenant-général comte de La Roche-Aymon, dont nous nous sommes étayés, fut à la fois membre et rapporteur.

Jamais la question des remontes n'avait été étudiée d'une manière plus approfondie et plus consciencieuse ; on proclama la nécessité politique de se remonter exclusivement en France ; on reconnut la possibilité de faire face à tous les besoins, en donnant une bonne direction à l'Administration chargée de produire ; enfin une étude sérieuse de divers systèmes d'achats consolida la voie définitive dans laquelle on était entré récemment, et dont on n'a plus dévié depuis, les marchés généraux n'étant plus considérés que comme exceptionnels et bornés aux circonstances urgentes, comme il arriva en 1841.

Toutefois, il fut reconnu que, pour pouvoir explorer les ressources chevalines locales, il ne fallait pas que les circonscriptions des dépôts fussent trop étendues, qu'alors l'action des officiers de remonte était moins directe et même annihilée ; d'après cela on émit le vœu que quinze arrondissements et dépôts de remontes fussent formés, sauf à en étendre le nombre, quand l'industrie chevaline aurait fait des progrès suffisants sur les autres points du royaume.

Il nous reste, pour compléter cette esquisse, à citer les noms de trois hommes éminents dans la science hippique qui ont eu une grande influence sur la régénération de nos races chevalines.

C'est d'abord *Jean-Baptiste Huzard*, 1755-1838. Ce célèbre vétérinaire était inspecteur général des Écoles vétérinaires et membre de l'Institut. Il a publié de nombreux mémoires où, sans préjudice d'une science profonde, domine toujours l'esprit pratique. Par de tels écrits, par sa sagesse et ses conseils, Huzard a contribué à l'amélioration de la race chevaline.

Ensuite d'*Arboval*, 1777-1839. Il est l'auteur du dictionnaire de médecine et de chirurgie vétérinaire, ouvrage considérable pour l'époque (1826) et d'autant plus remarquable que, pour la première fois, la science vétérinaire y était présentée dans son ensemble. D'Arboval a publié en outre beaucoup de travaux du même genre. Il était vétérinaire à Montreuil-sur-Mer.

Puis le comte de *Gasparin*, 1783-1862. Agronome célèbre du siècle, il publia d'excellents ouvrages vétérinaires. Il fut ministre de l'agriculture et, dans ce poste élevé, il ne perdit de vue ni l'amélioration de nos races de chevaux, ni l'élevage, qu'il ne cessa d'encourager et de protéger.

TABLE DES MATIÈRES

TABLE DES GRAVURES

ANGERS, IMP. A. BURDIN ET Cie, RUE GARNIER, 4.

www.ingramcontent.com/pod-product-compliance
Lightning Source LLC
Chambersburg PA
CBHW071132270326
41929CB00012B/1726
* 9 7 8 2 0 1 2 5 9 8 0 3 4 *